国家卫生和计划生育委员会"十三五"规划教材
全国高等医药教材建设研究会"十三五"规划教材
全国高等学校教材

供法医学类专业用

法医毒物分析

第5版

主　编　廖林川

副主编　王玉瑾　刘俊亭

编　者（以姓氏笔画为序）

马　栋（司法部司法鉴定科学技术研究所）

马安德（南方医科大学）

马丽霞（西安交通大学）

王玉瑾（山西医科大学）

刘　清（昆明医科大学）

刘俊亭（中国医科大学）

周海梅（河南科技大学）

姜　宴（复旦大学）

贾　娟（山西医科大学）

高利娜（中国医科大学）

董　玫（河北医科大学）

靳红卫（重庆医科大学）

廖林川（四川大学）

颜有仪（四川大学）

秘　书　叶　懿（四川大学）

人民卫生出版社

图书在版编目（CIP）数据

法医毒物分析 / 廖林川主编. —5 版. —北京：人民卫生出版社，2016

ISBN 978-7-117-22651-6

Ⅰ. ①法… Ⅱ. ①廖… Ⅲ. ①法医毒理学－高等学校－教材②毒物－法医学鉴定－高等学校－教材 Ⅳ. ①D919.1

中国版本图书馆 CIP 数据核字（2016）第 101090 号

人卫社官网	www.pmph.com	出版物查询，在线购书
人卫医学网	www.ipmph.com	医学考试辅导，医学数据库服务，医学教育资源，大众健康资讯

法医毒物分析
第 5 版

主　　编：廖林川

出版发行：人民卫生出版社（中继线 010-59780011）

地　　址：北京市朝阳区潘家园南里 19 号

邮　　编：100021

E - mail：pmph @ pmph.com

购书热线：010-59787592　010-59787584　010-65264830

印　　刷：北京盛通印刷股份有限公司

经　　销：新华书店

开　　本：850×1168　1/16　印张：23

字　　数：680 千字

版　　次：1988 年 11 月第 1 版　2016 年 3 月第 5 版
　　　　　2024 年 9 月第 5 版第 10 次印刷（总第 26 次印刷）

标准书号：ISBN 978-7-117-22651-6/R · 22652

定　　价：56.00 元

打击盗版举报电话：010-59787491　E-mail：WQ @ pmph.com
（凡属印装质量问题请与本社市场营销中心联系退换）

全国高等医学院校法医学专业第五轮
规划教材修订说明 ·······················

    20世纪80年代,我国在医学院校中设置了法医学专业,并于1988年首次编写了成套的法医学专业卫生部规划教材,从而有力地推动了法医学教育的发展。2009年五年制法医学专业规划教材第四轮出版发行。为促进本科法医学专业教学,教育部法医学专业教学指导委员会在2014年开始制定审议国家法医学本科专业教育质量标准并拟报教育部审批。根据质量标准要求及法医学相关领域学科进展,2014年经全国高等医药教材建设研究会和全国高等医学院校法医学专业教材编审委员会审议,启动第五轮教材修订工作。

    本轮修订仍然坚持"三基""五性",并努力使学生通过学习达到培养具有坚实基础理论知识和专业知识、熟悉司法鉴定程序和法医鉴定技能、掌握法学、医学及相关学科知识,具有良好的思维判断能力以及分析问题能力的法医学高级复合型人才的专业培养目标。新教材体现了法医学领域的新进展和我国的新法规、新政策与新要求;考虑了学生的就业,具有较强的实用性,使学生在毕业后的实际工作中能够应用所学知识。本轮教材在编写中强调了可读性、注重了形式的活泼性,并全部配备了网络增值服务。

    全套教材16种,其中主教材11种,配套教材5种,于2016年全部出版。所有教材均为国家卫生和计划生育委员会"十三五"规划教材。

第5轮法医学专业教材目录

1. 法医学概论　　　　　　第5版　**主编** 丁　梅
2. 法医病理学　　　　　　第5版　**主编** 丛　斌　**副主编** 官大威　王振原　高彩荣　刘　敏
3. 法医物证学　　　　　　第4版　**主编** 侯一平　**副主编** 丛　斌　王保捷　郭大玮
4. 法医毒理学　　　　　　第5版　**主编** 刘　良　**副主编** 张国华　李利华　贠克明
5. 法医毒物分析　　　　　第5版　**主编** 廖林川　**副主编** 王玉瑾　刘俊亭
6. 法医临床学　　　　　　第5版　**主编** 刘技辉　**副主编** 邓振华　邓世雄　陈　腾　沈忆文
7. 法医精神病学　　　　　第4版　**主编** 胡泽卿　**副主编** 赵　虎　谢　斌
8. 法医人类学　　　　　　第3版　**主编** 张继宗　**副主编** 蔡继峰　赖江华
9. 刑事科学技术　　　　　第4版　**主编** 李生斌　**副主编** 张幼芳　李剑波
10. 法医法学　　　　　　　第3版　**主编** 常　林　**副主编** 邓　虹　马春玲
11. 法医现场学　　　　　　　　　　**主编** 万立华　**副主编** 阎春霞　陈新山
12. 法医病理学实验指导　　第2版　**主编** 成建定　**副主编** 周　韧　王慧君　周亦武　莫耀南
13. 法医物证学实验指导　　第2版　**主编** 张　林　**副主编** 黄代新　庞　灏　孙宏钰
14. 法医毒理学实验指导　　　　　　**主编** 朱少华　**副主编** 黄飞骏　李　凡　喻林升
15. 法医毒物分析实验指导　第2版　**主编** 沈　敏　**副主编** 金　鸣　周海梅
16. 法医临床学实验指导　　第2版　**主编** 刘兴本　**副主编** 顾珊智　樊爱英

全国高等学校法医学专业第五轮

规划教材编审委员会 ······

顾　　问

石鹏建　陈贤义

主 任 委 员

侯一平

副主任委员

丛　斌　王保捷　李生斌　周　韧　杜　贤

委　　员

张　林　杜　冰　喻林升　赵子琴　王英元
樊爱英　陈　晓　陶陆阳　赵　虎　莫耀南
李利华　刘　良　邓世雄　杨　晋

秘　　书

廖林川　潘　丽

主编简介

廖林川，博士，教授，博士生导师，中国法医学会毒物分析专业委员会副主任委员，中国刑事科学技术学会毒品（毒物）分析专业委员会副主任委员，中国合格评定国家认可委员会主任评审员，司法部司法鉴定科学技术研究所能力验证技术专家，四川省学术和技术带头人，四川省有突出贡献优秀专家。

从事毒药物分析领域的教学、科研及鉴定工作30年。国家精品课程和国家级精品资源共享课程《法医毒物分析》负责人。"十五"国家规划教材《法医毒物分析》主编、"十一五"国家级规划教材《法医毒物分析实验指导》主编、原卫生部"十一五"规划教材《法医毒物分析》（第4版）主编、规划教材《法医毒物分析》（第3版）副主编；《实用法医学》（毒物分析篇）主编、《法医毒物司法鉴定实务》副主编；《法医学辞典》《法医学数字化教材》《法医学》等教材及书籍编委。曾荣获"成都市优秀青年教师"称号，获国家级教学成果二等奖2项。主持国家自然科学基金研究项目、教育部博士点基金、国家"十一五"支撑课题6项，参与十余项国家、省部级科研课题。培养硕（博）士研究生50余名，发表论文100余篇。《法医学杂志》《中国法医学杂志》、*Journal of forensic Science and Medicine*等杂志编委。

副主编简介

王玉瑾，教授，博士生导师。任山西医科大学法医毒物分析教研室主任，中国法医学会毒物分析专业委员会委员，中国刑事科学技术协会毒物与毒品检验委员会委员，山西省环境诱变剂学会常务理事，山西省毒理学会理事。曾在日本医科大学研修。

主要讲授法医毒物分析和现代仪器分析等课程，为山西省普通高等学校教学名师，负责山西省精品课程"法医毒物分析"。任原卫生部"十一五"规划教材《法医毒物分析》（第4版）副主编，参编"十一五"国家级规划教材《法医毒物分析实验指导》《法医学数字化教材》《实用法医学》《法医学辞典》等，主编《警惕你身边的毒物》。主持和参加国家级科研项目4项，教育部和省级项目9项。获山西省科技二、三等奖各1项，山西省高校科技进步二等奖4项、中国科协期刊优秀学术论文三等奖1项。发表论文百余篇，其中SCI收录6篇。

刘俊亭，教授，博士生导师。中国医科大学法医学院法医毒物分析教研室主任，*Forensic Toxicology* 杂志编委，中国法医学会法医毒物分析专业委员会副主任委员。

从事法医毒物分析和药物分析教学二十余年。研究领域为体内毒物药物分析和样品前处理技术开发，曾承担国家自然科学基金和省市自然科学基金多项，获得教育部提名国家自然科学二等奖。获得省市多项科研奖励。多次获得国内外留学基金资助。

前　言

　　法医毒物分析是法医学专业的必修课。在原国家教委和法医学专业教学指导委员会的规划下，江橘教授主持编写《法医毒物分析》，于1988年由人民卫生出版社出版。在此基础上，先后修订出版第2版（1998年，江橘教授主编）、第3版（2004年，贺浪冲教授主编）和第4版（2009年，廖林川教授主编）。前四版教材作为全国高等医药院校法医学类专业课程的教材使用，受到各校师生和法医工作者广泛好评。

　　近年来由于学科本身取得了很大进展，医学教育模式和人才培养方式在不断变革，社会对法医学人才的要求也在不断变化。同时许多学科新理论、新思想、新技术及新方法的出现和发展使法医毒物分析的工作内容和方法已与昔日有很大不同，并且各种理论、研究内容、研究范围、技术方法相互渗透，相辅相成，逐渐融合，使得法医毒物分析在有关理论和方法、研究内容和范围等方面已经形成更加丰富的学科。为了更好地使法医毒物分析的教学跟上时代步伐，为培养卓越的法医学人才服务，在总结高等学校法医毒物分析教育教学实践、课程改革以及法医工作实际需求经验的基础上，形成现在的规划教材《法医毒物分析》（第5版）。

　　本版教材保持了前几版教材的基本框架和内容，并继承了前几版教材的优点，继续贯彻注重基本知识、基础理论和基本技能的主导思想，充分体现教材的思想性、科学性、先进性、启发性和适用性。在修订时，在内容和形式上作了相应调整。在如何科学地处理检材、应用方法、控制质量、判断结果等方面作了更为细致的阐述；在分析方法方面，进一步增强了色谱-质谱/质谱联用等方法的原理和应用的描述和实例，缩减了薄层色谱法、理化方法以及形态学方法等内容的篇幅；对各类代表性毒物也做了一定的增删；增加了代谢过程和代谢物检测的内容。叙述方式上，在阐明方法原理的同时，更加重视各种方法的实用意义。

　　教材共分十六章。前三章介绍法医毒物分析的基本概念和基本知识，注重培养学生正确处理涉及毒物案件的能力，阐明如何探查与毒物有关的线索，如何正确地采取和保存检材，如何判断提取分离技术的效率和分析方法定性定量的意义，以及如何对所得分析结果的合理性和正确性进行辨析等。第四章介绍目前毒物分析中常用仪器分析方法的基本原理、主要方法和实用意义。第五章介绍法医毒物分析信息资源。第六章至第十六章分别介绍各类毒物中一些具有代表性毒物的来源、用途、化学结构、理化性质、中毒特点以及常用的检材处理和检测方法，并说明如何根据各类毒物的结构性质和中毒特点正确地采取检材和选择分析方法。各章有小结、关键术语和思考题，以帮助学生进一步理解教材中的一些观点，启发学生去思考，提高学生运用所学知识分析问题和解决问题的能力。

　　另外书末附有参考文献、中英文索引及《麻醉药品品种目录》（附录一）、《精神药品品种目录》（附录二）和《毒性中药品种与西药毒药品种》（附录三），以供学生在学习过程中以及今后的工作中参考。

　　在本版教材编写过程中，得到了法医学专业教材编审委员会、人民卫生出版社、四川大学华西基础医学与法医学院、司法部司法鉴定科学技术研究所、南方医科大学法医学系及各参编院校的大力支持，谨此致以诚挚谢意。

　　由于作者知识水平有限，本版教材中难免不足和错漏之处，恳请广大读者指正。

廖林川

目　录

第一章 绪 论

学习目标

掌握毒物和毒物分析的概念和范畴；检材的合理采取及储存；毒物分析结果的含义、影响因素及结果控制。

熟悉毒物的分类和体内过程；法医毒物分析的任务和特点；法医毒物分析工作程序。

了解法医毒物分析发展简史和发展趋势。

毒物（toxicant）的概念是有条件和相对的，人类对毒物的认识和理解是不断变化发展的。物质能否产生毒性以及毒性作用的强弱与物质的性质、剂量、进入机体方式、机体状态等因素有关。详细的案情（事件发生的前后经过）、毒物的性质、体内过程、中毒症状、尸体解剖所见等有关情况对正确寻找毒物分析方向、合理取材和选择分析方法具有重要意义。法医毒物分析（forensic toxicological analysis）是对涉及或怀疑涉及中毒的事（案）件中的有关物质进行分析研究的学科。法医毒物分析工作内容包括：案情调查；检材的采集、储存和处理；分析方案的制订和实施；鉴定书（检验报告）的出具；检验结果的评价等。毒物分析的产生和发展与法医学、化学、药学以及工农业的发展密切相关，随着科技的发展，对毒物的定性鉴别和定量检测也越来越快速、准确。同时，随着毒物的种类不断增多，毒物的内涵不断扩大以及合理精准评价药毒物毒性的要求不断提高，也使法医毒物分析面临新的挑战。

第一节 毒物与中毒

一、毒物

毒物是指进入生物体后通过化学或物理化学作用能损害生命正常活动，引发功能性或器质性病变乃至造成死亡的化学物质。这里所指的毒物不包含寄生虫、微生物和生物体自身产生的毒素。这些物质有的是来自自然界的植物、动物和矿物，也有许多是由人工合成得到的产物、副产物。

其实毒物的概念是有条件和相对的，而且是不断发展的。人类对毒物的认识，是在社会进化过程中，通过长期的生产实践与生活实践，在认识自然中不断演变和深入的。传说中的神农氏尝百草，"一日而遇七十毒"（《淮南子》），说明远古时代已对一些有毒植物有所认识。人类对于自然界有毒动物和有毒矿物的认识，起源也很早。毒物最先是被用来制作毒箭，用于防御或狩猎。英语中毒物（toxicant）一词与射箭术（tox-ophilitic）一词都和古希腊文弓箭（toxikón）一词有着渊源关系。以后毒物被用于治疗疾病，早在《周礼·天官篇》就有"聚毒物以供医事"的记述。同时毒物又被用于社会斗争，使用毒物实现谋杀、逼害或自杀。

从传说中的神农氏尝百草一直到18世纪，人类对毒物最初的认识仅仅只从就形态学范畴识别那些能引起急性中毒甚至造成死亡的动植物和矿物。后来随着长期的生产和生活实践的积累,医学和化学的不断进步,认识水平的不断提高,人类对毒物的认识以及毒物的概念才逐渐深入发展到通过化学组成和有毒成分认知毒物,并进一步从用量、生物体摄入方式以及个体的情况等更为准确和清楚地认识和区别药物和毒物。比如说到用量,原本用于治疗疾病的药物在过量的情况下也可能对人体产生一定伤害,甚至导致中毒死亡;反之有些剧毒物质在使用恰当时也可以是治疗一些顽疾重症的良药。由于药物与毒物之间的辨证关系,所以常常把药物和毒物统称为"药毒物",而且食物、药物和毒物之间没有明确界限。

近几十年来,生命科学在分子、细胞、组织和宏观水平上的基础研究,已有许多新的突破和进展,使人们在不同物质水平上对人类自身、生命活动过程与规律、疾病与健康的认识更加深入和清楚。随着科学技术与工农业生产的迅猛发展,尤其是新材料、新技术、新药物等的开发和蓬勃发展,以及人工合成有机化合物的出现和巨大进展,毒物的品种和数量也随之不断地迅速扩大,而且愈来愈多的有害物质被引入人类生活和生产的环境中。人类对毒物的认识已不只限于能引起明显急、慢性中毒症状或造成急性死亡的物质,毒物的概念已逐渐扩展和延伸到那些一时不易察觉而在各种不同程度上对人类健康和繁衍有远期毒害作用的物质,包括一些可能具有致突变、致癌、致畸以及加速衰老的物质等。这些物质往往以微量甚至痕量混存于药品、食品、日常用品、生活用水、空气以及尘土等物品和环境之中,为了区别于法医毒物分析中所指的毒物,可将这一类有害物质称为有害杂质,而由此引起的各种不良反应可广义地称为毒害作用。今天,毒物的范围已经很广泛;今后,毒物的概念和所包含的内容还将随科学技术的进一步发展而继续有所延伸和扩大。

二、中毒及毒性

(一)中毒及中毒可能

中毒(poisoning)指生物体受到一定量的毒物作用而引起功能性和器质性改变后导致的疾病状态或死亡。因中毒导致的死亡称为中毒死(death by poisoning)。

由毒物引起的中毒效应称毒性作用(toxic effect)或毒害作用。毒性作用造成伤害甚至死亡的事件(案件)有些是主观故意而为的自杀、吸毒或蓄意投毒的他杀;而有些是因为生活上的疏漏,如紧闭门窗烤火、误用或误食某种物质造成中毒;也有偶见于自然灾害引起的毒害;中毒事件(案件)中有些中毒者为一个、几个个体或较小群体,多发生于人为因素造成的中毒事件,间或也有为数众多的群体,比如由于职业过失引起的有毒物泄漏事件、战争中施放毒气以及公共食源或水源投毒等。毒害的后果往往很严重;而使用的毒物品种则是多种多样的,来源也各不相同。

近年来,在发达国家,投毒谋害的案件已不多见,而服毒自杀的情形却仍然不少;在发展中国家,投毒谋杀的情况和服毒自杀事件仍时有发生。

(二)毒性作用的产生条件和影响因素

一种物质能否产生毒性作用、作用的强弱以及作用的快慢不仅与物质本身的化学成分有关,也与其用量、进入生物体的途径及进入速度有关。受作用生物体的种属、性别、年龄、体重、健康状况、对毒物的耐受性(tolerance)和敏感性(sensitivity)、是否体内已有蓄积等其他因素也会影响毒性大小。毒性作用的产生条件和影响因素主要如下:

1. 毒物的成分及其化学状态 这是毒性作用产生的基本条件。毒性作用与这些成分及其存在状态关系密切。比如砷及砷化物造成中毒的历史已逾千年,虽然都因为砷带来毒性,但砷及砷化物中砷的存在状态不同,其毒性差异很大。单质砷不溶于水,几乎无毒性;三氧化二砷,又称为砒霜,微溶于水,易溶于酸碱,易转化成亚砷酸,毒性作用强;二硫化二砷,又称为雄黄,难溶于水,毒性较低。

2. 起作用的剂量 剂量是影响毒性作用的主要因素。毒性物质须达到一定剂量才会产生毒性作用。许多有毒性的化学物质在规定的安全剂量下是用于治疗疾病的药物,而超过安全剂量或治疗剂量就有可能引起中毒,超过安全剂量的使用量越大所产生的毒性作用越强。剂量特别大时,即便是人体所必需的物质,如每日食用的食盐,亦可能造成中毒致死。毒物引起个体中毒出现了中毒症状的剂量称为中毒量(toxic dose);造成死亡的剂量称为致死量(lethal dose,LD)。各种物质有其相应的中毒量和致死量,其值越小,毒物的毒性作用越强。另外,毒性作用的强弱从病情上分为轻度中毒、重度中毒和中毒死亡。从病程上有急性中毒、亚急性中毒以及重复多次小剂量使用造成的慢性中毒。动物的中毒量、致死量通常是基于实验而得出的统计数据。通常采用小群体的动物急性毒性实验方法,求得某一毒物能引起某种动物的群体全部死亡的最小剂量,称为全数致死量(LD$_{100}$);引起半数动物死亡的剂量称为半数致死量(LD$_{50}$)。毒物对人的中毒量和致死量多是从一些实际案例中得到的参考值或推理得到的数据,不能将中毒量和致死量简单地用于判断或推算个体是否死于中毒。有人认为物质导致中毒的剂量是一个固定值,超过就会造成中毒甚至致死。这种机械的看法是错误的。

3. 作用途径与方式 毒物必须经一定途径进入机体才能引起毒性作用。毒性作用的快慢和强弱与毒物的摄入途径相关。毒性物质可经口服(消化道)、注射(皮下、腹腔、肌肉、血管等)和外用(皮肤、黏膜、结膜等)途径进入体内而引起毒性作用。一般毒性物质经口入体,则毒性作用的程度主要与毒物的吸收特性有关;通过注射途径进入,产生毒性作用的速度较快,但也与毒物的吸收和分布特性有关;通过外用途径进入,产生毒性作用的速度较慢,但常会引起继发性毒性作用。另外,一些药物如给药途径不当也能产生毒性作用,例如只能外用的药物被用作口服,只能口服的药物而用于注射等;另一些药物则须考虑给药的浓度和速度等因素,否则也会产生毒性作用。例如需经大量液体稀释后进行静脉滴注的某一药物,若以高浓度在短时间内静注则可引起严重中毒甚至死亡;又如一次顿饮大量烈酒和在较长时间内餐饮同样量的烈酒,其后果也是不一样的。

4. 受作用的生物体 毒性作用的产生和程度与生物体的种属有关。毒物对不同种属的生物体有的可产生毒性作用,有的则不产生毒性作用;而对同一种属的生物体产生的毒性作用其程度也有很大差异。在法医学领域中,涉及的毒物主要是指能使人出现中毒症状的物质,有时也指能使畜、兽、禽、鱼等中毒的物质,例如违法捕猎受保护的野生动物,或破坏渔、牧业生产等违法犯罪行为中使用的毒物。

5. 个体情况 毒物产生毒性作用的程度与接受个体的身体状况有关。身体状况包含性别、年龄、体重、健康状态、身体素质、生活习性以及对药毒物的敏感性和耐受性等。

一般婴幼儿、老年人、孕妇或体弱多病者对毒物的耐受性较差,中毒量和致死量相对较小,为易中毒人群;相比于这些易中毒的人群,如果不对药毒物产生过敏,一般来说,同样的药毒物对体魄健壮、身体健康的年轻人毒性作用会弱一些。而对于产生耐受及会出现过敏的个体来说,药毒物的药效或毒性作用差别就很大。比如对于有些个体而言,当再次使用同样剂量的药物已无法达到原有效用,必须增加剂量时,说明个体产生了耐受性,对所用药物和相关药物的敏感性会降低。个体产生耐受性的程度如果严重,血液和组织内含有的毒物甚至可能虽已达到了致死量,但机体或许还不会出现本应出现的症状。而反过来,有些个体则是当使用极小剂量的物质却发生很强的反应。尤其是有些精神药物与毒品,比如苯丙胺、巴比妥类、苯二氮䓬类、吗啡、可卡因、海洛因及美沙酮等就存在这种现象。举一个不同的个体对毒品海洛因的敏感性和耐受性差异明显的例子:某男,在第一次注射某剂量海洛因时就中毒死亡,甚至死的时候,注射用针头还没有拔出。而劝说他使用海洛因的“毒友”却每次都需要使用大于其数倍量的该物质,才能“过瘾”。再比如嗜酒的人群,对酒精的耐受性和敏感性,可能与不常饮酒的人群相比会有所不同。对某些药物过敏的人群,即使使用或接触到远小于正常治疗量的药物就会发生中毒甚至死亡。另外,遗传因素、体内已有蓄积或者其他原因也会影响毒性作用的大小。比如由于基因多态性,有些个体基因型不同,其主导的药毒物代谢酶差异很大,同样的药毒物,其药效或毒性作用差别非常明显。所以,一种毒性物质对于不同的个体来说,中毒量和致死量是有差异的。文献记载的毒物对人的中毒量和致死量未必都能适用于每一个体,只能作为参考数据。运用中毒量和致死量作为判断依据时,必须考虑敏感性、耐受性以及过敏等问题。

由此可见,对毒物的定义是有条件的和相对的。毒物是在特定条件下,以一定量和特定方式作用于特定个体而产生毒害作用的物质。

随着科学技术的进步和社会的发展，天然的、化学合成的和生物技术生产的化合物日益增多，可用于防治疾病的药物和有毒性的物质也愈来愈繁多。本书只能列举其中少数有一定代表性的药毒物。

三、毒品

毒品是属于法学范畴的概念，"毒品"一词，在我国历史上，原先是指从外国输入的阿片及其制品。阿片也叫鸦片、鸦片烟、烟土、大烟等。此类毒物的输入和蔓延曾使我国人民蒙受深重灾难和精神痛苦。依照《中华人民共和国刑法》第 357 条规定"毒品是指鸦片、海洛因、甲基苯丙胺（冰毒）、吗啡、大麻、可卡因以及国家规定管制的其他能够使人形成瘾癖的麻醉药品和精神药品"，所以，毒品是依照法律规定而实行严格管制的特殊药毒物。任何违反有关法律规定的行为将构成毒品犯罪行为而受到法律制裁。构成毒品犯罪时的这些药毒物就是毒品。毒品仍属于药毒物之列。随着医药事业发展，有些用于治疗疾病的药物也被不正当地使用并传播扩散，危害人类健康，已成为国际上的严重公害。毒品犯罪活动和与毒品相关的经济、文化、治安等方面的犯罪活动也已相当严重。本书专列毒品一章。

1. 药物管制与药物滥用 药物滥用（drug abuse）是指非医疗目的的、不正常的连续大量使用有依赖性（dependence）药物。

（1）国际管制公约：当前，全球化的药物滥用问题已成为严重公害，其中危害最大的是麻醉品滥用和精神药物滥用。为此，早在 1912 年由中、美、日、英、法、德等国在海牙缔结了《海牙禁止鸦片公约》；1931 年由 54 个国家在日内瓦缔结《限制麻醉药品制造、运销公约》。联合国于 1961 年制定了《1961 年麻醉品单一公约》议定书，1972 年进行了重新修订，截止到 1994 年已有 149 个国家参加缔约；1971 年制定了《1971 年精神药物公约》，截止到 1994 年已有 132 个国家参加缔约；1988 年制定了《禁止非法贩运麻醉药品和精神药物公约》。1990 年联合国特别会议又通过了《政治宣言》和《全球行动纲领》两个文件，进一步呼吁各国采取全面行动和更积极的国际合作手段，严厉打击有关麻醉药品与精神药物的违法犯罪活动。

（2）我国加入的国际公约：我国政府一直积极倡导并积极参与国际麻醉药品和精神药物管制事务。1985 年，全国人民代表大会常务委员会批准加入《1961 年麻醉品单一公约》和《1971 年精神药物公约》；1989 年，批准加入《禁止非法贩运麻醉药品和精神药物公约》，并成为最早加入该公约的国家之一。

2. 我国对毒品的管制 由全国人民代表大会及其常务委员会、国务院及其相关部门制定、颁布的法律、行政法规和规章，对麻醉药品、精神药品、毒性药品和戒毒药品均有明确的法律界定和严格的法律规定。

（1）麻醉药品（anesthetic drug）：1987 年 11 月，国务院发布了《麻醉药品管理办法》，其中对麻醉药品的定义为："指连续使用后易产生身体依赖性，能成瘾癖的药品"。卫生部于 1996 年 1 月公布的《麻醉药品品种目录》中列有 118 个品种。2007 年 10 月，《麻醉药品品种目录》中药品的总数增至 123 个。2013 年 11 月，《麻醉药品品种目录》中药品的总数修改至 121 个。违反麻醉药品管理的规定，制造、运输、贩卖麻醉药品和罂粟壳，构成犯罪的将依法追究刑事责任。

（2）精神药品（psychotropic drug）：1988 年 11 月，国务院发布了《精神药品管理办法》，其中第二条对精神药品的定义为："指直接作用于中枢神经系统，使之兴奋或抑制，连续使用能产生依赖性的药品。"第三条指出："依据精神药品使人体产生依赖性和危害人体健康的程度，分为第一类和第二类。"1996 年 1 月公布的《精神药品品种目录》中列有 119 个品种。2005 年 8 月，国家公布了新的《麻醉药品和精神药品管理条例》。2007 年 10 月，公布的《精神药品品种目录》中列出的品种增至 132 个，第一类有 53 种，第二类有 79 种。违反精神药品管理的规定，制造、运输、贩卖精神药品，构成犯罪的将依法追究刑事责任。2013 年 11 月，最新公布的《精神药品品种目录》中列出的品种增至 149 个，第一类有 68 种，第二类有 81 种。

（3）戒毒药品：1999 年 6 月，原国家药品监督管理局修订并发布了《戒毒药品管理办法》，其中对戒毒药品的定义为："指控制并消除滥用阿片类药物成瘾者的急剧戒断症状与体征的戒毒治疗药品，和能减轻消除稽延性症状的戒毒治疗辅助药品。"如麻醉性戒毒药品美沙酮等的研制、生产、使用均作了具体规定和要求。违反《戒毒药品管理办法》的规定,县级以上药品监督管理部门依照《药品管理法》给予处罚。构成犯罪的将依法追究刑事责任。另外,全国人民代表大会常务委员会于1990年12月公布了《关于禁毒的决定》,1997年3月修订了《中华人民共和国刑法》,其中专列一节包含十一条条款的《走私、贩卖、运输、制造毒品罪》,进一步加强了对毒品犯罪的法制措施。2006年6月,《中华人民共和国刑法》修正案中同样列有专节和相应的条款规定。2014年12月31日,国家卫生计生委、公安部、国家食品药品监督管理总局共同制定了《戒毒药物维持治疗工作管理办法》,其中规定了维持治疗使用的药品的种类和管理办法,已于2015年2月1日起施行。

3. 新精神活性物质 新精神活性物质(new psychoactive substances,NPS)也称策划药物,合法兴奋剂(legal highs)或毒品类似物(drug analogue)。

联合国毒品与犯罪问题办公室(United Nations Office on Drugs and Crime,UNODC)对新精神活性物质的定义是:"未被国际禁毒公约管制,但存在滥用并会对公众健康带来威胁的物质。"从化学结构上看,它们一部分是不法分子为规避法律制裁,通过对已列为受管制毒品的分子结构进行细微的化学修饰而得到的;另一部分则是全新设计和筛选出来的,未被或正在列入管制的物质。这类物质生产工艺简单,价格不高,致兴奋或致幻觉作用强烈,因此在发达国家快速蔓延,并且这类物质的种类繁多,更新换代快,医学界对其成瘾机理尚无系统研究甚至来不及系统研究,同时给立法管制和分析检测都带来许多困难。

截至2013年底,联合国毒品与犯罪问题办公室已监测到的新精神活性物质已经达384种,超过了禁毒国际公约管制的麻醉药品和精神药品的总数234种。根据其结构特征和药理作用,UNODC将新精神活性物质分为7大类,包括合成大麻素类(synthetic cannabinoids)、卡西酮类(cathinones)、苯乙胺类(phenethylamines)、哌嗪类(piperazines)、氯胺酮(ketamine)、植物来源类(plant-based substances)和其他类(含色胺类、氨基茚类、苯环己基胺类、镇静类等)。

根据国家食品药品监督管理总局公布的《精神药品品种目录(2013年版)》,JWH-018、JWH-073、JWH-250、AM-694、AM-2201等合成大麻素、4-甲基甲卡西酮、4-甲基乙卡西酮、3,4-亚甲二氧基甲卡西酮(Methylone)、2,5-二甲氧基苯乙胺(2C-H)、2,5-二甲氧基-4-碘苯乙胺(2C-I)、亚甲基二氧吡咯戊酮(MDPV)、苄基哌嗪(BZP)、依他喹酮(Etaqualone)、恰特草等新精神活性物质已被列入第一类管制精神药品。公安部、国家食品药品监督管理总局、国家卫生计生委和国家禁毒委员会办公室联合制定出台《非药用类麻醉药品和精神药品列管办法》,该办法已于2015年10月1日起施行,一次性增列了116种新精神活性物质。

四、毒物分类

毒物可根据理化性质、毒理作用或依照其他原则(方式)进行分类。根据结构和理化性质,毒物大致被分为挥发性毒物、气体毒物、水溶性毒物、非挥发性毒物等;根据毒理作用有腐蚀性毒物、刺激毒物、实质毒物、酶抑制毒物、血液毒物、神经毒物等;按来源、用途及应用范围分为有毒植物、有毒动物、农药、杀鼠药、药用毒物、工业毒物、军事毒物等。

随着对毒物认识提高,毒物的范围和种类会不断增加。单纯根据某一原则分类,也很难把所有的毒物分类都说清楚。其实各种分类的方式和结果都存在一定的不足和偏差。本书对毒物大致按如下综合分类。其中由于毒品的特殊性,本书专列毒品一类。

1. 合成药物 如巴比妥类、苯骈二氮杂䓬类、吩噻嗪类、利多卡因等。

2. 植物毒物 如乌头类、马钱子、颠茄类等。

3. 动物毒物 如斑蝥素、河豚毒素、蟾蜍毒素等。

4. 毒品 如阿片类、苯丙胺类、大麻类、氯胺酮、新精神活性物质等。

5. 杀虫剂 如有机磷、氨基甲酸酯类、拟除虫菊酯类等。

6．除草剂　如百草枯、五氯酚钠、草甘膦等。

7．杀鼠剂　如磷化锌、氟乙酰胺、毒鼠强、香豆素类、茚满二酮类等。

8．气体毒物　如一氧化碳、硫化氢、液化石油气等。

9．挥发性毒物　如氰化物、乙醇、甲醇、甲醛、氯仿与水合氯醛、苯酚与煤酚等。

10．金属毒物　如砷、汞、铅、钡、铊等化合物。

11．水溶性无机毒物　如强酸类、强碱类、亚硝酸盐等。

五、毒物的体内过程

毒物在体内一般要经过吸收（absorption）、分布（distribution）、代谢（metabolism）和排泄（excretion）四个过程，这些过程通常有其规律。处理中毒案（事）件，要正确了解毒物在体内的这些过程和中毒的发生、发展及结果。如果个体反复使用某物质已形成瘾癖，该物质的体内过程及代谢规律就不再同于一般情形。

（一）毒物的吸收

毒物的吸收，是指毒物通过与机体的接触而经皮肤、黏膜、消化道、呼吸道等途径，穿透生物膜或膜屏障进入体内循环的过程。毒物入体的途径不同，其吸收的速度和量也不同，由此将致其中毒快慢和程度差异。另外，毒物入体的途径不同，还可以影响毒物作用的性质，如苦杏仁苷从静脉进入机体完全没有毒性，而若口服，则可能经胃酸分解释放出氢氰酸而引起中毒死亡。毒物进入机体有多种途径，大多是经消化道在口腔黏膜及在消化道吸收，或由呼吸道吸入，或经过注射进入机体。也偶有其他不常见的途径，常常是罪犯为达到犯罪目的而采取的形式，如曾经有罪犯将硫酸注射到受害人头皮下；还有罪犯将毒物塞入被害人阴道。一般来讲，毒物由静脉途径直接进入体循环，机体的毒性反应出现最快，影响程度也可能最严重。

毒物吸收是指毒物进入血液循环的过程。吸收快慢与吸收途径、毒物的性质（如 pK 值等）、机体的状态（如胃肠道 pH、肺活量、皮肤黏膜完整性等）、是否佐以含酒精饮料、性别及个体体质等因素有关。

了解毒物吸收途径的特点，对解释中毒发生与否、推断毒物入体的时间、毒物分析检材的选择及判断中毒的性质等，都有密切关系。

（二）毒物的分布

毒物吸收入体后，在体内随着血液循环很快分散到全身各器官组织的过程称为分布。毒物在机体内的分布并非完全均匀，其分布情况取决于毒物的理化性状（如脂溶性等）、与脏器组织的亲和力及组织的血流量。各种毒物的分布有其相应的规律。比如，一氧化碳与血红蛋白具有高度亲和力；而砷多积蓄于肾脏、骨骼、指甲；而氰化物、有机磷农药及百草枯等在肺组织中有较高的分布。近年来不少研究发现有些毒物还存在死后再分布的现象。这些分布特征对于选择何种检验材料供法医毒物分析具有指导意义，对评价分析结果也有所帮助。

（三）毒物的代谢

毒物进入机体后，经细胞和组织内酶的作用，会发生氧化、还原、水解或结合等生物转化过程，也即毒物在体内的代谢。毒物在体内的代谢可分为两个步骤：第一步骤包括氧化、还原或水解。几种代谢方式中，氧化是最普遍的一种，如乙醇氧化成乙醛并进一步氧化成为乙酸，乙酸最后氧化成为二氧化碳和水；而带有硝基和羰基的毒物易发生还原反应，如含硝基的农药对硫磷还原成氨基对硫磷；具有酯键或酰胺键的毒物在体内酯酶等的作用下发生水解，如有机磷农药 1605 水解后生成对硝基酚，氟乙酰胺水解为氟乙酸，乌头碱水解生成乌头原碱、苯甲酸及乙酸。第二步骤为结合过程。有些毒物与体内的葡萄糖醛酸、甘氨酸、硫酸等结合生成相应的酯、醚及酰胺等化合物，如吗啡可与葡萄糖醛酸结合成吗啡‑葡萄糖醛酸苷，砷或汞离子与酶蛋白分子上的巯基结合等。毒物经过代谢转化成的产物即通常所称的代谢物。大多数毒物经过生物转化后，毒性随之降低，也有经过这个过程后，毒性反而增加。毒物的体内代谢过程各不相同，有的仅经历第一步骤或第二步骤，有的则有多种代谢过程,也有的不经过生物转化而直接被排出体外。如果由于各种原因导致原药检测困难,也可检测其代谢物。毒物特征代谢物的检出可作为其原体进入体内的证据。

(四)毒物的排泄

毒物在吸收和代谢的同时,就开始排泄,毒物从排泄器官和分泌器官以被动扩散或主动分泌的方式被排出体外。毒物排泄的速度及程度与毒物溶解度、挥发度、组织中蓄积的程度、排泄器官的功能状态等有关系。多数毒物进入机体后,排出速度较快,毒物排出机体的主要途径是经肾脏,所以大部分毒物的原药和代谢物都能从尿中检出。不少毒物随尿排入肾小管后,由于水分的重吸收,使尿内毒物的浓度高于其在血浆内的浓度,因此导致有的毒物被动扩散再吸收入血。大多数毒物经肾排泄较快,少数毒物经肾排泄较慢(如重金属类),可能发生蓄积中毒。毒物也可经胆汁、乳汁、汗液和呼吸道排出。有些毒物(如吗啡、铅等)一部分可经胆汁排入肠道,随粪便排出;肺可排出气体和挥发性毒物,如一氧化碳、酒精、有机磷农药等;汗液、乳汁、唾液等分泌物中也可排出部分毒物。在法医毒物分析中应根据毒物的不同理化特性、中毒过程的长短等提取适当的检材用于毒物分析,肾、尿、胆汁都是常用的重要检材。

六、中毒症状

毒物作用于机体,机体会有中毒表现,通常被称为中毒症状。症状通常会表现在全身各系统,如消化系统的恶心、呕吐、腹泻等;或神经系统的头晕、头痛、全身无力、抽搐等;或呼吸系统的呼吸困难、气急等。有些毒物中毒还会表现出特殊的症状,表1-1列举了一些毒物及可能出现的中毒症状。

表1-1　毒物及中毒症状

毒物	中毒症状
氰化物、一氧化碳	颜面樱红
阿托品、河豚	颜面潮红
亚硝酸盐、苯胺、硝基苯、安眠镇静药	颜面口唇青紫
抗凝血杀鼠剂	血液正常,不凝固
氰化物、一氧化碳	血液鲜红,不凝固
亚硝酸盐、苯胺、硝基苯	血呈酱色,不凝固
安眠镇静药、吗啡、阿片、一氧化碳	呼吸浅慢
有机磷、百草枯、刺激性气体	肺水肿
强心苷类、氨茶碱、蟾蜍、苯丙胺、氟乙酰胺	心跳加剧、心律失常
有机磷、有机氟、拟除虫菊酯、乌头、氨基甲酸酯	流涎、口鼻冒白沫
砷、汞、强酸、强碱、钩吻、磷化锌、巴豆、斑蝥、河豚	剧烈腹痛
磷化锌、砷	口渴
砷、汞、巴豆、桐油、蓖麻	剧烈呕吐与腹泻
汞、斑蝥、蓖麻、抗凝血杀鼠剂、百草枯	血尿、尿闭
氰化物、烟碱	闪电样昏倒迅速死亡
安眠镇静药类、麻醉药、一氧化碳	昏睡
氰化物、有机磷、氟乙酰胺、士的宁、毒鼠强	痉挛、强直性痉挛
颠茄、曼陀罗、大麻、麦角酰二乙胺(LSD)、抗抑郁药	幻觉
乌头、河豚、蟾蜍、大麻	口唇、四肢发麻
甲醇、钩吻	视觉障碍、复视、失明
有机磷、吗啡、阿片、颠茄类、麦角酰二乙胺(LSD)、可卡因、大麻、奎宁	瞳孔改变
有机磷、氨基甲酸酯	大量出汗
有机磷、阿托品、五氯酚钠	体温升高
斑蝥、巴豆、强酸	皮肤发红、起疱

这些症状能为中毒鉴定提供有用信息,同时也能给检验工作提供可能的毒物范围,使检验工作更有目的性和针对性。由于有些症状是多种毒物所共有的,而且有些症状与疾病发作时所产生的症状相类似,这就给临床诊断增添了许多困难。只有少数情况下能够单凭中毒症状判断受检人是否中毒以及何种毒物中毒,大多数情况下除了注意上述特征外,还应进行毒物分析,并结合各方面情况得出结论。

第二节 毒 物 分 析

一、毒物分析的定义

毒物分析(toxicological analysis)是应用化学、药学、医学等学科的现代科学理论、技术和方法,对危害人类健康生存的化学物质进行分析研究的一门应用科学。属于分析化学的一门分支学科,大多数情况下为微量分析或痕量分析。

毒物分析依据分析目的的不同,被应用到各个不同的领域,大致可分为预防性毒物分析与突发性毒物分析。预防性毒物分析主要是指药品杂质分析、农药残留分析、环境监测、劳动保护、饮食物管理等领域的分析工作。此类分析有常规的工作程序,属于常规毒物分析。而突发性毒物分析,是针对非正常情况下发生的中毒事件而言,涉及的领域有自然灾害、战争毒气、临床急救、生活疏漏、职业过失、自杀或他杀中毒事件,这类分析没有固定的工作程序,属于非常规毒物分析。法医毒物分析属于突发性毒物分析,主要是对涉及或怀疑涉及由毒物引起的伤害或死亡事件(案件)中的有关物质进行分析鉴定。

二、法医毒物分析的任务

法医毒物分析是毒物分析在法医学领域中应用的一门学科。涉及毒物的各种各类事件中,有许多是由违法犯罪行为引发的。法医毒物分析的基本任务是针对提供的检验材料,进行有关毒物分析鉴定,判明有无毒物、何种毒物、多少毒物,同时分析毒物与事件的关系,为澄清当事人在事件中是否负有法律责任提供依据,为涉及中毒案件提供侦破线索和证据。

相对于指定样品分析和规定分析方法的常规分析任务而言,法医毒物分析的任务有其特殊性、综合性和不确定性,要求法医工作者不仅应熟悉有关毒物各方面的知识、相关领域的知识背景、处理中毒事件和相关案件的工作程序和法律程序等;还应掌握一些力所能及的毒物检验方法和技术。

发生中毒事件的性质,有属刑事犯罪的,有属一般违法的,也有仅出于某些怀疑而实无其事的。可能会涉及毒物的事件或案件很多,列举部分情况如下:死因不明而有怀疑中毒情节的;自杀死有必要证明服毒的;谋杀毒死或谋害未遂的;用毒物使人丧失防御能力而图谋抢劫、拐骗、强奸、施暴或杀害的;主动或被动地吸食或注射毒品的;制毒贩毒等属于毒品犯罪的;伪劣饮食物或药品等造成严重毒害后果的;忽视生产安全泄漏毒物后果严重的;严重污染和破坏环境卫生引起伤亡的;酒后惹祸的;煤气中毒的;以及其他在生活中与毒物有关的意外事件,和故意的或属于过失造成的怀疑涉及与毒物有关的违法犯罪案件。在事件发生之初,常未能判明事件的真相和性质,而有待于对毒物的分析鉴定和进一步的侦查取证。所以法医毒物分析所遇到的事件并不局限于公、检、法部门已经立案侦查或已经确定审理的案件。有些事件是先由法医检验和毒物分析取得一定的事实依据后,才立案侦查审理的。也即毒物分析能为分析和确定案件性质提供依据。

与事件有关的毒物类别和事件发生的情由常常与各地区的自然环境和社会环境因素有很大关系。天然的有毒动、植物或矿物可因地区不同而有很大差别。工农业生产、商品流通等各领域中可能得到的毒物,各地区也不一样。社会的政治经济和文化状况、民间习俗、风土人情、生活习惯等都可与事件发生的因由有着密切关系。

发生这类事件时，大多有侦查员和法医工作者参与处理。法医工作者应在了解事件发生的情节和对现场的勘查等过程中细致观察分析，据此提出所有可能的疑点并搜集所有可疑的物品物件；应在尸体解剖和病理检查的过程中根据所见现象提出可能与毒物有关的依据和对检验工作的意见，并采取提供毒物检验的材料。在某些情况下，只要有条件，法医工作者还应尽可能及时地进行一些毒物检验工作。例如，对现场的可疑物、饮食物、呕吐物、胃内容、血或尿等，根据事件中的疑点，及时地做一些无需设备的简单预试。这样的初步检验，有时可立刻使事件明朗化，有时可为进一步分析检验提出依据或线索。所以，法医工作者不但应熟悉过去和现在当地的物产和社会情况，熟悉有关毒物各方面的知识，还应掌握一些力所能及的毒物检验方法和技术。

随着现代科学技术的发展和加强法制建设的需要，法医学领域已包含不少专门学科。法医工作者也常会遇到需要有关学科的专家协助解决的问题。专门进行法医毒物分析的工作常需较多的贵重设备和专门的知识技能。法医工作者遇到有关毒物的事件或案件有时也需要提交法医毒物分析的专门人员协同解决。为此，法医工作者应该熟悉法医毒物分析的工作能做什么、能用些什么办法、能得出些什么样的结果、所得到的结果在法医学鉴定中能起什么样的作用等方面的知识。

并不是所有涉及毒物的事件都必须由法医工作者或法医毒物分析的专业人员执行分析鉴定任务。有些涉及毒物的事件由有关的主管部门监管，并对违反法规的事件进行处理。其中对于已经构成触犯刑律的案件，通常需要公安、司法部门指派或聘请法医毒物分析专业人员进行鉴定。

三、法医毒物分析的特点

在涉及要解决的中毒事（案）件中，由于是何种毒物往往事先并不知道，加上检验材料多种多样、疑犯作案手段隐蔽及案件性质复杂等原因，毒物分析工作不同于常规分析，而是具有如下几方面的特点。

1. 分析目的难于事先确定　法医毒物分析工作有的是属于验证性质的，有的是属于侦查性质的。验证是指案情清楚检验目的明确，只要求证明是不是或是否含有某一种指定的药毒物。例如，检验被怀疑吸毒者的尿以证实是否吸毒；送验的药毒物要求证实是否为指定名称的药毒物；或饮食物中是否含有指定的药毒物等。而法医毒物分析工作中所遇到要求检验的事件中，很大一部分属于事实真相尚不明朗，疑点较多，分析目标还难确定而有待探索查明。有些工作即便是属于分析目的相对明确，所做工作只是验证性质的分析，但也可能带有侦查性质或在检验的过程中转变成侦查性质。

法医毒物分析所涉及的事件或案件，在大多数情况下，其发生的原因和情节不明朗。有许多可能的情况：有的是被故意隐瞒的，有的是事发后被遮掩的，也有一些意外事故有待查明原因的。用毒物蓄意谋害、制毒贩毒或诱迫他人吸毒等一些故意的犯罪行为，犯罪行为人常使用毁灭罪证、制造假象、转移目标甚至杀人灭口等奸诈手段掩盖事实真相。有些因使用伪劣药物或使用有毒物质制作饮食物而造成严重伤亡的事件，行为人事先不一定能料想到后果的严重性，事发后亦未必能确知是何物造成中毒，又可能因畏罪或惧怕牵连而多方掩饰隐瞒。还有一些由于过失、疏漏、无知等原因造成的毒害事件，在社会生活的方方面面都有可能发生，其所造成毒害的毒物常不能预先得知。此外，有一些并不存在毒物的事件，例如因同时有某些偶然情节的凑巧引起怀疑中毒而实与毒物无关的事件；也有以虚假毒物用作恐吓威胁，图谋危害他人的事件等。此类事件也常形成一些迷惑。再加上社会上的一些不良风气，例如肇事者可因亲属或涉案有关人员出于名利权势等因素而受到掩护或为之推诿责任，甚至对受害方进行威胁利诱，妄图化解；受害一方亦可因慑于权势、为利所诱、不懂法律等原因采取姑息态度而知情不吐，也可能借故要挟而虚构或夸大事实。由于有如此许多复杂的社会因素可阻碍查明真相，使得在事件发生后不易对毒物分析工作提出很确切的具体要求。

由毒物引起的中毒或死亡，虽然有时可见到一些中毒症状或尸体变化，可作为考虑分析目标的参考。但由于毒物的种类繁多，许多毒物没有特殊的症状与组织改变，还有些中毒症状难以与疾病区分，所以也很难据此提出确切的分析目的。急救医生、法医或侦查人员等可能根据各人所见提出分析要求,而在进行法医毒物分析时还应该具体了解事件全部情节,进行周密分析,摒除假象,发掘疑点,全面考虑对案件可能涉及的所有毒物进行检验,才能不至于疏漏毒物,并根据需要和可能考虑是否必须进行含量测定。因此,法医毒物分析具有探索性质和研究性质,其分析目的常不是事先能明确肯定的。往往最后揭露出案件真相才能验证分析目的是否正确。

2. 检验材料特别　检验材料(specimen)是提供分析检验的原始物料,简称为检材(specimen)。检验材料的特殊性包括检材的多样性、一次性和有限性。提供法医毒物分析的检验材料种类繁多,性状各异,有来自揭发者或在侦查中发现的各种可疑物,有现场搜集到的各种可疑物品或呕吐物、排泄物、毒物等遗留的痕迹,有活体的体液、呕吐物、排泄物,有死后的尸体内脏,有已埋葬的腐败尸体及尸周棺木与泥土等。所有检材都只能是一次性提供,不可能再次复得;即便是开棺再验之类的情况下再次采集的检材也是与原先的检材不相同的。同时,各种检材所能取得的数量又受具体条件所限制而无法多得。除了很个别的特殊情况,经过分析化验以后,检验材料不可能再恢复原状。为了保证分析鉴定结论的可靠性和准确性,还须提留一部分足够的检验材料妥为保存,以供审查复核和验证。

3. 分析方法的应变性　法医毒物分析通常要求从大量检验材料中分离出微量乃至痕量的毒物并予以证实,必要时还须测定其含量,有时还须对毒物的代谢产物进行分析检验。毒物的种类很多,不可能对所有毒物都逐个进行检验。由于事件情节的千变万化和检验材料的不同,不可能有一种固定的分析方法适用于各个不同的事件。常需根据分析的目的与事件发生的具体情况来周密拟订分析方案。在拟订方案时还应考虑到由于侦查中新线索的发现和检验过程中某些现象的出现等情况变化而必须变动分析方法的可能性。这就要求所用的分析方法具有一定程度的应变性,使之能适应于不同的分析目的。也就是说,拟订检验方案时,不仅应尽可能兼顾案件可能涉及的各种毒物,还应考虑到在可能出现新情况时,也能适应或有变通的余地。在未有充分把握以前,不应采用只针对某一种毒物的检验方法,以避免检材的无谓消耗和分析工作的失误。

4. 肩负法律责任　法医毒物分析的检验结果和鉴定结论是证明毒物事件真相以及公安、司法部门侦查或审理案件时的证据之一。对于证据必须经验证属实才能作为定案根据。而鉴定人是诉讼参与人之一,对鉴定结论负有法律责任。法庭审理案件时,由法庭或鉴定人宣读鉴定结论后,当事人或辩护人有权申请重新鉴定或补充鉴定。因此,法医工作者和毒物分析工作者都必须具有高度负责的精神、严肃的工作态度与严谨的科学作风。检验人或鉴定人必须对案件的全部检验工作负责,接受指派或受聘的鉴定人必须对受委托的化验鉴定工作具备足以胜任的知识和技能。鉴定结论必须有严密的科学论证。检验工作中如发现疑点或与案情有矛盾时,应进一步查证,务须根据事实进行科学辨析,作出恰如其分的科学结论。

5. 涉及范围的多学科性　法医毒物分析既是一门专业性较强的学科,又是一门涉及多种学科的边缘学科,要求工作者有广博的知识,既要熟悉案发地的社会习气、风土人情、人文习惯等,还要熟悉疑犯的心理规律及犯罪行为特点等,更要掌握毒物的性状、作用机制、中毒改变、现代科学的理论与技术及与中毒相关的其他学科知识。

第三节　法医毒物分析工作程序

一、接收任务

提供证据的法医毒物分析工作,通常是由公安、司法部门指派或聘请有专门知识和技能的自然人担任。未经公安、司法部门立案的事件,可由医疗单位或有关的行政、企事业单位提出检验要求。毒物检验工作不接受事件当事人提出的检验要求,也不接受未经授权而以个人身份提出的检验要求。

要求检验的单位应依据有关法规考虑事件有无涉及违法犯罪行为的可能,注意保存与事件有关的物件和事实记录等证物，以防止犯罪嫌疑人逃避责任，也可避免以后侦查或审理时失掉线索或证据。如中毒被误认为急病而送医院救治，医生怀疑中毒并因此而委托检验毒物时，医生和检验者都应该详细记录救治者与护送人的诉述、医学检查和检验中的发现，并保存可能取得的物证。

法医毒物分析工作者在接受检验任务时，应十分慎重，要避免任何疏忽而妨碍检验工作的正常进行，更要消除一切妨碍检验工作公正性的不良因素。

（一）全面掌握实情

接受毒物鉴定或毒物检验任务时，应全面了解事件发生前后的全部情况。即使是正在侦查中有些情节必须暂时保密的，也应提供与要求检验毒物有关的情况和事实依据。

1. 一般情况　包括事件发现或发生的始末（时间、地点及饮食等）；中毒症状；中毒者与家属及有关人员的年龄、性别、民族、职业、健康、嗜好、习性等情况；可能接触到的药毒物及用药过敏史等；事发现场是否进行过抢救及其他处理；医生诊断意见；侦查中的发现等。

作为最先接触中毒者和现场的医生、警察及法医，如果认为需要进行毒物分析而提出这一要求时，应该全面了解事件发生前后的所有情况；当有必要进行毒物分析，提交送检时要提供全部有关情况，并与毒物分析人员共同分析、探讨事件是否与毒物有关、可能涉及哪些毒物、要求毒物分析解决哪些问题、进行检验的可能性、估计能得到的检验结果及其对法医学鉴定的意义等。

在怀疑中毒事件中，最先接触中毒者和现场的人员有责任使事件处于最能控制的状态。应尽量做到：辨识和保留中毒人员所在现场的可疑物品和可能的毒物，并将这些物品随病人送往医院或救治中心，以供必要时检验；当有死亡发生时，应全力配合警察、法医的调查；全面提供有关用药史、疾病史及救治过程的材料，列出近日服用过药物的清单；救治时收集的洗胃液应避免有高锰酸钾之类的物质，最开始的洗胃液一定要留存供作毒物分析。

2. 尸体解剖及病理检验所见情况　尸体外观和尸体解剖或病理检验的有关详细情况能给检验工作提供可能的毒物范围，使检验工作有更强的针对性。还能够回答事（案）件中有关中毒的问题，得到符合事实的法医学鉴定结论。对怀疑中毒死亡者，应进行全面系统尸体解剖。解剖前应作好充分准备，如洗净、晾干解剖台；准备各种解剖器械、手套等；注意解剖用具不要沾染消毒液，配备收集检材的容器切勿用水冲洗。通常注意了解尸体的衣着情况及尸体的外表征象，比如死者衣着上是否有流注痕、呕吐物、分泌物和排泄物；皮肤是否有损伤、针孔或腐蚀痕迹，皮肤及尸斑颜色有无异常等；死者口鼻有无特殊气味，比如氰化物、硝基苯中毒有杏仁味，有机磷、磷化锌中毒就有蒜臭味。注意血液颜色及局部腐蚀等现象。

一般而言，大剂量急性中毒死者，尸检往往仅见肝、肾、脑等器官淤血而无特征性的病理改变；大剂量急性中毒而病程迁延或多次小剂量服毒致死的患者尸检则可观察到一些明显的病理改变。表 1-2 列举了部分器官系统改变及重点需要查验的毒物。

表 1-2　部分器官系统改变要点及需要查验的毒物

器官系统	改变要点	需要查验的毒物
胃肠	胃黏膜及内容物附有灰黑色颗粒	磷化锌
	胃黏膜腐蚀坏死	强酸、强碱、酚等腐蚀性毒物
肝脏	肝细胞变性甚至中毒性肝坏死：	
	肝小叶中央区肝细胞变性坏死	砷化物、四氯化碳等
	肝小叶外围带出血坏死	磷化锌
肾脏	中毒性肾病（不同毒物引起的损伤部位不同）	
	近端肾小管的损伤	汞
	肾小管上皮明显脂肪变性	四氯化碳
	近曲肾小管上皮细胞出现核内嗜酸性包涵体	铅
	血红蛋白尿性肾病	砷化氢

续表

器官系统	改变要点	需要查验的毒物
心脏及血液	心肌细胞浊肿及脂肪变性、心肌炎	砷化物、磷化锌、有机汞、酒精
	血液颜色	
	血液呈樱红色	一氧化碳中毒
	血液呈暗褐色	亚硝酸盐、氯酸钾
肺脏	肺水肿、肺炎	刺激性气体如二氧化硫、汞蒸气、百草枯
中枢神经系统	蛛网膜下腔及脑内小血管充血、脑水肿、中毒性脑病	铅、汞、酒精、巴比妥类药物

3．检验情况 已经做过毒物检验的，应了解检验的详细情况和结果，并对其进行审核；对带有结论性的意见，应分析其可靠性和合理性；对情节不清或相互矛盾的情况，应提出补充调查的意见和要求，必要时毒物检验人应协同侦查人员亲自进行勘验检查。

在接受毒物鉴定或毒物检验任务时，应充分掌握医生诊断意见，尸体外观和尸体解剖或病理检验所见，警察的现场勘查情况，侦查中的发现尤其是与要求检验毒物有关的情况和事实依据。必要时毒物分析专家应协同侦查人员亲自进行勘验。毒物分析过程中，有时也需要提出补充调查的意见和要求。

掌握以上情况的目的是通过分析研究，从中发现问题，并进一步探寻解决问题的途径。所以，全面掌握实情是法医毒物分析工作的基础。

（二）采集、包装、贮存和运送检材

检材是判明是不是毒物或是否含有毒物的原始证据，因此应妥善进行检材的采集、包装、贮存和运送。有关工作应根据检验目的要求来考虑，怀疑涉及毒物的种类不同，需要采集的检材类别、相应的包装、储存和运送的要求也就不同。如果分析目的不明确，采集检材应考虑全面，尽量采集现场所有可疑的检材。所取检材必须绝对真实可靠，严防混淆和错乱，并且严格按照规定妥善储存，防止污染、变质和替换。

供作组织学检验的检材常需甲醛溶液浸泡固定，而用作毒物分析的检材，一般不允许在其中添加防腐剂。因为这样会妨碍很多毒物的检测，甚至无法检测。

采集和处置常用毒物分析检材有相应的要求和注意事项，列举如下。

1．现场勘查或侦查过程中发现的检材 如可疑粉末、药渣、容器、纸张、注射器等。一般应全部搜集；在采集可能被呕吐物或排泄物等浸染的土壤、食物、衣着床褥等物时，应同时采取未被浸染的相应部分供作对比。遇有较大宗食品或食物原料等可疑物时，应在不同部位地点采取适量检材并分别记明。如图1-1所示某现场的可疑物品，应全部采取并分别包装、标注。

图 1-1 某现场的检材

2．血液 血液是毒物分析的主要检材。根据需要可采用全血、血浆和血清。采取血样要考虑正确部位。体腔内的血液易被肠内溢出物、尿液等污染，取样时要谨慎。从心脏及胸腔大血管采集血

液要考虑死后从胃渗透出的药物会对其造成污染。比如生前饮用的酒精在死后会弥散至心脏和大血管,所以该部位取血的分析结果将得到不准确的血醇浓度。通常可采集外周静脉血。为了检验及留样要求,应采集足够数量的血液,为防止发生凝血,可根据情况加入肝素、乙二胺四乙酸二钠等抗凝剂。

3. 呕吐物和胃内容物　通常全部取用。若遇无胃内容物的空胃,应取胃壁组织。如果胃壁黏膜上附着有疑似未溶解的药粉,应单独收集。

4. 肝脏、胆汁和其他脏器　肝脏对许多药物有积蓄作用,是常用的检材。有时为检测需要,如怀疑氯丙嗪和吗啡等,还要采取胆汁。对于有些吸食过量滥用溶剂的死者,提取整个肺部用以检测,有助于判断死因。采集样本时应迅速,取材后装入密封袋内,扎紧袋口防止逸漏。

5. 尿液　尿液中有毒物的原型、缀合物或代谢物。尿液采集相对容易,是很有价值的检材,也是毒物动力学及毒物代谢研究工作常用的样品。采集尿样的量一般为 20～30ml。

6. 粪便　粪便一般不作为分析样本,但一些疑为重金属中毒(如砷、汞或铅中毒)的事件可考虑采集粪便送检。采样量为 20～30g,应分段收集。

7. 毛发和指甲　不少药物进入毛发和指甲并积累,有些投毒犯罪嫌疑人或怀疑自杀者指甲中可能残留有药毒物粉末,因此毛发和指甲也是重要检材。与其他生物检材相比,毛发具有易获取、稳定、易保存及检出时限长等优点,故亦被经常采用,比如重金属及滥用药物的分析。分析结果有利于判断是否有滥用行为。毛发不同位置毒物的含量不同,从发根到发尖的含量能够反映刚刚过去的一段时期用药的情况。

8. 尸体腐泥　在开棺检验的情况下,采集已腐脏器或所在部位的腐泥时,应同时采集可能污染尸体的装殓物品和周围不受腐尸浸染的棺木泥土等,详细记录采集处所等有关情况,以供检验中对照核查。

采集的检材应该逐件分别用大小合适的洁净包装物盛装、密封。贴上标签或辨别标志。所用标签应分别注明:检材名称、来源、数量、采取日期、时间、地点、采取人等,并应有责任人的封签。

采集、包装妥当的检材应及时送检,不能及时送检的,应设法防止腐败变质,期间应有明确的传送或保存的责任人。

所有检材需由专人运送。送验检材应由负责送检者逐一列出清单和必要的说明。检材到达实验室,由专人接收,并记录运送人、运送时间及检材性质等。运送程序中的每一环节都应重视,任何疏忽都可能成为法庭上的证据,尤其在辩方律师对环节提出异议时。

(三)审查核对检材

接受检材时应通过严密的审查、核对程序。要求负责接受检材的人员做到:确认送验检材是所发生事件中的真实原物,确认未曾遭受无意或有意的损坏或变换,确认与送验清单、标签及有关文件完全相符。之后,送验检材应由负责接受检验者签收、妥善保存或作负责的处理。

因鉴定需要耗尽或者可能损坏检材的,或者在鉴定完成后无法完整退还检材的,应当事先向委托人讲明,征得其同意或者认可,并在委托协议书中载明。还应约定检材退还、处置方式。

二、检验工作过程

检验工作须做到细致周密,分析方法须科学合理,分析方案须切实可行,分析结果须准确可靠。

(一)制订检验方案

检验方向是指对各种检材进行分析检验时,全面考虑应该检验哪些毒物和是否必须定量,据此以制订分析工作的方案。

1. 确认检验方向　在了解和分析事件的全部情节后,应观察检材的性状,审辨检材中是否有可能提示与毒物相关的迹象。如检材形状、色泽、气味、酸碱性等是否存在可疑的夹杂物等,提出相应的检验方向。在此过程中,还应根据事件的情况和检材中的发现,与送检者作进一步的讨论和了解;对于不合理或不可能实施的检验要求,应负责进行科学的解释,商议出合理的检验方向。若一时不能提出明确的检验方向，可要求补充搜集可能被遗漏的材料后再议。对所有疑及的毒物，应分别根据各种毒物的性状及其在活体与尸体中的分布与代谢情况考虑检测的可能性。

2. 确认检测毒物　制订检验方案时，应考虑所有可能疑及的各种毒物，并用科学有效的分析方法和分析手段加以确认，这是制订正确检验方案的基础。①对于可能要排除的毒物，必须有充分可靠的事实和科学依据，不能单凭某些偶然现象或疑点加以排除，更不能凭个人经验或主观想象随意地加以排除。如氰化钠中毒死亡，一般发生在毒物进入体内后的较短时间内。案情中若是投毒数天后死亡，而自中毒到死亡期间确实证明绝无再次接触毒物的可能时，才能排除氰化物；根据侦查的充分事实分析，证实某些毒物绝不可能与本次事件有关时，也可排除。但有一些情形还不能作为排除毒物的必要条件，如因尸体瞳孔散大而就此排除吗啡；现场发现农药而仅据此排除其他毒物的可能性；某些凶杀案虽已经法医鉴定外伤是致死原因，若案情有涉及使用毒物的疑点时，也不能因已鉴定死因而排除毒物等。②根据事件情节、中毒症状和检验条件，有时须考虑到同时含有两种或两种以上毒物的可能性，以及测定毒物或代谢物含量的必要性；当技术力量或设备条件受到限制，无法胜任检验任务时，应及时说明并尽可能提出妥善处理的意见。

（二）检材处理

用严格的过程处置检材是检验工作的特殊内容之一，必须十分认真负责地进行。具体步骤包括以下几个方面。

1. 分编检材　对接收的每一件检材必须进行：①记录其重量或体积，或记录其估计量或作适当描述。如浸染于衣物上的痕迹或附着于器壁的物质之类，则可用后一种方法处置；②将检材按原状分为化验样和保留样，并分别加标签编号。保留样应妥善封装、冷藏或冷冻保存，作为复验、审核的物证材料。保留样品量一般不得少于送验检材量的1/3。如果条件不许可保留检材时，应事先声明并征得送验方的同意。

2. 分别取样　对送验的不同检材应分别取样，即便是品种相同而来源或采集地点不同的检材，一般也不能采用混合后均匀取样的方法。如非同一时间采集的尿液，非同一部位或地点采集的相同可疑物等，由于其中的毒物含量有差异，不能视为相同检材加以混合。

3. 计量使用检材　检材应依据分析目的有计划地合理取用，避免无谓消耗。所以，每次进行定性检查或定量测定时，检材也应定量取用并记录使用数量，对剩余的和暂时未用的检材须严密、妥善保存。这是法医毒物分析工作的不确定性，可能会改变原订方案而必需的过程。

4. 检材处理　为了便于用分析方法进行鉴别和测定，需要将待检毒物从检材中分离出来。根据可能疑及的毒物种类不同，可以采用相应的分离净化方法，比如针对挥发性毒物的分离方法主要采用蒸馏法、微量扩散法；而非挥发性有机毒物的分离方法多用液 - 液萃取法、固相萃取法等。从检材中分离各类毒物的有关方法及其应用，后面将作详细介绍。

（三）分析检材

用适当的方法分析检材是检验工作的基本内容。所以，执行毒物检验工作，不但应有熟练可靠的知识技能，更须有严密的科学思维。要判明是何种毒物，需要毒物分析专家根据案件或事件发生的经过、中毒表现、尸解所见等有关情况拟定出检验的目的或方向进行检验。如不能从上述情况中找到方向，就需要逐一筛查。

常用的方法有形态学方法（morphological analysis）、动物试验方法（animal test）、理化分析法（physical and chemical analysis）、免疫分析法（immunoassay）和仪器分析法（instrumental analysis）。仪器分析法又包括光谱分析法（spectral analysis）、色谱分析法（chromatography analysis）、质谱分析法（mass spectra analysis，MS）及仪器联用分析法等。

在选择分析方法的过程中，应根据案件的实际情形采取合适的方法，采用的技术手段也不能一成不变。

根据分析目的的明确程度、检材性状、毒物性质、含量高低、检验要求、可用的仪器设备和方法、方法的应变性等制订检验方案。检验方案包括取哪些检材、取多少检材、如何分离提取、如何预试和筛选、用何种方法定性和定量等。

1. 实验方案　根据检验方案,结合检材性状、毒物性质和实验条件,拟订切实可行的实验方案,其中包括实验方法、实验步骤和实验进度等。

2. 注意事项　由于法医毒物分析工作的特殊性,在分析检材时,还须注意以下几方面的问题。

(1) 检材的定性鉴别与定量检测相结合:应用适当的定性分析方法,鉴别检材中有无毒物,是何类或何种毒物,以逐步缩小范围,明确检验方向;检验时首先从毒物含量高的检材着手逐步筛选、排查和确证。随时记录预期的实验结果及在实验过程中发现的新现象,并根据现象分析讨论、修正实验,防止漏检。在此基础上,选择适当的定量分析方法,测定检材中毒物的含量等。最后得出综合的分析结果和检验结论。

(2) 严格规范检验过程:法医毒物分析工作应在更为严格的操作规范下进行,以防止任何毒物被遗漏的可能性。对检验过程中出现的任何异常现象,均应认真对待、仔细分析、反复验证,必要时应审查、修改、完善实验方案。对检验过程中所有的废弃物(废渣、废液等)不能随意处理,应分别保存,以备复查。直到最后得出确切结果后,才能清理。清理时,因可能含有有害物质,应妥善处理。

(3) 严格检验程序、排除外界干扰:对检验方案和相关情况,包括进度、现象、结果、疑点等,可向案件查办人员提供某些必要的说明外,应严格保密;检验过程中,除检验人员外,其他任何人员不得随意进入检验室,不得干预检验工作的实施。与案件当事人有亲缘关系或与案件有牵连的人应该回避,不能参与或过问检验工作。严防案件干系人进入检验场所;检验工作结束后,应按法定程序向送验者出具书面报告,检验人不可将检验结果和相关情况向外宣扬。

三、检验记录与报告书

毒物检验结果是判定中毒事件与相关事件是否成立的依据,也可能成为作出新判断的依据。对检验结果的获得应为:根据实验事实,通过客观的理性分析,对检验结果作出科学判断。不允许根据推理延伸或主观臆测判断检验结果。

所有送请检验或鉴定的事件都应建立档案,按照档案管理规则和法医毒物分析工作特点,将检验过程的全部文字材料(检验记录、检验报告、鉴定书等)、图片及能保存的实验结果归档保存备查。

(一) 检验记录

检验记录是结论的依据,记载案件相关情况与实验工作全过程。即从接受任务开始到终结的全部过程。记录要求详细、真实、完整。应注意以下几点。

1. 送样记录　主要是记录有关的责任关系。一般送样记录的格式和内容如下:

送 样 记 录

案件名称	编号
委托单位	
委托目的	
送检人(签名)	日期
接受部门	
接收人(签名)	日期
检验人(签名)	日期
取报告人(签名)	日期
送检材料(品种、数量、腐败程度等)	

---

2. 案情记录　记录与案件有关的全部情况。如前面提到的全部案情描述。包括案件的发生和发展、侦查和现场勘验所得、疑点、抢救经过、尸体解剖和病理检验所得,当事人、干系人、旁证人等有关情况。

3. 实验记录 记录与实验工作有关的全部过程。包括分析方案的拟订和实施、所用检验方法、仪器型号、标准品(对照品)的来源、溶剂的厂家和规格、操作步骤、现象和结果;工作中的失误、新的发现、检验人的思维活动等。

4. 整理记录 有时可以将送样记录、案情记录、实验记录内容加以概括整理、综合分析、总结归纳等,形成一份对案件的综述性文字材料,可称为整理记录。整理记录便于查阅,也是积累经验和科学研究的资料,可作为论证材料,但不作为鉴定结论的依据。

(二)检验报告和鉴定书

鉴定书是作为证据的正式法律文件,法医因鉴定工作的需要,提出检验要求时,由毒物分析工作者进行检验后向法医提供检验报告,通常由法医出具鉴定书。另一些直接由公安司法部门或其他部门提出检验要求时,由毒物分析工作者进行检验后提供检验报告或鉴定书。检验报告和鉴定书是证据之一,应以原始记录所记载的事实为依据。其基本内容通常包括编号、委托日期、委托单位、委托目的、送检人、简要案情、检材情况(种类、数量、包装、新鲜程度等)、检验方法和结果、鉴定或检验结论、鉴定或检验日期、鉴定人或检验人及单位、报告日期、说明事项等。其中说明事项包括:对报告内容的必要注解,保留检材的种类、数量及处理,或未留检材的原因及事先的承诺等。一般格式和主要的内容如下:

检 验 报 告

委托单位:

委托日期:

委托目的:

送检人: 日期:

送检检材:

一、基本案情:

二、检验方法:

三、检验结果:

四、说明事项:

检验人:(签名、鉴定资格证号)

复核人:(签名、鉴定资格证号)

签发人:(签名、鉴定资格证号)

检验日期:

鉴 定 书

委托单位:

委托日期:

委托目的:

送检人: 日期:

送检检材:

一、基本案情:

二、鉴定方法:

三、鉴定结果:

四、鉴定结论:

五、说明事项:

鉴定人:(签名、鉴定资格证号)

复核人:(签名、鉴定资格证号)

签发人:(签名、鉴定资格证号)

鉴定日期:

检验报告和鉴定书的内容基本相同,均以检验记录所记载的事实为根据,不能有偏离事实的疏漏或延伸。对检验结果或鉴定结论的判断,不允许超越签发人或鉴定人的能力和职责范围。出具的检验报告和鉴定书只是对送验检材的客观分析结果和结论。

检验报告由签发报告的人负责,鉴定书由鉴定人署名签发。鉴定人对鉴定书内容和结论的真实性承担全部法律责任,并有出庭作证的义务。

实验记录及书写检验报告或鉴定书注意事项如下:

(1)必须使用蓝黑墨水或碳素墨水书写或打印。应用规范汉字,字迹工整、整洁,不得潦草。使用专业术语和计量单位必须规范,根据数理统计规则进行有效数字舍取,不得随意确定。

(2)实验记录必须及时、准确,不得写"回忆性"记录,更不能伪造、编造数据。记录不能随意删除、修改或增加数据。如系错误须修改,应保证修改前记录能够辨认,并由修改人签字。每次实验后,应由实验负责人和记录人签名并注明实验日期,以对全部实验记录内容负责。

(3)检验报告和鉴定书的书写,均要求文字简洁、用词准确、概念清楚、依据充分和结论明确。文字中应避免不必要的修饰词句,含糊不清、模棱两可的不肯定词句,可能作双重解释而引起误解的词句等。

四、质量控制及结果判断和合理使用

1. 法医毒物分析的质量控制　法医毒物分析工作检材复杂,操作步骤多,容易使分析结果产生误差,因此进行质量控制(quality control),保证结果的准确性十分重要。

进行质量控制应该评价所选择的分离净化方法的效能及分析方法的灵敏度、准确性、专属性、检测范围线性及耐用性等,有关分离净化方法和分析方法的评价,将在第三章中详细阐述。而质量控制目标的实现还需要对实施工作的实验室进行规范化的管理,建立质量管理体系,实施有效控制。

质量控制应贯穿毒物分析实验室各个环节,主要包括:①人员;②环境设施条件;③仪器设备验收、使用、维护及报废处理;④实验动物;⑤对照品,基准物质;⑥依据方法、操作步骤;⑦检材采集及分析;⑧资料归档等。检验报告和鉴定结果由质量控制员进行分析和核查。国际标准化组织(International Standard Organization,ISO)对行业实验室提出了认可准则。1991年法庭毒物学协会(Society of Forensic Toxicology,SOFT)和美国法庭科学学会(American Association of Forensic Science,AAFS)曾共同发布了《法庭毒物学实验室准则》(Forensic Toxicology Laboratory Guidelines)。2002年在该准则基础上进行修改,为毒物分析实验室的规范化提供了指导。中国实验室国家认可委员会(China National Accreditation Service for Conformity Assessment,CNAS)也对行业实验室进行国际化认可发布了相应的准则和应用说明,如2013年8月26日,CNAS发布了CNAS-CL08:2013《司法鉴定/法庭科学机构能力认可准则》(该准则自2013年9月1日实施,作为CNAS对司法鉴定/法庭科学机构认可的依据)。2014年4月1日,CNAS发布了根据法医毒物分析和毒品鉴定领域专业特点和需要制定的CNAS-CL50:2014《司法鉴定/法庭科学机构能力认可准则在法医毒物分析和毒品鉴定领域的应用说明》。所实施的准则和准则在相关领域的应用说明对毒物分析实验室的规范化管理也提供了参考。

知识链接 ▶

司法鉴定/法庭科学机构认证认可

20世纪80年代开始,法庭科学实验室的认可在发达国家逐步普及,同时由于国际互认机制的发展,司法鉴定/法庭科学机构认可逐渐成为各国诉讼证据采信的基本条件。1982年美国伊利诺州警方8个法庭科学实验室通过认可,随后澳大利亚、加拿大、欧洲等国的实验室认可机构也相继开展了法庭科学实验室认可工作。

　　我国司法鉴定/法庭科学领域实验室认可工作始于2003年。2005年2月28日，全国人民代表大会常务委员会颁布了《关于司法鉴定管理问题的决定》（以下简称《决定》）。该决定第5条明确规定从事法医类鉴定、物证类鉴定和声像资料鉴定（简称"三大类"）的司法鉴定机构应当"有在业务范围内进行司法鉴定所必需的依法通过计量认证或者实验室认可的检测实验室"。人大《决定》颁布后，司法部于2005年9月29日颁布了95号部长令《司法鉴定机构管理办法》，公安部于2005年11月7日颁布了83号部长令《公安机关鉴定机构登记管理办法》，最高人民检察院于2006年11月30日颁布了《人民检察院鉴定机构登记管理办法》，三个办法中均提出相同要求。2005年人大"2.28"决定使司法鉴定/法庭科学机构走认证认可之路成为法律法规的基本要求。

　　2008年9月，司法部、国家认证认可监督管理委员会和中国合格评定国家认可委员会联合启动司法鉴定机构认证认可试点工作。2012年4月12日司法部、国家认证认可监督管理委员会共同发布《全面推进我国司法鉴定机构的认证认可工作的通知》（司发通[2012]114号）和《关于全面推进我国司法鉴定机构的认证认可工作有关问题的通知》，明确了认证认可政策要求并全面推进司法鉴定机构参加并依法通过资质认定或认可，要求"新设立从事法医、物证、声像资料类司法鉴定业务的司法鉴定机构应当建立并有效运行质量管理体系，在司法行政机关核准登记后2年内依法通过认证认可"；"司法行政机关在开展延续登记工作时，应当根据司法鉴定机构通过认证认可的情况重新审核其业务范围和鉴定事项"。

　　2. 检验结果的判断及合理使用　　在保证试剂质量、操作无误，检验过程也无干扰的条件下，如果检验的结果是阳性，说明检材含有被检测的毒物，且其含量高于方法检测限。依据阳性结果要作出中毒的法医学鉴定结论时应考虑到下列可能的情况：受检者是否在治疗用药期间，其工作或生活环境是否可能接触到毒物，或者有些物质是否会因腐败产生，或者由于检材处置不当，被污染产生的假阳性。

　　如果结果是阴性，说明检材中不含被测毒物或其中毒物浓度低于所用方法的检测限。运用阴性结果进行判断时应注意到下列可能性：因检材保存或处置不当，毒物已经分解变化；毒物的中毒剂量小、性质又不稳定或者很快代谢排泄，无法跟踪检测。

　　对于毒性大且非人体所含成分，体内检材的阳性结果，可结合案情和解剖病理所见等情况作为中毒鉴定的依据，无需再进行含量检测。而对于可能系正常药用或属于自然界普遍存在的毒物，往往就需要根据检材中的含量来判断是否中毒。当需要进行含量检测时，选用适当的方法测得单位检材中所含毒物的量即为含量结果，对定量结果的应用应结合案（事）件的调查结果等各方面的情况综合分析，作出判断。

　　一般说来，由于药毒物复杂的体内过程和个体差异等原因，因此要简单地根据血液或尿液的药毒物浓度数据估计或推算个体摄入药毒物的量及摄入的时间点比较困难。尽管有些情况下必须推测出一个结果来判断案件的性质，比如法官在判定案（事）件中药物的用量是一种治疗用量还是蓄意给予大剂量，便有这种需要。例如，在调查一起死亡事件中判断死者生前是否过量服用药物时，欲根据送检血样中药物A的浓度（$\times$ mg/L）推测服用总量，就会有如下疑问：①从服用药物到死亡经过了多长时间？②这种药物可以被完全吸收吗？吸收率如何？③消除率如何？④对药物的消除率在浓度降低时还能保持吗？⑤这种药物在体液、组织中分布情况如何？⑥个体是否对该药物存在个体差异？要准确回答上述问题常常比较困难。即使作出推测，结果也只能作为参考。

第四节　毒物分析发展简史

　　毒物分析的产生和发展与法医学及其他自然科学的历史和发展密切相关，同时又为中毒的法医学鉴定提供越来越有效的技术手段。国内外毒物分析的历史和发展过程经历了从开始粗浅地识别毒物,逐步发展到今天理论知识日趋丰富,定性鉴别和含量测定的技术手段也极大提高。

一、国外简史

1. 早期毒物分析(8—19 世纪末) 公元 8 世纪,阿拉伯的 Geber(又作 Jabir)用砷制成了白色无味无臭的粉末三氧化二砷(砒霜),在之后的几个世纪,砒霜成为主要的毒物,称为"毒中之毒",当时人们不能检测砒霜。

现代毒物分析始于欧洲,欧洲 18 世纪末产生了化学、有机化学,涉及毒物犯罪案件中的毒物分析才有了科学基础,逐渐有了科学的检验方法。1775 年瑞典化学家 Karl Wilhelm Scheele(1742—1786 年)发现砒霜加氨水可生成砷酸,与锌接触可产生剧毒气体砷化氢。大约十年后德国人 Samuel Haneman(1755—1843 年)发现砷可与盐酸和硫化氢反应生成黄色沉淀。1806 年德国的 Valentin Rose(1762—1807 年)建立了有机质破坏方法,实现对人体组织中砷的检测。

1813 年和 1815 年,西班牙人 Orfila(1787—1853 年)先后出版了《毒药论——普通毒理学》上、下两卷,成为欧洲最早的一部毒物分析专著。书中收集了大量与砷有关的资料,对砷在体内的分布进行了研究,提出可以通过将除肠胃外的其他脏器组织检测结果作为体内含砷与否的判断依据,初步了解了砷的中毒机制。书中还系统地介绍了多种有关矿物毒、植物毒和动物毒的内容,包括毒物学总论,毒物的化学性质、解剖所见、毒物分析等方面,提出进入人体的毒物会分布在组织中并有所蓄积,形成了一定的学术思想。1832 年,英国化学家 James Marsh 设计了一种测砷装置,灵敏度达到了 10^{-3}mg,这是毒物分析史上甚至科学史上的一次革命。

从 1805 年开始之后的几十年间,科学家们在植物中发现了许多剧毒生物碱。比如德国药剂师 Buttner 从鸦片中分离出吗啡,Cavendisch 和 Bennet 从番木鳖种子中分离出士的宁,另外还有可卡因、乌头碱等相继被分离和提炼出。用这些物质投毒的事件也较多,因此有关这些毒物的检测成为 19 世纪毒物分析的热点。

1851 年,比利时化学家 Jean Servais Stas 完成了毒物分析史上的第二次突破,建立了从尸体中提取生物碱的方法——Stas 法。该方法用乙醇对生物检材进行反复浸提来提取生物检材中的生物碱,应用了很长时间,后来进行了一些改进和补充,成为改良的 Stas-Otto 法。在当时,科学家们只能通过用 Marquis 试剂、Mandelin 试剂等一些化学方法的颜色反应判断生物碱。

2. 近代毒物分析(19 世纪末—1960 年) 随着制药工业的发展,人工合成了大量的治疗药物。如 1863 年 A. Beyer 合成了巴比妥酸,1904 年 E. Fisher 和 J.V. Merlin 发现了巴比妥酸的两种衍生物即巴比妥和苯巴比妥。这些药物以及其他新药,如麻醉药物和精神药物等,在治疗疾病的同时,也会成为毒物,因此,近代的毒物分析工作除了分析传统的砒霜和生物碱以外,还增加了这些人工合成药毒物的分析。

该段时期毒物的提取分离方法多采用传统的方法。挥发性毒物采用水蒸气蒸馏法;金属毒物采用氯酸钾 - 盐酸或硝酸 - 硫酸破坏有机质,非挥发性有机毒物采用 Stas-Otto 法分离生物样品中的有机毒物,并开始逐渐研究蛋白沉淀法和酶水解法等。

该时期的分析方法有了很大进步。Ludwig. Koffler 设计了微量熔点测定仪用于生物碱的检测。英国法医毒理学家 Alas Stewart Curry 研究了柱体色层分析和纸上色层分析法。20 世纪初,分析方法由定性分析逐步发展到了定量分析,用比色法来定量检测毒物,用滴定法测定砷含量和电解法测定锑含量。到 20 世纪中叶,开始采用光度计测定一氧化碳,用放射化学技术检验金属毒物。

3. 现代毒物分析(1960 年至今) 1960 年以来,大量的农药品种相继问世,如有机磷、氨基甲酸酯类农药等,同时,天然及合成药物品种也在迅速增加,许多成瘾物质,如海洛因、大麻等的滥用也日趋严重,使得毒物品种不断增多。针对不断出现的药毒物新品种,毒物分析学家逐步开展了新的研究,伴随着科学技术的迅猛发展,取得了很大进展。

首先,毒物的提取分离方法不断改进。Stas-Otto 法已较少使用。而是针对各种毒物性质,结合检材特点和分析方法要求进行分离净化。比如对于组织及体液中挥发性毒物采用微量扩散法或顶空气相色谱法分离；非挥发性有机毒物，根据药物的酸碱性调整 pH，再选用有机溶剂提取分离。20 世纪 70 年代开始采用固相萃取分离技术，是毒物分离提取史上的一次突破性革命。同时，为了进一步纯化样品，采用缓冲液洗涤、薄层层析和柱层析等方法进行净化。90 年代后，采用超临界萃取、固相微萃取及微波萃取等技术，并结合使用一些自动化提取方案，分离提取净化效率不断提高。

其次，不断建立和发展毒物的分析方法。检测方法多采用现代化仪器，进行原药及其代谢物的定性和定量分析，对灵敏度低、专属性弱的化学颜色反应使用逐步减少。20 世纪 60 年代，国外开始普遍采用紫外分光光度法、红外分光光度法、薄层层析法、气相色谱法及衍生化气相色谱技术检验药毒物。70 年代，中子活化、原子吸收、高效液相色谱和质谱也应用于毒物分析中，而气相色谱和质谱联用技术在快速筛选和鉴定毒物方面具有很大优势，应用已有的质谱图库，能快速检索，方便了毒物数据分析。70 年代中期，灵敏度高，无需对样品进行分离提取，可用于毒物筛选的放射免疫分析和酶复合免疫分析等免疫分析方法应用于毒物分析中。20 世纪 90 年代以来，随着检材前处理技术的发展，先进仪器设备比如色谱 - 质谱、光谱 - 质谱、多级质谱联用技术等的不断使用，加之各学科的交叉融合，毒物分析工作已在许多方面取得飞速发展和进步。比如：药毒物的提取净化手段愈来愈简便高效；毒物包括代谢物的检测方法愈来愈快速灵敏；毒物在体内过程的变化规律、有关毒性作用及其机制的定性定量评价、毒物与生物体、外界环境之间的相互关系等方面被揭示得愈来愈清楚。

二、国内简史

1. 我国古代毒物分析的产生和发展　　我国的法医学历史悠久，毒物分析学科的产生和发展与法医学的历史密切相关。最早的法医学检验可追溯到战国时代（公元前 475 年至前 221 年）。唐、宋时期，逐步形成较严密的法医检验制度。五代时期和凝父子合著了《疑狱集》（公元 951 年），五代至宋朝时期，《内恕录》、《检验格目》等法医检验著述相继问世，南宋时期宋慈撰写的《洗冤集录》（1247 年）是中外学者公认现存最早的法医学著作。这本著作从十三世纪到十九世纪沿用 600 多年，先后传入日本、德国、英国等国，对世界法医学（包括毒物分析）的发展作出了重大贡献。《洗冤集录》分五卷，共 53 条，记述了人体解剖、尸体检验、现场检查等内容。在第三卷"服毒"一项里，详细阐述了许多毒物，如鼠莽草、巴豆、砒霜、水银、河豚及蛇虫等的中毒症状、中毒者尸表所见以及某些中毒的检验和解救方法，并阐述了空腹服毒、体弱多病者服毒、生前服毒、死后将毒药放入口中假作中毒等不同情况在尸表上的区别。毒物检验方面，书中提到"若验服毒，用银钗，皂角水揩洗过，探入死人喉内，以纸密封，良久取出，作青黑色，再用皂角水揩洗，其色不去。如无（毒），其色鲜白"。这是我国最古老的毒物检验方法。

元、明、清三代的法医学著作大都以《洗冤集录》做蓝本，对内容加以引证、订正、补充、仿效等，如：元代王与的《无冤录》、明代王肯堂的《洗冤录笺释》、清代沈家本的《补洗冤录》等。增加了毒物的种类。对中毒症状、尸检所见、检验方法等做了一些合理的修订和补充，如"中煤炭毒，中炕漏火气而臭秽者，人受熏蒸，不觉自毙，其尸软而无伤，与夜卧梦魇不能复觉者相似"；"服卤死者……其尸虽发变，心肺不烂，取汁煎之，尤能得盐"；"中水银毒身死者，以黄金验之，色白者是"。

我国古代检验砒较国外早 500 多年，但由于当时的时代环境束缚，毒物分析同其他自然科学和应用科学一样，没有得到大的发展。但无论如何，我国古代对毒物的分析都积累了许多宝贵经验，在中毒的一般症状、中毒疗法、中毒证明（分析）等方面奠定了理论和实践基础。同时古代毒物分析为现代毒物分析的知识体系建立也作出了重大贡献，如毒物的定义、毒物与中毒、毒物与法律、毒物作用的条件等方面。

2. 我国近代毒物分析　　辛亥革命以后，欧美等先进国家的现代法医学传入我国。1915 年，浙江公立医药专门学校在药科开设了裁判化学课程，专门讲授毒物分析。随后，全国不少高等院校先后设置有关法医学或法医毒物分析的课程，很多院校还接受司法部门委托的检验和鉴定工作，当时的食品、药品检验所和卫生防疫站等也根据实际工作需要开展了此项工作。

1931年，黄鸣驹先生编写了《毒物分析化学》一书，1950年、1957年又进行了修改和出版，该书是我国第一部结合现代科学的法医毒物分析专著。书中系统介绍了各种常见毒物及中毒检材的分离提取和化学分析方法，对开拓和促进我国近代毒物分析的发展作出了重要贡献。除此而外，当时还出版了一些有关毒物分析的著作和译著。1932年法医研究所在上海真如成立。当时的法医研究所所设三科中，其中包括有毒物分析化学。

在该时期内，法医毒物分析在理论方面，已经形成现代化学理论为基础的完整的理论体系；在检验方法方面，用现代毒物分析方法取代了古代的"银钗验毒"，并逐步开始做定量分析；在组织结构方面，建立法医研究所、全国性的法医审议会；在人员方面，有了经正规培训的人员从事检验工作，各地司法分院配有专门的毒物分析人员；在研究方面，完成了一批项目，出版了全国性的法医学术刊物，学术活动比较活跃，比如《法医月刊》中就刊出有较高质量的毒物分析方面论文。

3. 新中国成立后我国现代毒物分析的发展　新中国成立之初，少数中心城市的警察部门和个别卫生研究部门的实验室兼作毒物分析工作。新中国成立后，我国的毒物分析取得较大发展，大体可分为三个时期：

(1) 20世纪50年代至60年代：1951年，司法部成立了法医研究所，前后举办了三期法医培训班。卫生部举办的法医学高级师资班，也为国家培养了一批法医学的骨干。公安部在各省市建立毒物分析实验室，1953年和1955年举办了两期毒物分析技术人员培训班，培养了不少的毒物分析专门人才，提高了毒物鉴定水平。部分实验室已配有当时比较先进的仪器。应用的分析技术主要是化学分析法、纸色谱法及薄层色谱法，以定性分析为主。分析的毒物种类不断扩大。所用的检材也由主要为胃内容物和剩余食物等慢慢发展到生物组织和体液。

(2) 20世纪70年代后期至80年代：这一时期由于各种分析仪器的面世，毒物分析水平提高较快。1972年，公安部重建刑事科学技术研究所，1977年，由该研究所主持进行薄层色谱技术的实验和研究，研究成果《毒物薄层层析》在全国推广使用，使我国毒物分析水平由单一的化学分析法发展到薄层层析分析阶段。70年代后期，公安部刑事科学技术研究所和部分省市公安厅局开始配备和使用一些较现代化的分析仪器，如薄层扫描仪、气相色谱仪、红外分光光度计、紫外分光光度计、原子吸收光谱、色-质联用仪等。在这一时期内，由于各种先进分析仪器的使用，广泛地建立起各种毒物的薄层层析和仪器分析方法，使体内存在的微量毒物能顺利检出，检材的范围扩大到胃、肠、肝、肾、脾、肺、心、脑、血和胆汁等多种组织，用量也大大减少，如胃内容物1～5g，组织体液5～10g(ml)。提取方法开始用直接提取法、酶水解法、沉淀蛋白等方法。而且，在这一时期能对检材中所含多种毒物进行定量分析，提高了毒物分析结果在案件侦破中的作用。

1976年公安部刑事科学技术研究所创办的《刑事技术》杂志、1985年中国法医学会创办的《中国法医学杂志》、1985年司法部司法鉴定科学技术研究所创办的《法医学杂志》等，介绍了很多毒物分析的新技术、新方法；80年代司法部又恢复了司法鉴定科学技术研究所，公安部成立中国刑事警察学院。1984年山西晋祠会议后，全国许多重点医药院校建立了法医学系，其中不少成立了法医毒物分析教研室。对我国毒物分析技术水平的提高起到了极大的作用。

(3) 20世纪90年代至今：20世纪90年代以来，涉及中毒案件的毒物种类不断增加，同时，由于法制建设的需要，对毒物分析的要求也越来越高，毒物分析工作逐步从定性检识为主转入应用现代技术进行痕量未知毒物的鉴别和含量测定，对有关毒物检验的标准化方法进行了大量的研制工作，同时开展对毒物的代谢物研究。

目前，毒物分析在检材用量控制、提取净化方法选择和检验手段的检出限等方面均已达到国际水平。相当多的实验室使用了高效液相色谱、气相色谱、色谱-质谱联用、毛细管电泳等现代化的分析技术。少数实验室还配备了液相色谱-质谱/质谱联用仪、傅立叶变换红外光谱仪、电感耦合等离子体质谱仪等。建立了一系列毒物分析标准化方法。对毒物代谢物研究也取得了飞速发展。

三、新世纪法医毒物学的发展动态和面临的挑战

法医毒物学（forensics toxicology）是综合应用化学、药学和医学及其它自然科学的理论和方法研究毒物的来源、性质、体内变化、毒理机制、毒性作用的定性定量评价及其与生物体、外界环境之间的相互关系，并为相关领域的实践提供科学依据及解决相关法律问题的一门学科。

随着经济建设与社会的发展，人类需要认识更多的毒物，尤其需要认识各种毒物与人类生存、生活和不断进步的关系。毒物的品种的不断增加以及毒物的内涵在不断地扩大，每年都有成千上万新的化学物质不断涌现，这些化学物包括各种新的药物、农药、滥用物质、工业废物、环境污染物、食品添加剂等。近年来，涉及中毒的案件或事件时有发生，食品安全问题凸显，环境污染问题严重，酒驾毒驾等危害公共安全的行为屡禁不止，这些问题的日益突出，为法医毒物学学科发展带来了机遇和挑战。2005年2月28日第十届全国人民代表大会常务委员会第十四次会议通过《关于司法鉴定管理问题的决定》，对包括法医毒物鉴定在内的鉴定管理予以规定，体现了对法医毒物分析的钢性需求，并且随着法制建设的加快和完善，人们的法律意识和维权意识在逐渐增强，对毒性作用机制、作用结果的解释要求越来越高，对法医毒物学的理论和技术要求也越来越高。

随着理论和技术的发展，许多学科新理论、新思维、新技术及新方法的出现，法医毒物学研究内容和方法已与昔日有很大的不同，许多学科的理论、技术和思路不断与该学科交叉融合，诸如色谱学、光谱学、质谱学、免疫学、酶化学、分子药理学、基因组学、蛋白组学、代谢组学等不断促进学科发展，现已逐渐形成了多个研究方向，其中主要有法医毒物分析、法医毒物动力学、法医毒理学、毒物代谢组学、毒物遗传学及其在不同的研究领域和社会实践中的应用。法医毒物学科的多个领域都取得了丰硕的成果，比如法医毒物分析逐步从定性检识为主转入应用现代技术进行痕量未知毒物及其代谢物、内源性小分子物质的鉴别和含量测定；法医毒理学逐渐从整体迈向了分子毒理学时代；研究基因多态性与毒物代谢的关系；通过组学技术评价毒物毒性大小及作用机制等。除此之外法医毒物学尚有大量深层理论和技术问题需要探索研究。

法医毒物学对探索和揭示毒物性质及其作用规律、推动社会发展和人类进步发挥了十分重要的作用。其研究成果已广泛应用到法医实践、环境污染、食品安全、意外灾害的控制，医疗纠纷鉴定、司法鉴定，打击制毒贩毒，临床急救、药物毒性个性化评价，相关法律法规的完善、政策制定等方面。法医毒物学在自身发展和经济社会发展的需求中成为极其活跃的学科。

近年来，法医毒物分析的对象种类、适用检材、技术方法、应用领域均发生了极大的变化。

1. **毒物种类迅速增加** 随着全球化学物质以每年上千种的速度增加，毒物的种类也日益增多。除传统的药毒物种类外，新型滥用药物、新型除草剂、新型杀鼠剂、性犯罪药物、新精神活性物质等均成为常见的分析对象。另外，毒物代谢物因其对确认摄取毒物、延长检出时限、提供摄毒信息的极大应用价值也与原体一同纳入分析鉴定的范畴。如检测体内乙醇代谢物乙基葡萄糖醛酸苷（ethyl glucuronide, EtG）作为摄入乙醇的依据，用于推断饮酒时间、区分酗酒以及判断尸体中乙醇的来源；检测海洛因代谢产物单乙酰吗啡以确认摄毒。此外，具有不对称中心结构的药毒物，如苯丙胺类的对映异构体分析也得到了关注。

2. **生物检材广泛应用** 随着主要研究中毒死亡的传统法医毒物学的发展以及科技手段的进步，毒物分析所用的生物检材除通常选用的胃内容物、血液、尿液而外，头发、唾液、玻璃体液、胆汁等也显示出重要的价值并得到了广泛的应用。

检材的选择对于分析结果的解释与判断至关重要。比如对于滥用药物鉴定或行为能力影响判断的鉴定项目，尿液、头发、血液和唾液是可选的检材；对于死亡调查案件，则应采集心血、外周血、尿液、肝脏、胃内容物和头发等，若需要确定生前是否饮酒，还应同时采集玻璃体液。

不同的检材可提供不同的信息，多种生物检材的毒物分析结果往往可解决单一检材分析不能解决的复杂问题。①血液中毒物浓度可以有效地反映毒物作用强度、对行为能力的影响程度或中毒程

度，因此采集心血和外周血进行检测的结果，有利于解释中毒或死亡。国际法医毒物学家协会（The International Association of Forensic Toxicologists，TIAFT）公布过血液中八百多种药毒物的治疗浓度和中毒浓度参考资料。②尿液中药物原体和代谢物浓度较高，药物原体及代谢物的浓度以及浓度比对于摄药时间、摄药量、摄药方式的判断具有一定的参考价值。③毛发具有其中毒物稳定、检出时限长、能反映摄毒史或用药史的特征，其提供的独特信息在某些情况下成为提供证据的唯一手段。同时，高灵敏的分析技术为单次用药的毛发分析提供了可能性，使毛发分析在单次用药的摄毒案件、性犯罪案件、临床医学、兴奋剂检测等领域具有广阔的应用前景。④唾液中毒物浓度与血液毒物浓度存在一定的相关性，作为一种简便的、无损害的方式用于酒后（药后）驾车的道路交通监测。⑤玻璃体液受环境因素影响小，污染机会少，且玻璃体液中乙醇浓度与血液乙醇浓度有很好的相关性，已逐渐成为酒精检测的常规检材。此外，也有使用胎粪、指甲、脐带、指纹等生物检材进行研究和应用的情况。

3. 分析技术迅猛发展

（1）在样品处理方面，发展了许多新的方向：①针对检材特点的样品处理方法研究，如毛发样品的水解、消化、提取处理，结合态毒物的水解处理，金属毒物的消化处理等。②建立适用于各类毒物和代谢物、适用于系统筛选分析的宽范围的样品提取方法。③减少样品体积、缩短分析时间、减少有机溶剂用量、提高提取效率的新技术、新方法研究。如顶空分离技术、固相萃取技术、分子印迹技术、超临界萃取技术和微波萃取技术等。④样品处理的自动化、在线技术研究。如在线固相萃取 - 液相色谱 - 质谱联用仪分析血液、尿液中常见药毒物，在线顶空固相微萃取 - 气相色谱 - 质谱联用仪分析尿液、毛发中苯丙胺类等挥发性毒物，在线动态顶空浓缩 - 气相色谱质谱联用仪分析血液中气体毒物等。

（2）新分析方法、新技术研究以及仪器设备的飞速发展，撼动了法医毒物学领域曾经认可的"GC-MS 是毒物鉴定金标准"的理念。许多色谱 - 质谱、光谱 - 质谱、多级质谱等联用技术，比如二维气相色谱（GC×GC）、液相色谱 - 串联质谱（liquid chromatography-mass spectrometry/mass spectrometry，LC-MS/MS）、毛细管电泳 - 质谱联用仪（capillary electrophoresis-mass spectrometry，CE-MS）、电感耦合等离子体质谱（inductively coupled plasma mass spectrometry，ICP-MS）、基质辅助激光解吸电离质谱成像（matrix assisted laser desorption ionization imaging mass spectrometry，MALDI-IMS）正在法医毒物分析中发挥着重要作用。无论是药毒物原药检测、还是代谢物的分析、也包括原位检测组织中药物及其代谢产物的空间分布的能力和水平都得到极大的提高，已经具有所需样品量少、样品处理简便、分离效能强、分析范围广、分析速度快、操作简便等特色。

知识拓展 ▶

二维气相色谱（GC×GC）具有大大改善峰分离度，提高峰容量的特点，其用于分析复杂混合物的优势非常明显。GC×GC 与 MS 联用，通过选取两个离子和 GC×GC 的强效分离，增强了分析的可信度。该技术分析头发中大麻代谢物四氢大麻酸（THC-COOH）的检测限可低至 0.05pg/mg。

液相色谱 - 串联质谱（LC-MS/MS）能将色谱的高分离性能和质谱的高选择性、高灵敏度及丰富的结构信息相结合。样品处理简便，分析范围广，可以直接分析不挥发性药毒物、极性药毒物、热不稳定药毒物、结合型代谢物和大分子化合物，也可以分析复杂基质体系中的药毒物，已成为毒物分析的强有力工具。比如可用于大范围的毒物系统筛选，可灵敏检测河豚毒素等有毒动植物成分，可直接分析吗啡葡萄糖醛苷、乙醇葡萄糖醛苷 EtG 等。

毛细管电泳 - 质谱联用仪（CE-MS）具有分析速度快、分离效率高、所需样品量少、操作简便等优点。随着 CE 接口技术的日趋成熟，CE-MS 在法医毒物分析领域有独特的应用价值，特别适用于生物检材中离子型化合物和苯丙胺类兴奋剂等手性化合物的分离分析。

电感耦合等离子体质谱(ICP-MS)具有灵敏度高、动态线性范围宽、所需样品量少、分析速度快、可进行多元素同时测定以及可提供精确的同位素信息等分析特性。ICP-MS已广泛用于分析血液、尿液、头发和指甲等生物检材中金属元素如砷、钙、锑、碲、铊、铅、铋等。将HPLC作为分离手段与ICP-MS联用,还可有效地分离、测定各种价态砷化合物。

基质辅助激光解吸电离质谱成像(MALDI-IMS)能快速原位检测组织中药物及其代谢产物的空间分布。同位素质谱(isotope-MS)能精确测定元素的同位素比值,可用于毒品来源鉴定和内源性物质的判断。

4. 应用领域不断拓展 现代法医毒物分析已从解释中毒或死亡的法医毒物分析扩展至滥用药物鉴定、行为能力判断、药物影响下犯罪四大类型,其应用领域涉及诉讼、执法以及社会的方方面面。

解释中毒死亡的法医毒物分析主要服务于法医死因鉴定,判断是否涉及毒物以及所涉药毒物对于死亡的作用程度。进行结果解释时需要考虑的因素很多,如检材种类、检材采集时间和采集部位、死后再分布、检材腐败程度、药物代谢情况、药物交叉反应、分析方法等。若检出毒物,则需根据案情推断毒物与死亡的关系。对于明确的意外、自杀或他杀案件,需要解释所检出的毒物对行为能力的影响或中毒程度。如死者本身患有疾病,那么需要分析该毒物是否会使疾病恶化。如患有心脏病或动脉瘤的病人,使用可卡因等拟交感神经药物可使病情加剧;类肾上腺素阻断剂可危害哮喘病人,或者多种治疗药物有交叉副作用等。对于没有明确死因的案件,则需要解决更多的问题,如自杀或他杀、摄毒途径、毒物浓度、急性中毒或慢性累积等。

滥用药物鉴定是为了提供被检者是否非法使用国家规定管制的麻醉品和精神药物的证据,主要服务于执法部门对摄毒人员的处置以及公司招聘、出国移民、征兵入伍、驾照申领、体育竞技、精神病鉴定等领域。此类鉴定涉及摄毒确认、滥用史调查、兴奋剂检测、酗酒确认等,需要考虑样品作假、主动摄取与被动污染判断、内源性和外源性判断、cutoff值确定等。

行为能力判断是通过分析事故后所采血液中的药毒物浓度以判断事发时受检者的行为能力是否受影响或损伤,主要服务于交通事故的处置。可能影响行为能力的目标物除酒精外,还包括滥用药物、抗癫痫药、抗惊厥药、抗精神失常药等。国际酒精、药物与交通安全协会在2007年发布了某些药物在影响驾车能力时血液中的cutoff建议值,但判断时还应考虑很多影响因素,如个体差异、耐受性、多药物的交叉反应等。

药物影响下犯罪指的是在中枢神经抑制剂、兴奋剂和致幻剂等精神活性物质影响下的麻醉抢劫和性犯罪案件,通过精神活性物质鉴定为案件处置提供摄药证据。麻醉抢劫和性犯罪案件所涉药物具有单次用药、剂量小、作用强、体内含量低、代谢速度快等特征,需要用高灵敏度的方法联合分析血、尿、毛发等生物检材。

5. 结果解释备受关注 完整的法医毒物鉴定应当包括检材收集、毒物分析和结果解释。获得毒物分析结果并不意味完成了法医毒物鉴定,结果解释和利用是法医毒物分析的目的和价值体现。结果解释是一个综合分析判断的过程,取决于法医毒物分析人自身的知识水平、专业经验和判断能力。当然,全面的结果解释应由法医毒物学和法医学工作者共同完成。随着学科的交叉融合、科学研究的深入以及司法实践的需求,法医毒物学工作者越来越注重毒物鉴定结果的解释。

法医毒物分析结果解释的核心问题之一是生物检材中毒物浓度的真实性以及毒物对中毒或死亡的作用程度。生物检材中毒物浓度将受到以下因素的影响:①检材采集。合理采集检材是正确进行结果解释的前提。如外周血受降解、腐败和死后再分布等因素影响小,其定量结果可以较准确地反映死亡时的毒物浓度;而心血则由于距离胃部近可能表现出较高的药毒物浓度。影响两者浓度的因素主要有药毒物的种类、分布体积、浓度、蛋白结合率、pKa值、pKb值和死亡距解剖的时间间隔等。②稳定性。分析结果仅反映检测时检材中毒物浓度,结果解释时应考虑目标物在检材中的稳定性。

如降解、挥发等引起毒物浓度下降,死后生成或腐败等造成药毒物浓度升高等。③死后再分布。死后再分布是死后药毒物在尸体内运动,造成的重新分布,死后再分布与毒物的物理化学性质有关,也与部位有关。此外,在使用文献资料中毒量、致死量解释判断时,还需要结合不同个体的代谢能力、主导代谢酶的基因多态性更精准合理地考虑药毒物的相互作用、个体差异、耐受性等因素。另外,结果解释要为确定药毒物进入机体的时间、途径及方式提供信息。法医毒物学工作者正试图通过多种生物检材、原体与代谢物的分析结果,通过相关专业和学科的研究等,使毒物分析的结果解释更为科学、严谨、准确。

今天,法医毒物学本身的发展需求以及许多相关专业和学科的不断发展和交叉融合,给法医毒物学工作进入更高水平提供了许多新理论、新技术、新思路。随着社会的不断进步,人类认识水平的不断提高,法医毒物学工作技术平台的不断更新,法医毒物学这门学科将在有关理论和方法、研究内容和范围等方面更加完善,有更加广阔的前景。

本章小结

人类对毒物的认识不断发展。毒物引起机体中毒反应不仅与毒物性质有关,而且受毒物进入机体的方式、剂量、个体的生理状态等诸多因素影响。毒物的定义是有条件和相对的。毒物分析有明确的任务和显著特点。各类毒物的中毒症状、体内过程等有关知识对于正确地理解中毒和中毒鉴定具有重要意义。

要正确处理疑为中毒引起的自杀、谋杀或意外事(案)件,法医师和警察应该全面、细致地了解事件发生的前后经过、中毒表现、尸体解剖所见等有关情况,提出检验方向或目的。送检的材料必须按照一定的要求采集、储存和处理。毒物分析专家在接受任务后,审查并收受检验材料,然后根据分析目的、检材性状、待检测物含量高低、适用方法等制订检验方案。检验方案包括取用哪些检材、取多少、如何处置、如何预试、怎样筛选、用何种方法定性和定量等。方案制订后,对检验材料中的毒物进行分离提取,用化学法、仪器分析等方法进行检测,得出结果。中毒鉴定需对检验结果进行评价,并综合各方面材料得出结论。

关键术语

毒物(toxicant)

法医毒物分析(forensic toxicological analysis)

法医毒物学(forensics toxicology)

中毒(poisoning)

中毒症状(toxic symptom)

中毒量(toxic dose)

致死量(lethal dose)

吸收(absorption)

分布(distribution)

代谢(metabolism)

排泄(excretion)

代谢产物(metabolite)

结合物(conjugates)

思考题

1. 如何理解毒物的概念是相对的?

2. 了解事(案)件发生前后的情况对诊断及判定中毒的意义何在?

3．中毒症状在中毒法医学鉴定有何意义？

4．正确理解毒物在体内的吸收、分布及排泄规律的意义何在？

5．如何理解毒物分析结果的意义？如何根据法医毒物分析结果判断是否中毒？

6．在采取、贮存、送检供作毒物分析的检材时，应注意些什么问题？

7．一起怀疑被毒杀的案件，现场发现一小包白色药粉。侦查人员说查出这包药粉是什么就可破案。你认为如何？你觉得还应做些什么工作？

8．就你最熟悉的地区，试根据地方物产、社会情况、民间习俗等各方面考虑，可能会有哪些与毒物有关的事件和案件？你曾耳闻目睹过的又有哪些？

（廖林川）

第二章　检材及检材处理

学习目标

掌握检材的种类；收集检材的方法和注意事项；体内检材和体外检材的特点。

熟悉各种常见检材的采集、包装、运送及保存的条件要求、原则和方法；检材前处理的基本原理、原则和方法。

了解检材前处理的必要性；分离效率和验证。

章前案例 ▶

张某，男，41 岁，被发现死于其家中卧室，为查明死因，警方进行了现场勘验，在死者卧室发现：①一个标识有"安眠药"的药盒，内装数粒药片；②两个空酒瓶；③一个残留有少量液体的注射器；④一个塑料袋，内装有两种外观不同的药片，无标识。能否通过检测上述物品找到答案？如果进行尸体解剖，是否需要采集心血、尿液、肝组织、肾组织或其他材料？检材如何采集？包装、运送及保存检材有什么条件要求？实验室如何处理检材？

法医毒物分析工作中，会遇到各种类型的检材，检材是至关重要的物证。为了适应所选用的分析方法，大多数时候都需要对检材进行适当的处理，通过分离、提取、纯化等手段使待检物成为适合于分析的样品，满足检测方法和仪器的要求。妥善处理检材对于得到客观的检验结果及符合事实的法医学鉴定结论具有重要意义。检材处理（specimen treatment）基本原理是利用检材中待检物与其他共存物性质上的差异，检材处理的方法和程序通常是根据检验材料的性质、待测毒物的性质、分析的目的、允许的分析时间和分析仪器对分析样品的要求等来决定的。检材的处理主要有预处理及进一步根据毒物的类别不同进行毒物的分离。检材预处理（pretreatment）主要是指进行检材制备，调整酸碱性，去除蛋白及结合物解离等。毒物大致分为挥发性毒物、非挥发性毒物等，针对不同毒物，可以采取不同的检材处理方法，比如挥发性毒物的处理方法主要采用蒸馏法、微量扩散法和顶空法等；非挥发性毒物的处理方法多用液 - 液萃取法、液固提取法和固相微萃取法等。

第一节　检　　材

法医毒物分析工作所涉及的检验材料是多种多样的，大致可分为体外检材和体内检材两大类。不同的检材，其来源、性状和组成都有许多不同，所以采用的检材处理方式及检测方法也有所差别，用不同性质的检材进行检验所得到的分析结果在法医鉴定中的意义亦不完全相同。

一、体外检材

体外检材(specimen in vitro)是指那些未经过体内吸收、分布、代谢等过程的检材。其中的药毒物在形态、气味、酸碱性、溶解度和化合状态等方面尚全部或部分地保留其原有形状和性质。

体外检材所包括的范围很广,种类繁多。体外检材中绝大多数是侦查中所获得的或现场搜集到的各种可疑物。常遇到的体外检材有药粉、药片、药丸、注射药液、中药、草药、中草药的药汁、药渣、农药、灭鼠毒饵、毒品、饮料、食物以及一些日用品等。吞服不久的呕吐物或洗胃液、急死的胃内容物,其中尚有未被消化吸收的药毒物,也属于体外检材。体外检材在数量上可以有很大的差别。一般在现场搜集到的残留物,数量常较少,如黏附在空容器上的可疑药毒物,或浸染于衣物床褥家具上的药毒物、呕吐物痕迹等。体外检材的数量有时会有很多,如毒品、用剩药物、剩饭剩菜之类,或者米、面、调料、大锅饭菜或大锅熬药之类,数量相当多。可以想见,体外检材存在的状态也多种多样,包装各异,有装在各类容器中的,有被伪装的,有被抛撒或扫除丢弃于垃圾中的等。收集体外检材时应尽可能搜寻,并保持原有的形态性状,采取后封装待验。

菜肴之类的食物、中草药、呕吐物、和胃内容物等一些体外检材的组成比较复杂,且多为形态可辨的混杂物,其化学成分是不均匀的。也有一些体外检材的组成比较简单或较均匀。含有药毒物的体外检材中所含药毒物的量常比较多,但其分布可不均匀。在较复杂的体外检材中,有时也还能发现一些原型药毒物,例如饮食物、呕吐物或胃内容物中可能发现尚未溶尽的药粉、药片或药渣,酒泡或煎熬过的中草药渣还可保持原有的形态等。体外检材的这些性质对检验工作是十分有利的。

体外检材,无论其中是否含有药毒物,其检验结果和鉴定结论,对于澄清案情和提供侦查线索或证据,都常有着重要的作用。不过,由于体外检材常常只是可疑物,有时还可能是犯罪行为人故意设置的假象,虽经检验查明是药毒物或含有药毒物,但不一定是中毒源。因此,体外检材检出的药毒物一般不能作为鉴定中毒的直接依据。

二、体内检材

体内检材(body specimen)也称为生物材料或生物检材(biological material),它主要是指取自生物活体或尸体的检验材料,比如尿、血、唾液等体液,也包括各种内脏、毛发、肌肉、皮肤、骨骼等组织,以及取自已埋尸体的组织或腐泥等。

毒物进入机体后,经过体内吸收、分布、代谢等过程,其中一部分或大部分可通过氧化、还原、水解、乙酰化等生物化学过程改变其原来的化合状态,成为另一种物质,称为代谢产物(metabolite)。药毒物及其代谢产物又可与体内的硫酸盐、葡萄糖醛酸、氨基酸或蛋白质等结合成复合体或缀合物,总称为结合物(conjugates),结合物也属于代谢产物。所有这些药毒物和代谢产物都是以分子或离子状态分布于全身或局部的各种组织或体液之中,不可能再显现其原有的形态和表观性状。不像体外检材那样,常有可能从中发现保存原有形态或性状的可疑药毒物。

体内检材中代谢物的含量一般很低,特别是一些中毒量和致死量很低的剧毒物质,代谢物含量就更低微;同时生物材料中除含有欲检测的代谢物以外,还含有比较复杂的成分,会干扰毒物的检测。代谢物检测难度高,也就对分析方法提出了更高的要求。比如要求检验方法应具有较高灵敏度,更强的分离能力。

药毒物或代谢产物分布在不同组织或体液中的量可有很大差别。不同的毒物在机体中作用的靶器官是不同的,分布情况有所差异,有些毒物还存在死后再分布现象,因此在采取体内检材时应首先了解各种毒物在体内的分布情况并考虑到相关的一些因素,选择最具代表性的检材来进行检测。虽然毒物在机体各个部位的量有所差异,但是生前服毒后毒物在同一器官的分布相对是均匀的,所以取内脏组织或体液的一部分来检测可以代表整体的相对含量。

评价体内检材所得到的检验结果时应考虑到该结果是否能反映真实情况,不能因为检材中未检出某些毒物就排除有中毒的可能性,因为若待检毒物在体内极易变化分解或检验材料腐败变质或检测方法不够灵敏,检材中的毒物浓度无法达到方法的检测限,可能有检测不到的情况。另一方面,不能因为检材中检测出了某些化合物而肯定认为是中毒,要考虑到该种化合物是否有来源于正常的药物治疗或因食用某些食物等情况。因而有必要从含量的角度加以论证。在考虑到这样一些因素的基础上,从体内检材得出的检验结果可供作法医鉴定的直接依据。

检验材料除了按上述特征分为体外和体内检材外,还有对照检材,或称为参比检材。对照检材是毒物分析工作中需要进行对照试验时采取的检材。这类检材一般是在采集检验材料时采取的相关检材。例如,采集与事件有关药毒物的相同样品用作对照,在被可疑毒物污染的各类衣物用品上采集其未被污染部分用作对比物,采集埋尸坑中不受腐尸浸渍的棺木、殓物、泥土等;有时还需要选择健康动物或非中毒死亡的人体组织用来作为对照参比检材。

第二节　检材处理

检材处理(specimen treatment)是指对检材中的待测毒物进行分离、纯(净)化、浓缩(富集)、衍生化等处理,使检材中的毒物成为适合于各种分析方法所要求的形式。所以有时又称为检材分离净化或检材分离提取。检材经过处理以后所得到的部分称为检材提取物或待测样品,这里所说的检材处理主要是指检材的分离净化,有关样品的衍生化将在第四章中详细介绍。

一、检材处理的必要性

法医毒物分析中的检材具有种类繁多、组成复杂、物理形态多样、待检毒物含量低微等特点。检材中除可能含有待测毒物外,还含有其他非待测成分。尽管各种先进仪器方法及技术比如光谱法、色谱法、色谱/质谱联用法等都已广泛地应用于法医毒物分析,但多数分析方法及分析仪器都对样品有相应要求,不能直接进行检材检测。尤其对于生物检材,其中尚含有脂肪、蛋白质、色素等内源性物质,这些内源性物质不仅会干扰检测甚至会损坏仪器。比如用色谱法检测血浆中某毒物时,如果注入到进样器中的待测样品中含有较多的内源性杂质,可能会堵塞色谱分析柱,造成柱压升高,损坏仪器或仪器附件。即使勉强能进行色谱操作,也可能由于无法将待测物与内源性物质理想地分离,影响分析结果的准确性。因此,大多数时候都需要选择科学有效的方法和技术对检材进行适当的处理,通过分离、提取、纯化使待测物与绝大部分的非待测成分分开并富集浓缩,成为适合于分析的样品,满足检测方法和仪器的要求。

绝大多数情况下,需要选择适宜的方法进行分离、净化,但也有的分析方法无需进行检材处理,比如用免疫法直接筛查尿中违禁药物。或者由于检材本身成分单一,待检毒物含量高,则无需进行检材处理的情况,比如毒物的结晶体、粉末或组成简单的药物制剂、食饵等,只需进行简单的溶解,定容处理即可选择适当方法进行检测。有些方法进行检测的同时,检材中的待测物就进行了分离净化。典型的例子就是利用扩散法检测血液中乙醇(详见第六章)。

检材处理在法医毒物分析过程中是一个既耗时又极易引入误差的步骤,也是极重要而且必要的步骤,检材处理的好坏直接影响最终结果。因此应该予以重视。

二、检材处理的基本原理

检材处理的基本原理是利用检材中待检毒物与检材中含有的其他共存物在性质上的差异而采取不同的方法来进行分离、纯化。

1. 根据形态不同　　主要利用外观形态的差别,采用挑选或筛分方式进行检材的分离。例如在可疑粉末中混存有类似药片光整边缘的碎颗粒(图2-1);混存于茶叶中的中草药或药渣碎块(图2-2),可借助放大镜等工具,根据不同形态区分开并逐一挑选出来。

图 2-1　药物粉末中混有具药片光整外缘的颗粒

图 2-2　混存于茶叶中的中草药或药渣碎块

2. 根据理化性质差异进行检材处理

（1）根据比重不同：利用离心机或分液漏斗等装置进行分离。

（2）根据分子或颗粒大小不同：混悬液中的粗颗粒可用纱布、滤纸进行过滤或采用离心等方法分开；液体中极细小的微粒可用超滤膜过滤；均态液体中分子大小悬殊的物质可借助透析膜、分子筛、大孔树脂等的性能予以分离。

（3）根据挥发性能不同：有些毒物具有挥发性，可使之先挥发成气态再设法收集而实现分离。比如利用蒸馏法、微量扩散法、顶空气相色谱法等。

（4）根据溶解行为不同：利用不同物质在不同溶剂中的溶解度的差异性，可用不同的溶剂处理使之分离。比如水溶性的毒物可用水浸出的方法来与不溶于水的物质分开；脂溶性较强的毒物可用有机溶剂从检材中提取出来。

（5）根据化学性质不同：加入某些试剂进行化学反应，使被分离的各种物质生成性质不同的产物从而达到分离的目的。例如：①使被检测的毒物变为气态，或将不挥发的变成可挥发的；②使毒物及其代谢物从体内形成的缀合物中解离出来；③进行有机质破坏，保留要检测的有毒金属；④使被检测的毒物成为沉淀从溶液中析出，或用试剂使干扰检验的蛋白质类生成沉淀除去；⑤使溶于有机溶剂中的碱性或酸性毒物成为溶于水的盐，或使其从溶于水的盐中游离出来而溶于有机溶剂。

（6）根据分子被吸附的性能不同：利用吸附剂对不同极性或亲和力的物质吸附力不同而将待测毒物与杂质分开。

三、选择检材处理方法的原则

检材处理的方法应该根据检材类型、毒物性质、分析目的、采取的分析方法和分析仪器对样品要求等来选择。

在进行检材处理过程中，待测毒物可能会有所损失，还会有一些非待测的杂质难以除去，理想的检材处理方法是既能尽量除去杂质，又能纯化富集毒物。因此，要得到可靠的分析结果，需要选择适宜的检材处理方法，选择时应考虑以下几方面的内容。

（一）检材类型

对于某些毒物含量较高的体外检材，不需要对检材进行太复杂的处理；而对于大多数的体内检材，由于检材中除含有待测组分，还有大量的蛋白质、脂肪、色素等内源性杂质，因此在选择方法时应考虑如何除去内源性杂质，使得待测毒物与内源性的物质分离开，这时选择的方法相对比较复杂，步骤也较多。比如血液检材，需要考虑如何去除蛋白，如果药毒物与蛋白质结合率高，要设法使药毒物从蛋白结合物中释放出；如果是尿液检材，需要考虑采用酸或酶水解使待测药毒物从结合物中释出；对于食物检材，如果其中含有的油脂成分较多，常常需要进行除油脂的处理。

（二）待测毒物性质

待测毒物及其代谢物的性质如化学结构、理化性质（酸碱性、溶解性、挥发性等）、化学稳定性、存在形式、浓度范围等也是选择何种检材处理方法（也包括测定方法）应考虑的因素。比如，如果待测毒物是结构简单的小分子化合物乙醇、氰化物等，又易于挥发，可以考虑选用分离挥发性毒物的常用方法；如果是巴比妥、生物碱等非挥发性物质，则考虑用分离非挥发性毒物的方法。对于酸性药物巴比妥，考虑在酸性条件下进行提取，而生物碱在碱性条件下提取，但对于有些生物碱在不适宜的 pH 条件下又会有分解的可能，这时就需要控制提取条件。一般情况下，各类毒物常用如图 2-3 所示的分离方法。

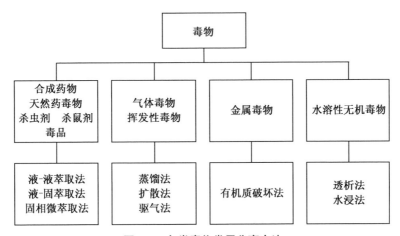

图 2-3 各类毒物常用分离方法

另外检材中待测毒物的浓度大小也是选择处理方法的重要因素，浓度高的检材对方法要求可以低一些，浓度低的则要求高。由于在法医毒物分析中，待测毒物的浓度常常预先并不清楚，因此对于处理方法的要求往往较高。

毒物进入生物体后会发生代谢，有时可能毒物的原药形式不易检测到，因此如果需要检测代谢物，进行检材处理还需要考虑到代谢物的性质。

（三）选择的分析方法

如何进行检材处理以及处理到什么程度亦需要根据随后所采用的分析方法来考虑，不同的法医毒物分析方法在分离能力、鉴别能力准确性、灵敏度等方面有差异，而且检测设备对样品纯净程度和浓度有相应要求，因此对检材处理的要求就不同。

比如，一般来说，对于专属性较差的紫外分光光度法，对样品的要求相应较高；而放射免疫法具有较高的灵敏度和选择性，相对说来除去检材主要的干扰物质后即可直接测定；对于常用的高效液相色谱法，因为蛋白质等杂质容易沉积在色谱柱上，因此在进样前，需要除去检材中的蛋白质；另外，有时为了使分析的对象适应所选用的仪器设备，还需要对待测毒物进行衍生化等处理。

因此检材处理方法应该根据检材类型、毒物性质，结合仪器和分析方法对样品的要求等进行选择。分离净化的具体方法很多，有时单用一种方法就可达到较好的分离效果；而在大多数情况下，需将多种方法综合使用或反复使用，实现分离、净化及富集。

四、检材处理方法

法医毒物分析中的检材处理方法很多，主要包括预处理及进一步根据毒物的类别不同进行毒物的分离方法。按图 2-3 中所列毒物的类别，主要有分离挥发性毒物的蒸馏法、分离非挥发性毒物的

液 - 液萃取、液 - 固萃取等方法、分离金属毒物的有机质破坏法、分离水溶性无机毒物的透析法等。此处主要介绍预处理以及适用于多数非挥发性毒物的液 - 液萃取、液 - 固萃取等分离方法，对蒸馏法、有机质破坏法和透析法进行简要概述，详细内容将在各论中相应部分阐述。其他的检材处理技术如衍生化技术和柱切换技术也将在第四章色谱法中阐述。

（一）预处理

预处理是检材处理的第一步，主要是指对检验材料进行检材制备，调整酸碱性，去除蛋白及进行结合物的解离等。根据形态进行分离主要适用于简单体外检材，对于复杂的体外检材和体内检材，需要根据不同的检材和待测毒物性质以及所选定的分析方法来决定。所进行的调整酸碱性、去除蛋白质和解离结合物等步骤，可以使检材中待测毒物易于进行处理和准确测定。但并非所有的检材在处理时都需要进行这些预处理。

1. 检材制备　少部分检材分取后可直接供检测用，而大多数检材需制成均匀分散的状态才能适用。例如：药材、块状食物等固体或半固体的检材，需磨成粉末；尸体组织、肌肉等生物材料需制成匀浆。

2. 调整酸碱性　检材中含有的一些具有酸碱性的药毒物，可能是以游离状态存在，也可能是非游离状态存在，这与检材的 pH 有关，由于其游离状态与非游离状态在不同溶剂中的溶解度不一样。因此在进行提取时，常常需要根据待测毒物的性质来调整检材的酸碱性，使得待测毒物呈游离状态或非游离状态，从而使其尽可能地溶解于所选择的提取溶剂中。调整酸碱性时通常根据待测毒物的 pKa 值来选择适宜 pH。从理论上来说，对于酸性毒物，抑制解离最适宜的 pH 是低于该毒物 pKa 值 1～2；对于碱性毒物，抑制解离最适宜的 pH 是高于该毒物 pKa 值 1～2；对于具酸、碱两性的毒物也可找到最佳 pH 条件。在实际的工作中一般是碱性毒物在碱性 pH 条件下提取，酸性毒物在酸性 pH 条件下提取，在这样的条件下可使得绝大多数毒物以非电离形式存在，从而易溶于提取溶剂。

在调整检材酸碱性时，还应该考虑毒物本身稳定性等情况。如某些具有酯、酰胺、亚酰胺、苷键等结构的毒物，在酸性或碱性条件下有分解的可能，为了保持溶液 pH 的稳定，在溶剂提取时可考虑采用缓冲溶液。

3. 去除蛋白质　去蛋白处理是体内检材常采取的预处理方法，不仅可以将与蛋白质结合的毒物分离出来，还可防止蛋白质干扰测定，如预防测定过程中由于蛋白质存在出现的发泡、浑浊、沉淀及乳化等现象，并且还起到了保护仪器的作用。以下是几种去除蛋白质的常用方法：

（1）有机溶剂沉淀法：有机溶剂可以使蛋白质分子内和分子间的氢键发生变化，使得蛋白质脱水后凝聚形成沉淀，进而可以使结合在蛋白质上的待测毒物及其代谢物释放出来。一些极性较大的有机溶剂能与水混溶，使蛋白质脱水凝聚形成沉淀。常用的有：乙腈、甲醇、乙醇、四氢呋喃等，通常适用于含有较高极性毒物的检材去蛋白处理。在进行操作时，将有机溶剂和检材按一定比例混匀，然后离心分离，取上清液作为检样。通常转速在 3000r/min 左右。对较难完全沉淀的蛋白质，为了尽量快和较多地沉淀，可选用较高转速，如 10 000r/min 进行离心。

（2）盐析法：一些无机盐的亲水性强于蛋白质，能使蛋白质胶体脱水并中和其电荷，使蛋白质失去胶体性质而沉淀下来。如：硫酸铵、硫酸钠和氯化钠等，其中以硫酸铵最为常用。在实际的毒物分析工作中，可以将盐析法与有机溶剂沉淀法结合使用，效果更好。

（3）等电点沉淀法：当 pH 低于蛋白质的等电点时，蛋白质以阳离子形式存在。此时加入强酸可与蛋白质阳离子形成不溶性盐而沉淀。常用的酸性沉淀剂有：10% 的三氯醋酸、6% 的高氯酸、硫酸 - 钨酸混合液、5% 偏磷酸等。加入这些沉淀剂，待沉淀完全后，可通过离心除去。值得注意的是，因为检材中加入了强酸，溶液呈酸性（pH 0～4），故在酸性条件下易分解的毒物不适宜用强酸沉淀法。当 pH 高于蛋白质的等电点时，金属阳离子与蛋白质分子中带负电荷的羧基形成不溶性盐而沉淀。常用的沉淀剂有：硫酸铜 - 钨酸钠、硫酸锌 - 氢氧化钠等。

进行去除蛋白质处理时，需要考虑如何选择合适的沉淀剂，使毒物在所选的酸性或碱性条件下的稳定,亦需要考虑如何选择用量,既要有较高的沉淀效率,又不因沉淀剂的用量太大,使毒物在检材中的浓度被稀释。表2-1给出了一些常用的蛋白质沉淀剂的用量及溶液的pH。

表2-1　常用蛋白质沉淀剂的用量及溶液的pH

沉淀剂	沉淀1ml血浆中95%以上蛋白时所需沉淀剂体积（ml）	上清液pH
三氯醋酸(0.1g/ml)	0.2	1.4～2.0
高氯酸(0.06g/ml)	0.4	<1.5
钨酸	0.6	2.2～3.9
焦磷酸(0.05g/ml)	0.4	1.6～2.7
硫酸铜-钨酸钠	1.0	5.7～7.3
氢氧化锌	1.5	6.5～7.5
硫酸铵	2.0	7.0～7.7
乙腈	1.0	8.5～9.5
丙酮	1.0	9～10
乙醇	1.5	9～10
甲醇	1.5	8.5～9.5

(4)酶解法:对一些遇酸不稳定或与蛋白结合牢固的毒物及其代谢物,可选用酶解法除蛋白。酶可使蛋白的肽键降解,毒物释放出来。最常用的蛋白水解酶是枯草菌溶素,通常可在较宽的pH范围内(pH 7.0～11.0)使用,因此不适用于处理碱性条件下易水解的毒物。酶解条件温和,同时也较为昂贵。操作时,先将待测检材加缓冲液和酶,60℃培育1小时,用玻璃棉过滤,得到澄清滤液,再将滤液进行提取。

4. 结合物的解离　一些毒物进入生物体经过第二相代谢反应后,容易与内源性物质葡萄糖醛酸或硫酸形成结合物。由于这些结合物的极性常与原型药物差异较大,如果按照提取原型药物的原则,不容易分离提取,因此需要在直接测定或者进行分离净化之前,将结合物中的毒物解离出来。常用的方法有酸、碱水解法和酶水解法。

(1)酸、碱水解法:在检材中加入酸溶液并且加热,可以水解释放出结合状态的毒物。酸水解法的优点是水解时间短、水解完全。缺点是加热过程可能使对热不稳定的毒物分解,适用范围有限,专属性较差。此法对吗啡、吩噻嗪类、巴比妥类毒物有较高的提取效率,但是对不耐热或遇酸易水解的毒物乌头碱、阿托品、可卡因、乙酰氨基酚(扑热息痛)、地西泮(安定)、利眠宁等是不适用的。

碱水解是在检材中加入碱溶液并且加热。碱水解的pH常大于13,条件激烈,仅适用于大麻等个别物质。

(2)酶水解法:对于遇酸及受热不稳定的毒物,可以用酶水解法。常用的酶是葡萄糖醛酸苷酶、硫酸酯酶或两者的混合物。酶水解法条件温和,一般不会引起待检测物的分解,专属性强,但酶试剂较贵,水解所需时间较长,还会带入黏液蛋白等杂质,甚至可能导致色谱柱堵塞,使用时需要注意。

(二)非挥发性毒物的检材处理方法

非挥发性毒物是指在通常情况下不易挥发的一大类有机化合物,它们的分子结构通常较为复杂,分子量亦较大,多数为固体。按照非挥发性毒物的酸碱性,大致可将其分成以下四类。

酸性毒物(acidic toxicant):这类毒物一般呈弱酸性,在酸性条件下呈游离状态,易溶于有机溶剂而不易溶于水。如巴比妥类、斑蝥素等。因为它们在碱性条件下易与碱成盐,故在碱性条件下易溶于水,不易溶于有机溶剂。

碱性毒物(alkalinous toxicant):这类毒物大多呈弱碱性,在弱碱性条件下呈游离状态,易溶于有机溶剂而不易溶于水。如吩噻嗪类、苯骈二氮䓬类等安眠镇静药物及生物碱等。它们可以和酸成盐。故在酸性条件下易溶于水不易溶于有机溶剂。

中性毒物(neutral toxicant):如苯乙哌啶酮和强心苷等。这类毒物因为呈中性,不与酸或碱成盐,因此不管在酸性或是碱性条件下,一般都不易溶于水,而易溶于有机溶剂。

两性毒物(amphoteric toxicant):这类毒物的分子结构中,同时存在酸性和碱性基团,因此与酸和碱都能成盐,如吗啡等。成盐状态的两性毒物,较易溶于水而不易溶于有机溶剂。这类毒物仅在一定 pH 范围内(如吗啡为 8.5~9.3)呈游离状态,此时较易溶于有机溶剂,不易溶于水。

另外,在农药、杀鼠药当中,有些属于酯类化合物不能按酸碱性原则分类,可以采取如下的方法进行检材处理。

非挥发性毒物的检材处理方法是将检材预处理后进行提取净化。其提取净化的方法主要有以下几种。

1. 液 - 液萃取法(liquid-liquid extraction,LLE) 物质在不同溶剂中有不同的溶解度。当两种互不相溶的溶剂共存时,溶质在此两种溶剂中分配的溶解量不同。利用这一性质将溶质从一种溶剂中转移至另一种溶剂中的过程称为液 - 液萃取。实际工作中,常用的互不相溶的溶剂是水和与水不混溶的有机溶剂,且两者的密度有所差别,易于分离。

血、尿等液态检材可用该法萃取。根据其中所含待检物种类的不同而采取不同的萃取溶剂和萃取方式。液 - 液萃取的装置可根据检材量的大小选择常量萃取装置或微量萃取装置。

萃取可以将待测毒物从水相转移到有机溶剂中去,也可使之从有机溶剂转移到水溶液中,后者常称作反萃取或反提取。萃取或反萃取的效率主要取决于分配比。

(1)分配比与萃取效率(extraction efficiency):当溶质在互不相溶的两种溶剂中溶解分配达到平衡时,两相中该溶质的浓度比称之为分配比(distribution coefficient),以 D 表示,见式(2-1):

$$D = \frac{C_0}{C_A} = \frac{(W_0 - W_1)/V_0}{W_1/V_A} \tag{2-1}$$

C_0 为有机相中该溶质的浓度

C_A 为水相中该溶质的浓度

W_0 为两相中溶质的总量

W_1 为一次萃取后水相中的溶质留存量

V_0 为有机溶剂的体积

V_A 为水的体积

分配比值因不同的溶质和溶剂系统而异。对同一溶质来讲,其分配比在固定的溶剂系统中随温度而改变。分配比还可因溶液中溶质存在状态变化而改变。溶质在溶液中可以缔合、解离、溶剂化等状态存在,这些不同状态的存在比例很大程度上随浓度而变化,所以分配比的值与浓度有关。只能在一定浓度范围内,可将其视作常数。在低浓度时,溶质状态的变化较小,浓度影响不大,可以将分配比看作是在一定温度范围内的一个常数。

当用有机溶剂萃取水相中的毒物时,若以 W_1 表示一次萃取后水相中留存溶质的量,整理式(2-1)可得式(2-2):

$$W_1 = W_0 \times \frac{V_A}{V_A + DV_0} \tag{2-2}$$

如果将一次萃取后含有溶质 W_1 的水相部分,再用相同体积的有机溶剂做第二次萃取,则二次萃取后水相中留存的溶质量 W_2 见式(2-3):

$$W_2 = W_0 \times \left(\frac{V_A}{V_A + DV_0}\right)^2 \tag{2-3}$$

同样进行 n 次萃取后,留存于水相中的溶质量 W_n 为式(2-4):

$$W_n = W_0 \times \left(\frac{V_A}{V_A + DV_0}\right)^n \tag{2-4}$$

此时，有机溶剂的萃取率见式（2-5）：

$$f_n = 1 - \frac{W_n}{W_0} = 1 - \left(\frac{V_A}{V_A + DV_0}\right)^n \qquad (2-5)$$

由此可见，溶质在水相中的留存量是随萃取次数的增多而按等比级数递减的，萃取效率也随之提高。假设用作萃取的有机溶剂总体积相同，将它分为几份作几次萃取，比用全部溶剂作一次萃取的效率要高。

在用水作反萃取时，用水反提取后留存于有机溶剂中的溶质量，也可由以上的方式推导出来。其效率也同样随萃取次数而按等比级数递增，不同的是分配比 D 的数值越小越有利于提高反萃取的效率。

在实际萃取中，由于两相溶剂不可能完全不混溶，被萃取液体体积及其浓度也可能改变，故萃取效率不可能与以上计算完全一致，但如果测得分配比后，可据此估算，以比较萃取方法的优劣。

（2）萃取溶剂的选择：根据相似相溶原理，选用对被萃取物溶解度大的有机溶剂作为萃取溶剂，可提高分配比。一些难溶于有机溶剂的化合物，如季铵盐等，不宜用液 - 液萃取来分离，可改用液 - 固萃取等方法。因水相中常含多种其他组分，选用溶剂时还应考虑到尽量使那些不需要的组分不进入或少进入有机相，这就需要根据具体情况来选择适当的溶剂。一般常用的有机溶剂有：乙醚、氯仿、二氯甲烷、二氯乙烷、苯、醋酸乙酯等。有时还需采用两种或三种溶剂按一定比例混合后用作萃取溶剂。某些沸点较高的溶剂，蒸发挥干所需温度较高且不易挥净，可能会造成热稳定性差的毒物受损失，故不宜用作萃取溶剂。

（3）萃取方式及装置：萃取可采用一次、多次或连续萃取等方式。检材中待检物的含量高，且无需定量时，可用一次萃取。每次用一定量有机溶剂进行多次萃取是最常用的方式。一次或多次萃取都可使用分液漏斗、具塞试管或其他便于溶液混合、分层的器皿。将两相液体置于同一器皿中，密塞，充分振摇萃取后，静置或离心使两液相分层，再将两液相分开。萃取过程中可能发生乳化，乳化现象是指两相交界处分层不清晰或无法分层。乳化问题可通过长时间静置、盐析、加破乳剂或高速离心等办法解决。

知识拓展▶

连续萃取是一种反复循环萃取的方式，需用特制的玻璃仪器，加入检材溶液和萃取溶剂后，通过加热使萃取溶剂不断蒸发冷凝，再通过水相进行萃取。其优点是避免多次萃取的繁琐操作、减少有机溶剂的用量、避免乳化发生等，但费时较长，不宜使用混合溶剂，也不宜用于反萃取。连续萃取器有两种，分别适用于轻溶剂萃取和重溶剂萃取（图 2-4）。

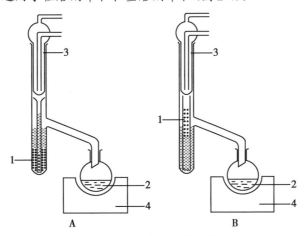

图 2-4　液 - 液连续萃取器图

A：轻质有机溶剂萃取装置　B：重质有机溶剂萃取装置

1. 被萃取检液；2. 有机溶剂萃取液；3. 冷凝器；4. 加热器

采用液 - 液萃取法应注意的问题：①避免使用毒性大的溶剂；②减少乳化；③萃取完成后，有机提取液中多少含有一些水分，一般需要用少量无水硫酸钠等脱水剂脱水；④避免毒物与溶剂发生反应（如氯仿与胺类毒物）；⑤萃取后的溶剂在加热挥干浓缩时应防止毒物损失及燃烧事故。

2. 改良 Stas-Otto 法　当分析目标不够明确，或疑有多种毒物存在时，可采用改良 Stas-Otto 法进行分离萃取。

Stas-Otto 法是系统分离难挥发有机毒物的经典方法，尽管已使用了一百多年，而且也存在许多缺点，但至今还有一定的应用价值，在此作简要介绍。其基本原理与液 - 液萃取一致。首先用酸性乙醇浸泡检材，使大部分杂质尤其是蛋白质、脂质、糖、纤维素及一些无机盐成为不溶物过滤去除，而有机毒物则溶于酸性乙醇，然后将过滤所得的乙醇液蒸至糖浆状，再用无水乙醇溶解、过滤、蒸干再溶解，反复处理数次，提高乙醇浓度使大部分杂质除去，再制成水溶液，依次在不同酸碱性的条件下用有机溶剂萃取或反萃取，从而将毒物分成酸性、中性、碱性及两性等几类组分，净化后可分别进行检验或筛选。具体操作流程见图 2-5。

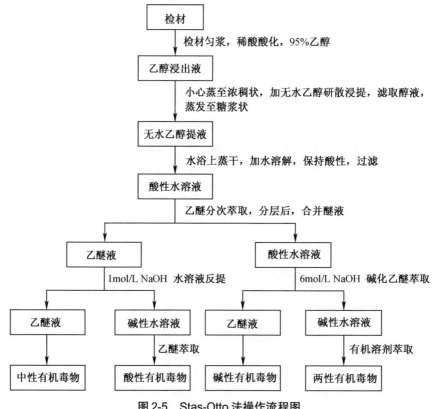

图 2-5　Stas-Otto 法操作流程图

3. 液 - 固提取法（liquid-solid extraction）　液 - 固提取法是目前应用非常广泛的检材处理方法，又被称为固相萃取技术（solid phase extraction, SPE）。是利用待检毒物与杂质在柱中固定相和洗脱液之间吸附或分配作用或不同组分分子大小等方面的差异进行分离。根据固定相填料的种类不同可分为正相固相萃取、反相固相萃取和离子交换固相萃取等。

（1）正相固相萃取：采用极性固定相和中等极性至非极性的洗脱剂，适用于极性毒物的分离。固相柱内的填料多为硅胶，其上键合有极性基团，如丙氰基、二醇基、丙氨基等。在正相条件下，待测毒物在柱上的保留行为取决于毒物分子结构中的极性基团与硅胶键合相上的极性基团之间的相互作用。

（2）反相固相萃取：反相固相萃取系统中，固定相的极性小于洗脱液的极性，即采用非极性的固定相和中等极性或极性洗脱液。该系统适用于分离非极性毒物。生物检材中内源性物质的极性往往比较大，利用反相萃取系统能够很好地将待检物与杂质分离开。反相固相柱内的填料也多为硅胶键合相，但其键合的官能团是非极性的，如十八烷基、辛烷基、苯基、二甲基丁烷、甲基、乙基、丁基等。在反相条件下，分析物在固相柱上的保留行为取决于化合物与硅胶表面官能团之间的相互作用。

　　（3）离子交换固相萃取：离子交换固相萃取适用于分离带有电荷的毒物，根据填料及用途不同又分为阳离子交换柱和阴离子交换柱。阳离子交换柱的填料通常为含有脂肪族磺酸基的键合硅胶，在一定的 pH 条件下带有负电荷，能够吸附样品中带正电荷的化合物。阴离子交换柱的填料通常是将脂肪族季铵盐键合在硅胶上。季铵盐碱性很强，带有正电荷，能够将带负电荷的化合物保留在柱上而与杂质分离开。

　　利用离子交换固定相对样品中待检物进行萃取时，选择合适的 pH 条件是实现高效萃取的关键。选择的一般原则是使待检物和固相填料在所选的 pH 条件下同时带有电荷，且两者所带电荷相反。

　　除了上述三种类型的固相萃取柱外，还有的固相萃取是利用吸附作用或分子筛作用实现待检物的分离。这类固相柱的填料包括无键合硅胶、三氧化二铝、硅酸镁、石墨炭、大孔树脂等，适用于极性和非极性毒物的萃取。

　　现在商品化的固相萃取柱很多，其基本组成如图 2-6 所示。选择不同类型固定相时主要根据待检物的极性大小以及是否带有电荷等特性进行。整个洗脱操作过程可通过减压抽吸或加压方式提高效率。

　　固相萃取将待检测的化合物与杂质分离开的原理和具体过程可有多种情况，大体可以归纳为如图 2-7 所示的三种方式。一种是使待检物随上样溶剂直接先被洗脱下来而杂质保留在柱上（图 2-7 中方式Ⅰ）；第二种是先使杂质和待检物都保留在固相萃取填料上，再选择极性合适的洗脱液冲洗出杂质，而待检物保留在柱上，再用另一冲洗液将其洗脱下来（图 2-7 中方式Ⅱ）。还有一种是先使杂质和待检物都保留在固相柱上，再选择极性合适的洗脱剂冲洗出待检物而实现分离（图 2-7 中方式Ⅲ）。其中方式Ⅱ的具体操作流程如图 2-7 中Ⅳ。

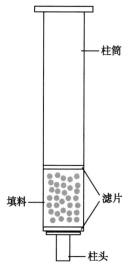

图 2-6　固相柱构造图

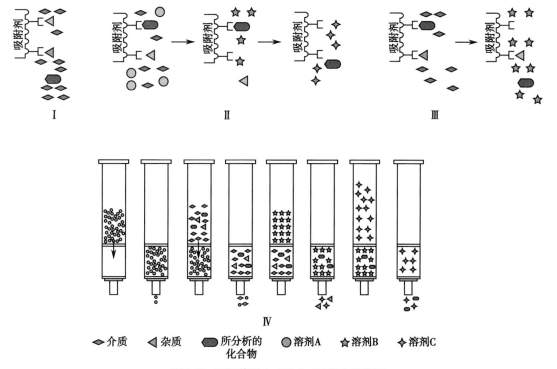

图 2-7　固相萃取方式及方式Ⅱ操作流程图

一般固相萃取所用检材量较液 - 液萃取少，相对于液 - 液萃取而言具有很多优势，可以避免液 - 液萃取所带来的许多麻烦，比如相与相之间分离不完全甚至出现乳化、较低的回收率及产生大量的有机废液等，而且固相萃取技术操作简单，处理样品速度快，但应用该方法时，为了获得尽量高的萃取回收率和尽量减免杂质的干扰，需要根据分离对象的不同通过实验筛选合适的固定相材料、洗脱条件（包括洗脱所用溶剂、洗脱时间等）。

4. 固相微萃取（solid phase micro extraction，SPME） 固相微萃取是在固相萃取基础上发展起来的新技术，近年来逐步得到广泛应用，其原理是利用特殊材料做成的萃取纤维头对待测物能选择性地吸附，通过将萃取头伸入检材中（浸入方式）或置于检材上部空间（顶空方式），使待测物吸附于其上后，将纤维头插入到气相色谱仪或液相色谱仪的接口，利用热解吸附或流动相将待测毒物洗脱下来进行气相色谱（gas chromatography，GC）或高效液相色谱（high performance liquid chromatography，HPLC）分析。固相微萃取在一定程度上克服了一些传统检材处理技术的许多缺点，比如无需有机试剂，简单方便，快速。集采样、萃取、浓缩、进样为一体。该法的缺点是纤维头的使用次数有限，运用于一定数量的检材后便需要更换。

SPME 装置，如图 2-8 所示。其主要由萃取纤维头和手柄两部分构成，萃取纤维头一般是一根长约 1cm 的熔融石英纤维，表面涂布有不同种类的色谱固定相或吸附剂，接不锈钢丝，外套不锈钢管，萃取纤维头在钢管内可伸缩。外接手柄用于安装或固定萃取纤维头。

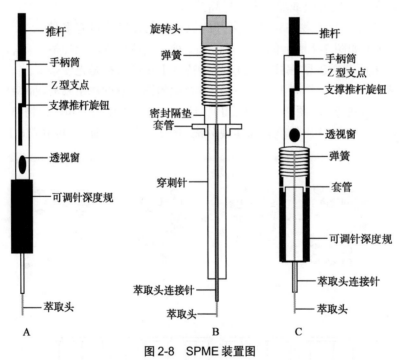

图 2-8　SPME 装置图
A：SPME 手柄　B：SPME 萃取纤维头　C：SPME 的总装置图

固相微萃取的核心部分是萃取纤维头，有许多类型和规格，在具体应用时，主要根据分析物的分子量、挥发性与极性来进行选择，类似于选择毛细管柱和液相色谱柱。非极性物质选择非极性涂膜材料，而极性物质选择极性涂层的萃取纤维头。

为保证分析结果的重现性和准确性，除选择厚薄适当的纤维涂膜层而外，还需要严格控制其他操作条件，比如取样的时间和温度、萃取纤维头浸入的深度、样品瓶或顶空瓶的体积一致性等。

固相微萃取技术的操作过程如下，参见图 2-9：将欲分离检测的样品置于具塞检瓶中，将钢管穿透瓶盖垫插入瓶中，推动手柄杆使萃取头伸出钢管，浸入检材溶液或留在检材液面以上的空间持续一段时间，让纤维头吸附待测毒物至平衡，抽回纤维头，将针管退出样品瓶，再进行 GC 分析或 HPLC

分析。供 GC 分析时,将 SPME 针管直接插入 GC 仪的进样口,推动手柄杆,伸出纤维头,待检物通过热解吸附脱离纤维头进入色谱柱;而进行 HPLC 分析时,将针管插入 SPME-HPLC 接口的解吸池内。将进样阀置于准备状态("Load"位置),推动手柄杆伸出纤维头,关闭密封头;再将进样阀置于进样状态("Inject"位置),流动相进到解吸小池子内将纤维头上的样品洗脱下来,冲至色谱柱上。冲洗完成后将阀回置到准备状态,抽回纤维头,移走针管。

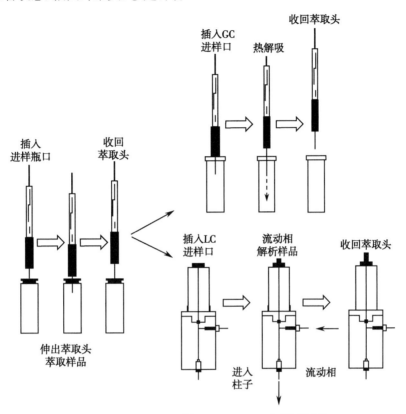

图 2-9 SPME-GC 及 SPME-HPLC 分析示意图

采用 SPME 技术,检材中待测物的浓度、顶空部分的待测物浓度及在纤维头上多聚物中待测物浓度之间有一个平衡关系。吸附在纤维头上毒物的多少主要取决于纤维头上多聚物的厚度和毒物的分布常数。分布常数与毒物的分子量及沸点有关。

若用液体多聚物作 SPME 附着材料,当达到平衡时,毒物在纤维头表面涂层上的吸附量直接与样本中的浓度有关。它们之间的关系可用以下的等式(式 2-6)来表示:

$$W = K_{fs}V_fC_0V_S / (K_{fs}V_f + V_S) \tag{2-6}$$

W:涂层上所吸附的待检物的量

C_0:样本中毒物的初始浓度

K_{fs}:毒物在涂层及样本介质中的分配系数

V_f:涂层的体积

V_S:样品的体积

由上式可知,样本中毒物的初始浓度与涂层上毒物的量呈线性关系。

由于 SPME 所用的涂层对欲分离的毒物具有极强的亲和力,即这些待检物的 K_{fs} 值很大,因此,SPME 具有极强的浓缩富集作用,可提高方法灵敏度。当然 K_{fs} 不可能大到能使样本介质中的毒物被全部萃取出来,但只要达到相对平衡状态,并通过适当的校正比对,SPME 是能用于准确检测样本中毒物浓度的。

5. 液相微萃取(liquid phase micro extraction,LPME) 液相微萃取又称为溶剂微萃取(solvent

micro extraction，SME），是近年来发展起来的一种新型的、有效的、省溶剂的小型自动化样品前处理技术。LPME 由 Jeannot 和 Cantwell 最初提出，是一种结合了 LLE 和 SPME 优点的新型水样预处理技术，集采样、萃取和浓缩等功能于一体，具有灵敏度高、操作简单、成本低等优点。同时，与 SPME 和 LLE 相比，LPME 可以提供较好的灵敏度和富集效果，而且所需要的有机溶剂少（一般为几至几十微升），是一项污染极小的样品前处理新技术，适于痕量目标物的检测。

LPME 有多种操作模式，可以根据萃取溶剂的状态、萃取装置的特点以及分配相的数目等多个角度对其进行分类。

（1）依据萃取溶剂的状态分类：依据萃取溶剂的状态，LPME 可分为静态（static）和动态（dynamic）两类。在萃取过程中，萃取溶剂处于静止状态，即为静态 LPME；反之，则为动态 LPME。

（2）依据萃取装置的特点分类：依据萃取装置的不同特点，LPME 可分为悬滴式（drop-based）和中空纤维式（hollow fiber based）两种。悬滴式是指将有机溶剂液滴悬挂在色谱微量进样器针头或 Teflon 棒端对溶液中的待测分析物直接进行萃取，如图 2-10 所示。悬滴式只有静态一种操作模式，适用于萃取较为洁净的液体样品。但是有机液滴在搅拌时易脱落，而且灵敏度和准确度也较差，因此处理复杂样品时，需预先进行净化处理。

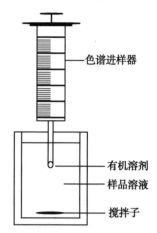

图 2-10 悬滴式 LPME 示意图

以中空纤维为载体的 LPME 技术，克服了悬滴式 LPME 的缺点。该技术有静态和动态两种操作模式。将多孔性的中空纤维浸泡在萃取用的有机溶剂中，作为溶剂的载体，并将此载体固定在进样器的针头上（静态，图 2-11a）或样品瓶中央（动态，图 2-11b），接收相经进样针注入纤维腔中，萃取后再回抽到进样针内。由于纤维的多孔性，增加了萃取溶剂与样品接触的表面积，从而提高了萃取效率。

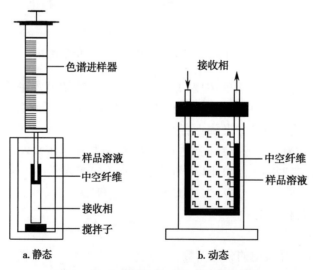

a. 静态   b. 动态

图 2-11 中空纤维式 LPME 装置示意图

（3）依据分配相的数目分类：依据分配相的数目，LPME 可分为两相 LPME 和三相 LPME 两种模式。两相 LPME 中仅包含样品和有机萃取溶剂两相，待测物分子的传质方向为：样品→有机萃取溶剂。三相 LPME 包含样品、有机萃取溶剂以及接收相三相，待测物分子的传质方向为：样品→有机萃取溶剂→接收相。三相 LPME 又分为液 - 液 - 液微萃取（liquid-liquid-liquid micro extraction，LLLME）和顶空 LPME（head space liquid-phase micro extraction，HS-LPME）两种典型的模式。

液 - 液 - 液微萃取又称为液相微萃取 - 后萃取（liquid phase micro extraction with back extraction，

LPME-BE）。整个过程中，待测物首先被萃取到有机溶剂中，接着又被后萃取到接收相里。如萃取酚类化合物时，通过调节样品的 pH 使酚类以中性形式存在，减少其在样品中的溶解度，通过搅拌将酚类化合物萃取到有机溶剂中；然后调节接收相 pH 到强碱性，又将酚类从有机溶剂中进一步提取到富集能力更强的强碱性接收相里。因此 LLLME 仅适用于可离子化的酸碱性样品、可形成络合物的目标分子以及在有机溶剂中富集效率不高的待测物。图 2-12 所示的装置也能用于 LLLME，若接收相是水溶液，即为 LLLME。

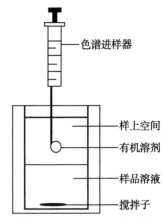

图 2-12　HS-LPME 示意图

　　将有机溶剂悬于样品上部空间进行萃取的方法，称为顶空液相微萃取法（HS-LPME），适用于挥发性或半挥发性有机化合物。HS-LPME 包含了有机溶剂、样上空间和样品三相，目标分子的传质方向为：样品→样上空间→有机萃取溶剂（接收相），其操作装置如图 2-12 所示。待测物在三相中的化学势是推动其从样品进入有机液滴的驱动力，不断搅拌样品产生连续的新界面可以增强这种驱动力。另外 HS-LPME 除了可对液态基质进行萃取外，还可以用于固体基质中目标分子的顶空取样，克服了传统前处理方法中目标分子流失的弊端。

　　LPME 是一个基于分析物在样品及有机溶剂（或接收相）之间平衡分配的过程。当系统达到平衡时，萃取到有机溶剂中的分析物的量由式 2-7 计算。

$$n = K_{odw}V_dC_oV_s / (K_{odw}V_d + V_s) \tag{2-7}$$

n：有机溶剂萃取到的分析物的物质的量

C_o：分析物的初浓度

K_{odw}：分析物在有机液滴与样品间的分配系数

V_d、V_s：有机液滴和样品的体积

　　对于 LLLMP 和 HS-LPME 模式，当体系达到平衡状态后，接收相中分析物的萃取量 n 可以按照下式 2-8 计算：

$$n = K_{a/s}V_aC_oV_s / (K_{a/s}V_a + V_s + K_{d/s}V_d) \tag{2-8}$$

V_s、V_a 和 V_d：分别为样品、接收相（样品的顶空）和有机溶剂的体积

$K_{a/s}$：分析物在接收相（顶空）与样品液之间的分配系数

$K_{d/s}$：分析物在有机溶剂与样品液之间的分配系数

其余参数同式 2-7。

　　LPME 的萃取效果受多种因素的影响，如有机溶剂种类、液滴大小、搅拌速率、pH 以及温度等。有关各种影响因素的原理及其处理原则列于表 2-2 中。

表 2-2　LPME 各种影响因素的原理及其处理原则

影响因素	原理	处理原则
有机溶剂	依据"相似相溶"原理。需注意：①有机萃取溶剂在样品中的溶解度要小且挥发性要小；②如使用中空纤维，有机萃取溶剂需易于充满纤维壁上的孔穴，且能在较短的时间内固定在纤维上；③后序仪器分析时溶剂必须易于与目标分子分离	选择合适的有机溶剂是提高分析物灵敏度的关键。常用的有苯、甲苯、氯仿、四氯化碳、正己烷等
液滴大小	液滴体积越大，目标分子的萃取量越大，有利于提高方法的灵敏度。但由于分析物进入液滴是扩散过程，液滴体积越大，萃取速率越小，达到平衡所需的时间也越长	GC 分析时，一般 1～5μl；HPLC 分析时，一般 10～25μl
温度	温度升高，目标分子向有机相的扩散系数增大，对流过程加强，利于缩短达到平衡的时间；但升温会使目标分子的分配系数减小，导致其在溶剂中的萃取量减少	兼顾萃取时间和萃取效果，选取最佳工作温度

续表

影响因素	原理	处理原则
萃取时间	选择萃取时间一般在平衡之前,为保证较好的重复性,萃取时间必须严格控制。同时萃取时间也会对有机液滴大小产生影响	常在萃取溶剂中加入内标
搅拌速率	搅拌破坏可降低样品本体溶液与有机液滴之间的扩散层厚度,增加了目标分子在液相中的扩散系数,缩短了萃取时间,提高萃取效率	搅拌速率过快可能破坏萃取液滴,也会产生气泡黏附在中空纤维上阻碍传质,因此速率应适中
盐效应	利用盐析作用向样品中加入一些无机盐类(如 NaCl、Na_2SO_4 等),可以增加溶液的离子强度,增大目标分子在有机相中的分配系数	盐析作用与目标分子的性质有关,对有的目标分子不起正作用
pH	调节溶液 pH 使目标分子非离子化,减少在水中的溶解度,增加在有机相中的分配	调节 pH 也利于去除样品中的杂质

LPME 的优点:①与 HPLC 兼容性好,自动化潜力大;②可用的溶剂种类多,为优化萃取条件提供了更大的选择空间;③可采用不同萃取模式以适用于不同性质的目标分子;④与传统的液 - 液萃取法相比,LPME 节省了样品前处理的时间,提高了检测效率;⑤灵敏度高、操作简单、成本低等。LPME 的缺点是有溶剂峰,有时溶剂峰甚至可能掩盖分析物质的色谱峰。

(三)挥发性毒物的检材处理方法

挥发性毒物的分离多用蒸馏法、微量扩散法、顶空法等。

分离易挥发性毒物的方法是基于气液平衡原理。不同的挥发性物质有各自的蒸气压并各自保持着气液两相间的平衡。蒸气压越大越容易从液体状态转化为气体状态,也就越易挥发。物质的蒸气压是随温度的升高而增大的,因此,当一个体系中的挥发性物质在气液两相间共存的时候,如果设法不断除去在气相中的含量,该气液平衡被破坏,液相中的该物质会不断挥发为气体直至完全。将气相中的挥发性物质收集起来,即可达到分离挥发性物质的目的。第六章将详细介绍挥发性毒物检材处理方法。

(四)金属毒物的检材处理方法

一些重金属进入人体后,经过吸收、代谢和转化,与人体内的蛋白质结合成不游离的化合物(重金属蛋白盐等),从而破坏人体正常的生理生化过程而呈现毒性。为了方便地分析这些金属,需要将结合状态的金属转化为无机化合物状态,常用的方法是有机质破坏法。所谓有机质破坏,就是将待测检材在一定的条件下(比如温度)与试剂作用,使所含的有机物,包括脂肪、糖类、色素等,全部分解成无机产物,转化为二氧化碳、水、二氧化氮等。

有机质破坏方法分为湿法和干法两种。湿法是在液体状态下去除有机物的方法,一般在浓强酸液中加入氧化剂,然后加热分解这些有机物。如:硝酸 - 硫酸法,硝酸 - 高氯酸法,硝酸 - 过氧化氢法,检材经过消化破坏最后得到的是含无机物的强酸性水溶液。干法是将检材蒸干后在较高温度下使有机物炭化、灼热灰化并最后被氧化除去的方法。

干法有机质破坏法和湿法有机质破坏法各有优缺点,具体方法也有很多,它们分别的适用范围和分解效果也不相同。通常应该根据案情、检测目的、收受检材的性状及检材量的多少等条件来决定选择哪种金属毒物检材处理方法。具体内容将会在金属毒物章节详细阐述。

(五)水溶性无机毒物的检材处理方法

在法医毒物分析工作中,也常需要分析强酸、强碱、亚硝酸盐、草酸盐、氯酸盐、氟乙酸盐、硝酸盐、硼酸盐、溴化物、碘化物等物质,这些物质多是能溶于水的无机毒物,称为水溶性无机毒物。分离这类毒物的方法通常采用水浸法和透析法等。

水浸法是将检材剪碎与捣碎,用蒸馏水浸泡或轻微加热使得待测毒物溶解于水中,然后进行过滤或离心,取上清液进行分析。

透析法（dialysis）的原理是溶液的渗透现象。物质的渗透压只与溶液中溶质粒子多少有关，而与溶质的化学性质无关。溶质粒子越多，渗透压越大。若将半透膜置于纯水和溶液之间，因为溶液的渗透压大，水就会向溶液中渗透，溶液的体积增大，浓度降低。与此同时，溶液中的小粒子溶质也可通过半透膜进入纯水。根据 Donnan 平衡原理，半透膜两边压力相等时才达到渗透压平衡。透析法的优点是可以将一些水溶性的小分子或离子化合物从组成复杂的检材中分离出来，并且不会改变这些小分子物质和离子化合物的化学性质。

两种检材处理方法的优缺点、适用范围及其具体的操作步骤将在水溶性无机毒物分析中详细阐述。

五、分离效率和验证

分离效率，是指检材经过适当分离净化处理后，待测毒物的量和检材中该毒物实际含量的一个比值。分离效率的高低是衡量所选择的分离净化方法好坏的一个重要指标。

常用来评价分离效率的方法有空白添加回收实验和随行参比法。

1. 空白添加回收实验　取不含有待测毒物的模拟空白检材若干，在其中添加一定量的待检物，再选用适当的提取方法进行处理并测定，所得到检材中待检物含量与实际添加的量求比值即可。

2. 随行标准参比法　选一种适当的化学纯品作为参比物加入检材中，与检材一起进行分离提取，再用恰当的方法同时测定参比物和待检化合物。根据参比物的回收情况来评价待检物的分离净化效率。

有关完整分析方法验证，包括通过空白试验、已知对照试验及随行标准参比法验证分离效率将在第三章中详细阐述。

本章小结

在法医毒物分析中，检材是至关重要的物证。检材大致可分为体外检材和体内检材。体外检材与体内检材的定义、来源、特点及其检验结果对于法医学鉴定的意义均不一样。

法医毒物分析中的检材处理方法有预处理及根据毒物类别进行的各类分离净化方法。主要有分离挥发性毒物的蒸馏法，分离非挥发性毒物的液 - 液萃取、液 - 固萃取、固相微萃取等方法。

关键术语

检验材料（specimen）

体外检材（specimen in vitro）

体内检材（body specimen）

生物检材（biological material）

检材处理（specimen treatment）

预处理（pretreatment）

液 - 液萃取法（liquid-liquid extraction）

液 - 固提取法（liquid-solid extraction）

固相微萃取（solid phase micro extraction）

液相微萃取（liquid phase micro extraction）

思考题

1. 简述体内检材的定义、来源、特点及其检验结果对法医学鉴定的意义。

2. 现场发现与毒案有关的棕色液体少许，有人怀疑为酱油，对此，你是怎么考虑的？如果作为检材收集回来，需要进行检验，请整理出如何处理检材的思路。

3．法官提出要对覆盖有树林的某山区久埋的尸体进行开棺检验，请思考需要了解哪些情况，携带哪些器材，如何提取检材，保存和运输应注意些什么问题。

4．某案发现场桌面上发现约 5ml 液体检材，请考虑如何收集这类检材。

5．一个食品加工点发生投毒案件，请思考投毒案现场勘查。

6．某贩毒案件收缴了 10 包共计 1000 粒药片，请设计抽样方法。

7．麻醉抢劫案发生之后，不知道具体药物类型，针对送检的药物粉末考虑检材处理的具体方法。

（廖林川　王玉瑾）

第三章　分析方法概述

学习目标

掌握定性分析和定量分析的目的及对方法的要求；预试验、类别试验、确证试验、回收试验、阴性对照试验、阳性对照试验的含义。

熟悉形态学鉴定、动物试验、免疫分析、理化分析及仪器分析各种分析方法的基本原理、特点和适用性。

了解分析方法验证的主要项目和意义。

章前案例 ▶

某日，一辆轿车在某市一环路上行驶，当行驶至一路口时，突然冲过快车道与慢车道的隔离栏，并冲向人行道，撞向路旁的建筑，造成轿车受损，驾驶员当场死亡，车上乘客受伤。事故发生后，路旁行人参与施救的过程中发现驾驶员身上有酒味，驾驶台附近还散落一些标有"摇头丸"字样的药片。是什么原因使车辆突然失控？警方勘察现场和车辆后，发现车辆并未出现故障。那么是驾驶员"酒驾"或"毒驾"？驾驶员是否有吸毒史？有无其他毒物或药物存在的可能？能否通过检测现场发现的药片、驾驶员的血液、尿液、毛发、组织等找到答案？采用什么方法检验？如何定性？如何定量？如何进行质量控制，保证分析结果可靠？

法医毒物分析可供选用的分析方法有很多，按照分析目的可以分为定性分析和定量分析。按照方法类别常用的有形态学方法、动物试验方法、免疫分析法、理化分析法、仪器分析法等。各类方法都有其优缺点及适用范围，在工作中应根据分析目的、检材的种类、待测毒物类别等实际情况选用合适的方法配合使用。分析方法的验证是毒物分析的重要工作内容，无论是建立一个新的分析方法还是运用已有的方法，进行可靠性验证是结果准确可靠的重要保证。

第一节　定性分析与定量分析

一、定性分析

定性分析（qualitative analysis）的目的是确定检材中所含毒物的性质，即检材是否为某种毒物或者其中是否含有某种毒物，通常又称之为检识或检出。检出的对象也包括药毒物在体内生成的代谢物。有时为了侦查或法庭审理对物证确认的需要，也要求对并非毒物的化学物质或物品予以认定。

法医毒物分析大多数时候是未知物的分析，事先并不知道检材中是否含有毒物以及毒物的种类是什么。但定性分析也并非盲目分析，而是在详细考察案（事）件各方面情况的基础上，通过正确分析,推测出可能的毒物种类,然后采用相应的分析方法进行定性鉴别和确证。

定性分析要求选用的方法灵敏度高、准确可靠。检验步骤可根据检验方向先通过预试发现是否存在哪一类或哪几类药毒物。在查出有某一类药毒物后,再从中确定是哪一种或哪几种。若怀疑检材中存在多种药毒物,可选用多种方法分别对各毒物进行定性鉴别。检验其中一类或一种药毒物时,应避免影响其他药毒物的检验。定性分析结果的准确性是毒物分析的关键。检验结果无论是查出含有或不含有、是或不是某种或某一些药毒物,都必须具有无可置疑的可靠性。所以,选用合适的方法,并进行反复验证是很重要的。

各种定性分析方法因其依据的原理、操作方法以及应用场合不同,在实际工作中具有不同的效用。主要有分类效用和确证效用两种。

具有分类效用的方法一般仅能够判断检材是否为某类毒物或是否含有某类毒物。同一类别的毒物往往因为其官能团或母体结构一致而具有某种相同或相似的特性,具有分类效用的方法正是依据这一原理对不同种类的毒物进行定性鉴别,故这些方法也称为类别试验。常用于预试验(pre-test)和筛选试验(screening test),为法医毒物鉴定工作提供依据和方向。所谓预试验就是在法医毒物分析方向尚不够明确的条件下运用一些类别试验探索检验方向。而筛选试验是指在检验方向比较明朗的情况下使用的类别试验。

预试验和筛选试验并没有严格的界限,有时也将两者统称为筛选试验。一些组成简单的检材,如药片、药水、食物、可疑物等,往往可直接用筛选试验,而体液、内脏组织等组成复杂的检材多需经过处理制成待检液后才能用于筛选试验。

具有确证效用的定性方法能够确实无误地判断出检材中是否含有某毒物或是否为某毒物,又常称为确证试验(confirmatory test)。这类方法往往能够反映某一毒物区别于其他毒物的特有属性,从而能确定检材中所含毒物为某物质而不是相似的或同类的其他物质。一般而言,具有确证效用的方法多为仪器分析方法,当然也有一些检材情况不复杂,或者某些毒物有突出的性质,只需要通过简单的方法,即可达到确证的目的或可为确证提供依据。比如:利用 CN^- 与 Fe^{2+} 和 Fe^{3+} 反应生成普鲁士蓝,将普鲁士蓝法作为检验氰化物的专属试验;再比如利用中草药在形态上的特点或含有的独特成分,通过观察或简单试验并与已知对照品进行核对鉴定,也可为确证提供依据。虽然确证试验往往都具有很强的专属性,但在实际运用时,应考虑检材组成复杂、所含杂质多且性质可能与待检毒物类似、检材中毒物含量少等因素,并考虑方法的专属性和灵敏性,为结果判断提供充分的认证依据。

无论采用哪种方法进行定性分析都应保证结果的准确可靠,一些试剂、试剂中的杂质、检材中的组分或夹杂物等可能干扰检验。干扰物的存在可能产生两种后果:一是把干扰物误认为药毒物,通常称之为假阳性(false positive);另一种是因干扰物的存在而阻碍药毒物的检识,通常称之为假阴性(false negative)。在检验的同时通过做阳性或阴性对照试验可以避免假阳性或假阴性结果的出现。阳性对照试验(positive control)即以待检毒物的对照品作为检验对象,采用同样的检验方法进行的试验,以验证该方法在该检验条件下是否有效。阴性对照试验(negative control)是以空白试剂或模拟样品的基质作为检验对象进行相同的试验。通过阴性对照试验验证整个检验过程中是否只有待检物能产生阳性结果。本章节的下文中将具体介绍验证方法。

二、定量分析

定量分析(quantitative analysis)的目的在于确定检材中某毒物的含量,通常称之为含量测定或简称测定。定量分析必须在定性分析的基础上进行。

并非所有情况下都必须进行定量分析。某些剧毒物中毒剂量非常小且绝不可能为人体正常成分或正常饮食、服药会摄入的物质,则不一定要进行定量分析,也有些检材不适用于含量测定。多数情况下是为了考证待检物是毒物还是药物,是饮食物还是人体的正常成分,或其他需要以含量进行参比对照时，才需进行含量测定。亦有一些须用含量来区分违法犯罪行为的性质、当事人的法律责任或罪名归属时，需要做含量测定。

定量分析必须在明确待检物是什么的基础上进行才有意义。测定时要根据检材情况和测定对象选择合适的测定方法。有少数检验方法在定性的同时就有定量的意义，也有一些定量的方法具有一定程度的定性意义。定量分析结果的可靠性必须经过慎重验证。

用作定量分析的方法必须具有良好的计量关系。分析的结果能随待检物的存在而产生一定的现象和效应，称为响应（reaction，R）或信号（signal，S），以数值表示即为响应值或信号值，此数值必须与待检物的量（通常用 x 表示）之间在一定范围内具有确定的函数关系 [R＝f(x)]，并且要求检材或检液中待检物的含量必须在方法所能测定的范围之内。

含量测定得到的数值结果一般应经过换算，以检材中的相对含量或相对浓度来表示。含量高的，可用百分含量表示，含量低的，常以每克或每百克检材中含待检物的毫克数或微克数表示，也可用摩尔浓度等浓度单位表示。测得值常因换算而出现长串数值，应注意截取其实际有效数值来表达测定结果。

有些情况下无需知道检材中某毒物的确切含量，只需要知道其含量是否大于或小于某一限度值，或在某个浓度范围内，这种定量分析又称为限量检查（limit test）或半定量分析（semi-quantitative analysis）。如运用薄层色谱法（thin layer chromatography，TLC）检测时，将检材溶液的斑点与一定浓度对照品溶液斑点相比较，来判断检材中该毒物的量是否低于或高于该对照品溶液。

定量分析时同样应该注意干扰的排除以保证结果的准确，同样需要通过阳性对照试验或阴性对照试验来评价方法的可行性和可靠性。

第二节　分析方法类别

法医毒物分析的方法多种多样，基本上是依据不同物质具有不同特性的原理而进行检测，常用的方法有如下几种：

一、形态学方法

形态学方法（morphological analysis）主要是通过对检材的外观形态或显微形态进行辨认达到初步筛查鉴别目的的方法。有关形态学知识和技术，除在法医病理学检验应用较多以外，也常常会用于毒物检验工作，特别是对体外检材的辨认。形态学方法多用于预试验和筛选试验，而无法对检材中的毒物进行确认。

在侦查工作和现场勘查工作中可发现多种多样的可疑物。这些可疑物大多在形状、大小、色泽、质地、包装等方面具有一定的特征，故检验时可通过观察外观形态，在一定程度上起到筛选和鉴别作用。其中有些辨认工作还可在放大镜或显微镜下进行，如：对粉末状物是结晶形还是无定形的辨认，中草药渣或植物、矿物、动物等属于哪一类哪一种的组织形态辨认，药物、食物中可疑物的类别辨认等。诸如此类的区别辨识，或能当场解决一些问题，或能为侦查和检验提供线索。事先熟悉掌握有关知识技能，并尽可能采取与事件或案情相关的物品作对照，对辨认工作大有裨益。

在法医毒物分析的实际工作中，一些动植物毒物中毒案（事）件的检验往往会运用到形态学方法。动植物毒物检材，有许多未经加工或只经过简单加工，比如中草药材、剩余药渣、粗制毒品。由于所含成分十分复杂，而且随种属、产地、时令、采集加工方式不同而不同，另外还有化学成分及结构本来就不清楚或多种天然毒物混合等情况存在，即使用化学方法或仪器分析的手段，有时也难以达到分析检测的目的，此时通过显微镜观察检材的组织构造、细胞以及后含物的种类等显微形态特征，并与已知对照品的形态特征进行核对鉴定，往往可以达到筛选和鉴别的目的。这方面内容将在第九章中详细介绍。

二、动物试验方法

动物试验方法（animal test）是以动物为试验对象，利用某些毒物具有较强生理作用，通过观察动物给药后产生的毒效或药效反应来检验鉴别毒物的方法。

动物试验法通常多用于体外简单检材，试验时可将检材通过适当方法简单制样，然后采用合适的途径作用于合适的动物，观察并记录动物的表现，还可进一步解剖观察组织的病理改变。动物试验的结果能够为初步判断检材中是否含毒物或者是否含有某些类别或某种毒物提供依据。

在毒物分析工作中遇到的毒物许多都具有较强的生理效应，小剂量就能产生显著的、甚至剧烈的药效或毒效，有些还具有特殊的中毒表现，如氰化物、乌头碱、士的宁、毒鼠强等。利用这一特性，可采用动物毒性试验作为预试手段。此类试验特别适合于无法从情况调查获得线索，通过其他筛选方式也不能明确检验方向的情形。例如，怀疑被投毒的饮食物，可分取适量灌服动物；药液或水溶性药物也可经处理后注入动物腹腔后观察。若动物表现正常，一般可消除疑虑；若出现中毒或死亡，可考虑进一步检验。尤其作为快速判别是否含有毒性剧烈的毒物或者在不具备完善仪器条件的情况下作为筛选和判断毒物类别的方法，动物毒性试验法具有简便快速、设备简单等优点。

动物给药或染毒的途径一般有：灌服、熏蒸、注射等。具体方式要根据待查毒物的作用机制来确定，一般选择最能表现出该毒物毒性的方式。在确定给予检材的剂量时必须考虑到可疑毒物的中毒剂量以及动物的种属、体重、个体和动物对毒物的耐受性等情况。动物试验中应注意避免由其他原因引起的损伤和死亡，例如灌服时将检材灌入动物气管造成窒息死亡，直接注射萃取后的有机溶剂，将鱼放在缺氧的水中试验等，以免妨碍观察或得出错误判断。

动物试验虽然具有简单、直观、快速的优点，但其结果容易受到一些因素影响。主要影响因素有动物（种属、个体）、饲养条件（包括动物居所的温度、湿度，环境的声、光、电、磁场、饲料、饲养密度等）及给药方式等，因此进行动物试验时，必须严格控制试验条件，为了避免假阳性或假阴性结果的出现，同时还应做阴性对照试验和阳性对照试验。

一般而言，动物急性中毒试验的结果不能作为辨别毒物的唯一依据，需结合化学试验或仪器分析进行确证。

以下列举几例利用动物试验进行毒物检验的实例（见实例3-1，实例3-2）：

实例3-1：当怀疑检材（如胃内容物）中含有钩吻生物碱时，可进行钩吻生物碱小白鼠毒性试验，胃内容物用乙醚通过适当方法提取，分取胃内容物的乙醚提取液挥干后的残渣一部分，溶于盐酸溶液中，加数粒碳酸氢钠使近中性为止，将此溶液注射于小白鼠皮下，放在玻璃罩内仅几分钟则可出现中毒症状，剧烈性强直性惊厥，终至呼吸停止而死，死后立即解剖可发现其心脏内有纤维性颤抖。

实例3-2：利用青蛙毒性试验判定检材中是否含有烟碱。将供试液0.5～1.0ml注入青蛙的淋巴囊内，青蛙出现后肢向前伸直，脊柱蜷曲，状似坐姿，或四肢同时前伸而脊柱前倾弯曲的特殊痉挛现象（图3-1）。烟碱中毒蛙的强直性痉挛有别于士的宁中毒症状。

图3-1　烟碱的青蛙毒性试验示意图

三、免疫分析法

免疫分析法（immunoassay）是利用抗原抗体竞争性结合的原理，以毒物和标记毒物与特异抗体竞争结合反应为基础的一类分析方法。免疫法具有灵敏度高（一般可达10^{-9}以上）、选择性强、操作简便、检材无需特殊处理、省时及耗材少等优点，然而由于每一类毒物的鉴定都需专用试剂，且试剂往往具有一定时效性，故该方法的推广、运用受到一定的限制。总的说来，免疫分析法由于优点突出、可供药毒物分析的试剂盒不断增加，在毒物分析领域中的应用越来越多。

（一）基本概念

1. 抗体（antibody） 是一种特殊的蛋白质，其分子结构上的结合点能够专一识别药毒物的特征性基团或结构。一个蛋白分子上的结合点数量有限，故当抗体数量一定时，其与药毒物的结合能力有限，即抗体与药毒物的结合具有饱和性。免疫分析法就是利用这一特性，通过竞争结合来实现检测目的。

2. 标记药毒物（marked poison） 指一定量加有标记的被检测物对照品或一定量性质与被测药毒物相同但加有标记的物质。标记药毒物用以提供可检测的信号，常用的标记物质有酶、放射性核素、荧光物质等。

3. 非标记药毒物（unmarked poison） 即为药毒物的标准品或待测药毒物。在利用免疫分析法进行定量分析时，药毒物的标准品用于建立被测药毒物浓度与响应值之间的函数关系，从而计算检材中药毒物的含量。

（二）基本原理

利用免疫分析法进行检测，未加入待检毒物（非标记抗原）时，抗体完全与标记抗原结合生成复合物，加入待检毒物后，待检毒物也会竞争性地与抗体结合，由于抗体分子上结合点数量有限，抗原抗体之间结合具有饱和性，因此标记抗原与抗体之间的结合反应将受到抑制，两者之间的结合率减小（这种现象称作竞争抑制作用）。

当标记抗原和抗体的量一定时，待检毒物的量越大，生成的复合物中标记抗原的含量就越低。选择合适的方法检测复合物中标记抗原的量就可计算待检毒物的含量。

目前一些商品化的检测试纸和试剂盒，将标记毒物和抗体固定于试纸或试剂盒的某一区域，可快速检测尿、血等生物检材中的毒物。其基本原理是将标记毒物和抗体固定于试纸或试剂盒的某一区域，当试纸或试剂盒接触检材时，若检材中含有该种毒物且量高于检测限，则试纸或试剂盒将呈现一定的现象，若检材中不含有该种毒物或其量未达到检测限，所呈现的现象将不一样。通过所得结果的差别，可初步判断检材中是否含有该种毒物。

（三）方法类别

根据标记药毒物中标记物质以及检测方式的不同，免疫分析法可分为放射免疫分析法（radiology immunoassay，RIA）、酶联免疫分析法（enzyme-linked immunosorbent assay，ELISA）以及荧光免疫分析法（fluorescence polarization immunoassay，FPIA）、金标免疫层析法（gold immunochromatographic assay）等。

1. 放射免疫分析法 是利用放射性核素标记药毒物的免疫分析法，常用的同位素有 ^{3}H、^{14}C、^{25}I 等。该技术具有灵敏度高、特异性强、样品用量少等特点，适合复杂样品中微量或痕量物质的分析。

2. 酶联免疫分析法 是以酶作为标记物的免疫测定方法。该法较放射免疫法方便，目前在毒物分析中运用比较广泛，已经用于吗啡、苯骈二氮杂䓬类、巴比妥类、苯丙胺类、可卡因类、三环类药、PCP类、大麻类等多种毒物的筛选。

3. 荧光免疫分析法 采用荧光物质标记药毒物，克服了放射免疫法存在辐射伤害和环境污染的缺点。常用的荧光物质有荧光素及其异硫氰酸盐等。荧光标记药毒物与抗体结合后，有的荧光减灭或熄灭，有的荧光增强。通过测定前后荧光强度的改变即可达到分析目的。该法具有灵敏度高、无辐射伤害、无环境污染及容易实现自动化分析等优点。

4. 金标免疫层析方法 用胶体金标记抗体的方法，是一种免疫的纸层析新技术，其结果可直接观察判断，具有价格低廉、操作简便，不受时间和地点的限制，是近年来发展较快的一种筛选方法。比如利用金标免疫层析法定性检测尿样中的吗啡（实例3-3）：

实例3-3：应用尿检板检测尿样中吗啡（图3-2）。在S孔内滴入尿样，尿样在毛细效应作用下向前迁移。尿样中无吗啡或吗啡浓度低于阈值浓度时，因胶体金抗体全部或部分与被固定在板上的吗啡偶联物结合，使测试区（T）内出现一条紫红色的条带；当吗啡高于阈值浓度时，胶体金抗体全部与样

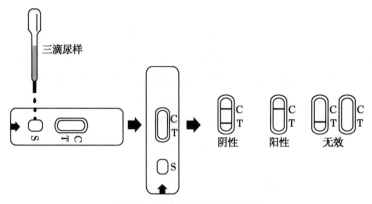

图 3-2　吗啡尿检过程示意图
S：加样孔　　C：质控区
T：测试区（内含吗啡偶联物和被胶体金标记的抗吗啡单克隆抗体）

品中的吗啡结合，未与吗啡偶联物结合，因此，在测试区不出现色带；质控区未出现红色线条，说明操作有误或试剂盒失效，结果无效。

上述免疫分析方法只是筛选方法，只能对药毒物的种属或大类进行初步分析，具体定性工作还需采用仪器分析方法进行确证。

（四）交叉免疫反应

根据免疫分析方法的检测结果判断检材中是否存在某种毒物时，需考虑到交叉免疫反应对分析结果准确性的影响。在实际检测过程中，毒物与抗体的结合常受到结构相近的其他毒物和化合物的干扰，产生了非专一性结合现象，称为交叉免疫，导致假阳性。发生交叉免疫的程度越大。则免疫分析方法的可靠性越低。所以免疫分析法一般常用于预试筛查，不能作为确证方法。

四、理化分析法

理化分析法（physical and chemical analysis）是指利用物质的物理或化学性质来达到分析目的的方法。这类方法普遍地应用于毒物分析，尤其是在缺乏仪器设备条件的情况下，或者希望通过简单的操作就能迅速作出筛选判断的时候，这类方法能起到别的方法起不到的作用。毒物分析工作中得到的检材量往往有限，而其中所含毒物也常为微量，故此处列举几项能用微量试样进行分析检测的理化分析方法。

（一）物理常数测定

物理常数如熔点、沸点、折光率等，是物质的属性，具有专属性，可作为定性的依据之一。用微量测定的方法，所需试样不多，例如用几粒晶体即可测定熔点，用几微升液体就可测定沸点或折光率。在法医毒物分析工作中有时可以从体外检材中得到一点纯物质，可能用到该方法。物理常数的测定具有不改变化学组成和不损失试样的优点。不过，这种方法只对纯物质有定性意义，由于检材系纯物质的时候不多，故该方法在毒物分析中应用不普遍。

（二）微量化学反应

微量化学方法（microchemistry reaction）是利用化学反应的微量检验方法。微量有两重意义：一是指试液中被检测物的含量很低；二是指操作中需要试样和试剂的用量很少。前者要求反应灵敏，后者要求用微量操作的方法进行；两者结合可得良好效果。凡能使药毒物产生可观察现象的化学反应，例如能生成沉淀、结晶或改变颜色等现象的灵敏化学反应，都能用于法医毒物分析中的检测。反应产生的现象或产物可作判别某类或某种被测物的一种依据。保留的反应产物还可作为物证。

1. 微量显色反应（trace color reaction）　能改变颜色的反应主要有酸碱反应、氧化还原反应、络合反应和一些至今原理未明的反应。加入试剂通过观察颜色变化来判断是否存在被检物或根据颜色的深浅程度来确定被检物的量。所用试剂常称作显色剂。显色剂可以是一种试剂，也可以是几种试剂按一定方式加入。微量显色反应常在白瓷反应板上进行；也可在微量试管中进行，在白色衬底上观察；还可以将试液和显色剂先后滴加在滤纸上，观察滤纸上斑点的颜色变化。在滤纸上进行反应的方法又称斑点试验。滤纸上的斑点便于挥干，有利于用溶剂浸取，也可用于以气体试剂熏蒸的反应。被检毒物是气体时，可用染有试剂的滤纸进行试验。

2. 微量沉淀反应（trace precipitation reaction）与显微结晶试验（micro-crystallization experiment）　沉淀反应是生成难溶性化合物从溶液中析出的化学反应。所用试剂称沉淀剂或沉降试剂。微量沉淀反应常在微量试管中或载玻片上进行。沉淀反应的产物，有一些是有颜色的，有一些是有一定结晶形状的。在载玻片上作沉淀反应，便于在显微镜下观察沉淀的晶形和色泽，称为显微结晶试验。此外，还有气体和固体或溶液反应得到的晶体，或升华得到的晶体，也常用显微镜辨认其晶形。

微量化学方法有操作较简单易于掌握、完成检验耗时短、无需特殊设备，便于实行、受时间地点的限制少等优点，是适用范围较广的检验方法。在检验过程中可随时应用于探索验证。尤其是对现场搜得的少量药品药物、饮食物或呕吐物中的异物等各种可疑物，可及时就地检验。对于某些杂质少的较纯检材还可能即时得出判断。

五、仪器分析法

仪器分析法（instrumental analysis）是利用能表现出药毒物的某些物理或物理化学性质的仪器来达到分析目的的方法，通过测量光、电、磁、声、热等物理量而得到分析结果。常用于分析检测的仪器类别有很多，根据法医毒物分析的工作特点，在实际工作中应用比较多的是光谱分析法、色谱分析法、质谱分析法和两谱联用技术，比如紫外分光光度法、原子光谱法、气相色谱法、高效液相色谱法、薄层色谱法、毛细管电泳法、质谱法及多级色 - 质联用法等。

随着科学技术的突飞猛进，尤其是电子科技的发展，已有越来越多的高性能化学分析仪器相继问世。许多以前手工操作或肉眼观察不可能进行的分析工作都逐渐可以通过仪器来完成。各类分析仪器的共同特点是：①性能强，功能多，精密程度高；②消耗试样少，检测灵敏性高；③自动化程度高，操作较简便，费时短；④检测结果客观可靠等。但是仪器分析也具有局限性和不利之处，如：①仪器设备昂贵；②仪器构造精密复杂，使用保养要求高，发生故障时修复难；③对仪器的使用人要求高，须经训练具备一定的理论基础和实践技能；④可因使用方法不当，或仪器失准等因素而得出错误结果；⑤所得到的分析结果需要靠人的智慧进行辨析论证等。

在法医毒物分析工作中应用比较多的几种仪器分析法有：①利用药毒物对电磁辐射产生吸收或发射的原理确定结构和成分的光谱分析法。比如紫外光谱分析法、荧光光谱分析法、红外光谱分析法等；②利用不同药毒物与固定相和流动相之间的作用力（分配、吸附、离子交换等）的差别而相互分离的色谱分析法。比如气相色谱法、液相色谱法、电泳法等；③利用不同质荷比的离子（分子或分子碎片等）获得药毒物分子量、结构、裂解规律特征信息的质谱分析法。近年来质谱技术得到了快速发展，色谱 - 质谱联用仪器越来越多地运用到毒物分析的领域中。它结合了色谱的分离功能和质谱的较强定性功能，能用于复杂体系的定性定量分析，尤其是多级色谱 - 质谱联用在提高准确性和灵敏度方面发挥了重要作用，逐渐成为法医毒物分析的主要手段。

当然仪器分析方法中也有个别方法所需设备较简单，费用低，是法医师有可能创建条件而应用于实践工作的。虽然仪器分析方法不容易普及，法医师亲自运用贵重设备的机会不多，但是熟悉仪器分析的方法的原理及其在毒物检验工作中所起的作用，有利于正确地作出科学判定。例如，仪器分析法能解决些什么样的问题，解决到什么样的深度，检验中用的方法是否恰当，所得到的结果能说明什么问题等。这些知识有助于提出合理的检验要求、审查检验方法与检测结果的可靠性论证。

上述各类方法都有其优缺点及适用范围，在实际工作中应根据情况和分析目的选用合适的方法，并配合使用，对实验结果应反复验证。下面将几种方法简要列表比较如下（表3-1）。

表 3-1　分析方法比较

方法类别	方法描述	方法特点
形态学方法	利用检材的外观形态或显微形态特征进行辨认、比较	简便快速，能在一定程度上起到筛选和鉴别的作用
动物实验法	利用毒物的毒性及毒理作用机制，通过观察染毒实验动物是否死亡或发生中毒表现来推断检材中是否含有毒物	简便易行，结果直观，可初步筛查，判断毒物类别
免疫分析法	利用抗原抗体的竞争性结合反应检测毒物	操作简便，检测省时，灵敏度高，选择性强，耗材少，但需要专用的试剂盒，且试剂都有一定的时效性
理化分析法	利用毒物的各种理化性质进行鉴别检验，如理化常数的测定、显色反应、沉淀反应	操作简单，对设备要求不高，结果直观，但选择性差，准确性低，往往用作筛查试验或预试验
仪器分析法	主要包括利用毒物光学性质的光谱分析方法，利用毒物色谱行为差别的色谱分析法，根据物质的相对分子质量、断裂碎片质量大小及结构特征信息的质谱分析法	灵敏准确，自动化程度高，适用范围广，但仪器设备昂贵、对使用人员要求高，可因适用不当或仪器失准而得出错误结果

第三节　分析方法的可靠性验证

在进行法医毒物分析时，所用分析方法有些可能会是书籍、刊物上记载的方法，结合实际情况调整后使用，也可能需要重新建立方法。承担检验工作的人员除了应该对所用方法的适用性、操作细节、现象的辨认和处理、结果的辨析等都有充分把握外，还需对分析方法本身进行验证，以保证分析方法的科学性和可行性，同时也是分析工作质量控制的重要保证。方法验证是通过设计一些合理的试验来实施。对于需要经复杂处理过程的体内检材的分析，更应重视验证工作。

一、分析方法验证的主要项目

验证内容包括纯度和回收率、方法的专属性、准确性（准确度和精密度）、灵敏性（检测限和定量限）、线性与检测范围、耐用性等。

1. 回收率（recovery）和纯度（purity）　回收率是指对检材进行处理后，所得到样品中待测物含量与分离净化前检材中原有待测物实际含量之比。纯度是指经分离净化后所得试样中杂质含量的多少，杂质含量愈低，纯度愈高。纯度和回收率反映分离净化效能。一般分离净化的步骤多，则纯度高而回收率低。如果片面地追求高纯度，使本来能被检测到的毒物无法检出则可能造成漏检。但是，也不能单纯地为追求回收率而忽略必要的处理，杂质过多会干扰检测，影响结果。

2. 方法专属性（specificity）　专属性系指可能存在非待测成分的情况下，所用分析方法能够准确地、选择性地检出待检物质的特性，又称为选择性或专一性。一般而言，专属性越强的方法定性的准确度也越高。毒物分析中检材组成复杂，能产生干扰的成分主要有内源性杂质、代谢产物及同时服用的其他物质等，要求所用的方法应具有较强的选择性，能够特异地检出其中待检毒物而不受到其他成分的干扰。

验证方法的专属性可以通过比较待测毒物及其代谢物的对照品、空白检材和模拟生物检材（空白生物基质中添加对照品）的检测信号来实施。对于色谱法，还可以通过检测色谱峰纯度及分离度来验证方法的专属性。

3. 方法准确性（accuracy）　方法准确性包含定性的认证准确性和定量测定值的准确性。

（1）认证准确性：指检材中确实存在的，而且是应该检识的毒物，必须得到认定，并且能证实确实为该物质而不是其他物质的属性。被认定的物质必须是检材中原来就存在的，并非来自别处。

在分析过程中,试剂、器皿或仪器中的杂质可能会对分析结果产生一定干扰,这种干扰分为阳性干扰和阴性干扰两种。阳性干扰是指干扰物质能产生与待检物相似的检测结果或增高测量值。阴性干扰是指由于干扰物的存在而使本应得到的阳性结果无法显现或使测量值降低。

(2) 测定值的准确性:包含准确度(accuracy)和精密度(precision)。

1) 准确度是指测得值与真实值之间接近的程度。两者的差值称为误差。误差小,方法准确度高。分离净化过程中待检物的损失常使测得值比真实值低,而杂质的干扰会增大或降低结果值,而造成误判。由于检材中所含毒物的真实值往往是未知的,所以准确度的测定通常使用模拟检材,用测得的浓度与添加的毒物浓度比较计算求得。结果一般用相对回收率表示,回收率越接近 100% 表明分析方法准确度越高。

2) 精密度是指在规定的测试条件下,同一样品,经多次重复检测所得结果之间的接近程度(离散程度)。方法的精密度反映了一个分析方法的可操作性,是方法验证的主要项目之一。精密度是多次测定所得的数值经过统计学方法计算得到。

精密度常以标准差(SD)或相对标准差(RSD)表示,见(3-1)式和(3-2)式。

$$SD = \sqrt{\frac{\sum(\overline{X} - X_i)^2}{n - 1}} \tag{3-1}$$

$$RSD = \frac{SD}{\overline{X}} \times 100\% \tag{3-2}$$

式中:X_i 表示第 i 次的测得值,$\overline{X}$ 表示 n 次测量的平均值,n 表示测量次数。

相对标准差值愈小精密度愈高,说明方法的重现性愈好。其值越大,则各测量值之间愈分散,方法的精密度越低,多由于测定方法中的一些可变因素无法控制造成。分离净化过程中的可变因素多,用处理后的同一测试液进行多次测定的精密度常比用同一检材分多份同时处理后测定的精密度好,所以测试液的测定精密度不能代表整个检测方法的精密度。

准确度和精密度从不同侧面反映了分析结果的准确性。准确度表示测定结果的正确性,精密度表示测定结果的重复性。精密度是保证准确度的先决条件,精密度差,所得结果不可靠,但高的精密度不一定能保证高的准确度。所以测定方法应该使精密度和准确度都达到一定要求。

4. 方法灵敏性　又称灵敏度(sensitivity)。检测灵敏度常以检测限(limit of detection, LOD)或定量限(limit of quantification, LOQ)表示。检测限系指检材或检样中待测物能被检出的最少量或最低浓度,但不一定要准确定量。通常用 μg、ng、pg 等质量单位表示检测限,或者用单位检材中的待测物的量来表示,如写作 μg/kg, ng/ml 或相对含量(1∶1000)的形式。检测限必须在保证检验方法有确定的操作步骤和检材试剂用量准确的条件下才有实际意义。定量限指检材中的待检毒物能够被定量测定的最低量,其测定结果应具有一定的准确度和精密度,定量限的结果常以相对浓度值表示。两者的区别在于前者属于一种限度检验效能指标,而后者是一种定量分析的效能指标。

定量分析的灵敏度是指方法的响应值随待测物含量的变化是否敏感,也即响应灵敏度。若待检物含量 X 从 X_1 增减至 X_2,其变量为 dX,其响应值 R 相应地从 R_1 增减至 R_2,其变量为 dR。响应灵敏度反映了响应值改变量 dR 随着待检物含量的改变量 dX 增减的程度。一般而言 dR/dX 的绝对值愈大,分析方法就愈灵敏。

在仪器分析中,常用信号值(signal)和噪音(noise)的比值(即信噪比 S/N)来确定检测限或定量限。一般以信噪比为 3 时的样品浓度作为检测限,信噪比为 10 时的样品浓度作为定量限。

5. 线性与检测范围　线性(linear)系指在设计的测定范围内,测试的响应值与试样中待检物浓度直接成正比关系的程度。检测范围(detection range)指能达到一定精密度、准确度和线性,测试方法适用的高低浓度或量的区间。线性和检测范围的确定通过作图法(响应值 Y/ 浓度 X)或计算回归方程(Y = aX + b)来建立。最常用的回归方法为最小二乘法或加权最小二乘法。一般以回归方程的相关系数(r)来评价线性的好坏。用所选方法进行检测时,试样中待检物的浓度应该在线性范围内。

对于生物检材中毒物的检测,检验的同时还应该做随行标准曲线(standard curve)。通过随行标准曲线来判断检验方法是否可行以及操作是否有误。同时对于定量分析而言,随行标准曲线是定量的基础。

6.耐用性　分析方法的耐用性(durability)系指测定结果在分析条件出现变动时不受影响的能力。如果测试条件要求苛刻,则应在方法中写明,变动因素包括待检物的稳定性、样品的提取次数、提取时间等。比如液相色谱分析法中,典型的变动因素有:流动相组成、pH、不同厂家、不同批号的同类型色谱柱、柱温、流速等。而气相色谱法中,典型的变动因素有不同批号的同类型色谱柱、柱温、进样口和检测器温度等。一个耐用性好的检材处理和分析方法应该是即使上述因素发生微小变动,检测结果不会出现太大变动。

二、可靠性验证的实施方法

可靠性验证的实施方法主要有以下几种:

(一)模拟试验

分析方法的效能不可能在实际检验工作中得知,只有采取模拟的办法考证,称为模拟试验。

1.动物模拟试验(animal simulation test)　一些毒物进入机体后,是否能从体内检材中检测得出来,应先了解毒物进入机体后的吸收分布和代谢等情况。为此常需用动物来做模拟试验。尤其是对一些毒性强、入体后很快变质或消失的毒物更有必要。动物模拟试验通常是选用一定数量适合于试验的某种动物,以适量毒物使之中毒成为中毒模型,而后进行实验研究予以验证。

2.检材模拟试验(samples analog test)　是选用与实际检验材料或试样相同或尽可能相近似的材料作为模拟材料,对所用检验方法进行验证的试验,如可用不含待测物的组织、血浆、尿液、食物饮料等通过添加待测物的已知品作为模拟检材。对用于体内检材的分析方法的验证,只对那些确有可能被检测的毒物或代谢物进行验证时才有意义,若毒物入体后很快分解,所用分析方法不能检测出来,如海洛因,就难以用检材模拟试验证实该方法的可靠性与可行性。

模拟试验还须备有待检物的已知品(对照品或标准品),用作制备模拟检材。模拟试验可对整个检测方法的效能进行验证,亦可对其中各项操作步骤的效能进行验证。用模拟材料做试验是常用的验证方法。

(二)空白试验

空白试验(blank test),也称为空白对照试验或阴性对照试验,是在实行一个检测方法时,除了不加入已知待测物外,其他所用检验材料、溶剂、试剂、器皿、设备、操作步骤等,都完全与检验方法相同。其目的主要是验证所用物品和操作过程中是否引入有干扰的物质,或是否存在影响结果判断的物质,即排除阳性干扰。空白试验是保证检测方法可靠性的重要措施,无论是在验证检测方法,或是在实际案件的检验工作中都应随时进行空白试验。

1.单纯空白试验　是指不用检材的空白试验,只用来验证试剂和操作的可靠性。可靠性高的方法,其单纯空白试验结果不应该有待测物的表现,包括定性的检识特征和测定的信号数值,还不应该有妨碍检识和测定的现象。

2.模拟空白试验　是用模拟材料作为检材的空白试验。在单纯空白试验的基础上验证是否有来自检材的干扰因素或存在某些可以设法排除的干扰。

3.干扰物空白试验　在上述两种空白试验中,预先加入性质与欲检测物相近似的物质或可能产生干扰的物质。根据实验结果判断所用检测方法能否区分欲检测物与所加入物质之间的不同效应,用以验证方法的鉴别效能。

(三)已知对照试验

已知对照试验,又称为阳性对照试验,是在上述空白试验中预先加入一定量欲检测物的已知品实行验证的试验。目的是验证所用方法的可行性和可靠性,排除阴性干扰。与上述空白试验有同样重要的意义,并常与之同时实行。

1. 定性验证 加入已知品观察试验结果出现应有的特征性现象以验证检识的可靠性;逐步减少加入量直至不出现识别特征以测知检出灵敏度。可根据不同目的进行验证:①单纯用已知品进行试验,用以识别所得的检识特征和检出灵敏度;②在模拟材料中加入已知品,与上述方法核对,用以验证检材及其处理过程对检识和灵敏度的影响;③分别在以上两种试验中再加入可能有干扰的物质以验证分析方法的鉴别效能和对已知品的确认效能。

2. 定量验证 将已知品溶液制备成一系列浓度梯度溶液,分别测定,空白溶剂的测得值为零。根据测定结果考察测得值与已知量之间的函数关系是否适用于测定,其适用的含量范围和检测限。取浓度相同的几份溶液同时平行测定,计算方法的精密度和准确度。

具体应用与上述定性验证方法一样,也有几种方法:①单纯用已知品按上述方法求算定量函数关系、测定范围、检测限、准确度及精密度,这是对测定方法本身的验证,是测定方法的基础,要求较高。②按上述实验方法,将单纯已知品从处理检材开始,经过分离净化等操作后测定。可以验证包括检材处理过程的整套方法。③在空白模拟检材经过前处理后的待测液中,加入已知品进行与上述相同的试验,该方法可验证检材在处理过程中是否引入干扰因素及其对结果的影响。④将已知品加入各种模拟材料中,制成含有一定量已知品的各种模拟检材。对整个测定方法实行验证。⑤在可能同时存在多种毒物时,仍依据以上的原则设计,对方法的可行性和可靠性进行验证。

3. 回收试验 回收试验是在模拟材料中加入一定量待测物的已知品,按预定方法进行处理并测定,计算回收率。回收试验应当考虑到:①方法所测定的物质必须经过验证确是所加入的已知物而不是别的物质;②方法测得值与含量间的函数关系经过验证是可行的,测定的适宜范围应与实际检材中的可能含量相适应;③若被测试液中存在对测得值有影响的杂质,则杂质的含量必须是相对固定而且可以从测得值中设法消除其影响的;④同时用多份已知品含量相同的模拟检材进行测定,以多次测得相对含量值的平均值计算回收率,并从中计算精密度;⑤在方法的适用范围内以高、中、低三种已知加入量,分别验证回收率和精密度,差异不应太大。

对于毒物含量低的体内检材,不易达到很高的精密度和回收率,但应具有可以说明对测定结果有把握的精密度和回收率。一般地说,对体内检材中毒物的检测,从检材处理开始的整套方法,其回收率应不低于60%,相对标准差应不高于10%。此外,回收率一般不应该用作换算检材中实际含量的依据。

(四) 随行标准参比法

选择一种适当的化合物纯品作为随行标准参比物,定量添加于检材中,跟随被检物一起进行分离、净化、检测整个过程。根据参比物的回收情况判断分析方法的效率。若发现参比物回收率过低或已失踪,则说明方法有所失误,所以也称为跟踪法。如果将参比物的测得值用作计算待检物含量的参比依据,则参比物具有内部标准的作用,称为内标(internal standard)。所用方法称为内标法(internal standard method)。

应用随行标准参比法,所选用的参比物必须首先进行试验验证,证实其确实能起到随行跟踪或内标的作用才能应用于实际检验工作。

随行标准参比物,除了应是化合物的纯品外,还应具备以下几个主要条件:①理化性质稳定,在整个检测过程中不会发生分解变质,也不会与被测物发生化学作用;②既不是检材中可能存在的,也不是与案件有关的毒物及其代谢物;③与被检测物有相似的理化性质,能与之共同通过整个过程,并与被测物有相类似的或成某种比例关系的蚀耗;④与被检测物有可区分的理化性质,在检测中不会产生相互干扰;⑤有相适应的检测限、测定范围、精密度和可靠的回收率。

由于觅得适用的参比物有相当难度,而且毒物品种繁多,案情和检材复杂多变等因素,随行标准参比法的应用具有较大局限性。但仍然是实际工作中验证检验结果可靠性的一种好办法。

知识拓展 ▶

　　不确定度的评定：不确定度是表征合理地赋予被测量之值的分散性、与测量结果相联系的参数。由于真值不可能通过测量得到，借助测量不确定度可以了解到被测量值在什么范围内；测量不确定度还可以定量说明一个实验室的水平程度，即工作水平有多高。当不确定度与检测结果的有效性或应用有关、或在用户有要求时、或当不确定度影响到对规范限度的符合性时、当测试方法中有规定时以及合格评定认可有要求时（如认可准则在特殊领域的应用说明中有规定），检测报告必须提供测量结果的不确定度。

　　由于测量结果的不确定度往往由许多原因引起，对每个不确定度来源评定的标准偏差，称为标准不确定度分量，用符号 ui 表示。对这些标准不确定度分量有两类评定方法，即 A 类评定和 B 类评定。用对观测列进行统计分析的方法来评定标准不确定度，称为不确定度的 A 类评定。用不同于对观测列进行统计分析的方法来评定标准不确定度，称为不确定度的 B 类评定。B 类评定的信息来源可来自校准证书、检定证书、生产厂的说明书、检测依据的标准、引用手册的参考数据等。

本章小结

　　法医毒物分析常用的方法有很多，都是依据物质具有不同特性的原理而进行检测。根据所用方法的分析目的不同，大致可以分为定性分析和定量分析。按其原理、技术和方法的不同，可分为形态学方法、动物试验方法、免疫分析法、理化分析法和仪器分析法。各种分析方法由于所依据的原理不同，能解决的问题不同，实行的操作方法不同以及应用的场合不同，在实际检验工作中可以产生不同的效用，主要包括分类效用和确证效用。保证分析结果的准确可靠是选择分析方法应遵循的基本原则。

关键术语

　　定性分析（qualitative analysis）

　　定量分析（quantitative analysis）

　　预试验（pre-test）

　　筛选试验（screening test）

　　确证试验（confirmatory test）

　　阳性对照试验（positive control test）

　　阴性对照试验（negative control test）

　　空白试验（blank test）

　　形态学方法（morphological analysis）

　　动物试验方法（animal test）

　　免疫分析法（immunoassay）

　　放射免疫分析法（radiology immunoassay）

　　酶联免疫分析法（enzyme-linked immunosorbent assay）

　　荧光免疫分析法（fluorescence polarization immunoassay）

　　金标免疫层析法（gold immunochromatographic assay）

　　理化分析法（physical and chemical analysis）

　　微量化学方法（microchemistry reaction）

　　仪器分析法（instrumental analysis）

回收率（recovery）

纯度（purity）

准确度（accuracy）

精密度（precision）

灵敏度（sensitivity）

检测限（limit of detection）

定量限（limit of quantification）

思考题

1. 定性、定量分析方法的特点是什么？

2. 常用的毒物分析方法有哪些？各自有什么特点及适用范围？

3. 在确证试剂、条件和操作无误的情况下，分类试验的结果能说明什么问题？确证试验的结果又能说明什么问题？

4. 分析方法的认证包括哪些方面？分别如何实施？

5. 有人认为法医毒物分析工作完全依赖于分析仪器的先进性。对于这种说法你是如何看待的？

6. 某公安局送来某案件检材，有死者的胃及胃内容物约 500g、肝脏组织约 400g 和约 10ml 心血，并报称有人看见死者吞服了杀鼠药"毒鼠强"，现要求对死者检材进行定性和定量分析。试问该送检要求有哪些合理和不合理的地方？

（廖林川）

第四章 仪 器 分 析

学习目标

掌握光谱法、色谱法以及联用技术的基本概念和基本原理,掌握常用仪器分析技术对毒物的定性和定量分析方法。

熟悉各种仪器的基本参数、基本结构和各部分作用,熟悉光谱、色谱和色谱-质谱联用分析的分析过程和有关概念。

了解仪器分析实验条件的选择,吸收光谱与分子结构的关系、色谱分析的衍生化方法、联用技术的特点。

章前案例 ▶

某年6月20日接报案,某小区4楼一家住户男主人(42岁)死于屋内床上。现场勘查屋内物品摆放有序,门窗紧闭,屋内煤气管道打开,煤气灶上有一壶热水。尸检所见:死者穿戴整齐,体表未见损伤,尸斑红色,存在于腰背部不受压处,解剖发现胃充盈,心肺表面有点状出血,余未检见异常。根据死者住所夏天门窗紧闭,屋内煤气管道打开,有他杀嫌疑。遂提取死者心血、胃内容物和脏器等进行一氧化碳、酒精、安眠镇静药物等检测。

血中碳氧血红蛋白定量检测采用光谱法、酒精检测采用气相色谱法、安眠镇静药物等有机药毒物检测需用色谱法或色谱-质谱联用技术。

如何运用现代仪器分析技术对有关毒物进行定性和定量分析以及不同分析仪器的基本原理、基本理论、基本结构是本章重点介绍的内容。

仪器分析法(instrumental analysis)是以物质的物理或物理化学性质为基础的分析方法,是使用特殊仪器测量光、电、磁、声、热等物理量而得到分析结果。仪器分析技术与经典分析方法相比,具有灵敏度高、重现性和选择性好、分析速度快及检材用量少等特点。法医毒物分析工作中所涉及的分析对象和检验材料具有多样性和复杂性,近年来快速发展的各种集分离和测定于一体的联用分析技术,如高效液相色谱-紫外法(HPLC-UV)、高效液相色谱-串联质谱法(HPLC-MS/MS)和气相色谱/质谱法(GC-MS)等,不仅可以准确分析物质的组成和含量,而且还广泛地用于研究和解决各种复杂体系的基础科学问题。仪器分析技术很多,根据法医毒物分析工作特点并结合实际工作条件,本章将重点对光谱分析、色谱分析和几种联用技术的基本原理、方法和应用加以介绍。

第一节　光谱分析法

光谱分析法(spectral analysis)是利用物质对电磁辐射的吸收或发射现象的原理和实验方法确定

物质的结构和化学成分的分析方法。

一、光与光谱分析

光是一种电磁辐射或称电磁波,具有波动性和粒子性,即波粒二象性(wave and corpuscle duality)。光在传播时表现了它的波动性,用波长 λ、波数 υ 和频率 ν 作为表征;光与物质发生作用时表现出它的粒子性,用每个光子具有的能量 E 作为表征。光子的能量与频率成正比,与波长成反比,其关系式为(4-1)。

$$E = h\nu = h \cdot \frac{c}{\lambda} \tag{4-1}$$

其中,E 为电磁波能量(焦耳或电子伏特,$1eV = 1.602 \times 10^{-19}J$),$h$ 为 Planck 常数($6.626 \times 10^{-34}J/s$),ν 为频率(Hz),c 为光在真空中的传播速度($2.998 \times 10^{10}cm/s$),λ 为电磁波波长,每厘米(cm)长度内所含波长的数目,即波长的倒数(1/λ)定义为波数(υ)。

将电磁辐射按波长的大小顺序排列成电磁波谱,并可划分为不同的电磁波区。常见的有:紫外光区、可见光区和红外光区,其波长依次增长,能量依次变小。利用不同电磁波区的电磁辐射可以建立不同的光谱分析方法。

当电磁辐射与物质作用时,将物质粒子(原子、离子和分子)吸收或发射光子的过程称为能级跃迁。当物质粒子的低能态(基态)与高能态(激发态)间的能量差与电磁辐射的能量相同时,则光子可被粒子选择性地吸收,从而使粒子由基态跃迁到激发态,这个过程称为吸收过程或吸收现象;处在激发状态的物质粒子是不稳定的,可在很短的时间内(大约 10^{-8} 秒)又从激发态回到基态,而将吸收的能量以光的形式释放出来,此过程称为发射过程或发射现象。利用物质粒子对光的吸收现象而建立起的分析方法称为吸收光谱法,如紫外 - 可见吸收光谱法、红外吸收光谱法和原子吸收光谱法等。同样利用发射现象建立起的分析方法称为发射光谱法,如原子发射光谱法、荧光分光光度法、电感耦合等离子体发射光谱法等(表4-1)。

表 4-1　电磁波与光谱分析方法

电磁波区	波长 λ	能量 /eV	能级跃迁类型	光谱(光学)分析方法
γ 射线区	<0.005nm	$>2.5 \times 10^5$	原子核	γ 射线发射光谱、穆斯堡尔谱
x 射线区	0.005~10nm	$2.5 \times 10^5 \sim 1.2 \times 10^2$	内层电子	x 射线吸收、荧光、衍射分析
紫外光区	10~400nm	$1.2 \times 10^2 \sim 3.1$	外层电子	原子吸收、紫外吸收分析、原子荧光分析、发射光谱分析
可见光区	400~800nm	3.1~1.6	分子轨道电子	可见光度分析、荧光分析、拉曼分析、旋光光谱分析
红外光区	800nm~1000μm	$1.6 \sim 1.2 \times 10^{-3}$	分子振动、转动	红外吸收光谱、拉曼光谱
微波区	1000μm~300cm	$1.2 \times 10^{-3} \sim 4.1 \times 10^{-6}$	磁场中未成对电子的偶极矩	微波吸收波谱、顺磁共振分析、电子自旋共振波谱
无线电波区	>300 cm	$<4 \times 10^{-6}$	磁场中原子核的偶极矩	核磁共振分析

以光的波长或波数为横坐标,以物质粒子对光的吸收或发射强度为纵坐标所绘制的谱图称为吸收光谱(absorption spectrum)或发射光谱(emission spectrum)。反映分子能级跃迁的光谱称为分子光谱,由此建立的分析方法称为分子光谱法,如紫外 - 可见吸收光谱法、荧光发射光谱法和红外吸收光谱法等。反映原子能级跃迁的光谱称为原子光谱,由此建立的分析方法称为原子光谱法,如原子吸收光谱法、原子发射光谱法等。由于不同物质的原子、离子和分子的能级分布是特征的,则吸收光子和发射光子的能量也是特征的。因此,利用不同光谱分析法的特征光谱以及整个光谱的形状可以进行定性分析,利用光谱强度可以进行定量分析。

二、紫外 - 可见分光光度法

当物质分子吸收一定波长的光能,分子外层电子或分子轨道电子由基态跃迁到激发态,产生的吸收光谱一般在紫外 - 可见光区,称为紫外 - 可见光谱(ultraviolet-visible spectrum,UV-VIS)。紫外 - 可见光谱为一种分子吸收光谱,吸收波长在200~800nm范围内。利用物质的紫外 - 可见吸收光谱特性而建立的分析方法称为紫外 - 可见分光光度法。由表4-1可见,分子产生电子能级跃迁时所需能量较高。所以,发生电子能级跃迁的同时,总是伴随着分子振动能级与转动能级的跃迁。因而在紫外 - 可见吸收光谱中,包含有各种振动能级与转动能级跃迁而产生的若干谱线,从而形成了吸收谱带,若干条吸收谱带就构成了整个分子的电子光谱。所以,从紫外 - 可见光谱图的形状来看,是一种带状光谱,可提供的结构信息量十分有限。

(一)光吸收定律与吸收光谱

1. Beer-Lambert 定律　Beer-Lambert 定律是吸收光度法的基本定律,是描述物质对单色光吸收的强弱与吸光物质的浓度和光程长度间关系的定律。

当一定波长的单色光通过含吸光物质的被测溶液时,一部分光被吸光物质所吸收而使光强度减弱,将透射光强度与入射光强度的比值定义为透光率(transmittance),用 T 表示。

$$T = I/I_0 = 10^{-ECL} \tag{4-2}$$

其中 I 为透射光强,I_0 为入射光强,E 为吸光系数,C 为吸光物质浓度,L 为吸光物质溶液的液层厚度或称光程长度。(4-2)式表明透光率与吸光物质的浓度和液层厚度之间是一种指数函数关系,如果将其转换为对数形式,则为:

$$\log T = \log(I/I_0) = -ECL \tag{4-3}$$

这里定义透光率的负对数为吸光度(absorbance,A),所以,(4-3)可以表示为:

$$A = -\log T = -\log(I/I_0) = ECL \tag{4-4}$$

(4-4)式则为通常所称的 Beer-Lambert 定律,表明吸光度与浓度或液层厚度之间是简单的正比关系。

有一些化学因素、物理因素和光学因素会使吸光度与浓度间的关系偏离 Beer 定律而引入误差。偏离 Beer-Lambert 定律的主要因素有:单色光纯度、溶液中有气泡或轻微浑浊时发生光的散射和反射等作用、溶液浓度高于 0.01mol/L 或 pH 改变等。

2. 吸光系数　单位吸光物质浓度和单位液层厚度时的吸光度值,称为吸光系数(absorptivity,E)。吸光系数的大小,取决于物质的本性及入射光波长。在一定条件下(入射光波长、溶剂、温度等确定时),吸光系数是物质的特性常数。不同物质对同一波长的单色光有不同的吸收系数。吸光系数越大,表明吸光物质的吸光能力越强,定量分析时一般选择吸光系数最大的波长为测定波长。

利用吸光系数,若被测溶液只含单一吸光物质时,将被测溶液放入一光程长度为 L 的吸收池中,由实验测得吸光度 A,根据(4-4)式换算,即 C = A/EL,可方便地测出溶液中该物质的浓度 C。

在实际应用中,物质的吸光系数值可引用文献值,也可配制准确浓度的纯品稀溶液,测定其吸光度,然后计算求得。

3. 吸光度的加和性　当溶液中同时存在两种或两种以上吸光物质,且各组分间不存在相互作用时,体系的总吸光度等于各组分吸光度之和,这种性质称为吸光度的加和性。可以表示为:

$$A_{总} = A_1 + A_2 + A_3 + \cdots \tag{4-5}$$

利用此性质可进行样品中多组分的含量测定。

4. 吸收光谱　是以波长 λ(nm)为横坐标,以吸收度 A 为纵坐标所描绘的曲线。吸收曲线上比左右相邻都高的一处称为吸收峰(absorption peak),其所在波长称为最大吸收波长(λ_{max});曲线上谷对应的波长为最小吸收波长(λ_{min});形状如肩的平坦吸收峰,称为肩峰(shoulder peak);在吸收曲线短波长端呈现的不成峰形的较强吸收,称为末端吸收(end absorption)。吸收光谱参数值以及整个吸收光谱图的形状是化合物定性鉴别的重要依据。

(二)紫外-可见吸收光谱与分子结构的关系

紫外-可见吸收光谱是分子中的价电子在不同的分子轨道之间跃迁而产生的。分子中的价电子包括形成单键的 σ 电子、双键的 π 电子和未成键的孤对 n 电子(亦称 p 电子)。不同电子处于不同的能级轨道,具有不同的能量。通常情况下电子处在能量较低的成键轨道。当有机化合物吸收一定的能量后,这些电子就跃迁到能量较高的能级轨道而呈激发态,这时电子所占的轨道叫 σ*、π* 反键轨道。分子中电子可能的跃迁方式有以下几种类型,如图4-1所示。

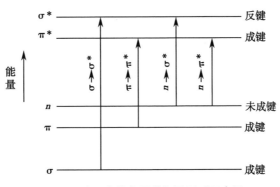

图4-1 分子中价电子能级及跃迁示意图

1. σ→σ* 跃迁 分子成键 σ 轨道中电子被激发到相应的反键轨道。这类跃迁需要的能量较高,一般发生在真空紫外光区。饱和烃中的—C—C—键属于这类跃迁。饱和烃类吸收峰波长一般都小于150nm,在紫外光谱分析中,常用作溶剂。

2. n→σ* 跃迁 饱和碳氢化合物中的氢被杂原子(O、N、S、F、Cl、Br、I 等)取代后,杂原子上未成键的 n 电子较 σ 电子易被激发,跃迁到分子的 σ* 轨道上,发生 n→σ* 跃迁,其所需能量低于 σ→σ* 跃迁所需的能量,吸收峰在 150~250nm。

3. π→π* 跃迁 不饱和碳氢化合物分子中含有 π 键电子,π 键电子易被激发,π→π* 跃迁所需的能量低,吸收峰一般在 200nm 左右,且吸光系数很大,属于强吸收。在紫外光谱中,常见于末端吸收。由不饱和烃及共轭烯烃的 π→π* 跃迁所产生的吸收带称 K 带。

4. n→π* 跃迁 含有杂原子不饱和基团(如—CH=O、—N=N—、—N=O、—C≡N、—NO$_2$ 等)的有机化合物分子中,杂原子上未成键的 n 电子易被激发,跃迁到分子的 π* 轨道上,吸收峰在近紫外区和可见区(180~700nm),为弱吸收带。它是简单的生色团(chromophore),如羰基、硝基等中的孤对电子向反键轨道跃迁。

综上所述,有机化合物分子结构中含有 π→π* 或 n→π* 跃迁的基团,能在紫外-可见光区产生吸收,这些原子团称为生色团。一些基团如—OH、—NH$_2$ 及卤素等与生色团或饱和烃相连,能使分子的吸收波长向长波长方向移动,并使其吸光度增加,这些基团称为助色团(auxochrome)。吸收峰向长波长方向移动的现象称为红移(red shift)或长移,向短波长方向移动的现象称为蓝移(blue shift)或短移。

紫外-可见吸收光谱除了与分子结构有关以外,溶剂种类对其紫外吸收光谱也有明显影响。溶剂种类的影响被称为溶剂效应。紫外-可见分光光度法最常使用的溶剂有水、0.1mol/L 的酸液、碱液、乙醇、己烷等,溶剂的极性能影响一些化合物的紫外吸收光谱,而且溶剂不同时,吸收光谱的形状和峰位都可能有变化。一般而论,溶剂极性强可使 π→π* 的吸收峰长移,使 n→π* 的吸收峰短移。另外,许多有机分子的共轭体系中有强弱不同的酸碱基团,溶液酸碱性对其紫外吸收光谱也有明显影响。利用这些影响因素,将有助于对有机分子的定性鉴别。

（三）紫外 - 可见分光光度计

紫外 - 可见分光光度计主要由：光源、单色器、吸收池、检测器、信号处理及显示器等部件组成，按绘制光谱图的检测方式分为分光扫描检测与二极管阵列全谱检测，样品的位置则视方法而定。一般分光光度计采用分光扫描检测方式，吸收池置于单色器和检测器之间；二极管阵列全谱检测方式，吸收池则置于光源和单色器之间。

1. 光源（source） 常用的光源是氘灯和钨灯，氘灯用于 190～400nm 紫外光范围，钨灯用于 350～1000nm 可见光范围。

2. 单色器（monochromator） 是将光源发射出的混合光进行色散并选择出所需波长单色光的装置。目前色散元件多采用光栅。

3. 吸收池（absorption cells）也称比色皿（cuvette） 测定波长在紫外光区，应使用以熔融石英为材料制成的吸收池；测定波长大于 350nm，可使用玻璃吸收池。

4. 检测器（detector） 也称光电转换器，其功能是通过光电转换元件将光信号转变成电信号，检测透过光的强度。常用的光电转换元件有光电管、光电倍增管及光二极管阵列检测器。

5. 信号处理器和显示器 将较弱的电信号经放大、转换等处理过程，检测到的信号以透光率 T、吸光度 A 等形式显示或记录下来。

（四）方法与应用

紫外 - 可见吸收光谱常用于研究不饱和有机化物，特别是具有共轭体系的有机化合物。许多毒物是含有芳环或不饱和共轭结构的有机分子，大都有紫外吸收，如巴比妥类、苯骈二氮杂䓬类和吩噻嗪类药物、茚二酮类和香豆素类杀鼠药等。

1. 定性鉴别 吸收光谱曲线形状、吸收峰数目、最大吸收波长的位置、强度和相应的摩尔吸光系数值等是药毒物进行定性分析的依据。一般采用对比法，即将试样的吸收光谱特征与标准化合物的吸收光谱特征进行对照比较；也可以利用文献所记载的紫外 - 可见标准图谱核对。如果两者有明显差别，则肯定不是同一种化合物；如两者完全相同，则可能是同一种化合物，需结合其他的定性手段进一步确证。

用紫外 - 可见吸收光谱及特征参数进行定性鉴别时，给出的仅是官能团的信息，有一定的局限性。如巴比妥类药物的紫外光谱特征主要是由于丙二酰脲结构特性所引起，吩噻嗪类药物则是由吩噻嗪母核结构所决定等。结构完全相同的化合物应有完全相同的吸收光谱，但吸收光谱相同的化合物却不一定是同一个化合物。有机分子的选择吸收的波长和强度，主要决定于分子中的生色团和助色团及其共轭情况。有一些毒性或来源迥然不同的药物在分子结构中具有共同的吸收基团，表现出类似的紫外光谱。如天然的乌头碱和古柯碱与人工合成的优卡因和异戊卡因，均有苯甲酸酯的紫外吸收光谱特征，即 234nm 强吸收峰、275nm 较弱吸收峰以及光谱形状均类似。但其结构中与苯甲酸成酯的部分却差异较大，由于均为饱和结构，在紫外光谱上不能明显地反映。另外，不同的吸光基团由于其电子跃迁能量相近，会产生相似的吸收光谱特性。

疑似中毒案件采集的体内检材组成复杂，体液或组织类检材中的正常组分如蛋白质、色素、各种代谢物及分解产物等，对测定有干扰。尤其是当被测毒物的含量较低时，干扰更大，须采用适当的提取分离方法。

2. 定量分析 光吸收定律是对毒物进行定量检测的依据。一般有单组分样品和多组分样品的定量分析。

（1）单组分样品的定量分析：可选用标准曲线法或直接测定法。

（2）多组分样品的定量分析：利用分光光度法可同时测定样品中两种或多种组分的含量，不需化学分离。要求被测组分彼此之间不发生化学反应，同时每一组分须在一定波长范围内符合 Beer-Lambert 定律。可利用吸光度的加和性，采用双波长法、差示光谱法或导数光谱法等。

另外，当待测组分在紫外 - 可见光区无吸收时，可选择合适的显色剂，将其转化为能吸收可见光的物质,用可见分光光度法进行间接测定。但必须控制好显色反应的条件,如显色剂用量、酸度、溶剂、温度、时间等。例如,亚硝酸盐在紫外 - 可见光区无吸收,将亚硝酸与 Griess 试剂反应,生成红色至红紫色化合物,选用 510nm 作为测定波长,1～10μg/ml 范围内测定并计算检液中亚硝酸盐含量。

综上所述,紫外光谱虽有一定的局限性,但由于许多毒物有较强的紫外吸收,灵敏度较高,只要经过一定的分离提取步骤,使杂质的干扰减弱,就可从中得到有关毒物的信息。经过色谱方法分离得到的组分较纯净,因此紫外光谱常配合色谱分离应用。

三、原子吸收分光光度法

原子吸收分光光度法(atomic absorption spectrophotometry,AAS)是基于从光源辐射出具有待测元素特征谱线的光,通过试样蒸气时被待测元素基态原子所吸收,由辐射谱线被减弱的程度来测定待测元素含量的方法。广泛用于金属元素测定。

(一)基本原理

原子光谱是原子外层电子跃迁所形成的光谱,谱线简单,是线状光谱,并位于紫外可见光区。例如,当钠原子吸收了波长为 589.0nm 的光能后,外层电子即从基态跃迁到激发态。当它以光的形式释放能量回到基态时,便产生发射光谱线,其波长同样为 589.0nm。

当电子由基态跃迁到第一电子激发态,再回到基态时,所吸收和发射的谱线均称为共振线(resonance line)。不同元素的原子结构不同,能级之间的能量差值也不一样,使得其共振线也因此分别具有各自元素的特征,故又称其为元素的特征谱线。对于元素进行定量分析时,一般选择共振线作为它的测定波长。

(二)原子吸收光谱仪

1. 原子吸收光谱仪 原子吸收光谱仪主要由光源、原子化器、单色器、检测器和信号处理器等部件组成,如图 4-2 所示。

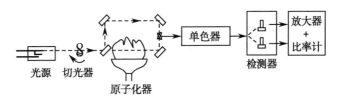

图 4-2 原子吸收光谱仪的组成示意图

(1)光源:空心阴极灯(hollow cathode lamp,HCL)是由一个阳极和一个空心圆筒状的阴极组成的气体放电管。其阴极是用待测元素为材料制成的,能发射相应待测元素的特征谱线,又称为锐线光源。但是,每测一种元素需用该待测元素的 HCL。

(2)原子化器:使样品气化并将待测元素转化为气态的基态原子的装置。空心阴极灯发射的特征谱线通过原子化器后被基态原子吸收。有火焰原子化器和石墨炉原子化器。

(3)单色器:将所需的共振吸收线与邻近干扰线分离,常以光栅为单色器。

2. 原子吸收测汞仪 冷原子吸收法是基于汞在常温下具有很高蒸气压及很容易从化合物中被还原成金属的特点,不须特殊还原器,用空气导入具有石英窗的吸收池,于 253.7nm 波长下用原子吸收法测定汞。

冷原子吸收测汞仪是应用 Beer-Lambert 定律,在室温下于量筒式的吹气(或抽气)结构的汞蒸气发生器(翻泡瓶)中加入经湿法有机质破坏后的氧化型试样溶液,插入管芯,在管芯上部入口处加入还原剂氯化亚锡或盐酸羟胺,氯化亚锡或盐酸羟胺将试样溶液中的化合态汞还原为原子汞,然后通入空气将汞蒸气带到两端装有石英窗的长吸收管中,接收器接收光信号,根据光强的变化测定汞蒸气的浓度(图 4-3)。此法测汞灵敏度很高,可达 ng 级,操作简便,广泛用于测定土壤和生物样品中的总汞,并作为测汞的标准方法来使用。冷原子吸收法测汞要求试剂和器皿必须十分洁净,所用蒸馏水必须是无汞离子水。

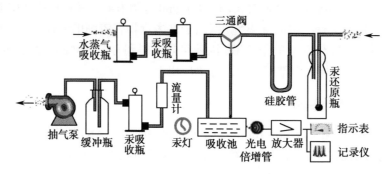

图 4-3 冷原子吸收测汞仪工作原理

(三) 方法与应用

原子吸收分光光度法具有灵敏度高和选择性强的特点,适用于微量或痕量金属毒物,如砷(arsenic,As)、汞(hydrargyrum,Hg)、钡(barium,Ba)、铊(thallium,Tl)等的定量分析。

1. 定量分析方法 根据 Beer-Lambert 定律,进行定量分析的基本关系式(4-6)为:

$$A = KC \tag{4-6}$$

式中:A 为吸光度,K 在一定的实验条件下为常数,C 为待测元素的浓度。可见待测元素的吸光度与其浓度成正比。以此为基础,实验中常用标准曲线法和标准加入法。

2. 应用 生物样品如血液、毛发、骨骼、肌肉、尿和组织中金属元素的分析,一般来说,这些样品需经过预处理,破坏其有机物和去除大部分的干扰物质,可采用干法灰化或湿法有机质破坏法。有时,血样还可用稀硝酸提取、三氯乙酸去除蛋白后直接测定或直接在石墨炉中测定,而不需预先消化。

对火焰原子化器,一般用氧瓶燃烧法,以"矿物酸和强氧化剂"为溶剂,将样品溶解或分解成溶液后测定;对石墨炉原子化器,样品可以直接原子化后测定。如血液、尿液等体液样品可直接定量移入石墨管内灰化及原子化;如脏器组织、头发等固体样品可直接用钽舟称重后,置于石墨管内灰化及原子化。钡的氧化物不易解离,原子化宜用富燃火焰。

四、红外分光光度法

当物质分子吸收一定波长的光能,能引起分子振动和转动能级跃迁,产生的吸收光谱一般在 2.5～25μm 或 4000～400cm^{-1} 的中红外光区,称为红外分子吸收光谱简称红外光谱(infrared spectrum,IR)。利用红外光谱对物质进行定性分析或定量测定的方法称红外分光光度法。

由于物质分子发生振动和转动能级跃迁所需的能量较低,几乎所有的有机化合物在红外光区均有吸收。而且分子中不同官能团,在发生振动和转动能级跃迁时所需的能量各不相同,产生的吸收谱带其波长位置就成为鉴定分子中官能团特征的依据,其吸收强度则是定量检测的依据。红外分光光度法已成为物质鉴定和分析物质化学结构的有效手段。

(一) 傅里叶变换红外光谱仪

目前,傅里叶变换红外光谱仪(fourier transform infrared spectrometers,FTIR)是最常用的红外分光光度计,具有分析速度快、分辨率高、灵敏度高和波长精度高等优点,而且特别适于与气相色谱和高效液相色谱仪联机使用。其主要部件(图 4-4)包括:光源、干涉仪、样品池、检测器、计算机和记录仪等部分。

1. 光源 一般为硅碳棒和高压汞灯。

2. 干涉仪 一般采用快扫描型的迈克尔逊干涉仪分光。

3．样品池 一般为氯化钠插入式盐窗。

4．检测器 一般用热电偶、辐射热测定器或热变电阻器等。

5．计算机 主要作用是控制仪器的操作，从检测器截取干涉谱数据，累加平均扫描信号，对干涉谱进行相位校正和傅里叶变换计算，处理光谱数据等。

6．记录仪 记录物质分子的红外吸收光谱，一般用热敏纸打印。

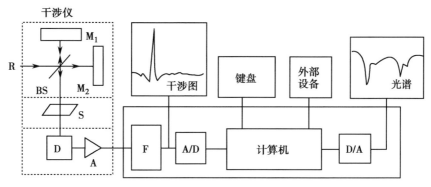

图 4-4 傅里叶转换光谱仪工作原理

R：红外光源；M₁：定镜；M₂：动镜；BS：光束分裂器；S：样品；D-检测器；A：放大器；

F：滤光器；A/D：模数转换器；D/A：数模转换器

（二）特征吸收区域

化合物的红外光谱是其分子结构的反映，通过比较大量已知化合物的红外光谱，总结出各种官能团的吸收规律。在红外光谱中，将能反映化合物特定官能团红外吸收特性的区域，称为特征吸收区域。为了便于分析比较，将红外 $4000 \sim 400 cm^{-1}$ 的红外光区，按吸收特征划分为两部分。

1．官能团区 将化合物特定官能团在 $4000 \sim 1300 cm^{-1}$ 范围内产生吸收的区域，称为官能团区。该区域内吸收峰比较稀疏，是鉴定官能团最有价值的区域。如羟基（O—H）在官能团区有两个强吸收，$3700 \sim 3600 cm^{-1}$ 的伸缩振动吸收和 $1450 \sim 1300 cm^{-1}$ 的面内变形振动吸收峰。

2．指纹区 将化合物各基团在 $1300 \sim 600 cm^{-1}$ 范围内产生吸收的区域，称为指纹区。由于分子结构的细微差异，在该区域内的吸收均会产生复杂的微小变化，就像每个人都有不同的指纹一样。所以，指纹区对于区别结构类似的化合物是很有帮助的。

（1）$1300 \sim 900 cm^{-1}$ 指纹区：包括 C—O，C—N，C—F，C—P，C—S，P—O，Si—O 等键的伸缩振动和 C=S，S=O，P=O 等双键的伸缩振动吸收。如与羟基（O—H）相关的是 C—O 在指纹区 $1160 \sim 1000 cm^{-1}$ 的伸缩振动吸收峰。因此，用红外光谱来确定化合物的官能团时，首先应注意在官能团区它的特征峰是否存在，同时也应注意发现其相关峰作为旁证。

（2）$900 \sim 600 cm^{-1}$ 指纹区：如苯环的 C—H 面外变形振动在 $900 \sim 600 cm^{-1}$ 区域的吸收。另外，苯环的倍频或组合在 $2000 \sim 1667 cm^{-1}$ 区域也有吸收，两者配合可以确定苯环及其取代基类型。

（三）方法与应用

红外分光光度法广泛地用于毒物的定性鉴别，有机化合物特征的红外谱图对所缴获毒品的结构分析和纯度鉴定更具有重要价值。

1．与已知物对照鉴定 通常在得到试样的红外谱图后，与纯物质的谱图进行对照，如果两张谱图各吸收峰的位置和形状完全相同，峰的相对强度一样，就可认为试样是该种已知物。相反，如果两谱图面貌不一样，或者峰位不对，则说明两者不为同一物，或试样中含有杂质。

2．未知物结构的确定 主要是对红外图谱进行解析，在解析图谱前，必须收集试样的有关资料和数据，如试样的纯度、外观、来源、试样的元素分析结果及其他物理性质（相对分子质量、沸点、熔点等）。在此基础上，根据特征吸收峰进行分析、作出判断。如海洛因的红外光谱特征（图 4-5）。

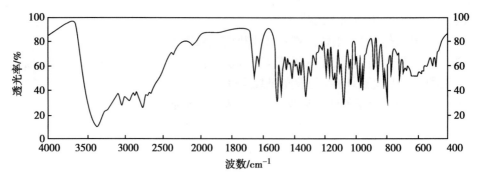

图 4-5 海洛因的红外吸收光谱图

五、荧光分光光度法

当物质受到光照射时,除吸收某种波长的光之外还会发射出比原来所吸收的波长更长的光,这种现象称为光致发光,最常见的光致发光现象是荧光和磷光。

荧光分光光度法(fluorospectrophotometry)是根据物质的荧光谱线位置及其强度进行物质鉴定和含量测定的方法。

(一)基本原理

物质的分子在室温时基本上处于电子能级的基态,当吸收了一定波长的紫外光能之后,基态电子跃迁到第一激发态,激发态的分子停留较短时间后(约 10^{-8} 秒,称作荧光寿命),处于激发态的电子首先以无辐射的方式实现部分弛豫(relaxation)下降到第一激发态的低能级,接着再以辐射方式弛豫而回到基态,这样所发射出的光就是荧光(fluorescence),如图 4-6 所示。荧光的辐射能一般比激发光略小,即荧光的波长比激发光的长。

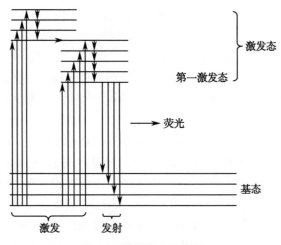

图 4-6 荧光产生示意图

荧光是由物质在吸收光能之后产生的发射光。其荧光强度应与物质吸收光能的程度和产生荧光的物质有关。当溶液中的荧光物质被入射光(I_0)激发后,可以在溶液的各个方向观察荧光强度(F)。一般是在与激发光光源垂直的方向检测,以避免透射光(I)对检测的干扰。另外,荧光效率(fluorescence efficiency)是反映荧光强度的重要参数,定义为(4-7):

$$\varphi = \frac{发射荧光的光子数}{吸收激发光的光子数} \tag{4-7}$$

而荧光强度 F 应与荧光物质的吸光强度(I_0-I)和荧光效率 φ 成正比,即(4-8):

$$F = \varphi(I_0 - I) \tag{4-8}$$

根据 Beer-Lambert 定律,荧光强度可以表示为(4-9):

$$F = \varphi I_0(1 - 10^{-ECL}) \tag{4-9}$$

由(4-8)和(4-9)进行展开运算与合理舍取,并在一定条件下,得到(4-10):

$$F = 2.3\varphi I_0 ECL = KC \tag{4-10}$$

式中:C 为溶液中荧光物质的浓度。K 值为比例常数。

比例常数 K 值愈大则灵敏度愈高。而 K 值除了与被测物的吸收系数和荧光效率等性质有关以外,还包含了入射光 I_0,亦即增大激发光的强度可以提高测定的灵敏度。这一点与吸收度的测定是不相同的。

荧光强度与荧光物质的浓度成线性比例关系。但当浓度超过一定值时荧光强度反而减弱,这种现象称为自熄灭现象,是由于高浓度溶液中分子密度大,所产生的荧光被自身吸收所致。所以,荧光分析法只适宜于低浓度的溶液。

(二)荧光分光光度计

常用的荧光分光光度计主要由激发光源、样品池、检测器、单色器和信号处理器等部件组成(图4-7)。

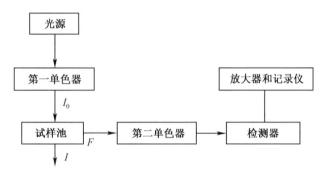

图 4-7 荧光分光光度计结构示意图

由光源发射出一定波长范围的紫外光,经第一单色器色散后,得到所需波长和一定强度(I_0)的激发光;通过试样池后,部分激发光被荧光物质吸收,透射过的激发光强度(I)减弱。同时被激发的荧光物质向各个方向发射荧光,为消除透射激发光对荧光纯度的影响,检测器一般设在与激发光成直角的方向上。经第二单色器色散后,通过检测器测定不同波长下的荧光强度(F);最后,经信号处理器,以某种方式将测量结果显示出来。

(三)方法与应用

荧光分光光度法常用于微量甚至痕量毒物的定性定量分析,在司法鉴定中主要用于对油脂、药物、毒物、矿物等物证的分析。

1. 定性分析 同一种物质应具有相同的激发光谱和荧光光谱,将未知物的激发光谱和荧光光谱图的形状、位置与标准物质的光谱图进行比较,即可对其进行定性分析。例如吩噻嗪类药物氯丙嗪的测定,样品经分离纯化后,在荧光分光光度计上以 340nm 为激发波长,扫描样品溶液的荧光光谱;再固定发射波长为 380nm,扫描激发光谱。如果所得荧光光谱、激发光谱与氯丙嗪标准品的光谱图完全一致,则可认为样品中含有氯丙嗪。

2. 定量分析 公式(4-10)是对毒物进行定量检测的依据,当激发光强度、波长、所用溶剂及温度等条件固定时,物质在一定浓度范围内,其荧光强度与溶液中该物质的浓度成正比。定量分析一般用标准曲线法对被测物进行浓度测定。

3. 法医学应用 毒物中有许多能发生荧光的,如吩噻嗪类药物在稀硫酸的酸性条件下,在紫外线灯下显示各种不同颜色荧光;用过氧化氢氧化后也可产生具有荧光的物质。荧光试剂荧胺可与含伯氨基的毒物生成荧光衍生物,用于检测普鲁卡因、苯丙胺等。当被测物浓度在 1～10μg/ml 范围内,荧光强度与浓度呈线性关系,可做定量分析。

生物材料中含有很多有荧光的物质，人体分泌物如汗液、唾液等也有荧光，试剂的杂质也可有荧光，所以荧光法容易受到很多干扰。用荧光法测定时还需注意散射光对测定的影响，如瑞利（Reyleigh）散射光波长与激发光波长相同，拉曼（Raman）散射还与溶剂有关。

六、电感耦合等离子体原子发射光谱法

电感耦合等离子体原子发射光谱法（inductively coupled plasmas atomic emission spectroscopy，ICP-AES）是以高频电感耦合等离子体为激发光源的原子发射光谱法，是原子发射光谱法的一种。原子发射光谱法激发用的光源主要有直流（交流）电弧、电火花、电感耦合等离子体（ICP）和激光等类型，其中 ICP 是 20 世纪 60 年代提出，70 年代获得迅速发展的一种新型激发光源。

（一）ICP-AES 仪器

ICP-AES 仪器由激发光源、进样系统、分光系统、检测系统及数据处理系统等部分组成。光源部分是 ICP 发生系统，形成等离子体。等离子体是指由电子、离子、原子和分子组成、电离度大于 0.1% 的处于电离平衡状态下的电离气体。由等离子体形成的火炬称为等离子炬。根据产生的方式不同，等离子炬可分为：直流等离子体炬、微波等离子炬和电感耦合高频等离子炬（ICP）。ICP 是由高频感应电流产生的类似火焰的激发光源。

样品由载气（氩气）引入雾化系统进行雾化后，以气溶胶形式进入等离子体的轴向通道，在高温和惰性气氛中被充分蒸发、原子化、电离和激发，发射出所含元素的特征谱线。根据特征谱线的存在与否，鉴别样品中是否含有某种元素，根据特征谱线强度确定样品中相应元素的含量。

（二）ICP-AES 应用

ICP-AES 应用于生物材料分析方面的实例较多，如尿样中铬、镍、铜的测定，血液中铝的测定，肝脏中硒的测定及骨质中硼、磷、硫的测定等。生物材料分析时应避免样品在采集和制备过程中受到污染。例如采样用的手术刀、剪子等金属器具常造成样品微量元素的污染，所以选用适当的器具采集、保存和处理生物材料样品使其免受污染是非常重要的。另一方面，样品量太少或待测元素含量太低时，采用一般的样品导入技术不能满足分析的需要。在这种情况下，往往采用超声雾化、电热蒸发、离子交换、溶剂萃取等方法。

第二节　色谱分析法

色谱法（chromatography）是利用不同组分与固定相和流动相之间的作用力（分配、吸附、离子交换等）的差别，当两相做相对移动时，各组分在两相间进行多次平衡，使各组分达到相互分离。

知识拓展 ▶

色谱法创始于 20 世纪初，1903 年，俄国植物学家 M.S. Tswett 将碳酸钙装填在竖立的玻璃管中，从顶端注入植物色素的石油醚浸提液，然后用石油醚由上而下冲洗。结果在管的不同部位形成不同颜色的色带，1906 年 Tswett 发表的论文中将其命名为色谱。其后，色谱法不仅用于有色物质的分离，而且大量用于无色物质的分离，但色谱法的名称仍在应用。在此基础上，1956 年 Van Deemter 等提出的色谱速率理论，以及色谱仪器与色谱固定相的发展使高效液相色谱应运而生。1948 年瑞典科学家 Tiselins 因电泳和吸附分析的研究而获奖，1952 年英国的 Martin 和 Synge 因发明分配色谱而共同获诺贝尔化学奖。此外，色谱分析方法还在 12 项获得诺贝尔化学奖的研究工作中起到关键作用。1980 年以后，现代色谱分析的理论和技术日趋成熟，已成为对复杂体系中组分进行分离分析的主要手段，应用领域十分广泛。

一、色谱与色谱分析

色谱法（chromatography）是建立在被分离组分在两相间具有不同分配或吸附等特性基础上的分析方法。其中：静止不动的相称为固定相（stationary phase），参与运动的另一相称为流动相（mobile phase）。色谱分析有许多类型，常按以下三种方法分类：

1. 按两相物态分类　在色谱法中流动相可以是气体、液体、超临界流体和表面活性剂，这些方法相应称为气相色谱法（gas chromatography，GC）；液相色谱法（liquid chromatography，LC）；超临界流体色谱法（supercritical fluid chromatography，SFC）和胶束色谱法（micelle chromatography）。

2. 按组分在两相间的分离机制分类　利用不同组分在吸附剂上的吸附能力不同而实现分离的方法，称为吸附色谱法（adsorption chromatography）；利用不同组分在固定液中的溶解度不同而实现分离的方法，称为分配色谱法（partition chromatography）；利用不同组分在离子交换剂上的亲和力大小不同而实现分离的方法，称为离子交换色谱法（ion exchange chromatography）；利用组分的分子体积大小不同而在多孔固定相中的选择渗透而实现分离的方法，称为空间排阻色谱法（steric exclusion chromatography）或凝胶渗透色谱法（gel permeation chromatography）。此外，以毛细管为分离通道，以电场为驱动力，利用不同组分在电介质溶液中电泳淌度的不同而实现分离的方法，称为毛细管电泳法（capillary electrophoresis，CE）。

3. 按固定相所处的"形态"分类　固定相装于柱内的色谱法，称为柱色谱（column chromatography，CC）。固定相呈平面状的色谱法称为平板色谱，它又可分为纸色谱法（paper chromatography）和薄层色谱法（thin-layer chromatography，TLC），前者用滤纸作为固定相，后者将固定相涂布在载板上。

此外还有络合色谱法（complexation chromatography）、等离子体色谱法（plasma chromatography）等。

（一）色谱过程

各种色谱方法遵循一个基本工作方式，即都是用流动相带动试样中的各组分通过固定相，利用各组分在其中的移动速度不同而予以分离。

固定相是对被分离物质有某种作用的物质，例如有吸附作用的吸附剂，或有溶解作用的液体等。流动相是一种流体，以一个方向通过固定相。流动相通过固定相后流出的流体称为洗脱物（eluate）。流动相可以是气体也可以是液体，被分离的物质是靠它自身的挥发性扩散在气体流动相中，或由于溶解行为而分布在液体流动相中的。试样中各组分能在色谱分离过程中被分离，是由于固定相和流动相对各组分的作用不相同的缘故。

（二）分配平衡

在色谱分离过程中，当温度一定时，认为组分在两相间的分配可以达到热力学平衡，此时组分在固定相中的浓度（C_s）与在流动相中的浓度（C_m）之比为一个常数，表示为：

$$K_D = C_s / C_m \tag{4-11}$$

式中：K_D 为平衡常数（equilibrium constant），或称分配系数（partition coefficient）。当色谱体系的固定相和流动相一定时，K_D 是反映组分保留特性的参数，K_D 值大，表明组分与固定相的作用强，易于保留；反之，则组分与固定相的作用弱，易于进入流动相而被洗脱。由于不同组分其化学性质各异，就具有不同的保留特性或不同的 K_D 值，从而通过色谱方法得以分离。

（三）色谱图和有关概念

色谱图（chromatogram）是由检测器输出的电信号强度对时间作图所绘制的曲线。描述曲线特征的各种保留参数（retention parameter），反映了组分在色谱柱中的作用和分离特性。以气相色谱法为例介绍以下保留参数。

1. 保留时间（retention time，t_R）　是组分从进样开始到柱后该组分出现峰值浓度时所需的时间。当实验条件一定时，不同的组分由于性质不同，因而具有不同的保留时间，是色谱法的基本定性参数。

2. 死时间（dead time，t_0）　是分配系数为零的组分，即不被固定相吸附或溶解的惰性物质（如空气、甲烷等),从进样开始到柱后出现峰值浓度时所需的时间。

3. 调整保留时间(adjusted retention time,t_R') 指某组分的保留时间与死时间的差值,即(4-12):

$$t_R' = t_R - t_0 \qquad (4\text{-}12)$$

保留参数间的关系如图4-8所示。

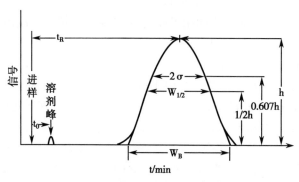

图4-8 保留参数间的关系及色谱峰宽

4. 保留体积(retention volume,V_R) 指从进样开始到柱后被测组分出峰值浓度时所通过的载气体积,即(4-13):

$$V_R = t_R F \qquad (4\text{-}13)$$

式中,F为色谱柱内载气的平均流速(ml/min)。

保留时间会随载气流速的变化而变化,而保留体积则不受载气流速影响。因载气流速若增加,则保留时间相应缩短,两者的乘积不变。在理论上 V_R 要比 t_R 准确,但测量 V_R 没有测量 t_R 方便。

5. 死体积(dead volume,V_0) 是指不与固定相作用的惰性物质通过色谱柱后出峰时所需的载气体积。也就是从样进器经色谱柱到检测器出口的流路中,由气相所占有的体积。即(4-14):

$$V_0 = t_0 F \qquad (4\text{-}14)$$

6. 容量因子(capacity factor,k') 由于保留体积的大小与柱的尺寸有关,不能完全反映组分的保留特性,所以引入容量因子的概念。根据分配平衡定义的容量因子为:在一定温度下,组分在两相间的分配达到平衡时,其在两相中的绝对量之比。表示为(4-15):

$$k' = \frac{\text{组分在固定相的量}(q_s)}{\text{组分在流动相的量}(q_m)} \qquad (4\text{-}15)$$

根据保留参数定义的容量因子为:组分在固定相中的净保留时间与死时间的比值。表示为(4-16)、(4-17):

$$k' = \frac{t_R - t_0}{t_0} = \frac{t_R}{t_0} - 1 \qquad (4\text{-}16)$$

或

$$t_R = t_0(k' + 1) \qquad (4\text{-}17)$$

可见,容量因子与平衡常数间的关系为(4-18):

$$k' = \frac{q_s}{q_m} = K_D \frac{V_s}{V_m} = K_D \varphi \qquad (4\text{-}18)$$

式中:V_s 和 V_m 分别表示柱内固定相和流动相所占的体积,$\varphi = V_s/V_m$ 称为色谱柱的相比,色谱柱体积一定时 φ 为常数。

7. 分离度(resolution,Rs) 在给定色谱条件下,相邻的两个色谱峰被分离的程度用分离度来表示。定义为(4-19):

$$R_s = \frac{2(t_{R2} - t_{R1})}{W_{b1} + W_{b2}} \qquad (4\text{-}19)$$

式中：t_{R1}，t_{R2}，W_{b1} 和 W_{b2} 分别表示第一个和第二个色谱峰保留时间和峰底宽度。一般 $Rs > 1.5$，认为两峰完全基线分离。

（四）理论塔板概念

色谱分离的塔板理论（plate theory）始于英国的马丁（Martin）和辛格（Synge）提出的塔板模型。塔板理论把色谱柱比作蒸馏塔，看作是由许许多多的小段组成，每一小段相当于蒸馏塔中的一个塔板，在色谱柱的每一个"塔板"内，一部分为涂在担体上的液相，另一部分为载气所占据的空间。试样中的各个组分在每个塔板的气相和液相之间达成一次分配平衡。试样在载气携带下通过色谱柱，试样的各个组分在许多的塔板上经过多次的分配平衡后，分配系数小的组分先流出色谱柱。

在塔板理论中，把色谱柱内每达成一次分配平衡所需的柱长（即上述每一小段的长度）称为理论塔板高度（height equivalent to a theoretical plate，HETP），简称板高（H）。塔板理论假设色谱柱上各个板高是等同的。若将色谱柱长以 L 表示，则色谱柱的理论塔板数（the number of theoretical plates）n 为（4-20）：

$$n = \frac{L}{H} \tag{4-20}$$

显然，对于一定长度的色谱柱，H 越小，则 n 越大，达成分配平衡的次数越多，则峰越窄，两个分配系数不同的组分就越容易彼此分离，柱子的分离效能也越好（即柱效越高）。从式 4-20 可见，柱长 L 越长，则 n 越大，但色谱柱太长则使分析时间加长。

实际上，载气和组分在柱内的移动是连续的而不是跳跃式的一次移动一个塔板。在一个色谱柱内的平衡是连续发生的。此外，塔板理论对一些实际上比较复杂的情况都作了简单的假设，因此塔板理论仅是一种半经验的理论。

（五）速率理论

塔板理论从热力学的角度出发，描述了色谱柱内的分配过程，但是没有考虑动力学的因素，因此它不能解释塔板高度受哪些因素的影响以及色谱峰变宽的原因。

速率理论（rate theory）采用了塔板理论板高的概念，进一步把色谱过程与分子扩散和组分在气液两相中的传质过程联系起来，从动力学角度较好地解释了影响板高的多种因素。因此，速率理论对于色谱分离操作条件的选择具有指导意义。

1956 年，荷兰学者 Van Deemter 提出了色谱中塔板高度受三方面的因素影响，并总结出了与流动相线速（u）有关的经验表达式称为范氏方程（Van Deemter equation），表示为（4-21）：

$$H = A + \frac{B}{u} + Cu \tag{4-21}$$

式中 A、B/u、Cu 分别为涡流扩散项、分子扩散项和传质阻力项，u 为载气的线速度。只有当 A、B/u、Cu 都较小时，H 才能小，柱效才能高，色谱峰就尖锐。塔板高度和流速的关系见图 4-9。

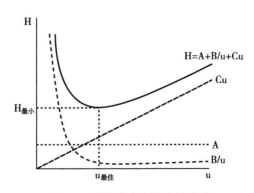

图 4-9 塔板高度和流速的关系

1. 涡流扩散项 A（eddy diffusion） A 与固定相的粒度大小和均匀度有关，与流动相的性质无关。气相色谱中使用空心毛细管柱（又称空心柱）时，由于无填充颗粒，A 项为零。

2. 分子扩散项 B/u（或称纵向扩散项 longitudinal diffusion） B/u 项与组分在柱中的浓度梯度和分子的扩散运动有关，增加流速有利于克服由 B/u 项引起的色谱峰展宽。气相色谱中，B/u 项是色谱峰展宽的主要因素；而液相色谱中，由于液态分子的扩散运动较低，B/u 项可以忽略不计。

3. 传质阻力项 Cu（resistance to mass transfer） Cu 与固定相的液层厚度和柱中流动相的迁移速度有关。组分进入固定相和从固定相返回流动相均需要一定的时间，所以以增加流速将会造成分子质量迁移速度的差异，而引起色谱峰展宽。液相色谱中，Cu 项是色谱峰展宽的主要因素。

范氏方程说明了柱的填充均匀程度、担体粒度、载气种类、载气流速、固定液膜厚度、柱温等对柱效能和峰扩展的影响，但有些因素之间有矛盾之处，如提高载气流速可减小分子扩散，但同时传质阻力项增大；升高柱温有利于组分传质，但又使分子扩散增加。所以要相互兼顾，不能顾此失彼。

二、薄层色谱法

薄层色谱法（thin layer chromatography，TLC）是将固定相铺于平板上，以不同的溶剂作流动相，靠吸附剂中的毛细现象，沿着一定方向移动，由于不同组分在两相间分配特性或吸附作用的差异，而得以分离的色谱方法。

（一）基本原理

薄层色谱法是组分在流动相（展开剂）的作用下，在铺有固定相的平板（薄层板）上进行差速迁移而逐步被分离的过程。组分斑点在薄层板中的位置及其光密度扫描图特征是其定性分析的依据，组分斑点的面积或吸收光强度则是其定量测定的依据。

在薄层色谱法中，引入了能够反映组分斑点在薄层板中位置的保留参数称为保留比（retention ratio），或称比移值（retardation factor，R_f）。定义为（4-22）：

$$R_f = \frac{组分原点中心至展开后斑点中心的距离}{组分原点中心至展开剂前沿的距离} \tag{4-22}$$

R_f 大小在 $0 \sim 1$ 之间，实际操作中，R_f 在 $0.2 \sim 0.7$ 之间为宜。当薄层色谱条件一定时，组分的 R_f 值为常数。

（二）固定相与展开剂

1. 吸附剂 固定相常用的吸附剂是硅胶（$SiO_2 \cdot H_2O$）、三氧化二铝（Al_2O_3）、硅藻土、粉末纤维素和聚酰胺等。常用商品吸附剂，如硅胶 G 为加有含 $13\% \sim 15\%$ 的煅石膏（gypsum，$CaSO_4 \cdot 1/2H_2O$）作黏合剂的吸附剂，硅胶 H 为不加黏合剂的吸附剂，硅胶 GF_{254} 或硅胶 GF_{365} 分别为加有荧光物质（硅酸锌和硫化锌）并能在 254nm 或 365nm 波长下产生荧光的吸附剂等。硅胶吸附水分（包括空气中的水分）后，吸附力会有所减弱。因此，硅胶在使用前，一般应在 $105 \sim 110℃$"活化"一定时间，以部分地除去水分，增加其吸附力。

2. 展开剂 吸附薄层色谱过程是组分分子与展开剂分子争夺吸附剂表面活性中心的过程，同时展开剂凭借自身的溶解能力也使溶质分子与吸附剂间的亲和力减弱，并使溶质溶解而随展开剂迁移。一般由混合溶剂组成的展开剂是推动组分迁移的原始动力，展开剂的推动力、吸附剂的吸附力与组分的作用力三者之间相互制约又相互竞争。当展开剂沿着吸附剂移动时，带着样品中的各组分一起移动，同时发生连续吸附与解吸附作用以及反复分配作用。由于各组分在展开剂中的溶解度不同，以及吸附剂对它们的吸附能力的差异，最终将混合物分离成一系列斑点。所以，薄层吸附色谱的分离过程是一个"吸附、解离，再吸附、再解离"的往复循环过程。在此过程中，当组分和吸附剂一定时，展开剂的极性增加，组分的 R_f 值增大，反之 R_f 值减小。

（1）展开剂的极性：绝大多数展开剂或被分离的物质都具有强弱不等的极性（polarity）。吸附薄层色谱中常用一种或多种溶剂按比例混合后作为展开剂。常用溶剂极性由小到大的顺序为：石油醚、环己烷、甲苯、苯、氯仿、乙醚、醋酸乙酯、正丁醇、正丙醇、丙酮、异丙醇、乙醇、醋酸、甲醇、甲酸、水。而混合展开剂的极性应介于各单一溶剂的极性之间,并随混合比例不同而有差异。

> **知识拓展** ▶
>
> 　　分子的极性主要是由分子结构决定,也受周围极性分子的诱导力影响。电荷分布均匀的分子,没有偶极矩也没有极性。但电荷密度大的分子,如不饱和烃和芳烃,容易受周围分子诱导而产生极性。有极性取代基进入分子结构时,可使分子的极性增大,这也与取代基的多少、取代基的极性及取代基的位置等因素有关。

　　(2)展开剂的选择:展开剂选择的参考方法和一般原则通常选用"三角形方法"(图 4-10)。极性较小的组分,可选择活性较高的吸附剂和极性较弱的展开剂;而极性较大的组分,则宜用活性较低的吸附剂和极性较强的展开剂。

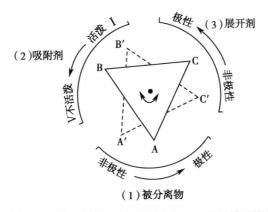

图 4-10　化合物的极性、吸附剂活度和展开剂极性间的关系

　　薄层分析时,为了寻找合适的展开剂,往往需要经过多次实验,有时还需要两种以上溶剂的混合展开剂。分离酸性组分,可在展开剂中加入一定比例的酸,如甲酸、醋酸、磷酸或草酸等;分离碱性组分时,可在展开剂中加入一定量碱,如二乙胺、氨水等。

(三)方法与应用

　　1. 定性分析　薄层色谱定性的依据是:在同一色谱条件下,相同组分的 R_f 值相同,再结合斑点显色后的颜色及薄层光密度扫描图与相应对照品比对,可对被测物准确定性。

　　(1)利用斑点的 R_f 值和颜色鉴别:将样品与已知物对照品在同一薄层板上展开(图 4-11),比较组分与对照品的 R_f 值。如果两者的 R_f 值不同,则组分与对照品不是同一物质;但如果两者的 R_f 值相同,则不能轻易肯定两者就是同一物质,必须用几种性质不同的展开剂或性质不同的吸附剂展开,若两者的 R_f 值仍一致,同时又对多种显色剂有相同的反应,这时判定组分与对照品为同一物质才比较可靠。

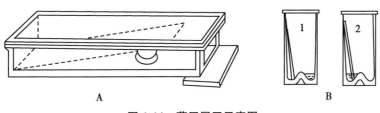

图 4-11　薄层展开示意图

（2）利用原位光密度扫描图鉴别：薄层上的有色斑点、或能吸收紫外线、或能产生荧光的组分，都可用双波长薄层光密度扫描仪直接在薄层板上进行扫描测定。固定光束照射在斑点上，改变波长依次扫描，可得斑点中吸光物质的反射吸收曲线。将斑点中被测物质与相应标准品的反射吸收曲线比对进行鉴别。由于单色光不够纯，光密度扫描图的形状一般较圆钝，如图4-12所示。

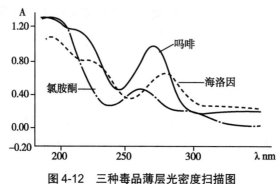

图4-12　三种毒品薄层光密度扫描图

（3）洗脱后鉴别法：对于展开后难以判断的组分斑点，将其从吸附剂上洗脱下来，再借助其他分析手段加以鉴别，如UV法、GC-MS或HPLC-MS法等。

2．定量测定　薄层色谱法定量的依据是：色谱扫描峰面积或峰高与相对应斑点中所含物质的量有一定的对应关系。常用的定量方法是薄层扫描法和洗脱后定量法。

（1）薄层扫描法：选用光密度扫描图中波长 λ_{max}、将一定强度的光束照射在薄层上的斑点，用仪器测量照射前后光束强度的变化，从而求得物质含量，有内标法或外标两点法。

（2）洗脱后定量法：对于展开后难以判断的组分斑点，将其从吸附剂上刮下来，用有机溶剂溶解定容，再借助其他分析手段进行定量分析。

3．应用　薄层色谱法广泛应用于各种天然和合成有机药毒物以及农药的分离和鉴定，可判断两个化合物是否相同，同时可用于确定混合物中含有的组分数。有些有机药毒物在空气中久置后易产生氧化、分解产物，体内检材提取液中可能有被测物的代谢产物，因此，薄层分析中常出现多个斑点，与已知标准不便对照，如吩噻嗪类药物和有机磷农药等。为此，分析时应用当地工业对照品或代谢物作对照；对于吩噻嗪类药物，可将对照品与被检物在原点时用氧化剂1∶1硝酸氧化，放置待干后再行薄层分析。

三、气相色谱法

气相色谱法是以气体为流动相的色谱法，适用于分离、分析有一定挥发性和热稳定性的化合物，但对于难挥发、热稳定性差和极性过大的毒物难以分析。用作定性指标的保留时间缺乏专属性，一般要求有已知纯物质作对照。

（一）气相色谱法的分类和分离原理

1．分类　按固定相状态或分离机制不同分类：用固体吸附剂作固定相的称为气-固色谱法（gas-solid chromatography，GSC），属于吸附色谱，主要用于一些气体和低分子量化合物的分析；用液体（涂在固体担体上或毛细管壁上）作固定相的称为气-液色谱法（gas-liquid chromatography，GLC），属于分配色谱，用于大多数药、毒物的分离检测。

2．分离原理　气-液色谱法分离药毒物，流动相为化学惰性的气体，被测样品组分在气液两相之间通过多次分配，利用各组分之间沸点、极性和吸附性能等物理、化学性质上的差异实现分离。一般填充柱的理论塔板数达数千，毛细管柱可达一百多万，这样可以使一些分配系数很接近的以及极为复杂、难以分离的物质获得满意的分离。气-液色谱法中根据化合物分离模式不同，又可分为一维气相色谱和全二维气相色谱。

全二维气相色谱（comprehensive two-dimensional gas chromatography，GC×GC）是将分离机制不同且互相独立的两根色谱柱，以串联方式连接，试样从进样口导入第一柱（一般为较长的或液膜较厚的非极性柱）后，各化合物根据沸点不同进行第一维分离，然后经调制器聚焦，以脉冲升温方式（区带转移）进入第二柱（一般为较短的或液膜较薄的极性柱或中等极性柱），第一柱中因沸点相近而未分离的化合物再根据极性大小不同进行第二维分离，检测器检测到的响应信号经数据采集软件处理后，得到三维色谱图（两个横坐标分别代表第一柱和第二柱的保留时间，纵坐标则表示检测器的信号强度）或二维轮廓图。根据三维色谱图或二维轮廓图中色谱峰的位置和峰体积，得到各组分的定性和定量信息。

（二）气相色谱仪

气相色谱仪主要由气路系统、进样系统、色谱柱、检测器和色谱工作站等部件组成，如图4-13所示。其中进样系统、色谱柱和检测器由控温系统控制其温度。全二维气相色谱法柱箱中则为：色谱柱（长）—调制器—色谱柱（短）。

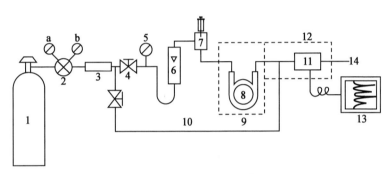

图4-13 气相色谱仪示意图

1. 载气瓶；2. 压力调节器（a. 瓶压，b. 输出压力）；3. 净化器；4. 稳压阀；
5. 柱前压力表；6. 转子流量计；7. 进样器；8. 色谱柱；9. 柱温箱；10. 尾吹气；11. 检测器；12. 检测器恒温箱；13. 记录器；14. 尾气出口

1. 气路系统（carrier gas system） 作为流动相的载气（carrier gas）是化学惰性的氦气或氮气等，常用高压储气钢瓶经过压力调节、净化过滤、流速控制等过程提供。毛细管柱的气路系统在进柱前有一载气分流气路，避免柱子过载；在柱后进检测器之间附一路尾吹气，以减小柱出口至检测器之间的过渡管线及接头区的死空间，防止分离后组分造成的堆积和重新混合等不良影响。

2. 进样系统（sample injection system） 包括进样器与气化室。样品（液体或气体）用注射器经进样器进样后，进入气化室，使液体样品加热气化，再由载气带入色谱柱。进样可根据样品含量高低分为分流进样（split injection）和不分流进样（splitless injection）。

3. 色谱柱系统（column system） 包括恒温控制装置，气化后的样品在色谱柱中被分离，随载气进入检测器。

4. 检测器（detector） 将载气中被测组分的数量或浓度转换成相应强度的电信号并输出。根据组分的性质和要求可选用不同类型的检测器。

5. 色谱工作站 将放大处理后的电信号输入工作站，同步记录组分信号强度与保留时间的色谱流出曲线（色谱图）。另外，色谱工作站还有其他强大的色谱数据储存、处理和运算等功能。

（三）气相色谱柱

色谱柱（column）一般分为：填充柱（packed column）和毛细管柱（capillary column）两大类型。

1. 填充柱 在气/液色谱法中，应用的是填装了固定相的色谱柱。通常柱长1～3m，内径3～6mm，一般短柱用玻璃管，长柱用不锈钢管，形状为U形或螺旋形。固定相为液体称为固定液，支撑固定液的惰性多孔固体称为载体。

（1）载体：是具有较高的化学惰性和热稳定性、一定的机械强度和比表面积的固体颗粒。常用的是硅藻土载体，颗粒大小一般在 60～120 目，其负载的固定液量通常以百分比来表示。

（2）固定液：是具有较高的热稳定性和化学稳定性，对载体有较强的浸渍能力的高沸点液态有机聚合物。根据被分析毒物的性质、固定液极性和使用范围等因素，可选用商品填充柱。

1）固定液参数：固定液的种类繁多，性质各异。一般反映固定液特性的参数有：① McRaynolds 常数简称麦氏常数（ΔI），是表示固定液相对极性大小的参数，ΔI 值大，固定液的极性强；②最高使用温度（T_{max}），是表示固定液的上限使用温度，超过 T_{max} 值使用，固定液将迅速流失。表 4-2 列出一些常用固定液的麦氏常数（ΔI）和最高使用温度（T_{max}）。

表 4-2　常用固定液的麦氏常数 ΔI 值和最高使用温度 T_{max} 值

序号	固定相名称	型号	ΔI 值	T_{max} 值/℃
1	角鲨烷	SO	0	150
2	甲基硅油或甲基硅氧烷	SE-30，HP-1，OV-101	205～229	350
3	苯基（5%）甲基聚硅氧烷	HP-5，DB-5，SE-52	334	300
4	苯基（20%）甲基聚硅氧烷	OV-7	592	350
5	苯基（50%）甲基聚硅氧烷	DC-710，OV-17	827～884	375
6	苯基（60%）甲基聚硅氧烷	OV-22	1075	350
7	三氟丙基（50%）甲基聚硅氧烷	OV-210，QF-1	1500～1520	275
8	β 氰乙基（25%）甲基聚硅氧烷	XE-60	1785	250
9	聚乙二醇—20000	Carbowax-20M	2308	225
10	聚己二酸二乙二醇酯	DEGA	2764	200
11	聚丁二酸二乙二醇酯	DEGS	3504	200
12	1,2,3- 三（2- 氰乙氧基）丙烷	TCEP	4145	175

2）固定液选择：实际工作中，通常根据文献资料和工作经验来选用固定液。对于同时需顾及多种药毒物分离的筛选性分析，一般采用非极性固定液，如可选用 SE-30 固定液。因为一般非极性固定液的最高使用温度较高，适于分析的药毒物范围宽；而对于性质相似的同类毒物的分离，则采用选择性和特异性较好的固定液。通常根据"相似相溶"的原则，选用与组分在极性、官能团和化学性质等相似的固定液，一般能得到较好的分离效果。当选用一种固定液不能达到理想的分离效果时，还可采用混合固定液。如农药的筛选性分析，可选用弱极性的 HP-5 或 DB-5 固定液；乙醇分析则选用极性大的聚乙二醇 -20M 固定液。

2. 开口毛细管柱　是用玻璃或熔融石英拉制成毛细管的色谱柱。柱长 20～50m，内径 0.1～0.5mm。开口毛细管柱是将固定液直接涂渍毛细管的管壁上形成的"空心"色谱柱。主要分为以下两类。

（1）涂壁毛细管柱：将固定液直接涂在经处理的毛细管内壁上构成。涂壁毛细管柱（wall-coated open tubular，WCOT）的固定液易流失，柱寿命短。

（2）载体涂层毛细管柱：将载体（如硅藻土）黏附在厚壁玻璃或石英管内壁上，拉制成毛细管后，再涂渍上固定液构成。目前，用石英材料制备的载体涂层毛细管柱（support-coated open tubular，SCOT）弹性极强，固定液采用交联聚合，不易流失，柱寿命长，是最佳的 SCOT 柱。

按毛细管柱的内径可分为：常规的熔融氧化硅开管毛细管柱（内径一般为 0.25mm）、大口径毛细管柱（内径一般为 0.32mm，0.53mm）和小内径柱（内径小于 100μm），这种柱子主要用于快速分析，在毛细管超临界流体色谱和毛细管电泳中常用。

（3）毛细管柱特点：①柱效高，理论塔板数可达 10^4～10^6；②分析速度快，由于"空心"，柱阻力小，可在高载气流速下进行分析；③柱使用寿命长，固定液经交联聚合处理，不易流失；④易实现 GC-MS 联用，由于载气流量小，易维持质谱离子源的高真空；⑤柱容量小以及定量重复性不如填充柱。

（四）检测器

检测器（detector）的输出信号强度与进入检测器组分的量成比例关系。对检测器的基本要求是灵敏度高，稳定性好，线性范围宽，噪音低。根据检测器的信号与组分含量间的关系不同，可分为浓度型检测器和质量型检测器两大类。

1. 浓度型检测器　输出信号强度与载气中组分的浓度成正比的检测器。当进样量一定时，这类检测器给出的色谱峰面积与载气流速成反比，因为流速增大单位时间内的载气量增加，使组分浓度相对降低。但色谱峰高与载气流速无关。

（1）热导检测器（thermal conductance detector, TCD）：是利用各种物质具有不同的热导系数而设计的检测器。是气相色谱经典检测器，但检测灵敏度较低。

（2）电子捕获检测器（electron capture detector, ECD）：是一种用 ^{63}Ni 或氚为放射源的离子化检测器，只对含有电负性强的元素的物质，如含有卤素、硫、氮、羰基、氰基等的物质有选择性地产生信号的高灵敏度检测器。例如，拟除虫菊酯类农药化学结构式中大多含有卤素和氰基，GC 分析时选择 ECD 检测器检测灵敏度高。ECD 基本工作原理是：放射性核素发射的 β 射线将载气（如 N_2）分子电离，产生正离子和电子，并在正负电极间形成电流即称为基流。当有电负性较强的组分进入检测器时，它捕捉检测池中的电子而使基流下降，形成色谱峰，色谱峰的强度与组分的浓度成正比。当载气中含有杂质（如氧或水）时，会减小基流而降低灵敏度，故对载气纯度要求高。全二维气相色谱可用 ECD。

2. 质量型检测器　输出信号强度与载气中组分的质量成正比的检测器。当进样量一定时，这类检测器的峰高与载气流速成正比，因为流速增大，单位时间内由载气引入检测器的组分数量增加。但峰面积与载气流速无关。

（1）氢火焰离子化检测器（flame ionization detector, FID）：是能检测含碳有机物的通用型检测器，对在氢火焰中不电离的无机化合物以及永久性气体无响应。基本工作原理是：载气携带被分离组分进入氢火焰被燃烧，组分在燃烧过程中直接或间接产生离子，并在具有电位差的收集极（正极）与极化极（负极）之间形成离子流，经放大器处理并放大后输出，信号强度与进入检测器中组分的质量成正比。以氮气作载气时，要用氢气作燃气，空气作助燃气。三者流量关系一般为 1:1～1.5:10。全二维气相色谱可用 FID。

（2）氮磷检测器（nitrogen phosphorus detector, NPD）：氮磷检测器也称热离子检测器（thermionic detector, TID），是只对含氮或磷的有机化合物具有高选择性和高灵敏度的检测器。其灵敏度比 FID 高 10^2～10^4 倍，但使用时要求试样的溶剂中不应含卤素。例如，毒鼠强、大多数临床药物及合成毒物结构中含有氮，适宜选择 NPD 检测。NPD 的结构与 FID 相似，只是在火焰上方一个能通电加热的含有碱金属盐的陶瓷珠，所用碱金属有钠、铷和铯。当火焰中有含磷或含氮化合物时，可增强碱金属盐受热离解的离子化过程，而使在电场中形成的电流强度增加。所形成的电流大小与碱金属盐温度有关，因而要维持加热电流稳定并控制氢气流量在所规定的小流量范围。一般来说，载气和空气流量增加，检测灵敏度降低。

（3）火焰光度检测器（flame photometric detector, FPD）：是只对含硫和含磷的有机化合物具有响应的高灵敏度专属型检测器。当含硫或含磷的试样被载气带入检测器，并在富氢火焰（$H_2:O_2 > 3:1$）中燃烧时，含硫化合物会发出 394nm 的特征谱线，含磷化合物会发出 526nm 的特征谱线。当测定含硫化合物或含磷化合物时，分别采用不同的滤光片。点火时，检测器温度应在 100℃以上，氢气和氧气比例要保持富氧，以防止燃烧室积水和点火时爆鸣。

（五）方法与应用

气相色谱法在毒药物分析中的应用很广泛，可用于毒药物的定性分析和含量测定、治疗药物的检测和毒物代谢研究等。分析过程一般包括：试样前处理，色谱条件选择，定性方法确定，定量方法学考察等分析过程。

1. 试样前处理　供毒物分析的检材一般比较复杂，需经过分离富集处理，以除去大量杂质同时浓集被测组分，并制备成适当浓度的供试溶液，然后进行气相色谱分析。常用的试样前处理技术有衍生化法、顶空法、吸附管法等。

（1）衍生化（derivatization）：如果被测组分是极性很强或难挥发性的物质，通过衍生化反应，可使其成为极性较小且较易挥发的衍生物。试样的衍生化处理是通过化学反应将一些极性化合物（例如含 -NH，-OH，-SH 基团的化合物）的活性氢原子进行取代。根据所用的试剂和发生的反应，衍生化方法可分为酰化（acylation）、烷基化（alkylation）、硅烷化（silylation）、缩合（condensation）和酯化（esterification）。如：羧基化合物可用重氮甲烷与之反应形成甲酯；含羧基、羟基或氨基的化合物可用硅烷化试剂处理，使其成为稳定且较易挥发的化合物；对检测器不够敏感的化合物，也可通过衍生化反应的方法提高检测灵敏度。

（2）顶空气相色谱法（head space gas chromatography，HS-GC）：对于有些固体或液体试样中的挥发性成分，可采用顶空技术进行试样的前处理。将固体或液体试样定量加入到一定容积的容器中，容器口用硅胶等材料的塞子密封，恒温保持一定的时间，使试样中的挥发性组分挥发到容器上部的气相（顶空）中，并使组分在气相与液相（或固相）中的分配达到平衡，然后用注射器抽取容器上部的气体进行分析。

2．色谱条件选择　一般需要根据被测毒物的性质和文献资料，选定和优化色谱条件。通常包括：色谱柱固定液、载气流速、检测器工作参数和温度的选择等。

选用载气的依据主要是检测器的要求，载气流速可比最佳流速稍大，以节省时间。在其他条件确定之后，温度是最重要的气相色谱条件，它直接影响色谱柱的选择性、分离效率和检测器的灵敏度及稳定性。气化室的温度应使试样瞬间气化而又不分解，一般情况下，气化室和检测器的温度比柱温高 10～50℃。柱温不能高于固定液的最高使用温度，否则会引起固定液挥发或分解而流失；也不能低于固定液的最低使用温度，否则固定液可能为固态。柱温一般宜比组分的沸点低，对于各组分间沸点或极性差别大的试样，通常采用程序升温（temperature programming）的方法，即在规定时间使柱温以一定的方式和速度从低温升到高温，以适应样品中不同极性与沸程的组分快速气化。通过程序升温能改善分离效果，使各组分能在最佳柱温下快速气化并分离，从而缩短分析周期，改善峰形，提高检测灵敏度。

知识拓展 ▶

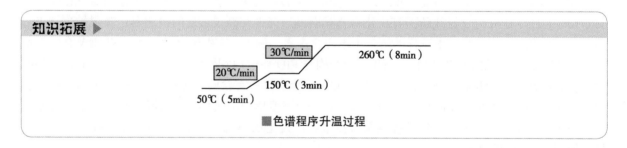

■色谱程序升温过程

3．定性鉴别　气相色谱法主要适用于对脂溶性的易挥发毒物的分析。主要利用已知物直接对照、文献保留指数（retention index，I）对照或 GC-MS 联用等进行鉴别。

（1）利用已知物直接对照：一种最简单的定性方法，在具有已知标准物质的情况下使用。

1）利用保留值定性：即在相同的色谱条件下，两个相同的化合物在浓度相近的情况下应具有相同的保留值。在具体实验中，可分别取未知试样溶液和对照品溶液在同一色谱条件下进样，记录色谱图，未知试样溶液待定峰的保留时间在允许误差范围内应与对照品溶液一致，因为若对照品溶液与待测试样溶液浓度相差太大，则两者保留时间有一定差异。由于影响保留时间的因素很多，具有相同保留时间的两个色谱峰不一定是同一化合物，常需要通过改变色谱条件的方法进行多次测定或配合其他方法加以确证。

2）用已知物增加峰高法定性：如果试样较复杂，峰间的距离太近，或操作条件不易控制稳定，要准确确定保留值有一定困难。这时最好将已知物加到未知试样中混合进样，若待定组分峰比不加已知物时的峰高相对增大了，则表示原试样中可能含有该已知物的成分。该法可避免载气流速的微小变化对保留时间的影响而影响定性分析的结果，又可避免色谱图图形复杂时准确测定保留时间的困难。适于确认某一复杂样品中是否含有某一组分。

（2）用 GC-MS 联用鉴别：见第四节联用技术。

4. 定量测定　气相色谱法进行定量测定的依据是：在实验条件一定时，任一组分的色谱峰面积（A_i）与该组分的量（W_i）成正比，即（4-23）：

$$A_i = W_i / f_i \quad 或 \quad f_i = W_i / A_i \tag{4-23}$$

式中：f_i 称为组分 i 的校正因子（calibration factor），即单位色谱峰面积所代表的组分量，通常用已知量对照品的色谱峰面积求出校正因子。而色谱峰面积一般由色谱工作站直接给出，或根据下式（4-24）计算。

$$A = 2.507 \, h \cdot \sigma = 1.064 \, h \cdot W_{1/2} \tag{4-24}$$

式中：h 色谱峰高，σ 标准差，$W_{1/2}$ 半峰宽。

毒物分析常用的定量方法有外标法（external standard method）和内标法（internal standard method）。

（1）外标法：主要为外标工作曲线法，即先测定一系列不同浓度对照品峰面积（$A_{标}$），以峰面积对其浓度（$C_{标}$）作线性回归，求出线性回归方程或绘制工作曲线（$A_{标} \sim C_{标}$ 曲线），一般要求线性系数（linearity coefficient）应大于 0.99，再测定被测试液的峰面积，并由回归直线得出其浓度，最后计算出检材中待测物的浓度。

（2）内标法：主要为内标工作曲线法，即在一系列不同浓度对照品溶液中加入相同量的内标物，提取后分别测定其峰面积，以对照品峰面积（$A_{标}$）与内标物峰面积（$A_{内}$）的比值（$A_{标}/A_{内}$）对对照品溶液浓度（$C_{标}$）作线性回归，求出线性回归方程或绘制工作曲线（$A_{标}/A_{内} \sim C_{标}$ 曲线），一般要求线性系数应大于 0.99，再测定被测试液与内标物的峰面积比值，并由回归直线得出其浓度，最后计算出检材中待测物的浓度。

能作为内标物的化合物应是检材中不含的。内标物的保留时间应接近待测物的保留时间，并且内标物色谱峰应能与各组分的色谱峰分开（$R_s > 1.5$）。

四、高效液相色谱法

高效液相色谱法是在经典液相色谱基础上，引入了气相色谱的理论和实验技术，以高压泵输送流动相，采用高效固定相及高灵敏度检测器，使分离效率和分析速度明显提高的液相色谱法。与气相色谱法比较，HPLC 法不受被测样品挥发性和热稳定性的限制，适用于大部分有机毒物的分析检测。另外，HPLC 法中的流动相的选择范围较大，可以更有效地控制和改善分离条件，提高分离效率。随着科学技术的进步，基于 1.7μm 硅胶杂化小颗粒固定相技术的超高效液相色谱（ultra performance liquid chromatography，UPLC）仪器的研制，大大提高了液相色谱的分离能力和分析速度。

（一）基本原理

高效液相色谱法的基本原理是：待检溶液的各组分被注入色谱柱，通过压力在固定相中移动，由于不同组分在固定相和流动相之间具有不同的作用特性，而造成差速迁移后被分离。分离后的组分通过检测器得到不同的峰信号，通过分析比对这些信号以判断待测物所含有的物质。毒物分析较常使用的有液 - 固吸附色谱法和液 - 液分配色谱法。

1. 液 - 固吸附色谱法　一般固定相为吸附剂（如硅胶），流动相为极性较小的有机溶剂（如烷烃类）构成的分离体系，不同组分与吸附剂之间的"吸附与解吸附"作用大小是其分离的基础。例如，当被测组分一定时，硅胶的吸附作用大，则容量因子大，保留时间增长；同时流动相的极性大，则解吸附作用强，保留时间缩短。

2. 液 - 液分配色谱法　固定相和流动相为两种互不相溶的液体构成的分离体系，不同组分在两相间的分配作用大小是其分离的基础。目前,使用的固定相是通过化学键合反应合成的、表面键合有不同有机基团的刚性颗粒,称为化学键合固定相。根据化学键合固定相和流动相的极性,将液-液分配色谱法分为正相色谱法和反相色谱法两类,而反相色谱法是最常用的高效液相色谱方法。

(1)正相色谱法(normal phase chromatography,NPC):流动相极性小于固定相极性的色谱方法,主要用于分离溶于有机溶剂的极性及中等极性的分子型化合物。在色谱条件一定时,极性小的组分保留时间短,极性大的组分保留时间长;在固定相一定时,流动相的极性增大,洗脱能力增强。一般常用的正相色谱固定相是氰基(CN)和氨基(NH_2)键合相。

(2)反相色谱法(reverse phase chromatography,RPC):流动相极性大于固定相极性的色谱方法,主要用于分离溶于有机溶剂的极性及中等极性及非极性的分子型化合物,组分在反相色谱中的保留顺序与正相色谱相反。在色谱条件一定时,极性大的组分保留时间短,极性小的组分保留时间长。典型的反相色谱固定相是十八烷基硅烷(octadecylsilane,ODS)键合相;反相色谱中使用与水互溶的混合溶剂为流动相,常用的为甲醇-水和乙腈-水不同比例混合体系,其中甲醇和乙腈是流动相体系中的强溶剂,一般在固定相一定时,增加其浓度,洗脱能力增强。

为了利用反相色谱法能够对有机弱酸、弱碱及其盐等离子型化合物进行分离检测,通常需要通过调节流动相的酸碱度和组成等,以增加被测组分亲脂性,改善其色谱保留特性。常用的方法有:①离子抑制法,即在流动相中加入少量弱酸(如醋酸)或弱碱(如氨水)或缓冲液,使被测的弱酸或弱碱的解离受到抑制,并获得适当的保留。一般流动相的pH需控制在2~8之间,以防损坏反相色谱固定相。②离子对法,即在流动相中加入与被测离子的电性相反、并与其能生成中性离子对的离子试剂(或称离子对试剂),从而增强了被测离子的保留作用。离子对试剂在流动相中浓度一般控制在0.003~0.01mol/L之间,pH需控制在2~8之间。如检测碱类毒物时,可用烷基磺酸盐为离子对试剂;检测酸类毒物时,可用四丁基铵磷酸盐为离子对试剂。

(二)高效液相色谱仪

高效液相色谱仪由输液泵、进样器、色谱柱、检测器及色谱工作站等组成。流程如图4-14所示。

1.高压输液系统　包括贮液器(包括过滤和脱气)和高压泵。由于固定相颗粒很细,溶剂须经过滤,除去杂物,还须除去溶解于其中的气体,以防在色谱柱或检测器中发生堵塞或产生气泡而干扰分离检测。除去溶剂中溶解的气体的步骤称为脱气。高压泵的作用是在高压情况下将贮液器中经过过滤和脱气的流动相经由进样器送入色谱柱。常用的是往复式恒流泵,即在一定操作条件下,输出流动相的流量保持恒定,且与色谱柱等引起的阻力变化无关。实验中,一般采用流动相组成不变的等度洗脱(isocratic elution)方式;对于复杂的试样也可采用梯度洗脱(gradient elution)方式,即在一个分析周期内,程序控制不断改变流动相的组成,如溶剂的极性、离子强度和pH等。其作用与气相色谱的程序升温类似。

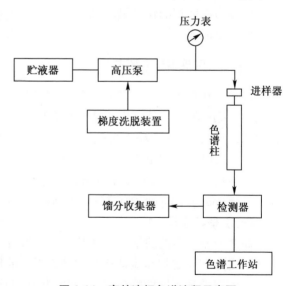

图4-14　高效液相色谱流程示意图

2.进样器　多采用六通阀进样,并备有不同规格(10~200μl)的定量进样环。

3.色谱柱　有预处理柱和分析色谱柱,预处理柱一般为3~5cm短柱,一般分析柱内径2~5mm,长10~30cm。普通HPLC填料粒径3~10μm,超高效液相色谱(UPLC)为1.7μm。

4.检测器　常用的有紫外检测器、荧光检测器、示差折光检测器和电化学检测器等。由于要求在线检测,检测池的体积(1~8μl)很小,并能耐一定压强。

5. 色谱工作站 将放大处理后的电信号输入工作站,同步记录组分信号强度与保留时间的色谱流出曲线(色谱图)。另外,色谱工作站还有其他强大的色谱数据储存、处理和运算等功能。

(三)方法与应用

高效液相色谱法在法医毒物分析有着广阔的应用前景,除常见的安眠镇静药物、管制的精神药品和麻醉药品外,特别适用于抗凝血类杀鼠药,大分子生物碱等毒物的分析。

1. 定性鉴别 HPLC 的定性鉴别方法可分为:色谱保留值鉴别法、分离后化学鉴别法和两谱联用鉴别法等。

(1)保留值鉴别法:同 GC 一样,色谱保留值是其定性鉴别的基础。通过考察被测组分与对照品的保留时间是否一致,或将对照品与被测样品混合后进样,考察对应的色谱峰是否增大,即可进行鉴别。

(2)化学鉴别法:对色谱分离后收集的被测组分,利用专属性化学反应再进行"离线"鉴别的方法。通常是收集色谱馏分,再与官能团分类试剂反应。

(3)两谱联用鉴别法:对于复杂检材中的未知毒物虽能有效分离,但有时定性鉴别却很困难。而红外吸收光谱、核磁共振光谱、质谱以及二极管阵列紫外光谱等则是鉴定未知毒物的有力工具。因此,研究开发高效液相色谱联用技术是分析仪器发展的重要方向。

1)HPLC/DAD-UV 联用:紫外吸收光谱是化合物定性鉴别的依据之一。普通的紫外检测器只能给出被分离组分在特定波长下的吸收强度信息,而二极管阵列检测器(diode array detector,DAD)配合计算功能在几毫秒的瞬间内,同时给出被分离组分在全波长下的紫外吸收光谱。由此可以对被分离组分进行定性和定量分析。利用色谱工作站可以同时显示被分离组分的色谱图和紫外吸收光谱图,并可在一张三维坐标(吸收度 - 时间 - 波长)图上反映出来,称为三维光谱 - 色谱图(3D-spectro-chromatogram),如图 4-15 所示。

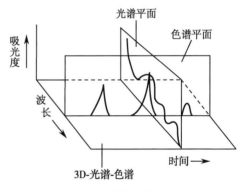

图 4-15 色谱 - 光谱三维图

2)HPLC-MS 联用:见第四节联用技术。

2. 定量检测 HPLC 常用的定量检测方法为外标法和内标法,其基本检测方法和要求同 GC 法。

3. 衍生化方法

(1)紫外 - 可见衍生化:毒物分析工作中所涉及的毒物有一些并不具有紫外 - 可见吸收或吸收很弱,为了能够用高效液相色谱 / 紫外 - 可见检测法分析,常采用衍生化方法在待检毒物结构中引入强紫外 - 可见吸收的基团。

紫外 - 可见衍生化试剂种类很多,往往都是含有苯环的高度共轭芳香族化合物。不同类型的化合物所采用的衍生化试剂有所不同,其衍生化反应的原理和方法也有差别。

对于含伯氨基或仲氨基的胺类药毒物,常用的衍生化试剂有对硝基苯甲酰氯、对甲基苯磺酰氯、2,4- 二硝基氟苯、异硫氰酸苯酯等。对于含有羧基的有机酸类毒物,常用的衍生化试剂是对溴代苯甲酰甲基溴和萘酰甲基溴。一些结构中含有羟基的醇或酚类毒物可用酰卤类衍生化试剂,如 2,5- 二硝基苯甲酰氯等。醛类或酮类毒物一般采用 2,4- 二硝基苯肼作其衍生化试剂。

(2)荧光衍生化:荧光检测器的灵敏度比紫外 / 可见检测器的灵敏度高 1～3 个数量级,适用于痕量分析。在毒物分析工作中,有时需采用衍生化手段使一些不具荧光的毒物能用于高效液相色谱 / 荧光检测法,以降低方法的检测限。常用的荧光衍生化试剂有丹酰氯、荧光胺、吡哚醛及香豆素类等。

4. 柱切换技术(column switching) 运用高效液相色谱法进行体内毒物分析时,往往组分与内源性杂质间不易分离;进样后,杂质组分会不可逆地吸附在分析柱上,堵塞色谱柱。另外,当检材中待检物含量很低时,经过复杂前处理后样品中的毒物浓度往往达不到检测灵敏度的要求。采用柱切换技术,可以在一定程度上克服上述困难,提高色谱分析的分辨率和灵敏度,同时柱切换技术还能使在线衍生化容易实现。

柱切换技术是将两根(或多根)色谱柱与检测器等部件组合起来进行样品分析的一种技术。色谱柱一般分为预处理柱(也称富集柱)和分析柱,可通过阀件实现柱的切换,使样品先在预柱上进行痕量富集,并除去大量杂质,然后进入分析柱进行分离分析,如图4-16所示。

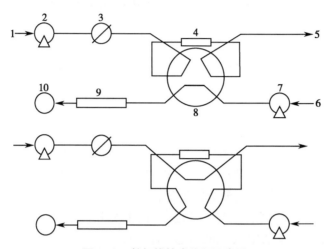

图4-16 柱切换技术流程示意图
1. 预处理流动相;2. 泵;3. 进样器;4. 预柱;5. 废液;
6. 分析流动相;7. 泵;8. 切换阀;9. 分析柱;10. 检测器

样品经简单前处理后,直接注入进样阀,此时色谱系统处于(A)状态,样品由泵(2)输送进入预柱,预柱保留并富集待检物,而杂质则被预处理流动相冲入废池。当预处理结束后,切换阀使整个色谱系统处于(B)状态,分析流动相经由泵(7)输送,以与预处理流动相相同或相反的方向经过预柱,使富集和净化后的组分进入分析柱,进一步分离,然后经检测器最终检测。

在使用柱切换技术时,预处理柱一般为3~5cm短柱,以防切换时柱串联引起系统柱压过高,流动相流速突然改变。固定相常选用粗粒径填料,以避免蛋白质等大分子物质产生阻塞。预处理流动相可选用洗脱能力弱的溶剂,以利于洗脱杂质,富集待检物。另外,切换方式和切换时间的合理选择是运用该技术达到分析目的关键。应该通过实验考察获得妥善的切换条件才能保证绝大多数待检物保留在预柱上而杂质极少进入分析柱,否则将会降低方法的灵敏度或使样品和杂质难以分离。

柱切换技术能够集富集、净化、分离、测定于一体,样品只需简单预处理即可进样分析。目前,这一技术已广泛运用于毒物分析中。

五、毛细管区带电泳法

毛细管电泳(capillary electrophoresis,CE)法是以高压电场为驱动力,以毛细管为分离通道,依据样品中各组分之间淌度(溶质在给定缓冲溶液中和单位电场强度下单位时间内移动的距离)和(或)分配系数的不同而进行分离的一类新型液相分离技术。毛细管区带电泳(capillary zone electrophoresis,CZE)法是在毛细管中填充缓冲溶液,在电场作用下利用组分电泳淌度的差异进行分离的方法。

(一)基本原理和分离过程

带电粒子在一定介质中因电场作用而发生定向运动,因粒子所带的电荷数、形状、离解度等不同,有不同的迁移速度而分离。通过改变操作条件和缓冲溶液的成分,可以对性质不同的各种分离对象进行有效的分离。组分的电泳迁移率与其所带电荷成正比,与其在体系中的摩擦阻力系数成反比。所以,两种组分被分离的条件是:带有不同的电荷或通过缓冲溶液移动引起不同的摩擦力。一般组分离子的摩擦力取决于离子的大小、形状、迁移时介质的黏度等因素。显然中性组分不能被分离。

在毛细管区带电泳系统中，将一根长 40～1000cm，内径 10～100μm 的毛细管柱中充入适当的缓冲溶液，柱的两端置于两个缓冲液池中。在两个缓冲液池之间接有两个铂电极，并由直流高压电源提供 1000～30 000V 的高电压，构成一个导电回路。该电压使得样品溶液从进样端缓冲液池沿毛细管迁移，分离样品通过检测器时，在检测端缓冲液池检测，检测器有紫外检测器和高频电导检测器等。

（二）应用

毛细管区带电泳（CZE）可用于分析多种体液样本如血清或血浆、尿液、脑脊液及唾液中的毒品和药物（如吗啡、苯丙胺类等）的检测。一般采用磷酸盐、醋酸盐或硼酸盐缓冲液，实验条件包括缓冲液浓度、pH、电压、温度、改性剂（乙腈、甲醇等）。

第三节　质　谱　法

质谱法（mass spectrometry，MS）是用电场和磁场将运动的离子（带电荷的原子、分子或分子碎片，包括分子离子、同位素离子、碎片离子、重排离子、多电荷离子、亚稳离子、负离子和离子－分子相互作用产生的离子）按它们的质荷比分离后进行检测的方法。分析这些离子可获得化合物的分子量、化学结构、裂解规律和由单分子分解形成的某些离子间存在的某种相互关系等信息。质谱法分为有机质谱法和无机质谱法。法医毒物涉及的有机药毒物分析则用有机质谱法，金属和非金属元素分析常用的无机质谱法是电感耦合等离子体质谱（inductively coupled plasma mass spectrometry，ICP-MS），ICP-MS 可进行同位素分析、单元素和多元素分析，以及有机物中金属元素的形态分析，在法医毒物分析中常用于金属毒物的检测。

知识链接 ▶

质量 Mass 是物质的基本属性，质谱即质量的谱。质谱源于物理学，后来的发展涉及多个学科。1886 年物理学家在低压放电试验中观察到正电荷离子，并在磁场中发生偏转。1897 年汤姆逊（Joseph John Thomson，1906 年诺贝尔物理学奖获得者、英国剑桥大学教授）在研究稀薄气体放电的实验中，证明了电子的存在，测定了电子的质荷比，轰动了整个物理学界。1906 年发明了正电荷离子束法，并预言 MS 在化学中的应用前景。1912 年 Joseph John Thomson 研制成功第一台质谱仪。

1919 年诺贝尔化学家英国弗朗西斯·阿斯顿制成了第一台能分辨一百分之一质量单位的质谱计，用来测定同位素的相对丰度。

1942 年第一台有机质谱仪器问世。

Joseph John Thomson

一、有机质谱法

有机质谱法（organic mass spectrometry，OMS）通常采用高能电子束使气化的有机分子生成带正电荷的阳离子，进一步使带电荷的离子裂解成一系列的碎片离子，加速后导入质量分析器，在磁场作用下以离子的质荷比（mass charge ratio，m/z）大小顺序进行收集并被检测器测定，以质荷比的大小与强度排列成谱,即为质谱图。以此质谱图确定有机化合物的分子量、分子式及结构的方法,称为有机质谱法。

(一)质谱仪

由进样系统、离子源(电离室)、质量分析器、离子检测器和数据处理系统等部分组成(图4-17)。质谱仪系统须在高真空条件下运行。

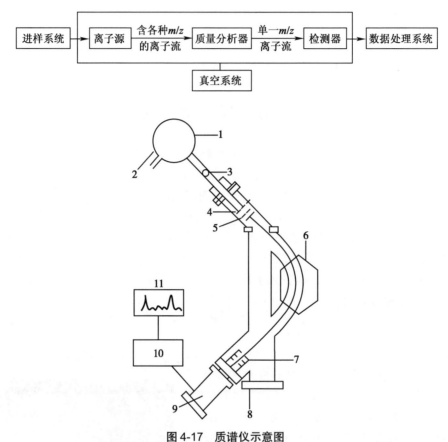

图4-17 质谱仪示意图

1. 储样器；2. 进样系统；3. 漏孔；4. 离子源；5. 加速电极；6. 磁场；7. 离子检测器；
8. 接真空系统；9. 前置放大器；10. 放大器；11. 记录器

1. 进样系统(sample injection system) 在高真空条件下,以一定方式将气态、液态或固态样品引入离子源的系统。

2. 离子源(ion source) 在一定条件下,使样品中的有机分子气化后电离成带电的离子,并使这些离子在离子光学系统的作用下,会聚成有一定能量的离子束。有机物电离的离子源有许多种,气相色谱 - 质谱联用分析常用电子轰击源(electron impact ionization,EI),为了得到丰度较高的分子离子峰或准分子离子峰,可采用较温和的化学电离(chemical ionization,CI)、场致电离(field ionization,FI)或场解析离子源(field desorption,FD)。对于一些难挥发、强极性、分子量大的物质或生物大分子,可采用快速原子轰击(fast atom bombardment,FAB)、激光电离(laser desorption,LD)、电喷雾离子化(electrospray ionization,ESI)或大气压化学离子化(atmospheric pressure chemical ionization,APCI)等离子源。液相色谱 - 质谱联用分析常采用 ESI 或 APCI 离子源。

(1)电子轰击源(electron impact ionization,EI):具有一定能量的电子与由进样系统进入离子化室的样品蒸气相碰撞,导致样品分子电离,分子受电子束轰击失去一个电子形成分子离子(M^+)。当电子能量较小(如 7~14eV)时,电离盒内产生的离子主要是分子离子,当加大电子能量(如 50~100eV,常用 70eV),产生的分子离子由于带有多余的能量,分子离子的化学键会进一步断裂,形成各种质荷比的碎片离子和游离基。质谱仪标准谱库 EI 谱图是用 70eV 电子能量得到的。EI 不适合于高分子量和热不稳定的化合物。

（2）化学电离源（chemical ionization, CI）：是利用反应气体的离子和有机化合物样品的分子发生分子 - 离子反应而生成样品分子的离子的一种"软电离"方法，所得质谱图中分子离子峰 M^+ 和准分子离子峰 $(M+H)^+$ 较强，其碎片离子峰较少，很容易得到被测样品分子的分子量。

表 4-3　CI 常用反应试剂的反应离子和样品离子

反应试剂	反应离子	样品离子
甲烷	CH_5^+、$C_2H_5^+$、$C_3H_5^+$	$[M+H]^+$、$[M+C_2H_5]^+$、$[M+C_3H_5]^+$
异丁烷	$C_4H_9^+$	$[M+H]^+$、$[M+C_4H_9]^+$
氨气	NH_4^+	$[M+H]^+$、$[M+NH_4]^+$

化学电离源所用的反应气可根据所分析的有机化合物样品来选择，常用甲烷、氨气、异丁烷和氢气等。以甲烷为例：以 $100\sim240eV$ 之间的电子能量轰击电离盒内的气体分子，使之电离成 CH_4^+ 和 CH_3^+ 正离子，它们进一步与反应气作用，生成 CH_5^+ 和 $C_2H_5^+$。这些离子与有机化合物分子 M 发生反应，生成 $[M+1]^+$、$[M-1]^+$、$[M+29]^+$ 和 $[M+41]^+$ 等碎片离子。CI 常用反应试剂的反应离子和样品离子见表 4-3。不同离子化方法比较见表 4-4。

表 4-4　不同离子化方法比较

电离方式	电离媒介	样品状态	分子离子	碎片离子	特点
EI	电子	蒸汽	M^+	丰富	结构信息丰富、有庞大的标准谱库检索，只检测正离子
CI	气相离子	蒸汽	$[M+H]^+$、$[M-H]^-$、$[M+NH_4]^+$	很少	可获得分子量信息，不同化合物可选择不同反应试剂，可检测正负离子，只有少量专用谱库
FI/FD	电场	蒸汽、溶液	M^+、$[M+H]^+$、$[M+Na]^+$	无或很少	只有分子离子几乎没有碎片离子，适合于聚合物和同系物的分子量测定

（3）电喷雾离子化（electrospray ionization, ESI）：ESI 是在高静电梯度（约 4kV/cm）下，使样品溶液发生静电喷雾，在干燥气流中（N_2 气干燥气帘，近于大气压），形成带电雾滴，随着溶剂的蒸发，通过离子蒸发等机制，生成气态离子，以进行质谱分析的过程。

ESI 是软电离技术，通常只产生分子离子峰，因此可直接测定混合物并可测定热不稳定的极性化合物；它可以形成 $(M+nH)^{n+}$ 等多电荷离子，分析大分子生物样本如多肽、蛋白质等；也可以形成 $(M+H)^+$、$M+K^+$、$M+Na^+$、$M+NH_4^+$ 和 $[M-H]^-$ 等单电荷离子，分析较小分子量的极性化合物如小分子药及各种体液中的代谢产物，农药及化工产品的中间体和杂质的鉴定。ESI 适于高极性化合物、肽类、胺类、季铵盐、含杂原子化合物等电离，不适合极端非极性化合物如苯等。

（4）大气压化学离子化（atmospheric pressure chemical ionization, APCI）：APCI 也是软电离方式，只产生 $[M+H]^+$ 或 $[M-H]^-$ 单电荷离子。一般弱极性和中等极性的小分子多使用 APCI 技术，因为 APCI 的灵敏度比 ESI 更好；而非挥发性、热稳定性差的样品不适合用 APCI。与 ESI 相比，APCI 液相流速可在 $0.2\sim2ml/min$ 内，对于选择色谱柱和优化色谱条件十分方便，而 ESI 流速 $<1.0ml/min$。APCI 的优点是流动相的适用范围更广，适合于进行梯度洗脱。

ESI 和 APCI 均有正离子（positive ion）电离模式和负离子（negative ion）电离模式，正离子电离模式的准分子离子（quasi-molecular ion）为 $[M+H]^+$，而负离子电离模式的准分子离子为 $[M-H]^-$。一般碱性物质宜用正离子模式，酸性物质及含有较多强电负性基团的物质宜用负离子模式。

3．质量分析器（mass analyzer）　是质谱仪的核心，是将离子源产生的离子按其质荷比（m/z）大小的不同,在空间的位置、时间的先后或轨道的稳定与否进行分离,以便得到按质荷比大小顺序排列而成的。常用的有单四极杆(quadrupole)或三重四极杆(trip quadrupole)、离子阱(ion trap)和飞行时间(time of flight, TOF)等质量分析器。离子阱和三重四极杆质量分析器可产生多级MS(MS^n),进行多级质谱分析,对于物质结构的鉴定非常有用,四极杆在定量分析方面有优势,飞行时间质谱主要应用在生物质谱领域,适于对生物大分子和高分子聚合物的分析。

(1) 四极杆质量分析器(quadrupole):四极杆质量分析器是由四根相互平行并均匀安置的金属杆构成,金属杆的截面大都是双曲线。相对的两根极杆连在一起。在两根极杆上分别施加极性相反的电压,电压由直流分量和交流分量迭加而成。这样在电极间形成一个对称于z轴的电场分布。离子束进入电场后,在交变电场作用下产生了振荡,在一定的电场强度和频率下,碎片离子的共振频率与四支电极的频率相同时,才可通过电极孔隙到达检测器,其他离子则由于振荡幅度增大而最后撞到极杆上而被"过滤"掉。当不断改变电场强度和频率,不同质荷比的离子可连续通过四极杆而进入检测器(图4-18)。四极杆质量分析器结构紧凑,体积小,扫描速度快。

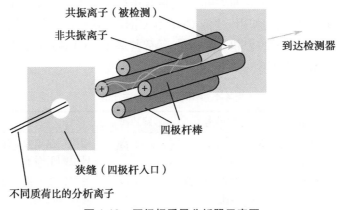

图 4-18　四极杆质量分析器示意图

(2) 离子阱质量分析器(ion trap):离子阱是由一对环形电极(ring electrod)和两个呈双曲面形的端盖电极(end cap electrode)组成。在环形电极上加基础射频电压RF和直流电压DC;在端盖电极上加交流补充电压。由离子源产生的离子,通过脉冲离子门进入离子阱,通过调节RF和DC,离子可以稳定地存贮在离子阱中。通过从低到高加射频电压值,可以使阱中离子的轨道依次变得不稳定,因此可从低m/z到高m/z依次将离子甩出阱外检测(图4-19)。离子阱中一般充入1m Torr的氦气,它有两

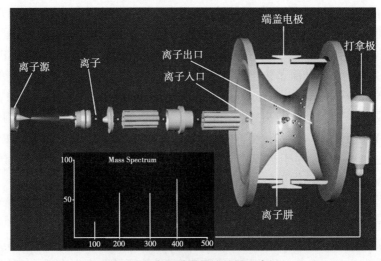

图 4-19　离子阱质量分析器示意图

个作用,一是碰撞"冷却"降低初进入离子的动能,有效地捕获注入的离子;二是作为碰撞气体,从而产生多级MS(MSⁿ)。离子阱质谱可以很方便地进行多级质谱分析,对于物质结构的鉴定非常有用。

(3)飞行时间质量分析器(time of flight,TOF):在离子源中产生的离子被加速获得相等的动能,以脉冲方式进入飞行区,在动能和电场作用下继续飞行,质荷比较小的离子飞行时间短,质荷比较大的离子飞行时间长,从而使不同质荷比的离子达到分离(图4-20)。飞行时间质量分析器优点是具有大的质量分析范围和较高的质量分辨率,尤其适合蛋白等生物大分子分析。其缺点是需要脉冲电离方法或离子脉冲方法进入飞行区。

图4-20 飞行时间质量分析器示意图

4.离子检测与数据处理系统 不同质荷比的离子流,通过一离子收集极直接检测,经放大后以质谱图的形式进行记录。

(二)质谱图和离子峰

1.质谱图(mass spectrogram) 在质谱分析中,以离子丰度或相对丰度(relative abundance of ion)为纵坐标,离子的质荷比(m/z)为横坐标的图谱称为质谱图。一般用条(棒)图形式表示质谱数据。相对离子强度通常是把原始质谱图上最强的离子峰定为基峰(base peak),规定其相对丰度为100%,其他离子峰以此基峰的相对百分数表示。如图4-21 m/z 71是哌替啶的基峰。

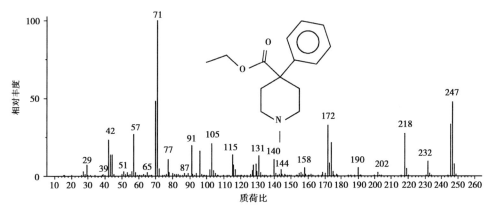

图4-21 哌替啶质谱图

2.主要离子峰类型 在有机质谱分析中,一个纯化合物经离子源电离后产生的各种离子,在质谱图上对应的离子峰类型除分子离子峰和碎片离子峰外,还有同位素离子(isotopic ions)峰、重排离子(rearrangement ions)峰、亚稳离子(metastable ions)峰及多电荷离子(multiple-charged ions)峰等,限于篇幅,仅对前两类离子峰作简单介绍。

(1)分子离子峰(molecular ion peak):化合物分子电离后,失去一个电子而生成带正电荷的离子称为分子离子,由此产生的质谱峰称为分子离子峰。一般用 M⁺ 表示,其 m/z 的数值相当于该化合物的相对分子质量。有机化合物的分子离子峰一般出现在质谱图的右端,其相对强度取决于分子离子的稳定性。一般稳定性次序为:芳香环>共轭多烯>烯>环状化合物>羰基化合物>醚>酯>胺>酸>醇>烃类。

判断分子离子是要特别注意所谓的"氮规则":即一个化合物含有偶数个氮原子,其分子离子的质量一定是偶数;一个化合物含有奇数个氮原子,其分子离子的质量一定是奇数。如哌替啶含一个氮原子,其分子离子的质量是247,图4-21中 m/z 247是哌替啶的分子离子峰。

（2）碎片离子峰（fragment ions peak）：当离子源提供的能量超过分子的电离能时，处于激发状态的分子离子，其原子间的化学键断裂，生成各种质量数低于分子离子的碎片离子，由此产生的质谱峰称为碎片离子峰。在质谱图上，有机化合物的碎片离子峰应位于分子离子峰的左侧。分子的碎裂过程与其结构有密切的关系。所以，碎片离子峰能提供被分析化合物更多的结构信息。图4-21中 m/z 57、105、172、218等是哌替啶的碎片离子峰。

（三）应用

质谱法是研究有机化合物结构的有力工具之一。在对毒物的定性鉴别和纯度检测中有重要应用价值，通常有机质谱法可用于纯化合物的结构分析。如利用质谱图上的分子离子峰，可测得化合物的相对分子质量；确认了分子离子峰和相对分子质量，可进一步确定化合物的分子式；通过碎片离子峰，可提供各种官能团是否存在的信息；通过与标准化合物质谱图比较，可确认该化合物等。

例如，纯吗啡化合物的质谱图如图4-22所示，其中 m/z 为285的分子离子峰为基峰，主要的碎片离子峰有四个，均为结构比较稳定的氮杂环离子，m/z 分别为70、94、124和162。

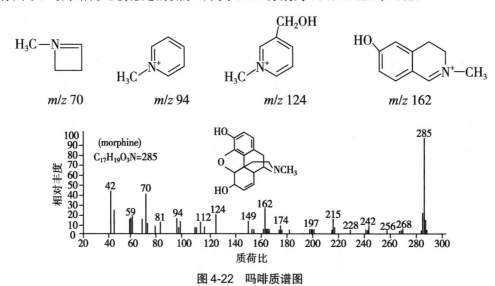

图4-22 吗啡质谱图

目前，质谱法主要是与其他技术联用进行药毒物的分析。

二、无机质谱法

无机质谱法（inorganic mass spectrometry）是对无机化合物进行定性定量分析的质谱方法。早期使用火花源质谱仪器为主，目前成功地把电感耦合等离子体（ICP）电离源与质谱结合起来，使质谱法更广泛地用于无机物的分析。无机质谱法的主要应用领域有：高纯气体中痕量杂质分析，无机物元素分析，固体表面的微区和深度分析等。电感耦合等离子体质谱（inductively coupled plasma mass spectrometry，ICP-MS）是20世纪80年代发展起来的新型无机元素分析技术，是以等离子体为离子源的一种质谱型元素分析方法，可进行同位素、单元素、多元素以及有机物中金属元素的形态分析。

（一）ICP-MS工作原理

样品经消化后，由载气（氩气）引入雾化系统进行雾化，以气溶胶形式进入等离子体中心区，在高温和惰性气氛中去溶剂化、汽化解离，转化成带正电荷的正离子，经离子采集系统进入质量分析器，根据质荷比进行分离和定性分析，依据元素质谱峰强度进行定量分析。

（二）ICP-MS仪基本结构

ICP-MS仪器的基本结构主要有ICP焰炬（离子源）、接口装置、质量分析器和检测器组成。

1. 离子源　ICP-MS离子化过程主要依靠电感耦合等离子体（ICP）对待测样本进行电离，与原子发射光谱仪所用的ICP相同。溶液样品通过雾化器等设备进入等离子体，气体样品直接导入等离子体,高温的等离子体使大多数样品中的元素都电离出一个电子而形成了一价正离子。

2. 接口装置 样品通过离子源离子化,形成离子流,通过接口进入真空系统。在离子镜中,负离子、中性粒子以及光子被拦截,而正离子正常通过,并且达到聚焦的效果。接口装置的主要参数是采样深度,也即采样锥孔与焰炬的距离,要调整两个锥孔的距离和对中,同时要调整透镜电压,使离子有很好的聚焦。

3. 质量分析器 目前商用 ICP-MS 仪常采用的质量分析器主要有:四极杆质量分析器、飞行时间质量分析器、扇形磁场质量分析器、双聚焦磁式质量分析器、离子阱质量分析器等。由于质量分析器的工作原理不同,不同类型的质谱仪在离子分离和检测方面都有各自的优越性。

4. 检测器 离子的检测器主要有电子倍增管、法拉第筒和照相板,其中以电子倍增管最为常见。

(三) ICP-MS 应用

ICP-MS 是一种灵敏度非常高的元素分析仪器,可以测量溶液中含量在 ppb 或 ppb 以下的微量元素,广泛应用于半导体、地质、环境、生物制药以及法医学等行业中,在法医毒物分析中常用于毛发、骨骼、脏器和体液等样品中金属毒物(如砷、汞、铅、钡等)的检测。近年来 HPLC-ICP-MS 和 CE-ICP-MS 等联用技术在金属元素的化合价态、结合形态的分析方面得到了广泛应用。由于篇幅限制,其联用技术在本章中不做介绍。

ICP-MS 仪器实验条件选择主要包括 ICP 功率,载气、辅助气和冷却气流量,样品提升量等。ICP 功率一般为 1KW 左右,冷却气流量为 15L/min,辅助气流量和载气流量约为 1L/min,调节载气流量会影响测量灵敏度。样品提升量为 0.5～1ml/min。

样品经消化处理后,将消解液定量转移至 10ml 容量瓶中,用超纯水定容至 10ml 导入 ICP-MS 仪,样品在等离子体中离子化,离子通过传输系统进入高真空的质谱质量分析器,依据不同质荷比离子的强度,与标准系列比较定量。砷、汞、铅、钡等的检测限可达到 ppb～ppt。

第四节 联 用 技 术

联用技术是将质谱或色谱仪器与定性、定结构的分析仪器通过适当接口相结合,借助计算机数字化处理,进行联用分析的技术。

色谱法可以将复杂混合物中的每个组分分离,但由于受检测器的限制,对分离所得化合物的定性鉴别、确定结构能力有限。而质谱和光谱法在实际应用中虽然具有灵敏度高、定性能力强、可以给出化合物分子结构信息等特点,但其均对试样纯度有较高的要求,不适于混合物的直接分析。将色谱法和质谱法或光谱法两谱联用,不仅可充分发挥各自的优点,而且还可弥补相互的不足。目前应用较广泛的是质谱 - 质谱联用、色谱 - 质谱联用和色谱 - 红外光谱联用技术。本章主要讨论法医毒物分析中常用的质谱 / 质谱联用和色谱 - 质谱联用技术。

一、质谱 / 质谱联用

质谱 / 质谱联用(MS/MS)是一种新兴的分析技术,它由二级以上的质谱仪串联而成,又称串联质谱法(tandem mass spectrometry)。如三重四极杆串联质谱(QQQ)、四极杆 - 离子阱串联质谱(Q-Trap)、四极杆 - 飞行时间串联质谱(Q-TOF)、飞行时间串联质谱(TOF-TOF)等。质谱 / 质谱联用是融分离和鉴定为一体的分析方法,尤其适合于痕量组分的分离和鉴定。

(一) 基本原理

串联质谱(MS/MS)是将一个质量选择的操作接到另一个质量选择的后面,在单极质谱给出化合物相对分子量的信息后,对准分子离子进行多级裂解,进而获得丰富的化合物碎片信息,确认目标化合物,对目标化合物定量等。串联质谱与单级质谱相比,能明显改善信号的信噪比,具有更高的灵敏度及选择性,其检测水平可以达到 pg 级。

（二）质谱/质谱联用仪

质谱/质谱联用仪由两台质谱仪经碰撞室串联而成。试样首先在第一级质谱仪的离子源中裂解成各种离子，由一级质谱仪对这些试样离子进行质量分析，从中选出待测母离子（parent ion），将母离子导入碰撞室中进一步裂解形成子离子（daughter ions），子离子被全部导入第二级质谱仪中进行质量分析，便可得到母离子碎片的质谱。可见，在MS/MS分析中，第一级质谱仪的作用是母离子质量分离器，第二级质谱仪的作用则是子离子的质量分析器。MS/MS联用法有三种扫描方式。第一种是子扫描方式，就是将由第一级质谱仪产生的代表试样中某一组分的离子（母离子），输入到第二级质谱仪中，得到MS/MS子谱。这种扫描方式被广泛地用于鉴定特定的化合物。第二种是母扫描，一级质谱仪扫描时，二级质谱仪保持恒定，得到可产生子离子的所有母离子的谱图，即母谱。第三种是中性丢失扫描，两个质谱仪同时扫描，可给出原始试样中所有丢失一特定中性碎片的离子的分子量，这种中性碎片往往是某种官能团的特征。

在MS/MS中，整个分析都在质谱仪中进行，不存在复杂的接口问题，且MS/MS不受"化学噪音"的干扰，信噪比明显改善，对试样的溶解度、挥发性和热稳定性无严格要求。特别是MS/MS法不需要大量的样品准备工作，所需样品量大为减少，大大缩短了分析时间。

二、气相色谱-质谱联用

气相色谱-质谱联用（gas chromatography-mass spectrometry，GC-MS）是将气相色谱柱流出的各组分通过接口进入质谱仪进行检测的联用技术，气相色谱仪相当于一个分离和进样装置，质谱仪则相当于检测器。GC-MS分析方法一般是根据在总离子流色谱检测中所得到的待测组分的质谱图并辅以该组分的TIC保留时间进行定性分析的，是分析和确证检材中微量或痕量毒物的有力工具，在很大程度上弥补了普通气相色谱法的不足和缺陷。GC-MS分析的灵敏度高，适合于分子量低于1000的低分子量化合物分析，尤其适合于挥发性成分的分析。

（一）气相色谱-质谱联用仪

GC-MS仪主要由色谱系统、接口、质谱系统和色谱工作站组成。典型的GC-MS仪如图4-23所示。

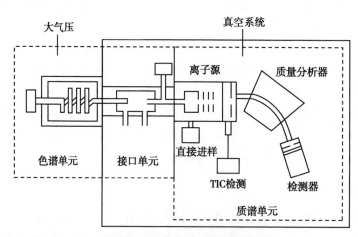

图4-23 典型GC-MS示意图

1. 接口（interface） 是在气相色谱仪和质谱仪的连接处设计的一个过渡装置。通常色谱柱的出口端为大气压力，而质谱仪中样品组分的电离、分离、分析都需在高真空条件下进行。因此，接口技术重要解决的问题是气相色谱的大气压的工作条件和质谱仪的真空工作条件的联接和匹配。接口要把气相色谱柱流出物中的载气尽可能多的除去，保留或浓缩待测物，使近似于大气压的气流转变成适合离子化装置的粗真空，并协调色谱仪和质谱仪的工作流量（因增加了接口的气路）。接口的形式很多，一般接口分为直接导入型、分流型和浓缩型。目前一般商品仪器多用毛细管柱直接导入型。

毛细管柱直接导入型接口是将内径为 0.25～0.32mm 的毛细管色谱柱的末端直接插入质谱仪的离子源内,在载气流速为 1.0～2.0ml/min 情况下,载气携带组分一起从气相色谱柱流出,并立即进入离子源的作用场。由于载气氦气是惰性气体而不发生电离,而待测组分却会形成带电荷离子,在电场作用下加速向质量分析器运动,而载气却由于不受电场影响,被真空抽走。接口的实际作用是支撑插入端毛细管,使其准确定位;另一个作用是保持温度,使色谱柱流出物始终不产生冷凝。接口的最高工作温度和色谱仪的最高柱温相近。这种接口结构简单,容易维护,试样传输率达 100%,但无浓缩作用。

2. 离子源 GC-MS 常用的是电子轰击源和化学电离源。

3. 质量分析器 GC-MS 常用的是单四极杆或三重四极杆分析器、离子阱分析器。

4. 色谱工作站 GC-MS 仪是在计算机控制下进行的,并配有强大功能的色谱工作站,自动进行数据采集、处理和储存等常规操作。可以给出被分离样品组分的总离子流色谱图和其中各组分的质谱图。同时工作站的化合物库和识别系统,根据测定的质谱数据,对未知化合物进行比较鉴别,并给出可能的结构信息。

（二）GC-MS 的检测方式和提供的信息

在 GC-MS 分析中,由于对样品中每个组分的分子量范围难以准确地预测,通常选择足够宽的质量范围进行全谱扫描(full scan),从给出的总离子流色谱图和每个峰的质量色谱图,通过谱库检索推测化合物的结构。当对样品中的某些特定的微量组分进行分析时,可把扫描改为对某一个或几个指定质荷比的离子的检测,称为选择离子监测(selected ion monitoring, SIM)。SIM 的灵敏度比全谱扫描方式提高 2～3 个数量级,常用于定量检测复杂样品中微量组分。

GC-MS 提供的信息有:总离子流色谱图、质量色谱图、质谱图和差项质谱图。

1. 总离子流色谱图 被分离组分经离子源电离后的所有离子产生的离子流信号,经放大后与组分的流出时间所作的色谱图,与普通的气相色谱图类似,称为总离子流色谱图(total ion current, TIC)(图 4-24)。

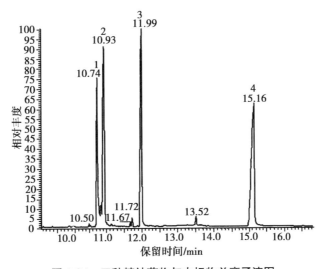

图 4-24　三种精神药物与内标物总离子流图
1. 苯海索;2. 内标 SKF$_{525A}$;3. 氯丙嗪;4. 氯氮平

2. 质量色谱图(mass chromatograph, MC) 当组分离子流进入质量分析器时,只允许选定的一个或几个特征质荷比(基峰或分子离子峰处)的离子进入检测器,可以给出特征离子的质量色谱图。在进行 GC-MS 分析时,有时会出现色谱峰分离不完全或重叠的现象,利用 SIM 方式可以消除大量未选定离子的影响,提高了分析方法的选择性和灵敏度,一般最小检测量低于纳克(ng)数量级。图 4-25 显示 TIC 图和氯胺酮的质量色谱图(m/z 为 237)的关系。

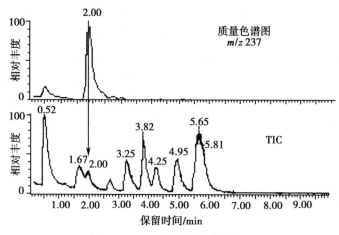

图 4-25 TIC 和质量色谱图关系

3. 差项质谱图 对 TIC 色谱图中的某一色谱峰,用其峰顶的质谱图数据减去峰谷的数据,然后在显示器上显示出这一色谱峰的差项质谱图。利用这种方式可以部分地消除其他因素造成的杂峰。

4. 谱库检索 GC-MS 仪均附有较为强大的化合物质谱图库和质谱图搜索系统,它能将实验所得的质谱图与图库的质谱图进行比对,并按匹配率次序列出若干可能化合物的结构和名称,也能给出可能化合物的标准质谱图,极大地方便了对未知组分的定性鉴别。常用的检索方式有:CAS(chemical abstract service)登记号检索、NIST(national institute of science and technology)库名称检索、分子式检索、分子量检索、峰检索[峰的质量数(m/z)和相对强度范围],也可用使用者建立的使用者库(user library)名称检索等。另外,还有专门的农药库、药物库以及挥发油库等。

(三)方法与应用

GC-MS 联用是分析复杂有机化合物和生物化学混合物的最有力的工具之一。特别是串联质谱质量分析器的应用,对痕量药毒物的定性分析更为可靠。

1. 定性分析

(1)GC-MS 定性分析:用单极质谱定性分析时,依次对全谱扫描(full scan)获得的总离子流色谱图中的每个色谱峰进行分析。也可在全谱扫描的基础上,再输入欲检测药毒物质谱图的基峰或分子离子峰所对应的质荷比(m/z),抽提(提取)色谱图。这样即可避免漏检组分,又可提高检测灵敏度。生物检材中杂质干扰较大,应扣除本底干扰,然后根据被测组分的保留时间、质谱图(分子离子峰、基峰、主要碎片离子峰及丰度比、同位素离子峰等)与仪器谱库中的已知化合物质谱图比较,根据未知谱与标准谱相比对的匹配率和特征离子的相对丰度等确定样品中是否含有毒物,可能是何种毒物。

法医毒物分析中,由于生物样品杂质含量高,色谱分离不好的质谱图不可靠,与谱库中标准化合物质谱图比较时,不仅检索匹配率(未知谱与标准谱相比对的相似度)低,对质谱图进行解析也比较困难。实际上未知化合物鉴定有两种不同的含义:一是待测样品中已知结构化合物的测定(目标化合物或可疑化合物),另一种是待测样品中是否发现新的未知结构化合物。GC-MS 定性分析类型及相关分析技术见表 4-5。欧盟(2002)对 GC-MS 定性确证方法要求,对于每个诊断离子,相对丰度≥基峰的 10%,信噪比≥3,相对离子丰度最大容许偏差见表 4-6。

(2)GC-MS/MS-MRM 定性分析:质谱的多反应监测技术(multiple reaction monitoring,MRM)是一种基于已知信息或假定信息有针对性地获取数据,进行质谱信号采集的技术,可以进行两次离子选择作用。生物样品成分复杂,内源性杂质干扰较大,若用单级质谱 GC-MS 分析难以达到分析目的,可采用三重四极杆串联质谱的 MRM 技术测定。GC-MS/MS-MRM 基本步骤:①进行一级质谱全谱扫描,使其产生碎片离子;②自碎片中筛选并储存母离子(或称前体离子);③母离子进入诱导碰撞室,激化母离子使其产生子离子(或称产物离子);④收集子离子质谱。

表4-5　GC-MS定性分析类型及相关分析技术

分析对象	要求	分析方法
目标化合物	确认	与标准化合物保留时间对比
		与标准化合物谱图对比（几个离子匹配）
可疑化合物	确认	与标准化合物保留时间对比
		与标准化合物谱图对比（所有离子匹配）
未知化合物	解释	测定分子量
		测定元素组成
		阐明结构

表4-6　相对离子丰度最大容许偏差

相对丰度 （% 基峰）	EI-GC-MS （相对）	CI-GC-MS、GC-MS[n]、LC-MS、LC-MS[n] （相对）
>50%	±10%	±20%
>20%～50%	±15%	±25%
>10%～20%	±20%	±30%
≤10%	±50%	±50%

MS/MS 分析的主要参数是选择母离子及母离子的诱导碰撞能量。选择母离子时，若分子离子或高质量数碎片离子丰度较小，不利于继续进行二级质谱分析；如果用低质量数高丰度的碎片离子作为母离子，子离子质量数太小，其信号被基质的干扰离子淹没。一般情况下，选择化合物全谱扫描质谱图中的基峰或高质量数丰度较大的碎片离子作为母离子较适宜，如果分子离子峰丰度较大，则尽量选择分子离子峰。例如，在一级质谱全谱扫描分析中，农药"马拉硫磷"的基峰离子是 m/z 125，但因它易受其他卤代烃的干扰，而分子离子 m/z 330 的丰度很低不利于定量，所以选择质量数为 m/z 173 的离子作母离子。而三唑仑则选择高质量数的基峰离子 m/z 313.0 作为母离子，定性分析离子对为 m/z 313.0 > 277.0 和 m/z 313.0 > 241.9，见图4-26。MRM 条件优化时，应调节诱导碰撞解离（CID）电压，使母离子裂解的同时得到两个特征子离子，其中一个子离子为基峰，母离子丰度为 5%～10%。

通过待测成分的总离子流图保留时间、一级质谱信息以及二级质谱碎片信息（二级质谱图以及两对母离子 > 子离子对相对丰度比与标准品比对）可对被测组分进行定性鉴别。

GC-MS/MS-MRM 较 GC-MS 的优势在于，在混合样品分析中，若两组分在 TIC 图中未达到完全分离，MRM 分析可将两组分色谱峰分别显示在两个不同的谱图中，彼此不受影响；GC-MS/MS-MRM 因二次选择离子，杂质干扰少，检测灵敏度高。

2. 定量分析　根据总离子流色谱图或用 SIM 方式扫描得到的质量色谱图的峰面积或峰高与待测组分的含量成正比关系进行定量测定，可选用外标法和内标法，测定原理同气相色谱法。

GC-MS/MS-MRM 定量分析时，每个化合物选取两个离子对，采用丰度较大的第一个离子对扫描的质量色谱图定量分析；或以第一个离子对扫描的质量色谱图定量分析（如图4-26 三唑仑定量离子对为 m/z 313.0 > 277.0），第二个离子对峰强度信噪比（S/N）大于3确定最低检测限（LOD），增加了分析的准确性和特异性。可采用外标法或内标法，原理与方法同 GC。

对一些含有羟基、氨基、羧基、巯基等官能团的毒物，其总离子流色谱图峰形不好，有些分子离子峰不易观察到，若对其进行硅烷化、酰化或酯化等衍生化技术处理后用 GC-MS 法分析，则大大提高其检测灵敏度。例如，苯丙胺类毒品由于其分子中含有氨基，总离子流色谱图中为拖尾峰，用三氟乙酸酐酰化试剂微波衍生后峰形改善，检测灵敏度提高两个数量级。

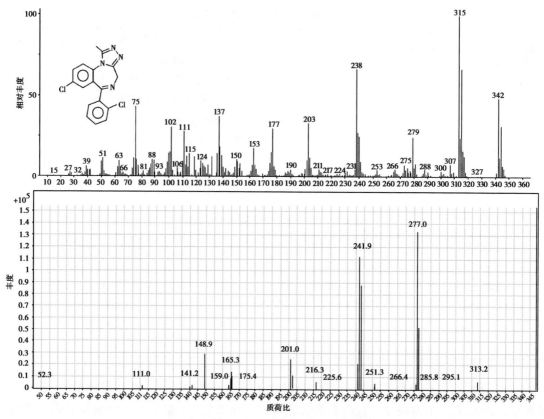

图 4-26 三唑仑 GC-MS/MS-MRM 示意图

三、液相色谱 - 质谱联用

液相色谱 - 质谱（liquid chromatography-mass spectrometry，LC-MS）联用是液相色谱仪和质谱仪的在线联用技术，始于 20 世纪 70 年代，90 年代广泛商业化。近年来，由于接口技术的突破，LC-MS 联用得以迅猛发展，进入了实用阶段，被广泛用于制药工艺中的药物分析、环境、食品和法庭科学等领域。

> **知识链接** ▶
>
> ### 液相色谱 - 质谱法的发展
>
> 1977 年，LC-MS 开始投放市场
>
> 1978 年，LC-MS 首次用于生物样品分析
>
> 1989 年，LC-MS/MS 取得成功
>
> 1991 年，API LC-MS 用于药物开发
>
> 1997 年，LC-MS/MS 用于药物动力学高通量筛选
>
> 2002 年美国质谱协会统计的药物色谱分析各种不同方法所占的比例。1990 年，HPLC 高达 85%，而 2000 年下降到 15%，相反，LC-MS 所占的份额从 3% 提高到大约 80%。

（一）LC-MS 联用仪器组成部分

LC-MS 联用仪器的组成包括：LC、接口及离子化技术和质谱仪三部分，如下图所示。

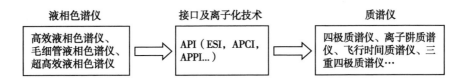

液相色谱仪		接口及离子化技术		质谱仪
高效液相色谱仪、毛细管液相色谱仪、超高效液相色谱仪	→	API（ESI，APCI，APPI…）	→	四极质谱仪、离子阱质谱仪、飞行时间质谱仪、三重四极质谱仪…

（二）接口及离子化技术

大气压离子化（atmospheric pressure ionization，API）技术是一种常压电离技术，既是质谱离子化技术，也是 LC-MS 的接口技术。API 包括电喷雾离子化（electrospray ionization，ESI）、大气压化学离子化（atmospheric pressure chemical ionization，APCI）、大气压光离子化（atmospheric pressure photo ionization，APPI）等。它们的共同点是样品的离子化在处于大气压下的离子化室内完成，离子化效率高，大大增强了分析的灵敏度和稳定性。LC-MS 常用的离子化技术是 ESI 或 APCI，其原理见第三节中有机质谱法。

（三）质谱仪

质量分析器是质谱仪的核心，常用的质量分析器包括四极杆质量分析器、离子阱质量分析器、三重四极杆质量分析器、飞行时间质量分析器、磁质量分析器和离子回旋共振质量分析器。LC-MS 中应用较多的质量分析器：四极杆质谱仪、离子阱质谱仪、三重四极杆串联质谱仪和飞行时间质谱仪。

（四）方法与应用

LC-MS 联用的优点是分析范围广，适于分析强极性、热不稳定性、非挥发性及大分子化合物；可同时分析原体及代谢物，并可直接分析结合型代谢物；样品前处理简便、快速、不需衍生化；可分析水性样品而简化样品处理或进行在线样品处理；可直接给出从原体至代谢物的药物代谢图；方法检测灵敏度高。缺点是价格昂贵，缺乏广谱液相柱。由于 LC-MS 电离的特殊性，各个不同公司的仪器、同一公司的不同型号、同一型号的不同仪器间所产生的质谱图存在差异，目前还没有国际上公认的、通用的质谱检索谱库，给实验室间的结果比较带来困难。

目前，LC-MS 已应用于苯骈二氮杂䓬类、苯丙胺类、氯胺酮、吗啡类生物碱和农药等毒药物的分析。分析样品经过初步化学处理后，利用高效液相色谱对被分析物样品进行高效分离，采用 ESI 或 APCI 离子源进行电离，扫描并分析所得质谱图，通过待测成分的分子量、一级或 n 级质谱碎片信息及总离子流图保留时间可对被测组分进行定性鉴别。

1. HPLC-MS 分析　LC 条件选择同 HPLC 法，一级质谱一般为四极杆质量分析器。分析生物样品中组分时，MS 的一级质谱选用准分子离子（$[M+H]^+$ 或 $[M-H]^-$）的质荷比进行 SIM 扫描，则可避免内源性杂质的干扰。LC-MS 对化合物的定性鉴别同 GC-MS，与标准对照品的保留时间、特征离子和离子相对丰度相比较。由于 LC-MS 无标准谱库，特征离子至少需要选取 4 个相对丰度≥10 的离子。定性定量分析的原理和方法同 GC-MS 法。

2. HPLC-MS/MS-MRM 分析　高效液相色谱-串联质谱（MS/MS）是液相分离结合串联质谱检测的新型分析仪器，MS/MS 可以进行两次离子选择作用，即通过 MS1 选择一定质量母离子（正离子电离模式的准分子离子为 $[M+H]^+$，而负离子电离模式的准分子离子为 $[M-H]^-$），进入碰撞室与气体碰撞断裂后，再经 MS2 选择一定质量的子离子，这样大大提高了分析的专一性和灵敏度，可以分析复杂基质体系中的待测物。考虑到筛选分析毒药物范围的可扩展性，一般先选取每个目标物的一对母离子 > 子离子对，以确保筛选分析的高灵敏度；而在确证分析时，采用该化合物的两对母离子 > 子离子对。

HPLC-MS/MS-MRM 定性确认与 GC-MS/MS-MRM 相似，包含保留时间、特征离子或离子对选取和相对丰度三个要素。LC-MS/MS-MRM 定性分析的基本准则：与标准对照品的保留时间比率误差应在 ±2.5% 或 ±0.4 分钟以内；分析需选取两个母离子 > 子离子对；目标物的两个母离子 > 子离子对峰面积的比率与标准对照品的两个母离子 > 子离子对峰面积的比率相对误差小于 ±15%。相对丰度容许度参见表 4-6。

定量分析时，每个化合物选取两个离子对，采用第一个离子对扫描的质量色谱图定量分析，以第二个离子对峰强度信噪比（S/N）大于 3 确定最低检测限（LOD），增加了分析的准确性和特异性。可采用外标法或内标法，原理与方法同 GC。图 4-27 是氯胺酮 MRM 分析中两个母离子 > 子离子对的选择示例。选择氯胺酮的准分子离子 [M+H]⁺（*m/z* 238.2）作为母体离子，进入碰撞室进行碰撞诱导解离，室内充有靶子反应气体（碰撞气体：N_2、He、Ar、Xe、CH_4 等），发生离子 - 分子碰撞反应，从而产生"子离子"（*m/z* 125.9、*m/z* 207.2、*m/z* 200.2 和 *m/z* 179.2），再经 MS2 的分析器及接受器得到子离子质谱（production spectrum），一般称作 CID 谱，或者称为 MS/MS 谱。选择 *m/z* 238.2 > 125.9 和 *m/z* 238.2 > 179.2 两对母离子 > 子离子对。然后与相同实验条件下建立的相应标准对照品的 LC-MS/MS-MRM 一级、二级质谱图和总离子流图进行比较。

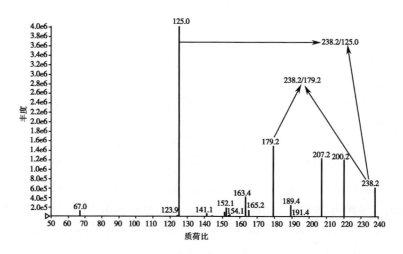

图 4-27　氯胺酮 MRM 分析中两个母离子 > 子离子对的选择

　　LC-MS 分析中，由于生物样品中内源性组分或样品前处理过程中引入一些基质，基质指的是样品中被分析物以外的组分，基质常常对分析物的分析过程有显著的干扰，并影响分析结果的准确性，这些影响和干扰被称为基质效应（matrix effect）。因此，LC-MS 分析时应评定基质效应，基质效应的评定一般用柱后注射法或提取后添加法。

四、毛细管电泳 - 质谱联用

　　毛细管电泳 - 质谱联用技术（capillary electrophoresis-mass spectrometry，CE-MS）是近年来发展起来的一种新型分离检测技术。它综合了毛细管电泳的高效、快速与质谱强大的检测功能等优点，在蛋白质组学、化学药物研究、临床实验诊断以及法医学等领域均已显示了优势，正成为分析工作者的重要工具之一。法医毒物分析最常用的是区带毛细管电泳 - 质谱（CZE-MS）。

（一）仪器结构

　　与 CE 相连的 MS 最常用的电离方式是电子喷雾离子化（ESI），可以直接把样品分子从液相转移到气相，而且可以测定分子量较大的样品。与 CE 相连的质谱仪主要有三重四极质谱仪，离子阱谱仪，傅立叶转换离子回旋加速器共振质谱仪和飞行时间质谱仪等，前两者较为常用。CE/ESI-MS 接口共有三种类型：同轴液体鞘流（coaxial liquid sheath flow）、无鞘接口、液体连接。CE/ESI-MS 结构示意图见图 4-28。

（二）方法应用

　　CE-MS 已广泛用于生物样品中药毒物的分析，特别是对于那些没有紫外吸收或吸收度很低的毒物，虽然可以采用间接的紫外方法进行测定，但是 CE/ESI-MS 却能给出确定无误的结果。如用

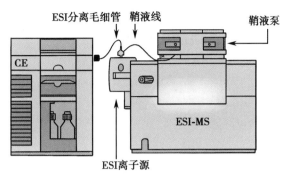

图 4-28 CE/ESI-MS 结构示意图

CE/ ESI-MS 方法测定血液中作用于精神的药物(镇静剂、兴奋剂、止痛剂和迷幻剂、抗抑郁药和安定药)、尿液中安非他明衍生物等。天然植物药各组分之间以及药物与其代谢产物之间往往结构比较相似,用 CE-MS 无论对分离及鉴定都显示了优势。

CE/ ESI-MS 所使用的缓冲液最好是易挥发、低浓度,可获得较好的离子流响应。与质谱相连的 CE 中常使用加入较高含量的有机溶剂(例如甲醇、乙腈)的缓冲液或者使用非水毛细管电泳,有利于离子喷雾过程,可以增进检测的灵敏度。血液和尿中部分药毒物 CE-MS 分析条件见表 4-7。

表 4-7 血液和尿中部分药毒物 CE-MS 分析条件

分析药毒物	CE 模式及分离条件	接口技术质谱类型
尿样中 10 种苯骈二氮杂䓬类药物	CEC,己基整体柱(50cm×100μm I.D.);运行缓冲液:5mM 乙酸铵(pH 7.0)/ 乙腈(30/70 v/v);电压:20kV;温度:25℃	ESI-TOF;鞘液:甲醇 / 水(50/50 v/v)含 0.1% 甲酸
血样中吗啡、可待因、可卡因等非法或受控制的易成瘾药物	CZE,未涂层毛细管(100cm×75μm I.D.);场放大样品堆积进样;运行缓冲液:25mM 甲酸铵(pH 9.5);电压:15kV;温度:20℃	ESI-TOF;鞘液:异丙醇 / 水(50/50 v/v)含 0.5% 甲酸

本章小结

法医毒物分析常用的光谱分析、色谱分析和联用分析技术,具有灵敏度高、重现性和选择性好、分析速度快及检材用量少等特点,不仅可以准确分析物质的组成和含量,而且还广泛地用于研究和解决各种复杂体系的基础科学问题。光谱学是利用物质对电磁辐射的吸收或发射现象的科学,利用光谱分析法,如紫外分光光度法、红外分光光度法、荧光分光光度法、原子吸收分光光度法、电感耦合等离子体原子发射光谱法等,可确定物质的结构和化学成分。色谱分析法是利用被分离的混合物组分在固定相和流动相中具有不同的分配系数而得以相互分离,用保留时间或保留指数进行定性分析,根据组分的色谱峰面积或峰高与该组分的量成正比关系定量分析。常用的有薄层色谱法、气相色谱法、液相色谱法等。色 - 质联用技术是将色谱柱流出的各组分通过接口进入质谱仪进行检测的联用技术,色谱仪相当于分离和进样装置,质谱仪则相当于检测器,根据被测组分的总离子流保留时间和质谱图特征进行定性和结构分析,利用峰面积进行定量分析。

关键术语

仪器分析法(instrumental analysis)

光谱分析法(spectral analysis)

波粒二象性(wave and corpuscle duality)

吸收光谱(absorption spectrum)

发射光谱（emission spectrum）

紫外 - 可见光谱（ultraviolet-visible spectrum，UV-VIS）

透光率（transmittance）

吸光系数（absorptivity）

生色团（chromophore）

助色团（auxochrome）

单色器（monochromator）

检测器（detector）

原子吸收分光光度法（atomic absorption spectrophotometry，AAS）

共振线（resonance line）

红外光谱（infrared spectrum，IR）

荧光分光光度法（fluorospectrophotometry）

荧光效率（fluorescence efficiency）

电感偶合等离子体原子发射光谱法（inductively coupled plasmas atomic emission spectroscopy，ICP/AES）

色谱法（chromatography）

固定相（stationary phase）

流动相（mobile phase）

洗脱物（eluate）

分配系数（partition coefficient）

色谱图（chromatogram）

保留时间（retention time）

死时间（dead time）

调整保留时间（adjusted retention time）

保留体积（retention volume）

死体积（dead volume）

容量因子（capacity factor）

分离度（resolution）

理论塔板高度（height equivalent to a theoretical plate，HETP）

理论塔板数（the number of theoretical plates）

速率理论（rate theory）

薄层色谱法（thin layer chromatography，TLC）

比移值（retardation factor，Rf）

气相色谱法（gas chromatography，GC）

气 - 固色谱法（gas-solid chromatography，GSC）

气 - 液色谱法（gas-liquid chromatography，GLC）

全二维气相色谱（comprehensive two-dimensional gas chromatography，GC×GC）

热导检测器（thermal conductance detector，TCD）

电子捕获检测器（electron capture detector，ECD）

氢火焰离子化检测器（flame ionization detector，FID）

氮磷检测器（nitrogen phosphorus detector，NPD）

火焰光度检测器（flame photometric detector，FPD）

衍生化（derivatization）

顶空气相色谱法（head space gas chromatography，HS/GC）

外标法（external standard method）

内标法（internal standard method）

高效液相色谱法（high performance liquid chromatography，HPLC）

超高效液相色谱（ultra performance liquid chromatography，UPLC）

正相色谱法（normal phase chromatography，NPC）

反相色谱法（reverse phase chromatography，RPC）

梯度洗脱（gradient elution）

柱切换（column switching）

毛细管电泳（capillary electrophoresis，CE）

毛细管区带电泳（capillary zone electrophoresis，CZE）

电感耦合等离子体质谱（inductively coupled plasma mass spectrometry，ICP-MS）

有机质谱法（organic mass spectrometry，OMS）

离子源（ion source）

电子轰击源（electron impact ionization，EI）

化学电离源（chemical ionization，CI）

质量分析器（mass analyzer）

基峰（base peak）

分子离子峰（molecular ion peak）

碎片离子峰（fragment ions peak）

串联质谱法（tandem mass spectrometry）

母离子（parent ion）

子离子（daughter ions）

气相色谱 - 质谱联用（gas chromatography-mass spectrometry，GC-MS）

全谱扫描（full scan）

选择离子监测（selected ion monitoring，SIM）

总离子流（total ion current，TIC）

质量色谱图（mass chromatograph，MC）

液相色谱 - 质谱（liquid chromatography-mass spectrometry，LC-MS）

电喷雾离子化（electrospray ionization，ESI）

大气压化学离子化（atmospheric pressure chemical ionization，APCI）

多反应监测（multiple reaction monitoring，MRM）

基质效应（matrix effect）

毛细管电泳与质谱联用技术（capillary electrophoresis-MS，CE-MS）

思考题

1. 解释下列术语：

（1）吸光系数；（2）荧光；（3）共振线；（4）等离子体；（5）容量因子；（6）比移值；（7）正相色谱；（8）反相色谱；（9）色谱图；（10）质量色谱图；（11）总离子流；（12）分子离子；（13）基峰；（14）碎片离子峰；（15）多反应监测；（16）选择离子监测

2. 基于毒物的光学性质所建立的光谱分析方法各有什么特点？

3. 请绘出紫外分光光度计和荧光分光光度计的示意图，并指出两者有何区别？为什么？

4. 如何选择气相色谱分离条件？影响分离度的主要因素有哪些？

5. 从分离原理、仪器构造及应用范围上比较气相色谱和液相色谱的异同点。

6. GC-MS 方法分析实际样品时,对样品进行衍生化的目的是什么?

7. 色-质联用技术的主要特点是什么?

（王玉瑾 廖林川）

第五章　法医毒物分析信息资源

学习目标

掌握获取法医毒物分析信息资源的途径。

熟悉法医毒物分析常见的信息资源。

了解法医毒物分析信息系统的建立和管理。

由于毒物种类的不断增多，毒物摄入方式多样，案件情况的复杂程度增加等原因，法医毒物分析的工作难度也在不断增加。了解和掌握法医毒物分析有关的各种信息资源，对于分析方案的制订、实施及分析结果的评判都具有重要意义。

法医毒物分析信息资源（forensic toxicological analysis information resources）不仅包括与毒物分析工作有关的文献资源，如专业书籍、著作、期刊、文摘，而且还包括一些网络资源，如互联网上的相关网站、网络课程中心、搜索引擎和数据库等。另外，一些与毒物分析有关的机构，也会定期提供与毒物有关的信息。各种信息资源为毒物分析人员提供了掌握毒物信息的重要途径，对法医毒物分析工作的顺利进行大有裨益。信息具有普遍性、无限性、时效性、真实性和保密性等多种特征。因此需要对已有的信息和工作中积累的资料进行收集和整理，尤其需要去除不真实的信息，建立适合工作需要的法医毒物分析信息管理系统（forensic toxicological analysis information management system）。

法医毒物分析管理信息系统可由中毒事件或案件信息、毒物信息、分析方法信息、中毒症状信息及毒物分析专家信息等数据库组成，将收集到的各种信息录入其中，提供多种查询功能。利用该信息系统，毒物分析人员可以在第一时间内了解毒物的详细信息，迅速制订毒物分析方案，开展检验鉴定，为案（事）件的及时解决提供有力的帮助。同时，通过对信息系统内数据的研究，可以掌握大量与毒物有关的各种信息，如涉及毒物种类的变化趋势、中毒案件的发生过程、中毒症状的表现形式及可被利用的分析方法的发展趋势等，为更好地预防和处置各种中毒案（事）件的发生提供依据。

本章主要介绍法医毒物分析常用的文献资源，举例说明网络和数据库在毒物分析中的应用，并简要介绍法医毒物分析信息管理系统的建立和维护。

第一节　法医毒物分析常用信息资源

所谓信息资源，是指经过人类开发与组织的信息的集合。信息资源与其他资源相同，具有多样的存在形式。本节以各种信息资源为主体，按照收录的内容、资源加工的程度，对法医毒物分析领域常用的信息资源进行分类和介绍。

一、法医毒物分析常用文献资源

（一）专业书籍

书籍（book）是人们用于表达思想、积累知识和传递信息的工具，具有影响持久、流通广泛等多种特征，是一种传统、典型的信息资源或媒体。虽然专业书籍通常反映的知识完整、系统，论述全面，但是传统的印刷型图书存在出版周期长、更新缓慢等缺点。随着信息技术的发展，电子版书籍的出现弥补了这一缺陷。

专业书籍可以有工具书、专著及教材等，以下将简单介绍法医毒物分析实践中一些常用的专业书籍。

1. 工具书　工具书是作为工具使用的一种特殊类型的图书。它是使用特定的编写方法，将大量分散在原始文献中的知识、研究成果、理论、数据、图表等，用简明扼要的形式，全面、系统地组织起来，供人们迅速查询有关资料并解决疑难问题。目前，在法医毒物分析实践中常用的工具书举例如下：

（1）*The Merck Index，An Encyclopedia of Chemicals，Drugs，and Biological*（15th edition），中文译名《默克索引》。该书是由美国 Merck 公司出版的一部关于化学品、药品和生物制品方面的百科全书，于 1889 年首次出版，至今已发行至第 15 版。最新版的《默克索引》收录超过 10 000 篇专题文章，涵盖 18 000 种化合物。化合物按照英文字母顺序排列，书后有分子式和物质名称索引。专题文章介绍了物质的别名、CAS 号、化学式、分子量、成分分析、毒理信息、前处理信息等，并附有数据的文献来源。

（2）*Beilstein Handbuch der Organischen Chemie*，中文译名《贝尔斯登有机化学手册》，该书简称《Beilstein 手册》，最早由在德国做研究工作的俄籍化学家 F.K Beilstein 独立编写完成，已有一百多年的历史，现由德国 Springer-Verlag 出版。该书是世界上最完整的一部收录有机化合物性质和应用的多卷集参考工具书，全面概括了已定性的有机化合物和自然界存在的结构未知的有机物。该书是按有机化合物结构分类编排的，查找某个特定的化合物，必须利用贝尔斯登系统分类法或通过索引。

（3）*Gemelin Handbook of Inorganic and Organometallic Chemistry*（8th edition），中文译名《盖默林无机和有机金属化学手册》（第 8 版），该书简称《Gemelin 手册》，是较完整、系统的德文版无机化学大型参考书，该手册于 1924 年由德国化学会主编，本书对金属化学元素及它们化合物的发展简史、存在状态、物理和化学性质进行了详细的记载和描述，并对其用途、化学分析方法、毒性和生产统计等也作了详尽叙述，还配有大量的图表和物理化学数据，数据资料后附有原始文献。

（4）*Disposition of Toxic Drugs and Chemicals in Man*（9th edition），主编 Randallc.Baselt 博士。该书 2011 年由美国加利福尼亚生物医学出版社出版，介绍了 1000 种化合物和毒物的化学结构式、生物利用度、治疗和中毒时的血药浓度、在人体内的代谢过程及分析方法（附参考文献）等，并附有个别中毒案例中体液和组织中药（毒）物含量。

（5）*Instrumental Data for Drug Analysis*（3rd edition），主编 Terry Mills Ⅲ。该书 2005 年由美国化学橡胶公司（Chemical Rubber Co.，CRC）出版，一共六卷，第一至四卷可以查阅常见药物的紫外、红外、核磁、质谱的相关图谱及气相、液相的分析方法，所有数据均经过编者所在实验室验证；第五卷选择性地列出部分药物的拉曼光谱及其衍生化产物的质谱图；第六卷针对分析化学家列出了额外的红外和核磁图谱。

（6）*Handbook of Forensic Toxicology for Medical Examiners*，主编 D.K. Molina，中文译本《法医毒物学检验手册》（郝红霞译）。这本书按字母的顺序列出近 300 种有毒物质，涉及滥用物质、处方药及非处方药。对于每一种物质，包括其商品名、类别、半衰期、体内分布、常用剂量、毒性，组织分布等信息，并简要概述了这些物质引起死亡的机制。

（7）药典（pharmacopoeia）是国家对所编纂制定的药品标准的统一集成，是一个国家药品生产、供应、使用、检验和监管部门必须遵守执行的技术性标准。《中华人民共和国药典》（简称《中国药典》），由国家药典委员会编辑出版。《中国药典》目前最新版为 2015 年版，共分为四部。内容分别包括凡例、正文和通则,记载了各类药品和制剂的性状、鉴别、检查及含量测定方法等内容。第一部收载药材和饮片、植物油脂和提取物、中药成方制剂和单味制剂等;第二部收载化学药品、抗生素、生化药品、放射性药品等;第三部收载生物制品;第四部收载通则,包括:制剂通则、检定方法、指导原则、标准物质、试剂试药相关通则和药用辅料等。

除《中国药典》以外,还有《美国药典》(*Pharmacopoeia of the United States*,简称 U.S.P.,现行版本为 USP 38-NF 33)、《英国药典》(*British Pharmacopoeia*,简称 B.P.,现行版本为 BP 2015)、《欧洲药典》(*European Pharmacopoeia*,简称 E.P.,现行版本为 EP8.0)、《日本药局方》(*Pharmacopoeia of Japan*,简称 J.P.,现行版本为 JP16)以及《国际药典》(*Pharmacopoeia Internationalis*,简称 Ph.Int.)等。

在法医毒物分析实践中,其他常用的工具书见表 5-1。

表 5-1 法医毒物分析领域其他常用工具书

中文书名	英文书名	出版社
CRC 化学和物理手册	*CRC Handbook of Chemistry and Physics*	美国 Chemical Rubber Co.
马丁代尔大药典	*Martindale: The Extra Pharmacopoeia*	英国大不列颠药学会药典出版社
CRC 有机化合物数据手册	*CRC Handbook of Data on Organic Compounds*	美国 Chemical Rubber Co.
兰氏化学手册(第 15 版)(中文译本)	*Lange's Chemistry Handbook*(15th Version)	科学出版社

2. 专著

(1) *Clarke's Analysis of Drugs and Poisons* 由伦敦大学药学院药物分析中心荣誉教授 Anthony C Moffat 主编。分两卷,第一卷为方法学和分析技术,共 44 章;第二卷为毒理学数据,包含了 2111 种毒(药)物的信息,例如物理性质、分析方法、药动参数和毒理数据。该书是国际法医毒物学家协会(The International Association of Forensic Toxicologists,TIAFT)推荐的工具书。

(2) *Drugs and Poisons in Humans: A Handbook of Practical Analysis* 由 Osamu Suzuki 教授主编,Springer-Verlag 出版。该书介绍了复杂基质中常见毒(药)物的分析方法,且方法准确可靠,重复性好。文中还配有大量毒(药)物相关的图解和表格。

(3) *Handbook of Forensic Drug Analysis* 由 Frederick P.S. 主编,Elsevier Academic Press 出版。书中系统介绍了大麻、麦角酰二乙胺、鸦片及安非他明类等常见滥用物质的分析方法,包括形态学、免疫分析、理化检验和仪器分析等方法。同时还介绍了各类方法的原理及结果的详细图解。

(4) *Methodology for Analytical Toxicology* 由 Irving Sunshine 主编,美国 CRC 出版。该书介绍了数百种常见毒物的分析方法。对于收载的毒物,该书除提供了简单、快速的定性检验方法,还介绍了使用常规仪器的定性和定量分析方法以及精密仪器分析方法。

(5)《法医毒物司法鉴定实务》由法律出版社出版。该书介绍了法医毒物司法鉴定程序以及常见毒物的简要概述、体内代谢、体内分布、检材处理、分析方法和鉴定要点。

其他法医毒物分析常用的专著见表 5-2。

表 5-2 法医毒物分析领域其他常用专著

书名	出版社
Clarke's Analytical Forensic Toxicology(2nd Edition)	Pharmaceutical Press
《实用法医学》	科学出版社
《毛发分析基础及应用》	科学出版社
《液相色谱质谱联用技术在药物和毒物分析中的应用》	上海科学技术出版社

3. 教材 教材主要是供教学用的资料。主要介绍基本概念、基本理论和基础知识。通常教材必须体现思想性、科学性、创新性、启发性、先进性。许多法医学专业、医学专业、药学专业、卫生检验专业以及化学专业等的教材都可供学习参阅,此处不再列举。

（二）专业期刊

期刊又称为杂志，是指具有固定的名称和版式，使用连续的卷、期号作为时序标识的一种连续出版物。期刊的出版周期短，能及时反映当前某学科领域的学术成果、科技水平和发展方向。对于法医毒物分析这门学科而言，专门的期刊目前还比较少。因此，与本领域相关的大量科研论文发表于毒理学、药学、法庭科学和分析化学等学科的期刊上。由于期刊的种类繁多，这里仅对常用的专业期刊作简要介绍。

1. 毒理学领域的期刊

（1）*Forensic Toxicology*（法医毒理学），ISSN：1860-8965。该杂志收录的科研论文涉及有毒物质、滥用药物、毒品、化学试剂及其代谢物，以分析方法的建立和优化为主，是目前法医毒物学领域重要的期刊。

（2）*Journal of Analytical Toxicology*（分析毒理学杂志）（半月刊），ISSN：0146-4760。该杂志收录的科研论文涵盖了法医、临床、工业毒物、治疗药物监测（Therapeutic Drug Monitoring，TDM）等相关内容，以毒物分析方法、毒物代谢动力学为主，是法医毒物分析常用的专业期刊。

（3）*Journal of Toxicology and Clinical Toxicology*（毒理学与临床毒理学杂志）（双月刊），ISSN：0731-3810。该杂志收载了环境毒理学、流行病学、药物相互作用、药理学、公共健康与社区医学、药物滥用等学术领域的研究成果、学术观点和技术方法。

（4）《中国药理学与毒理学杂志》（双月刊），ISSN：1000-3002。本刊主要刊登药理学和毒理学研究论文及综述，基本上反映了我国药理学与毒理学领域现阶段的科研水平。

其他毒物分析工作中常用的毒理学领域相关期刊见表 5-3。

表 5-3　法医毒物分析其他常用毒理学领域相关期刊

期刊名	发行周期	ISSN
Journal of Pharmacological and Toxicological Methods（药理学与毒理学方法杂志）	双月刊	1056-8719
Toxicology Letters（毒理学通讯）	半月刊	0378-4274
Toxicology（毒理学）	36 期 / 年	0300-483X
《毒理学杂志》（原刊名《卫生毒理学杂志》）	季刊	1002-3127
《中国药物依赖性杂志》	双月刊	1007-9718

2. 药学领域的期刊

（1）*Journal of Chromatography B. Analytical Technologies in the Biomedical and Life Science*（色谱分析 B）（半月刊），ISSN：0378-4347。该杂志主要收载了各种生物样品中药物或其他活性成分色谱分析方法的科研论文。

（2）*Biomedical Chromatography*（生物医学色谱）（双月刊），ISSN：0269-3879。主要收载体液、细胞、生物组织中药物、内源性化合物等的分离与测定方面的文章。

（3）*Journal of Pharmaceutical and Biomedical Analysis*（药物和生物医学分析杂志）（月刊），ISSN：0731-7085。本杂志主要收载了生物样品中药物分析方面的科研论文。

（4）《药物分析杂志》（月刊），1981 年创刊，ISSN：0254-1793。药物分析杂志主要登载药物分析理论、技术以及相关的展望性文章。

其他毒物分析工作中常用的药学领域相关期刊见表 5-4。

3. 法庭科学领域的期刊

（1）*Forensic Science International*（国际法庭科学杂志），每年 12 期，ISSN：0379-0738。本杂志上主要发表与法医学、毒理学、分析化学、调查学、痕迹学等学领域相关的学术论文、案例报道和书评等。

表5-4　法医毒物分析其他常用药学领域相关期刊

期刊名	发行周期	ISSN
Journal of Pharmacy and Pharmacology（药学与药理学杂志）	月刊	0022-3573
Pharmacology and Therapeutics（药理学与治疗学）	月刊	0163-7258
European Journal of Clinical Pharmacology（欧洲临床药理学杂志）	月刊	0031-6970
Clinical Pharmacokinetics（临床药代动力学）	月刊	0312-5963
《药学学报》	月刊	0513-4870
《中国药学杂志》	半月刊	1001-2494
《中国临床药理学杂志》	双月刊	1001-6821

（2）*Journal of Forensic Science*（法庭科学杂志）（双月刊），ISSN：0022-1198。该杂志是美国法庭科学协会（American Academy of Forensic Sciences）的官方杂志，其中收载了法学、法医学、毒理学等方面的学术论文、综述、案例报道等。

（3）*International Journal of Legal Medicine*（国际法医学杂志）（双月刊），ISSN：0937-9827。该杂志旨在为刑事案件提供高水准的科学证据，收录的文章涵盖法医学、法医毒物学等领域。

（4）*American Journal of Forensic Medicine and Pathology*（美国法医学与病理学杂志）（季刊），ISSN：0195-7910。该杂志由美国 Lippincott & Wilkins 出版，主要刊载人权保护、自杀和药物滥用预防、职业和环境保健及其他相关方面的研究和技术论文以及国际法医学界动态报道。

（5）《法医学杂志》（双月刊），ISSN：1004-5619。由司法部司法鉴定科学技术研究所主办的法医学术期刊。杂志收载的内容以法医学为主，兼顾其他相关法庭科学。另外还设有医疗纠纷、医疗事故的法医学鉴定栏目以及交通事故鉴定等内容。

（6）《中国法医学杂志》（双月刊），ISSN：1001-5728。是中国法医学会主办的法医学术性期刊。主要刊载具有国内先进水平、有学术价值或创新性的科研成果论文（包括阶段性成果）及新技术、新方法、新进展等，反映了我国法医学科领域的科研、检案技术水平和现状。

其他毒物分析工作中常用的法庭科学领域相关期刊此处不再一一例举。

4. 分析化学领域的期刊

（1）*Journal of Analytical Chemistry*（分析化学杂志）（半月刊），ISSN：0003-2700。该杂志是美国化学会的分析化学杂志，介绍了分析化学领域的最新技术、方法和进展，是公认的分析化学领域影响力最高的杂志。

（2）*Chromatographia*（色谱）（半月刊），ISSN：0009-5893。该杂志主要收载了材料化学、分析化学、生命科学、药学以及生物化学等学术领域的最新色谱分析技术和进展。

其他毒物分析工作中经常应用的分析化学领域相关期刊见表5-5。

表5-5　法医毒物分析工作其他常用分析化学领域相关期刊

期刊名	发行周期	ISSN
Analytical Biochemistry（分析生物化学）	半月刊	0003-2697
Analytical Letters（分析通讯）	月刊	0003-2719
Analytical Science（分析科学）	双月刊	0910-6340
Journal of Chromatographic Science（色谱科学杂志）	月刊	0021-9665
Critical Review in Analytical Chemistry（分析化学评论）	季刊	1040-8347
Fresenius Journal of Analytical Chemistry（Fresenius 分析化学杂志）	半月刊	0937-0633
《分析化学》杂志	月刊	0253-3820
《分析科学学报》	双月刊	1006-6144
《分析测试学报》	月刊	1004-4957

（三）目录、索引和文摘

期刊的种类繁多，不适于逐本地翻阅，因此我们可以借助于文摘等信息资源，既方便省时，又可以获取全面的文献信息。

1. 中国《中文科技资料目录》是大型题录型科技文献检索刊物，创建于 1963 年，由中国医学科学院医学信息所编辑出版。按专业分为 34 个分册，其中与药（毒）物有关的是医药卫生分册、中草药分册，检索可以通过分类途径和主题途径两种方式进行。

2. 美国《医学索引》（*Index Medicus*，IM）创建于 1879 年，在由美国国立医学图书馆（National Library of Medline，NLM）编辑出版。IM 以报道生命科学、医学为主。IM 收载了 40 多个语种的 3300 多种期刊。IM 的检索途径有主题途径和作者途径两种。在线版本为 MEDLINE，内容每周更新一次，每条记录都有唯一的 PMID 号。

3. 美国《科学引文索引》（*Science Citation Index*，SCI）创建于 1963 年，由美国科学情报研究所（Institute for Scientific Information，ISI）编辑出版，是以被引用文献作为检索点，供查找引用文献的一种索引。可以分别通过引文索引、机构索引、轮排主题索引、来源索引等获取相关信息。SCI 通过引文分析衡量论文的学术水平或刊物的影响力高低，是目前国际上被公认的具权威的科技文献检索工具。SCI 发行了互联网 Web 版数据库 Web of Science，其数据每周更新，收录了全世界 5700 多种自然科学的期刊。

4. 美国《化学文摘》（*Chemical Abstracts*，简称 CA）创建于 1907 年，由美国化学会化学文摘服务处（Chemical Abstracts Service of American Chemical Society，CAS）编辑出版。CA 收录的文献内容包括纯化学和应用化学各领域的科研成果和工业技术，还涉及生物、医学、物理与冶金等领域，可以通过期刊索引、卷（累积）索引以及工具性索引检索。

CA 收录的文摘类型主要有七种，包括期刊论文、专利、图书、学位论文、档案资料、技术报告和会议汇编。目前 CA 收录内容分为五大部分 80 个小类，其中毒理学（Toxicology）属于 Biochemistry Sections（生物化学部分）第 4 类。

如今已经出现了 CA 的网络版数据库 SciFinder Scholar，其功能更强大。SciFinder Scholar 收录了全世界 9500 多种主要期刊和 50 多家合法专利发行机构的专利文献中公布的研究成果。可以查看《化学文摘》1907 年以来的所有期刊文献和专利摘要以及 4000 多万的化学物质记录和 CAS 注册号。SciFinder Scholar 数据库需购买使用权后，下载并安装客户端程序使用。

5. 荷兰《医学文摘》（*Excerpta Medical Abstracts Journal*，EM）是一套查找世界医学文献的文献型检索工具，创刊于 1947 年，现由艾斯维尔科学出版社（Elsevier Science Publishers B.V.）出版。

EM 以专科分册的形式出版，一个分册代表一个学科。目前 EM 共有 42 个分册。各分册根据文献量的多少，每年出 1～4 卷不等，每卷出 8、10、12 期不等。在毒理学分册中收录了有关药物毒理学、卫生毒理学、法医毒理学以及各种毒素或毒物的毒性机制、实验方法和技术等内容。可以采用分类目次表、主题索引和著者索引三种途径进行检索。

除了上述几种文摘外，另外还有美国《生物学文摘》（*Biological Abstracts*，BA）、美国《国际药学文摘》（*International Pharmaceutical Abstracts*，IPA）、日本《科学技术文献速报》以及我国的《中国生物学文摘》《分析化学文摘》《中国药学文摘》等多种文摘。

（四）标准

标准是对重复性事物和概念所做的统一规定，它以科学、技术和实践经验的综合为基础，经过有关方面协商一致，由主管机构批准，以特定的形式发布，作为共同遵守的准则和依据，分为国家标准、行业标准和地方标准。随着新物质的出现和新方法的开发，标准也随之不断地更新和完善。法医毒物分析工作涉及的部分标准举例见表 5-6。

另外，还可以通过相关的专业技术会议论文、科技报告和相关专业博、硕士学位论文，获得毒物分析专业方面的信息资源。

表 5-6 法医毒物分析工作涉及的部分标准举例

标准名称	编号
法医生物检材的提取、保存、送检规范	GA/T 1162-2014
常见毒品的气相色谱、气相色谱 - 质谱检验方法	GA/T 1008-2013
疑似毒品中甲基苯丙胺的气相色谱、高效液相色谱和气相色谱 - 质谱检验方法	GB/T 29636-2013
生物样品血液、尿液中乙醇、甲醇、正丙醇、乙醛、丙酮、异丙酮和正丁醇的顶空 - 气相色谱检验方法	GA/T 1073-2013
生物样品中次乌头碱、乌头碱、中乌头碱的液相色谱 - 串联质谱检验方法	GA/T 934-2011

二、法医毒物分析常用网络资源

互联网（internet）是借助于现代通信和计算机技术实现全球信息传递的一种快捷、方便的工具，也是一种全球性的计算机网络系统。互联网将世界上不同国家的科研院所、大学、各种组织机构的计算机网络连为一体。毒物信息资源可以通过搜索引擎或直接输入所需访问的网址两种途径进行检索。

（一）网络课程中心

在中国大学资源共享课网站及开设法医学专业高校的网络课程中心，可以查阅法医毒物分析课程的教学大纲、知识点、理论课教学视频和实验课示教视频，任课教师定期进行网上答疑，也可以通过这些网络平台学习和交流。

（二）搜索引擎

搜索引擎（search engine）是采用 internet 信息自动跟踪标引的新技术。当输入关键词查询时，搜索引擎将提供符合检索条件的所有在线相关信息源的情况，并提供获取信息的超链接服务。

目前互联网上搜索引擎的数量已达数千个，按搜集信息的内容分类可以分为综合性搜索引擎和专业性搜索引擎，互联网上主要的专业性搜索引擎举例见表 5-7。

表 5-7 互联网上主要的专业性搜索引擎

名称	网址
PharmWeb	https://www.pharmweb.net
Pubmed	https://pubmed.ncbi.nlm.nih.gov/
Medical World Search	https://www. mwsearch.com
MedExplorer	https://www. medexplorer.com

这些搜索引擎各有其特点，涵盖内容的侧重点也有区别。在具体的工作中，可以根据需要选择相应的搜索引擎进行信息的搜索。

（三）毒物相关网站

通过互联网上的网站可以获取所需的毒物分析相关信息资源。当登录进入某网站的主页后，通过点击主页上的分类检索窗口，就可以查找所需的信息。同时许多网站上都设有其他相关网站的检索窗口，如：Related Web Sites，Other Resources 等，或者通过下拉菜单与其他网站链接。在网上设有站点的机构，通常会在其主页上发布很多有关毒物学实验室建设、标准化建设、分析质量控制和有关药毒物研究的信息资料。毒物分析工作者可通过在线论坛，对有关主体发表意见、开展讨论和进行学术交流。互联网上与毒物相关的主要网站举例于表5-8中。

表5-8　互联网上与毒物相关的主要网站

名称	网址
美国毒物控制中心联合会	https://www.aapcc.org
美国CDC化学品与疾病登记署	https://www.atsdr.cdc.gov
NCBI PubChem	https://pubchem.ncbi.nlm.nih.gov/
Society of Environment Toxicology and Chemistry	https://www.setac.org
Society of Toxicology	https://www.toxicology.org
Journal of Analytical Toxicology	https://academic.oup.com/jat

三、法医毒物分析相关数据库

数据库（database，DB）就是指按一定方法将相关数据组织在一起，并储存在计算机内系统的、可共享的数据集合。目前，许多数据库都可以通过网络进行查询，同时研究者的数据积累到一定程度后也可以自行建立数据库。网络上的数据库有些是免费使用的，有的需要购买使用权才可以使用。

（一）理化性质数据库

1. 理化库来源　理化性质数据库可以提供毒物的分子量、结构式、溶解度、挥发性、酸碱度和稳定性等理化性质，有助于选择合适的检材保存、标准溶液配制和鉴定分析方法。在互联网上，常用的毒物理化性质数据库举例见表5-9，可以通过毒物名称、分子式或CAS号等进行查询。

表5-9　常用的毒物理化性质数据库

名称	语种	网址
NLM Chemistry Web Book	英文	http://webbook.nist.gov/chemistry/
化学物质毒性数据库	中/英文	http://www.drugfuture.com/toxic/

2. 应用举例　以氯胺酮（ketamine）为例，在化学物质毒性数据库查询其理化性质相关信息。

氯胺酮的理化性质可以在"化学物质毒性数据库"的子数据库——"化学品安全特性数据库"中进行查询。登录网站（图5-1），在查询栏中输入氯胺酮英文名"Ketamine"，点击"查询"按键，即可获得氯胺酮检索结果的首页内容（图5-2）。在氯胺酮查询结果界面上点击查询结果"Ketamine"，可以显示出氯胺酮CAS号、分子量、分子式及急性毒理数据（图5-3）。

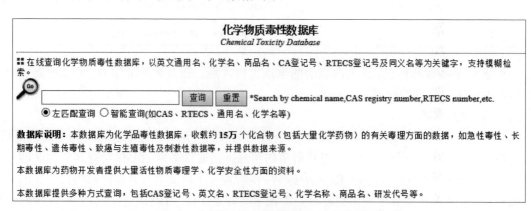

图5-1　化学物质毒性数据库查询页面示意图

化学物质毒性数据库
Chemical Toxicity Database

化学物质毒性数据库中收载如下专论：

　　1、Ketamine hydrochloride
　　2、Ketamine

图 5-2　化学物质毒性数据库氯胺酮检索结果

```
                    *** CHEMICAL IDENTIFICATION ***

RTECS NUMBER             : GW1300000
CHEMICAL NAME            : Cyclohexanone, 2-(o-chlorophenyl)-2-(methylamino)-,
                          (+-)-
CAS REGISTRY NUMBER      : 6740-88-1
BEILSTEIN REFERENCE NO.  : 2216965
LAST UPDATED             : 199710
DATA ITEMS CITED         : 5
MOLECULAR FORMULA        : C13-H16-Cl-N-O
MOLECULAR WEIGHT         : 237.75
WISWESSER LINE NOTATION  : L6VTJ BM1 BR BG
COMPOUND DESCRIPTOR      : Drug
                          Reproductive Effector
SYNONYMS/TRADE NAMES :
   * 2-(o-Chlorophenyl)-2-(methylamino)-cyclohexanone
   * Cyclohexanone, 2-(2-chlorophenyl)-2-(methylamino)-, (+-)-
   * Ketamine
   * 2-(Methylamino)-2-(2-chlorophenyl)cyclohexanone
                    *** HEALTH HAZARD DATA ***
                    ** ACUTE TOXICITY DATA **
TYPE OF TEST            : LD50 - Lethal dose, 50 percent kill
ROUTE OF EXPOSURE       : Intraperitoneal
SPECIES OBSERVED        : Rodent - mouse
DOSE/DURATION           : 400 mg/kg
TOXIC EFFECTS :
   Details of toxic effects not reported other than lethal dose value
REFERENCE :
   BJANAD British Journal of Anesthesia.  (Macmillan Press Ltd., Houndmills,
   Basingstoke, Hants. RG21 2XS, UK) V.1-   1923-  Volume(issue)/page/year:
   55,457,1983
TYPE OF TEST           : LD50 - Lethal dose, 50 percent kill
ROUTE OF EXPOSURE      : Intravenous
SPECIES OBSERVED       : Rodent - mouse
DOSE/DURATION          : 77 mg/kg
TOXIC EFFECTS :
   Behavioral - general anesthetic
REFERENCE :
   JZKEDZ Jitchuken Zenrinsho Kenkyuho.  Central Institute for Experimental
   Animals, Research Reports. (Jikken Dobutsu Chuo Kenkyusho, 1433 Nogawa,
   Takatsu-ku, Kawasaki 211, Japan) V.1-   1975-  Volume(issue)/page/year:
   1,119,1975
```

图 5-3　化学物质毒性数据库氯胺酮检索结果

（二）分析谱图数据库

谱图是仪器分析检测结果的反映，主要有紫外 / 可见吸收光谱图、红外吸收光谱图、原子吸收光谱图、色谱图及质谱图等。紫外 / 可见吸收光谱应用广泛，主要进行定量分析，还可利用吸收峰的特性进行定性分析和简单的结构分析；红外吸收光谱图提示未知毒物的官能团信息；色谱图是通过保留值或者相对保留值进行定性；质谱图包含信息量极大，根据用户需要可用以确定分子量、验证结构、毒物确证等，因此质谱图信息资料在毒物鉴定领域有较高价值。常见的分析图谱数据库举例见表 5-10。相比理化信息数据，谱图数据获得成本由于仪器设备价格和对被测样品纯度的高要求而昂贵，使得免费或公共资源较少。而且由于仪器带来的误差，使得谱图信息无法做到类似理化性质信息的准确性，在检索匹配时查询数据与库内标准数据的匹配度难以把握。因此大多数谱库只能通过查询名称、

CAS 编号等标签进行谱图查看。对于未知毒物的图谱也需要进行解谱，利用推断出的毒物信息查询后再比对。在对用户解谱能力提出高要求的同时也造成使用上的极大不便。

表 5-10　分析图谱信息数据库资源列表

名称	网址	图谱类型
NIST Chemistry WebBook	https://webbook.nist.gov/chemistry/	红外光谱、质谱、离子能量谱
Spectral Database for Organic Compounds	https://sdbs.db.aist.go.jp/sdbs/cgi-bin/cre_index.cgi	质谱、磁共振波谱、红外光谱、拉曼谱
ChemExper Chemicals Directory	https://www.chemexper.com/	红外光谱
science -softCon UV/Vis Spectra Data Base	https://www.science-softcon.de/spectra/start.php	紫外吸收图谱
Mass Spectrometry Bulletin	https://www.rsc.org/is/database/msbhome.htm	质谱
Atomic Line List	https://www.pa.uky.edu/~peter/atomic/	原子吸收光谱、原子发射光谱
化学数据库	https://www.organchem.csdb.cn/scdb/default.asp	磁共振波谱、红外光谱、质谱
应用化学数据库	https://www.appchem.csdb.cn/	磁共振波谱

知识拓展 ▶

　　美国国家标准研究所的 NIST 质谱库和 Wiley 质谱库，基本涵盖了常见挥发性毒物。目标样品经过一定前处理后，进行 GC-MS 或 LC-MS 分析，再用 NIST 数据库进行检索，谱库将列出可能的定性结果及相应的匹配度。NIST 质谱库覆盖面广、信息量大，并适用于不同制造商的 GC-MS 系统的质谱结果。

（三）毒理数据库

TOXNET（Toxicology Data Network）是当前应用最广泛、数据资料最全而且最具权威性的毒理学数据库。TOXNET 是美国国立医学图书馆建成的一系列有关毒理学、有毒化学品及相关领域的文献数据库。其中 TOXLINE、DART 为文献型数据库，HSDB、IRIS、ITER、GENETOX、CCRIS、TRI、LactMEd 等数据库均为事实与数据型数据库。

（四）体内过程数据库

毒物体内过程数据可以从 Beilstein Crossfire Direct 化学专业网络数据库查询。该数据库提供了约 750 000 篇文献的文摘索引，涵盖 8 000 000 以上的化合物，约 5 000 000 种化学反应，约 35 000 000 个生物学参数，包括药物的吸收、分布、代谢、排泄和毒性等参数。数据库中最早的数据甚至可以追溯到 1771 年。本数据库需要购买使用权后才能使用。

（五）网络文献数据库

由于计算机技术和网络技术的飞速发展，网络文献数据库根据科学研究的需要应运而生。近年来，国内外相继研制了很多网络文献数据库。这些数据库一般都需要购买后才能使用。在毒物分析工作中，常用的网络文献数据库举例见表 5-11。

表 5-11　网络上主要的文献数据库

名称	语种	网址
期刊全文数据库	中／英文	https://www.cnki.net
万方—数字化期刊全文库	中文	https://www.wanfangdata.com.cn/index.html
维普—中文科技期刊全文数据库	中文	https://www.cqvip.com
Ovid Journals Full Text	英文	https://tools.ovid.com/journals
ScienceDirect	英文	https://www.sciencedirect.com/
SpringerLink	英文	https://link.springer.com

随着光盘（Compact Dist，CD）这种激光存储载体的问世，大型文摘的 CD 数据库也相继出现。使用 CD 数据库可以利用计算机检索代替手工检索，大大地提高了检索效率。目前使用较多的 CD 数据库有美国国立医学图书馆建立的 MEDLINE CD-ROM，荷兰 Elsevier Science Publishers B.V. 出版的 EMBASE（EM 文摘的机读数据库）等。我国也出版了一系列的光盘数据库，如 1992 年出版发行的光盘数据库《中国科技期刊数据库》，1996 年以后出版的万方数据库和《中国生物医学期刊数据库（CMCC 光盘版）》等。常用的文献资源例如工具书、专著、文摘等也有相应的 CD 版可供查询。

四、法医毒物分析相关机构

在全球范围内，联合国及各国政府为了防范突发性中毒事件的发生，均设有专门的机构和部门负责对各种毒物进行研究、检测，并对中毒事件提供咨询服务。另外，有些国家的大学也设有法医学专业、研究所或鉴定中心。可以通过这些部门或机构获得毒物的相关信息和知识。

（一）世界卫生组织　世界卫生组织（简称"世卫组织"，World Health Organization，WHO）是联合国下属专门机构。其主要职能：促进流行病和地方病的防治，改善公共卫生，推动确定生物制品的国际标准等。目前世界卫生组织在全球范围内共有 194 个会员国。

（二）美国毒物控制中心联合会　美国毒物控制中心联合会（American Association of Poison Control Centers，AAPCC）是全美中毒控制机构。该机构的宗旨是为美国各州的毒物控制中心及公众创建一个平台，通过公共教育、专业教育以及科学研究等方式普及美国大众的毒物相关知识，以达到降低中毒事件的发生率和致死率的目的。美国毒物控制中心联合会的网站提供了美国各地毒物控制中心的信息和统计资料。

（三）国家中毒控制中心（National Poison Control Center，NPCC）隶属于中国疾病预防控制中心职业卫生与中毒控制所的国家级中毒控制机构。主要承担中毒信息服务、公共卫生事件现场救援、毒物鉴定与检验；化学品安全卫生管理及毒物控制策略研究；职业病（中毒）信息收集、汇总与分析；为政府决策提供支持；促进中国中毒控制体系的建立和完善等任务。

（四）军事医学科学院（The Academy of military Medical science，AMMS）是中国人民解放军的最高医学研究机构。其下属的药理毒理研究所主要承担化学损伤医学防护研究，开展部队特需药和民用药物的研究与开发。

（五）公安部物证鉴定中心（Institute of Forensic Science Military of Public Security）主要针对刑事案件进行现场勘查、检验鉴定等工作，开展公安科学技术研究，为公安技术部门提供新技术、新方法。主要开展法医病理损伤、法医物证、法医毒物等检验鉴定工作。

（六）司法部司法鉴定科学技术研究所（Institute of Forensic Science，Ministry of Justice，PRC）为司法部直属的科研事业单位。执行"科学研究、司法鉴定、教育培训和技术指导"四大职能。

第二节　法医毒物分析信息系统

法医毒物分析工作者在日常工作或实际检案的分析鉴定过程中，应当建立起实验室内部的信息系统或数据库。法医毒物分析实验室的信息主要来源于两种途径，一是从各种文献资源、数据库和网络上获得的间接信息，二是在本实验室鉴定过程中获得的直接信息。应该充分利用计算机技术来保存上述各种信息资料。并且在此基础上建立实验室的毒物信息系统。此系统一般包括中毒事件或涉毒案件信息库、毒物数据信息库、毒物分析方法数据库、中毒症状信息库等。在此基础上进一步建立法医毒物分析专家系统。在建立信息系统的同时，应当采取相应的安全保障措施确保其安全运行。

一、法医毒物分析信息系统的建立

（一）中毒事件或涉毒案件信息库

由于社会、经济以及文化背景的不同，中毒事件或涉毒案件显示出明显的时间和地域性差异。法医毒物分析工作者应留意收集中毒事件或涉毒案件的各种信息资料，并对其进行信息整理和采编，建立中毒事件或涉毒案件的信息资源库。在收集上述信息时，应该重点收集或询问事件或案件概况、发生地点和场所、中毒原因和毒物种类、毒物摄入方式、毒物混入的媒介、中毒人数、中毒程度等内容。所建立的信息系统可以按照毒物名称、中毒时间、发生地点等多种途径进行检索。同时通过对上述信息的研究和剖析，挖掘能够反映一段时间内某个地区涉毒案（事）件中涉及毒物种类的发展趋势和关键信息，从地理因素、行为特点、毒物种类等方面进行毒物风险评估，对于防范、避免该类事件的发生具有重要的价值。

（二）毒物数据信息库

法医毒物分析工作者进行分析鉴定之前，查询涉案毒物的各项数据信息对制订相应的分析方案具有指导性意义。因此，毒物分析工作者建立实验室内部的毒物信息数据库，对于提高工作效率有极大的帮助。毒物信息数据库应该包括毒物的理化性质、区域分布状况、毒性、毒理作用机制、体内过程以及中毒与救治等多项内容，在每一个项目下包含了许多具体数据。例如：理化性质项应当包括毒物的结构式、外观和性状、分子式、分子量、熔点、相对密度、稳定性、pKa 值以及溶解性等；毒理作用项应当包括中毒症状出现时间、中毒机制、中毒表现等；体内过程项应当包括毒物在体内的吸收、分布、代谢和排泄的特征、机制以及各种毒（药）物动力学参数。毒物信息数据库的建立，方便相关工作人员查询毒物信息，缩短获取信息的时间，并极大地提高毒物分析工作者的工作效率。

（三）分析方法数据库

目前国外已经建立了法庭医学相关的专业数据库，其中较为有名的有万维虚拟图书馆—法医毒理学（The World Virtual Library: Forensic Toxicology）以及 TOXENT 数据库。在这些数据库中，可以方便地查阅到多种毒物的分析方法信息。现今我国尚无一个系统的适合于我国国情以及毒物分析专业发展现状的分析方法数据库。为了缩短我国毒物分析鉴定水平与国际水平之间的差距，应该尽早建立毒物分析方法的专业数据库。毒物分析实验室内部也应该建立自己的毒物分析方法数据库，方便实验室工作人员查询和交流。

毒物分析方法数据库应该包含毒物基本信息、各种检材中毒物的分离提取方法、毒物的检测分析方法、毒物的光谱及质谱信息、各种分离检测方法的评估以及分析结果与鉴定结论的客观符合率等。例如：毒物的基本信息项应该包括毒物的名称、CAS 号、分子式等内容；毒物的检测分析方法项应当收集国内外同行建立的有关毒物的各种分析方法的条件。

（四）中毒症状信息库

毒物分析工作者对于不明物质的中毒检验或分析，应根据送检人提供的或者自己观察到的中毒症状尽可能地缩小分析范围。一般来说，除了个别毒物可以根据中毒症状初步确定中毒原因外，绝大多数毒物的中毒只能够通过中毒症状缩小毒物筛查的范围。因此，建立中毒症状信息库对于初步确定分析目的，缩小中毒的可能范围具有重要的意义。

一般来说，毒物中毒症状信息库应该包含毒物基本信息、毒物中毒临床信息以及毒物中毒的法医学检验信息等项目。毒物中毒临床信息应当包括某种毒物中毒的临床表现、临床诊断指标、救治方法以及预防措施等内容法医学检验信息包括尸表检验、解剖所见以及病理学检查等多个内容。

（五）法医毒物分析专家信息库

法医毒物分析是实践性很强的学科，从该学科领域的发展趋势上看，提供即时性、交互性的信息服务是法医毒物分析实验室信息系统发展的方向。因此建立起法医毒物分析专家系统十分必要。利用 BBS 等网络技术提供法医毒物分析实验室之间、专家之间、专家与公众之间的信息交流平台。

法医毒物分析信息系统建立的目的是为了指导相关工作者的分析鉴定工作，方便他们获取信息，提高其工作效率。上述几种数据库并非独立使用，应当通过一定关键词建立各数据库之间的链接，以便于查询某种毒物的各种信息。通常将毒物名称或 CAS 号作为建立链接的关键词。同时在数据库中应该设置多种查询方式，以便使用者可以根据数据库中包含的任意一项信息查询并链接到其他的相关信息资源。

以上信息库，均可利用 ASP.NET 技术开发，建立一种数据模型，该模型使具有多种表现形式的信息以不同模块储存，互相调用。随着移动信息平台日益成熟，"法医毒物数据库及其信息平台"在未来的应用价值将不再局限于实验室，鉴定人可方便地利用移动终端平台，于第一现场快速及时地掌握专业数据库中提供的信息资料。目前许多分析仪器公司正在努力发展的移动检测平台技术，可以预见在不远的未来，在第一现场基于强大信息资源对毒物进行鉴定将成为可能。

二、法医毒物分析信息系统的管理

（一）安全管理的必要性

计算机信息系统是由计算机及其相关的配套设备、设施（含网络）构成，其按照一定的应用目标和规格对信息进行采集、加工、存储、传输、检索等处理。为了确保计算机信息系统正常运作，对系统自身的各部件、各指令系统必须进行必要的维护和管理。一般说来，计算机信息系统的安全管理包括机房维护管理、硬件系统管理软件系统管理和数据管理等方面。另外由于法医毒物分析工作性质的特殊性，更应该重视实验室计算机信息系统的安全管理。

（二）安全管理的技术措施及病毒防治

1. 安全管理的技术措施

（1）信息系统操作权限的限制：法医毒物分析实验室应该对建立的计算机信息系统的操作权限、修改软件权限、保管软件权限、系统维护和更新权限进行必要的规定，以确保信息系统的安全。

（2）口令法：通过设定口令来防范非法操作者登录或进入计算机信息系统。同时应该设置口令的有效期，并定期更换口令。

（3）密码盘法：操作者欲运行或者登录计算机信息系统时必须使用特定的密码盘，否则系统将拒绝访问，以此来限制非法操作者的登录。

（4）软加密：对计算机信息系统中的软件、子目录、库文件名以及用户数据等进行加密管理，防止非法操作者登录信息系统或者肆意篡改、删除信息数据。

2. 病毒防治　计算机病毒（computer virus）往往会利用计算机操作系统的弱点进行传播，并伺机对计算机系统资源实施干扰或破坏，影响计算机系统的正常运行，并且危及计算机内部存储的数据和信息的完整性。计算机病毒具有寄生性、传染性、潜伏性、可触发性、破坏性和隐蔽性等特点。计算机系统感染病毒后常会出现系统运行速度减慢，经常性无故发生死机，存储的容量异常减少，丢失文件或文件损坏，文件无法正确读取、复制或打开、系统异常重新启动，异常要求用户输入密码，命令执行出现错误以及计算机屏幕上出现异常显示等现象。

为了防护实验室计算机信息系统感染病毒，可以采取以下措施：

（1）计算机信息系统专机专用。

（2）系统引导固定：确定固定的系统引导盘或者从硬盘引导，应避免使用自备软盘引导。

（3）建立备份文档：无论是数据文件，还是应用软件，建立备份可以防止在系统出现故障时，造成大量的数据信息的丢失。

（4）加写保护：病毒入侵磁盘就必须往磁盘内写内容，因此利用磁盘的"写保护"功能，可以有效地防止重要文件遭受病毒的感染。

（5）避免使用 U 盘、移动硬盘等可移动存储工具：现在很多病毒都依靠 U 盘、移动硬盘等可移动存储工具进行交换和传播。因此，存储毒物分析信息系统数据的计算机系统应当避免使用这些工具。

（6）安装病毒防护软件：目前已开发出多种功能强大的防病毒软件，如卡巴斯基杀毒软件、瑞星杀毒软件以及江民杀毒软件等。这些杀毒软件可对大多数已知病毒起到防护作用。对于与互联网链接的计算机系统，网络防火墙也需要安装。

（三）数据定期备份

由于硬盘有一定的使用寿命，或在使用过程中出现坏道造成数据的丢失，所以定期应该对信息系统数据进行备份。

本章小结

随着社会的发展，科技的进步，毒物的多样性和不确定性也在日益增加。人类已经进入了信息化时代，信息具有普遍性、无限性、时效性、真实性和保密性等多种特征。法医毒物分析有关的专业书刊、数据库，特别是互联网等网络信息资源，对于分析方案的制订、实施和结果判定都极为有用。

信息的储存、传递和交流必须依附于一定的物质载体，熟悉获取毒物信息的途径和方法，收集和整理已有的信息和工作中积累的资料，建立毒物分析信息系统，对法医毒物分析工作的顺利进行大有裨益。尤其是在发生突发性急性中毒事件时，根据中毒现场、中毒症状，借助强大的信息资源，拟定分析方案，迅速确定毒物的种类，对于患者抢救和社会稳定都极为重要。

关键术语

信息（information）

法医毒物分析信息资源（forensic toxicological analysis information resources）

信息系统（information system）

法医毒物分析信息管理系统（forensic toxicological analysis information management system）

互联网（internet）

书籍（book）

期刊（journal）

数据库（database）

思考题

1. 按照信息资源的加工程度划分，文献信息资源可以分为几类？它们之间有什么内在联系？

2. 试述我国法医毒物分析信息系统的特点与不足之处以及建立法医毒物分析信息管理系统的重要性。

3. 试述法医毒物分析色谱数据库建立的方法及其应用特点。

（廖林川）

第六章　挥发性毒物

章前案例 ▶

2005年5月某日，福建省诏安县官陂镇下官村一村民因清理自家已废弃6年的青梅腌制池，而引发一起集体中毒事件。由于缺乏防范的知识及措施，事件中所有参与救援的人员均出现不同程度的中毒症状。最终，事件共造成22人中毒，其中6人死亡。

经鉴定，此事件的"元凶"为青梅腌制池中多年积存的氰化氢，在清理过程中造成其大量释放而引起中毒。

挥发性毒物（volatile poisons）主要是指那些具有较高蒸气压，分子量小，常温常压下易挥发的毒物。这类毒物的特点是能够利用其自身的挥发性从检材中分离出来。

挥发性物质广泛存在于人们生活和工作的空间里。在医药产品、化妆品、染料、建筑装饰材料及其他化工产品的生产及使用中经常涉及挥发性有机溶剂。挥发性有机物的释放是造成环境污染的主要原因之一；循证医学研究结果认为这也是引起肺癌高发的主要原因。许多常见有机物都可能是挥发性毒物，如：醇类、醛类、醚类、烃类、卤代烃和苯的衍生物等。而氰化物因其能够形成挥发性较强、毒性剧烈的氢氰酸，故在本章中一并讨论。

挥发性毒物可由多种途径引起中毒，如通过口服，呼吸道吸入和经皮肤摄入体内。依据其毒性高低，摄入方式及现场环境和暴露时间不同，在较短时间内，可引起人呼吸功能障碍、皮肤及黏膜化学灼伤甚至死亡。毒性和刺激性较大的挥发性毒物还有可能迅速造成群体性伤害事件。常见挥发性毒物如甲醇、乙醇、苯及其同系物、甲醛等是近些年来高发的中毒案件中的主要毒物。随着分析技术的发展，挥发性毒物的定性鉴别及定量分析除传统的理化分析方法和气相色谱法外，液相色谱及色质联用等技术也广泛应用于挥发性毒物有关代谢物的分析。

第一节　检材处理及分析方法

含挥发性毒物的检材如血液、尿液、胃内容物、脏器组织等的提取及保存如第二章所述。其分离

机制主要是根据气 - 液平衡原理、Roult 定律。一定温度下，不同的挥发性物质都有各自的饱和蒸气压；在相对密闭的体系中可以保持其气液两相之间的平衡。物质的蒸气压越大越容易挥发，其分子越易扩散成为气体。挥发性物质的蒸气压随温度升高而增大。物质在气液两相中的含量分布只与其在两相中的总含量和蒸气压有关，与其他挥发性物质的存在无关。当一个体系中的挥发性物质在气液两相共存时，若设法不断移去（降低）其在气相中的组分，气液平衡就会被打破，该物质在液相中的组分就会不断挥发成气态，直至挥发完全。不断收集其在气相中的挥发性组分即可达到将该物质从检材中分离的目的。挥发性物质的各种分离方法大多都是依据这一规律来进行设计的。现代分析技术的应用，也可使检材的处理和测定在线完成，如顶空气相色谱法等使检测工作更加便捷、结果更加准确可靠。依据检材情况，常选用以下几种挥发性毒物分离方法。

一、蒸馏法

蒸馏法是通过加热提高挥发性组分的蒸气压，使检材液体沸腾，挥发性组分成为蒸气从溶液中逸出，同时将蒸气不断引出加热装置，并使之冷却成为液体再加以收集后供检测分析。收集的蒸馏液常称为"馏分"或"馏液"。以蒸馏方式分离出来的挥发性毒物比较纯净，通常，蒸馏液只含有检材中易挥发性组分的液体或水溶液。蒸馏后的检材还可用于非挥发性毒物和金属毒物的检验。

蒸馏前，针对检材中酸碱性不同的挥发性毒物，为使其成为游离的分子状态，需加入酒石酸或氢氧化钠溶液以调节检材溶液的酸碱度。收集氰化物等酸性挥发性毒物时，应用 0.1mol/L NaOH 溶液吸收蒸馏液，防止氢氰酸逸失。对挥发性很强的毒物还须将冷凝管的末端浸入到吸收液中，并对收集器进行冷浴收集，以防被测毒物成分逸失。蒸馏可分为直接蒸馏和通水蒸气蒸馏两种方式。水蒸气蒸馏则是利用了挥发性毒物在一定条件下可以随水蒸气馏出的特性来进行的分离方式。实际工作中，根据不同的检测目的可选用不同的蒸馏分离方式。

（一）直接蒸馏法

直接对装有检材溶液的圆底烧瓶进行加热蒸馏，收集馏液待测。直接蒸馏的优点是快速、操作便捷，使用率高。但蒸馏后的残渣会因受热不均匀而发生焦干或破坏，不利于继续进行非挥发性毒物的检测。蒸馏时需加入消泡剂和沸石，防止起泡和暴沸。对于沸点较低的挥发性毒物可采用直接蒸馏的方式进行蒸馏分离（图 6-1a）。

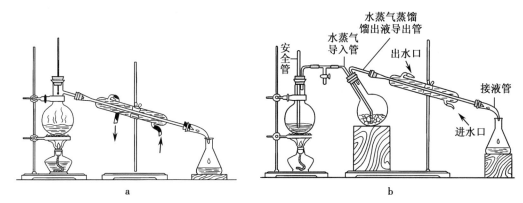

图 6-1　直接蒸馏装置（a）及水蒸气蒸馏装置（b）

（二）水蒸气蒸馏法

取一定量的检材置于圆底烧瓶中，加少量水使呈粥状。检材溶液总体积不超过容器的 1/3。加酒石酸或氢氧化钠试液调节酸碱度后密闭蒸馏装置，加热通水蒸气蒸馏。保持蒸馏瓶中始终有饱和的水蒸气，同时控制温度以维持检材溶液的体积基本不变。分段收集蒸馏液待测。氢氰酸、甲醇、乙醇、乙醚、氯仿等挥发性较大的毒物在最初的馏液中浓度较大，应取初期收集的馏液检验。苯酚、苯胺、硝基苯等挥发性相对较小的毒物在馏液中的浓度较低，需多收集一些馏液以供检验。

水蒸气蒸馏的优点是蒸馏瓶中始终保持有饱和的水蒸气，勿需加大量的水稀释检材，蒸馏液中毒物浓度相对较高。检材受热均匀，不会焦糊。蒸馏后的残渣还可进行其他毒物检验。缺点是操作繁琐，室温低时蒸馏速度较慢（图6-1b）。

二、微量扩散法

微量扩散法是在一个密闭的体系内加入适量的释放剂、吸收剂和少量检材液体，释放剂促使检材中的毒物挥发成气体，吸收剂不断吸收气相中的毒物蒸气，从而使检材中的毒物得以分离的方法。

微量扩散法是在 Conway 扩散槽（图6-2）或 Widmark 瓶（图6-3）等装置中进行的，Conway 扩散槽的内槽放置一定量的吸收剂，外槽放置释放剂和检材液体。用玻璃片盖严扩散槽。室温下放置1.5～2 小时，检材中的挥发性毒物即可完全挥发并被吸收剂吸收。观察内槽中吸收剂的变化，确定检材中是否含有某种挥发性毒物。Widmark 瓶中的小圆碟内放检材，锥形瓶内放吸收剂。根据扩散原理还可以采用其他适当的装置。微量扩散法操作简单，检材用量少，分离和定性分析可一次完成。常用于醇类、醛类、氰化物及卤代烃等毒物的分离和检测。

图 6-2　Conway 扩散槽实物图

图 6-3　Widmark 瓶
瓶塞下连小皿供放置检材，瓶塞顶部小钩备作悬挂于天平称量用，两侧各一对耳钩用于固定瓶塞

三、驱气法与抽气法

驱气法与抽气法都是利用惰性气体或不影响毒物检测的气体（如空气、氮气、氩气、二氧化碳等）通入检材，将检材中的挥发性毒物带出，再加以收集的分离方法，分离装置如图6-4所示。通过加压将气体通入检材，再予以测定的方法称驱气法；而通过减压将气体通过检材，再行测定的方法称抽气法。收集管中的吸收液可根据具体的毒物而定。例如：分离氰化物可用稀氢氧化钠溶液为吸收液。分离和检测可同步进行，气路中安装适宜检测试剂（纸）也可直接对毒物进行检验。

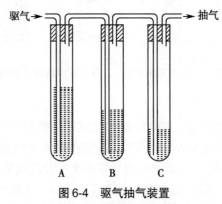

图 6-4　驱气抽气装置
A. 洗气管；B. 检材管；C. 收集管

四、顶空气相色谱法

顶空气相色谱法（head space gas chromatography，HS-GC）是指将试样加在一个密闭的系统（顶空瓶）中（图6-5），控制适当温度使气液两相达到平衡，挥发性物质在气相中的组分浓度与其在液相中的含量有一定比值关系。通常被测物在液相中的含量高，气相中组分的浓度也高。提高温度可增大挥发性物质在气相中的浓度。抽取平衡体系中的气体，注入气相色谱仪，同时与标准品对照进行分析。这种进样方式的气相色谱法称之为顶空气相色谱法。被分析的这部分气体称之为液上气体或顶空气体。顶空气相色谱法适用于分析挥发性较大的毒物。操作时，可取血、尿等液体检材或匀浆后的半固体检材1～2ml置于一个耐压的顶空玻璃瓶内，密闭后在一定温度下置恒温水浴中加热，待气-液两相达到平衡后，抽取一定体积的液上气体注入气相色谱进行检测。顶空气体的产生和分析也可以使用顶空进样的自动化装置，使分析工作更加便捷、结果也更加准确可靠。

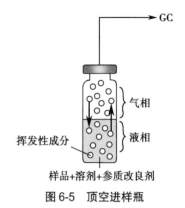

图6-5 顶空进样瓶

第二节 氢氰酸与含氰化合物

一、氢氰酸与氰化物

氢氰酸和氰化物都是剧毒物质。常见的氰化物有氰化钾和氰化钠。

（一）理化性质

纯的氰化氢（hydrogen cyanide）常温下是无色液体，氰化氢的水溶液是氢氰酸（prussic acid，HCN）；沸点25.7℃，能溶于水、乙醇、乙醚等溶剂。氰化氢易在空气中均匀弥散，在空气中可燃烧。氰化氢在空气中的含量达到5.6%～12.8%时，具有爆炸性。氢氰酸的酸性很弱（$K_a = 6.2 \times 10^{-10}$），易释放出氰化氢气体，可与强碱成盐。

氰化钠（sodium cyanide，NaCN，别称山奈、山奈钠），和氰化钾（potassium cyanide，KCN，别称山奈钾）均为白色结晶或粉末，易潮解，有微弱的苦杏仁气味。常制成球状或块状。氰化物在空气中极易潮解，易溶于水，水溶液呈强碱性。氰化钠和氰化钾广泛应用于化工、制药等领域。如电镀、冶金、金属制品等加工制造业，药物合成；也用于狩猎、灭鼠和熏杀害虫等。氰化物可因使用和操作不慎而引起中毒，由于氰化钾和氰化钠相对容易得到，也常见于在他杀或自杀中使用。

（二）毒性及中毒特征

氢氰酸、氰化钾和氰化钠的毒性极强，均为国家管制的剧毒化学品。氢氰酸成人口服致死量为0.05～0.1g，空气中氰化氢的浓度达到200～500mg/m³时可使人立即死亡，氰化钾和氰化钠成人经口服致死量为0.05～0.25g，苦杏仁成人服40～60粒，儿童服10～20粒可引起中毒或死亡。氰化物中毒血中浓度约为0.5μg/ml，致死血中浓度≥1μg/ml。氰化物可以在火灾受害者的血液中检出，这大多是由于羊毛、丝绸及合成聚合物如聚氨酯等经燃烧、降解而产生的氰化物被吸入血液。在此情况下，血液中氰化物浓度范围为0.2～1mg/L；同时通常可检出一氧化碳。在重度吸烟者血液中氰化物含量可能达到0.3mg/L。

氰化物对中枢神经系统有很高的亲和力，也可对呼吸系统和循环系统产生刺激和麻痹作用，剂量高时可导致瞬间死亡。氰化物中毒死亡者的尸体呈鲜红色尸斑，血液呈鲜红色且不易凝结，解剖时有时可以嗅到氢氰酸的苦杏仁气味。

（三）检材提取

可取现场的可疑物品、剩余食物、呕吐物和胃内容物，其次为血液、肝、脾、肺、脑等。怀疑为吸入性中毒者应取血液为主要检材。对于严重腐败或存放较长时间的检材,氰化物均有可能因生成氢氰酸逸失而不能检出。因此,含氰化物的检材应及时采取、密封,尽早检验。

(四)检验方法

1. 普鲁士蓝法 普鲁士蓝法(Prussian blue method)作为检验氰化物的一种有效的分析方法一直被普遍使用。其原理是利用氢氰酸的易挥发特性,加酸使其从检材中逸出,CN^- 分别与 Fe^{2+} 和 Fe^{3+} 反应生成普鲁士蓝。反应原理如下:

$$CN^- + H^+ \longrightarrow HCN \uparrow$$

$$6HCN + Fe^{2+} + 6OH^- \longrightarrow Fe(CN)_6^{4-} + 6H_2O$$

$$4Fe^{3+} + 3[Fe(CN)_6]^{4-} \longrightarrow Fe_4[Fe(CN)_6]_3(普鲁士蓝)$$

取检材于锥形瓶内,加适量水使呈粥状,加酒石酸使检材呈酸性,装上插有玻璃管的胶塞,在玻璃管上端加盖一张滤纸,在滤纸上滴加 1 滴 10% NaOH 溶液和新配制的 20% $FeSO_4$ 溶液;加热锥形瓶后可见瓶内有蒸气上升,此时检材中氢氰酸也一同随蒸气从检材中逸出,与滴有 NaOH-$FeSO_4$ 溶液的试纸作用;数分钟后取下试纸,滴加 10% H_2SO_4 使之呈酸性。如检材中含有氰化物,滤纸上呈现蓝色斑(实验器材可以考虑使用检砷装置)。该反应是氰化物检测的专属反应,检出限可达 10μg 氰化氢。检测过程中视检材腐败程度,可在玻璃管中加入适量醋酸铅棉以除去硫化氢的干扰。

2. 蒸馏后检验 检材也可经蒸馏分离后再进行检测。氢氰酸挥发性强,可在较短的时间内蒸出,蒸馏液用 0.1mol/L NaOH 溶液吸收后,可进行如下反应。

(1)氰酸盐反应:氰化物与过硫化铵反应生成硫氰酸盐,硫氰酸盐再与三价铁反应生成血红色的硫氰酸铁。

$$CN^- + (NH_4)_2S_2 \longrightarrow SCN^- + (NH_4)_2S$$

$$3SCN^- + Fe^{3+} \longrightarrow Fe(SCN)_3$$

取碱性馏液 1~2ml,加少量过硫化铵溶液,在水浴上蒸干,残渣用少量水溶解,加稀盐酸酸化,将析出的硫过滤除去,滤液滴加三氯化铁溶液,若有氰化物,溶液呈现血红色。检出浓度限约为 1:400 000。

(2)普鲁士蓝反应:取碱性馏液 1~2ml 于试管中,滴加数滴新配制的 20% $FeSO_4$ 溶液和 1 滴 20% $FeCl_3$ 溶液,加稀硫酸酸化,若含有氰化物,会出现蓝色沉淀。氰化物含量低时,会在试管底部处逐渐呈现蓝色。检出浓度限约为 1:50 000。

(3)顶空气相色谱法(HS-GC/ECD):利用衍生化的方法,在密闭的体系中将检材中的 CN^- 与衍生化试剂氯胺 T(chloramine-T)衍生成氰化氯(ClCN)气体,以电子捕获检测器(ECD)检测氯元素,可以间接检测和计算出检材中 CN^- 及其含量。在顶空瓶中 CN^- 与氯胺 T 在一定条件下发生反应,适当温度下,达到气 - 液平衡后抽取一定量的顶空气体注入气相色谱仪,采用 ECD 检测器,依据 ClCN 的保留时间定性,外标工作曲线法定量。

二、含氰配合物(氰络盐)

一些含氰配合物(氰络盐)如铁氰化钾 $K_3[Fe(CN)_6]$(赤血盐)、亚铁氰化钾 $K_4[Fe(CN)_6]$(黄血盐)和硫氰酸钾 [KSCN](硫氰化钾)等也含有氰基 CN^-。

(一)理化性质

铁氰化钾为深红色晶体,水溶液呈黄色。能溶于水、丙酮,微溶于乙醇,不溶于醋酸甲酯与液氨。其水溶液在存放过程中逐渐分解。遇阳光或溶于水都不稳定,能被酸分解。遇亚铁盐生成深蓝色沉淀(滕氏蓝)。亚铁氰化钾为浅黄色单斜体结晶或粉末,无臭,略有咸味。溶于水,不溶于乙醇、乙醚、乙酸甲酯和液氨。其水溶液遇光分解为氢氧化铁,与过量 Fe^{3+} 反应,生成普鲁士蓝颜料。硫氰酸钾为无色单斜晶系结晶。化学性质不稳定,在空气中易潮解而溶于水,并因大量吸热而降温。可溶于酒精和丙酮。

（二）毒性

铁氰化钾在常态下毒性较低，但灼热分解或遇酸时产生剧毒的氰化物；最小致死量（大鼠，经口）1.6g/kg。亚铁氰化钾毒性极低，大鼠经口 LD_{50} 为 1.6～3.2g/kg。硫氰酸钾遇酸或高热分解，放出有毒的氰化物和硫化物烟气。通常情况下这些物质都比较稳定，不易释放出 HCN，毒性相对较小。

（三）检材提取

同氰化物。

（四）检验方法

将检材在强酸性条件下加热或煮沸，含氰配合物能分解产生氢氰酸，可按上述氰化物检测方法做相关分析。含氰配合物可直接将检材用适量水浸泡，离心取上清液滴加数滴 20% $FeCl_3$ 溶液，若有亚铁氰化物，即可生成普鲁士蓝；若有硫氰酸盐，则生成血红色的硫氰酸铁。检验铁氰化物时可于水浸液中加入新配制的 20% $FeSO_4$ 溶液，硫酸亚铁能与铁氰化物生成蓝色的滕氏蓝沉淀。

三、含氰基化合物

一些含氰基的有机化合物，在一定条件下可分解释放出氰离子（CN^-）而产生毒性如苦杏仁苷和木薯毒苷等。在含氰基的有机化合物中，脂链烃上的氰基在体内分解代谢时可产生氢氰酸，这类有机化合物主要有脂肪族的含氰基化合物及植物中的氰苷类。

1. 丙烯腈　丙烯腈（acrylonitrile，$CH_2=CHCN$）是无色、具苦杏仁气味、易燃、易挥发的液体。与氧化剂、强酸、强碱、胺类、溴反应剧烈。沸点 77.4℃，20℃时水中的溶解度为 7.3%。丙烯腈是合成纤维、合成橡胶和合成树脂的重要单体。

丙烯腈的毒性低于氰化物（约为其 1/30），小鼠静脉注射 LD_{50} 15mg/kg，大鼠 LD_{50} 为 93mg/kg。中毒症状与氰化物相似，但作用较轻，发作也相对迟缓。

丙烯腈的检验可取血液，用顶空气相色谱法检测，也可取蒸馏液检验。在磷酸盐缓冲液中（pH=6.8），用氯胺 T 为衍生化试剂，在光照的条件下使丙烯腈分解生成氢氰酸，CN^- 与氯胺 T 进行衍生化后用 ECD 检测产物 ClCN，通过检测 ClCN，从而可以间接的检测和计算出检材中的丙烯腈及其含量。

2. 含氰苷类　氰苷（cyanogentic glycoside）又称氰醇苷，是含氰醇基的苷元与糖缩合而成的有机化合物。氰苷存在于一些植物中，如苦杏仁苷（amygdalin）存在于杏、桃、李等的果核中；木薯中的有毒成分是木薯毒苷（manihotoxin），食用不当都可引起中毒。一些苦杏仁中苦杏仁苷的含量高达 4.5%，相当于含氢氰酸 0.28%。

氰苷可在体内酶的作用下或在强酸中加热煮沸水解生成糖和氰苷元两部分，苷元再水解生成氢氰酸而产生毒性。因此，过量摄入含氰苷类食物会引起氰化物中毒。

苦杏仁苷　　　　　　　　苯甲醛　　　　　　　龙胆双糖

木薯毒苷　　　　　　丙酮　　　　　　D-葡萄糖

苦杏仁等引起的中毒，有时可从胃内容物中找到破碎的果核。毒物化验可以检出氢氰酸与苯甲醛。检验果核等植物检材时，可将其在试管中与稀硫酸共同煮沸水解，同时在试管口用碱性硫酸亚铁试纸做普鲁士蓝快速检验。也可经蒸馏分离后，用有机溶剂提取蒸馏液中的苯甲醛。利用苯甲醛和苯甲酸在紫外光区都有吸收的性质作紫外分光光度法检验，或用气相色谱法检验。

第三节 乙醇与甲醇

一、乙醇

(一)理化性质

乙醇(ethanol，CH_3CH_2OH)也称酒精(alcohol)，系无色、透明的挥发性液体。沸点 78.4℃，易燃，能与水、乙醚、氯仿、丙酮等以任意比例混溶。乙醇的用途很广，是化工制造业中最常用的原料和溶剂；可用乙醇制造醋酸、饮料、香精、染料、燃料等。医疗上也常用体积分数为 70%～75% 的乙醇作消毒剂等。乙醇也是常用燃料。

乙醇是各种酒类饮料的主要成分。不同种类的酒，其酒精含量也各异。啤酒中含乙醇 2%～6%；葡萄酒等果酒中含乙醇 10%～30%；各种白酒中的乙醇含量为 35%～65%。大量饮用高浓度的酒，会造成急性酒精中毒，严重者会导致死亡。由于饮酒过量对社会造成危害较大的案件有酒后驾车造成的交通事故，也有借酒投毒或用酒将被害人灌醉后实施犯罪的案件。若在检材中检出了乙醇，有时不能立即断定只是乙醇中毒，还应考虑到检材中乙醇的浓度以及是否有其他毒物同时存在等情况。一些与乙醇同时使用的毒物多见于呼吸抑制剂，如一氧化碳、安眠药类、阿片类和中枢兴奋剂类等。

(二)毒性及体内代谢

乙醇中毒多见于过量饮酒。多数人饮酒后 5 分钟，血液中即可检测出乙醇。乙醇经过胃和小肠，在 0.5～3 小时内可完全被人体吸收。人体吸收乙醇的速度与胃内食物、乙醇浓度、胃壁的情况有关。被吸收后的乙醇分布于人体的各组织和器官，且随血液中乙醇量增高而增高。乙醇进入人体后，摄入量的 95%～98% 经肝代谢，先被氧化为乙醛，再进一步被氧化为乙酸；其余部分(2%～5%)主要以原体形态由尿液、呼气和汗液中排出体外；仅有微量乙醇(<0.1%)与尿嘧啶核苷 -5′- 二磷 - 葡萄糖醛酸结合，生成乙基葡萄糖醛酸苷(ethyl glucuronide，EtG)从尿中排出体外；同时有微量乙醇在肝脏中代谢成乙基硫酸酯(ethyl sulphate，EtS)，由尿液中排出体外。由于乙基葡萄糖醛酸苷和乙基硫酸酯在体内可停留时间比其原体乙醇长，近年来越来越为人们所重视，被认为是乙醇的标志性化合物。

急性乙醇中毒主要是乙醇对中枢神经系统的抑制，症状包括兴奋、陶醉、头痛、头昏眼花、困倦、视觉模糊、疲劳、战栗、痉挛、丧失意识、昏睡、呼吸停止和死亡。判断乙醇中毒的程度通常以血液中乙醇浓度作为标准。一般情况下，血液中乙醇浓度在 50mg/100ml 以下时无明显影响；达 100mg/100ml 以上时可出现明显的中毒症状；达 400～500mg/100ml 可导致呼吸抑制等症状而引起死亡。酒精中毒剂量因人及生活习惯不同而差异很大，有血液中乙醇浓度仅为 250mg/100ml 致死的案例，也有高达 600mg/100ml 仍存活的报道。长期饮酒可产生依赖性，有研究表明酒精对身体造成的生理伤害和依赖性，甚至比大麻和摇头丸更严重，但尚不及古柯碱、海洛因严重。表 6-1 列出了血中乙醇含量与其相应症状和酒后交通事故间的关系，供参考。

表 6-1 血中乙醇浓度与症状、酩酊度及肇事的关系

乙醇浓度(mg/100ml)	症状	酩酊度	肇事可能性
50	精神愉快，飘然感	无影响	有可能
100	兴奋、脸红、语无伦次，笑怒无常	无明显影响	增加
150	激动，吵闹	高度受影响	很容易
200	动作不协调，意识紊乱，舌重口吃	酩酊	一定发生
300	麻醉状态，进入昏迷	重度酩酊	一定发生
400	昏迷，呼吸有鼾音，体温下降		
500	深度昏迷，死亡		

（三）检验方法

　　检验乙醇可取血、尿、呼出的气体和胃内容物等为检材。对于取自尸体的血液，应考虑到是否有微生物污染后产生乙醇的可能。尸体在产生乙醇的同时也有正丙醇产生。当血中检出正丙醇时，应考虑到微生物的污染。检材采取后应密闭、低温保存，尽快检验。

　　1. Lieben 碘仿反应　取 1~2ml 蒸馏液，加稀碱液使呈碱性，滴加碘试剂使之呈现淡黄色，于 50℃ 水浴上加热。如含乙醇，可生成黄色碘仿沉淀。经冷却、放置后弃去上清液，将沉淀置于载玻片上，镜检可观察到碘仿结晶（图 6-6），检出浓度限为 1:1000。丙酮、乙醛及含 CH_3CO- 基团的化合物都能发生此反应，但甲醇无此反应，可以与之区别。碘仿反应过程如下：

$$I_2 + 2KOH \longrightarrow KI + KIO + H_2O$$

$$CH_3CH_2OH + KIO \longrightarrow CH_3CHO + H_2O + KI$$

$$CH_3CHO + 3KIO \longrightarrow CHI_3\downarrow + HCOOK + 2KOH$$

总反应：

$$CH_3CH_2OH + I_2 + KOH \longrightarrow CHI_3\downarrow + HCOOK + KI + H_2O$$

图 6-6　碘仿结晶图

　　2. Conway 法（微量扩散法）　反应在微量扩散槽中进行。液体检材中加适量饱和碳酸钠溶液作为乙醇释放剂，促使检材中的乙醇挥发。用重铬酸钾—硫酸溶液吸收气相中的乙醇蒸气，并把乙醇氧化成乙酸。当检材中的乙醇全部逸出并氧化时，吸收剂自身被还原成三价铬而使溶液呈绿色，通过观察吸收剂颜色的改变来判定检材中是否有乙醇存在。凡检材中能被 $K_2Cr_2O_7\text{-}H_2SO_4$ 氧化的挥发性组分都有干扰，所以该反应只作为乙醇的筛选试验。乙醇与重铬酸钾的氧化-还原反应如下：

$$3C_2H_5OH + 2Cr_2O_7{}^{2-} + 16H^+ \longrightarrow 3CH_3COOH + 4Cr^{3+} + 11H_2O$$

3. Vitali 反应　取 1~2ml 馏液,加一粒氢氧化钾和 2~3 滴二硫化碳(CS$_2$)振摇,温热待 CS$_2$ 挥干,加 10% 的钼酸铵(NH$_4$)$_2$MoO$_4$ 溶液 1 滴,有乙醇则溶液呈现紫红色,检出限为 1∶100。这是伯醇和仲醇的共同反应,丙酮也有此反应,应加以区别。

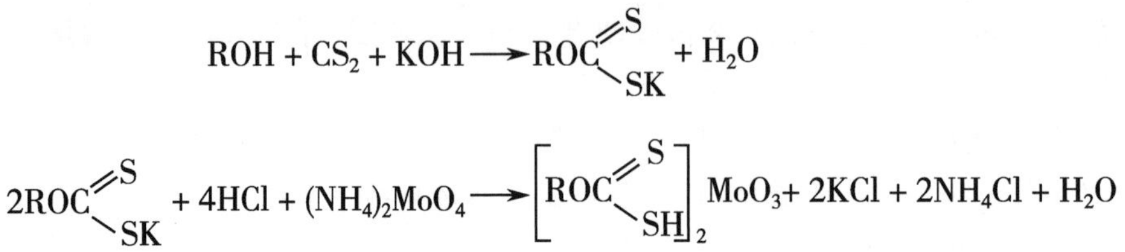

$$ROH + CS_2 + KOH \longrightarrow ROC\underset{SK}{\overset{S}{\diagdown}} + H_2O$$

$$2ROC\underset{SK}{\overset{S}{\diagdown}} + 4HCl + (NH_4)_2MoO_4 \longrightarrow \left[ROC\underset{SH}{\overset{S}{\diagdown}}\right]_2 MoO_3 + 2KCl + 2NH_4Cl + H_2O$$

4. 气相色谱法　用顶空气相色谱法可直接对血、尿中的乙醇定性、定量检测。国家公安部、司法部已颁布相应检测技术规范。下例为乙醇检测的顶空气相色谱条件及操作过程,供参考。

色谱柱:DB-ALC1(30m×0.32mm×1.8μm)石英毛细管柱,柱温40℃;载气:氮气,流速30ml/min;进样口温度:150℃;检测器:FID,检测器温度:250℃。顶空瓶加热箱温度:65℃;样品瓶加热平衡时间10.0分钟。

精密取检血 1ml 于顶空瓶内,加入内标物异丙醇或叔丁醇(2mg/ml)100μl(也可同时加硫酸铵溶液以增大乙醇和内标物在气相中的浓度),立刻盖上硅橡胶垫,加封铝帽,混匀样品后65℃加热平衡10分钟,顶空进样或用 1ml 注射器吸取一定体积液面上的气体注入气相色谱仪,测出乙醇的峰面积 A_X(或峰高 h_X)和内标物的峰面积 A_{IX}(或峰高 h_{IX})。再取一定量空白模拟检材,加入已知量的乙醇标准溶液,按同样的方法加入内标物并检测,测出标准乙醇峰面积 A_S(或峰高 h_S)和标准内标物峰面积 A_{IS}(或峰高 h_{IS})。根据模拟检材中加入标准乙醇的相对含量 C_S 和以上所测得的数据可由下式求得检材中乙醇的相对含量。

$$检材中乙醇的相对含量 = \frac{A_X/A_{IX}}{A_S/A_{IS}} \times C_S$$

直接取血液测定乙醇时,可将检血用水稀释 20 倍,滴加三氯醋酸沉淀蛋白,高速离心后取上清液定容,吸取一定体积进样检测。乙醇含量与色谱峰高或峰面积间的比值关系,需用模拟检材加入已知含量的标准乙醇系列在相同条件测定获得,同时也需做空白对照及加标对照试验,以确定检材中其他成分在检测过程中无干扰。视具体情况选用内标法或外标法测定和计算乙醇含量。

5. 色-质联用法　利用 GC-MS/MS 或 LC-MS/MS 等现代分析技术测定人体液(血液、尿液、胆汁)及组织(毛发、骨髓)中的微量乙基葡萄糖醛酸苷和乙基硫酸酯含量,从而判断乙醇的摄入量和摄入时间。

气相色谱-质谱联用检测血液中乙基葡萄糖醛酸苷条件示例:

样品制备　取血液 0.10ml 置于 1.5ml 离心管中,加入 5μl 内标 EtG-d$_5$ 工作液(20μg/ml)和 0.90ml 乙腈,涡旋混合,以离心半径 6cm,10 000r/min 离心 5 分钟,转移上清液至另一离心管中,60℃水浴中空气流下吹干,残留物中加入 BSTFA-TMCS(66μl)和吡啶(33μl),90℃干燥箱中进行衍生化反应 30 分钟,取出。冷却后取 1μl 进样。

气相色谱条件　色谱柱:HP-1MS 毛细管柱(30m×0.25mm,0.1μm)。柱温:初温 100℃保持 1 分钟,以 8℃/min 程序升温至 205℃,再以 30℃/min 程序升温至 280℃保持 3 分钟。进样口温度:250℃。分流比为 10∶1。载气:氦气,流速为 1ml/min。

质谱条件　离子源(EI 源)温度 220℃,接口温度 300℃,碰撞气为氩气。正离子多反应监测模式检测,MRM 定性离子对:EtG 为 261>143(CE=5),261>73(CE=20);EtG-d$_5$ 为 266>143(CE=5),266>73(CE=20);以 261>143(EtG)和 266>143(EtG-d$_5$)作为定量离子对。血液中 EtG GC-MS/MS 多反应监测色谱图见图 6-7。

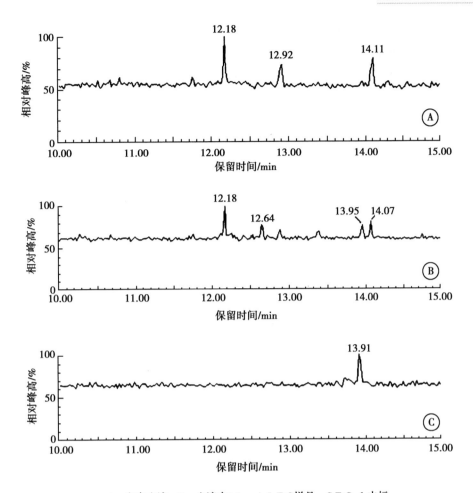

A：空白血液；B：血液中0.1μg/mL EtG样品；C:EtG–d₅内标

图 6-7 血液中 EtG GC-MS/MS 多反应监测色谱图

液相色谱 - 质谱联用检测血液及尿液中乙基葡萄糖醛酸苷条件示例：

样品前处理 将 900μl 乙腈置于 1.5ml 离心管中，加 2.5μl 内标物 EtG-d₅ 工作液，加入 100μl 血液或尿液，涡旋混合 1 分钟；以离心半径 6cm，13 000r/min，离心 3 分钟；转移 800μl 上清液至样品瓶中；取 5μl 进样。

液相色谱条件 色谱柱：HILIC silica 柱（2.1mm×50mm，5μm），前接 HILIC silica 保护柱（2.1mm×10mm，5μm）（美国 Waters 公司）。流动相：A 为乙腈，B 为 V（乙腈）:V（20mmol/L 乙酸铵）=50:50。梯度洗脱程序见下表，流速 300μl/min。色谱柱温度为室温，进样量 5μl。

流动相梯度洗脱程序（%）

时间 /min	A	B
0～2.2	81.5	18.5
2.2～2.4	81.5～100.0	18.5～0
2.4～2.6	100.0	0
2.6～2.8	100.0～0	0～100.0
2.8～3.0	0	100.0
3.0～3.2	0～81.5	100～18.5
3.2～5.0	81.5	18.5

质谱条件　离子源：电喷雾离子源（ESI）；扫描方式：负离子扫描（ESI⁻）；检测方式：多反应监测（MRM）；气帘气：103.4kPa；喷雾电压：−4500V；离子传输通道温度：450℃；去簇电压：−45V；碰撞能量：−24V；以 m/z 221＞75（EtG）和 m/z 226＞75（EtG-d₅）检测。空白血液添加 0.5μg/ml EtG 和 EtG-d5 多反应监测色谱图见图6-8。

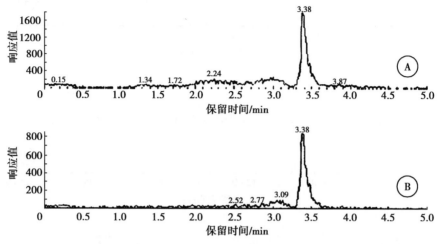

图6-8　空白血液添加 0.5μg/ml EtG 和 EtG-d5 多反应监测色谱图

6. 酶法　利用乙醇脱氢酶（ADH）及相关酶可对乙醇进行定性、定量检测。现已有相关商品试剂盒供应，使其检测更加方便、快捷。

二、甲醇

（一）理化性质

甲醇（methanol，CH₃OH）系无色、透明的挥发性液体，沸点 64.5℃，因在干馏木材中首次发现，故又称"木醇"或"木精"，能与水、乙醇、乙醚、氯仿、丙酮等以任意比例混溶。甲醇是基础化工原料，也是常用有机溶剂，还可用作汽车燃料。工业乙醇含甲醇约 4%，不能饮用以及作为食物原料使用。

（二）毒性

甲醇中毒案件多发生于误饮了以工业乙醇滥造的酒类或饮料，严重者可导致死亡。甲醇对视神经有较强的毒害作用，可导致视神经萎缩、视力减退甚至失明。饮用甲醇 10～20ml 可导致失明，30～100ml 可致呼吸衰竭和死亡。甲醇进入人体后吸收较快，但代谢速度较慢，毒性发作较迟缓。甲醇在体内被氧化成甲醛和甲酸，也可局部作用于各器官组织，在甲醇中毒者的尿液中可检出甲醇和甲酸。甲醇中毒的血浓度为 0.2mg/ml。

（三）检验方法

检验甲醇可取怀疑含有甲醇的酒或饮料直接检验，还可将血、尿、胃内容物等经蒸馏分离后取蒸馏液检验，或不经蒸馏分离采用顶空气相色谱法进行定性、定量检验。用化学法可作醇的类别检验或经氧化后对氧化产物甲醛进行检验。传统化学检测方法如下：

1. 醇的类别反应　甲醇也可以进行 Vitali 反应，检出限为 1:700，还可以与苯甲酰氯反应生成具有香气的安息香酸甲酯。方法如下：取蒸馏液 2ml，加数滴苯甲酰氯溶液，滴加过量的 10% NaOH 溶液，振摇致苯甲酰氯气味消失为止。如含甲醇可嗅到安息香酸甲酯的芳香气味。此反应还可用来区分醇与丙酮。

2. 氧化成甲醛后检验　甲醇可被弱氧化剂（CuO）氧化成甲醛。反应方程式为：

$$CH_3OH + CuO \longrightarrow HCHO + Cu + H_2O$$

经氧化后得到的甲醛可按甲醛的检测方法鉴别。甲醛有比较专属的化学反应，可与其他醇类相区别。为了区分试样中甲醛与甲醇是否同时存在，可在对甲醇氧化之前先行检验，确证甲醛。检验甲醛的常用反应有变色酸反应和苯肼-铁氰化钾反应。

（1）变色酸（chromotropic acid）反应：在浓硫酸的存在下，变色酸能与甲醛反应，缩合成紫红色的化合物。取经氧化的溶液1ml，加一小粒变色酸固体，振摇后沿管壁加入浓硫酸2ml。如含甲醛，溶液显紫红色。检测浓度限为1∶360 000。可利用所生成的紫色化合物在580nm处的最大吸收，用分光光度法测定溶液中甲醇的含量。

（2）苯肼-铁氰化钾反应：在铁氰化钾作用下与苯肼反应能生成红色化合物。取氧化后的检液1~2ml，加入2%盐酸苯肼溶液1ml，再加1~2滴10% $K_3[Fe(CN)_6]$ 溶液和数滴盐酸，如含甲醛溶液显红色。检出浓度限为1∶10^6。

第四节 苯酚与苯甲酚

一、理化性质和用途

1. 苯酚　苯酚（phenol，C_6H_5OH）俗称石炭酸。纯品为无色针状结晶，因受光照或在空气中氧化常呈现为淡红色或更深。苯酚味辛、有吸湿性，熔点41℃，沸点181℃，苯酚密度比水大，微溶于冷水，可在水中形成白色混浊；但易溶于65℃以上的热水，易溶于乙醇、乙醚和氯仿中。水溶液呈很弱的酸性（pKa=10）。

2. 苯甲酚　苯甲酚（cresol，$C_6H_4CH_3OH$）又称甲酚或煤酚。根据甲基所在苯环上位置的不同可出现邻位、间位和对位三种苯甲酚的同分异构体。邻、间、对异构体的沸点分别为190.8℃、202.7℃、201.9℃。苯甲酚难溶于水，有特殊气味。俗称的来苏水（lysol）是含50%苯甲酚的皂化液。

3. 用途　苯酚、苯甲酚是重要的有机化工原料，此外，苯酚还可用作溶剂、实验试剂和消毒防腐剂。甲酚抗菌作用较苯酚强3~10倍，而毒性几乎相等，故应用的安全系数更高。来苏儿水是常用的杀菌消毒剂。因苯酚、苯甲酚都具有较强烈的特异气味，他杀案件比较少见，偶有自杀和意外伤害的中毒案件发生。

二、毒性及体内代谢

苯酚对皮肤、黏膜有腐蚀作用，可抑制中枢神经或损害肝、肾功能。吸入高浓度蒸气可致急性中毒，出现头痛、头晕、乏力、视物模糊、肺水肿等症状。误服引起消化道灼伤，出现烧灼痛，呼出气带酚味，呕吐物或大便可带血液，有胃肠穿孔的可能。可出现休克、肺水肿、肝或肾损害，出现急性肾衰竭，可死于呼吸衰竭。眼接触可致灼伤。可经灼伤皮肤吸收，经一定潜伏期后引起急性肾衰竭。慢性中毒：可引起头痛、头晕、咳嗽、食欲减退、恶心、呕吐，严重者引起蛋白尿。可致皮炎。

人口服苯酚81~150g或服来苏儿水50ml以上可致死亡。大鼠经口 LD_{50} 530mg/kg。酚进入人体内被吸收后，一部分以原型酚或硫酸、葡萄糖醛酸结合物的形式从尿中排出，一部分被氧化成二氧化碳和水，以及少量邻苯二酚和对苯二酚从尿液中排泄。代谢产物中因含醌类物质而使尿液呈现绿色。检验时应注意，正常人的血和尿中通常也含一定量的酚。血清中酚含量约为13mg/L，尿中酚含量约为24mg/L。此外，蛋白质腐败也能产生酚。

三、检验方法

苯酚中毒检验应取尿液为检材。中毒死亡者可取血、胃内容物、胃、肾、肝等检材进行检验。检材经酸化后用蒸馏法分离，收集蒸馏液进行检验。如用薄层色谱法或气相色谱法进行检验，需用少量乙醚等低沸点的有机溶剂对蒸馏液进行萃取；低温挥干有机溶剂后，再用适当的溶剂定容后测定。

1. 化学法

(1) Millon 试剂反应：Millon 试剂是由汞和发烟硝酸 1:1 混合，再加入 2 倍的水稀释而制得。酚与 Millon 试剂作用，生成红色的螯合物。取蒸馏液加入数滴 Millon 试剂，水浴煮沸加热，如有苯酚，溶液呈深红色。Millon 试剂与邻甲酚反应呈浅橙色，与间甲酚反应呈黄色；与对甲酚反应呈黄绿色。但与来苏儿水反应也呈红色。检出限为 $1:10^4$。

(2) 三氯化铁反应：苯酚和苯甲酚都能与三价铁离子反应生成有色配合物。取蒸馏液加 2～3 滴三氯化铁试液，如有苯酚或苯甲酚，溶液呈蓝色或蓝紫色。此颜色加盐酸或乙醇即可消失。本反应的检出限是 1:1000。因三氯化铁显黄色，滴加过量会影响结果的观察。

(3) 溴水反应：苯酚与溴水反应能生成三溴苯酚。在蒸馏液中加入数滴饱和溴水，如有苯酚，则生成白色或乳黄色三溴苯酚沉淀。苯甲酚也呈阳性反应。检出限为 1:50 000。苯胺、水杨酸也能生成沉淀。蛋白质腐败产生的酚也能检出。

苯酚和苯甲酚有许多共同的反应，检验过程中可根据反应的灵敏度不同选择使用上述反应。如溴水反应可较灵敏地检出是否有酚类化合物存在；三氯化铁反应阳性意味着检材中有较大量的酚。

2. 薄层色谱法 取蒸馏液加氯化钠盐析，经盐酸酸化后用乙醚提取，提取液用无水硫酸钠脱水、浓缩后，用薄层色谱分析。吸附剂用硅胶 G，展开剂用苯和氯仿，显色剂用 0.5% 的 2,6- 二氯醌氯亚胺乙醇溶液。显色后的薄层板再置于氨蒸气中熏蒸片刻，苯酚和苯甲酚都显蓝色斑点，来苏儿水可出现 2～4 个斑点。

3. 紫外分光光度法 苯酚的乙醇溶液在紫外光区的最大吸收是 272nm；在氢氧化钠溶液中最大吸收峰红移至 286nm。

4. 气相色谱法 蒸馏液用乙醚提取，提取液挥去乙醚后用丙酮定容，取丙酮溶液进样。固定相可用 OV-17 或 CD-550，柱温 160℃，FID 检测。各成分的保留时间顺序大致为：苯酚、邻甲酚、间甲酚、对甲酚。

第五节 其他挥发性毒物

近年来，引起中毒的挥发性毒物种类在不断地变化和增多。如室内装修中经常遇到的苯、甲苯、甲醛、醋酸乙酯等有机溶剂，以及制造毒品过程中所需的乙醚、丙酮、醋酸酐及卤代烃等挥发性物质都会给人体健康造成很大的危害。这类物质可使人发生急性中毒，而且有致癌、致畸和致死的可能。由挥发性有机溶剂引发的中毒事件日益增多，必须引起人们的高度重视。我国及其他很多国家都已把这类有机溶剂列入国家控制的化学品范围，严禁非法买卖和滥用。对这些挥发性有机毒物常采用气相色谱法或气质联用等方法进行分析。

一、苯、甲苯与二甲苯

(一) 理化性质

苯（benzene，C_6H_6）是无色、有芳香气味的液体，是最简单的芳香族碳氢化合物。易挥发，易燃，可与空气形成爆炸性混合物。沸点 80.1℃，不溶于水，能与非极性有机溶剂以任意比例混溶，可随水蒸气蒸馏。苯常作为溶剂或稀释剂的主要成分广泛地用于化工行业，制备油漆、染料、塑料、橡胶等化工产品。

甲苯（toluene，$C_6H_5CH_3$）与二甲苯（dimethylbenzene，$CH_3C_6H_4CH_3$）都是重要的芳香烃类和化工原料。是易挥发、易燃性液体。化学性质多与苯相似，但更活泼。与苯相比，甲苯、二甲苯毒性更低。

(二) 毒性及体内代谢

苯主要通过呼吸道吸入（47%～80%）和经胃肠及皮肤吸收的方式进入人体。一部分苯可通过尿液排出，未排出的苯则首先在肝中细胞色素 P450 单加氧酶作用下被氧分子氧化为环氧苯 [7- 氧杂双环（4.1.0）庚 -2,4- 二烯]。环氧苯与它的重排产物氧杂环庚三烯存在平衡，是苯代谢过程中产生的有毒中间体。接下来有三种代谢途径：与谷胱甘肽结合生成苯巯基尿酸；继续代谢为苯酚、邻苯二酚、对苯二酚、偏苯三酚、邻苯醌、对苯醌等，以葡萄糖苷酸或硫酸盐结合物形式排出；以及被氧化为已二烯二酸。国际癌症研究中心（IARC）已经确认苯为致癌物。

苯、甲苯和二甲苯的蒸气都有毒。都具有强烈的刺激作用和较强的麻醉作用。许多情况下遭受苯侵害的同时也有甲苯和二甲苯的存在。苯损害造血系统且作用大于甲苯和二甲苯，甲苯的刺激作用和对神经系统的作用最强。工业生产过程中，当清洗贮苯罐及蒸馏设备，或在密闭、通风不畅的地点接触以苯等为油漆的速干成分或含苯的化工原料时，极易引起苯、甲苯和二甲苯急性中毒。苯及其化合物在更多的情况下引起的是慢性中毒，这些物质会在骨髓中积累，造成伤害。人吸入含苯40%～50%的溶剂蒸气或暴露于苯浓度为5mg/L的空气中时，几分钟后意识丧失，5小时内即可死亡。苯的致死血浓度为0.9mg/100ml。

（三）检测方法

苯、甲苯和二甲苯中毒的检材可通过蒸馏的方式分离后检测或直接采用顶空气相色谱法检测。

二、甲醛

（一）理化性质

甲醛（formaldehyde，HCHO）纯品在常温下为无色可燃性气体。沸点19.5℃，比空气稍重。有刺激性气味，对黏膜、呼吸道具有强烈的刺激作用。易溶于水，微溶于醇或醚。甲醛溶液不稳定，久置可析出多聚甲醛沉淀。含甲醛34%～40%的水溶液称之为福尔马林（formalin，常含10%～12%甲醇作为稳定剂），可与蛋白质中的氨基结合使蛋白质凝固。

（二）毒性

甲醛是室内的主要污染物之一，约有三千多种不同建筑物的产品均含有甲醛，主要来源为胶合板等装潢材料。甲醛已被世界卫生组织确定为致癌和致畸形物质。空气中有0.001mg/L甲醛就可使较敏感的人发生上呼吸道及眼刺激反应、呼吸节律紊乱、自主神经状态改变等。随着甲醛浓度升高还可发生恶心、呕吐、咳嗽、胸闷、气喘。当浓度大于65mg/m³时还可引起肺炎、肺水肿等损伤，甚至导致死亡。人口服6%的甲醛100～200ml可以致死。长期接触低剂量甲醛（0.017～0.068mg/m³）可以引起慢性呼吸道疾病、女性月经紊乱、妊娠综合征、新生儿体质降低、染色体异常，甚至引起鼻咽癌。高浓度的甲醛对神经系统、免疫系统、肝脏等都有毒害，长期接触较高浓度的甲醛会出现急性精神抑郁症。甲醛还有致畸、致癌作用。据流行病学调查，长期接触甲醛的人，可引起鼻腔、口腔、鼻咽、咽喉、皮肤和消化道的癌症。

（三）检测方法

甲醛的检测的方法很多，常用的有下列方法。

1. 变色酸反应　其检测原理可参见前述甲醇检测方法项下。

2. 酚试剂法　其检测原理是甲醛与酚试剂（MBTH）反应生成嗪，嗪在酸性溶液中被高铁离子氧化形成蓝绿色化合物，颜色深浅与甲醛含量成正比。该法对甲醛的最低检出浓度为0.015mg/L。此方法的缺点是乙醛、丙醛的存在会对测定结果产生干扰，存在二氧化硫时测定结果偏低，反应受温度影响明显，适宜比色温度为20～35℃。

3. 乙酰丙酮法　其原理是甲醛在过量铵盐存在下，与乙酰丙酮生成黄色的化合物。该有色物质在414nm波长处有最大吸收。有色物质在3小时内吸光度基本不变。该法操作简便，结果稳定，受乙醛等干扰因素影响小；但其灵敏度稍低，反应速度慢。最低检出浓度为0.25mg/L。本法是水体中甲醛测定的国家标准（环境保护部标准HJ601-2011）。

4. 高效液相色谱法　检材中甲醛经2、4-二硝基苯肼等衍生后，再用反相高效液相色谱法测定。如香精、牙膏、纺织品等甲醛的测定。

5. 气相色谱法　尤其是顶空气相色谱法广泛应用于各领域中甲醛的检测。

6. 其它方法　如示波极谱法、电位法、荧光法、流动注射发光法等在甲醛检测中也有应用。

三、乙醚

（一）理化性质

乙醚（diethyl ether, $CH_3CH_2OCH_2CH_3$）系挥发性极强，具有特殊气味的液体。沸点 34.6℃，易燃烧。难溶于水，能和大多数有机溶剂混溶。是最常用的有机溶剂之一。

（二）毒性

乙醚在临床上用作麻醉剂，使用不当可引起中毒。也有用乙醚进行麻醉后作案的报道。乙醚多由吸入引起中毒。进入体内后引起麻醉作用，并刺激呼吸系统黏膜，引起呼吸障碍。过量吸入可引起呼吸麻痹而死亡。吸入浓度为 100mg/L 时，在 30～40 分钟内可导致意识丧失。乙醚在体内大部分不代谢，由肺部排出。少量可代谢为二氧化碳。由于乙醚挥发性极强，作案后空气中的乙醚会很快散去，检材收集相对困难。

（三）检测方法

检验乙醚最常用的化学方法是生成碘化汞反应，用氢碘酸使乙醚的烷氧键断裂，生成碘乙烷，分离出碘乙烷后，使其与硝酸汞反应生成朱红色的碘化汞。此反应是醚类的共有反应。常采用顶空气相色谱法或 GC-MS 对其进行定性及定量分析。

四、信纳水

（一）理化特性

信纳水（thinner）是工业上常用的有机稀释剂，其主要成分是甲醇、醋酸乙酯、醋酸丁酯、苯及甲苯等，其组成随制造厂商及使用目的不同而略有不同。信纳水通常为无色透明液体，有特殊的芳香气味，遇火易燃烧，难溶于水，能与乙醚、氯仿、苯等有机溶剂以任意比例混溶。

（二）毒性

信纳水中大多数成分具有兴奋、致幻及麻醉作用，通常认为信纳水的麻醉作用比乙醚大 20～30 倍。在西方一些国家常为一些青少年所滥用（volatile substance abuse）。吸入信纳水蒸气后，能引起心律不齐、气管痉挛、血压急速下降，严重者可因窒息而死亡。

（三）检测方法

信纳水中毒检验常采用顶空气相色谱法 FID 检测，或 GC-MS 法对其进行定性及定量分析。

五、卤代烃类毒物

卤代烃是一类重要的有机合成中间体，是许多有机合成的原料。卤代烃可用作灭火剂（如四氯化碳）、冷冻剂（氟利昂）、清洗剂（干洗剂、洗涤剂）、麻醉剂（如氯仿，现已不使用）、杀虫剂，以及高分子工业的原料（如聚氯乙烯、聚四氟乙烯）。

1. 氯仿　氯仿（chloroform, $CHCl_3$）学名三氯甲烷，纯品为无色透明液体，有特殊气味，味甜，易挥发。对光敏感，遇光照会与空气中的氧作用，逐渐分解而生成剧毒的光气（碳酰氯）和氯化氢。可加入 0.6%～1% 的乙醇作稳定剂。能与乙醇、苯、乙醚、石油醚、四氯化碳、二硫化碳和油类等混溶，25℃时 1ml 溶于 200ml 水。相对密度 1.4840。氯仿也是常用的有机合成原料及溶剂。低毒，大鼠经口半数致死量为 1194mg/kg。医学上曾用作麻醉剂。长期接触有致癌的可能性。

氯仿可经吸入或经皮肤吸收引起中毒。氯仿主要作用于中枢神经系统，具有麻醉作用，对心、肝、肾有损害。急性中毒较为少见；误服中毒时，胃有烧灼感，伴恶心、呕吐、腹痛、腹泻。以后出现麻醉症状。慢性中毒，主要引起肝脏损害，并有消化不良、乏力、头痛、失眠等症状，少数有肾损害及嗜氯仿癖。氯仿经体内代谢主要产物是三氯乙酸，可随尿液排出。检材可取尿液，呕吐物，胃内容物，血液或肝脏等。

藤原试验（Fujiwara test）可快速检测尿中氯仿及其代谢物。取新鲜配制 20%（w/v）氢氧化钠水溶液 2ml 和 1ml 吡啶混合，然后加入 1ml 尿样；移至通风橱中，在沸腾水浴中边摇边加热 2 分钟。观察吡啶层（上层）的颜色，若其变为强烈的红色 - 桃红色则表明样品中含多氯烃或类似物。该反应检测三氯乙酸的灵敏度可达 1mg/L。须注意的是藤原试验对二氯乙酸、氯醛比林、氯霉素、三氯叔丁醇、三氯乙烯等均呈阳性反应；而对四氯化碳及杀虫剂滴滴涕（DDT）则不显色。为避免干扰应做空白对照试验；该试验务必在通风橱中进行。提取检材时应注意涉案或患者有无服用、摄入上述药物及相关物质。采用气相色谱，以电子捕获检测器（ECD）检测，或 GC-MS 对样品中微量氯仿及其代谢物进行定性、定量分析，结果更加准确、可靠。

2. 水合氯醛　水合氯醛 [chloral hydrate，$CCl_3CH(OH)_2$] 纯净物为无色透明结晶性固体，具有刺鼻的辛辣气味，味微苦。水合氯醛易溶于水，乙醇、氯仿、乙醚、橄榄油、甘油、丙酮、甲乙酮。微溶于二硫化碳、松节油、石油醚、四氯化碳、苯、甲苯。水合氯醛不稳定，暴露于空气中逐渐挥发；遇热分解；遇氢氧化钠会分解为氯仿和甲酸钠。

水合氯醛在医学上用于催眠和抗惊厥，作用较为温和。口服水合氯醛或直肠给药均能迅速吸收，1 小时达高峰，维持 4～8 小时。脂溶性高，易通过血脑屏障，分布于全身各组织。血浆 $T_{1/2}$ 为 7～10 小时。在肝脏迅速代谢成为具有活性的三氯乙醇。三氯乙醇的蛋白结合率为 35%～40%，三氯乙醇 $T_{1/2}$ 为 4～6 小时。三氯乙醇进一步与葡萄糖醛酸结合而失活，经肾脏排出，无滞后作用与蓄积性。水合氯醛可通过胎盘和分泌入乳汁。其急性中毒可引起呕吐，兴奋，共济失调，混乱，嗜睡，昏迷，昏睡，低血压，心律失常，呼吸抑制和肺水肿。动物试验毒性：大鼠经口 LD_{50} 为 480mg/kg。

水合氯醛中毒的检材主要应取尿液、血液、乳汁等。其定性鉴别可采用藤原试验法，检测灵敏度可达 1mg/L。试验过程及对结果的判断要求同氯仿项。水合氯醛的定量检测可用分光光度法：如以碘化 N- 乙基喹那啶为显色剂，在异丙醇及乙醇胺的作用下，水合氯醛与碘化 N- 乙基喹那啶定量的反应，生成聚合物在一定温度下显蓝色，且在 605nm 有最大吸收，采用该法测定水合氯醛的含量，操作简单，速度快，结果精确。其他定性及定量方法也可用 GC 法或 GC-MS 法。

本章小结

挥发性较大的毒物及气体毒物所引发的中毒要迅速采集检材，法医或临床医生应快速采集患者的血液（尸体应采集心脏血）、尿液和其他相关检材送检，为临床救治和案件定性争取时间和提供证据。此类检材要盛装于适当的密封容器中包装、保存并及时送检，为留取案件证据和提高毒物分析的准确率做好前期工作。顶空气相色谱的进样方式可有效减少样品中杂质的干扰使分析结果更准确。挥发性毒物的样品处理、气相色谱的工作原理及分析过程是本章的核心。GC 或 GC-MS 及 LC-MS 等技术测定血液中的乙醇或甲醇及其代谢物浓度在法医学实践中应用非常广泛，应熟练掌握。其他易挥发的小分子碳氢化合物或常见的有机溶剂如：苯、甲苯、二甲苯、甲醛、氯仿等中毒分析，也可用气相色谱、液相色谱及串联质谱等方法检测。

关键术语

挥发性毒物（volatile poisons）

氰化物（cyanide）

乙醇（ethanol）

苯酚（phenol）

二甲苯（dimethylbenzene）

甲醛（formaldehyde）

乙醚（diethyl ether）

氯仿（chloroform）

思考题

1. 挥发性毒物在检材的采集、包装、保存、送检方面有哪些特殊要求？为什么？

2. 氰化物中毒分析应取何种检材？其中毒机制和表现与一氧化碳中毒有何异同？

3. 举例说明普鲁士蓝法和气相色谱法检测氰化物各有何特点？

4. 在疑似饮用假酒集体中毒案中，医生已分别采集患者血样 5ml，用顶空气相色谱法测定血液中的甲醇和乙醇浓度。请拟定一个试验方案，简述分析过程并对结果进行分析。

5. 某毒案现场发现有白色粉末遗留，用什么方法可快速鉴定该粉末是否为氰化物？

6. 请列举我国及欧美等地区、国家对酒后驾驶机动车违法行为量刑的规定标准，并作对比讨论。

（靳红卫）

第七章 气体毒物

学习目标

掌握常见气体毒物的检测方法，检材采集注意事项。

熟悉常见气体毒物的中毒症状与体内过程。

了解常见气体毒物的理化性质。

章前案例 ▶

　　某年盛夏的一天早晨，当某厂的汽车司机像往常一样进入车库准备把车开出时，发现车库内一辆轿车里躺着一具男尸。报警后经排查，得知死者在死亡的前一天晚上，和一群朋友聚在一起搓麻将至晚上 11 时，与女友一同开车离去。其女友称，当时两人感觉天热，便将车开进工厂车库内，开着空调在车内休息，凌晨 4 时，该女醒来感觉头昏，因叫不醒男友便自行离去。家属认为死者生前身体健康，要求对死者进行法医学鉴定查明死因。法医进行尸体剖验后，未见致死性机械损伤的法医病理学改变，器官亦未检见致死性疾病，取心血、尿液及胃内容物送检。心血经双波长法检测，测得血液中碳氧血红蛋白饱和度为 35%。血液经顶空气相色谱法分析，测得血液中乙醇含量为 0.31mg/ml。血液、尿液及胃内容物分别在酸、碱性条件下用乙醚提取，浓缩后经气相色谱 - 质谱联用法分析，均未检出巴比妥类、苯骈二氮杂革类等安眠镇静类药物及有机磷杀虫剂等农药的特征色谱峰和特征碎片离子。汽车怠速时发动机排放废气中一氧化碳含量一般约为 5%。当汽车停放在车库等密闭或空气不流通的场所并启用空调时，有限空间内的一氧化碳浓度不断升高，一氧化碳可通过车厢缝隙或汽车的排气、换气装置进入车厢内，引起车厢内人员中毒。这是一起典型的因气体毒物中毒引起死亡的案件。

　　气体毒物（gas poison）是指在常温常压下呈气态的毒物，也称有毒气体。气体毒物主要通过呼吸道进入体内，当吸入一定量的有毒气体时，人可在较短的时间内引起呼吸功能障碍、皮肤及黏膜化学灼伤甚至死亡。气体毒物种类很多，包括工业生产中产生的一氧化碳、氯气、光气、二氧化硫等，军事化学武器中的芥子气、沙林毒气等，日常生活中使用的天然气、液化石油气及生活环境中产生的硫化氢、沼气等。由于使用不当或防护疏忽大意，常容易发生有毒气体中毒的意外事件，也有犯罪分子利用气体毒物的特性进行犯罪活动。此外，因年轻人滥用液化石油气等烃类物质造成意外死亡的案件也多有报道。因此，气体毒物鉴定是毒物分析实验室的常规检测项目，气体毒物中毒的法医学鉴定是法医学工作者所应掌握的重要内容之一。本章选取有代表性的常见气体毒物一氧化碳、硫化氢和液化石油气进行介绍。

知识拓展 ▶

军事化学武器

一般认为，军事化学武器是指在战场上用化学毒剂的毒害作用杀伤对方有生力量的武器。人类很早就认识到这种武器的威力，但在一战期间，交战国共使用了 45 种毒剂，造成 130 多万军民伤亡，其中德军在比利时伊普雷地区施放氯气为首次大规模使用化学武器。1939—1945 年，日军在我国 13 个省 78 个地区使用毒剂 1600 多次。军事毒剂的种类繁多，按物理特性可分为固体、液体和气体；按化学结构可分为脂肪族烃类、脂醇类、脂酮类、胺类等；按杀伤作用可分为暂时性和持久性毒剂、致死性和非致死性毒剂等；按毒害作用可分成神经性毒剂、糜烂性毒剂、全身中毒性毒剂、失能性毒剂、窒息性毒剂和刺激性毒剂 6 大类。例如神经性毒剂可以通过呼吸道、眼睛或皮肤进入人体，并与胆碱酶结合使其丧失活性，引起神经系统功能紊乱，使中毒者出现瞳孔缩小、恶心呕吐、呼吸困难、肌肉震颤、大小便失禁等症状，中毒严重者会迅速死亡。神经性毒剂主要是有机磷酸酯类化合物，这类毒剂的代表物有沙林毒气等。糜烂性毒剂在与皮肤接触后会造成严重的皮肤灼痛，产生水泡，它也会刺激并伤害人的眼睛和呼吸道黏膜，导致剧烈的疼痛及红肿，造成呼吸道炎症或眼睛失明，这类毒剂的代表物有芥子气和路易斯毒气等。窒息性毒剂会严重地损害呼吸系统，造成急性中毒性肺水肿和支气管痉挛，进而导致缺氧和窒息。这类毒剂的代表物有如光气、氯气等。

第一节 一 氧 化 碳

一、一般介绍

一氧化碳（carbon monoxide，CO）为无色、无味气体，分子量为 28.01，略轻于空气，微溶于水，易燃、易爆，与空气混合的爆炸极限为 12.5%～74.2%。一氧化碳是含碳物质不完全燃烧时的产物，在采矿、冶金、化学工业及家用煤气、煤炉、燃气热水器、发电产生的废气以及汽车尾气中均会产生一定量的一氧化碳。城市煤气中一氧化碳占 6%～30%。

一氧化碳中毒多见于意外泄漏事故和燃烧不充分时引起。当环境密闭或通风条件不够时，上述场所产生的一氧化碳可很快聚集达到较高浓度，容易引起因吸入一氧化碳而致中毒甚至死亡的事件。此类事件中，有时还伴有其他中枢抑制剂（如酒精或安眠镇静药等）类药物共同存在。

二、中毒症状与体内代谢

一氧化碳经呼吸道进入机体，约有 90% 与血红蛋白中的二价铁迅速结合，生成碳氧血红蛋白（carboxyhemoglobin，HbCO），使血红蛋白失去携氧能力，导致组织缺氧而产生中毒症状。同时一氧化碳可与组织中的其他某些含铁蛋白质（如肌红蛋白、二价铁的细胞色素等）发生少量可逆结合。

通常情况下，血红蛋白（hemoglobin，Hb）与氧结合生成氧合血红蛋白（oxyhemoglobin，HbO_2）给组织供氧。当空气中有一定浓度的一氧化碳时，血液中 HbCO 和 HbO_2 之间可形成如下平衡关系（式7-1）。

$$HbO_2 + CO \rightleftharpoons HbCO + O_2$$

$$K_{平衡} = \frac{[HbCO][O_2]}{[HbO_2][CO]} \tag{7-1}$$

当空气中 CO 分压与 O_2 的分压（或摩尔分数）相等时，即 $P_{CO} = P_{O_2}$ 或 $[CO] = [O_2]$ 时，血液中 $[HbCO]$ 是 $[HbO_2]$ 的 200～300 倍。这表明一氧化碳与血红蛋白的亲和力比氧大的多。血液中 HbCO 饱和度是指血液中 HbCO 占血红蛋白总量的百分比（式 7-2）。它是判断一氧化碳中毒的法医学鉴定或临床检查判断的指标。

$$\text{HbCO}\% = \frac{\text{碳氧血红蛋白含量}}{\text{血红蛋白总量}} \times 100\% \tag{7-2}$$

一氧化碳在体内不蓄积。停止吸入一氧化碳后，HbCO 逐渐解离，约 98.5% 以一氧化碳原型经呼吸道呼出，1% 在体内氧化成二氧化碳。增加吸入气体中的氧分压可加速 HbCO 的解离，因此现场急救时应迅速使患者脱离现场移至空气新鲜处抢救，吸氧及高压氧疗法对于促进神志恢复、预防及治疗迟发脑病都具有较好疗效。

一氧化碳中毒的严重程度与空气中一氧化碳的浓度、接触时间、接触者自身状况等因素有关，一般来说，HbCO 饱和度越高，中毒越严重。一氧化碳中毒的临床表现主要以急性脑缺氧的症状与体征为主，包括头痛、头昏、恶心、呕吐、烦躁、步态不稳、意识障碍等，严重者可导致深度昏迷甚至呼吸麻痹而死亡。正常人体内由于含铁血红蛋白的分解，每小时可产生 0.42ml 的内生性一氧化碳，使体内产生约占血红蛋白总量 0.5% 的 HbCO。溶血性疾病患者血液中 HbCO 可达 4%～6%。吸烟者体内 HbCO 可在 5%～15% 之间。研究表明，有冠状动脉硬化等心血管疾病的人，当 HbCO 饱和度达 5% 至 10% 时，可导致病情恶化，出现心肌梗死和心绞痛的时间提前，对运动的耐受力明显减低。在法医学鉴定中大致有如下划分：当 HbCO 饱和度大于 50% 时，可导致重度中毒；当 HbCO 饱和度大于 30% 时，可导致中度中毒；当 HbCO 饱和度大于 10% 时，可导致轻度中毒；当 HbCO 饱和度小于 10% 时，若在失火现场则表明死者在起火时已死亡或者非常迅速地死亡。老人或婴儿等对一氧化碳耐受力弱，可在较低的 HbCO 饱和度如 20% 的情况下死亡。其他诸多因素，如心血管疾病、呼吸系统疾病，以及乙醇、安眠药等合并用药均可加速中毒速度，导致死亡发生时 HbCO 饱和度还较低，因此对于一氧化碳中毒的案件需结合事故现场、接触者自身状况等诸多因素综合作出法医学诊断。表 7-1 列出了当一氧化碳的浓度以不同比例存在于空气中时，因吸入一氧化碳而产生的中毒症状与其血液中 HbCO 饱和度之间的关系，可作为法医学诊断的参考资料。

表 7-1　一氧化碳在空气中的浓度、吸入时间与中毒的关系

空气中 CO 浓度 /%	吸入时间 /min	血中 HbCO 饱和度 /%	中毒表现
0.02	120～180	10～20	轻微前额部头痛
0.04	60～120	20～30	前额头痛、恶心
	150～210		枕部头痛
0.08	<45	30～40	头痛、恶心、呕吐、眩晕乏力
	120		虚脱、神志不清
0.16	<20	40～50	头痛、眩晕、恶心
	120		虚脱、神志不清或死亡
0.32	5～10	50～60	头痛、眩晕、呼吸脉搏加速、昏迷
	<30		可能死亡
0.64	1～2	60～70	除上述症状外，呼吸脉搏变弱
	10～15		死亡
1.28	1～3	75～80	立即发生中毒症状昏迷而死亡

三、检材采集和处理

一氧化碳中毒者血液呈樱红色，具有流动性，不易腐败。对于疑似 CO 中毒者，血液是测定 HbCO 饱和度的首选检材，尸体一般抽取心血，中毒抢救者则抽取外周静脉血。盛放血液样品的容器应装满，密闭冷藏，及时送检。被检血液无需特殊提取步骤，仅根据检测方法做相应的简单前处理即可。

特殊情况下若无法抽取血液,可取胸部肌肉组织作为检材。遇失火现场中炭化尸体,则可取骨髓作为检材。腐败尸体受细菌作用,体腔液可含较高浓度的 CO,因而不能取体腔液作为检材。

四、检测方法

检验血液中一氧化碳的方法主要有两类,一类是利用 HbCO 相对稳定的性质,直接检测血中的 HbCO;另一类是用化学试剂促使 HbCO 解离,释放出 CO 后再对 CO 进行检验。较便捷和实用的定性分析方法有以下几种:

(一)化学反应法

化学反应法快速、简单,无需特殊仪器设备,适合基层现场或紧急情况下定性或半定量检测。化学反应法主要包括加热法、氯化钯试验(钯镜试验)、氢氧化钠法、鞣酸试验等,在此对前两种进行介绍。

1. 加热法 分取适量检血于试管中,稀释 1 倍后在沸水浴中加热 2～3 分钟,观察血液颜色变化,同时取等量正常血液同步操作作为对照。含 HbCO 的血液凝固后呈砖红色,正常血液则变为灰褐色。当血液中 HbCO 饱和度大于 30% 时,颜色变化差异明显。

2. 氯化钯试验 一氧化碳能与氯化钯溶液反应生成金属钯。还原产生的金属钯漂浮于液体表面,形成一层具有黑色金属光泽的薄膜(又称之为钯镜)或黑色沉淀。其反应式为:

$$PdCl_2 + CO + H_2O \longrightarrow Pd\downarrow + 2HCl + CO_2$$

反应在 Conway 扩散槽中进行。于内槽中加入 5mmol/L $PdCl_2$ 溶液 0.5ml 作为吸收剂;于外槽一侧加入 10% H_2SO_4 0.5ml 作为释放剂以促进 HbCO 的解离。加盖后由样品加入口在外槽另一侧加入检血 0.5～2ml,然后将装置密闭。让外槽的检血与释放剂充分混合后,室温下放置 0.5～2 小时。观察内槽中 $PdCl_2$ 溶液上有无黑色钯镜或黑色沉淀生成。该分析方法灵敏度较高,血液中 HbCO 饱和度在 10% 以上即可检出。有时吸烟者血中的 HbCO 也可检出,应加以鉴别。腐败检材产生的还原性物质对本方法有干扰,可在加入稀酸的同时一并加入适量的醋酸铅溶液以除去硫化氢的干扰。

(二)分光光度法

一氧化碳中毒血中的血红蛋白种类主要有三种形式:Hb、HbO_2、HbCO。各种形式的血红蛋白在可见光区都有两个吸收带,420nm 附近的第一吸收带是强吸收,摩尔吸收系数达 10^5。其中 HbCO 的吸收峰最强,最大吸收波长在 419nm。三种血红蛋白的吸收峰形状相似,只是峰位与强度不同。第二吸收带在 500～600nm 的波长区域,吸收系数约为第一吸收带的十分之一,利用 HbCO 对可见光的特征吸收,可进行血液中 HbCO 饱和度的测定。

分光光度法测定血液中 HbCO 饱和度的方法较多,按照吸收波长的选择可分为单波长法、双波长法及导数光谱法。以下对采用自身对照进行定量的单波长、双波长和还原双波长法进行介绍。

1. 单波长法 血液中 HbCO 在第一吸收带的最大吸收波长是 419nm,在此处 HbO_2 也有吸收,可将检血(测定时不要求准确取样)稀释 1000 倍后分成三份。一份通入足量空气使 HbCO 全部转化成 HbO_2,得到 HbCO 饱和度为 0% 的血样,在 419nm 处测得吸光度 A_0;一份通入 CO 制备使饱和度为 100% 的血样,在相同条件下测得吸光度 A_{100};另一份直接测定吸光度 A_x;可按式 7-3 计算检血中 HbCO 的饱和度。

$$HbCO(\%) = \frac{A_x - A_0}{A_{100} - A_0} \times 100\% \tag{7-3}$$

单波长法操作简单,对仪器条件要求低。由于检血被稀释 1000 倍,稀释过程中容易造成 HbCO 的解离,使 HbCO 饱和度偏低。因而,此方法若用于临床检查检验,在较低饱和度的情况下可能影响判断,但对于法医学鉴定的结果判断一般不会造成明显影响。此外,血液腐败对单波长法检测干扰很大,容易导致假阳性结果,不适于腐败血液的 HbCO 饱和度检测。

单波长法参考条件：吸取检材血样 30μl，新沸放冷的蒸馏水稀释至 30ml，摇匀，等分为三。一份通入 CO 气体 5 分钟达 HbCO 饱和，一份通入空气 12 分钟除去 CO，另一份直接测定。以新沸放冷的蒸馏水为参比，分别测定上述溶液在波长 419nm 处的吸收值 A_{100}、A_0 和 A_x，代入 7-3 式求得检材血样的 HbCO 饱和度。

2．双波长法　双波长法是利用空白血液（HbCO 饱和度为 0%，血红蛋白以 HbO_2 形式存在）和 HbCO 饱和血液（HbCO 饱和度为 100%，血红蛋白以 HbCO 形式存在）进行光谱扫描，在 HbO_2 吸收峰上选择两个等吸收点 λ_1 和 λ_2，且这两个波长处 HbCO 的吸收值之差 ΔA 较大，则 ΔA 仅与 HbCO 含量相关。由于第二吸收带的吸收系数约为第一吸收带的十分之一，故检血稀释 100 倍后等分两份，一份直接检测在 λ_1 和 λ_2 处的吸收度，并计算 ΔA_x，另一份通入足量 CO 气体得到 HbCO 饱和溶液后检测在 λ_1 和 λ_2 处的吸收度，并计算 ΔA_{100}。可按式 7-2 计算检材血样的 HbCO 饱和度。

$$HbCO(\%) = \frac{\Delta A_x}{\Delta A_{100}} \times 100\% \qquad (7-2)$$

双波长法参考条件：吸取检材血样 100μl，加入 10ml 0.01mol/L Tris 溶液内，摇匀，等分为二。一份通入 CO 5 分钟达 HbCO 饱和，另一份直接测定。以 0.01mol/L Tris 溶液为参比，分别测定两份溶液在 528.2nm、566.0nm 和 583.2nm 处的吸收值，以 528.2nm 和 583.2nm、566.0nm 和 583.2nm 组成两对 HbO_2 的等吸收点，分别求出两对等吸收点的 ΔA_{100} 与 ΔA_x，可按 7-2 求得 HbCO 饱和度。

3．还原双波长法　在 500～600nm 的波长区域内，HbCO 和 HbO_2 的吸收峰都是双峰，HbCO 在 572nm 和 539nm 附近有最大吸收，HbO_2 在 579nm 和 542nm 附近有最大吸收；高铁血红蛋白（methemoglobin，MetHb）也有吸收，为单峰；Hb 的吸收峰为单峰。CO 中毒者血液稀释后加入连二亚硫酸钠（$Na_2S_2O_4$），HbO_2 和 MetHb 都被还原为 Hb，而 HbCO 不被还原。因此，正常血液稀释后加 $Na_2S_2O_4$，吸收光谱图由 HbO_2 的双峰变为 Hb 的单峰；HbCO 饱和血液稀释后加 $Na_2S_2O_4$，吸收光谱图保持双峰不变；CO 中毒者血液稀释后加 $Na_2S_2O_4$，HbCO 饱和度越大，吸收光谱形状越接近 HbCO 饱和血液的双峰吸收光谱，反之则越接近 Hb 的单峰吸收光谱。利用吸收光谱的形状变化可对检材血样的 HbCO 饱和度进行粗略估计。检材血样稀释后用 $Na_2S_2O_4$ 进行还原，然后再利用双波长法检测 HbCO 饱和度，可以得到比较准确的检测结果。

还原双波长法参考条件：吸取检材血样 100μl，加入 10ml 0.01mol/L Tris 溶液内，摇匀，等分为二。一份通入 CO 5 分钟达 HbCO 饱和，加入少量 $Na_2S_2O_4$（约 20mg）摇匀后测定；另一份直接加入少量 $Na_2S_2O_4$ 摇匀后测定。以 0.01mol/L Tris 溶液为参比，分别测定两份溶液在 532.0nm、581.6nm 处的吸收值，求出 Hb 等吸收点的 ΔA_{100} 与 ΔA_x，代入 7-2 式求得检材血样的 HbCO 饱和度。

第二节　硫　化　氢

一、一般介绍

硫化氢（hydrogen sulfide，H_2S）是一种无色、具有臭鸡蛋味的刺激性气体，分子量为 34.08，比空气重，能溶于氨、碱性碳酸盐溶液、水和醇。其水溶液为弱酸性，25℃时 100ml 水可溶解 H_2S 气体 9.5ml。硫化氢多存在于工业废气、污水沟和动植物的腐败组织中，如长时间不通风的地下防空建筑、工业排污渠、地下排废气通道、渔船底层的船舱等都是硫化氢中毒的高发场所。由于硫化氢气体具有恶臭气味，中毒案件多见于意外事故。

二、中毒症状与体内代谢

硫化氢入体后主要抑制细胞色素氧化酶，引起细胞内窒息，导致中枢神经系统、肺、心脏等多脏器损害及上呼吸道黏膜刺激。当空气中硫化氢的浓度达 200ppm 时可引起呼吸道及眼黏膜的局部刺激作用；浓度升高则全身性作用增强，主要表现为中枢神经系统症状和窒息症状。当浓度达1000～2000ppm 时可发生"电击样"中毒，在数秒钟内突然昏迷、呼吸骤停，继而心搏骤停，发生闪电型死亡。

硫化氢主要经呼吸道吸收，吸收速度很快。硫化氢在体内大部分经氧化代谢形成硫代硫酸盐和硫酸盐而解毒，少部分可经甲基化代谢而形成毒性较低的甲硫醇和甲硫醚，高浓度甲硫醇对中枢神经系统有麻醉作用。体内硫化氢经代谢转化后，大部分以硫酸盐或硫酸乙酯的形式在 24 小时内经尿排出，部分经粪便排出，少部分以原型经肺呼出，在体内无蓄积。血中存在的很少量的硫血红蛋白是由内源性的硫化物代谢而来，而非急性硫化氢中毒造成的结果。在法医学鉴定和临床诊断中，血液、尿液等生物检材中硫化氢浓度及其主要代谢产物硫代硫酸盐的浓度常被作为硫化氢中毒的判定依据。

三、检材采集和处理

检验硫化氢必须采取新鲜检材，肺组织为首选，其次可取心血、脑脊液及其他组织。若硫化氢入体较久，则尿液也可作为检材。硫化氢易从组织中释出，且组织腐败可产生一定量的硫化氢，故生物检材要密闭冷藏并及时送检，且检测时应同步进行空白对照试验。含硫化氢的检材，加稀硫酸使之呈酸性，即可释放出硫化氢，逸出的硫化氢气体可以直接检验，也可用碱液吸收硫化氢气体后再检测。在事故现场，空气中的硫化氢可用多孔玻板吸收管采集。

四、检测方法

硫化氢可用化学显色方法检测，并可在显色反应后利用可见分光光度法定量，检测过程中需平行做空白对照和空白添加阳性对照。硫代硫酸盐是硫化氢气体在体内的主要代谢产物，且在健康者血液和尿液中，内源性硫代硫酸盐含量很低。此外，由于硫化氢在体内可很快代谢为硫代硫酸盐和硫酸盐，轻、中度者血液中和尿液中的硫离子浓度很低难以检测，因此尿中硫代硫酸盐的检测成为临床硫化氢中毒的相关诊断依据。生物检材中硫代硫酸盐的检测多采用气-质联用法检测。

（一）化学反应法

化学显色反应可用于生物检材中硫化氢的定性检验，包括硫化铅试验、亚甲蓝试验等。

1. 硫化铅试验　硫化氢可与许多金属离子生成有色难溶性硫化物。与铅离子反应生成黑色硫化铅。铅试剂常制备成醋酸铅棉或溶液，也可用湿润的醋酸铅试纸检测。脏器等固体检材磨碎或匀浆后放入锥形瓶中，加稀硫酸后立即加盖中间插有玻璃管的胶塞（玻璃管中事先放好醋酸铅棉或试纸），温水浴加热，检材中若含有硫化氢，醋酸铅棉或试纸生成棕色或黑色的硫化铅。

2. 亚甲蓝试验　对氨基二甲基苯胺在三氯化铁存在下可与硫化氢反应生成亚甲蓝。

用碱液吸收检材中释放出的硫化氢气体，加入数粒对氨基二甲基苯胺晶体，加稀盐酸使呈酸性，再加 0.3% $FeCl_3$ 数滴，如有硫化氢，溶液逐渐呈深蓝色。检出限为 0.01mg/L。尿中的硫化氢可直接取尿液作上述检验。

（二）气相色谱-质谱联用法

生物检材中的硫化物及其代谢产物硫代硫酸盐可用 GC-MS 法检测。用五氟苄基溴（pentafluorobenzyl bromide，PFBBr）衍生化，硫化物被衍生化为双五氟苄硫醚（bis-pentafluorobenzyl sulfide，$C_6F_5CH_2SCH_2C_6F_5$），硫代硫酸盐被衍生化为双五氟苄二硫醚（bis-pentafluorobenzyl disulfide，

$C_6F_5CH_2SSCH_2C_6F_5$），以 1,3,5- 三溴苯（1,3,5-tribromobenzene，TBB）为内标，SIM 模式检测。MS 特征离子：双五氟苄硫醚 *m/z* 394，双五氟苄二硫醚 *m/z* 426，内标 *m/z* 314。

GC-MS 法参考条件：

1．GC-MS 条件　色谱柱 DB-5MS（30m×0.25mm，0.25μm），初始柱温 100℃保持 2 分钟，然后以 10℃/min 的速率升温至 220℃，进样口温度 220℃，接口温度 210℃，载气氦气，流速 1.0ml/min；不分流进样，电子轰击源 70eV。

2．血样制备

（1）硫化物检测：0.5ml 20mmol/L 五氟苄基溴（PFBBr）甲苯溶液，加 2ml 内标液（10μmol/L 1,3,5- 三溴苯的乙酸乙酯溶液），加 0.8ml 氯化十四烷基二甲基苄基铵（tetradecyl dimethyl benzyl ammonium chloride，TDMBA）硼酸钠饱和水溶液形成混合物，取血液 0.2ml 加入其中。混旋 1 分钟，加 0.1g 磷酸二氢钾，再混旋 10 秒，2500rpm 离心 10 分钟，吸取上清液进样。

（2）硫代硫酸盐检测：0.5ml 20mmol/L 五氟苄基溴（PFBBr）丙酮溶液，加 0.05ml 200mmol/L 抗坏血酸溶液和 0.05ml 5% 氯化钠形成混合物，取血液 0.2ml 加入其中。混旋 1 分钟，加 2ml 25mmol/L 乙酸乙酯碘溶液和 0.5ml 内标液（10μmol/L 1,3,5- 三溴苯的乙酸乙酯溶液），再混旋 30 秒，2500rpm 离心 15 分钟，吸取上清液并放置 1 小时，吸取上清液进样。

第三节　液化石油气

一、一般介绍

液化石油气（liquefied petroleum gas，LPG）是从石油的开采、裂解、炼制等生产过程中得到的副产品。其主要组成是丙烷、正丁烷、异丁烷及少量的乙烯、丙烯、乙烷、丁烯等，贮存于耐高压的钢罐中。正常情况下液化石油气是无味的，罐装产品都进行了人工加臭处理，加臭物质多用硫醇或硫醚类化合物。

气态的液化石油气比空气重，约为空气的 1.5 倍。与其他燃料相比，液化石油气具有污染少、热值高、易于运输、储存设备简单及使用方便等优点。液化石油气具有易燃易爆性、气化性、受热膨胀性、滞留性、腐蚀性及窒息性等特点。液化气的爆炸下限很低（占空气的 2%～10%），泄漏后容易在低洼沟槽处聚集，当遇到明火或电火花就会引起火灾和爆炸事故。

二、中毒症状与体内代谢

液化石油气具有麻醉作用，吸入过量可引起急性中毒，症状为头晕、头痛、兴奋或嗜睡、恶心、呕吐、脉缓等；重症者可突然倒下，尿失禁，意识丧失，呼吸抑制，甚至呼吸麻痹而死亡。液化石油气中毒多见于意外。国外年轻人常以吸入方式滥用液化石油气，可引起大脑缺氧而得到欣快感，操作不当则容易引起意外死亡。

液化石油气经呼吸道进入体内，一部分以所含主要成分的原体形式经肺呼出体外；另一部分经肝微粒体代谢为仲醇和叔醇，然后进一步氧化为酮。丙烷、正丁烷、异丁烷的主要毒理作用是抑制中枢神经系统，致麻醉浓度与致死浓度相差很小。

丙烷及丁烷具有亲脂性，吸入液化石油气中毒者的血液、脑、肝、脂肪组织中丙烷及丁烷浓度较高。表 7-2、表 7-3 中各为一例吸入液化石油气中毒致死者体液及组织毒化检测结果。在这两个案例中，各种烃类氢化合物在各种检材中的气体成分比例各不相同，表 7-2 案例中异丁烷所占比例高，表 7-3 案例中丙烷所占比例高，这与所吸入的 LPG 成分比例相关。两案例中各种烃类化合物在脑、肝、脂肪中的含量都明显高于其他检材。

表 7-2　一例吸入 LPG 中毒致死者体液及组织中丙烷、正丁烷和异丁烷的含量

	丙烷		异丁烷		丁烷	
	平均值 mg/kg	SD mg/kg	平均值 mg/kg	SD mg/kg	平均值 mg/kg	SD mg/kg
血液	0.07	0.01	0.85	0.11	0.15	0.02
脑	0.15	<0.02	6.7	0.4	0.44	0.03
肺	—	—	0.19	0.03	0.03	<0.005
肝	0.16	0.02	6.84	0.22	0.48	0.01
脂肪组织	1.1	0.11	22.27	1.4	1.76	0.07

表 7-3　一例 LPG 中毒致死者体液或组织中丙烯、丙烷、异丁烷和正丁烷的含量（μg/ml 或 g）

	丙烯	丙烷	异丁烷	正丁烷
血液	0.11	10.19	—	—
尿液	—	0.19	—	—
胃内容物	0.06	6.73	0.10	—
脑	0.30	43.54	0.42	0.11
心	0.15	28.39	0.32	0.08
肺	0.04	4.15	n.d.	—
肝	0.76	70.63	0.54	0.19
肾	0.05	5.85	—	—
脂肪	0.56	68.25	0.60	0.14

三、检材采集和处理

检验液化石油气，可取心血、脂肪、脑、肝及肺组织作为检材。由于液化石油气的主要成分易于从组织中释放出来，故生物检材的采取应动作迅速，装盛于密闭合适的容器中，检材上方尽量少留空间，−20℃冷冻并及时送检，检测一般应在 10 天内完成。

液化石油气的分离分析多采用顶空气相色谱法。若取血液作为检材，则可用针筒抽取后直接密闭冷冻保存，在检测前于 4℃条件下轻微振荡解冻，然后直接将一定体积的血液注入顶空瓶中测定，这样可以避免检材处理过程中烃类化合物挥散损失。

四、检测方法

液化石油气的检测手段主要为顶空气相色谱法和顶空气相色谱-质谱法。

（一）顶空气相色谱法

以 FID 为检测器时，为加大气体进样量往往采用填充色谱柱，但分离效果有限。采用 GS-Q 系列石英毛细管柱（固定相：PLOT，多孔二乙烯基苯均聚物）替代填充色谱柱，可显著提高分辨率。

顶空气相色谱法参考条件：

1. 样品制备　取 1ml 或 1g 样品与 2ml 水混合置于 10ml 顶空瓶中，迅速用聚四氟乙烯橡胶垫密封瓶口，置于 55℃水浴中 30 分钟。吸取 1ml 液上气体进样。

2. GC-FID 条件　色谱柱 GS-Q（30m，0.53-mm i.d）；载气氦气，流速 5.8ml/min；初始柱温 125℃，以 5℃/min 的速率升温至 150℃，进样口温度 150℃，检测器温度 200℃。

（二）顶空气相色谱-质谱联用法

以 MS 为检测器，采用毛细管色谱柱，以三氯三氟代乙烷为内标，可以获得比较满意的分离及定量效果。MS 特征离子：丙烷 m/z 29，异丁烷和正丁烷 m/z 43，内标 m/z 101。

顶空气相色谱 - 质谱联用法参考条件：

1. 血样制备　用针筒抽取血液密闭保存。检测时直接将血液约 0.5ml 注入 5 倍体积大小的、洁净密封的顶空瓶中，样品的实际体积可通过重量法测定检血的比重进行计算获得。注入 2.5μl 1,1,2-三氯三氟代乙烷（1,1,2-trichlorotrifluoroethane）的甲基叔丁基醚溶液（158.6mg/L）作为内标。

2. 顶空进样操作　顶空样品瓶 60℃加热 20 分钟，顶空进样系统载气加压平衡 1 分钟，1ml 顶空进样环抽取 0.5ml 液上气体进样，载气流速 5ml/min。

3. GC-MS 条件　色谱柱 WCOT fused-silica CP-Select 624 定制毛细管柱（41m×0.25mm，2.1μm）；载气氦气，流速 1.0ml/min；柱温 35℃，进样口 200℃。MS 传输线温度 100℃；质量数采集范围 15～300amu。

本章小结

气体毒物是法医学鉴定中一类常见毒物，因其易扩散等特性常常引起意外群体中毒事件，也易被作为自杀、他杀的工具。气体毒物所引发的中毒要迅速采集检材，法医或临床医生应快速采集患者的血液（尸体应采集心脏血）和其他相关检材送检，为临床救治和案件定性争取时间和提供证据。此类检材要盛装于较小的容器中密封包装、保存并及时送检，为留取案件证据和提高毒物分析的准确率做好前期工作。学习本章内容要求重点掌握一氧化碳、硫化氢、液化石油气等常见气体毒物的特性、分析测定常用方法及结果评判。

关键术语

碳氧血红蛋白（carboxyhemoglobin）

血红蛋白（hemoglobin）

硫化氢（hydrogen sulfide）

液化石油气（liquefied petroleum gas）

思考题

1. 简述气体毒物有何特点？检材的采集、包装、保存、送检方面有哪些特殊要求？为什么？

2. 一氧化碳中毒分析应取何种检材？HbCO 饱和度的定义和意义是什么？

3. 硫化氢气体中毒有何症状？采用化学反应法和气 - 质联用法检测硫化氢中毒有何差异？

（马　栋）

第八章　合成药毒物

学习目标

掌握安眠镇静药、麻醉相关用药、抗生素与甾体激素中代表性药物的理化性质、检材处理和化学检验方法。

熟悉安眠镇静药、麻醉相关用药、抗生素中代表性药物的体内代谢过程。

了解安眠镇静药、麻醉相关用药、抗生素与甾体激素中代表性药物的仪器检验方法。

章前案例

某日下午,公安机关接110报警称某郊外公园面包车内一男子死亡。现场勘查结果显示,死者斜躺于驾驶座椅上,车门关闭,车窗半开,无搏斗痕迹,衣兜外翻,副驾驶座椅处有15cm长飞镖,头部附有5ml针管和3cm长针头。尸检所见体表右侧腰部皮肤见血迹,并见一直径1mm,深3cm左右针孔,取针孔附近腰大肌肌肉2g,连同心血、尿和胃内容物进行毒物筛查,应用UPLC-MS/MS检测结果,在心血、针孔周围肌肉组织和尿中均检出氯化琥珀胆碱成分,在胃内容物中未检出氯化琥珀胆碱。各种检材中未检出巴比妥类、苯二氮䓬类、吩噻嗪类安眠镇静药;未检出有机磷、氨基甲酸酯类杀虫剂和杀鼠剂;未检出氟乙酰胺、氰化物和百草枯等特殊剧毒物。本例破案后证实,犯罪嫌疑人购买氯化琥珀胆碱注射液,自制弩用麻醉箭,经常出没在公园附近猎杀候鸟。事发当日中午,犯罪嫌疑人酒后在公园闲逛,遇被害人后要求搭车被拒并发生口角,用麻醉箭突然猛扎被害人腰部后拔出,趁被害人瞬间麻醉时,洗劫钱物,拔下车钥匙,锁车后仓皇逃离现场。

合成药毒物(synthetic medicine and poison)是指经常涉及投毒、误服、自杀和医疗纠纷的化学合成或半合成的药品。本章以中枢神经系统安眠镇静药物为主,包括苯骈二氮杂䓬类、巴比妥类、吩噻嗪类药物,另外包括麻醉相关药物的局部麻醉药、丙泊酚、氯化琥珀胆碱和尼可刹米等,本章也包括易引起过敏反应而导致死亡的相关药物,如抗生素和甾体激素。

检测合成药毒物通常需要定量分析,以确定浓度是否超过治疗剂量,是否达到中毒量或致死量。在医疗纠纷中,有些需要在不同检材中进行同一认定,如针头中残留药物成分和输液管路中的药物成分是否为同一药物种类或同一药品批号。

合成药毒物中有的是常用复方感冒药的有效成分,如苯巴比妥,有的是濒临死亡时的抢救用药,如尼可刹米。本类药物多数为处方药,个别品种被政府严格管控,如三唑仑。本类药物的很多品种具有成瘾性。

第一节　安眠镇静药

一、巴比妥类药物

巴比妥类(barbiturates)药物大都属于国家管制的精神药品,长期使用会产生依赖性。格鲁米特(glutethimid)的结构和作用与巴比妥类药物相似,也将其归在本类药物中。

(一)一般介绍

巴比妥类药物是巴比妥酸(barbituric acid)的衍生物。巴比妥酸是六元含氮杂环,由丙二酸与尿素脱水缩合而成,也称为环丙二酰脲(图8-1)。巴比妥类药物具有共同的母体结构,多为巴比妥酸的5,5′-取代物,通常被饱和烃、不饱和烃、芳香烃或环烃所取代。个别品种1位上的氢被甲基取代,如甲苯巴比妥。2位羰基氧被硫取代后成为硫代巴比妥,代表物是硫喷妥。

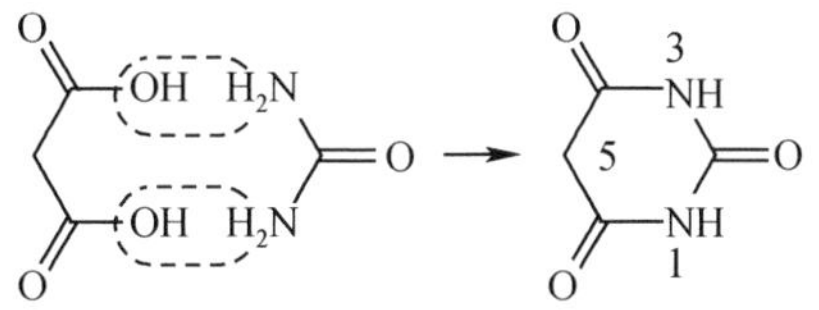

丙二酸　尿素　环丙二酰脲

图8-1　巴比妥类的母核结构

巴比妥类药物多为白色结晶或结晶性粉末,无臭、苦味。硫喷妥呈浅黄色,略有蒜味。这些药物都有一定的熔点,加热能升华。多数药物易溶于乙醇、乙醚、氯仿等有机溶剂,难溶于水和石油醚等。巴比妥类药物在水溶液中可形成类似烯醇式结构而显弱酸性,其pKa值7.3~8.4,能与强碱成盐而溶于水,注射剂多为钠盐。因在碱性水溶液中易水解,通常制成粉针剂,在使用前加水溶解。格鲁米特较巴比妥类药物的酸性弱(图8-2),其pKa值为9.2。常见的巴比妥类药物列于表8-1。

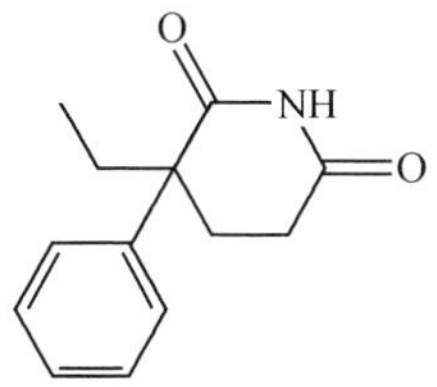

图8-2　格鲁米特的结构

表8-1　常见巴比妥类药物的化学结构

药物	5位第一取代基	5位第二取代基	备注
巴比妥(barbital)	$-C_2H_5$	$-C_2H_5$	
苯巴比妥(phenobarbital)	$-C_2H_5$	$-C_6H_5$	
甲苯巴比妥(methylphenobarbital)	$-C_2H_5$	$-C_6H_5$	1位$-CH_3$
司可巴比妥(secobarbital)	$-CH_2CH=CH_2$	$-CH(CH_3)(CH_2)_2CH_3$	
戊巴比妥(pentobarbital)	$-C_2H_5$	$-CH(CH_3)(CH_2)_2CH_3$	
异戊巴比妥(amobarbital)	$-C_2H_5$	$-CH_2CH_2CH(CH_3)_2$	
硫喷妥(thiopental)	$-C_2H_5$	$-C_2H_5$	C_2位S取代物的钠盐

(二)中毒症状和体内过程

临床常用巴比妥(barbital)、苯巴比妥(phenobarbital)、异戊巴比妥(amobarbital)、司可巴比妥

（secobarbital）。药效和毒性差异较大，一般治疗量的 10 倍以上可致中毒。常用药物的致死量为：巴比妥 5～10g，苯巴比妥 4～9g，异戊巴比妥 2～5g，司可巴比妥 1～5g。

巴比妥类药物口服或肌注后迅速分布于全身组织，肝、肾分布较多。巴比妥药物依据脂溶性透过血 - 脑脊液屏障进入脑组织。本类药物经肝脏代谢或以原型由肾脏排出。急性中毒时嗜睡、神志不清、昏迷、体温下降、呼吸缓慢、发绀、肢体软弱、深昏迷等症状明显。慢性中毒症状为皮疹、语言不清、失眠、健忘、共济失调等。急性中毒抢救时的洗胃液、尿液等均可作为检材。

（三）检材采取和处理

巴比妥类药物是典型的酸性药物之一，制剂多为碱金属盐，一般原则是在酸性或中性条件下游离出原体，用有机溶剂提取和处理。

1. 检材采取　口服中毒者收集呕吐物和洗胃液；中毒致死者可收集心血、肝、脑、肾等检材，注意收集剩余药物或注射器具等体外检材。此外，各种巴比妥药物的中毒时效有所不同，应根据各种药物吸收排泄的快慢、取材时间等情况，有针对性地选取适当的检材，如巴比妥与苯巴比妥的代谢和排泄速度较慢，大剂量摄入者经数日后还能从尿中检出原体药物；而硫喷妥代谢和排泄速度快，注射后不久即代谢为戊巴比妥从尿中排出（图 8-3）。因此，尿中能否检出巴比妥类药物取决于采样时间和药物种类等多种因素。

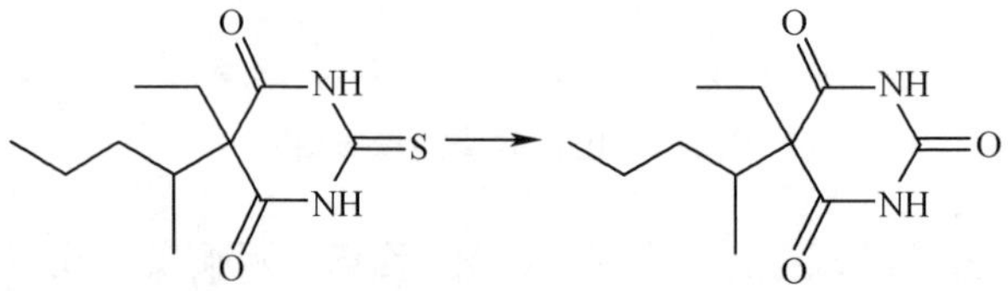

硫喷妥　　　　　　　　　　戊巴比妥

图 8-3　硫喷妥代谢为戊巴比妥

2. 检材处理　药片、药粉等简单的体外检材用酸性水溶液浸取过滤，有机溶剂提取浓缩；注射液、尿液和血液可直接调节至酸性后，用有机溶剂提取；各种组织检材先行匀浆后，选择适合的方法去除蛋白，再调至酸性，用有机溶剂萃取，必要时用碱性水溶液进行反提净化或用吸附柱净化。为避免巴比妥类药物在碱性溶液中水解（格鲁米特更易水解），此类药毒物提取物不宜在碱性溶液中放置过久。

（四）检测方法

1. 结晶反应　较纯的药品制剂用有机溶剂提取净化浓缩后可进行下列结晶反应。

（1）硫酸铜 - 吡啶结晶反应：将检样少许置于载玻片上，加一滴 5% 氨水溶解后，滴加 1% 硫酸铜 - 吡啶试剂 1 滴，如为巴比妥即出现紫色混浊，放置片刻，镜下观察，可见十字形淡紫色结晶，检出限 20μg；苯巴比妥出现细小不规则或似菱形的浅紫色结晶；有的药物不形成结晶，但可显色。

（2）三氯化铁 - 碘化钾结晶反应：取试样少许置于载玻片上，滴加三氯化铁 - 碘化钾试剂 1 滴，盖上盖玻片，在酒精灯上加热至产生气泡为止，如有巴比妥类药物，稍冷后即产生结晶。巴比妥呈棒状；苯巴比妥呈簇状；异戊巴比妥呈花瓣状。

2. 显色反应

（1）碱性钴盐试验：巴比妥类药物结构中含 1,3- 二酰亚胺基团，在碱性无水条件下与钴盐产生紫堇色配合物。取 1～2 滴无水乙醇或甲醇检样溶解液，加 1 滴硝酸钴醇溶液，混匀后从旁边加 1 滴 5% 异丙胺的醇溶液，如有巴比妥类药物，接界处渐显紫堇色，检出限为 100μg。此反应不是巴比妥类药物的专属反应，一些含酰亚胺结构的化合物，如磺胺类药物、格鲁米特等均呈阳性。

（2）铜 - 吡啶试验：巴比妥类分子中含有—CONHCONH—基团，可发生类似肽键的缩二脲反应。此反应可在吡啶碱性溶液中进行，巴比妥类药物与铜盐作用生成紫红色配合物，含硫巴比妥显绿色，检出限 100～200μg。可区分含硫与不含硫巴比妥。取少许检样，加 1～2 滴 1% 硫酸铜 - 吡啶试液，如有巴比妥类药物则显色。

（3）二价汞盐显色反应：在弱碱性条件下，巴比妥类药物可与二价汞盐（硝酸汞或氧化汞）作用生成白色汞盐，此盐可溶于氯仿，再与二苯卡巴腙（diphenylcarbazone）试剂作用生成紫堇色配合物，其最大吸收峰在 560nm 处，可进行比色测定，此反应灵敏度较高。格鲁米特也有相同反应。

（4）格鲁米特的异羟肟酸铁反应：格鲁米特具有酰亚胺结构，可以和羟胺发生异羟肟酸铁反应。取检样少许，加盐酸羟胺溶液数滴，用 10% 氢氧化钠调节 pH 至 12 左右，放置数分钟，再滴加 10% 盐酸至 pH 3～4，加 1 滴 1% 三氯化铁，如有格鲁米特存在，即生成暗紫红色异羟肟酸铁配合物。此配合物在 510nm 处有最大吸收，可用异丁醇萃取进行定量分析。含酰胺键或酯类结构的化合物对此反应可能产生干扰，如氟乙酰胺或马拉硫磷等。

上述结晶反应与显色反应要求比较纯净的检样，干扰因素较多，灵敏度不高。可能出现假阴性与假阳性。

3. 紫外吸收光谱法　巴比妥类药物的紫外光谱吸收曲线随溶液 pH 的改变而发生变化，最大吸收峰发生位移，这与不同 pH 下化学结构的共轭改变有关。如图 8-4 所示，可发生内酰胺（lactam）与内酰亚胺的（lactim）互变异构。

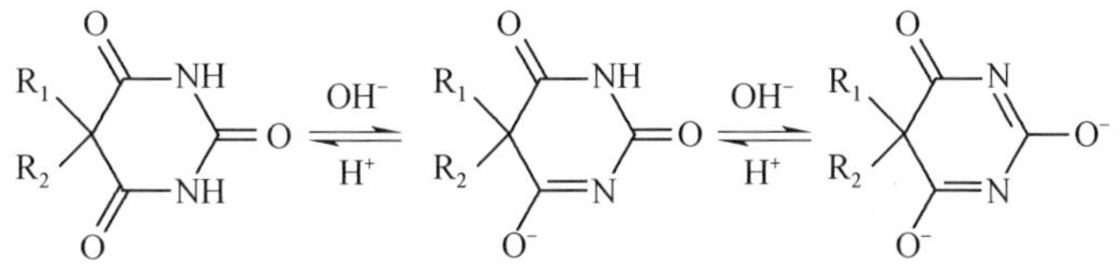

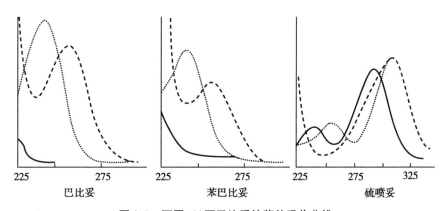

图 8-4　不同 pH 下内酰胺与内酰亚胺的互变异构

例如，5,5- 二取代巴比妥类在不同 pH 溶液中可按下式发生一级电离或二级电离（图 8-5）：在 pH<2 的酸性溶液中，各种非硫代巴比妥类药物均为非电离状态，仅在 210nm 附近有一肩峰，而硫喷妥则在 238nm 和 290nm 附近各有一吸收峰；在 pH 10 左右的碱性条件下，由于发生一级电离，非硫代巴比妥在 240nm 附近出现吸收峰，硫喷妥的两个吸收峰分别红移至 255nm 和 305nm 处；在 pH≥13 的溶液中，5,5- 二取代巴比妥可发生二级电离，其吸收峰红移至 255nm 附近。

225　　275	225　　275	225　275　325
巴比妥	苯巴比妥	硫喷妥

图 8-5　不同 pH 下巴比妥的紫外吸收曲线
—pH 2；……pH 9.2；--pH 13

1,5,5- 三取代的巴比妥类药物（如海索巴比妥，hexobarbital）（图 8-6）分子中仅有一个活泼氢，不能形成二级电离，吸收峰仍在 240nm 附近，而硫喷妥仅 305nm 有吸收峰，255nm 的吸收峰消失。与巴比妥类药物不同，格鲁米特醇液中紫外光谱吸收峰在 251nm、257nm 和 263nm 是较弱的吸收，碱液中可因电离而在 235nm 处出现一强吸收峰，但由于不断水解，其吸收值随时间推移不断降低。

可根据这些光谱特性区别不同类型的巴比妥类及格鲁米特药物。

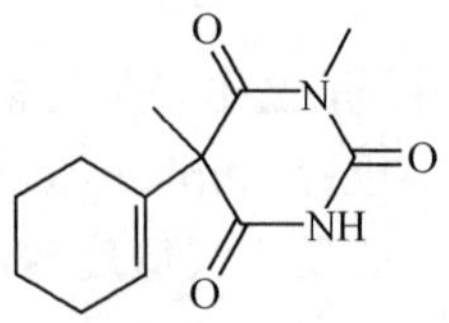

图 8-6　海索巴比妥

巴比妥类药物的紫外光谱特性在光谱法定性定量中具有重要意义,在不同的 pH 条件下,化学结构有所变化,发生类似酮式和烯醇式的互变异构,可以形成较大的共轭结构,因此,光谱曲线发生显著变化。大多数的药物和杂质都没有这个性质,因此,可以在两个不同 pH 条件下测定吸光度,求算吸光度差值,剔除杂质。此法称为差示分光光度法。对于 5,5- 二取代巴比妥类药物的测定,可将检样溶液分成相等的两份,一份调节至 pH 14,另一份调节至 pH 10,且浓度应相同;将 pH 10 的一份溶液置于参比池,pH 14 的一份溶液置于样品池,在 255nm 处测定吸光度 A(即两种溶液的吸收度差值 ΔA)。用已知药物对照品配制成一系列浓度的标准溶液,按上述方法测定,作出标准曲线,根据 ΔA 值在标准曲线上求出检液浓度。用差示分光光度法测定可消除在这两种 pH 条件下吸收值不变的杂质的干扰。

4. 色谱法

(1)薄层色谱法:常用硅胶 G 板及各种展开剂,用汞盐 - 二苯卡巴腙显色。经点样、展开并挥去展开剂后,先喷硫酸汞溶液,使薄层均匀湿润,此时巴比妥斑点显白色,然后再喷 0.2% 二苯卡巴腙醇溶液,整个薄层显蓝紫色背景并逐渐褪去,巴比妥药物斑点显紫堇色,含量高时为蓝紫带红色斑点。硫喷妥因易分解为戊巴比妥,常出现两个斑点,或仅出现戊巴比妥一个斑点。此显色方法可检出巴比妥、苯巴比妥、戊巴比妥、异戊巴比妥、司可巴比妥约 1μg,硫喷妥约 0.2μg。检样中如含蛋白质及其分解产物,多显示偏蓝色不规则斑点。

其他显色剂有 1% 的硝酸银(巴比妥类药物显白色斑点)、高锰酸钾水溶液(司可巴比妥等含不饱和取代基的药物显黄色,其他不含不饱和取代基的药物不显色)和 TCBI(N-2,6- 三氯对苯醌亚胺),巴比妥类药物斑点显蓝色。

巴比妥类药物的薄层层析操作条件举例:在硅胶 GF_{254}-CMC 薄层板上点巴比妥类药物 1mg/ml 的三氯甲烷溶液 1μl,用苯 - 丙酮(8:2)作展开剂展开后的 R_f 值顺序(由小到大):巴比妥→苯巴比妥→戊巴比妥→异戊巴比妥→格鲁米特→硫喷妥。有的 R_f 值比较接近,需要变换展开剂。展开剂的不同会引起药物出现前后颠倒的情况。

(2)高效液相色谱法:由于苯巴比妥在法医检案中较为常见,以苯巴比妥为例:色谱柱 C_{18}(250mm× 4mm,10μm),甲醇 -10mmol/L 磷酸二氢钾(58:42)作流动相,紫外检测器,检测波长 210nm,流速 1ml/min。量取血清 0.2ml,加 1mol/L 的磷酸缓冲液 0.2ml,混匀,加非那西汀乙酸乙酯溶液(5μg/ml) 5.0ml 内标液,振摇 1 分钟,离心 15 分钟;取酯层 4ml,氮气下吹干,甲醇 100μl 溶解残渣,进样 20μl。出峰顺序为非那西汀(内标)在前,苯巴比妥在后。

(3)气相色谱 - 质谱联用法:固定相可用中等极性的键合 50% 苯基 -50% 甲基聚硅氧烷,检材经提取净化后用氯仿溶解后进样。以烯丙异丙巴比妥(aprobarbital)为内标物。巴比妥类药物极性较小,色谱峰具有较好的对称性。巴比妥类药物气相色谱 - 质谱联用操作条件举例:键合 5% 二苯基 -95% 二甲基聚硅氧烷色谱柱(30m×0.25mm,0.25μm);载气:He;流速:1ml/min;柱温:程序升温 50℃ $\xrightarrow{20℃/min}$ 90℃ $\xrightarrow{5℃/min}$ 250℃;进样口温度:250℃;分流模式进样,分流比 40:1,辅助线温度:280℃。离子源:230℃;四极杆:150℃;电离方式:EI;采集方式:全扫描;质量范围:35~500amu。各巴比妥类药物的出峰次序依次为:巴比妥、烯丙异丙巴比妥、异戊巴比妥、戊巴比妥、司可巴比妥、硫喷妥、苯巴比妥,其中巴比妥和苯巴比妥的 EI 源质谱图见图 8-7。

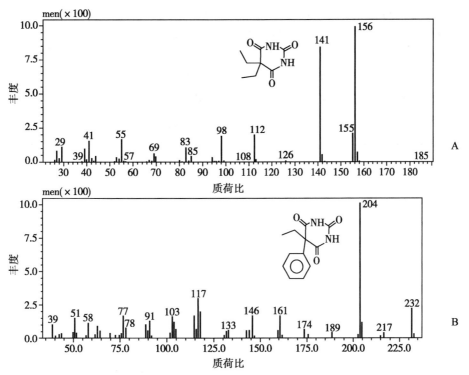

图 8-7 巴比妥类安眠镇静药的电子轰击电离源的质谱图
A. 巴比妥；B. 苯巴比妥

知识拓展 ▶

巴比妥类药物分为长时效、短时效和超短时效。巴比妥类药物口服或肌内注射均易吸收，并迅速分布于全身组织和体液，也易通过胎盘进入胎儿循环。各药物进入脑组织的速度与药物脂溶性成正比。硫喷妥属于超短时效药物，极易通过血脑屏障，静脉注射后可立即起效，但又因迅速自脑组织转移到外周脂肪组织进行再分布，故作用十分短暂（约 15 分钟），只用作外科手术时的基础麻醉。而苯巴比妥即使静脉注射也需 30 分钟才能起效，属于长时效药物，因为苯巴比妥在体内的留存时间较长，比较适合口服。在复方感冒药中常有苯巴比妥的药物成分。巴比妥类药物的时效差别主要取决于两个方面：①脂溶性。硫喷妥或司可巴比妥具有 5- 位的脂肪族侧链，和具有苯环的苯巴比妥相比，脂溶性更强，因此，容易快速通过血脑屏障而起效。②代谢途径。强脂溶性药物主要在肝脏代谢而失效，作用持续时间较短。而相对脂溶性低的药物如苯巴比妥主要以原型自肾脏排泄而消除，故作用持续时间较长。此外时效性差异还有血浆蛋白结合率等因素。

二、吩噻嗪类药物

吩噻嗪类药物（phenothiazines）是一类抗精神病药，具有镇静、镇痛和镇吐作用，通常用于治疗精神疾患，也可用于增强麻醉、催眠和镇痛作用。长期使用可产生依赖，过量服用或滥用可造成中毒死亡。氯丙嗪（chlorpromazine）是典型代表药物。

（一）一般介绍

本类药物母核为吩噻嗪环，又称苯骈噻嗪或硫氮杂蒽。母体结构见图 8-8。R_1 为碱性含 N 脂肪族侧链，结构多样，共同特点是和母核相隔两个碳。R_2 为电负性基团，集中在以卤素为主的元素周期表的副族。碱性脂肪族侧链使本类药物具有较强碱性。多数游离碱为油状液体或熔点较低的固体，通常制成盐酸盐。游离碱难溶于水，可溶于乙醇和氯仿；盐酸盐多为白色至微黄色粉末，易溶于水、乙醇和氯仿，不溶于乙醚。此类药物极易氧化，暴露在空气中或光照下可变色并颜色渐深，结构上主要体现在母核的 S 形成亚砜和砜。因此，此类药物均要求避光密闭保存，并加入维生素 C 或亚硫酸氢钠等抗氧化剂。氯普噻吨（chlorprothixene）等噻吨类药物母核上无 N，作用与吩噻嗪类药物类似，也归于此类。常见的吩噻嗪类药物结构见表 8-2。

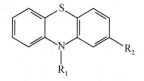

图 8-8　吩噻嗪类的母体结构

表 8-2　常用的吩噻嗪类药物

药物名称	R1	R2	HX
盐酸氯丙嗪 （chlorpromazine hydrochloride）	$-(CH_2)_3N(CH_3)_2$	$-Cl$	HCl
盐酸异丙嗪 （promethazine hydrochloride）	$-CH_2CH(CH_3)N(CH_3)_2$	$-H$	HCl
奋乃静 （perphenazine）	$-(H_2C)_3-N\diagup\diagdown N-(CH_2)_2OH$	$-Cl$	
盐酸氟奋乃静 （fluphenazine hydrochloride）		$-CF_3$	HCl
盐酸三氟拉嗪 （trifluoperazine hydrochloride）	$-(H_2C)_3-N\diagup\diagdown N-CH_3$	$-CF_3$	2HCl
盐酸硫利达嗪 （thioridazine hydrochloride）	$-(H_2C)_2-N\bigcirc$	$-SCH_3$	HCl

（二）检材采取和处理

采取检材后应避光保存，尽快检验，以避免遇光氧化分解，检材可在碱性条件下用有机溶剂萃取。此类药物易与蛋白结合，可用盐酸或三氯乙酸除蛋白。新鲜血、尿、胃内容物及组织匀浆液等可用乙醚或氯仿直接萃取。腐败检材碱化后用乙醇浸提，蒸去乙醇后用乙醚或庚烷萃取，中性氧化铝吸附柱净化。检材以血液和尿液为佳。

（三）检测方法

1. 化学方法　吩噻嗪类药物易被氧化成砜类、醌类而显色，还可与某些金属离子形成配合物显色。这些反应可作为预试验或类别试验。

（1）FPN 试剂：FPN 试剂是多种氧化剂与配合剂的混合物，是检验吩噻嗪药物的特定试剂。根据颜色种类、深浅、显色快慢等现象可鉴别吩噻嗪类药物的不同品种。其中，氯丙嗪、异丙嗪显红紫色，灵敏度为 3～5μg；氯普噻吨、三氟拉嗪显橙红色，灵敏度 100～200μg。

FPN 试剂的配方：5ml 5%（W/V）$FeCl_3$ 溶液加 45ml 20%（W/W）$HClO_4$，再加 50ml 50%（W/W）HNO_3 混合。

（2）氯化钯试剂：试剂为 0.1% 氯化钯的盐酸溶液。在 pH 2.0 缓冲溶液中，试剂与吩噻嗪类药物形成有色配合物。此反应是 Pd^{2+} 与吩噻嗪环上未被氧化的硫原子生成配位化合物，因此，亚砜或砜类均不显色，所以，特点是可选择性地检测未被氧化的吩噻嗪类药物。氯丙嗪、奋乃静显橙红色，灵敏度 1μg；异丙嗪显紫色，灵敏度 1μg；三氟拉嗪显橙黄色，灵敏度 2μg；氯普噻吨显浅黄色，灵敏度 5μg。氧化显色反应产物很复杂，并非单一产物，母核可能被破坏。

2. 光谱法

（1）紫外分光光度法：吩噻嗪类药物的紫外吸收特征相似，氧化产物及体内代谢产物也有紫外吸收，亚砜、砜类的吸收峰发生红移，可出现 4 个吸收峰。因此，检材经处理后直接测得的紫外吸收光谱通常是各种混合物的光谱。可将原药和代谢物全部氧化为亚砜，按亚砜的紫外吸收光谱进行对照鉴别。氯丙嗪亚砜产物在 0.1mol/L 的 H_2SO_4 溶液中，有 240nm、275nm、300nm 和 345nm 四个吸收峰,其中 240nm 的吸收最大;异丙嗪亚砜产物在 0.1mol/L H₂SO₄ 溶液中有 235nm、270nm、295nm 和 340nm 四个吸收峰,以 235nm 的吸收最大。

制备氯丙嗪亚砜的标准紫外吸收光谱操作条件示例:取氯丙嗪 200μg,溶于 50ml 水中,加 FPN 试剂 5ml,溶液即变红,加 60% 浓碱,碱化放冷。50ml、30ml 乙醚提取两次。无水硫酸钠脱水,0.05mol/L 硫酸 10ml 提取两次,在 200~390nm 处测紫外吸收。检材中提取净化后的样品转溶于 0.05mol/L 硫酸溶液中,用 FPN 试剂氧化,操作同前。

(2)荧光分光光度法:本类药物用过氧化氢氧化后可产生具有荧光的物质,荧光强度与浓度呈线性关系,可做定量分析。

血液中氯丙嗪、三氟拉嗪药物荧光法操作条件举例:检材用氨水碱化后,用庚烷 - 异戊醇(98.3∶1.7)混合溶剂萃取,醋酸溶液反提,反提液用 30% 过氧化氢氧化。氯丙嗪激发光波长 340nm、检测波长 380nm;三氟拉嗪激发光波长 350nm、检测波长 405nm。检测限 0.5μg/ml。

3. 色谱法

(1)薄层色谱法:硅胶 G 板,环己烷 - 二乙胺(9∶1)作展开剂,先行紫外线灯下 254nm 观察荧光,再喷 2∶3 硫酸显色,烘干后可再行紫外线灯下观察荧光。在展开剂中加入碱性试剂后 Rf 值增大。也可用氯化钯等氧化试剂显色。吩噻嗪类药物 Rf 值从小到大的顺序:奋乃静→三氟拉嗪→异丙嗪→氯丙嗪→氯普噻吨。

由于吩噻嗪类药物极易氧化,检验陈旧药物或腐败检材时常出现多个斑点,不便与对照品比较。可将对照品与被检物全部氧化为亚砜,再展开进行鉴别。

吩噻嗪类药物氧化后薄层色谱法操作举例:标准品和样品同时点在不同原点上,用毛细管加 1∶1 硝酸 2~3 滴将原点盖住。此时斑点变红,将水分吹干,红色褪去,复加硝酸至不显色。展开后用 60% 硫酸显色。20 分钟后观察斑点。通常亚砜产物比原药的 Rf 值减少一半以上。

(2)气相色谱法:通常采用非极性的毛细管柱,FID 检测器,程序升温。吩噻嗪类药物的气相色谱图如图 8-9 所示,吩噻嗪类药物虽然可以达到较好的分离,但色谱行为不如巴比妥类。

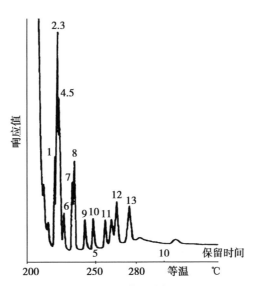

图 8-9　吩噻嗪类药物的气相色谱图

1. 三氟丙嗪(triflupromazine);2. 异西喷地(isothipendyl);3. 异丙嗪(promethazine);4. 异丁嗪(trimeprazine);5. 普马嗪(promazine);6. 普罗吩胺(profenamine);7. 氯丙嗪(chlorpromazine);8. 甲氧异丙嗪(levomepromazine);9. 三氟拉嗪(trifluoperazine);10. 甲哌丙嗪(perazine);11. 丙氯拉嗪(prochlorperazine);12. 硫利达嗪(thioridazine);13. 硫乙拉嗪(thiethylperazine)

（3）气相色谱 - 质谱联用法：吩噻嗪类药物分子离子峰很弱，往往是脱去侧链后所形成的碎片离子具有很强丰度。如氯丙嗪（chlorpromazine）的 m/z 233 和异丙嗪（promethazine）m/z 199。氯丙嗪和异丙嗪质谱图见图 8-10。

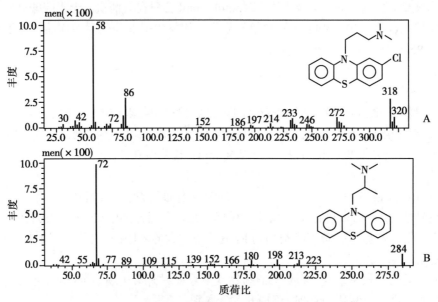

图 8-10　吩噻嗪类代表药物的电子轰击电离源的质谱图
A. 氯丙嗪；B. 异丙嗪

（4）高效液相色谱法：色谱柱可采用 C_{18} 键合相硅胶色谱柱，用紫外检测器检测，波长 254nm，流动相可用 10mmol/L 高氯酸缓冲溶液和乙腈（7：3）混合液。检材可按如下方法处理：液体检材 0.1ml，加 0.2ml 乙腈，搅拌后离心，取上清液，过滤，取滤液 10μl 进样。在上述色谱条件下，吩噻嗪类药物都可得到很好的分离。

三、苯骈二氮杂䓬类药物

苯骈二氮杂䓬类（benzodiazepines）药物是一类抗焦虑药物，同时具有镇静催眠、抗惊厥、抗癫痫作用，又称为弱安定药物。最先应用的有氯氮䓬和地西泮，后有硝西泮、奥沙西泮，而后艾司唑仑、三唑仑、阿普唑仑等相继上市。很多品种属于国家管制的二类精神药品。该类药物包括氯氮䓬（chlordiazepoxide）、地西泮（diazepam）、氟西泮（flurazepam）、奥沙西泮（oxazepam）、硝西泮（nitrazepam）、艾司唑仑（estazolam）、三唑仑（triazolam）等。其中三唑仑、艾司唑仑等不仅在临床上普遍使用，也是常见的毒品添加剂和麻醉抢劫所用药物。

（一）一般介绍

苯骈二氮杂䓬类药物除了具有三环的 1,4- 苯骈二氮杂䓬类外（图 8-11），还具有四环的 1,2 位骈五元杂环的唑仑类（图 8-12）。前者以地西泮（安定）为代表，后者以三唑仑为代表。七元环状的化学结构称为䓬，环上有杂原子存在即为杂䓬。两环有两个共用碳原子的称为骈。

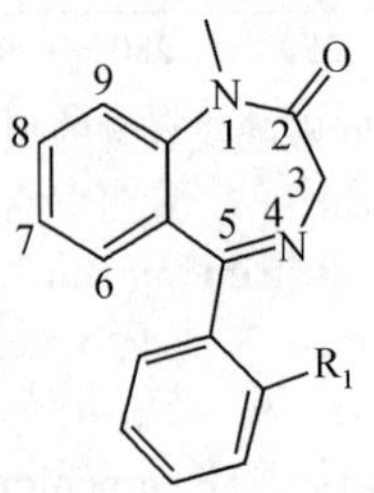

图 8-11　1,4- 苯二氮䓬母体

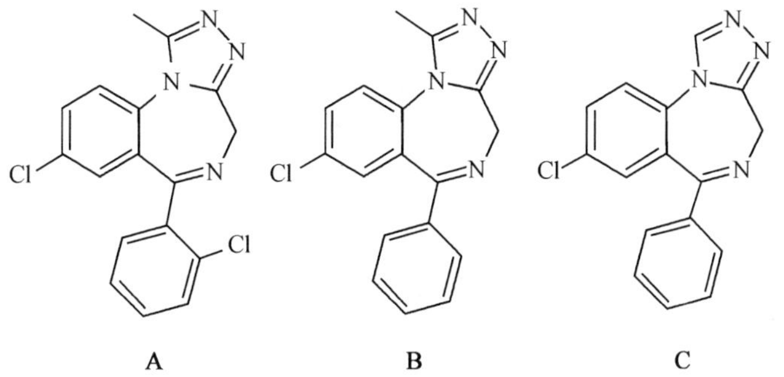

图 8-12 四环唑仑类的三个代表物
A. 三唑仑；B. 阿普唑仑；C. 艾司唑仑

本类药物的纯品多为白色或黄色结晶性粉末，无臭，无味或具苦味；具有碱性，能与酸成盐；游离碱多难溶于水，盐可溶于水；其结构中的七元环在强酸中可水解开环。常见的苯骈二氮杂䓬类药物列于表 8-3 中。

表 8-3　常见苯骈二氮杂䓬类药物的结构

母体结构与名称	取代基
1,4- 苯骈二氮杂䓬类	
地西泮（diazepam）	$1-CH_3$, $7-Cl$, $R_1=H$
氟西泮（flurazepam）	$1-CH_2CH_2N(C_2H_5)_2$, $7-Cl$, $R_1=F$
硝西泮（nitrazepam）	$7-NO_2$, $R_1=H$
氯硝西泮（clonazepam）	$7-NO_2$, $R_1=Cl$
奥沙西泮（oxazepam）	$3-OH$, $7-Cl$, $R_1=H$
氯氮䓬（chlordiazepoxide）	$2-NHCH_3$, $4\rightarrow O$, $7-Cl$, 2,3 位双键, $R_1=H$
三唑仑苯骈二氮杂䓬类	
三唑仑（triazolam）	
阿普唑仑（alprazolam）	
艾司唑仑（estazolam）	

（二）中毒症状和体内过程

苯骈二氮杂䓬类药物属中枢神经系统药物，其主要作用在中枢神经系统，中毒后出现嗜睡、头昏、乏力、共济失调等症状。此类药物的毒性较巴比妥类弱，长期服用可产生依赖性，用量较大可致昏迷或呼吸循环抑制。尸检可见明显尸斑，口唇、指甲青紫，内脏淤血，肺水肿、脑水肿，有时在胃中可见有色胶囊的残留物或残存未溶解的白色粉末或药片。

苯骈二氮杂䓬类药物根据其结构特点，在体内代谢中以 N- 去甲基和环的羟基化为主。1 位 N 上有甲基的药物在体内 N- 甲基转移酶的催化下很容易形成 N- 去甲基的产物。例如奥沙西泮就是地西泮的体内代谢物（图 8-13），在结构上除 N- 去甲基外，在杂环的 3 位上也容易被羟基化。因奥沙西泮同时具有药物活性，也作为药物直接用于临床。

（三）检材采取和处理

注意收集剩余食物、饮料、剩余药物等体外检材以及静脉血、尿、洗胃液等活体检材；对死亡者，可取心血、肝、脑等组织。根据本类药物的溶解性能，可选择不同的处理方法。药片、药粉、饮料沉渣等可用甲醇等溶剂直接浸取；生物检材可调节合适的 pH 后用有机溶剂萃取。氟西泮游离碱水溶性较大，不宜用液 - 液萃取法分离，应采用固相萃取等方法处理。多数苯骈二氮杂䓬类药物的游离碱

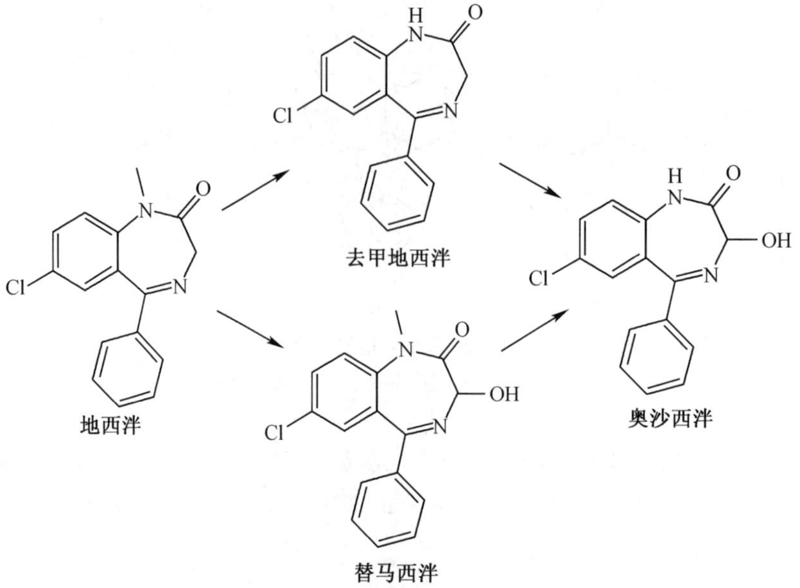

图 8-13　地西泮的体内代谢

易溶于有机溶剂,成盐后易溶于水,可在弱碱性等条件下用有机溶剂提取,萃取溶剂可选用乙醚或氯仿。例如,氯氮䓬、地西泮可在弱碱性下用乙醚萃取;硝西泮、奥沙西泮可用氯仿等溶剂萃取。氯氮䓬的盐酸盐可部分溶于氯仿(1:500),可用碱液洗涤法或柱色谱法净化。另外,本类药物在体内与血浆蛋白、葡萄糖醛酸有较高的结合率,必要时应先将结合物水解再萃取。含阿普唑仑或三唑仑的尿液,可采用 β- 葡萄糖醛酸酶水解,尿液用醋酸酸化至 pH 5,加入酶后,于 37℃ 保温 2 小时,然后调节 pH 进行萃取。

(四) 检测方法

1. 显色反应与沉淀反应

(1) 芳伯胺显色:苯环上直接连有氨基,并且氨基上无取代,即为芳伯胺,或称芳香第一胺,这一类化合物可发生重氮化 - 耦合,与显色剂可发生显色反应,此显色产物依据药物不同不仅颜色有差异,而且具有固定的熔点和不同的结晶。本类药物并无芳伯胺,但个别药物水解后七元环开环可生成芳伯胺。此方法是利用本类药物酸水解产物的显色反应进行检验。氯氮䓬及一些 1 位氮上无取代基的苯骈二氮杂䓬类药物如氯氮䓬、硝西泮、奥沙西泮、氯硝西泮、艾司唑仑等,经酸水解后生成含芳伯胺基的二苯甲酮衍生物,可用重氮化 - 耦合显色反应进行预试验或筛选试验。

芳伯胺试验操作举例:取萃取净化后的药物残渣少许,加 5% 盐酸 2～3ml,振摇,于沸水浴中加热 10 分钟,水解,水解液冷却至室温后再用冰水冷却至 0～5℃ 然后加入冰水冷却的 0.1% 亚硝酸钠溶液 0.5ml,摇匀后放置数分钟,再加 0.5ml 2.5% 氨基磺酸胺(NH2SO3NH4)或 25% 的尿素(NH2CONH2)以除去多余的亚硝酸,摇匀后放置数分钟,待不再有气泡逸出,加入 1% 盐酸萘基乙二胺或碱性 β- 萘酚试剂 0.5～1ml,可生成紫红色或橙红色偶氮化合物,此偶氮化合物在 540nm 附近有最大吸收,可用分光光度法进行定量。含芳伯胺基或酸水解后能生成芳伯胺的其他物质,如磺胺类药物、对氨基水杨酸、普鲁卡因、对乙酰氨基酚等对此反应均有干扰。1 位 N 上有取代基的苯骈二氮杂䓬类药物,如地西泮、氟西泮等因不能水解成芳伯胺,不发生此反应。芳伯胺试验阳性的代表药物是氯氮䓬、硝西泮和艾司唑仑。

(2) 硫酸 - 荧光显色:苯骈二氮杂䓬类药物溶于硫酸后,在紫外光(365nm)下显不同颜色的荧光,可用对照品比较,检出限可达 1pg。地西泮:黄绿色;氯氮䓬:黄色;艾司唑仑:亮绿色;硝西泮:淡蓝色。

(3) 碘化铋钾沉淀显色:氯氮䓬和阿普唑仑的盐酸溶液遇碘化铋钾试液,生成橙红色沉淀。盐酸氟西泮的水溶液和氯硝西泮的稀盐酸溶液遇碘化铋钾试液也生成红色沉淀,而后者放置后沉淀颜色变深,可以相互区别。

2. 色谱法

(1)薄层色谱法:苯骈二氮杂䓬类药物为碱性药物,用碱性展开剂展开效果较好。吸附剂可用硅胶 G。典型的展开系统是:①苯 - 丙酮 -28% 氨水(50:10:3);②丙酮 -28% 氨水(99:1);③叔丁醇 -1mol/L 氨水(27:3);④氯仿 - 乙醛 - 丙酮(8:1:1)。

此外,还可利用药物酸水解生成的二苯甲酮衍生物进行薄层色谱分析,不同药物有可能得到相同的二苯甲酮类衍生物。可将检样在硅胶 G 薄层板上直接进行水解,将萃取物残渣的甲醇溶液在薄层板上点样后,在原点上滴加 15% 硫酸,用载玻片覆盖,置于 120℃温箱中加热约 20 分钟,使其水解,冷却后,于原点上加 25% 氨水中和,加热干燥,放冷后用氯仿 - 二氯甲烷(1:1)作展开剂,用药物对照品在同一薄层板上同法操作。

(2)气相色谱法:本类药物多数容易被色谱柱吸附或在色谱柱内分解,造成不能出峰或拖尾。故应选择吸附性小的固定相,通常选 100% 二甲基聚硅氧烷等非极性或弱极性的色谱柱。由于本类药物的结构多含有吸电子的卤素等极性基团,用 ECD 检测器可增大检测灵敏度。对于三种唑仑类药物的分析,设法提高灵敏度十分必要,它们的保留时间长,组分扩散严重,对常用的检测器不灵敏。

生物样品中苯骈二氮杂䓬类药物的提取分析操作条件举例:1ml 检尿加 2ml 0.25mol/L 碳酸钠溶液,用 4g Extrelut 固相萃取,保持 15 分钟,用 10ml 氯仿 - 乙醚(1:1)萃取。氮气吹干后,用 100μl 甲醇溶解,1μl 进样分析。色谱条件为:固定液为 100% 二甲基聚硅氧烷的毛细管柱(12m × 0.53mm, i.d. 0.25μm),FID 检测器,初始柱温为 210℃(1 分钟),经程序升温(18℃/min)至 280℃(8℃/min),进样口 300℃,检测器 300℃,载气为氮气(18ml/min)。

(3)高效液相色谱法:此类药物在体内可以形成若干代谢物,如地西泮的代谢物奥沙西泮等,形成代谢物后极性增大,不适合气相色谱分析。HPLC 可弥补 GC 的不足。由于此类药物的紫外吸收较强,紫外检测灵敏度较高。常用的色谱柱为反相 C_{18}- 键合固定相,甲醇或乙腈的磷酸混合溶液为流动相。

3. 色谱 - 质谱联用分析法

(1)液相色谱 - 质谱联用法:苯骈二氮杂䓬类药物极性强,热不稳定,色谱峰对称性较差,这些问题一般采用联用分析技术可以有效克服。

液相色谱 - 质谱联用分析法应用举例:取生物样品 0.2g,加 5ml 硼砂缓冲液匀浆,离心,过 C_{18} 预处理小柱,2ml 二氯甲烷 / 异丙醇(9:1)洗脱,氮气流下吹干,少量流动相溶解,进样分析。色谱柱为 C_{18} 反向柱,流动相为乙腈:水(70:30),内含 2% 甲酸。采用电喷雾离子源正离子检测方式,多反应检测模式。根据不同药物选择不同的母离子和子离子,形成离子对。如表 8-4 附加所示,可以采用两套离子对确证生物样品中的具体药物。图 8-14 附加是三唑仑的二级质谱图。

表 8-4 苯骈二氮杂䓬类药物的离子对和碰撞电压

药物名称	英文名称	离子对	碰撞电压
地西泮	diazepam	285.0>154.1; 285.0>193.2	36; 42
去甲西泮	nordiazepam	271.0>140.1; 271.0>165.1	40; 37
硝西泮	nitrazepam	282.1>236.2; 282.1>108.2	33; 47
奥沙西泮	oxazepam	287.1>241.1; 287.1>269.1	30; 20
三唑仑	triaolam	343.2>315.1; 343.2>239.1	41; 55
阿普唑仑	alprazolam	309.4>281.1; 309.4>205.2	37; 59
艾司唑仑	estazolam	294.9>205.2; 294.9>267.2	54; 33
咪达唑仑	midazolam	326.1>291.3; 326.1>222.2	37; 63

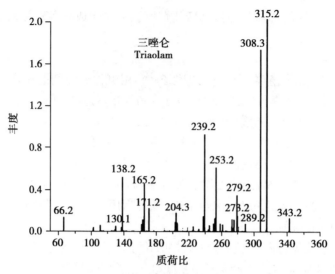

图 8-14　三唑仑的二级质谱图

（2）气相色谱 - 质谱联用法：生物样品的提取方法见其他章节，GC-MS 分析法以地西泮为代表的三环类出峰较早，以阿普唑仑为代表的四环类出峰较晚，三唑仑为最后，要注意提供足够长的保留时间，一般应大于 20 分钟。这类药物都可以出现一定强度的分子离子峰或准分子离子峰，可用选择离子进行筛查（图 8-15）。但是，由于此类药物沸点高，且灵敏度较低，生物检材通常优先使用液相色谱 - 质谱联用分析法进行分析。

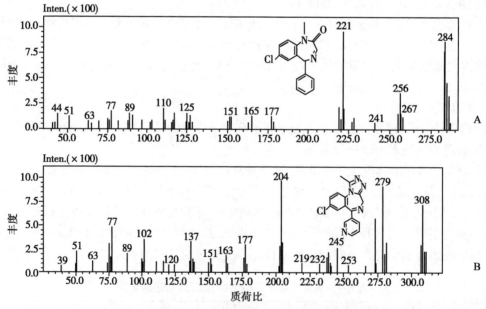

图 8-15　地西泮与阿普唑仑的电子轰击电离源的质谱图
A. 地西泮；B. 阿普唑仑

四、其他常见安眠镇静药物

（一）佐匹克隆

1. 一般介绍　佐匹克隆（zopiclone）为环吡咯酮类新型催眠药（图 8-16），与苯骈二氮杂䓬类药物相比，具有高效、低毒、成瘾性小的特点。该药通过激动 BZ 受体，增强 γ- 氨基丁酸（GABA）抑制作用，缩短入睡潜伏期，延长睡眠时间，提高睡眠质量，对记忆功能几乎无影响。有抗焦虑、抗惊厥和肌肉松弛作用。近年来，关于利用佐匹克隆实施麻醉抢劫、强奸及凶杀的刑事案件、误服或口服佐匹克隆自杀等相关事件日益增多。佐匹克隆纯品为白色至淡黄色结晶性粉末。无臭、味苦，易溶于二甲亚砜或氯仿，较易溶于冰醋酸，难溶于甲醇、乙腈、丙酮或乙醇，极难溶于乙醚或异丙醇，几乎不溶于水。

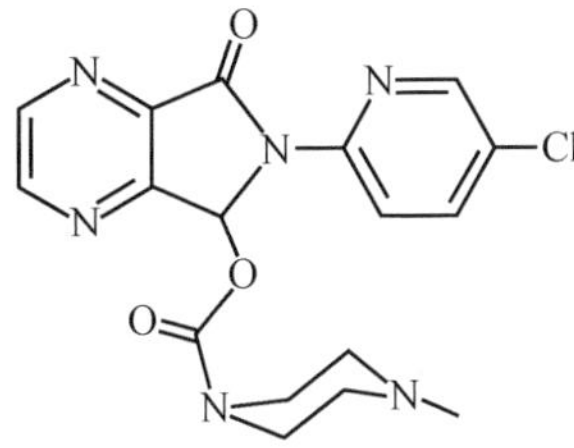

图 8-16　佐匹克隆

2. 中毒症状和体内过程　佐匹克隆中毒引起嗜睡、头昏、口苦、口干、肌肉无力、健忘等。口服后吸收迅速，1.5～2 小时达 C_{max}，迅速分布于全身组织，经肝脏代谢成有活性的 N- 氧化物，最后由肾脏排出，$t_{1/2}$ 约 5 小时。佐匹克隆主要通过 3 种途径在肝脏代谢，仅 4%～5% 以原型从尿中排出；11% 经侧链氧化形成活性较弱的佐匹克隆 N- 氧化物，15% 代谢成无活性的 N- 去甲佐匹克隆；50% 酯键水解产生无活性的代谢物，其中部分经肺以 CO_2 形式排出。其代谢途径如图 8-17。佐匹克隆口服治疗剂量为 7.5～15mg，血浆峰浓度 64～86ng/ml。

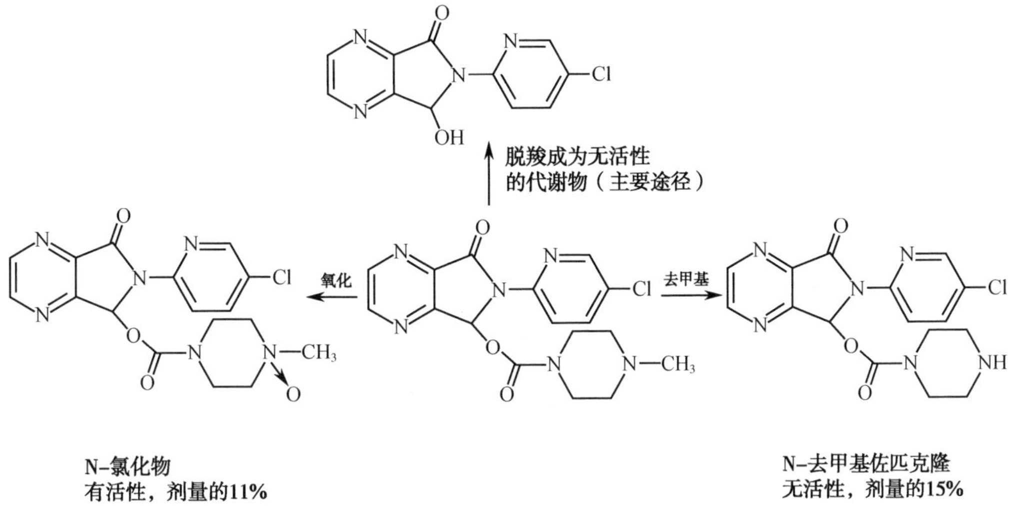

图 8-17　佐匹克隆体内代谢途径

3. 检材采取和处理　佐匹克隆检材处理一般在中性或弱碱性条件下用有机溶剂提取。对于胃及胃内容物，调节 pH 为中性和弱碱性，用三氯甲烷超声，无水硫酸钠脱水过滤，合并三氯甲烷，水浴或氮气流下吹干，残渣用甲醇溶解。对于血液和尿液，可在中性或弱碱性条件下用有机溶剂提取，萃取溶剂可选用氯仿、乙酸乙酯、二氯甲烷。

4. 检测方法

（1）紫外分光光度法：佐匹克隆在 0.1mol/L 盐酸溶液中于 304±1nm 处有最大吸收峰（图 8-18）。可确定为定性定量检测波长，可用于含佐匹克隆的体外检材（药片或注射液）的检测。

（2）气相色谱 - 质谱联用法：GC-MS 法操作举例：键合 5% 二苯基 -95% 二甲基聚硅氧烷弹性毛细管柱（30m×0.25mm，0.25μm），进样口温度：280℃，检测器接口温度：280℃。柱温：200℃保持 1 分钟，以 20℃/min 升至 280℃保持 15 分钟，正离子 EI 电离源，载气流速 1ml/min，分流比：5∶1，尾吹气：30ml/min，进样体积：1μl。佐匹克隆的保留时间为 17 分钟。如图 8-19 所示，佐匹克隆不出现分子离子峰，m/z 245 是酯键断裂后吡咯环酮部分最大的质量碎片。

（3）液相色谱 - 质谱联用法：用 HPLC-MS/MS 法检测生物样品中的佐匹克隆时，可同时检测佐匹克隆的 N- 氧化物和 N- 去甲佐匹克隆。

LC-MS/MS 法应用实例：样品处理方法：0.5ml 血浆混合 0.5ml 0.05% 甲酸水溶液备用。用 1ml 甲醇和 1ml 0.05% 甲酸水溶液活化小柱。样品上柱后，用 1ml 0.05% 甲酸水溶液和 1ml 10% 甲醇洗柱。然后用 1ml 10% 甲酸的乙腈溶液洗脱。洗脱液在 40℃下吹干，残渣用 300μl 的流动相溶解，5μl 的样品进样分析。

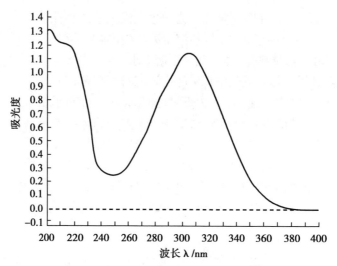

图 8-18　佐匹克隆紫外分光光度法光谱图

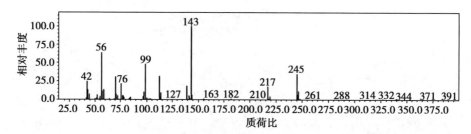

图 8-19　佐匹克隆 GC-MS 质谱图

LC-MS/MS 条件：分析柱 C_8（150mm×4.6mm，i.d.，填料粒径大小为 3.5μm）；流动相为 0.05% 甲酸水溶液：乙腈 - 甲醇（25：65：10，v/v/v），流速：0.5ml/min；质谱条件：离子化模式：ESI+，MRM 模式，毛细管电压：370V；源温度：350℃；雾化气流速：50L/Hrs；雾化气温度：350℃；采用的监测离子为：佐匹克隆 m/z 389.1，N- 去甲基佐匹克隆 m/z 375.0；N- 佐匹克隆氧化物 m/z 405.1。佐匹克隆原体的定性定量离子对为 389.1>245.1 和 389.1>271.1。

有报道应用上述方法在佐匹克隆血药浓度为 3.6μg/ml 时，代谢产物 N- 去甲基佐匹克隆和佐匹克隆氧化物血中含量分别为 4.3μg/ml 和 0.02μg/ml，尿中则分别为 27.5μg/ml 和 0.96μg/ml。数据显示血中代谢产物以 N- 去甲基佐匹克隆为主。尿液中的佐匹克隆氧化物也远远低于 N- 去甲基佐匹克隆。

（二）唑吡坦

1. 一般介绍　唑吡坦（zolpidem），商品名思诺思。具有见效快、副作用小等特点，广泛用于治疗失眠症。该药引起的案件呈日益上升趋势。该药口服生物利用度 70%，达峰时间为 0.5～3 小时，血浆蛋白结合率为 92%，平均消除相 $t_{1/2}$ 2.4 小时。56% 经肾排泄，37% 由粪便排出。药物在老年患者体内清除率下降，血浆峰浓度一般较成人升高 50%，但半衰期不延长。化学结构见图 8-20。

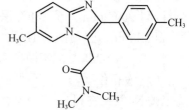

图 8-20　唑吡坦的化学结构

2. 中毒症状和体内过程　唑吡坦中毒表现为不同程度的嗜睡、头昏、乏力，共济失调，恶心，呕吐，昏迷，血压下降，休克，呼吸循环抑制直至死亡。唑吡坦化学结构中两个芳环上分别连有甲基，芳环上的烃基（甲基）容易氧化成羧酸。在人体内生物氧化过程中，唑吡坦可以生成苯基 -4- 羧基唑吡坦和 6- 羧基唑吡坦（图 8-21）。

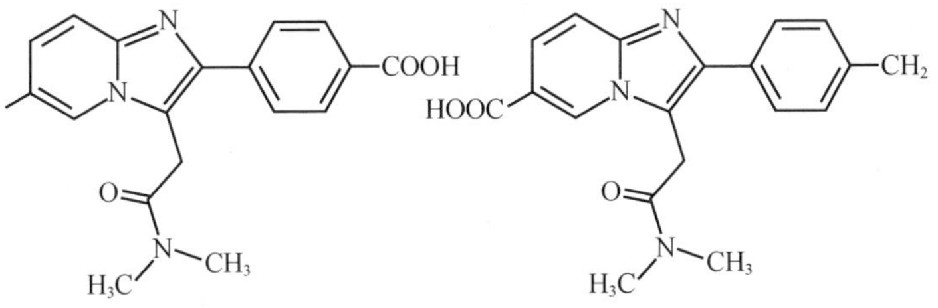

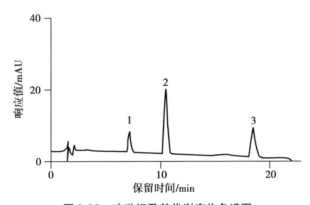

苯基-4-羧基唑吡坦　　　　　　　　　　6-羧基唑吡坦

图 8-21　唑吡坦的体内代谢产物

3．检测方法

（1）高效液相色谱法：高效液相色谱法检材处理及操作举例：吸取 1ml 血液于 10ml 玻璃试管中，加入 pH 4.7 醋酸铵缓冲液 4ml，涡旋振荡 1 分钟，超声波提取 5 分钟，以 7000r/min 离心 10 分钟，移出上清液后加入 5ml 醋酸铵缓冲液，重复上述操作，合并上清液。固相萃取小柱依次用甲醇、超纯水、pH 4.4 醋酸铵缓冲液各 3ml 活化，将上清液过柱，流速 1～2ml/min。先用 3ml 含 5% 甲醇水溶液淋洗，再用 3ml 氯仿 - 异丙醇（体积比 9∶1）洗脱。洗脱液在 70℃下氮气吹干，残渣用 0.2ml 甲醇溶解，离心 5 分钟（7000r/min）后 HPLC 测定。

色谱条件：C_{18} 色谱柱（4.6mm×250mm，5μm）配二极管阵列检测器（DAD）。流动相：A 相为乙腈，B 相为 2.5mmol/L 醋酸铵水溶液，流速为 1.0ml/min，梯度洗脱程序为：0～15 分钟，10%～35%A；15～24 分钟，35%～60%A；柱温 30℃，进样量 20μl；检测波长 250nm，得到图 8-22 的色谱图。唑吡坦的两个代谢物均在原体之前出峰。

图 8-22　唑吡坦及其代谢产物色谱图
1. 苯基 -4- 羧基唑吡坦；2. 6- 羧基唑吡坦；3. 唑吡坦

（2）气相色谱 - 质谱联用法：生物样品中唑吡坦药物的提取分析操作条件举例：取 1ml 检血，加入 0.2ml 甲醇，混旋 20 秒，加入 pH 6 缓冲液 2ml，振荡混匀，8000r/min 离心 10 分钟。上固相萃取小柱依次经 1ml 甲醇，1ml 去离子水活化。取离心好的样品上清液过柱，然后用 5% 甲醇水 1ml 淋洗小柱，抽真空 30 分钟，用 2ml 二氯甲烷洗脱两次小柱。洗脱液置于 45℃快速浓缩仪上挥干。挥干后加入 100μl 甲醇定容，转移至进样瓶内供 GC-MS 分析。

色谱条件为：5% 苯基键合甲基聚硅氧烷毛细管色谱柱（30m×0.25mm，0.25μm），进样口温度：280℃，检测器温度：300℃，柱温：200℃（1 分钟），以 10℃/min 升温速率升至 280℃（10 分钟），氦气流量 0.5ml/min，分流比 10∶1，尾吹气：30ml/min，进样体积：1μl。唑吡坦药物出现一定强度的准分子离子峰 m/z 307，基峰 m/z 235 可用选择离子筛查和定量（图 8-23）。

（3）液相色谱 - 质谱联用法：HPLC-MS 应用举例：电喷雾离子源正离子检测模式 ESI+，喷雾电压；4.5kV，毛细管温度 27℃，碰撞池碰撞能量 60V，用乙腈∶甲醇 =5∶1 沉淀血和尿样品中的蛋白，微膜过滤，收集滤液于氮吹仪下吹干，残留物用少量缓冲溶液复溶 200µl 进样分析。唑吡坦的分子离子为 *m/z* 308.17。此法对于血或尿 LOD 可达 0.01ng/ml。

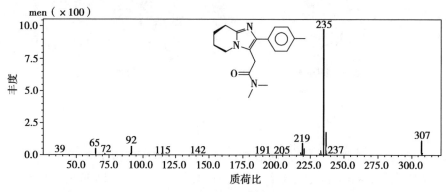

图 8-23　唑吡坦的质谱图

第二节　临床麻醉药

一、丙泊酚

（一）一般介绍

丙泊酚（propofol），化学名 2,6- 双异丙基苯酚，化学结构见图 8-24。丙泊酚是目前临床上普遍使用的麻醉诱导、麻醉维持、ICU 危重病人镇静的一种新型快速、短效静脉麻醉药。它具有麻醉诱导起效快、苏醒迅速且功能恢复完善等优点。

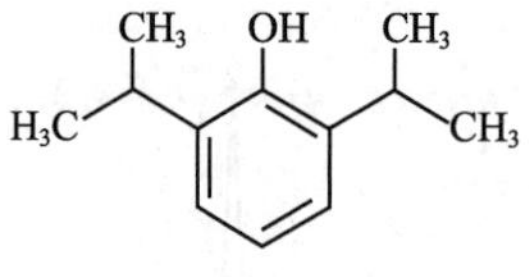

图 8-24　丙泊酚化学结构

（二）中毒症状和体内过程

丙泊酚过量可以产生恶心、呕吐、头痛等症状，也可产生可逆性兴奋亢进。可能引起心肺抑制而导致死亡。丙泊酚起效迅速（30 秒），复苏迅速。丙泊酚在体内可形成多种代谢产物（图 8-25）。

（三）检材采取和处理

丙泊酚通过肝脏代谢，形成的无活性醌醇结合物从尿中排出。丙泊酚虽然具有苯酚母核，但其 pKa 值在 11 左右，这是因为苯环上有两个供电子的异丙基，酸性比苯酚弱。对生物检材中丙泊酚的提取，通常将 pH 调至碱性或直接在中性条件下提取。

（四）检测方法

1. 气相色谱 - 质谱联用法　生物样品中丙泊酚的提取分析操作条件举例：色谱柱为 35% 苯基键合甲基聚硅氧烷毛细管色谱柱（30m×0.25mm，0.25µm），载气为高纯氦气（99.999%），流量为 1.0ml，进样口温度 250℃，辅助加热器温度 230℃；柱温条件 60℃（2 分钟）$\xrightarrow{20℃/min}$ 280℃（3 分钟）；离子源温度 230℃，不分流模式，EI 电离方式；取血液 0.5ml 于 10ml 玻璃离心管中，加内标液（麝香草酚）100µl。混匀后加 0.1mol/L 磷酸二氢钾溶液 0.5ml，再加环己烷 4ml 涡旋混合 5 分钟，3500r/min 离心 5 分钟，取上层有机相于 40℃氮气流下挥干溶剂，残渣用 100µl 甲醇溶解，再离心后取上清液 1µl 进样分析，其中丙泊酚和内标麝香草酚的 EI 源质谱图见图 8-26。

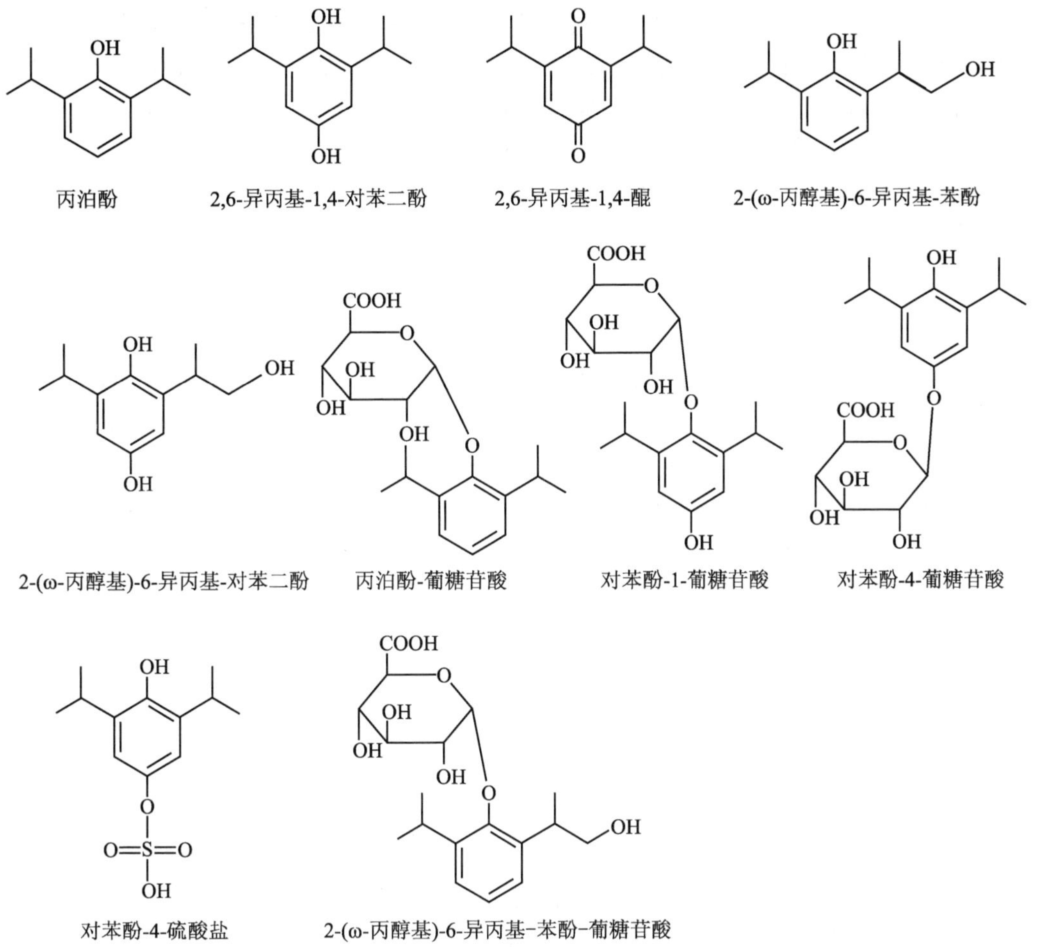

丙泊酚　　　2,6-异丙基-1,4-对苯二酚　　　2,6-异丙基-1,4-醌　　　2-(ω-丙醇基)-6-异丙基-苯酚

2-(ω-丙醇基)-6-异丙基-对苯二酚　　　丙泊酚-葡糖苷酸　　　对苯酚-1-葡糖苷酸　　　对苯酚-4-葡糖苷酸

对苯酚-4-硫酸盐　　　2-(ω-丙醇基)-6-异丙基-苯酚-葡糖苷酸

图 8-25　丙泊酚的可能代谢产物

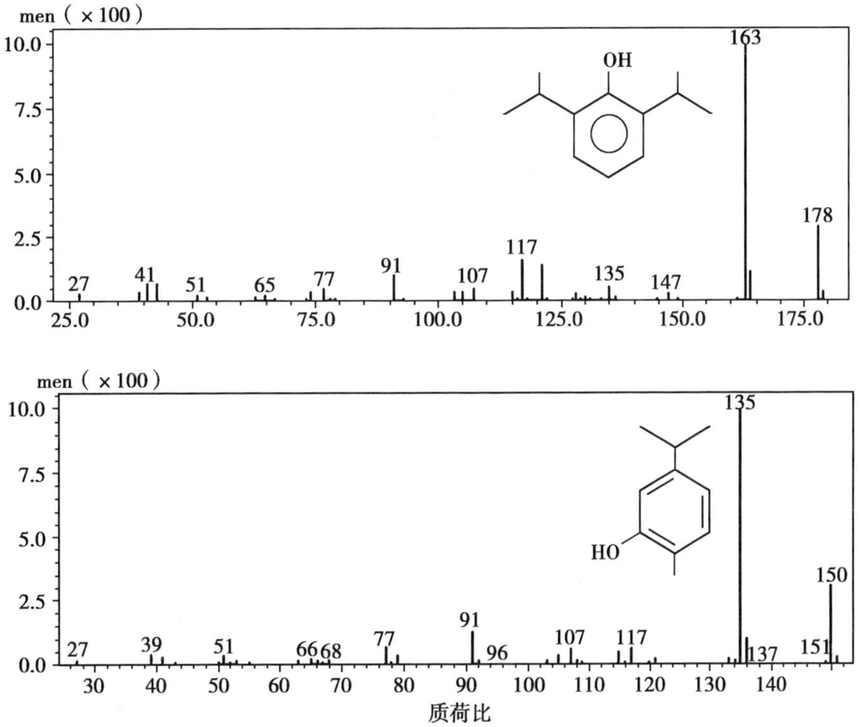

图 8-26　丙泊酚（上）药物及内标麝香草酚（下）的电子轰击电离源的质谱图

2. 液相色谱法　生物样品中丙泊酚的提取分析操作条件举例：通常采用 C_{18} 等反相色谱柱，流动相采用甲醇、乙腈等极性大的有机溶剂。200μl 全血加入内标麝香草酚，高速（10 000 转）离心 5 分钟，取上清液，再次高速离心 5 分钟，取上清液 50μl 进样。色谱条件：C_{18} 柱（150mm×4.6mm，5μm），流动相：乙腈：0.1% 三氟乙酸（60：40，v/v），流速 1.2ml/min；荧光检测器，激发波长：276nm，发射波长：310nm。丙泊酚的保留时间在 5 分钟左右。

知识链接 ▶

　　医学整形美容已经在全世界流行。在追求安全、舒适、无痛的麻醉效果同时，医疗纠纷屡屡发生。丙泊酚具有快速、短效，苏醒迅速、不良反应少等优点，在注册与未注册的合法与非法的医学整形美容机构中广为应用。据文献介绍，丙泊酚麻醉后有很强的欣快感，苏醒后感觉像完成了一次愉快的旅行，亦好像做了一场美梦。因此，丙泊酚除了有医学整形美容行业中潜在的医疗安全隐患问题外，国外也出现了其作为新型毒品滥用的苗头。只是目前所使用的丙泊酚油状制剂口服生物利用度极低，需要静脉给药，作用时间超短，这些特点都限制了作为毒品的滥用。目前相关行业正在努力攻克丙泊酚药物的靶向给药和各种缓释剂型的研究开发等难题。

二、利多卡因

（一）一般介绍

利多卡因（lidocaine）为酰基苯胺类常见局麻药（图 8-27）。水解后可形成芳伯胺，因侧链有叔胺 N，显较强碱性。局麻效能与持续时间均较普鲁卡因强，但毒性也较大。在肝内代谢成去乙基代谢产物，仍具有局麻性能，毒性进一步增大，对于以利多卡因为代表的酰胺类药物要注意水解产物的检验。去乙基代谢产物再经酰胺酶进一步降解随尿排出，尿中药物原型排出量约为 10%。药动学口服生物利用度低，经肝脏首次通过效应即锐减。肌注后吸收完全，吸收后迅速分布入心、脑、肾及其他血运丰富的组织，然后分布至脂肪及肌肉组织。利多卡因的主要化学性质有：①水解后显芳伯氨基的特性。本类药物的分子结构中均具有潜在的芳酰氨基，水解后显芳伯氨基特性反应。②弱碱性。利多卡因脂烃胺侧链有叔胺氮原子，显碱性，可成盐，可与生物碱沉淀剂发生沉淀反应。③与三硝基苯酚试液反应生成的沉淀具有一定的熔点，可通过熔点测定进行纯度检验。④与重金属离子发生沉淀反应。盐酸利多卡因酰胺基上的 N 显微弱酸性，可在水溶液中与铜离子或钴离子配位生成有色的配位化合物沉淀，此沉淀物可溶于三氯甲烷等有机溶剂后呈色。

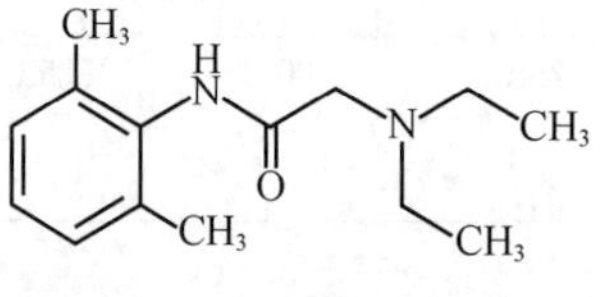

图 8-27　利多卡因化学结构

（二）中毒症状与体内过程

肌注后 5～15 分钟起效，一次肌注 200mg 后 15～20 分钟达治疗浓度，持续 60～90 分钟；静注后立即起效（45～90 秒），持续 10～20 分钟。治疗血药浓度为 1.5～5μg/ml，中毒血药浓度为 5μg/ml 以上。持续静滴 3～4 小时达稳态血药浓度，90% 经肝脏代谢，代谢物单乙基甘氨酰二甲苯胺（MEGX）及甘氨酰二甲苯胺（GX）具有药理活性，由肾脏排泄，10% 为原药，58% 为代谢物（GX），不能被血液透析清除。

中毒后产生视神经炎、头昏、眩晕、恶心、呕吐、倦怠、语言不清、感觉异常及肌肉颤抖、惊厥、神志不清及呼吸抑制等症状。

（三）检材采取和处理

生物样品应在弱碱性条件下用有机溶剂提取。强碱条件易造成酰胺键水解，弱碱条件可以由硼酸缓冲液、碳酸铵缓冲液或氨水提供，不宜直接使用稀的 NaOH 溶液。根据具体情况注意收集各种体外检材和特殊的体内检材，如剩余药液、药瓶、注射器；脑脊液以及注射部位的肌肉等。对于盐酸盐类药物溶液，可直接加 20% 碳酸钠调至碱性后，用乙醚萃取、脱水后挥去乙醚，用乙醇溶解残渣待测。

（四）检测方法

1. 化学方法

（1）与重金属离子显色：取药片 0.2g，加水 20ml 溶解后，取溶液 2ml，加硫酸铜试液 0.2ml 与碳酸钠试液 1ml，即显蓝紫色；加三氯甲烷 2ml，振摇后放置，三氯甲烷层显黄色。盐酸利多卡因在酸性溶液中与氯化钴溶液反应，生成亮绿色细小钴盐沉淀。

（2）重氮化耦合反应：利多卡因经水解后暴露出苯环上的伯胺基，在盐酸溶液中与亚硝酸钠发生重氮化反应，生成的重氮盐可与碱性 β- 萘酚耦合生成偶氮染料而显色。

（3）苦味酸盐结晶反应：利多卡因具有脂肪叔胺结构，能与苦味酸形成结晶性沉淀，可以根据熔点鉴别。利多卡因熔点为 227～232℃。

2. 气相色谱 - 质谱联用法　生物样品中局麻药的 GC-MS 检验举例：1ml 脑脊液或全血、尿等加 9ml 水，加入硅胶基质固相萃取 C_{18} 小柱，用 10ml 水洗，4ml 氯仿 - 甲醇（9∶1）混合液洗脱，氮气吹干后，用 100μl 乙酸乙酯溶解，进样 1μl。气相色谱条件：二甲基硅氧烷毛细管柱（15m×0.25mm，1.5μm），初始柱温为 120℃（1 分钟），经程序升温至 280℃（10℃/ 分钟），进样口 300℃，检测器 300℃，载气为氦气（20ml/min）。常见局麻药在非极性气相色谱柱中的出峰顺序：利多卡因，普鲁卡因（procaine）……以电子轰击电离源进行质谱检测得到的利多卡因及普鲁卡因质谱图如图 8-28，利多卡因分子离子峰丰度很低，质荷比 m/z 86 为基峰。

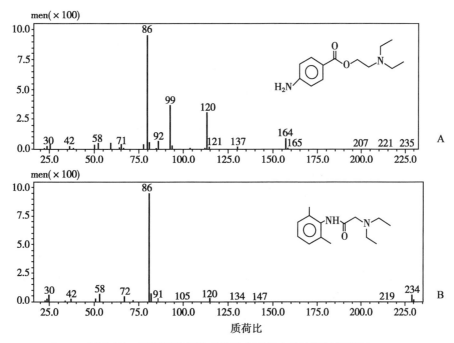

图 8-28　局部麻醉药代表物的电子轰击电离源的质谱图

A. 利多卡因；B. 普鲁卡因

三、尼可刹米

（一）一般介绍

尼可刹米（nikethamide），即可拉明，为中枢呼吸兴奋的临床急救常见药物之一。尼可刹米在法医毒物分析中的意义在于，可以经常在经过抢救的死者的心血和尿中检测到尼可刹米及其代谢物，可以作为经过抢救的标志物。尼可刹米化学品为 N,N'-二乙基烟酰胺，为无色至淡黄色澄清油状液体；放置冷处，即成结晶；有轻微的特殊臭味，味苦，具引湿性。本品能与水、乙醇、三氯甲烷或乙醚任意混合。尼可刹米也是体育比赛的违禁药物。因此，血和尿中尼克刹米的检验在法庭科学和医学领域中都很有意义。尼可刹米在体内代谢产物主要是 N-乙基烟酰胺和烟酰胺（图 8-29）。

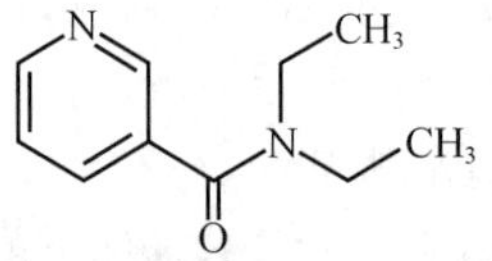

图 8-29　尼可刹米的化学结构

（二）中毒症状与体内过程

尼可刹米是濒临死亡时的中枢呼吸兴奋剂，即使被医生宣布临床死亡，也可能应死者家属要求而较大剂量注射尼可刹米药物。体内检材中检出尼可刹米可以证明死者经历过抢救过程。尼可刹米在体内可代谢成烟酰胺，烟酰胺是维生素 B_3 衍生物，也可能来自于体外摄取的食物。如果检出烟酰胺，可进一步确认是否存在尼可刹米原体或两者的过渡态，N-去乙基尼可刹米。

（三）检材采取和处理

尼可刹米具有相对较强的碱性，生物样品可在弱碱缓冲液中提取，酸性水溶液中反提。检材以血液、尿液为主。

（四）检测方法

1. 化学方法

（1）戊烯二醛反应（koning 反应）：当溴化氰与芳伯胺作用于吡啶环，使环上氮原子由 3 价转变成 5 价，吡啶环发生水解反应生成戊烯二醛，再与芳伯胺缩合，生成有色的戊烯二醛衍生物。其颜色随所用芳胺的不同有所差异，如与苯胺缩合呈黄色至黄棕色；与联苯胺则呈粉红色至红色。所用芳胺为苯胺。

示例：取尼可刹米注射液 1 滴，加水 50ml，摇匀，分取 2ml，加溴化氰试液 2ml 与 2.5% 苯胺溶液 3ml，摇匀，溶液渐显黄色。

（2）硫酸铜-硫氰酸铵：取尼可刹米注射液 2 滴，加水 1ml 摇匀，加硫酸铜试液 2 滴与硫氰酸铵试液 3 滴，即生成草绿色沉淀。此外，尼可刹米可与氯化汞也形成白色沉淀。

2. 气相色谱-质谱联用法　生物样品可采用 GC-MS 法检测，血、尿样品经有机溶剂提取后，N_2 吹干，乙酸乙酯溶解后进样分析。色谱柱：聚二甲基硅氧烷毛细管柱（30m×0.32mm，0.25μm）；柱温程序：初始温度为 60℃，保持 1 分钟后以 15℃/min 速度升至 270℃，保持 8 分钟；载气为氦气（99.999%），柱前压为 76.5kPa。质谱条件：EI 离子源，离子源温度为 200℃，不分流进样，进样口温度为 250℃，接口温度 270℃，检测器温度为 200℃，质量扫描范围 40～650amu。如图 8-30 分别为尼可刹米原体和两个代谢物。

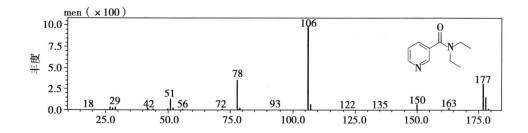

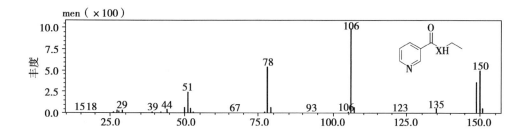

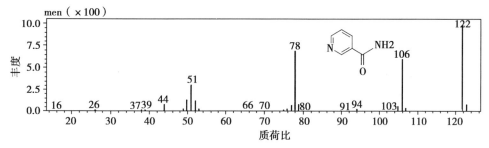

图 8-30 尼可刹米分解产物的质谱图

上：尼可刹米；中：N-乙基烟酰胺；下：烟酰胺

四、氯化琥珀胆碱

（一）一般介绍

氯化琥珀胆碱（suxamethonium chloride）又名司可林，属 N_2 胆碱受体阻断药，也称骨骼肌松弛药。静脉注射 10～30mg 琥珀胆碱后可在 1 分钟内从颈部肌肉开始松弛，逐渐波及肩胛、腹部和四肢。约 2 分钟时肌松作用最明显。将氯化琥珀胆碱装入飞镖中杀狗的案件时有发生（图 8-31）。

图 8-31 氯化琥珀胆碱化学结构

氯化琥珀胆碱为白色或几乎白色的结晶性粉末；无臭，味咸。在水中极易溶解，在乙醇或氯仿中微溶，在乙醚中不溶。熔点 157～163℃，无水物的熔点为 190℃，无水物有引湿性。本品具有酯键结构，在固体结晶状态稳定，水溶液中水解。水解速度随 pH 和温度的改变而变化，在碱性条件下易水解。两个酯键的水解分步进行，最后生成 2 分子氯化胆碱和 1 分子琥珀酸。

（二）中毒症状及体内过程

中毒时可产生严重室性心律失常甚至心脏停搏；呼吸肌松软乏力引起呼吸麻痹而导致窒息死亡。氯化琥珀胆碱肌注致死量 0.02g，静注致死量 0.01g。氯化琥珀胆碱中毒时表现肌肉松软，尸僵不明显，具有窒息征象；心腔内血液呈暗红色流动性，肺胸膜、心外膜有点状出血，各器官显著淤血。

氯化琥珀胆碱被注射后，在血浆中迅速被血浆胆碱酯酶水解，1分钟内血浆中总量的90%已被水解，其余部分在肝中被水解。生成1分子胆碱和1分子琥珀酸的单胆碱酯，后者缓缓分解成胆碱和琥珀酸。很少以氯化琥珀胆碱的分子形式从尿中排泄，仅有不到2%琥珀胆碱以原型从肾排泄。

氯化琥珀胆碱在体内迅速代谢，所以应注重体外检材的获取。另外，由于氯化琥珀胆碱是由琥珀酰氯和氯化胆碱在一定条件下反应制取的，其中可能残留氯化胆碱。长期保存的氯化琥珀胆碱注射液也会发生降解而产生氯化胆碱。

（三）检材采取和处理

氯化琥珀胆碱属于季铵盐类强碱性有机化合物，生物样品可在强碱性条件下用乙腈浸提，加入氯化钠盐析分层，取出乙腈 N_2 吹干，有机溶剂或流动相溶解备检。体内检材可取血液、皮肤针孔附近肌肉等，注意搜集体外相关检材送检。

（四）检测方法

1. 化学显色方法

（1）硫氰酸铬铵沉淀法：取氯化琥珀胆碱注射液 0.1ml，用 10ml 水溶解后，加稀硫酸 10ml 与硫氰酸铬铵试液 30ml，生成淡红色沉淀。

（2）氯化钴 / 亚铁氰化钾显色法：取注射液 0.2ml，用 1ml 水溶解后，再加 1% 氯化钴溶液与亚铁氰化钾试液各 0.1ml，即显持久的翠绿色。

2. 滴定法　滴定法是氯化琥珀胆碱各种制剂定量测定的重要方法，在《中国药典》2015 版中，规定采用非水溶液滴定法测定氯化琥珀胆碱的含量。方法为取样品约 0.15g，精密称定，用冰醋酸 20ml 溶解后，加醋酸汞试液 5ml 与结晶紫指示液 1 滴，用高氯酸滴定液（0.1mol/L）滴定，至溶液显蓝色，并将滴定的结果用空白试验校正。每 1ml 的高氯酸滴定液（0.1mol/L）相当于 18.07mg 的琥珀胆碱。

3. 液相色谱 - 质谱联用法　生物样品中氯化琥珀胆碱液相色谱法检验举例：取空白血 0.5ml，加入 3ml pH 为 8 的氨水，涡旋混匀，8000r/min 离心 30 分钟。C_{18} 柱依次经 3ml 甲醇，3ml pH 为 8 的氨水活化。取样品上清液过柱，用 3ml 去离子水、3ml 甲醇淋洗杂质；精密吸取 3ml 含甲酸 - 水 - 乙腈（1∶50∶49，v/v）溶液洗脱；洗脱液用 0.22μm 微孔滤膜过滤，待测。C_{18} 色谱柱（2.1mm×50mm，1.7μm），柱温：35℃；进样量：2μl；流动相：0.02mol/L 甲酸铵缓冲溶液（含 0.2% 甲酸）- 乙腈梯度洗脱；流速：0.5ml/min。电喷雾离子源（ESI），正离子扫描下以多反应监测（MRM）模式分析，离子源温度 150℃，毛细管电压 3.5kV，雾化气温度 400℃，脱溶剂气流速 800L/h。可选母离子 m/z 145.1、子离子 m/z 115.6 作为参考。

第三节　抗生素与甾体激素

一、抗生素

抗生素是微生物代谢产物或半合成的类似物，主要来源是生物发酵，也可通过化学全合成和半合成方法制得。种类繁多，结构复杂，因为抗生素利润高且需求量大，因此最容易成为不法分子生产假冒伪劣产品的对象，导致因质量问题而引起医疗纠纷。

（一）一般介绍

与法医毒物分析密切相关的抗生素主要是 β- 内酰胺类抗生素。其中包括青霉素类与头孢类，青霉素类与头孢类都有一个游离羧基和酰胺的侧链。氢化噻唑环或氢化噻嗪环与 β- 内酰胺合并的杂环，分别构成两者的母核（图 8-32）。青霉素族的母核称为 6- 氨基青霉烷酸（6-aminopenicillanic acid，6-APA）；头孢菌素族的母核称为 7- 氨基青霉烷酸（7-aminocephalosporanic acid，7-ACA）；这两大类都是由不同的酰基侧链构成的，规律性很强。

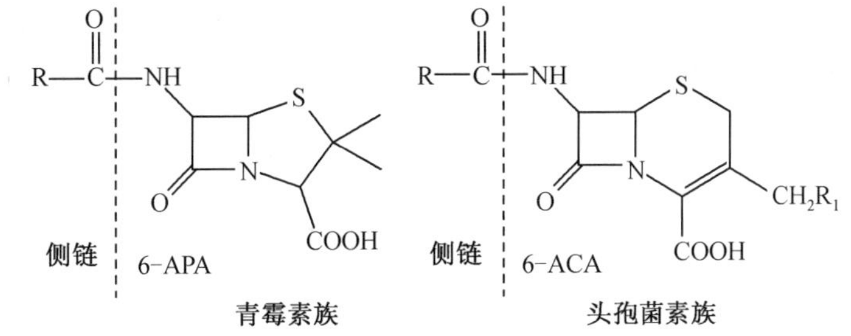

图 8-32 β 内酰胺抗生素的基本结构

由于具有游离的羧基,都具有酸性,所以注射液都是碱金属盐,遇酸可析出白色沉淀。头孢菌素族母核具有一定的共轭体系,紫外吸收行为比青霉素族好。另外紫外吸收行为与侧链是否含有共轭体系关系很大。β- 内酰胺环是分子结构中最不稳定的部分,与含水量和纯度有很大关系,干燥条件下比较稳定,室温条件下密封保存可贮存 3 年以上。但水溶液非常不稳定,酸、碱、酶、金属离子等都可导致结构破坏。

由于对青霉素类的过敏反应已经有足够认识,但头孢类偶尔出现的过敏现象容易被忽视,因此目前因头孢类抗生素的过敏反应引起的医疗纠纷比较多见。

涉及抗生素分析的检材应采取体内检材与体外检材并举的原则,体内检材以血为宜,体外检材是与案情有关的医疗用品,包括药品、药液、点滴液、输液管、针头等。

(二)检测方法

1. 显色反应

(1)羟肟酸铁反应:青霉素及头孢菌素在碱性环境中与羟胺作用,β 内酰胺环破裂生成羟肟酸,在稀酸中与高铁离子显色,可依据不同颜色进行鉴别。

(2)硫酸 - 甲醛试验:取样品 2mg,置试管中,加 0.05ml 的水湿润,加 2ml 硫酸 - 甲醛试液,混合,置水浴中加热 1 分钟,氨苄西林呈暗黄色,青霉素钾(钠)呈红棕色。

2. 薄层色谱法 此类药物可以采用 TLC 法,用标准品比较,由于抗生素的降解产物和杂质通常较多,要求主斑点的比移值相等。如头孢氨苄(cefalexin)、头孢羟氨苄(cefadroxil)、头孢拉定(cefradine)、头孢克洛(cefaclor)可用茚三酮显色;阿莫西林(amoxicillin)、氨苄西林(ampicillin)采用碱性酒石酸铜显色。

3. 紫外吸收光谱 将样品配成适当浓度的溶液,根据最大吸收波长和吸光度值进行鉴定。也可将样品在一定条件下水解,测定水解产物的最大吸收波长。

苯唑西林钠水解产物的测定方法示举例:用醋酸 - 醋酸钠缓冲液(pH 3.8)制成每 1ml 中含有 50μg 的标准溶液,量取 10ml,在水浴中加热 30 分钟,立即冷却,以未加热的缓冲液作空白,检测波长为 339nm。其吸收度约为 0.6。取待测样品按同法分析,计算含量。

4. 高效液相色谱法 HPLC 法测定人血浆中阿莫西林浓度举例:取血浆 200μl 置 1ml 塑料离心管中,加入 4μl 内标溶液(1.0mg/ml 替硝唑溶液)再加入 0.63mol/L $HClO_4$ 溶液 200μl,充分搅拌混合后离心分离,取上清液进样。色谱条件:色谱柱为 C_{18}- 键合相反相柱(25cm × 4.6mm,10μm),流动相为磷酸缓冲液(pH 7.2)- 甲醇(85:15),流速为 1.0ml/min,检测波长为 229nm。取 20μl 进样分析。

二、甾体激素

(一)一般介绍

地塞米松(dexamethasone)为肾上腺皮质激素(简称皮质激素)的代表物,在临床上应用广泛。醋酸地塞米松是地塞米松的醋酸酯,是地塞米松药品的存在形式之一,此外还有地塞米松磷酸钠等。

本类药物的母核共有 21 个碳原子；有共轭的酮基，具有紫外吸收的特征；有卤素取代和多个部位的羟基取代（图 8-33）。本品在甲醇、乙醇、丙酮或二氧六环中略溶，在三氯甲烷中微溶，在乙醚中极微溶解，在水中几乎不溶。

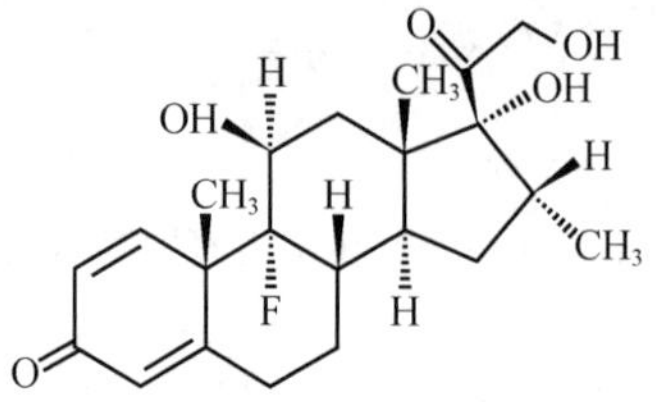

图 8-33　地塞米松的化学结构

甾体激素类药物也是畜产品常用的药物，它常被用于治疗家畜的炎症反应、免疫性疾病等，用于非法用途增加家畜的饲料摄入量从而使其达到增重的目的。地塞米松，倍他米松，甲基泼尼松龙以及泼尼松龙等多个品种在国际上已被规定最大残留限量（maximum residue limits，MRLs）。

（二）中毒症状和检材采取

长期服用易引起精神症状和血栓性静脉炎等。法医毒物分析的实际工作中常常和抗生素同时检测，同时测定体内检材和体外检材，常常进行同一性认定，以及针对假冒伪劣医药保健商品所引起的纠纷等进行药品筛查。

检材以血液、尿液和体外检材为主，样品的前处理方式多为采用有机溶剂如乙酸乙酯多次萃取，合并萃取液，氮气流下或旋转蒸发仪下吹干或蒸干，再用有机溶剂复溶，而后过固相萃取小柱，用甲醇或甲醇水淋洗，而后用乙醚、丙酮或氨化甲醇洗脱。

（三）检测方法

1. 化学方法

（1）取地塞米松注射液约 2mg，加硫酸 2ml，振摇使溶解，5 分钟内显淡红棕色，加水 10ml 混匀，颜色消失。

（2）异烟肼比色法：地塞米松酮基能在酸性条件下与羰基试剂异烟肼缩合，形成黄色的产物，在可见波长下有最大吸收。

（3）四氮唑比色法：地塞米松醇酮基具有还原性，在强碱性溶液中能将四氮唑盐定量的还原为有色甲臜，在一定波长下进行比色测定。

2. 液相色谱法　生物样品中甾体激素的分析要求方法的专属性强、灵敏度高。这是因为甾体激素的给药剂量很小，血药浓度一般在 ng 级或更低。甾体激素药物在体内亦存在多种代谢产物。

生物样品中地塞米松的液相色谱法检验举例：取血液 0.5ml 加入内标溶液 100μl，再加入 400μl 10% 三氯乙酸溶液，涡旋振荡 1 分钟，20℃下 4500 r/min 离心 15 分钟。取上清液 80μl 进样。用 C_{18} 反相色谱柱，以乙腈 - 水（72：28）为流动相；紫外检测波长为 240nm（图 8-34）。

3. 液相色谱 - 质谱联用法　生物样品中地塞米松的 HPLC-MS/MS 检验举例：C_{18} 色谱柱（2.1mm×150mm，5μm），流动相：0.4% 醋酸胺溶液 - 乙腈（62：38），流速 0.25ml/min，质谱条件：电喷雾电离源（ESI），正离子多反应检测模式（MRM），选择性监测和定量离子对质荷比（m/z）分别为 m/z 393.2＞373.3（地塞米松）和 m/z 359.2＞147.2（内标泼尼松）。

取血浆 10ml 并加入内标贮备液泼尼松（40mg/L），固相萃取小柱处理，甲醇洗脱，吹干，浓缩，取5μl 进样。地塞米松峰保留时间在前，内标峰在后。m/z 393.5（地塞米松）和 m/z 359.2（内标泼尼松）分别为两者的 M＋1 峰。

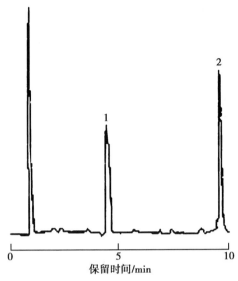

图 8-34 地塞米松药物的液相色谱图
1. 地塞米松；2. 氢化可的松

本章小结

本章所定义的医用合成药物（synthetic medicine）主要是指那些尚未滥用、但却经常发生投毒、误服、自杀和医疗纠纷的化学合成药品或化学半合成品。本章以中枢神经系统药物为主，主要有巴比妥类、吩噻嗪类、苯骈二氮杂䓬类安眠镇静药，以及其他新型的安眠镇静药物；另外包括中枢、外周神经系统药物中的临床麻醉相关用药，代表药物是丙泊酚、利多卡因、氯化琥珀胆碱和尼可刹米；此外，还包括易引起过敏反应的 β 内酰胺类抗生素，以及可能存在滥用的甾体激素。其中麻醉相关药、抗生素及甾体激素药物等使用不当造成患者中毒和死亡的医疗纠纷事件近年来呈上升趋势。这些药物往往不会对机体产生明显损伤，亦无特征性的尸检所见，所以，毒物分析是主要的鉴定手段。

体内检材以血为主，同时要十分注意案件环境中相关的体外检材，如剩余药物、输液瓶、输液管、针头等。

检验方法除个别经典的化学方法外，通常采用 GC-MS 和 LC-MS/MS 或 HPLC 和 GC 等。需要定量血中药物浓度，以确证是否达到中毒量或致死量。在检测体内原药同时，还要注意代谢物和药物杂质的检测。

关 键 术 语

合成药毒物（synthetic medicine and posion）

中枢神经系统药物（central nervous system drug）

外周神经系统药物（peripheral nervous system drug）

局部麻醉药（local anesthetic）

巴比妥类（barbiturates）

巴比妥（barbital）

苯巴比妥（phenobarbital）

司可巴比妥（secobarbital）

苯骈二氮杂䓬类（benzodiazepines）

地西泮（diazepam）

艾司唑仑（estazolam）

三唑仑（triazolam）

吩噻嗪类（phenothiazine）

佐匹克隆（zopiclone）

唑吡坦（zolpidem）

丙泊酚（propofol）

利多卡因（lidocaine）

抗生素（antibiotic）

地塞米松（dexamethasone）

氯化琥珀胆碱（Succinylcholine chloride）

尼可刹米（nikethamide）

思考题

1. 与法医毒物分析关系密切的常见医用药毒物分为几类？各有哪些理化特点？

2. 巴比妥类药物的紫外吸收光谱随溶液 pH 的改变发生怎样的变化？

3. 从生物检材中萃取某些苯骈二氮杂䓬类药物时，必须在弱碱性（pH 10 左右）条件下进行。如在强碱性条件下萃取，回收率很低，为什么？

4. 某生物检材中可能含有巴比妥和苯骈二氮杂䓬类两类药毒物，请设计一个实验将两类药毒物分开。

5. 抗生素药物本身具有很多杂质，讨论这些杂质在毒物分析中的作用。

6. 有一未知注射液，为透明液体，经敞口放置过夜，发现变为黄色，几天后发现注射液变为黄褐色。请锁定该注射液为哪一类安眠镇静药？

7. 硫喷妥的薄层色谱分析时为什么经常出现两个斑点？

8. 吩噻嗪类药物的化学显色检验中时如何巧妙地利用此类药物容易氧化的性质？吩噻嗪类药物的薄层色谱分析为什么常在展开剂中加入少量碱性物质？

（刘俊亭　高利娜）

第九章 植物毒物

学习目标

掌握植物毒物中毒和检验的特点；不同原理和特点的检验方法对于常见植物毒物及不同性质检材的适用性和结果意义。

熟悉常见植物毒物的来源、药用情况、主要的毒性成分及化学结构特点；可能对检材保存、检材处理和检验结果产生影响的理化性质；常见植物毒物的典型中毒症状和代谢特点。

了解常用方法检验植物毒物的操作过程、常用仪器设备和分析条件；各地有毒植物品种分布情况和可能经常涉及的有毒中草药种类。

章前案例 ▶

一天晚上，华南某市一住宅小区内，一家七口在家共进晚餐，餐中有鱼、排骨、腊肠、青菜及鸡血藤猪骨汤等。约 10 分后，一家人开始相继出现恶心、头晕、视物模糊、四肢无力、呼吸困难等症状，当即被送往医院抢救。此家人是突发急病还是食物中毒？如果是食物中毒，属细菌性中毒还是化学物质中毒？如果为化学物质中毒，究竟是哪一种，由何引入？是人为投毒还是意外所致？医院如何在最短的时间内作出正确的判断？法医又如何查出"真凶"？保健药膳为什么会变成了杀人的毒药？

植物毒物（plant poison）指具有毒性的植物及其加工品。大部分有毒植物中的毒性成分同时也具有药物活性，这些植物及其加工品（包括源于有毒植物的中草药、中成药及由其活性成分制成的西药制剂等）是中西医临床上常用的药物。有些植物的活性成分，毒性剧烈，中毒量与治疗量非常接近，因此，造成植物毒物中毒的原因除了误食、误用外，更多的是由于用药不当所致，故植物毒物也被称为"天然植物药毒物"。与其他几类毒药物相比，植物毒物还具有：①来源、成分更为复杂；②检材性状、成分性质、浓度差异很大；③生物检材中毒性成分的浓度低微且杂质干扰大；④标准对照品难得等特点。长期以来，植物药毒物中毒的分析和死因鉴定一直是司法鉴定中的一个难点。

有毒植物及其中草药的种类有很多，如毛茛科的乌头，马钱科的马钱子、钩吻，茄科的颠茄、曼陀罗、莨菪，卫矛科的雷公藤，豆科的鱼藤，百合科的秋水仙、藜芦，马兜铃科的马兜铃，夹竹桃科的长春花、夹竹桃、羊角拗，天南星科的半夏、天南星，伞形科的毒芹，马桑科的马桑，桑科的见血封喉，小檗科的八角莲，大戟科的一叶秋、京大戟、巴豆，银杏科的白果，玄参科的洋地黄等，毒性成分所涉及的化合物结构种类也很广，包括生物碱类、毒蛋白类、苷类、内酯类、萜类等，其中以生物碱类化合物最为多见。因篇幅有限，本章仅选司法鉴定案件中涉及较多的几种进行介绍。

第一节 乌 头

一、一般介绍

(一)来源

乌头系毛茛科(*Ranunculaceae*)乌头属(*Aconitum*)植物,主要活性成分为二萜类生物碱,作为中草药使用历史悠久,具有回阳救逆、温中补肾、散寒止痛之功效,常用于治疗风寒湿痹、关节酸痛麻木、瘫痪、跌打损伤等病症,是民间知名度很高的剧毒中草药。现代医学研究表明,乌头生物碱还具有镇痛、抗炎、抗肿瘤、抗癫痫、提高免疫力等多种生理活性。

国内乌头属植物有 170 余种,多地分布,西南地区较为集中。民间和民族用药中来自乌头属植物的品种有 50 余种,多为当地野生植物,少流通,区域性较强,有一物多名和异物同名的情况。我国药典中收载的乌头属中药有川乌、草乌和附子,生品均属于剧毒中草药管制品种。川乌和附子的基源植物为乌头(*A.carmichaeli* Dsbx.),系栽培植物,主产于四川等地,主根称川乌,侧根为附子。草乌的基源植物为北乌头(*A.kusnezoffii* Reichb.)。部颁标准民族药中也收载有乌头类药物,如藏药榜那,部颁标准里以铁棒锤一名收载,基源为乌头属植物铁棒锤(*A.pendulum* Busch.)和伏毛铁棒锤(*A.flavum* Hand.Mazz.)的干燥块根,主产于甘、青、宁、藏等地,但西藏地区医院和药厂所用榜那则多为藏南等地所产的工布乌头(*A.kongboense* Lauener.)块根。含乌头的中成药种类也非常多,如癌痛巴布剂、传统四逆汤、小活络丹、三七伤药片、血伤宁、镇江巴布膏、活血贴膏、骨伤洗剂、二十五味珊瑚丸、十三味红花丸、嘎日迪五味丸、二十五味儿茶丸、扎冲十三味丸等。由于多数药用乌头的毒性剧烈,因意外、用药不当(生品内服、炮制不当、外用药内服、饮药酒过量、多种乌头类药物合用等)导致中毒乃至死亡的事件时有发生,尤其在非法行医过程中更为多见。此外,用乌头自杀或投毒案件偶有报道。

(二)成分结构和理化性质

二萜类乌头生物碱的母体结构为由 19 个碳构成的乌头胺醇骨架(图 9-1),毒性剧烈的主要为双酯型的二萜生物碱,即 8 位和 14 位碳上的醇基分别与乙酸和苯甲酸形成酯,也有 14 位碳上醇基与大茴香酸(anisic acid)成酯的。近年来发现植物中还存在少量三酯型(3 位碳上醇基与乙酸成酯)和脂类(lipo)二萜生物碱,脂类二萜生物碱的结构与双酯型生物碱相似,差别仅在于 8 位碳上乙酸被长链脂肪酸取代。部分结构明确、毒性较大的乌头生物碱及其取代基和毒性见表 9-1。

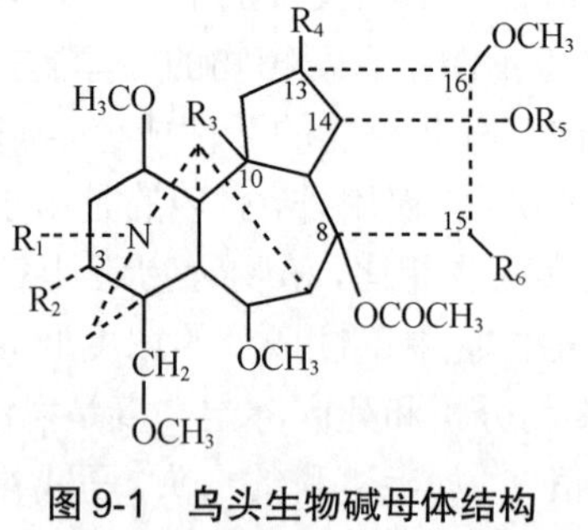

图 9-1 乌头生物碱母体结构

乌头碱易溶于氯仿、乙醚、乙醇、甲醇等有机溶剂,不溶于水、石油醚;弱碱性,pKa 8.1(25℃),可与强酸成盐,其盐溶于水和一些极性有机溶剂。双酯型乌头生物碱的酯键不稳定,易水解断裂,碱性和加热可加速水解,酸性条件下相对稳定。通常酯键断裂最易发生在 C8 位,乌头碱水解生成乌头次碱(苯甲酰乌头碱),继而 C14 位酯键进一步水解,生成乌头胺(乌头原碱),乙酰乌头碱较难生成。

乌头碱在甲醇或乙醇溶剂中久置或加热,C8 位的酯键也可发生醇解,生成 8-甲氧基乌头碱或 8-乙氧基乌头碱。在水和醇中,均可生成焦乌头碱,即在 C8 位和 C7 位脱去一分子 H_2O 或 CH_3OH 形成双键,推测主要为热解所致,与溶剂关系不大。新乌头碱和次乌头碱等其他双酯型二萜生物碱以及三酯型和脂类生物碱,水解和醇解规律与乌头碱相同。

表9-1 部分剧毒二萜类乌头生物碱及其取代基和毒性

名称	R₁(N)	R₂(C3)	R₃(C10)	R₄(C13)	R₅(C14)	R₆(C15)	小鼠LD₅₀/(mg/kg)
乌头碱 aconitine, AC	C_2H_5	OH	H	OH	Bz	OH	0.12(iv),0.32(sc)
新乌头碱 mesaconitine, MA	CH_3	OH	H	OH	Bz	OH	0.12(iv),0.23(sc)
次乌头碱 hypaconitine, HA	CH_3	H	H	OH	Bz	OH	0.47(iv),1.19(sc)
10-羟基乌头碱 aconifine	C_2H_5	OH	OH	OH	Bz	OH	
北乌碱 beiwutine	CH_3	OH	OH	OH	Bz	OH	
3-乙酰乌头碱 3-acetylaconitine	C_2H_5	CH₃COO	H	OH	Bz	OH	1.4(sc)
脱氧乌头碱 3-deoxyaconitine, DA	C_2H_5	H	H	OH	Bz	OH	
粗茎乌碱甲 crassicauline	C_2H_5	H	H	OH	Bz	H	
雪乌碱 penduline	C_2H_5	H	H	H	Bz	OH	
黄草乌碱甲 vilmorrianine A	C_2H_5	OH	H	H	As	H	
黄草乌碱丙 vilmorrianine	C_2H_5	H	H	H	As	H	
丽乌碱 liwaconitine	C_2H_5	OH	H	H	As	H	
滇乌碱 yunaconitine	C_2H_5	OH	H	OH	As	H	0.05(iv)

注:1. Bz=C₆H₅CO,苯甲酰基;As=CH₃OC₆H₅CO,大茴香酰基
2. iv-静脉注射 sc-皮下注射

二、中毒症状和体内过程

(一)毒性及中毒症状

不同品种的乌头,因所含生物碱的种类和量不完全相同,毒性差异较大。已知毒性较强的有30种左右,主要为含双酯型二萜类生物碱的品种,小鼠LD₅₀一般在200mg/kg以下,表9-2中列出其中10种。乌头毒性的大小还与炮制方法及过程有关,一般生川乌中毒量3~4g,生草乌1.5~4g,炮制附子30~60g,纯乌头碱(aconitine)0.2mg即可使人中毒,2~4mg可导致死亡。

表9-2 部分乌头中药的主要毒性成分和毒性

名称	植物	产地			别名			主要乌头生物碱			LD₅₀
大渡乌头	*A.franchetii*	四川西部			草乌			印乌碱 展花乌头碱 大渡乌碱			24
多根乌头	*A.karakolicum*	新疆			草乌			乌头碱 脱氧乌头碱			29
丽江乌头	*A.forrestii*	云南						丽乌碱 滇乌碱			45
黄草乌	*A.vilmorriananum*	云南	贵州		小黑牛 藤草乌			黄草乌碱丙 滇乌碱			84
北乌头	*A.kusnezofii*	东北			华北草乌			中乌头碱 次乌头碱 乌头碱			9
铁棒锤	*A.pendulum*	云南	四川	甘肃	雪上一枝蒿			雪乌碱 乌头碱 次乌头碱			134
乌头	*A.carmichaeli*	四川			川乌			中乌头碱 次乌头碱 乌头碱			137
短柄乌头	*A.brachypodum*	云南	四川		雪上一枝蒿			乌头碱 次乌头碱			165
粗茎乌头	*A.crassicauli*	云南						粗茎乌碱甲			198
瓜叶乌头	*A.hensleyanum*	四川	湖北	陕西	草乌 藤乌 羊角七			滇乌碱			202

注:LD₅₀为小鼠按mg/kg(干燥根)i.v.给药

经过水煮、盐水浸泡、硫磺熏等中药炮制过的乌头,毒性降低,主要原因为大部分双酯型乌头生物碱C8位上的酯键水解,生成相应的单酯型生物碱,毒性仅为原双酯型生物碱的1/50~1/500;C14位上的酯键也可进一步水解,生成毒性更低的氨基醇类乌头原碱,毒性仅为原双酯型生物碱的

$1/2000 \sim 1/4000$。双酯型生物碱的小鼠 LD_{50} 一般在 $0.055 \sim 5mg/kg$，单酯型的通常大于 $6mg/kg$。近年来研究发现，炮制过程中，C8 位酯键除水解外，乙酰基还可与棕榈酰基、亚油酸酰基、油酰基等脂肪酰基发生脂交换，生成新的脂型二萜生物碱。

知识拓展 ▶

　　中药炮制是根据中医临床用药理论和药物配制的需要，将药材进一步加工的传统工艺。炮制的主要目的：①消除或降低药物的毒性或副作用；②改变药性或提高疗效；③便于粉碎加工和贮藏等。

　　常用炮制方法有：炒、炙、煨、煅、蒸、煮、水制、其他制法等。

　　乌头生物碱可作用于神经、心脏、消化和呼吸系统。较特殊的中毒症状有口唇、舌、咽喉及口腔刺麻，继而麻木；胃有强烈的烧灼感，口渴、欲饮大量凉水，但渐不能下咽；四肢、全身皮肤发麻，手足有特异的刺痛及蚁走感，继而发展到颜面肌和四肢疼痛性痉挛以及难以忍受的冷感；心律失常等。

（二）体内过程

　　乌头类药物中毒大多经消化道摄入吸收，也有药酒外擦时通过破损皮肤吸收的，吸收、分布、代谢和排泄较快。出现中毒症状和发生死亡的快慢与摄入乌头类药物的性状有很大的关系。摄入药酒时，酒精可增加乌头生物碱的溶出率，且可加快吸收，通常十分钟左右即可出现中毒症状，死亡率也很高；粉剂或水煎剂，通常半小时左右出现中毒症状；如果直接服用体积较大的块根，出现中毒症状的时间可延长至 2 小时左右。

　　乌头生物碱主要通过肝脏代谢，代谢为减毒增溶过程，方式主要有两种：一是 C16 位上的甲氧基在细胞色素氧化酶作用下，氧化脱去甲基，生成极性更大的 16-O- 去甲基乌头碱（16-O-demethyl aconitine）；二是在水解酶的作用下，C8 位酯键首先水解，生成乌头次碱，进一步 C14 位酯键水解，生成水溶性更大的乌头原碱。乌头次碱也可进一步氧化去甲基生成 16-O- 去甲基乌头次碱（16-O-demethyl benzoyl aconitine）。主要代谢途径见图 9-2。此外，近年报道的代谢产物还有 15- 去氧乌头碱、脂类乌头生物碱以及与葡萄糖醛酸的结合物等。新乌头碱、次乌头碱等其他双酯型二萜类乌头生物碱，通常以与乌头碱相同的方式进行代谢。

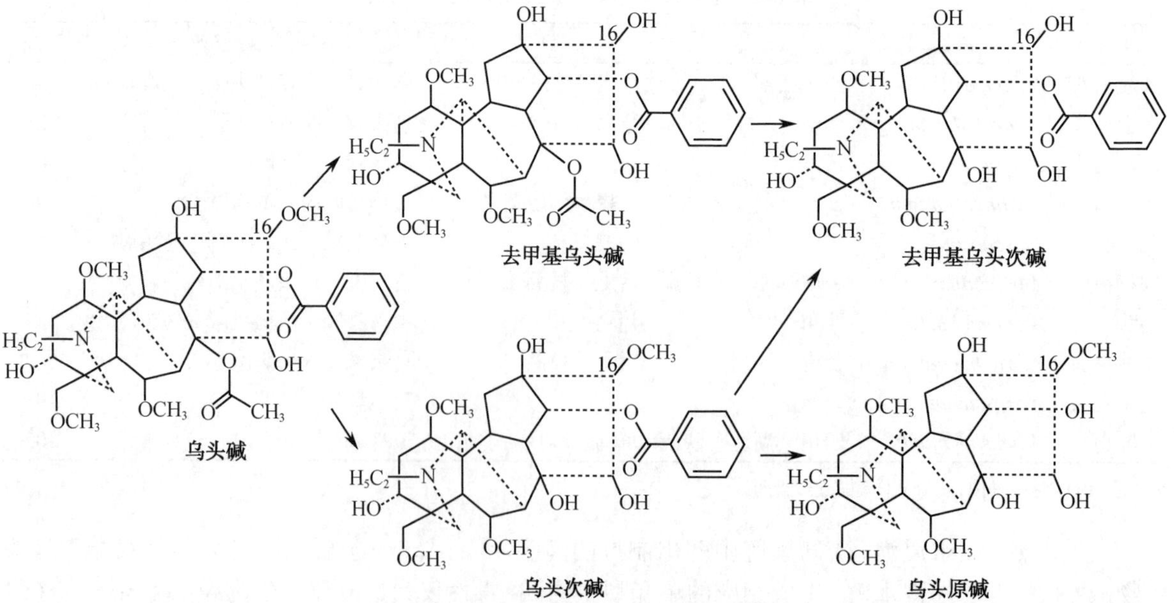

图 9-2　乌头碱主要代谢途径

乌头生物碱主要通过尿排泄。有研究报道,兔尿中代谢产物 16-O- 去甲基乌头碱的浓度与乌头碱原药相当,甚至更高,因其仍保留有乌头碱的基本天然结构——双酯型二萜乌头烷骨架,提示此代谢物可能是除乌头碱原药以外同时具有药效和毒性的物质,可在法医学鉴定中用来逆证和指示毒性乌头碱进入机体,作为乌头碱中毒的指示物之一。而乌头次碱和乌头原碱的毒性远低于乌头碱原药,且无法区别究竟是体内代谢的产物,还是炮制或检材处理过程中水解所产生的,故不宜用来逆证曾服用过剧毒的生乌头类药物。

以往因乌头碱中毒量低、代谢快、易水解,且方法灵敏度有限,导致很难从体内检出原药。随着高灵敏度、高选择性方法 LC-MS/MS 的普及和应用,大大提高了生物检材中乌头碱原药的检出率。

三、检材采取和处理

(一)检材采取

除胃内容物、血、肝等常规生物检材外,因乌头碱及其代谢产物在尿中的浓度相对较高,且采取方便、易处理,故尿样可作为乌头中毒鉴定首选检材之一。体外检材应注意收集剩余的中草药、中药液、药酒等,尤其是保留有乌头形态特征的体外检材,以便通过形态特征寻找理化分析的方向。

(二)检材处理

检材处理方式需根据检材的种类和性状以及后续检测方法的要求等而定。保留有乌头形态特征的检材,如未煎过的中草药、水煎液或泡酒的药渣、含残留乌头块根的胃内容等,可将疑似乌头的物质分拣出来,晾干后进行称重和形态学鉴定,或单独进行提取处理,以提高提取液浓度同时减少其他成分对检测的干扰。

一般情况下,可用碱性较温和且易挥发的氨水将检材调至 pH 9 左右,用低沸点、易挥发的有机溶剂如乙醚、氯仿等提取,提取液于 40℃ 下氮气吹干,用乙腈、流动相或稀酸水液等溶解后供检。血样也可直接用乙腈沉淀蛋白,离心后取上清液分析。体积较大的块根类中药,也可先用稀酸水液浸提,浸提液过滤后调成弱碱性后再用有机溶剂萃取。

尿液等水性基质检材,可直接过 C_{18} 固相萃取小柱进行富集、分离和净化。乌头生物碱为弱碱性化合物,也可用含磺酸基阳离子交换剂和 C_{18} 的混合型固相萃取柱处理,被固相材料保留的同时,可与中性非极性杂质、酸性杂质和极性碱性杂质分离。参考方法:尿、血、肝匀浆、胃内容物等检材,加 4 倍体积的 0.1mol/L 盐酸稀释,离心,取上清液过柱(预先用 2ml 甲醇和水活化),依次用 2ml 酸化甲醇(100ml 甲醇加 100μl 乙酸)和 2ml 碱化甲醇(5% 氨水 - 甲醇,60∶40)淋洗杂质,再用 2ml 甲醇 -5% 氨水(90∶10)溶液洗脱,洗脱液于 40℃ 下氮气流吹干,残渣用流动相或甲醇溶解后用于 HPLC 或 LC-MS/MS 分析。

在检材保存和处理的过程中,应注意避免或减少双酯型乌头生物碱的水解或醇解,所取检材应及时送检,待检时应置于冰箱冷冻保存,处理过程应尽量避免使用强碱调碱性或长时间与碱接触和加热。

四、检测方法

(一)形态学鉴定

中药或中药渣等检材,可先依据形态特征从中寻找是否有疑似乌头的药物,为进一步的理化检验和体内分析提供方向。乌头植物和中药的形态与品种和炮制方法有关(部分乌头植物和药材的形态照片见增值部分)。

大部分生乌头药材的块根长 1.5～15cm,直径 0.5～3cm;表面黄棕色、棕褐色或灰褐色,多数有皱纹及支根和须根痕;质坚硬,不易折断;横断面呈灰白色或浅灰黄色,粉质,有时可见多角形或近圆形的环状纹(形成层);气微,味辛辣而麻舌。干燥根的外观形态大致可分为两类:一类呈纺锤形或圆锥形,中部多向一侧膨大,有的稍弯曲,其子根体积较小,顶端有凹陷的芽痕,侧边常留有自母根摘离的痕迹,被称作乌头(如川乌)或草乌(如北乌头)的中药多属于此类型;另一类乌头中药为长圆锥形或长圆柱形,直径较小,质坚硬,较脆,如被称为雪上一枝蒿的短柄乌头;也有个别品种是由数个根呈链状连生的,如多根乌头。常见三种生乌头药材的形态如图9-3。乌头类药材用于内服时,一般需经过炮制和切片后使用,表面多为棕黑色或棕黄色;生附子可经过不同的炮制加工方式可制成盐附子、黑顺片、黄附片、白附片、炒附片等品种,颜色形态也各异。乌头中药的显微形态鉴定专业性较强,必要时可请教中药材鉴定专家。

图9-3 三种乌头类生药材的外观形态
左:川乌 中:草乌 右:雪上一支蒿

(二)薄层色谱法

TLC 方法操作简单且无需特殊贵重的仪器,但灵敏度、专属性和分离能力有限,现一般仅用于边远山区的中毒应急检验或含量较高的体外检材检验。吸附剂一般用硅胶 G;展开剂中常加入少量有机胺,以改善生物碱与硅醇基作用导致斑点拖尾的现象,如氯仿 - 丙酮 - 二乙胺(5:4:1)、苯 - 醋酸乙酯 - 二乙胺(10:8:1)、环己烷 - 醋酸乙酯 - 二乙胺(8:1:1)等;显色剂可用碘 - 碘化铋钾等生物碱沉淀试剂。

(三)高效液相色谱法

乌头生物碱分子量较大,难以气化,通常情况下,不能直接用 GC 或 GC-MS 法检测。利用乌头生物碱的紫外吸收特征,在无需衍生化的情况下可直接用 HPLC 方法检测。HPLC 法的分离能力、灵敏度和选择性均高于 TLC 法,可用于成分较复杂、浓度较低的检材检测。

以往分析多采用 C_{18} 柱反相色谱法分析,常在流动相中加入适量离子对试剂或碱,以减轻因乌头生物碱与色谱柱上硅醇基结合所导致的色谱峰拖尾现象,改善分离效果,如乙腈 -5mmol/L 溴化四丁基铵(pH 9.50)(55:45)、乙腈 -5mmol/L 碳酸氢铵(pH 9.5)(55:45)、甲醇 -0.1% 三乙胺梯度洗脱等。实际应用时需注意,较强的碱性和高离子浓度易损坏色谱柱,碱性的强弱和离子浓度对分析结果的重现性也有影响。中药分析中,常在流动相中加入少量氯仿,如甲醇 - 水 - 氯仿 - 三乙胺(70:30:2:0.1)以达到更好的分离效果,但检测波长一般采用 235nm,而氯仿的紫外吸收截止波长为 245nm,容易导致基线波动,影响测定结果的重现性。现多采用经封端技术屏蔽硅醇基的改良 C_{18} 键合硅胶柱分析,可减少生物碱与硅醇基的结合,流动相也多通过酸调节,减小碱性对色谱柱的损害,如乙腈 -0.2% 冰醋酸(加三乙胺调至 pH 6.25)(29:71)、甲醇 -0.2% 三乙胺水溶液(用冰醋酸调至 pH 5.2)(46:54);也可采用梯度洗脱方法以改善对复杂成分的分离效果,如流动相 A 乙腈 - 四氢呋喃(25:15)和流动相 B 0.1mol/L 醋酸铵(1000ml 含 0.5ml 冰醋酸),梯度洗脱等。

双酯型乌头生物碱的紫外吸收主要来自结构中的苯甲酰基或大茴香酰基,吸收光谱相似,一般在 230nm 和 270~300nm 处有吸收峰,检测波长通常选在吸收相对较强的 230nm 附近;C8 位酯键水解或代谢的产物,因仍保留有 C14 位苯甲酰基或大茴香酰基结构,吸收光谱与原双酯型生物碱的相似,故可在相同波长下同时进行检测。如果进一步 C14 位酯键也水解或代谢生成乌头胺类化合物,因已失去苯甲酰基或大茴香酰基结构,无明显的紫外吸收,一般情况下,不宜用 HPLC-UV 法与双酯型乌头生物碱同时进行检测。

分析示例：HPLC 法测定癌痛巴布剂中的乌头碱、次乌头碱和新乌头碱。样品处理：将药剂剪碎，用无水乙醇超声提取，挥干滤液，残渣用 0.6mol/L 盐酸溶解，乙醚萃取除去脂溶性杂质，余下酸水液用氨水调至 pH 9，再用乙醚萃取，低温下挥干乙醚，残渣用 0.01mol/L 盐酸甲醇复溶，取滤液或离心上清液检测。色谱条件：改良 C_{18} 柱（4.6mm×150mm，5μm），乙腈 -0.2% 冰醋酸（加三乙胺调至 pH 6.25）（29∶71），1ml/min，检测波长 235nm，柱温 30℃。

因乌头中常含有多种结构相似的双酯型二萜生物碱成分，且水解和代谢产物也大多具有相似的紫外吸收，加上混合中药中的其他成分的干扰，色谱图常很复杂，HPLC 法检测时应注意：①为了减少色谱峰的重叠干扰，分析时间不宜过短；②尽可能收集多种不同结构的双酯型乌头生物碱对照品，以便更合理地反映剧毒成分的种类和数量，减少漏检。

（四）液相色谱/串联质谱法

生物检材中乌头生物碱的浓度一般非常低微，且易水解，其他方法常很难检出或因干扰大难以判断。用 LC-MS/MS 分析，不仅可以提高生物检材中乌头生物碱的检出率，而且可在较短的时间内同时检测多种乌头生物碱及其代谢产物和水解产物，包括无紫外吸收的乌头醇胺类化合物及与葡萄糖醛酸或脂肪酸结合的二相代谢产物，减小假阳性的概率。对疑似乌头生物碱又缺少对照品的情况下，可结合多级质谱图进行解析。

分析常采用电喷雾离子源正离子扫描模式（ESI+），乌头生物碱的裂解质谱通常具有以下一些规律：一级质谱中易产生准分子离子 $[M+H]^+$ 峰，不易产生 $[M+Na]^+$ 和 $[M+K]^+$ 等离子峰。二级质谱中，特征断裂均以失去乙酸、甲醇、水和一氧化碳等中性分子为主；双酯型生物碱的侧链酯结构易发生氢转移，断裂丢失羧酸分子，其中 C8 位极易失去一分子 CH_3COOH（60Da），生成的离子丰度较强，而 C14 位上的苯甲酰基与环连接比较紧密，丢失 C_6H_5COOH（122Da）相对较困难；结构中的甲氧基多以 CH_3OH（32Da）形式丢失，通常 C16 位上的甲氧基最易丢失；C8 位羧基还可与邻位 C15 上的氢一起以羧酸形式丢失，在 C8 和 C15 之间形成双键，变成不稳定的烯醇结构，继而转化成酮式结构，脱去一个 CO（28Da），发生缩环反应，七元环变成六元环；乌头碱和次乌头碱在 C3 的羟基较易脱 H_2O（18Da）；N 原子上的甲基或乙基一般较难丢失。脂类乌头生物碱失去 C8 位长链脂肪酸后生成的子离子，与相应双酯和三酯型乌头生物碱失去 C8 位乙酸后形成的子离子完全相同，因此它们的三级质谱完全相同。表 9-3 中列出部分乌头生物碱及其主要代谢产物和水解产物常见的特征碎片离子，可供选择监测离子和质谱图解析参考。

表 9-3　部分双酯型乌头生物碱及其代谢和水解产物的主要质谱碎片离子

化合物	$[M+H]^+$	特征碎片离子
乌头碱	646	586（-CH₃COOH），568（-CH₃COOH，-H₂O），554（-CH₃COOH，-CH₃OH）526（-CH₃COOH，-CH₃OH，-CO），368（-CH₃COOH，-3CH₃OH，-C₆H₅COOH）
16-O- 去甲基乌头碱	632	572（-CH₃COOH），540（-CH₃COOH，-CH₃OH）
10- 羟基乌头碱	662	602（-CH₃COOH），542（-CH₃COOH，-CH₃OH，-CO）
去氧乌头碱	630	570（-CH₃COOH），510（-CH₃COOH，-CH₃OH，-CO）
乌头次碱	604	554（-CH₃OH，-H₂O），522（-CH₃OH，-H₂O，-CH₃OH）
乌头原碱	500	450（-CH₃OH，-H₂O），418（-CH₃OH，-H₂O，-CH₃OH）
焦乌头碱	586	568（-H₂O），554（-CH₃OH），536（-CH₃OH，-H₂O，-CH₃OH），522（-CH₃OH，-CH₃OH）
新乌头碱	632	572（-CH₃COOH），540（-CH₃COOH，-CH₃OH），512（-CH₃COOH，-CH₃OH，-CO）354（-CH₃COOH，-CH₃OH×3，-C₆H₅COOH）
新乌头次碱	590	540（-CH₃OH，-H₂O），508（-CH₃OH，-H₂O，-CH₃OH）

化合物	[M+H]+	特征碎片离子
16-O-去甲基新乌头碱	618	558(-CH₃COOH),526(-CH₃COOH,-CH₃OH)
10-羟基新乌头碱	648	588(-CH₃COOH),570(-CH₃COOH,-H₂O)
次乌头碱	616	556(-CH₃COOH),524(-CH₃COOH,-CH₃OH),496(-CH₃COOH,-CH₃OH,-CO)
次乌头次碱	574	542(-CH₃OH)
次乌头原碱	470	438(-CH₃OH)

不同型号的仪器和分析条件下,所产生的离子碎片以及相对丰度可能不完全相同。一般在选定的质谱条件下,首先优化裂解电压使准分子离子峰的响应达到最佳,再进行二级质谱分析,优化碰撞能量,尽可能选择 2 个能反映结构特征的离子对作为定性离子对,并以其中响应值较高的离子对作为定量离子对。

参考分析条件:LC-MS/MS 法测定生物检材中三种乌头生物碱。血或尿样 0.5ml,加 pH 9.2 硼砂溶液 0.5ml,3ml 乙醚萃取,萃取液于 40℃挥干,残渣用 200μl 流动相溶解,供检。色谱柱:碱性去活化 C₁₈ 柱(250mm×2.0mm,5μm);流动相:乙腈 -20mmol/L 乙酸铵和 0.1% 甲酸缓冲液(pH 4)(70:30),流速 0.2ml/min;离子源:ESI+,扫描模式:MRM,离子源电压(IS):5.5kV,碰撞气(CAD):41.37kPa,气帘气(CUR):68.95kPa,雾化气(GS1):137.9kPa,辅助气(GS2):275.8kPa,离子源温度:400℃。以 [M+H]+ 为母离子所得到的三种乌头生物碱二级质谱见图 9-4,可选择以下离子对作为监测离子对:乌头碱(646>586 和 646>526)、新乌头碱(632>572 和 632>540)、次乌头碱(616>556 和 616>524)。

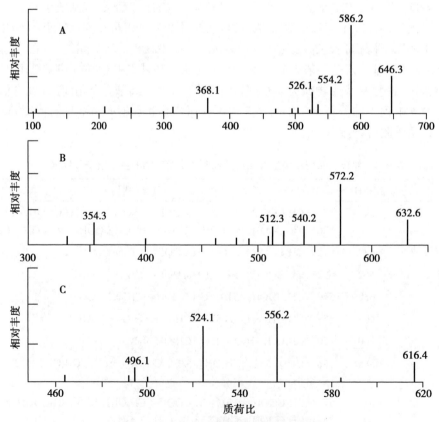

图 9-4 三种乌头生物碱的二级质谱图
A. 乌头碱;B. 新乌头碱;C. 次乌头碱

第二节 颠茄类

一、一般介绍

（一）来源及成分

颠茄（*Atropa belladonna* L.）系茄科颠茄属植物，原产于欧洲，其根和叶中含多种生物碱，主要为莨菪碱（hyoscyamine，又名天仙子胺），具左旋光性，提取过程中部分转化为右旋化合物，得到无旋光性的外消旋混合物，即临床常用药物阿托品（atropine）。除颠茄属外，茄科曼陀罗属、莨菪属、赛莨菪属等多种植物中也含有莨菪碱及结构与之相似的一些其他生物碱，如东莨菪碱（scopolamine，又名天仙子碱 hyoscine）、山莨菪碱（anisodamine）和樟柳碱（anisodine）等，通常统称为颠茄生物碱（belladonna alkaloids）或莨菪烷类生物碱（tropane alkaloids）。大多含颠茄生物碱的植物都被用作中草药，用于解痉、镇痛、止咳、平喘、中药麻醉等。阿托品、东莨菪碱、山莨菪碱（人工合成品称 654-2）和樟柳碱等生物碱是临床常用的抗胆碱药物，其中硫酸阿托品常用于有机磷等农药中毒抢救和麻醉前用药。

（二）成分结构和理化性质

颠茄生物碱均为由莨菪烷衍生的氨基醇与有机酸形成的酯类化合物。三种主要颠茄生物碱结构式如图 9-5。

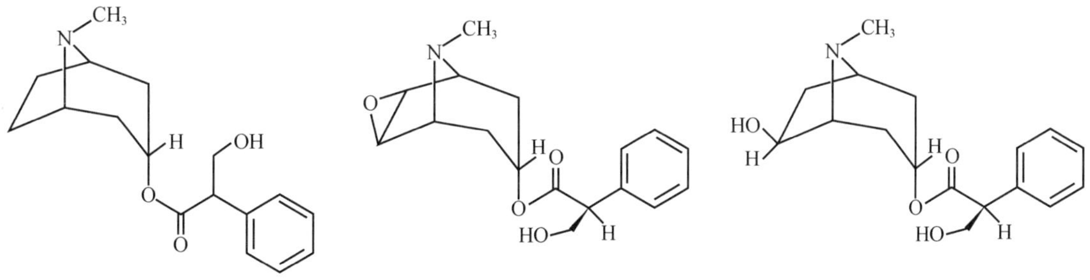

阿托品　　　　　　　东莨菪碱　　　　　　　山莨菪碱

图 9-5　三种主要颠茄生物碱结构式

阿托品纯品为无色结晶或白色结晶性粉末，熔点 114～118℃；易溶于乙醇、氯仿、乙醚等有机溶剂，难溶于水；碱性，pKa 4.35（20℃），可与酸形成稳定的盐。临床用硫酸阿托品针剂易溶于水、乙醇，几乎不溶于氯仿、乙醚。东莨菪碱为黏稠液体，于 15℃水液中逐渐析出含一分子水针状晶体，熔点 59℃；易溶于热水、乙醇、丙酮、氯仿、乙醚等溶剂，难溶于苯、石油醚；碱性较阿托品的弱，pKa（23℃）7.6；氢溴酸东莨菪碱为白色结晶或颗粒状粉末，微有风化性，易溶于水，可溶于乙醇，微溶于氯仿，不溶于乙醚。颠茄生物碱的酯键结构，在碱性水溶液中加热较易水解。

二、中毒症状和体内过程

（一）毒性及中毒症状

四种生物碱的药用效果不完全相同，毒性也有差异。一次口服硫酸阿托品 5～10mg 可导致中毒，50～130mg 可导致死亡，正常治疗血浓度为 0.035～0.2μg/ml；氢溴酸东莨菪碱一次和日口服极量分别为 0.6mg 和 2mg，一次和日皮下注射极量分别为 0.5mg 和 1.5mg，治疗血浓度为 0.0003～0.019μg/ml；山莨菪碱和樟柳碱的毒性相对较低。植物和中草药的毒性因品种和药用部位不同而异，曼陀罗果实毒性较大,一次摄入 5~8 枚即可中毒。中毒多因误食有毒植物、饮用药酒过量、农药中毒抢救用药过量等意外所致,也有利用此类植物饮料进行麻醉抢劫或投毒的。

颠茄生物碱的毒性主要表现为因阻断 M- 胆碱反应系统而产生的一系列对抗乙酰胆碱作用的症状,如抑制各种腺体分泌、平滑肌松弛,心脏迷走神经麻痹等。临床症状主要表现为颜面潮红、极度口干、吞咽及排尿困难;瞳孔散大,光反射消失;心动过速,兴奋,狂躁不安,幻觉,谵语,手足舞蹈;进一步发展为抽搐、昏迷、血压下降、心力衰竭等。

(二)体内过程

阿托品可通过口服、注射、黏膜等多种途径进入体内。中毒症状的出现和死亡的快慢与摄入物质的形态、性状及途径有关。阿托品在体内的吸收、分布和排泄较快,消除半衰期 $t_{1/2}$ 一般为 2~3 小时;儿童和老人的平均 $t_{1/2}$ 可延长,分别为 4.8 小时和 10 小时,多次给药后较普通成年人更易中毒。阿托品的主要代谢方式为氧化和水解,在细胞色素氧化酶的作用下,脱去 N 上甲基生成 N- 去甲基阿托品(noratropine)或苯环氧化生成羟基阿托品(hydroxyl atropine);在酯酶作用下,酯键可水解生成托品醇(tropine)和托品酸(tropic acid);结构中的羟基还可与邻位氢脱去一分子水生成脱水阿托品(apoatropine,阿朴阿托品);未见有二相代谢产物报道,代谢途径见图 9-6。颠茄生物碱及其代谢产物主要通过尿液中排泄,12 小时内排出量约占药物总量的 80%,其中大部分为药物原型。东莨菪碱和山莨菪碱的体内过程与阿托品相似。

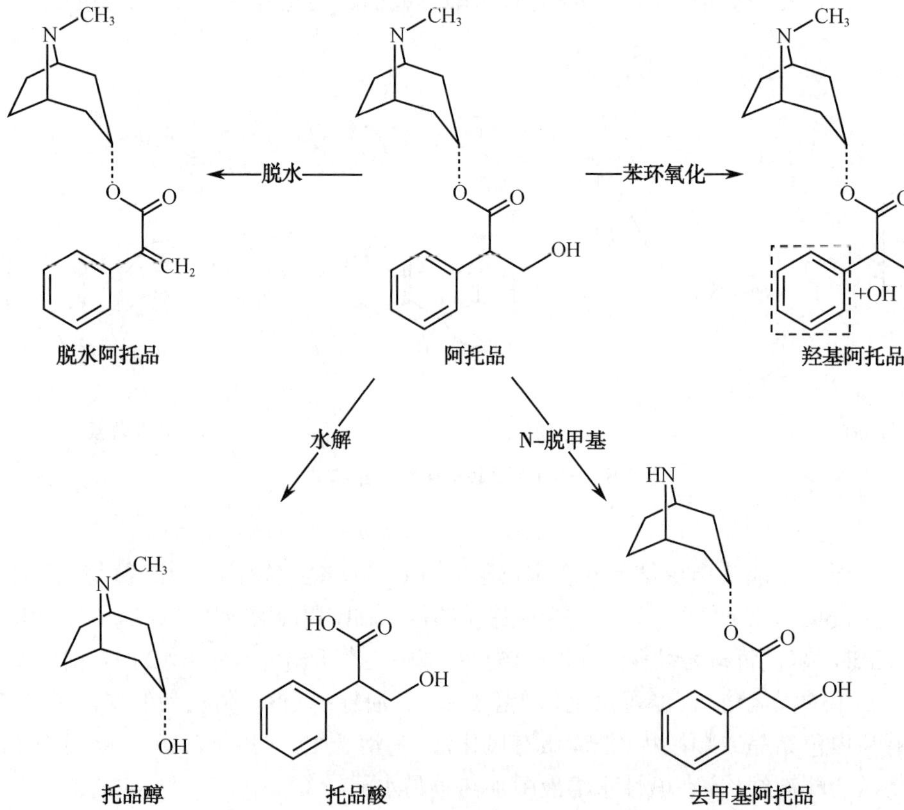

图 9-6 阿托品主要代谢途径

三、检材采取和处理

阿托品体内排泄较快,且主要通过尿液排泄,尿中浓度较高且易处理,中毒时,除常采取的胃内容物、血等检材外,可将尿也作为常规生物检材。

颠茄生物碱可能涉及的体外检材种类较多,且性状差异较大,包括植物、中草药、西药制剂、食物、饮料、迷幻剂以及剩余药物、输液、注射器、输液器等。成分简单且含量高的西药制剂、输液、注射器、输液器等体外检材，可直接或经简单有机溶剂提取后进行快速预试或筛查；植物、剩余中草药渣等检材，可从中将疑似药物分拣出来，进行形态学鉴定或单独提取生物碱后检测；有机溶剂提取时，一般需先将检材调至 pH 为 11 左右；成分复杂的可通过酸水液反萃取净化，或先用酸水液浸提，滤去水不溶性杂质后，再碱化后用有机溶剂萃取。尿液等水性基质检材，也可用 C_{18} 和阳离子交换混合型的固相萃取柱处理。颠茄生物碱均含有酯碱结构，检材保存和处理过程中需注意防止水解，避免使用强碱调节 pH 或所调碱性过强，尽可能缩短碱性条件下放置或加热的时间。

四、检测方法

形态学方法、动物试验、紫外光谱法、化学反应以及各种色谱法和色/质联用法在颠茄类毒物的检验中均有应用，但方法的原理和特点不同，适用的检材和结果的意义也不同。

（一）形态学鉴定

含颠茄生物碱的植物和中草药很多，种属、形态和性状各异，表9-4中列出常用三种含颠茄生物碱中草药的源植物和药用部位。

表9-4 三种含颠茄生物碱中草药的来源和药用部位

中药名	属名	植物名	药用部位
洋金花	曼陀罗	白曼陀罗 Datura metel L.（南洋金花）	干燥花
	曼陀罗	毛曼陀罗 Datura.innoxia Mill.（北洋金花）	
天仙子	天仙子	莨菪 Hyoscyamus niger L.	干燥种子
三分三	山莨菪	三分三 Anisodus acutangulus C.Y.Wu et C.Chen ex C.Chen et C.L. Chen	干燥根
	山莨菪	丽江山莨菪 Anisodus luridus Link et Otto var.fischerianus C.Y. Wu et C.Chen ex C.Chen et C.L. Chen	
	赛莨菪	赛莨菪 Scopolia carniolicoods C.Y.Wu et C.Chen ex C.Chen et C.L. Chen	

1. 洋金花　洋金花源植物为白曼陀罗和毛曼陀罗，前者高 0.5～1.5m，全体近无毛，花白色，蒴果近球形或扁球形，表面疏生短刺；后者高 1～2m，全体密被白色细腺毛或短柔毛，花白色或淡紫色，花冠下半部带绿色，蒴果俯垂，表面密生近于等长的针刺和灰白色柔毛（图9-7）。

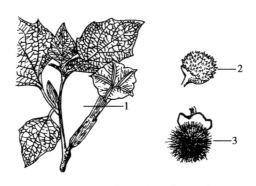

图9-7　洋金花原植物及蒴果形态
1. 白曼陀罗植物；2. 白曼陀罗果；3. 毛曼陀罗果

洋金花干品多皱缩成条状，完整者花萼筒状，长 9～15cm，灰绿色或灰黄色。观察外观形态和色泽后可用水湿润，软化后观察花萼、花冠、花蕊等的形状（图9-8），花冠喇叭状，北洋金花的花冠裂片间有三角形突起，花表面有短柔毛。有的地区将闹羊花称作洋金花，闹羊花是杜鹃科植物羊踯躅（Rhodoendron molle G.Don）的干燥花，其形态、药效和毒性均与洋金花不同，应注意区别。

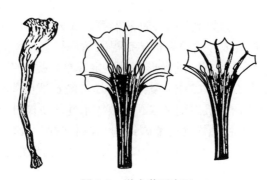

图9-8 洋金花形态图
左：干洋金花　中：白曼陀罗花剖面　右：毛曼陀罗花剖面

2. 天仙子　肾形或卵圆形，两面扁平，直径约 1mm；表面棕黄或淡灰棕色，有细密网纹及排列不整齐的麻点；脐点处突出，气微，味微辛。

南方一些地区，将爵床科植物水蓑衣的种子，称作南天仙子，其大小与天仙子相似，但药效和毒性与之不同，两者从外观形态上可以区别（图9-9）。南天仙子略呈扁平心脏形，表面棕红或暗褐色，略平滑，无网纹，基部有种脐；表面黏液化表皮毛形似薄膜状，遇水膨胀竖立，蓬松散开，黏性甚大；味淡。

图9-9 天仙子和南天仙子外观形态
左：天仙子　右：南天仙子

（二）动物试验（猫眼扩瞳试验）

颠茄生物碱均有扩瞳作用，阿托品和东莨菪碱的作用较强。动物试验方法简单，无需特殊仪器、试剂，可在特殊应急情况下用于预试验。将检材提取物用生理盐水配制成中性等渗溶液，滴入猫的一只眼中，以另一只猫眼作对照，观察瞳孔变化。试验时，应注意避免刺激动物角膜，试验前后光照的强度及角度须一致。古柯碱也有较弱的扩瞳作用。

（三）紫外吸收光谱法

硫酸阿托品、氢溴酸东莨菪碱、氢溴酸山莨菪碱（654-2）和氢溴酸樟柳碱均为临床常用药。现场收集的药片、注射液、剩余输液、空安瓿、注射器、输液袋等检材，可用蒸馏水、甲醇溶解提取或稀释后测紫外光谱。颠茄生物碱的紫外吸收主要来自结构中的莨菪酸部分，阿托品在 230nm 处有一较强吸收峰，在 252、258 和 264nm 处呈"山"字形苯环 B 带弱吸收。

（四）碘 - 碘化钾结晶反应

阿托品与碘 - 碘化钾可生成细小的飞鸟状深棕色结晶。反应灵敏度约 5μg，具有一定的专属性，要求样品较纯，可用于药物制剂、剩余输液、注射器等体外检材的快速预试和鉴别。方法为取样品少许于载玻片上，加 1 滴稀硫酸和 1 滴碘 - 碘化钾试剂，放置片刻，置显微镜下观察。

（五）气相色谱法和气 - 质联用法

阿托品和东莨菪碱对热不稳定，高温下可分解或部分去水化，生成脱水阿托品和脱水东莨菪碱，直接用 GC 或 GC-MS 分析效果不甚理想，可通过衍生化处理，改善其挥发性和热稳定性。参考方法：

于提取物残渣中，加入 20μl N,O- 双 -(三甲基硅)- 三氟乙酰胺（BSTFA）- 三甲基 - 氯硅烷（TMCS）(99:1，v/v) 试剂，于 80℃加热 15 分钟。经甲基化的阿托品和东莨菪碱，极性降低，可采用弱极性的苯甲基硅毛细管色谱柱（30m×0.25mm, i.d., 0.25μm）；程序升温：50℃（1 分钟）→20℃/min→300℃（保持 5 分钟），进样口温度 250℃，检测器温度 280℃；离子源：EI，电子能 70eV；载气为氢气，流速 0.8ml/min；选择离子监测模式（SIM），监测离子：阿托品 -TMS m/z 124、140 和 361，东莨菪碱 -TMS m/z 138、154 和 375。

（六）高效液相色谱法

阿托品具有一定的碱性，用普通 ODS 色谱柱分析时，多采用离子对色谱法，即在流动相中加入适量的离子对试剂，如：① 50mmol/L 磷酸二氢钠（磷酸调至 pH 3.5）- 甲醇（48:52）(含 20mmol/L 十二烷基磺酸钠)；② 50mmol/L 庚烷磺酸钠水溶液 - 乙腈（65:35）。酸性条件下，磺酸根可与带正电荷的生物碱形成离子对，减轻色谱峰拖尾，改善分离效果，可以使结构、性质相似的常见四种颠茄生物碱得到较好的分离。检测波长一般选在 230nm 或 258nm 附近，258nm 附近的干扰较小，但吸收较弱，对于浓度较低的检材，可选择吸收相对较强的 230nm 处检测，以提高检出率。

（七）液相色谱 - 串联质谱法

用 LC-MS/MS 法分析生物检材中的颠茄生物碱，可以省去复杂的衍生化过程，且可提高中毒检材中生物碱的检出率。一般采用 ESI(+)模式，阿托品易生成 [M＋H]⁺（290），以此为母离子所得二级质谱（图 9-10）中，常见碎片离子有 m/z 272、260、124 和 93。m/z 272 离子为 [M＋H]⁺ 失去一分子水（18Da）所生成的 [M＋H-H₂O]⁺；m/z 260 为 [M＋H]⁺ 失去一分子甲醛（30Da）生成的 [M＋H-HCHO]⁺；基峰 m/z 124.1 为 [M＋H]⁺ 失去托品酸（166Da）所生成的碎片离子；m/z 93 离子为 m/z 124.1 失去 NH₂CH₃（31Da）所得。

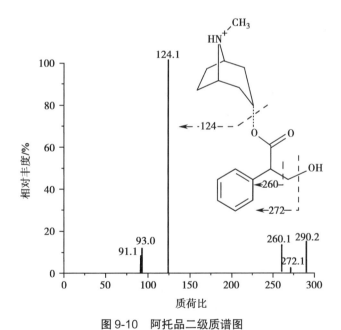

图 9-10 阿托品二级质谱图

m/z 124.1 和 93 为阿托品分子的特征碎片子离子，在 m/z 272 和 260 离子的三级质谱及托品（m/z 142）、脱水阿托品（m/z 272）和羟基阿托品（m/z 306）等代谢产物的二级质谱中均可出现。与阿托品的 [M＋H]⁺ 相比，其代谢产物 N- 去甲基阿托品的 [M＋H]⁺ m/z 276 少 14Da，故其二级质谱中的离子 m/z 258、246、110 均比阿托品的相应子离子 m/z 272、260、124 少 14Da。166Da 和 31Da 则是阿托品的特征中性碎片丢失。在缺少对照品的情况下，这些特征子离子和特征中性碎片丢失可用于解析阿托品及其代谢物图谱时参考。检测时可选择 m/z 290＞124 和 m/z 290＞93 作为多反应监测离子对，以

m/z 290＞124 为定量离子对。阿托品的代谢产物和东莨菪碱、山莨菪碱及其代谢产物的质谱裂解规律与阿托品基本相同。

（八）毛细管电泳法

四种颠茄生物碱结构相似，但碱性强弱有别，通过调节缓冲液的组成和 pH，可以得到较好的分离。参考条件：毛细管柱 40cm×50μm，缓冲液：50mmol/L 磷酸盐缓冲液（pH 8.0）- 四氢呋喃（9∶1），电动进样 5kV×5s，运行电压 11kV，检测波长 200nm，柱温 24℃。缓冲液中加入一定量的四氢呋喃，可明显影响颠茄生物碱的迁移时间和分离柱效，提高分离度，能有效分离普通 HPLC 难以分离的东莨菪碱和樟柳碱。

第三节　马　钱　子

一、一般介绍

（一）来源及成分

马钱子又名番木鳖，通常指马钱科马钱属（*Strychnos*）植物马钱（*Strychnos nux-vomica* L.）或云南马钱（*Strychnos pierriana* A.W.Hill）的干燥成熟种子。马钱子主要成分为吲哚类生物碱，统称为马钱子生物碱，总碱含量在 1.5%～5%，其中士的宁（strychnine）又名番木鳖碱，含量最高，占总碱的 35%～50%，其次为马钱子碱（brucine）又名布鲁生，还含有少量的士的宁氮氧化合物（strychnine *N*-oxide，SNO，MV＝350）和马钱子碱氮氧化合物（brucine *N*-oxide，SNO，MV＝410）、伪士的宁（pseudosstrychnine，MV＝350）和伪马钱子碱（pseudosbrucine，MV＝410）等。含有马钱子生物碱的植物广泛分布于热带和亚热带地区，我国大约有 10 种，主要分布在云南、广东、广西、海南、福建、台湾等地，除马钱和云南马钱外，还有海南马钱、密花马钱及吕宋果等。

马钱子是常用中药，具有通经络、强筋骨、祛风湿、散结肿等功效，常用于治疗风湿顽痹、麻木瘫痪、跌打损伤、小儿麻痹后遗症、痈疽肿痛、类风湿关节痛等疾病，近年来，在治疗癌症、坐骨神经痛、脑血管病后偏瘫及面瘫等方面也多有应用。2010 版中国药典一部中收录了 14 个含马钱子的中成药。硝酸士的宁注射液在临床用上作脊髓中枢兴奋药。

（二）成分结构和理化性质

士的宁和马钱子碱的化学结构相似（图9-11），差别仅为马钱子碱的苯环上多两个甲氧基。

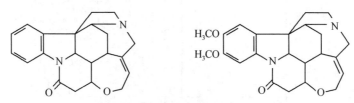

图9-11　士的宁和马钱子碱结构式
左：士的宁　右：马钱子碱

士的宁纯品为无色或白色结晶性粉末，熔点 268℃，味极苦；25℃时难溶于水（1∶6400），易溶于氯仿（1∶6），溶于乙醇（1∶150），微溶于乙醚（1∶5500）；碱性较强，pKa 2.3（25℃），可与酸成盐，化学性质稳定。马钱子碱纯品为白色晶体，熔点 178℃；微溶于水（1∶3200），易溶于乙醇（1∶1.3）和氯仿，溶于乙醚（1∶134）。硝酸士的宁和硫酸马钱子碱均溶于水、乙醇、氯仿，不溶于乙醚。士的宁和马钱子碱结构相似，但紫外吸收光谱有较大差异，酸性条件下，士的宁的最大吸收波长为 254nm，278nm 和 285nm 附近有两个肩峰，马钱子碱的最大吸收波长为 265nm 和 300nm；碱性条件下，最大吸收波长和吸收强度稍有变化。

二、中毒症状和体内过程

（一）毒性及中毒症状

马钱子生品属于剧毒中草药管制品种，口服7g可导致死亡，内服需要经过炮制。士的宁既是马钱子的主要药效成分，也是主要毒性成分，治疗量与中毒量非常接近，成人口服治疗量为1～3mg，5～10mg可引起中毒，30～100mg可导致死亡。马钱子碱的毒性仅为士的宁的1/8～1/10。马钱子经过炮制，部分士的宁和马钱子碱可转化成士的宁和马钱子碱的氮氧化物及异士的宁（isostrychnine）和异马钱子碱（isobrucine），毒性仅为生马钱子的1/10～1/15。马钱子中毒多因用药不当（过量、炮制不当、生品内服、长期服用等）所致，马钱子浸膏或粗制士的宁也有被掺加到毒品或毒鼠和猎兽饵料中的，偶尔有用于自杀或谋杀的。

士的宁是极强的中枢兴奋剂，尤其对脊髓有高度的兴奋作用，大剂量可反射性引起强烈的脊髓冲动，造成全身骨骼肌收缩、剧烈痉挛。典型的中毒症状有颈项僵直、牙关紧闭、痉笑、双目凝视、瞳孔散大、全身强直性痉挛、角弓反张等，对声、光、风等因素极为敏感，最后窒息而死，尸体僵直。尸僵发生早而强，持续时间长，常出现四肢痉挛性屈曲，足趾明显内翻伸展，手臂位于胸前呈握拳状等较特殊的尸体征象。

（二）体内过程

马钱子质地较硬实，口服吸收的快慢与摄入药物的形态有很大关系。一般药酒的吸收最快，药粉、药丸次之；直接服用粒状马钱子则吸收较慢，中毒症状可能几小时后才出现。士的宁在各脏器组织和体液中均有分布，以肝、肾中分布较多。主要通过尿液排泄，士的宁主要以原型和葡萄糖醛酸结合物（MW=510）存在，马钱子碱主要代谢物为去甲基马钱子碱。马钱子生物碱在活体内可逐渐被氧化分解消失，但在尸体中性质稳定，埋葬数年的尸体中仍有检出的可能。

三、检材采取和处理

怀疑马钱子中毒时，一般可取胃内容物、血、尿、肝、肾等生物检材及吃剩的药物和药渣等具形态特征的检材。对于入土时间较长的尸体，可开棺取胃、肝等部位的腐泥进行检验。

士的宁的碱性较强，用有机溶剂提取前应先将检材调至pH 13～14，提取液杂质较多时通过酸水液反萃取净化。中药类检材也可先用稀盐酸浸泡提取，滤去水不溶性杂质后，再碱化用有机溶剂萃取。因调节检材pH时所用碱液的碱性较强，分离有机相时需注意尽可能避免带入碱液，以免影响后续检测或损坏色谱柱。

血、尿等水性基质检材也可采用固相萃取法。因士的宁碱性较强，可选用C_{18}硅胶和阳离子交换剂的杂化基质填料，以酸化的水性样品溶液上样，依次用酸水液和甲醇分别洗去极性碱性杂质和中性及酸性有机杂质，最后用碱性甲醇将马钱子生物碱洗脱下来。参考方法：血1ml，用4ml去离子水稀释，加30μl磷酸酸化，漩涡混合，离心取上清液过Oasis MCX固相萃取柱（预先用1ml甲醇和1ml去离子水活化），依次用0.1mol/L HCl 1ml和甲醇1ml洗杂质，再用1ml 70%的甲醇（内含5%氨水）或90%的甲醇（含5%乙二胺）洗脱，洗脱液于60℃挥干，残渣用甲醇或流动相溶解后供检。

四、检测方法

（一）形态学鉴定

体外检材中如有疑似马钱子的中药，可分拣出来进行形态鉴定。生马钱子为扁圆钮扣状，直径1～3cm，厚3～6mm；表面呈灰绿色或灰黄色，密生葡匐银色丝状茸毛，从中央向四周散射；一面微凹，另一面稍隆起，中央有一稍突起的点状种脐，边缘有微尖突的珠孔，种脐与珠孔间隐约可见一条隆起线；质地坚硬；种子剖面有淡黄色胚乳，肥厚；近珠孔处有明显的腔，内有菲薄的心形子叶二枚，子叶下胚根约4mm，如图9-12上。云南马钱子为扁椭圆或扁圆形，直径1.2～3.5cm，厚3～10mm，边缘较中部稍薄而上翘；表面密被灰黄色或浅棕色的绢状茸毛，较疏松粗糙，如图9-12下。刮取种子被毛置显微镜下观察，种子表皮细胞分化向一侧斜伸，单细胞毛，基部膨大，似石细胞，壁极厚，强烈木化，有纵向扭曲的纹孔，毛体有数条脊状增厚，胞腔断面类圆形；马钱子与云南马钱子的主要区别为前者表皮细胞毛茸平直不扭曲，毛肋不分散；后者平直或多扭曲，毛肋常分散。用间苯三酚 - 盐酸试剂封片，可使木化的表皮细胞壁染成红色，便于观察（图9-13）。

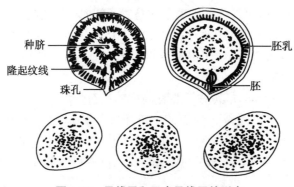

图 9-12 马钱子和云南马钱子的形态
上：马钱子 下：云南马钱子

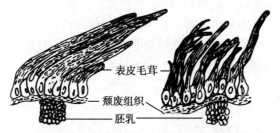

图 9-13 马钱子和云南马钱子表皮毛茸图

（二）动物试验（青蛙毒性试验）

利用士的宁对青蛙脊髓高度兴奋作用产生的中毒症状，通过青蛙毒性试验，可快速预试检材中是否含有马钱子生物碱。方法：将检材酸水液提取物挥干，残渣用少量生理盐水溶解，注入青蛙背部淋巴囊，观察青蛙反应。如若含有马钱子生物碱，则青蛙于给药后数分钟至半小时内，可出现间歇性、强直性四肢肌肉痉挛，蛙体及后腿僵直，前肢合抱（图9-14），外界声音或光线刺激即可再次引起全身强直性痉挛等症状。

（三）微量化学反应

马钱子生物碱具有典型的生物碱性质，能与多种生物碱显色试剂发生反应，在缺少仪器的应急情况下，可用于体外检材中马钱子生物碱的快速预试和筛查。

1. 钒硫酸反应（Mandelin 反应） 于瓷蒸发皿中挥干提取液，加0.5%钒酸铵硫酸溶液一滴，若含士的宁，即显蓝色至蓝紫色，后变为红橙色；马钱子碱初显红色，后呈棕色。灵敏度约0.05μg。其他一些含氮的有机碱性药物也可反应显色，颜色与士的宁或马钱子碱相似，如土霉素、四环素，由紫色变为橙色；阿米替林、安乃近、多塞平、氯丙嗪等显棕色；先锋霉素等显紫色。Mandelin 试剂：称取0.5g钒酸铵溶于1.5ml水中，加100ml硫酸稀释，通过玻璃毛过滤。

图 9-14 青蛙士的宁中毒形态

2. 重铬酸钾 - 硫酸反应 于瓷蒸发皿中，用 1～2 滴硫酸溶解提取物残渣，加入一小粒重铬酸钾晶体，若含士的宁，则重铬酸钾周围立即出现带紫堇色的线状条纹并逐渐延伸，放置片刻后溶液转为紫红色，最终呈橙黄色，加水则迅速变黄。灵敏度约 5μg，具有一定的专属性。

3. 硝酸反应 马钱子碱遇硝酸可立即被氧化显深红色，若再加氯化亚锡溶液，颜色则由深红转变成紫色，灵敏度约 1μg。士的宁遇硝酸显淡黄色，100℃加热蒸干后，残渣遇氨气即转变为紫红色，可与马钱子碱区别。

上述颜色反应也可直接在马钱子胚乳上进行。取疑似马钱子的种子一粒，横断面剖成两半，滴加 Mandelin 试剂一滴于胚乳上，如是马钱子，胚乳显紫色；也可改用硝酸，胚乳则显橙红色。

（四）薄层色谱法

通常采用硅胶 G 板。马钱子生物碱的碱性较强，与吸附剂上硅醇基间的结合较牢，易导致斑点拖尾，可在展开剂中加入少量的碱，改善拖尾现象，如甲苯 - 丙酮 - 乙醇 - 氨水（4∶5∶0.6∶0.4）、甲醇 - 氨水（100∶1.5）、环己烷 - 丙酮 - 二乙胺（5∶4∶1）、乙醚 - 甲醇 - 二乙胺（9∶1∶1）、醋酸乙酯 - 异丙醇 - 浓氨水（7∶2∶1）等。显色常用碘 - 碘化铋钾、酸性碘铂酸等生物碱沉淀试剂。

（五）气相色谱法和气/质联用法

马钱子生物碱的热稳定性较好，可用 GC 和 GC-MS 法检测。但由于分子量较大，沸点较高，且碱性较强，检测时需较高的气化温度和柱温，灵敏度较易挥发性化合物的低，一般在微克级。GC 参考条件：100% 聚二甲基聚硅氧烷的非极性毛细管柱或含 5% 苯甲基聚硅氧烷的弱极性毛细管柱；柱温 240℃（3 分钟）→10℃/min→280℃（5 分钟），进样口及检测器温度 280℃；载气流速 2ml/min，检测器：FID 或 NPD。GC-MS 参考条件：5% 苯甲基聚硅氧烷弱极性色谱柱（30m×0.25mm，0.33μm）；柱温：120℃→20℃/min→280℃（15 分钟），进样口温度：270℃；柱流量（氢气）：1.8ml/min，离子源：EI，温度：250℃，传输线温度：280℃，电压：70eV，扫描范围 40～450amu。士的宁和马钱子碱性质稳定，基峰即为分子离子峰，分别为 m/z 334 和 m/z 394，样品成分复杂或浓度低微时可用做选择离子监测或筛查。

（六）高效液相色谱法

马钱子生物碱具有较强的紫外吸收，用 HPLC 法检测无需衍生化，较 GC 法更为简便、灵敏。因碱性较强，采用普通 C_{18} 柱分析时，需在流动相中适当加入离子对试剂以改善色谱峰拖尾现象和分离效果，提高检测灵敏度，如乙腈 - 水（每升含 3.4g 磷酸二氢钾和 1.7g 十二烷基磺酸钠）（40∶60）、乙腈 - 水（含 5mmol/L 戊烷磺酸钠，用 10% 磷酸将 pH 调至 3.0）（25∶75）等。如果采用碱性去活的键合硅胶柱，如通过封端技术屏蔽固定液上的硅醇基或结合离子交换剂，则不必在流动相中添加离子对试剂，可在改善色谱峰形的同时，减少对色谱柱的损害，且流动相的 pH 使用范围也更宽，如 10mmol/L 碳酸氢铵（用浓氨水调至 pH 10.5）- 乙腈（72∶28，v/v）、甲醇 - 水 - 二乙胺（55∶45∶1），流速：1ml/min。

不同化学状态下的马钱子生物碱，溶解性能差异较大，pH 的变化可能导致保留时间产生较大的波动，萃取时需注意除尽有机溶剂中残留的碱液，以保证样液和对照液中生物碱的化学状态一致，同时减少对色谱柱的损害。检测波长可选在 260nm 附近，兼顾士的宁和马钱子碱的紫外吸收。另外两者的吸收光谱有所不同，也可用以区别。

（七）液相色谱 - 串联质谱法

马钱子毒性大，中毒浓度低，且大多涉及复杂的中草药制剂，成分复杂，采用 LC-MS/MS 多反应离子监测模式，可降低背景，减少杂质干扰，提高中毒检材的检出率和准确度。参考条件：C_{18} 柱（150mm×2.1mm，5μm），流动相：甲醇 - 缓冲液（10mmol/L 甲酸铵，甲酸调 pH=3.0）（26∶74），流速 0.2ml/min，柱温 25℃，士的宁和马钱子碱保留时间分别为 5.29min 和 6.06min。离子源：ESI（+），毛细管电压：3.0kV，锥孔电压：55V，射频透镜电压：0.3V，离子源温度：120℃；监测模式：MRM，监测离子：士的宁（m/z 335.2＞184.2，335.2＞156.2，30.35eV），马钱子碱（m/z 395.2＞324.2，395.2＞244.3，30.35eV）。LC-MS/MS 也可同时对马钱子炮制产物以及代谢产物进行检测。士的宁的代谢产物葡萄糖醛酸结合物（*m/z* 511）在二级质谱中，可脱去葡萄糖醛酸（-176u）中性碎片，生成士的宁的所有碎片离子。

（八）毛细管电泳法

马钱子生物碱也可用毛细管电泳法检测，并能得到较好的分离效果。参考条件：用无涂层毛细管柱（57cm×75μm）；检测波长203nm，运行电压30kV，温度20℃，进样条件5kPa，5s；运行缓冲液25mmol/L醋酸钠（含0.01%冰醋酸pH 3.86），7分钟内出峰。

第四节 钩 吻

一、一般介绍

（一）来源及成分

钩吻为马钱科胡蔓藤属植物胡蔓藤（*Gelsemium elegang* Benth.）的全草，主要分布于两广、云贵、闽浙等地。钩吻民间俗称很多，古代中草药书籍中记载的名称也各不相同，常见的有野葛、冶葛、胡蔓草、断肠草、吻莽、烂肠草、虎狼草、黄藤、大叶茶、大炮茶、黄猛菜等。钩吻中含有多种有毒生物碱，已鉴定的有17种之多，常见的为钩吻素子（koumine）、钩吻素甲（gelsemine，异名钩吻碱、钩吻碱丑）、钩吻素乙（gelsemicine）、钩吻素丙（sempervirine）、钩吻素丁（koumicine）、钩吻素戊（koumidine）、钩吻素己（gelsenicine）、钩吻素庚（gelsenidine）、钩吻素寅（kouminicine）、葫蔓藤碱甲（humantenmine）等，其中以钩吻素子的含量最高。20世纪30年代前，钩吻在中医临床上以外用为主，主要用于祛风、攻毒、消肿、杀虫止痒等，80年代后应用扩展到抗肿瘤、免疫调节、镇痛镇静等方面。

（二）化学结构和理化性质

钩吻生物碱主要为氧化吲哚型生物碱，其中钩吻素子、钩吻素甲和葫蔓藤碱甲结构如图9-15。

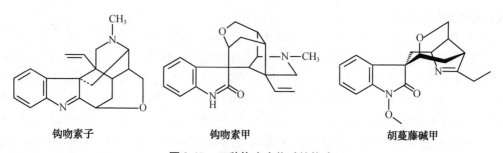

钩吻素子　　　　　　钩吻素甲　　　　　　　胡蔓藤碱甲

图9-15　三种钩吻生物碱结构式

钩吻生物碱具较强碱性，游离态的一般难溶于水，溶于乙醇、丙酮、氯仿、苯、乙醚等有机溶剂，与酸成盐后可溶于水。化学性质较稳定。

二、中毒症状和体内过程

（一）毒性及中毒症状

钩吻植物全株有毒，尤以嫩芽和嫩叶的毒性特别大，几个嫩芽或几片嫩叶即可导致中毒死亡，根叶的中毒致死量为2～3g；钩吻生物碱的致死量为0.15～0.3g，其中毒性较大的有钩吻素子、钩吻素乙、钩吻素寅和葫蔓藤碱甲。

钩吻中毒常因名称混乱或外观形态相似，误作大血藤、鸡血藤、椿根藤、金锁匙等中草药而被用来泡药酒或煲汤。也有将钩吻叶混入凉茶、中药中投毒的。钩吻中毒以农村为多。钩吻中毒的潜伏期短，发病快，一般在10～30分钟出现中毒症状，病情发展迅猛，死亡多发生在摄入后4～7小时，摄入量大时，1 小时内可死亡。由于不同结构钩吻生物碱的毒理作用不尽相同，中毒症状比较复杂。钩吻为极强的神经毒，但对中枢神经的作用更为强烈，可抑制延髓呼吸中枢，并抑制脑和脊髓的运动中枢，使呼吸肌麻痹，出现呼吸衰竭，还可作用于迷走神经，直接刺激心肌引起心律失常和心律改变。主要临床症状有口腔咽喉灼痛、恶心、呕吐、腹痛、腹泻、腹胀等消化道症状；眩晕、语言含糊、吞咽困难、四肢无力以及复视、眼睑下垂、视力减退、瞳孔散大等类似阿托品中毒的神经症状；心率先慢后快，血压下降；呼吸先快后慢，呼吸困难、有类似破伤风样痉挛；最后因呼吸中枢麻痹窒息而死，死时大部分意识清醒，呼吸停止后，心跳仍存。尸检可见各脏器充血，心肌断裂，心室血深红流动等。

（二）体内过程

钩吻生物碱吸收快，组织分布广泛，在肝、肠、胃、体脂等组织中浓度较高。钩吻生物碱性质稳定，腐败检材中仍有检出可能。

三、检材采取和处理

检材采取和处理可参考马钱子生物碱。

四、检测方法

钩吻中毒事件多发生在边远山区，分析仪器相对缺乏，在中毒抢救等应急情况下，可通过形态学鉴定、微量化学反应和 TLC 等简易方法对剩余食物、呕吐物等体外检材进行快速预试和鉴别。浓度较低的生物检材宜采用高灵敏度的色谱法或色 / 质联用法检测。

（一）形态学鉴定

钩吻为常绿木质藤本植物，长 2～3m。小枝圆柱形，幼时具纵棱；除苞片边缘和花梗幼时被毛外，全株均无毛。叶片膜质，卵形、卵状长圆形或卵状披针形，长 5～12cm，宽 2～6cm，顶端渐尖，基部阔楔形至近圆形；侧脉每边 5～7 条，上面扁平，下面凸起；叶柄长 6～12mm，形态见图 9-16。蒴果卵形或椭圆形，长 10～15mm，直径 6～10mm，未开裂时明显具有 2 条纵槽，成熟时通常黑色，干后室间开裂为 2 个。

大血藤也为藤状植物，外观形态与钩吻相似，易与钩吻混淆。两者区别在于钩吻为常绿藤本植物，单叶对生，断面皮部黄棕色，木部淡黄色，具放射状纹理，髓部褐色，味微苦；大血藤为落叶木质藤本植物，叶柄上三叶互生，断面外皮呈黄棕色，内皮部淡红棕色，木质部黄白色，髓射线棕红色，放射状排列，味微涩。

中草药中卫茅科植物雷公藤，在有些地方也被称作断肠草、烂肠草等，具大毒，但其形态、成分、药毒理作用均与钩吻不同，较易区别。

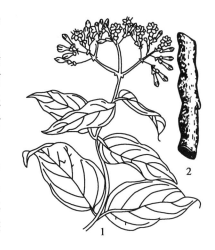

图 9-16　钩吻植物形态
1. 枝；2. 根

（二）微量化学反应

因结构性质与马钱子生物碱相近，故生物碱反应与士的宁相似，应注意通过其他方法鉴别。

1. 重铬酸钾硫酸反应　取提取物于瓷蒸发皿中，滴加重铬酸钾硫酸试剂，若含钩吻生物碱，则显红色，渐变为红紫色，最后出现蓝绿色条纹。

2. 钒硫酸反应（Mandelin 反应）　钩吻生物碱可与 Mandelin 试剂反应，初显紫色，渐变成紫蓝色至蓝色。

（三）薄层色谱法

适用于含量较高的体外检材。一般采用硅胶 G 板，展开剂常用氯仿 - 无水乙醇（8：2）、丙酮 - 甲醇 - 二乙胺（4：2：0.2）、苯 - 环己烷 - 二乙胺（7：3：1）等；显色可用碘 - 碘化铋钾等生物碱沉淀试剂。

钩吻的成分复杂，薄层板上的斑点数目和位置可因品种差异而不同，最好能以当地植物品种同时对照。同一样品所得到的斑点数也可因展开剂种类不同而异。

（四）气相色谱法和气-质联用法

钩吻生物碱性质稳定，可直接用 GC 法或 GC-MS 法检测。GC 参考条件：5% 苯甲基聚硅氧烷柱（25m×0.30mm，0.25μm），进样口温度：290℃，柱温：200℃（2 分钟）→10℃/min→280℃；检测器：FID 或 NPD，NPD 可减少色谱图上的杂质峰干扰。质谱条件：离子源 EI，温度 280℃，扫描范围 40～450amu。主要碎片离子：钩吻素子 m/z 306（M，B）、277、263、223、206，钩吻素甲 m/z 108（B）、322（M）、279、251、222。钩吻碱寅虽毒性大，但因含量低微，体内检材不易检出。

天然植物药毒物中毒，检材多成分复杂且浓度低微，采用 GC-MS 全扫描，总离子流色谱图中的干扰较大。分析时可先通过选择离子模式（SIM）同时对性质相近的多种天然植物药毒物成分进行快速筛查，如发现有特征碎片离子时，再通过与对照品比对和背景扣除从全扫描图谱中确证，以保证结果的可靠性。如果采用 GC-MS/MS 多反应离子监测模式，较 GC-MS 更为快速、灵敏和可靠。分析示例：GC-MS/MS 法同时检测主要钩吻和马钱子中吲哚生物碱。色谱柱：5% 苯甲基聚硅氧烷（30m×0.25mm，0.25μm）毛细管柱，起始柱温：150℃，以 20℃/min 程序升温至 290℃，保持 9min，进样口温度：270℃，载气流速 1ml/min。离子源 EI，能量 60eV，四级杆温度 150℃，离子源温度 230℃，GC-MS 接口温度 280℃，监测模式 MRM，以分子离子或基峰作为母离子，作二级质谱扫描，分别选择碎片中丰度较大的 2 个离子对作为定性离子对，以其中响应值较高的（带 *）作为定量离子对。钩吻素子（m/z 306＞263*，306＞278，CE 10,7）、钩吻素甲（m/z 108＞93*，322＞279，CE 15,7）、士的宁（m/z 334＞120*，334＞162，CE 15,7）、马钱子碱（m/z 394＞379*，394＞120，CE 15,7）。

（五）高效液相色谱法

可参考马钱子生物碱的 HPLC 条件，通过适当调整流动相比例以得到合适的保留时间和分离效果。分析时需注意钩吻生物碱的最大紫外吸收波长和保留值可因环境 pH 不同而有所改变，如钩吻碱甲在酸性条件下，最大吸收波长为 254nm，285nm 附近有一肩峰；而在碱性条件下，则吸收长移，最大吸收波长变为 268nm，检测时，尽可能使对照品和样液中被测物的化学状态一致。

第五节　秋　水　仙

一、一般介绍

（一）来源及成分

秋水仙（Colchicum autumnale L.）系百合科秋水仙属（Colchicum）植物，原产于欧洲和地中海沿岸，20 世纪 70 年代被引入我国种植，别名草地番红花。秋水仙碱（colchicine）又称秋水仙素，是最早从秋水仙球茎中发现提取出来的一种重要生物碱，对原发性痛风有特异作用，作为治疗急性痛风性关节炎药物已有一百多年的历史；之后发现秋水仙碱对细胞有丝分裂具有很强的抑制作用，能抑制癌细胞的生长，被用于治疗各种癌症；近年又拓展到用于治疗慢性活动性肝炎、肝硬化、急性发热性嗜中性皮病（Sweet 综合征）等疾病。除秋水仙属外，嘉兰属（Gloriosa）、益辟坚属（Iphigeria）、天南星属（Arisaema）等多种百合科植物中也含有秋水仙碱及类似母体结构的生物碱，这些化合物统称为秋水仙类生物碱（colchicine alkaloids），迄今为止，已发现近 50 种此类化合物，有些化合物也具有很高的活性，如秋水仙胺（脱羧秋水仙碱）能选择性地抑制粒细胞，现用于治疗慢性骨髓白血病。

（二）成分结构和理化性质

秋水仙碱为草酚酮类生物碱（环庚三烯醇的衍生物），结构式如图 9-17。其他秋水仙类生物碱，母体结构与秋水仙碱相似，主要差别为取代基不同和 C 环发生异构化。这些化合物可分为天然型、降解型、光化型和其他型四类。天然型化合物是原始存在于植物中的，主要代表为秋水仙碱和脱羧秋水仙碱（demecolcine）。降解型化合物是天然型化合物在微生物和酶作用下发生生物降解产生的化合物，生物降解常发生在 C2 和 C3 位去甲基以及 C16 位脱羰，这类生物碱包括去甲秋水仙碱类似物、N-去乙酰秋水仙碱类似物和脱羰秋水仙碱类似物等，一般在新鲜植物中含量极少，但在缓慢干燥的植物中含量相对较高。光化型化合物是秋水仙碱的 C 环（即草酚酮环）在紫外光或日光照射下发生扩环或缩环光化反应所形成的。

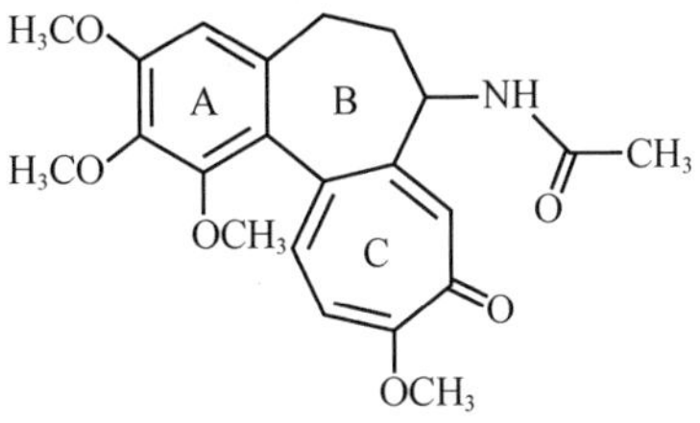

图 9-17 秋水仙碱结构式

秋水仙碱纯品，含有 1～5 分子结晶水，为浅黄至绿黄色晶体或无定形粉末，可溶于水，无结晶水时，冷水中的溶解度下降；易溶于乙醇和氯仿，可溶于乙醚（1:220）和苯（1:100），几乎不溶于石油醚。侧链酰胺上的氮原子，碱性较弱，近中性。结构中的草酚酮环遇光易发生光化反应，颜色变深。酰胺结构在酸碱条件下加热，可发生水解。乙醇中，于 243nm 和 350nm 处有紫外吸收峰。

二、中毒症状和体内过程

（一）毒性及中毒症状

秋水仙碱本身毒性较小，但其代谢产物氧化二秋水仙碱（oxydicolchicine）的毒性很大，对消化系统和泌尿系统均可产生强烈的刺激作用，并能抑制造血细胞的生成，对神经中枢和平滑肌有麻痹作用。因中毒剂量与治疗量接近，且体内消除半衰期长，一次大剂量摄入或长期使用，可导致急性中毒或蓄积中毒。秋水仙碱日用口服治疗极量 3mg，致死量 20～30mg。秋水仙碱药物中毒多因用药不当，也有用药自杀的。此外，中药丽江山慈菇（又名草贝母、土贝母、光慈姑等）和食用新鲜黄花菜（又名金针菜）中也含有秋水仙碱，将丽江山慈菇误用作中药贝母或新鲜黄花菜烹饪方式不当导致中毒的案例也时有报道。

急性中毒者，一般在 24 小时内出现频繁恶心、呕吐、腹痛、腹泻、厌食等胃肠道症状，随后出现血尿、蛋白尿、电解质紊乱、手足麻痹、四肢酸痛、肌肉痉挛等，最后进入多器官功能损害、衰竭期，出现休克、心跳停止，通常在摄入后第 24～72 小时期间，因循环衰竭、呼吸麻痹或致命性心律失常死亡。小剂量连续使用导致的中毒，通常有一段潜伏期，多在用药后 3～6 天出现症状。

案例 9-1 ▶

某男，长期咳嗽不愈，故自用土贝母 50 克加梨和冰糖蒸服。服后 8 小时左右出现腹痛、恶心，伴频繁呕吐、腹泻，水样便，心率 120 次/分钟，尿蛋白 +++，随后出现中毒性休克伴多脏器损害。

此案例中，患者所用土贝母实为百合科益辟坚属植物云南丽江山慈菇的鳞茎，因外形与常用止咳化痰中药百合科贝母属川贝母相似，在部分地区被称作土贝母或草贝母，常因误作川贝母服用而导致中毒。

中草药中毒最常见的原因之一就是因形态或名称相似而被误用，故平时多了解一些易于混淆的中草药品种对寻找检验方向可有所帮助。

（二）体内过程

口服秋水仙碱，在胃肠道迅速被吸收。据文献报道，6 名健康男性，口服 1mg 秋水仙碱，1 小时左右达到血药浓度高峰，平均血浆峰浓度为（4.0～7.6ng/ml），24 小时后平均血浆浓度下降至 0.4ng/ml，平均消除半衰期 30 小时（23～41 小时）；每天口服 1mg，连续服用 15 天，平均稳态血浆浓度为 0.8ng/ml，最后一次给药，平均消除半衰期 58 小时，比一次性给药明显延长。16 名患者静脉给 2mg 后，15 分钟时平均血浆浓度为 11.4ng/ml（4.4～33ng/ml），最初 30 分钟内，浓度迅速下降，平均分布半衰期为 19 分钟。

秋水仙碱在肝脏代谢，代谢产物主要为氧化二秋水仙碱、去甲基秋水仙碱及酰胺侧链水解产物等，血浆蛋白结合率较低。大部分经胆汁排泄，并存在肠肝循环，部分经肾脏排泄。

三、检材采取和处理

秋水仙碱中毒死亡者，由于肝肠循环作用，胆汁中浓度常远高于其他检材；其次为尿中浓度较高，与其他毒物的区别是肝脏中的分布相对较少。秋水仙碱吸收后，血中浓度迅速下降，且口服中毒少有在短时间内死亡，大多经历过 20～50 小时的极度痛苦和抢救，中毒死亡者血浓度，因取血和死亡时间不同而有较大差异，报道的大多在 10～250ng/ml，也有未检出的。秋水仙碱急性中毒时，除常规取血外，最好同时取胆汁和尿液进行检测。有文献报道，秋水仙碱在白细胞内的浓度至少要比血浆浓度高 16 倍，表明用全血所测的浓度可能会较血浆浓度高得多，在区别正常治疗浓度和中毒血浓度及判断死因时需慎重，应注意考虑血样种类和用药史对血样和胆汁浓度的影响。

秋水仙碱基本无碱性，有一定极性。根据检材性状，可直接用甲醇、氯仿、乙酸乙酯等有机溶剂提取。含蛋白较多的检材，可先沉淀蛋白，如用乙腈沉淀蛋白的同时作为提取溶剂，振荡离心后，取上清液检测。尿样等水性基质检材，也可直接用 C_{18} 固相萃取小柱富集净化。秋水仙碱遇光不稳定，在检材处理和检测过程中尽可能避光操作。

四、检测方法

（一）形态学鉴定

1. 秋水仙植物　秋水仙为多年生草本植物，同属植物约 60 余种，株高 15～20cm，球茎呈卵形，径 3～4cm，外被黑褐色皮膜。叶 3～8 枚，宽披针形，端钝，绿色、光滑而富光泽，于花后抽出。大部分秋天只开花不长叶，直接从地下茎抽出 1～4 朵花，花蕾呈纺缍形，开放时似漏斗，淡粉红色或紫红色。

2. 丽江山慈菇与川贝母的区别　丽江山慈菇（*Iphigenia indica A. Gray*）为百合科山慈菇属植物，鳞茎入药，含有秋水仙碱，因外型与川贝母相似，有被误用而导致中毒的。丽江山慈菇有外皮，为褐色，呈不规则短圆锥形，高 1～1.5cm，直径 0.7～2cm，顶端渐尖，基部呈脐状凹入或平截，表面黄白或灰黄棕色，光滑，一侧有自基部伸至顶端的纵沟；质坚硬，难折断，断面角质样或略带粉质，类白色或黄白色。川贝母鳞茎无外皮，白色，呈类圆锥形、类球形或扁球形，高 0.3～1.4cm，直径 0.3～1.6cm；顶端稍尖或钝圆，基部平或微凹入，质硬而脆，断面白色，粉性。

此外，被称作山慈菇的中草药商品名称较乱，除丽江山慈菇外，还有一些不同科属的植物被称作山慈姑，如百合科植物老鸦瓣的鳞茎，也称"光慈菇"，主要成分为山慈菇心脏毒素（tulipin），其次为秋水仙碱；兰科植物杜鹃兰（也称毛慈菇）和独蒜兰（习称冰球子）的假鳞茎；防己科植物金果榄、青牛胆的块根等，应注意加以区别。

3. 黄花菜　黄花菜（*Hemerocallis citrina Baroni*），又名金针菜、柠檬萱草，为百合科多年生草本植物。植株一般较高大；根茎肉质，中下部常有纺锤状膨大。叶 7～20 枚，长 50～130cm，宽 6～25mm。花葶长短不一，一般稍长于叶，基部三棱形，上部多圆柱形，有分枝；苞片披针形，下面的长可达 3～10cm，自下向上渐短，宽 3～6mm；花梗较短，通常长不到 1cm；花多朵，最多可达 100 朵以上；花被淡黄色，有些花蕾顶端带黑紫色；花被管长 3～5cm，花被裂片长 6～12cm，内三片宽 2～3cm。蒴果钝三棱状椭圆形，长 3～5cm。种子约 20 多个，黑色，有棱，从开花到种子成熟约 40～60 天。花果期 5～9 月。

（二）化学反应

成分简单、含量高的检材，如现场残留药片，可用甲醇溶解过滤后，取提取液直接用紫外光谱或化学反应预试或筛查。

1. Lieberman 试验　取样液数滴于白瓷反应板中，加 Lieberman 试剂 1 滴，秋水仙碱反应显绿色。Lieberman 试剂：称取 5g 亚硝酸钠溶于 50ml 硫酸中，冷却，搅拌至产生的棕色烟雾被吸收。

2. 钒硫酸（Mandelin）试验　取样液数滴于白瓷反应板中，加 Mandelin 试剂 1 滴，秋水仙碱反应显绿色。

3. 甲醛 - 硫酸（Marquis）试验　取样液数滴于白瓷反应板中，加 Marquis 试剂 2～3 滴，秋水仙碱反应显黄色。

（三）高效液相色谱法

秋水仙碱在 245nm 和 350nm 处有两个较强的吸收峰，结构中无强酸碱性基团，采用普通 C_{18} 色谱柱和流动相，一般就可得到较好的分析效果。流动相可参考甲醇 - 水（45：55）、甲醇 -0.05mol/L 磷酸二氢钾溶液（35：75），检测波长可选在两个吸收峰附近，一般情况下，长波长 350nm 处的杂质干扰相对较少。

（四）液相色谱 / 质谱联用法

秋水仙碱毒性较大，且从摄入到死亡多经历过较长时间，死者血中浓度通常在纳克级别，用 LC-MS/MS 方法检测 LOD 可低至 0.1ng/ml，提高中毒血中秋水仙碱的检出率，有助于死因的判断。参考分析条件：C_{18} 色谱柱（150mm × 2.1mm，5μm），流动相为甲醇 - 缓冲液（含 20mmol/L 乙酸铵和 0.1% 甲酸，pH 4±）（70：30），流速 0.2ml/min。离子源（ESI+），监测模式：MRM；离子源电压（IS）：5500V；离子源温度（TEM）：400℃；碰撞气（CAD）：41.37kPa（6psi）；气帘气（CUR）：68.95kPa（10psi）；雾化气（GSI）：137.90kPa（20psi）；辅助气（GS2）：275.80kPa（40psi）；监测离子对：400.4＞310.1 和 400.4＞358.1。

第六节　鱼　　藤

一、一般介绍

（一）来源及成分

鱼藤，别名毒鱼藤，为豆科（*Leguminoae*）鱼藤属（*Derris.*）多年生藤本植物，该属植物约 70 余种，主要分布于热带地区。鱼藤属植物在我国大多被作为民间药用植物，以全株或根状茎入药，有散瘀止痛、杀虫止痒之功效，常用于跌打肿痛、关节肿痛、疥癣和湿疹等治疗。鱼藤属植物也是我国传统三大杀虫植物之一，也有用作毒鱼剂的。近年来，随着使用化学杀虫剂弊端的日益凸显，又掀起了对生物杀虫剂的研究和应用热潮，国内已生产出多种含有鱼藤的农药，包括与其他种类杀虫剂混合使用的混配杀虫剂，如鱼藤·氰乳油（鱼藤酮 + 氰戊菊酯）、水胺·鱼藤乳油（水胺硫磷 + 鱼藤酮）、辛·鱼藤乳油（辛硫磷 + 鱼藤酮）、绿之宝桶混剂（苦参碱 + 鱼藤酮）等。

最早从鱼藤属植物中提取出来的具有杀虫活性的化合物为鱼藤酮（rotenone），又名鱼藤精，以植物根部的含量最高。除鱼藤属外，鱼藤酮还存在于尖荚豆属、灰叶属、苦楝藤属等多种豆科植物中，其中含量较高的植物有毛鱼藤、马来鱼藤、多蕊鱼藤、黄文江鱼藤等。继鱼藤酮之后，各国学者又从鱼藤植物中提取出灰叶素（tephrosin）、鱼藤素（deguelin）、灰叶酚（toxicarol）、毛鱼藤酮（elliptone）等多种母体结构与鱼藤酮相似且具有杀虫活性的化合物，统称为鱼藤酮类（rotenoid）化合物。

（二）化学结构和理化性质

鱼藤酮类均属于异黄酮类化合物，结构变化主要在 E 环和 6a、12a 位上。三种主要鱼藤酮类化合物结构式如图 9-18。

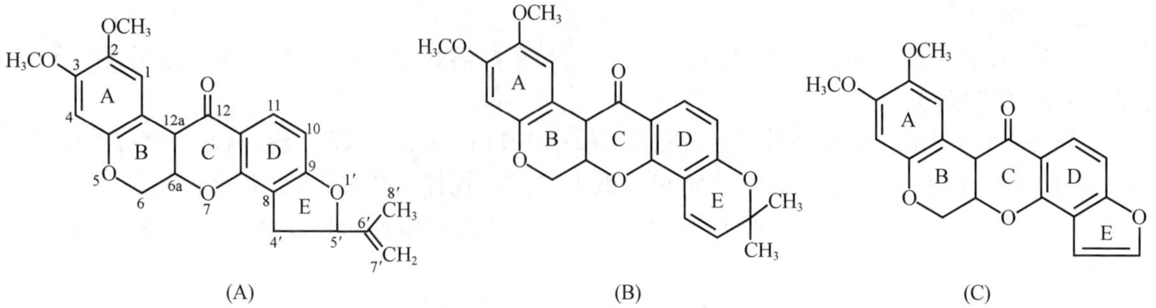

图 9-18 鱼藤酮（A）、鱼藤素（B）和毛鱼藤酮（C）结构式

鱼藤酮纯品为无色至褐色晶体或结晶性粉末，熔点 165～166℃，不溶于水，溶于乙醇、乙醚，易溶于氯仿、丙酮；暴露于光照和空气中时，易分解，有文献报道，鱼藤酮在 365nm 紫外光照下半衰期为 2.3 小时；有明显紫外吸收，于 215nm、235nm 和 295nm 附近有紫外吸收峰。

二、中毒症状和体内过程

（一）毒性及中毒症状

鱼藤酮为细胞毒性化合物，能与细胞内线粒体还原型烟酰胺腺嘌呤二核苷酸（NADH）脱氧酶结合并抑制其活性，阻断细胞呼吸链的递氢功能和氧化磷酸化过程，进而抑制细胞呼吸链对氧的利用，造成内呼吸抑制性缺氧，细胞窒息死亡。因其脂溶性较强，易穿过血脑屏障，进入中枢后迅速与多巴胺能神经元结合，并特异性抑制线粒体复合物 I 的活性，导致多巴胺能神经元对氧利用的障碍，致使产生的能量不足。

随鱼藤类农药的开发和应用，用农药自杀、投毒及使用意外等原因导致的中毒情况也随之增多。除农药外，因食用含有鱼藤酮的豆薯种子导致中毒的情况也时有报道。豆薯又名沙葛、地瓜、白地瓜、地萝卜、凉薯等，是我国南方各省普遍栽培的豆科根菜作物，其种子含有鱼藤酮。由于种子炒熟后可产生一种香味，故常因误食而中毒。此外，一些中草药如地瓜子、苦檀子、昆明鸡血藤根中也含有鱼藤酮，使用不当或误用也可能导致中毒。

一次大剂量摄入鱼藤酮导致急性中毒时，主要表现为对心血管系统方面的损伤，对中枢胆碱能系统的选择性损伤不明显；而小剂量长期持续给药时，对机体其他系统功能影响不明显的情况下，胆碱能系统的损伤则较明显。临床表现有口腔黏膜麻木感、恶心、呕吐、阵发性腹痛、呼吸减慢、肌肉震颤等，最后可能发生呼吸衰竭、昏迷、死亡。鱼藤酮经口急性 LD_{50} 为大鼠 60mg/kg，小鼠 350mg/kg。

（二）体内过程

鱼藤酮为高度脂溶性化合物，易通过消化道和皮肤被吸收，且能透过血脑屏障。鱼藤酮在 P450 细胞色素氧化酶作用下，可在 12a 位加羟基，氧化代谢成极性较大的鱼藤醇酮（rotenolone）。

三、检材采取及处理

（一）检材采取

涉及鱼藤酮中毒时，注意收集、现场农药或剩余食物、胃内容物、血等常规检材。

（二）检材处理

鱼藤酮类为中性非极性化合物，成分较简单的检材，如鱼塘水、血清等，可直接用非水溶性有机溶剂萃取，浓缩后用于分析。浓度低微的水样，也可直接过 C_{18} 固相萃取小柱富集和净化。胃内容物、肝、死鱼等含油脂较多的检材，处理时可采取 ODS 或 Florisil 柱与液 - 液萃取法联合使用，或极性与非极性有机提取溶剂联合使用，以减少脂溶性杂质对检测的干扰。参考方法：含脂肪较多的鱼肉组织匀浆，提取时容易结块包裹被提取的成分，可先加入无水硫酸钠或乙酸铵缓冲液（pH 7）使样品分散,用三倍体积的乙腈提取,再加适量无机盐如氯化钠,使水层与乙腈层分离,弃去水层。乙腈层用少量(相当于提取液 1/3 体积用乙腈饱和的正己烷)脱脂,弃去正己烷相。置乙腈液于 40℃浓缩近干,甲醇或流动相溶解过微孔滤膜后检测。鱼藤酮对光不稳定,检材和对照品溶液应避光保存,检材处理和检测过程也应避光操作。

四、检测方法

(一)形态学鉴定

鱼藤植物、药材照片见增值内容。

1. 鱼藤植物形态　豆科藤本植物,攀援灌木,全体秃净。单数羽状复叶。总状花序腋生或侧生于老枝上;花柄聚生,稍长于萼;萼钟形;花冠蝶形,粉红色。荚果扁平而薄,斜卵形或矩圆形(图 9-19)。花期 8 月,果期 9 月。各地产不同种类鱼藤植物的花果颜色或形态有所不同。

图 9-19　鱼藤植物

2. 豆薯种子主要形态特征　大小近 1cm,外壳棕色,形状近扁圆或卵圆形,皮薄易剥离,剥去外壳后肉白,用手挤捏,有白色乳汁出现。

(二)化学反应

农药制剂、剩余食物、呕吐物等含量较高的体外检材,经简单提取可用化学反应进行预试。

1. 硫酸反应　取样液 2 滴于白瓷反应板中,滴加 0.1% $NaNO_2$ 乙醇液和 40% NaOH 混合液(1∶7)数滴和硫酸(1∶3)数滴,玻棒搅匀,放置,颜色逐渐加深至红色。

2. 硝酸反应　取样液 2 滴于滤纸上,加数滴 1∶1 硝酸,稍加热,再加 10% NaOH 溶液 2 滴,样液边缘呈蓝绿色。

3. Liebeman 反应　取样液数滴于白瓷反应板中,加 Liebeman 试剂 2 滴,反应显黑色。

(三)高效液相色谱法

鱼藤酮类化合物为中性非极性有机化合物,分子量较大,用气相色谱分析需较高的加热温度,控制不好易损害色谱柱和仪器。此类化合物有较强的紫外吸收,采用普通的 ODS 柱和流动相即可得到较好的色谱效果,流动相可用甲醇和水或乙腈和水按 50∶50～75∶25 的比例混合。单测鱼藤酮时,检测波长可选在 295nm 附近,以减少杂质干扰;若同时检测多种鱼藤酮类化合物时,可选在 240nm 附近,以便兼顾鱼藤酮、鱼藤素和毛鱼藤酮的吸收。

由于鱼藤酮类化合物的性质与类脂类内源性杂质相似,检材处理过程中不易分离除去。分析含类脂类内源性杂质较多的检材时,可适当降低流动相中有机溶剂比例,延长保留时间,以减少内源性杂质的干扰。参考方法:血浆中鱼藤酮的检测。血浆 1ml,加 0.5ml 甲醇,涡旋 10 秒沉淀蛋白,再加 5ml 乙酸乙酯涡旋提取 1 分钟,离心,分取有机相,40℃氮气流下吹干,残渣用 0.3ml 甲醇溶解进样分析。色谱柱为 C_{18} 柱(200mm×4.6mm,5μm),流动相为乙腈 - 水(55∶45,V/V),流速 1ml/min,检测波长 293nm,鱼藤酮保留时间为 27 分钟,可与前面内源性杂质分离。

(四)液相色谱 - 串联质谱法

LC-MS/MS 法分析的选择性强、灵敏度高,用于分析生物样品中的鱼藤酮类化合物,可简化样品处理过程,缩短分析时间,减少见光降解,提高复杂检材中鱼藤酮类化合物的检出率和测定结果准确性。正离子扫描模式下,全扫描一级质谱中,鱼藤酮的基峰即 $[M+H]^+$(395);二级质谱中,属于 V 字形态分子结构的鱼藤酮,因分子拉紧易从 6 位和 12 位断开,生成 m/z 192 和 203 碎片,可选择 395＞192 和 395＞203 离子对监测。鱼藤素和鱼藤酮的分子量相同,且有相同的空间结构和裂解方式,主要碎片离子也相同,需通过保留时间区别。鱼藤酮的代谢产物鱼藤醇酮(MV＝410),因 12 位上多一个羟基,裂解规律与鱼藤酮和鱼藤素不同,全扫描图谱中的基峰不是 $[M+H]^+$ m/z 410,而是脱

去一份子水的 m/z 393 离子,二级质谱中的强峰也是由 m/z 393 裂解得到 m/z 365、336 和 334 等碎片,可选择 393 > 365、393 > 336、393 > 394 作为检测离子对。参考条件:色谱柱:C_8 柱(150mm×4.6mm,5μm),流动相:甲醇 - 水(75:25,V/V),流速 0.4ml/min;离子源(ESI+),毛细管电压 3500V,碰撞氮气:49mTorr,多反应离子监测模式(MRM)。

　　大部分的植物毒物因具有一定的药理作用,常被作为中草药使用。单味中草药独自应用的情况较少,多数情况下是多味中草药合用,遇到中毒需要检验时,思维不能仅限于某一种毒物中毒,需考虑多种有毒中草药合用的可能性。药渣类的检材,可先根据外观形态寻找剧毒中草药的线索;对于成分复杂的中药液或浓度低微的体内检材(多在微克甚至纳克级别),可通过高灵敏度、高选择性的 LC-MS/MS 方法,采用多反应离子监测模式对多种常见植物(药)毒物成分及其代谢产物同时进行筛查和检测,减小漏检的概率,并提高生物检材中植物(药)毒物成分的检出率。

案例9-2 ▶

　　王某,因长期风湿腰痛,故从一无证游医处购买中草药一包,回家后用白酒一斤浸泡一周后,晚上与其姐一起饮药酒约半两,数分钟后即感舌麻,随后出现头晕、呕吐、四肢发麻、大小便失禁、意识丧失,于次日凌晨死亡,其姐经抢救脱险。当地卫生局取药酒及药渣送检。

　　处理方式:将药酒过滤,取分离的药渣晾干后,根据药渣的形态和量,可初步判断其中含有多种剧毒中草药,且均为生品,包括川乌、草乌、马钱子和藜芦,所用剂量均超过正常用量。此外,药渣中还有一些低毒的中草药。另取死者心血等生物检材用仪器分析方法进行检测。

　　参考方法:LC-MS/MS 法同时检测多种有毒植物生物碱。C_{18} 色谱柱(100mm×2.1mm,2.6μm)。流动相:A 为 0.1% 甲酸溶液(含 10mmol/L 乙酸铵),B 为乙腈,梯度洗脱程序:0~2 分钟,10% B;2~6 分钟,10%~30% B;6~10 分钟,30%~40% B;10~10.1 分钟,40%~10% B;10.1~15 分钟,10% B;流速 0.3ml/min,柱温 35℃。离子源:ESI(+),MRM 监测模式,温度 500℃,雾化气压力 0.7mPa,气帘气压力 0.4mPa,辅助气压力 0.4mPa,电喷雾压力 5500V。以各生物碱 $[M+H]^+$ 为母离子,分别选择干扰较小、特征性较强的二个子离子作为定性离子,并以其中响应值较高的一个作为定量离子。8 种常见剧毒生物碱监测离子见表 9-5。检出限在 0.01~0.1ng/ml。

表 9-5　8 种常见剧毒生物碱监测离子

化合物	母离子(m/z)	子离子(m/z)	去簇电压 /V	碰撞能量 /V
乌头碱	646.4	586.4,554.3	80,80	45,50
新乌头碱	632.3	572.2,354.2	90,90	40,50
次乌头碱	616.4	556.2,524.0	75,75	45,50
秋水仙碱	400.4	310.1,358.1	70,80	45,35
马钱子碱	395.1	244.1,324.3	90,90	55,45
士的宁	335.1	184.2,156.2	90,90	40,50
东莨菪碱	304.3	138.3,156.3	65,65	35,45
阿托品	290.3	124.1,93.1	70,70	10,15

本章小结

　　本章介绍了植物毒物中毒检验的特点,常见植物毒物及其中草药的来源、毒性成分和毒性,植物毒物检验中常用的检材处理和检测方法。植物毒物的成分复杂,结构性质差异大,中毒检材中浓度低微,鉴定过程中应注重案情调查和体外检材的收集。根据检材性状特点,可用化学反应、形态学鉴定方法、动物试验、免疫学和各种色谱学方法进行预试和检测,尽可能用色 - 质联用法进行确证。生物检材宜直接采用高灵敏度、高选择性的色 - 质联用法检测。

关键术语

植物毒物(plant poison)

乌头碱(aconitine)

莨菪碱(hyoscyamine)

阿托品(atropine)

士的宁(strychnine)

马钱子碱(brucine)

钩吻碱(gelsemine)

秋水仙碱(colchicine)

鱼藤酮(rotenone)

思考题

1. 与其他几类毒物相比,植物毒物有什么不同的特点?

2. 根据植物毒物的性质特点,可采用哪些方法来检验?这些方法各自的特点是什么?分别适合什么样的检材、什么情况下的检验?其结果意义如何?

3. 乌头中毒血用 HPLC 方法分析时,如果色谱图中存在紫外吸收光谱与乌头碱相同但保留值不同的色谱峰,能否据此作为检出乌头碱的依据?如果色谱图中未检出光谱和保留值均与乌头碱相同的色谱峰,单凭此点能不能否定乌头中毒?

4. 液相 - 串联质谱有何特点?为什么说此法是目前植物毒物中毒鉴定的最有效手段?

(颜有仪)

第十章 动物毒物

学习目标

    掌握斑蝥素、河豚毒素、蟾蜍毒素、蛇毒和蜂毒的理化性质、中毒特点、检材采取、检材处理和检测原则。

    熟悉斑蝥素、河豚毒素、蟾蜍毒素、蛇毒和蜂毒的常用检材处理和检测方法。

    了解动物毒物的特点。

章前案例 ▶

    某日，数名儿童喝了用蟾蜍煲的汤后，先后出现头痛、心慌、恶心、呕吐、腹胀、腹痛、腹泻等症状，经送医院抢救无效死亡。法医提取剩余汤汁，经毒物分析检出蟾蜍毒素。

    自然界中存在着30余类、数百种之多的含有对人体有毒成分的动物，主要包括水生类、爬行陆生类和昆虫类动物，如河豚、毒蛇、蟾蜍、斑蝥、蜂、蜈蚣、水母、蝎子等。这些有毒的动物具有一定药用价值，有的可直接制成中药复方制剂或药酒，少数已提取出有效成分制成西药制剂。动物毒物与其他毒物相比较，其特点为：①中毒原因复杂，可通过咬伤、螫伤、误食误用、投毒、自杀而中毒；②毒物的成分复杂，一些动物毒物含有多种有毒成分，且同类毒物也因动物种类不同毒性成分也有所差别；③不同毒性成分的化学结构和理化性质差异大，其毒理作用和毒性也存在较大差异。这些特点使得天然动物毒物的分析也较为复杂和困难，需要在掌握常见动物毒物的来源、中毒特点及化学成分、了解分析案情、收集体外有形的检材和相关的对照检材、把握检测方向的基础上，针对毒物成分的理化性质选择合适的检材处理与检测方法，必要时还可采用动物试验、形态学方法以及免疫方法等预试验方法。本章主要讨论斑蝥素、河豚毒素、蟾蜍毒素、蛇毒和蜂毒等动物毒物。

第一节 斑 蝥 素

案例 ▶

    某男，因左小腿患慢性溃疡久治不愈，至一游医处治疗，口服含斑蝥虫体的中药汤剂一剂，15分钟后出现恶心、呕吐、吞咽困难、腹泻等症状，6小时后死亡。经毒物分析检验，在死者的胃组织、心血及服用剩余的中药残渣中均检出斑蝥素。

一、一般介绍

(一)毒物来源

斑蝥素(cantharidin)主要来源于斑蝥、绿芫青等昆虫。斑蝥又名斑猫、斑毛、斑蚝、鸡公虫、花壳虫、小豆虫等,为芫青科昆虫,多寄生于大豆、花生、茄子、棉花、芝麻、瓜类等作物上。作为中药用的为南方大斑蝥(*Mylabris phalerata* Pallas)或黄黑小斑蝥(*Mylabris cichorii* Linnaeus)的干燥虫体,其中的活性成分为斑蝥素。含有斑蝥素的同科异属的绿芫青(*Lytta caraganae* Pallas,又称青娘子),具有与斑蝥类似的药效和毒性,有时被用作斑蝥的代用品。

南方大斑蝥和绿芫青的外观形态如图 10-1。南方大斑蝥体长 1.5~2.5cm,有特殊臭气;圆三角形头部,肾脏形复眼;1 对黑色革质鞘翅基部各有 2 个大黄斑,鞘翅中央前后各有一黄色或棕黄色波纹状横带,黑色部分密生绒毛;鞘翅下有带褐色的透明膜质翅 1 对;触角 1 对,足 3 对,有黑色长绒毛;腹部乌黑。黄黑小斑蝥体型较南方大斑蝥为小,长 1~1.5cm,其他形态与南方大斑蝥相似。

绿芫青体长 1~2cm,气微臭;头部近三角形,全体呈绿色或蓝紫色,具美丽光泽;半球形复眼;念珠状触角 1 对;翅 2 对,前翅为革质的鞘翅,后翅为膜质,翅面具有 3 条不明显纵脊纹;足 3 对,细长,体腹面具细绒毛。

斑蝥具有攻毒、逐瘀、抗肿瘤之功效,主要用于治疗积年顽癣、瘰症、恶疮死肌、风湿痛、神经痛、癌肿等。斑蝥中毒多因将斑蝥虫体及其粉末或制剂误作偏方用于堕胎、治疗月经不调、防治狂犬病、壮阳等所致的意外中毒;也有因用药过量或误饮过量药酒引起中毒的和用斑蝥自杀或他杀的报道,纯斑蝥素中毒的事件较为罕见。

南方大斑蝥　　　　绿芫青

图 10-1　南方大斑蝥和绿芫青的形态

(二)理化性质

斑蝥素分子式为 $C_{10}H_{12}O_4$,分子量 196.2,化学名为六氢 -3a,7a- 二甲基 -4,7- 环氧异苯并呋喃 -1,3- 二酮。斑蝥素纯品为无色斜方形鳞状晶体,熔点 218℃,120℃可升华;不溶于冷水,难溶于石油醚,微溶于热水、乙醇、乙醚,溶于丙酮、氯仿和乙酸乙酯。

斑蝥素是斑蝥酸的内酸酐,碱性条件下可开环成盐而溶于水,遇酸后可闭环重新变成斑蝥素(图 10-2)。利用斑蝥素的升华性质和碱、酸作用下的开、闭环的性质及其产物的溶解性质,可对提取的样品进行净化。

斑蝥素　　　　　　斑蝥酸盐阴离子

图 10-2　斑蝥素水解开环反应

二、中毒症状和体内过程

斑蝥和绿芫青性味辛,热,有大毒,属于国家规定的有毒中草药管制品种。斑蝥口服前需经炮制且应控制用量。斑蝥粉成人正常口服用量 30~60mg,0.6g 可引起中毒,1.5g 可致死。斑蝥素对人的致死量为 30~60mg。

斑蝥素是很强的发泡剂，对皮肤、黏膜及胃肠道均有较强的刺激作用。皮肤接触后局部有烧灼感，继而形成红斑、水疱及溃疡；若进入眼内，可致流泪、剧烈灼痛、眼睑水肿、结膜炎、虹膜炎、角膜溃疡等。口服斑蝥或斑蝥素中毒，在 10 分钟至 2 小时内引起剧烈的消化道症状，口腔、咽喉、食管有烧灼感，口腔黏膜发生水疱、溃疡，吞咽困难，并伴有流涎，恶心，呕吐，腹痛、腹泻、便血等临床表现；2～4 小时后可发生泌尿系统症状，表现为尿道有烧灼感、排尿困难、尿内出现红细胞和蛋白甚至血尿，引起肾炎、膀胱炎甚至因急性肾衰竭而死亡；严重者可发生高热、心律失常、血压下降、昏迷、休克等，在 1～15 小时内死于周围循环衰竭。斑蝥中毒也可引起阴茎勃起、子宫收缩出血等生殖器官兴奋现象。中毒症状与解剖所见可为毒物检验提供线索。

斑蝥素经皮肤、黏膜、胃肠道吸收后经肾脏排出。

三、检材采集和处理

怀疑斑蝥、绿芫青中毒时，可采取胃内容物、呕吐物、剩余食物、血、尿、肝、肾等检材，对现场的药酒、药渣、药粉等，也应同时采取。

对药渣、药粉、胃内容物、呕吐物、剩余食物等体外检材，用肉眼或放大镜寻找、挑拣疑似斑蝥、绿芫青虫体或其残躯碎翅，在显微镜下观察其形态，为进一步检验提供方向。

对于水分少而含油脂较多的检材，如斑蝥虫体、胃内容物等，可将检材磨碎后在酸性条件下用丙酮或氯仿提取，60℃水浴挥干溶剂后，残渣用少量石油醚洗涤除去油脂，或以适量丙酮溶解后置冰箱中冷冻使油脂凝固，过滤除去油脂，再于水浴上挥干丙酮，以少量石油醚洗涤残渣。对于血液、肝、肾等检材，可加入酸性丙酮提取斑蝥素（同时可沉淀蛋白），提取液合并于水浴上挥干溶剂后的残渣以稀氢氧化钠溶液溶解过滤，滤液以有机溶剂萃取除去有机物杂质，水液加稀盐酸酸化后以氯仿、乙酸乙酯萃取。对于尿样，可加入稀氢氧化钠溶液碱化后以有机溶剂萃取除去有机物杂质，再加入稀盐酸使之酸化后以氯仿、乙酸乙酯萃取斑蝥素。若所得的提取残渣或提取液含较多杂质，可将残渣或提取液挥干溶剂和所得残渣置于坩埚中，上覆盖玻璃片，小火微热，使其中的斑蝥素升华凝结在玻璃片上，以达到精制样品的目的。

四、检测方法

斑蝥素的检验，可采用化学法、薄层色谱法、气相色谱法、气相色谱法 - 质谱联用法、高效液相色谱法等方法。

（一）化学法

含量比较高的体外检材，经简单提取后可通过下列化学反应预试和鉴别。

1. 与对 - 二甲氨基苯甲醛的显色反应　取提取物残渣少许于坩埚中，加硫酸（1:1）2 滴，微热溶解，趁热加入 1～2 滴对 - 二甲氨基苯甲醛试剂，如含斑蝥素，则显紫红色或樱红色。其他一些化合物也可与对 - 二甲氨基苯甲醛反应显色，如麦角新碱显紫色；大麻酚类、苯酚等以及一些酚胺类和吲哚类化合物显红色至橙色，水稀释后变紫色，应注意区别。

2. 与间苯二酚的显色反应　取提取物残渣少许于坩埚中，加硫酸 2 滴，微热溶解，加间苯二酚粉末少许，继续用小火加热，若含斑蝥素，溶液渐显红色，紫外线灯下可见绿色荧光。需注意的是，若斑蝥素浓度较高，可导致荧光淬灭，需加水稀释样品，方可见荧光。

3. 与邻 - 硝基苯甲醛的显色反应　取提取物残渣少许于试管中，加浓硫酸 2～3 滴，微热溶解，加入 2～3 滴邻 - 硝基苯甲醛试剂（0.1g 邻 - 硝基苯甲醛溶于 10ml 浓硫酸中），酒精灯上加热至沸，若含斑蝥素，溶液显棕色，紫外线灯下可见黄色荧光。

（二）薄层色谱法

吸附剂为硅胶 G。展开剂可用苯 - 丙酮 - 乙酸（4:1:1）或苯 - 丙酮（4:1）。薄层板展开后，喷以 0.04% 溴甲酚绿 - 乙醇试液，置 110℃加热 10 分钟，斑蝥素显黄色斑点。

（三）气相色谱法和气相色谱 - 质谱联用法

斑蝥素分子较小，能升华且对热稳定，因此气相色谱法和气相色谱 - 质谱联用法是鉴定斑蝥素常用且有效的手段。SE-30、SE-52、OV-17 等弱极性到中等极性的甲基硅氧烷或苯甲基硅氧烷类固定液的色谱柱均可用于斑蝥素的分离。需要注意的是，尽管斑蝥素很易气化，但因天然毒物和生物样品杂质较多，仍应采取程序升温的方式，控制斑蝥素的保留时间。例如，SE-30 毛细管柱（30m×0.25mm，0.25μm），柱温 60℃（保留 1 分钟）以 15℃/min 升温至 280℃（保留 3 分钟）；进样口温度 150℃；检测器 FID，温度 300℃；载气 N_2，不分流。如采用气相色谱 - 质谱联用法，可使所得定性结果更可靠，斑蝥素的主要质谱碎片离子质荷比（m/z）为 196（M^+）、128、96、70、39、41 等。当检材浓度很低时，可采用选择离子监测扫描的方式（m/z 128）降低背景提高检出率，并作为定量分析的方法。

（四）高效液相色谱法

色谱柱可采用 C_{18} 键合相硅胶色谱柱，用紫外检测器或二级管阵列检测器检测，检测波长 230nm，流动相为甲醇 - 水（30∶70），流速 1ml/min。

第二节　河　豚　毒　素

一、一般介绍

（一）毒物来源

河豚毒素（tetrodotoxin，TTX）主要来源于河豚。近年来的研究发现，河豚毒素还存在于卷贝、虾虎鱼、蓝斑章鱼、马蹄蟹、多棘槭海星、蝾螈、纽虫、箭虫、环节动物、石灰质藻类和一些海洋细菌中。河豚为鱼纲鲀科河鲀（tetraodontidae，puffer fishes）的俗称，又名气泡鱼、吹肚鱼、气鼓鱼、辣头鱼、鸡泡、大玉斑、小玉斑、艇鲅鱼、胡夷鱼等。河豚种类很多，广泛分布于温带、亚热带海域，我国沿海地区生活着 50 余种河豚，如虫纹东方豚、横纹东方豚、暗纹东方豚、铅点圆豚、红鳍东方豚、弓斑东方豚、双斑东方豚等。河豚每年春、夏之交由外海游至江河口的咸淡水区或淡水区产卵，故也在长江中下游、汉江、珠江、辽河及通江湖泊中可见。河豚体长一般为 10～30cm，大的可达 60cm 以上；体表光滑无鳞或有小棘，体呈椭圆形，头扁口小吻短且圆钝，上下颌各具有 2 个板状门齿；眼小，鳃孔小，为一弧形裂缝；背鳍靠后与臀鳍相对，无腹鳍，尾鳍后端平截。体背灰褐色，体侧稍带黄褐色，腹面白色，体背、侧面的斑纹随种类不同而各异，暗纹东方豚的外观形态见图 10-3。

图 10-3　暗纹东方豚

河豚体内毒素含量因品种、季节不同而有差异，鱼体大小与其毒力强弱无关。一般而言河豚各部位毒性强弱顺序为卵巢＞肝＞血＞眼球＞鳃＞皮＞精巢＞肌肉，繁殖季节各组织毒力增强，新鲜且洗净的肌肉一般无毒，死后久置的河豚因内脏中的毒素渗入可致肌肉含毒；另外繁殖季的双斑东方鲀肌肉也含有强毒。

河豚有主补虚、去湿气、理腰脚、去痔疾、杀虫之功效，河豚子、河豚目、河豚鱼肝油也可作药用。河豚的毒性成分河豚毒素具有镇痛，镇静，解痉，局部麻醉，降压，抗心律失常的作用，对男性阳痿及妇女性欲缺乏症等也有一定的疗效。但由于毒性较大，使其在临床中的应用受到限制。

河豚中毒多因不了解河豚毒性、贪其美味，误食其内脏、卵、不新鲜的鱼肉引起，利用河豚自杀或他杀的案件极为罕见。

（二）理化性质

河豚毒素的分子式为 $C_{11}H_{17}O_8N_3$，分子量 319.27，纯品为白色结晶性粉末，易吸潮，无确定的熔点，240℃开始炭化。河豚毒素为笼形原酸酯类生物碱和氨基全氢喹唑啉化合物，通常以两性离子形式（内盐）存在（如图 10-4），pKa 为 8.8，日晒、盐渍及一般烹调方式都不可将其破坏。河豚毒素微溶于水、乙醇、乙醚，易溶于稀酸和酸性乙醇，不溶于大部分有机溶剂，在强酸性和碱性条件下不稳定，在 4% NaOH 溶液中受热可完全降解为 2- 氨基 -6- 羟基 -8- 羟基 - 喹唑啉（C_9- 碱基）而失去毒性。

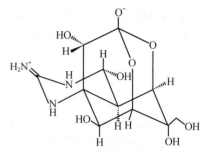
图 10-4 河豚毒素的结构式

二、中毒症状和体内过程

河豚毒素是毒性最强的非蛋白类小分子生物神经毒素之一，对人的口服致死量为 6～7μg/kg，皮下注射 300μg 即可能导致死亡；河豚肝、卵巢的致死量为 10～50g。

河豚毒素可高选择性地与肌肉、神经细胞的细胞膜表面的钠离子通道受体结合，阻断电压依赖性钠离子通道，抑制神经肌肉间兴奋的传导，造成肌肉和神经的麻痹；也可对末梢神经和中枢神经系统产生麻痹作用，使神经传导产生障碍，先麻痹感觉神经，而后麻痹运动神经，严重者脑干麻痹导致呼吸循环衰竭。食用河豚中毒，一般在食后 0.5～3 小时内出现中毒症状（严重者短至 10 分钟），首先表现为恶心、呕吐、腹痛、腹泻等出现胃肠道局部刺激症状；随后逐渐出现口唇、舌尖和肢端麻木、眼睑下垂、四肢无力、肌肉瘫软，共济失调、心律失常等症状；严重者出现呼吸浅慢、发绀、语言不清、瞳孔先缩小后放大，血压和体温下降，昏迷等症状，最后在 1～7 小时内因心脏房室传导阻滞或呼吸中枢麻痹而死亡。

河豚毒素的体内过程尚不明确。从所报道的案例来看，河豚毒素吸收后，血中浓度下降很快，主要从尿中排泄。

三、检材采集和处理

怀疑河豚中毒时，应采取剩余食物、呕吐物、胃内容物、血液、尿液、肝等检材。

河豚毒素的极性较大，且在碱性和强酸性条件下不稳定，故不宜按照一般有机毒物的提取方法处理。剩余食物、呕吐物、胃内容物、组织匀浆、血液可加入适量 1% 乙酸乙酯溶液，离心后分取上清液，残渣再以酸性乙醇重复处理一次；提取液浓缩挥干，残渣用少量 1% 乙酸溶解，再用氯仿、乙酸乙酯等有机溶剂萃取去除脂溶性杂质，水相置氮吹仪上 60℃吹干。尿液可加入少量稀乙酸酸化，用氯仿、乙酸乙酯等萃取去除杂质，置氮吹仪上 60℃吹干。血液、尿液、组织匀浆也可加入适量 1% 乙酸甲醇溶液，混匀后离心，取上清液在已活化后的 MCX（30mg，1cc）固相萃取小柱上样，依次以乙腈、甲醇、水各 1ml 洗涤，抽干小柱，以 0.2mol/L HCl 和 20% 甲醇的混合溶液洗脱，洗脱液置氮吹仪上 60℃吹干。也可将样品在碱性条件下加热，使河豚毒素分解生成 2- 氨基 -6- 羟基 -8- 羟基 - 喹唑啉（C_9- 碱基），以有机溶剂提取，用于荧光法或 GC、GC-MS 等方法的检测。

四、检测方法

河豚毒素的极性较大且难挥发，所用检验方法主要有小鼠生物试验法、酶联免疫法，或用荧光法、气相色谱法、气相色谱 - 质谱联用法等对其水解产物 C_9- 碱基进行检测。这些方法操作繁琐且重现性差。高效液相色谱 - 质谱联用法是目前直接检测河豚毒素中毒检材最有效的方法。

生物检材中河豚毒素的浓度一般很低微，加上化学背景较高，影响质谱仪的分辨率，可通过串联质谱改善检测结果的信噪比，降低检测限，提高检出率。

例如，取上述经固相萃取小柱净化所得的样品残渣，以 200μl 乙腈 -1% 甲酸溶液（9:1）溶解，进样 5μl 进行液相色谱 - 串联质谱分析（河豚毒素二级质谱图如图 10-5）。

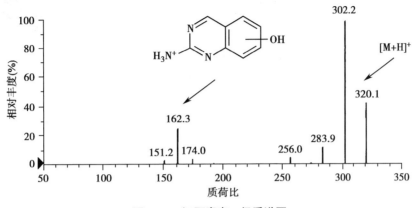

图 10-5 河豚毒素二级质谱图

LC-MS/MS 条件：分析柱为 PC HILIC 色谱柱（100mm×2mm，5μm），前接 Phenomenex 保护柱，流动相为乙腈（A）和 0.1% 甲酸溶液（B），梯度洗脱程序为 90%A + 10%B（0～0.8min，v/v）> 90%～20%A + 10%～80%B（0.8～1.2min，v/v）> 20%A + 80%B（1.2～2.5min，v/v）> 20%～90%A + 80%～10%B（2.5～4.0min，v/v）> 90%A + 10%B（4.0～10min，v/v），流动相流速 0.2ml/min；正离子模式电喷雾离子源（ESI+），离子源电压 5.5kV，温度 450℃；雾化气 137.9kPa，气帘气 60.9kPa，碰撞气 41.4kPa，辅助气 275.8kPa；多反应监测模式（MRM），监测的离子对为 m/z 320.1 > 302.1、320.1 > 162.2，各离子对驻留时间为 50 毫秒，去簇电压 90V，碰撞能量分表为 35eV 和 90eV。上述条件下河豚毒素的保留时间为 6.7 分钟，血液、尿液最低检出限为 2ng/ml，最低定量限为 4ng/ml，线性范围 4～100ng/ml；肝组织最低检出限为 4ng/ml，最低定量限为 5ng/ml，线性范围 5～100ng/ml。

另外，采用反相和离子交换混合柱填料的预处理柱和分析柱的在线柱切换技术的液相色谱 - 质谱联用法，可极大地简化样品处理过程，增加河豚毒素在柱上的保留和选择性，以河豚毒素的基峰 [M＋H]⁺ m/z 320.1 作为选择监测离子，检测限可达到 0.2ng/ml，线性范围 0.3～100ng/ml。

第三节 蟾蜍毒素

一、一般介绍

（一）毒物来源

蟾蜍毒素主要来源于蟾蜍的皮肤、肢爪、肝、卵巢、卵以及耳后腺和皮肤腺分泌的白色浆液。蟾蜍（bufo），也称蛤蟆、癞蛤蟆、虾蟆、癞虾蟆、石蚌、蚧蛤蟆、蚧巴子等，是两栖纲、无尾目、蟾蜍科动物。蟾蜍科约有 31 属 360 余种，分布广泛，我国常见的有中华大蟾蜍（*bufo bufo gargarizans* Cantor）、黑眶蟾蜍（*bufo melanostictus* Schneider）、花背蟾蜍（*bufo raddei* Strauch）等。蟾蜍头宽口阔，头顶部两侧各有大而长的耳后腺，眼大而凸出，后方有圆形鼓膜，鼻孔近吻端；吻端圆，吻棱显著，无犁骨齿，上下颌亦无齿；体表布满大小不同的圆形瘰疣，内有毒腺；前肢长而粗壮，指趾略扁，无蹼，指关节下瘰疣多成对；后肢短而粗壮，趾侧有缘膜，蹼尚发达。中华大蟾蜍体长在 10cm 以上，生殖季节雄性背面多为黑绿色，体侧有浅色的斑纹；雌性背面色较浅，瘰疣乳黄色，有时自眼后沿体侧有斜行之黑色纵斑，腹面乳黄色，有棕色或黑色细花纹。雄性个体较小，内侧三指有黑色婚垫，无声囊。黑眶蟾蜍体长 7～10cm，头顶部无瘰疣，眼眶上缘、鼓膜前缘及上下颌缘有十分明显的黑色骨质棱或黑色线，背部有黄棕色略具棕红色斑纹，胸腹部具有不规则而较显著的灰色斑纹，瘰疣粒上有黑点或刺；雄性指基部内侧有黑色婚垫，有单咽下内声囊（图10-6）。

蟾蜍性辛、凉，有破症结、行水湿、化毒、定痛之功效，可用于治疗疔疮、阴疽瘰疬、恶疮、水肿、小儿疳积、慢性支气管炎等。蟾蜍的耳后腺、皮肤腺分泌的白色浆液的干燥品称蟾酥（venenum bufonis），其性甘辛、温，有解毒、消肿、强心利尿、麻醉、止痛之功效，可用于治疗疔疮发背、痈疽、瘰疬、慢性骨髓炎、咽喉肿痛、小儿疳积、心衰等，是珍贵的中药材。中药六神丸、蟾酥丸、金蟾

图 10-6　中华大蟾蜍

丸、梅花点舌丹、一粒牙痛丸、心宝、华蟾素注射液等都有蟾酥成分。蟾蜍、蟾酥中毒多因蟾蜍味鲜肉滑且误信有壮阳之功效但处理不当进食所导致，或由伤口遭其毒液污染引起，或过量服用含蟾酥的中药治疗疾病所导致，少有自杀、投毒的案例。

（二）毒性成分与理化性质

蟾蜍分泌的毒液、蟾酥的成分复杂，主要有：①蟾蜍毒素类，由多种蟾毒配基和辛二酰精氨酸、庚二酰精氨酸、辛二酸等组成的酯类物质，多存在于蟾蜍分泌物中，易分解；②蟾毒配基类，如华蟾毒配基（cinobufagin, 华蟾毒精）、蟾毒灵（bufalin）、脂蟾毒配基（resibufagin, 脂蟾毒精）、蟾毒它灵（bufotalin, 蟾毒配基）、华蟾毒它灵（cinobufotalin）、羟基华蟾毒精（cinobufaginol）、远华蟾毒精（telocinobufagin）等，多为蟾酥干燥加工过程中的分解产物；③吲哚碱类，如蟾蜍色胺（bufotenine）、蟾酶特尼定（bufotenidine）、脱氢蟾蜍色胺（dehydrobufotenine）、蟾蜍硫宁（bufothionine）、5-羟色胺等；④甾醇类，如胆甾醇、7α-羟基胆甾醇、7β-羟基胆甾醇、麦角甾醇等；另还含有多糖、有机酸、氨基酸、肽等。部分蟾毒配基的结构如图10-7所示。

蟾毒配基纯品为内酯类化合物，多为溶剂化结晶或粉末，易溶于乙醚、乙酸乙酯、二氯甲烷、氯仿、乙醇、甲醇等有机溶剂，不溶于水。因分子结构中含有共轭基团而具有紫外吸收。

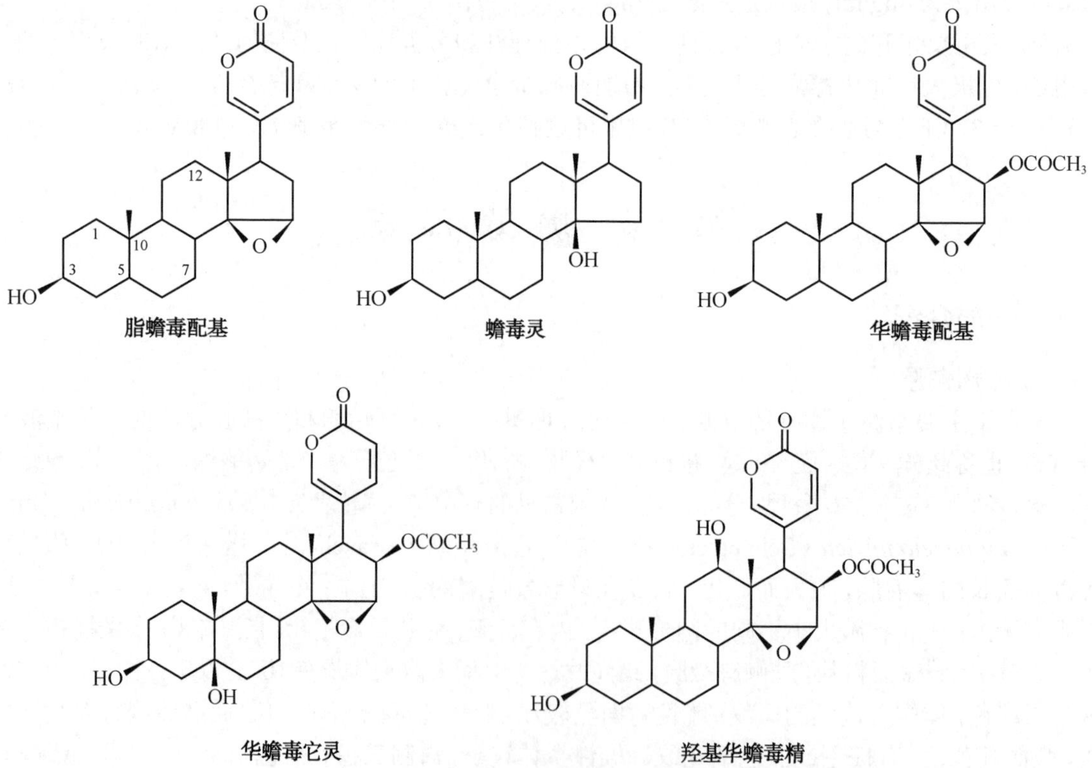

脂蟾毒配基　　　　　　蟾毒灵　　　　　　华蟾毒配基

华蟾毒它灵　　　　　　　羟基华蟾毒精

图 10-7　部分蟾毒配基的结构

二、中毒症状和体内过程

蟾蜍毒素和蟾蜍配基，作用类似洋地黄，可兴奋迷走神经，直接影响心肌，引起心律失常。腹腔注射对小鼠 LD_{50} 为：蟾酥 36.24mg/kg，蟾毒灵为 2.2mg/kg，华蟾蜍精为 4.38mg/kg，蟾蜍毒素和蟾毒配基对人的中毒剂量和致死量尚不确定，但有 1 名成人因食用 1 只蟾蜍死亡的报道。

蟾蜍中毒症状一般出现在食用后 0.5～1 小时，表现为恶心、呕吐、腹痛、腹泻等胃肠道反应，头昏头痛、唇舌或四肢麻木、抽搐、嗜睡、膝反射消失等神经系统症状和胸部胀闷、心悸、脉缓，心律不齐等循环系统症状，重者可发生昏迷、休克、发绀、心房颤动、惊厥，甚至因呼吸衰竭而死亡。重度中毒者从发病至死亡的时间多为 1～4 小时。

大鼠灌胃给药的体内实验表明，蟾毒配基类毒素通过肠道吸收和微生物转化进入体循环，极少部分以原型通过胆汁、尿、粪便排泄，大部分代谢后排出。代谢主要有以下四种类型：① 3- 羟基的羰基化；② 3- 羟基羰基化后的反向羟基化，生成差向异构体；③去乙酰化，同时可发生①、②类转化形成新的代谢物；④某些蟾毒配基或其①、②类代谢物的 12 位碳的羟基化。蟾蜍毒素排泄迅速，无蓄积作用。

三、检材采取和处理

怀疑蟾蜍、蟾酥中毒，可采取血液、肝脏、剩余食物、胃内容物、呕吐物和现场可疑粉末、药丸、注射液等检材。

现场可疑药粉、药丸（研末），加入适量甲醇浸提，离心分取上清液，残渣再以甲醇提取 2 次，提取液置氮吹仪上 40℃吹干。注射液加入适量二氯甲烷萃取 2～3 次，萃取液合并后置氮吹仪上 40℃吹干。剩余食物、呕吐物、胃内容物、肝脏组织匀浆加入适量二氯甲烷涡旋混合，离心，分取下层清液，残渣继以二氯甲烷重复提取 2 次，提取液合并后置氮吹仪上 40℃吹干。血液加入适量甲醇涡旋混合，离心后分取上清液，残渣再以甲醇重复处理一次，提取液合并后置氮吹仪上 40℃吹干。剩余食物、呕吐物、胃内容物、肝脏组织、血液的提取物中杂质较多，可通过固相萃取的方法净化。净化过程为用少量甲醇溶解提取吹干所得残渣，加入适量水混匀，离心，取上清液上样到已活化后的 C_{18} 固相萃取柱，依次用水 3ml 和 10% 甲醇溶液 2ml 洗去杂质，抽干小柱，以 3ml 二氯甲烷洗脱，洗脱液置氮吹仪上 40℃吹干。

四、检测方法

因蟾蜍毒素类化合物易分解为蟾毒配基类化合物，故怀疑蟾蜍、蟾酥中毒时多以蟾毒配基作为检测对象。蟾毒配基的热稳定性差，可采用化学显色法、薄层色谱法、高效液相色谱法、高效液相色谱 - 串联质谱联用法进行定性定量分析。

（一）化学显色法

1. 取检材提取物，以少量甲醇溶解，加入对 - 二甲氨基苯甲醛固体少量，滴加硫酸数滴，如检材中含有蟾毒配基类化合物，即显蓝紫色。

2. 取检材提取物，加乙酸酐少量使溶解，滴加硫酸，如检材中含有蟾毒配基类化合物，则初显蓝紫色，渐变为蓝绿色。

（二）薄层色谱法

取检材提取物的乙醇溶液，以脂蟾毒配基、华蟾酥毒基的乙醇溶液为对照，分别点于同一硅胶 G 薄层板上，以环己烷 - 氯仿 - 丙酮（4:3:3）展开，晾干后喷以 10% 硫酸乙醇溶液，置烘箱中加热至斑点显色清晰。如检材中含有脂蟾毒配基、华蟾酥毒基，则在与对照品对应的位置上，显相同的一个绿色及一个红色斑点。

取检材的氯仿溶液，华蟾酥毒基氯仿标准溶液、空白对照检材氯仿溶液点在同一硅胶 GF_{254} 薄层板上,以环己烷 - 氯仿 - 丙酮(4:3:3)展开,双波长反射法锯齿形扫描,$\lambda_S = 295nm$,$\lambda_R = 370nm$,狭缝为 1.2mm×1.2mm,SX=3,外标两点法定量,华蟾酥毒基的线性范围为 1.204～6.020μg。

(三)高效液相色谱法

色谱柱可采用 C_{18} 键合相硅胶色谱柱,用紫外检测器或二级管阵列检测器检测,检测波长 296nm,流动相为乙腈 - 水(48:52, v/v)或以乙腈 - 磷酸二氢钾缓冲溶液(55:45, v/v),磷酸二氢钾缓冲溶液为 0.5% 磷酸二氢钾溶液中加入磷酸调至 pH 3.2。若以乙腈 -0.3% 乙酸溶液梯度洗脱,则可减少杂质干扰。

(四)高效液相色谱 - 串联质谱联用法

生物检材中蟾毒配基的含量较低微,可通过串联质谱改善检测结果的信噪比,降低检测限,提高检出率。

例如,取上述经固相萃取柱净化所得的样品残渣,以 200μl 乙腈 -1% 甲酸溶液(3:7)溶解,进样 10μl 进行液相色谱 - 串联质谱分析(华蟾毒配基、脂蟾毒配基的二级质谱图如图 10-8)。

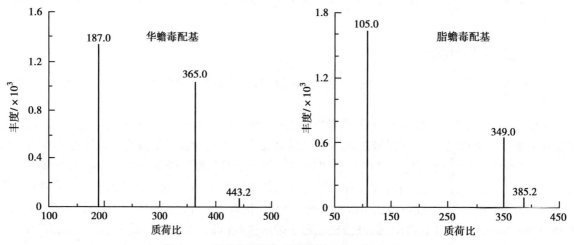

图 10-8 华蟾毒配基与脂蟾毒配基的二级质谱图

LC-MS/MS 条件:SB-C_{18} 色谱柱(100mm×2.1mm, 1.8μm),流动相为乙腈(A)和 0.1% 甲酸溶液(B),梯度洗脱程序为 30%A + 70%B(v/v) > 95%A + 5%B(0～15 分钟, v/v,保持 2 分钟) > 30%A + 70%B(17～17.1 分钟, v/v),流动相流速 0.3ml/min;正离子模式电喷雾离子源(ESI+),离子源电压 4kV,干燥气温度 350℃,流速 9.0ml/min;雾化气 275.8kPa,多反应监测模式(MRM),监测的母离子 / 子离子对和定量离子为:华蟾毒配基 m/z 443.2 > 187.0(定量)、365.0;脂蟾毒配基 m/z 385.2 > 105.0(定量)、349.0。

第四节 其他动物毒物

一、蛇毒

(一)一般介绍

1. 毒物来源 蛇毒(snake venom)源自有毒蛇的毒腺分泌的毒液。蛇属脊索动物门,脊椎动物亚门,爬行纲,有鳞亚纲,蛇目,有虺、螣、蚺、蛟、长虫等别称,根据品种也会有蝮、蚖、蟒、蝰等近义称呼。我国蛇类资源丰富,主要分布在热带及亚热带。蛇身型细长,呈长筒状,体长依种类长短不一,全身被鳞片遮盖,分头、躯干及尾三部分,头与躯干之间为颈部,界限不甚明显,躯干与尾部以泄殖肛孔为界,四肢退化。蛇按有无毒器分为有毒蛇和无毒蛇。无毒蛇头部一般呈圆锥状,前端细而后端粗;有毒蛇头部呈三角形状。有毒蛇的毒器由高度特异的呈管状或沟状的长而尖的牙齿、毒腺和连接两者的毒腺导管三部分组成。当毒蛇噬咬人或动物时,毒腺受到挤压,其分泌的毒液迅速通过毒牙导管或牙沟在破口处注入人体或动物体内(图10-9)。

图10-9　蝰蛇

蛇的种类很多,遍布世界各地,其中毒蛇600余种,主要分属眼镜蛇科、海蛇科、蝰蛇科、响尾蛇科。我国境内的毒蛇有约40余种,如眼镜蛇、眼镜王蛇、蝮蛇、蝰蛇、五步蛇、银环蛇、金环蛇、尖吻蝮蛇、竹叶青、烙铁头和各种海蛇等。

蛇毒具有抗肿瘤、镇痛、抗风湿痛、降压、溶血栓的作用,可被制成制剂用于疾病治疗。蛇毒中毒多因户外活动、捕蛇或饲养毒蛇采集其毒液时操作不当被毒蛇咬伤所致,也有利用毒蛇和注射蛇毒自杀、他杀的案例。

2. 毒性成分与理化性质　新鲜蛇毒为略带腥味的蛋清样黏稠液体,呈白色、淡黄色、黄色,微酸性,含水量60%~80%,含有蛋白质、多肽、酶、氨基酸、糖类、脂类及金属离子等,室温下放置24小时易腐败变质,丧失其毒性,经真空干燥或冷冻干燥处理后的蛇毒可于室温下长期保存,但毒性强度和一些酶的活性会不同程度地有所降低。

蛇毒的主要毒性成分为毒性蛋白和多肽,不同种类毒蛇的蛇毒所含有的毒性蛋白、多肽的种类、分子组成和结构均有所不同。蛇毒毒素大致分为血液循环毒素、神经毒素、细胞毒素。神经毒素主要存在于眼镜蛇、金环蛇、银环蛇及海蛇的毒液中,血液循环毒素主要存在于蝰蛇、尖吻蝮蛇、竹叶青、五步蛇的蛇毒中,眼镜蛇、眼镜王蛇、蝮蛇的蛇毒既含神经毒素也含血液循环毒素,海蛇蛇毒则主要含有细胞毒素。

蛇毒易溶于水,甲醇、乙醇、丙酮、重金属盐等蛋白沉淀剂可使其中的毒性蛋白变性,强酸、强碱、氧化剂、还原剂、蛋白水解酶等可使其发生分解、水解等复杂的化学反应。

(二)中毒症状和体内过程

被含血液循环毒素的毒蛇咬伤,咬伤处迅速肿胀、发硬、流血不止,剧痛,皮肤变紫黑色,组织坏死等局部症状;约2小时出现畏寒战栗、体温升高,心悸,恶心、呕吐、呼吸困难、肌肉酸痛、全身多发性出血、血压下降等全身症状;严重者4小时内未得到有效治疗则最后因心、肾衰竭或中毒性休克而死亡。

被神经毒素的毒蛇咬伤,咬伤处流血少,红肿热痛轻微,有麻木感且呈向心性扩散,伤后0.5~3小时内出现恶心、腹痛、视力模糊、复视、幻听、言语不清、吞咽和呼吸困难、肌肉颤抖、抽搐等发展迅速的全身症状;严重者可致昏迷、休克,可因呼吸肌麻痹、循环衰竭而死亡。

被含血液循环毒素和神经毒素的毒蛇咬伤,局部症状表现为伤口红肿,发热,有痛感,组织坏死,皮下出血等;全身症状严重而复杂,既有神经症状,又有血循毒素造成的损害,可在数分钟内因窒息、心动力衰竭而死亡。

被含细胞毒素的毒蛇咬伤,无疼痛感,0.5~3小时内无明显中毒症状,后表现为肌肉无力和酸痛、眼睑下垂、颌部强直,最后因急性肾衰竭而死亡。

蛇毒对人的致死量因毒蛇种类不同而有较大差异,如银环蛇蛇毒的致死量为1mg/kg,眼镜蛇蛇毒为15mg/kg,蝮蛇蛇毒为25mg/kg。蛇毒只有通过咬伤部位、肌内注射或静脉注射进入人体,才会引起中毒,通过消化道摄入一般不会造成伤害。

动物实验表明,蛇毒经注射进入小鼠、兔体内后,可分布于肾、肺、脾、肝等脏器,且主要经由尿排出。蛇毒在人体的分布、代谢情况尚不明确。

(三)检材采取和处理

怀疑蛇毒中毒时,应采取咬伤处和注射部位的肌肉组织、现场可疑注射液、注射器等。

咬伤处和注射部位肌肉组织可剪碎后用少量水冷浸或涡旋振荡,离心,分取水液,重复用水提取

2 次，合并提取液，用适量乙醚萃取 2～3 次除去脂溶性杂质，水相在室温下以氮气流适当浓缩，滤过，滤液备检。注射液可适当稀释，注射器以少量水洗涤，稀释液、洗涤液备检。

（四）检测方法

由于蛇毒主要毒性成分为毒性蛋白质、肽类化合物，相对分子质量较大，极性大，稳定性差，故蛇毒的检验不宜采用气相色谱法、色谱 - 质谱联用法。现毒物分析常用的蛇毒检验方法为酶联免疫吸附法、毛细管区带电泳法、高效液相色谱法。由于每种毒蛇的蛇毒组成均较为复杂，难以得到较为纯净的单一组分对照品，故法医毒物分析一般只作定性分析，且需以相应蛇毒作为对照。

1. 毛细管区带电泳法　如五步蛇毒蛋白 C 的分析，采用 Coulter 石英毛细管柱（50cm×75μm，i.d），分离电压 25kV，二极管阵列检测器，检测波长 198nm，进样压力与时间为 3.45kPa×0.5s，运行缓冲溶液为 50mmol/L Tris-HCl 溶液（pH 7.4）。

2. 高效液相色谱法　如蝮蛇蛇毒分析，采用 Octyl 色谱柱（75mm×4.6mm，3μm），紫外检测器，检测波长 280nm，柱温 25℃，流动相 0.1% 三氟乙酸水溶液 - 乙腈，流动相流速 1.0ml/min，梯度洗脱。

二、蜂毒

（一）一般介绍

1. 毒物来源　蜂毒（bee venom）是工蜂毒腺和副腺分泌出的具有芳香气味的一种透明液体，贮存在毒囊中，螫刺时经螫针排出。蜂属膜翅目昆虫，全世界已知约 1.5 万种，我国已知约 1000 种，如蜜蜂、黄蜂（胡蜂、马蜂）、大黄蜂、竹蜂等，常见的是蜜蜂和黄蜂。蜂的成虫具三对脚、一对触角和嚼吸式口器，两对膜质翅，前翅大，后翅小。蜜蜂一般体长 7～20mm，黄褐色或黑褐色，生有密毛；头与胸几乎等宽，腰部较胸部、腹部纤细，体毛较胸部为少，工蜂腹末有螫针，螫人后螫针可部分残留于螫伤处。黄蜂成虫体型较蜜蜂稍大，体多呈黑、黄、棕三色相间，或为单一色，茸毛较短，足较长。翅发达；雌蜂腹部尾端隐藏了由退化的输卵管演变而来的螫刺，雄蜂无螫刺（图 10-10）。

图 10-10　中华蜂工蜂

蜜蜂蜂毒具有祛风湿，止疼痛之功效，可用于治疗风湿性关节炎、腰膝酸痛、坐骨神经痛、三叉神经痛、高血压、荨麻疹、哮喘，常采用的疗法有蜂螫法、蜂针疗法、电离导入法、注射法、透入法、吸入法等。蜂毒中毒多为意外，大多为不慎触动蜂窝或采集蜂蜜时操作不当被蜂螫伤引起，也有因治疗疾病时使用蜂毒过量引起中毒的报道，注射蜂毒作为投毒手段的他杀较为罕见。

2. 毒性成分及理化性质　蜂的种类不同，其蜂毒的成分差异较大，本节主要介绍蜜蜂蜂毒。蜜蜂蜂毒味苦，具芳香气，pH 为 5.0～5.5，是由多肽、酶、生物活性胺、外激素、游离氨基酸、糖、酸性物质、脂类、挥发性物质等多种成分组成的复杂混合物，在常温下很快挥发干燥至原来液体重量的 30%～40%，但这些挥发性成分在采集和精制过程中容易散失。干燥蜂毒为类白色或淡黄色结晶性粉末，微透明而闪亮，气微香。蜂毒极易溶于水、甘油和酸，不溶于乙醇。

蜜蜂蜂毒的多肽类物质主要有蜂毒肽（蜂毒溶血肽，melittin）、蜂毒明肽（蜂毒神经肽，apamin）、肥大细胞脱粒肽（mast cell degranulating peptide）、镇静肽（secapin）、四品肽（tertiapin）、安度拉平（adolapin）等。其中蜂毒肽由 26 个氨基酸残基组成的碱性多肽，相对分子质量为 2849，是蜂毒的主要成分及主要生物活性物质，占蜂毒干重的 40%～50%，具有引起红细胞溶血、从肥大细胞释放组胺的作用；蜂毒明肽由 18 个氨基酸残基组成的碱性多肽，相对分子质量为 2035，是蜂毒中另一种主要的多肽，占蜂毒干量的 3%，可以通过血脑屏障直接作用于中枢神经系统，阻断钙离子激活的钾离子通道的神经毒素作用；肥大细胞脱粒肽由 22 个氨基酸残基组成的碱性多肽，相对分子质量为 2593，是蜂毒中第三种主要多肽物质，占蜂毒干重 2%～3%，能促使肥大细胞脱粒，引起炎症反应，阻断电压依赖性钾通道，具有诱发癫痫发作和脑组织损伤的神经毒素作用。

蜜蜂蜂毒中的酶主要有透明质酸酶（hyaluronidase）、酸性磷酸单脂酶（acid phosphomonoesterase）、磷酸酯酶 A_2（phospholipas A_2）、磷脂酶 B（phosphatidase B）等。其中，透明质酸酶、磷酸酯酶 A_2 是蜂毒中主要的过敏原，且磷酸酯酶 A_2 具有很强的溶血活性。

（二）中毒症状和体内过程

蜂毒是神经毒素和血液毒素，具有显著的亲神经特性和出血、溶血等作用。健康人同时接受 10 次蜂蜇（每次蜂蜇蜜蜂约释放出 0.1mg 蜂毒）可引起局部反应；接受 200～300 次蜂蜇引起中毒；短时间内接受蜂蜇 500 次，可致人死亡。

人体受蜂蜇后在受蜇部位立即出现充血，有烧灼感，引起疼痛、起疱、灼热、肿胀等局部反应；被群蜂蜇伤可引起发热、头晕、剧痛、痉挛、昏迷、体温升高、血压下降、脉搏加快、呼吸困难、发绀、水肿、溶血性黄疸、血红蛋白尿等全身反应，常因呼吸中枢衰竭、急性肾衰竭而死亡。对于蜂毒过敏者，只要接受 1 次蜂蜇便可引起全身反应，接受为数不多的几次蜂蜇即出现荨麻疹、口舌麻木、口唇及眼睑水肿、恶心、呕吐、腹痛、呼吸困难、急性喉头水肿等症状，可因过敏性休克或呼吸衰竭而致死。

目前尚无蜂毒主要毒性成分进入机体后代谢状况的报道，唯知蜂毒经蜇伤、注射部位进入人体后迅速分布于全身，但进入胃肠道时，很快被酶分解而失去毒性。

（三）检材采取和处理

怀疑蜂毒中毒时，应采取血液、被蜇部位皮肤、现场可疑粉末、注射液、注射器等检材。

由于蜂毒的极性大，水溶性强，主要毒性成分肽类化合物具有碱性，故不宜按照一般有机毒物的提取方法处理检材。血液、可疑粉末、注射液、注射器可加入适量 5% 盐酸乙醇，离心后分取上清液，残渣再以 5% 盐酸乙醇重复处理一次；提取液置氮吹仪上 60℃吹干，以少量乙醇洗涤除去脂溶性杂质。被蜇部位皮肤可剪碎后以适量 5% 盐酸浸泡过夜，滤取溶液置氮吹仪上 60℃吹干，以少量乙醇洗涤除去脂溶性杂质。

（四）检测方法

与蛇毒类似，蜂毒的检验不宜采用气相色谱法、色谱 - 质谱联用法。常用的蜂毒检验方法为化学法、高效液相色谱法。

1. 化学法　取可疑粉末、注射液少许，加 1mol/L 氢氧化钠溶液 1ml，摇匀，加 5% 硫酸铜溶液 2～3 滴，如含蜂毒，即呈玫瑰红色或蓝紫色。

2. 高效液相色谱法　采用反相色谱分析，以蜂毒中含量最高的蜂毒肽为检测对象。如采用 Protein-pak 125 色谱柱（300mm×7.8mm，10μm），紫外检测器，检测波长 254nm，柱温 25℃，流动相水 - 甲醇 - 三氟乙酸（98：2：0.2），流动相流速 0.65ml/min。又如 300SBC_8 色谱柱（250mm×4.6mm，5μm），二极管阵列检测器，检测波长 220nm，柱温 25℃，流动相乙腈 -0.1% 三氟乙酸水溶液（40：60），流动相流速 1.0ml/min。

本章小结

本章介绍了动物毒物的特点、常用的鉴定方法、检测应注意的问题以及常见的天然动物毒物。这些天然动物毒物毒性成分的组成、基本结构和理化性质，是提取分离方法的选择和检测方法的选用的基础，也是本章的重要内容。

关键术语

斑蝥素（cantharidin）

河豚毒素（tetrodotoxin）

蟾蜍毒素（toad poison）

蛇毒（snake venom）

蜂毒（bee venom）

思考题

1. 天然动物毒物有哪些特点？检测时需注意哪些问题？

2. 河豚毒素的检验方法有哪些？为什么不能采用气相色谱法或气相色谱 - 质谱联用法检测？

3. 蛇毒提取分离时应注意哪些问题？蛇毒、蜂毒不用色谱 - 质谱联用法进行检测的原因是什么？

（刘　清）

第十一章 毒 品

学习目标

掌握毒品、策划药等基本概念，毒品检测的取材要求及常用的分析方法。

熟悉阿片类、苯丙胺类等常见毒品的分析方法。

了解毒品的分类、常见毒品体内代谢机制及检测结果评判。

章前案例 ▶

2012年4月22日上午，风和日丽，一辆旅游大巴从上海市人民广场出发驶向常熟市尚湖风景区，车上是结伴出行去看牡丹花会的游客。9时许，在无任何征兆的情况下，车辆突然失控，冲过高速公路中央隔离栏后，与对向车道正常行驶的一辆中型厢式货车相撞，造成大客车13名乘客和对向货车司机1人死亡，19人不同程度受伤。事故发生后，司机王××坐在地上，嘴里不停念叨"发生了什么事？发生了什么事？"逃生的乘客惊魂未定，质问王××是怎么开车的，王××回答说有两部车在逼他，要追杀他。但坐在靠窗位置的乘客并没有看见王××所说的其他车辆在行进中夹挤旅游大巴的情况。这到底是怎么回事？

当夜，肇事司机王××的体液样品经甲基苯丙胺（冰毒）检测，结果呈阳性。原来，该大巴司机连续两晚上不休息，靠吸冰毒提神，结果在驾车载旅行团出游的高速行驶中产生幻觉，导致了惨烈的车祸。2014年1月6日，江苏省常熟法院宣判，"毒驾"司机王××因交通肇事罪被判处有期徒刑7年。该案因情节特别恶劣而顶格判决。

甲基苯丙胺（冰毒）是什么？吸食后为什么会引起那么严重的后果？本章的内容将会给出答案。

毒品分析（illicit drug analysis）包括体外毒品鉴定和体内毒品分析。体外毒品鉴定是对体外疑似毒品检材进行主要成分的定性、定量分析；体内毒品分析则是对疑似吸毒者的体液、组织和毛发等进行毒品及其代谢物的定性、定量分析，判明被验者是否吸毒、吸毒种类、吸毒程度和吸毒史，以及吸毒与死亡的关系，从而为涉毒案件的侦破及审理提供科学证据。

毒品一般有三种分类方式，根据来源可分为天然毒品、半合成毒品和合成毒品三大类；根据药理或毒理作用可分为中枢神经抑制剂、中枢神经兴奋剂和致幻剂三大类；而国际公约中则将毒品分别归入麻醉药品或精神药品两大类。此外，随着世界各国对麻醉药品和精神药品的管制及对涉毒案件的打击力度不断加大，各种"策划药"不断涌现。策划药（designer drugs）是为了模拟受法规管制药物的精神活性作用，而人工合成的一些化学制品。策划药的合成和交易往往可以逃避法律的制裁。一旦某种策划药被列入管制范围，新的替代品又会出现。因此，策划药往往也是毒物学工作者跟踪研究和分析的对象。

本章将按照国际公约及我国药品管理规定的分类,对部分有代表性的麻醉药品和精神药品的特性及分析方法分别进行介绍。同时,对相关策划药也一并简要介绍。

第一节　麻醉药品

麻醉药品(narcotic drugs)是指精神上能引起麻痹作用且连续使用后易产生身体依赖性的药物,其生产与使用受国际公约和我国药品管理规定管制,在临床上主要用于镇痛,主要包括阿片类、可卡因类和大麻类等。麻醉药品与临床医疗中使用的麻醉剂(anaesthetic)是两个不同的概念。麻醉剂是指具有使机体全部或局部暂时可逆性的失去知觉和感觉功能的药物,主要用于临床外科手术麻醉,包括七氟烷、利多卡因、普鲁卡因等。

阿片类药物(Opioids)是一类天然的或合成的、作用于阿片受体的中枢神经抑制剂,主要包括阿片生物碱及其衍生物、哌替啶、美沙酮等,是当今世界上被非法滥用最广泛、依赖性最强、对社会危害最大的一类毒品。可卡因是一种强效兴奋剂,有很强的精神依赖性潜力,用药者对它有持续的渴求,多年来一直是国际走私的主要毒品。大麻的耐受性变化不大,戒断症状不明显,在许多国家尤其是青少年人群中滥用很广泛,其主要活性成分四氢大麻酚则列于我国《精神药品品种目录》第一类中。本节重点介绍阿片类药物(阿片生物碱、哌替啶和美沙酮)、可卡因和大麻。

一、阿片生物碱

(一)一般介绍

1. 来源　阿片(opium)源于罂粟科植物罂粟(*Papave somniferum* L.)。将罂粟未成熟的果实割裂,流出的浆汁干燥后即得阿片,含有吗啡(morphine)、可待因(codeine)、蒂巴因(thebaine)和罂粟碱(papaverine)等生物碱,统称阿片生物碱。阿片中各生物碱的相对含量因产地和种植方式的不同而差别很大,其中吗啡是阿片中的主要生物碱,含量在10%左右。

原鸦片(生鸦片)通常为棕色或棕黑色黏性膏状物,新鲜时较柔软,易变形,可被压模成各种形状。贮存后逐渐变硬、变脆、失去黏性,具有甘草气味。原鸦片经熬煮等处理,即为熟鸦片,又称精制鸦片、"禅社"。精制鸦片一般制成条状、块状物,表面光滑柔软,有油腻感,烧灼时有强烈香甜气味。药用鸦片是将鸦片在适当温度下烘干,制成一定粒度的粉末,并掺入添加剂将吗啡含量调节至10%左右,通常为浅棕色粉末。毒品中也有将鸦片经过提取制成粗制吗啡,一般为吗啡的硫酸盐、酒石酸盐或盐酸盐,呈浅棕色晶体状粉末。

海洛因(heroin)又名二乙酰吗啡(diacetylmorphine),俗称"白粉",由吗啡经醋酸酐乙酰化制成,其毒性作用和依赖性比吗啡更强,是当今对社会危害最大的毒品,被称为世界毒品之王。海洛因由于加工方法、加工工艺和掺杂剂不同,在外观性状和含量上都有很大差别。纯度高的海洛因多为白色粉末,含量可达80%以上。纯度低的海洛因,可因原料不纯或加工粗糙而含大量杂质,或被故意加入咖啡因、士的宁、阿司匹林等化合物,海洛因含量一般不到50%,通常为粉末状或颗粒状,颜色有灰白、浅黄、灰色、棕色等。

2. 分子结构及理化性质　几种主要阿片生物碱的母核结构式和取代基见图11-1。

吗啡纯品为无色结晶,难溶于水、醚、苯、氯仿等,易溶于热乙醇、热戊醇及氯仿与醇的混合溶剂。吗啡分子结构中同时含有叔氮原子和酚羟基,为两性化合物,pKa(20℃)为8.0和9.9,可与多种酸成盐,也可与苛性碱成盐,只有在弱碱性条件下可从水溶液中游离析出。医用吗啡多为盐酸盐,溶于水、乙醇,不溶于氯仿、苯、乙醚。吗啡在乙醇中紫外最大吸收波长为287nm,酸性水溶液中为285nm,碱性水溶液中为298nm。

可待因是吗啡结构中一个酚羟基被甲氧基取代的生物碱,pKa值(20℃)8.2,纯品为无色结晶,微溶于水,溶于沸水、乙醇、乙醚、氯仿,遇酸成盐而溶于水。医用可待因多为磷酸盐,微溶于乙醇,难溶于乙醚、氯仿。可待因在乙醇和酸性水溶液中的紫外吸收特征与吗啡的相似。

海洛因是吗啡结构中两个酚羟基被乙酰化的产物，纯品为白色结晶性粉末，遇光照或久置则变成淡棕黄色；难溶于水，易溶于氯仿、苯和热醇。海洛因的盐酸盐溶于乙醇，也易溶于氯仿，溶解度与水中溶解度近似。在碱性条件下，海洛因分子中的两个酯键可先后水解转变成单乙酰吗啡和吗啡。海洛因在酸性水溶液中的紫外最大吸收波长为 279nm，在碱性水溶液中为 299nm。

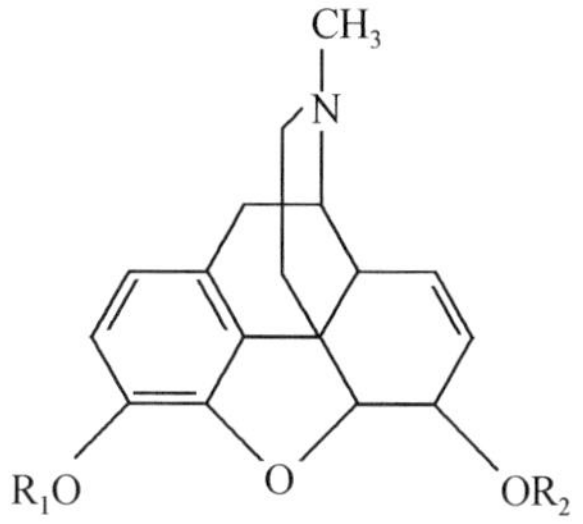

	R₁	R₂
吗啡	-H	-H
可待因	-CH₃	-H
海洛因	-OCCH₃	-OCCH₃
O⁶-单乙酰吗啡	-H	-OCCH₃

图 11-1　几种主要阿片生物碱的母核结构式和取代基

（二）中毒症状和体内过程

阿片生物碱的滥用起源于 17 世纪，主要以鼻吸、烫吸阿片粗制品为主。而后，随着海洛因等药物的问世，滥用方式也变得多样化，由单纯的吸食向肌注、静注发展，联合用药也成为其滥用的一大特征。

阿片生物碱主要作用于中枢神经系统，既有中枢抑制又有中枢兴奋作用。其抑制作用主要包括镇痛、镇静和呼吸抑制；兴奋作用则有欣快、幻觉、惊厥、促放抗利尿激素、缩瞳和催吐。急性阿片生物碱中毒的症状主要为深度昏迷、血压下降、呼吸抑制、惊厥、瞳孔针尖样缩小，严重者呼吸停止而死亡。过量使用是滥用海洛因导致死亡的主要原因。阿片生物碱依赖者停药后会出现严重的戒断综合征，一般可在停药后数小时出现，12～24 小时达到高峰状态，72 小时后逐渐减轻。阿片生物碱的戒断综合征主要包括自主神经系统功能亢进征象和精神运动性亢进征象，自主神经系统功能亢进表现为出汗、汗毛竖起、出鸡皮疙瘩、流涕、流泪、瞳孔扩大、体温升高、脉搏加快、血压升高、呼吸加快、肌肉震颤、全身疼痛；精神运动性亢进表现为焦虑、不安、惊恐、自残，患者处于强烈地渴求觅药与用药状态。

阿片生物碱口服后以亲水形式通过胃肠吸收，吸收后大多很快分布于肝、肺、脾、肾等组织中，仅有少量穿透血脑屏障。海洛因给药途径多为静脉注射或皮下注射，少有口服。入体后海洛因可很快被吸收，迅速穿过血脑屏障产生作用。海洛因进入人体后在血脂酶的作用下迅速代谢成 6- 单乙酰吗啡，然后进一步在肝脏代谢成吗啡并与葡萄糖醛酸结合。海洛因在尿中的主要代谢产物有 6- 单乙酰吗啡、游离吗啡、吗啡葡萄糖醛酸结合物、去甲吗啡等。体内单乙酰吗啡的检出可作为确认滥用海洛因的证据。

（三）检材采取和处理

对于成分比较简单的体外毒品检材，如纯度较高的海洛因、粗制吗啡以及可能含吗啡、可待因、罂粟碱的药物制剂，可直接取少量或用有机溶剂溶解后供试。对成分比较复杂的检材，如鸦片膏、罂粟壳、生物检材等，需先进行检材处理。常用的生物检材包括尿液、组织和毛发。

尿样是进行海洛因、吗啡、可待因定性分析的常用检材。海洛因滥用者尿中一般无原体存在，仅含有高浓度的吗啡和少量的单乙酰吗啡。尿样可用 10% 氢氧化钠溶液调 pH 至 9.0～9.2，加入硼酸缓冲液后，用氯仿 - 异丙醇混合溶剂（9 : 1）提取。由于尿中排出的吗啡和可待因大多以葡萄糖醛酸苷和少量硫酸苷的形式存在，当含量较低直接提取不能满足检测需求时则应在提取前先行水解，一般有酸水解和酶水解两种方法。完全酶水解需同时使用葡萄糖醛酸酶和硫酸酶，成本昂贵；酸水解可破坏所有的结合物，但要注意的是尿样中的单乙酰吗啡也将转化为吗啡。

　　肝、肾是体内阿片生物碱定量分析常用的检材。服用海洛因较长时间以后，血中很难再检出吗啡，而组织（如肝脏）中吗啡的含量显著大于血液。药物在肝脏内主要以吗啡葡萄糖醛酸结合物的形式存在，吗啡葡萄糖醛酸结合物的水溶性较好，很难直接用一般的有机溶剂从肝脏提取，故常用水把葡萄糖醛酸结合物从肝脏中浸提出来，浸提液中含有较多的内源性杂质和吗啡葡萄糖醛酸结合物。浸提液经酸水解游离出吗啡后用有机溶剂提取从而和体内杂质分离。

　　毛发是阿片生物碱分析的重要检材。对滥用海洛因而言，单乙酰吗啡一般仅在滥用后 24 小时内存在，体液、组织分析常常只能检测到吗啡；而头发分析可同时检测到单乙酰吗啡和吗啡，提供更为确凿的滥用海洛因的证据，且头发分析受时间限制少，可在吸毒后数月至一年内检出毒品或代谢物。毛发的采集部位主要为人头顶后部的头发。头发具有一定的生长速度，一般为每月 0.8～1.2cm。将头发标记根部、尾部，剪成数段，分别对每一段进行测定，根据测定结果并结合头发的生长速度，可以大致推测过去的吸毒情况。毛发可用二氯甲烷清洗，晾干后剪成约 1mm 长的小段，水解后提取。保留、测定清洗残液，可判断是否存在外部污染。

　　由于吗啡的气相色谱行为差，检测灵敏度低，因而衍生化是阿片生物碱样品处理中的重要环节。酰化、硅烷化、氟化试剂均可用于单乙酰吗啡、吗啡、可待因的衍生化，其中酰化物相对较稳定。常用的酰化试剂有醋酸酐和丙酸酐，乙酰化可将吗啡和单乙酰吗啡均转化为海洛因，不能用于区别这些化合物的分析；而丙酰化既可产生稳定的化合物同时又可区分吗啡、单乙酰吗啡和可待因。硅烷化也是阿片生物碱比较理想的衍生化手段。

（四）检测方法

　　疑似阿片生物碱的体外毒品鉴定可采用化学反应和薄层色谱法进行筛选试验。对于较纯净的可疑毒品粉末可直接取少量或用有机溶剂溶解后供试；对组成较复杂的可疑毒品检材则需用有机溶剂提取后，取挥去溶剂的残留物或酸性水溶液供试。体内检材尿样或血清可直接用免疫检测试剂板进行筛选试验，其他体内检材则需经提取后用仪器分析方法检测。确证分析和定量分析应采用仪器分析方法。

　　1. 化学反应　阿片生物碱能与多种生物碱显色试剂反应，用作预试验简便、快速。但生物碱显色试剂也可与其他一些含氮有机化合物反应产生颜色，所以反应结果为阴性时较有意义，阳性结果时需用其他方法进一步鉴别和确证。

　　（1）甲醛 - 硫酸（Marquis）试验：吗啡、海洛因、可待因、乙酰可待因、单乙酰吗啡等显紫红色或紫堇色，那可汀显鲜黄色，蒂巴因显橙色，罂粟碱不显色。反应灵敏度约 0.05μg。

　　（2）亚硒酸 - 浓硫酸（Mecke）试验：吗啡、海洛因、乙酰可待因等显深绿色，可待因、那可汀显蓝绿色，罂粟碱显暗蓝色。反应灵敏度 0.1～0.5μg。

　　2. 薄层色谱法　疑为鸦片、海洛因等毒品的检材，用适当溶剂溶解或提取浓缩后点样。固定相可采用硅胶 G 或硅胶 GF$_{254}$ 板，展开剂可用甲苯 - 丙酮 - 乙醇 - 氨水（45：45：7：3）、醋酸乙酯 - 甲醇 - 氨水（85：10：5）、乙醚 - 丙酮 - 二乙胺（85：8：7）等。展开剂中加入一定比例的氨水或有机胺可以改善斑点拖尾现象。显色可用碘 - 碘化铋钾试剂或酸性碘铂酸钾试剂，前者使斑点显橙色，后者显蓝色。R$_f$ 值由小到大依次为吗啡、可待因、蒂巴因、海洛因、罂粟碱和那可汀。检验时应用标准品或已知生物碱作对照。检材为鸦片时，除吗啡斑点外，一般还应有可待因、蒂巴因、那可汀、罂粟碱等斑点，但无海洛因斑点；检材为海洛因时，主要为海洛因的斑点，还可能有少量吗啡、其他阿片生物碱及乙酰衍生物等斑点。

　　3. 免疫法　免疫法具有灵敏度高、方便快速等优点，适合于尿样中阿片生物碱筛选分析的要求。免疫法操作非常简便，将 3 滴尿样滴于免疫检测试剂板的反应孔中，静置 3～5 分钟后观察结果。若仅控制区呈现一条紫红条带，而测试区无紫红条带出现时为阳性反应；若控制区和测试区均呈现紫红条带时为阴性反应。免疫检测试剂板的吗啡、可待因和葡萄糖醛酸吗啡苷的检出阈值分别为 300ng/ml，300ng/ml 和 500ng/ml，一般可在滥用海洛因后 3 天内检出，故阴性结果可信。然而需注意的是，免疫法不能分辨结构相似的同类药物,例如商品化的吗啡免疫板在哌替啶浓度为 500ng/ml 可呈阳性反应,纳络芬、纳曲酮、雷尼替丁、奥复星及抢救药利多卡因也均可呈阳性反应。因此,免疫反应阳性结果需用气相色谱 - 质谱联用法确证。

4. 仪器分析法

(1)气相色谱法:GC 法是分析阿片生物碱的首选方法。采用 NPD 和 ECD 可增加灵敏度和专一性。吗啡经五氟丙酸酐(PFPA)和七氟丁酸酐(HFBA)衍生化后具有良好的电子捕获性质,ECD 检测限可低于 1ng/ml。色谱柱通常选用甲基硅酮(SE-30)和苯基甲基硅酮(OV-17)作为固定相,若要分析海洛因所有的代谢物,极性大的色谱柱较极性小的分离度好。

(2)气相色谱 - 质谱联用法:GC-MS 法是目前最常用的阿片生物碱确证方法。参考色谱与质谱分析条件:100% 二甲基聚硅氧烷毛细管柱(30m×0.25mm, 0.25μm),初温 100℃ 保持 1.5 分钟,以 25℃/min 程序升温至 280℃,保持 15 分钟;进样量 1μl,进样口温度 250℃,接口温度 280℃,EI 源,电子能量 70eV,离子源温度 230℃。根据生物检材中吗啡类的含量可采用全扫描或选择离子检测方式。选择离子方式可大大提高灵敏度,并消除或降低背景信号,使峰高、峰面积的测定更具特征性。吗啡、单乙酰吗啡、可待因丙酰化物的色谱峰保留时间与碎片离子见表 11-1。

表 11-1 吗啡、单乙酰吗啡、可待因丙酰化物的色谱峰保留时间与碎片离子

化合物	保留时间(min)	选择离子(m/z)
吗啡丙酰化物	13.8	341,397,268
单乙酰吗啡丙酰化物	12.6	327,383,268
可待因丙酰化物	11.6	229,355,282

(3)高效液相色谱法:HPLC 法的优点是能分离分析一些极性大、难挥发的化合物,因而特别适宜于血液、尿液、脑脊液、玻璃体液等生物体液中吗啡及其极性代谢物的检测。HPLC 法对样品处理要求不高,极性代谢物一般无需衍生化即可用于分析。HPLC 法还能直接检测葡萄糖醛酸吗啡结合物,生物体液无需水解、衍生化,经固相小柱提取后即可分析。或采用柱切换技术,尿样不经任何提取处理,直接用于检测游离吗啡和吗啡葡萄糖醛酸结合物。HPLC 法分析常采用电化学、荧光和紫外检测器,其中电化学和荧光检测器灵敏度较高。

(4)液相色谱 - 串联质谱法:利用 LC-MS/MS 可以直接分析不挥发性化合物、极性化合物、热不稳定化合物和大分子化合物,无需衍生化,且 MS/MS 可以进行两次离子选择,从而大大提高了生物检材中阿片生物碱分析的专一性和灵敏度。参考色谱与质谱分析条件:①色谱参数:丙基五氟苯键合相色谱柱(100mm×2.1mm, 5μm),柱前连接保护柱;流动相为乙腈:缓冲液(70:30),缓冲液为 20mmol/L 乙酸胺和 0.1% 甲酸的溶液,恒流 200μl/min。②质谱参数:电喷雾离子源,以正离子模式扫描,多反应监测模式检测。离子喷雾电压 5500V,气帘气 9psi,离子源温度 500℃。吗啡、单乙酰吗啡、可待因的 LC-MS/MS 条件见表 11-2,血液和尿液中的检测限均为 0.01μg/ml。

表 11-2 吗啡、单乙酰吗啡、可待因的 LC-MS/MS 条件

化合物	母离子(m/z)	子离子(m/z)	去簇电压(V)	碰撞能量(eV)	保留时间(min)
吗啡	286.1	201.2	80	36	2.76
		165.3		56	
单乙酰吗啡	328.1	211.3	80	36	4.16
		165.3		54	
可待因	300.2	199.2	80	40	3.65
		165.3		60	

二、哌替啶

（一）一般介绍

1. 来源　哌替啶（pethidine）又名度冷丁（dolantin），化学名为 1- 甲基 -4- 苯基 -4- 哌啶甲酸乙酯，是人工合成的麻醉镇痛药物。哌替啶的药理作用与吗啡相似，是阿片受体激动剂，效力约为吗啡的 1/10～1/8，与吗啡在等效剂量下可产生同样的镇痛、镇静及呼吸抑制作用，但维持时间较短，无吗啡的镇咳作用。

2. 分子结构及理化性质　哌替啶的分子结构见图 11-2。哌替啶盐酸盐为白色结晶性粉末，味微苦，无臭，易吸潮，易溶于水，溶于氯仿，几乎不溶于乙醚。临床用制剂通常为注射液，常见的规格为 50mg（1ml），100mg（2ml），为无色的澄清液体。

图 11-2　哌替啶分子结构

（二）中毒症状和体内过程

哌替啶是临床常用的镇痛剂，使用过量引起中毒时可出现呼吸减慢、浅表而不规则，发绀，嗜睡，进而昏迷，皮肤潮湿冰冷，肌无力，脉缓及血压下降。长期使用哌替啶会产生依赖性，其耐受性和依赖性程度介于吗啡与可待因之间。哌替啶滥用者出现的戒断症状与吗啡相同，但戒断症状持续时间比吗啡短。哌替啶在我国被列为严格管制的麻醉药品，滥用情况曾一度比较严重。

哌替啶口服吸收较慢，存在首过效应，一般都以注射方式滥用。哌替啶入体吸收后 40% 与血浆蛋白结合，除小部分（5%）以原型自肾脏排出外，大部分在肝中代谢。哌替啶在体内的主要代谢物为去甲哌替啶和乙酰去甲哌替啶，以游离型或与葡萄糖醛酸形成结合物经肾脏排出。哌替啶的排泄受尿液 pH 的影响，尿液酸度增加可提高尿中原体和去甲基代谢物的排出量。哌替啶滥用者由于在短时间内多次摄取毒品，导致代谢物在体内蓄积，故滥用者体液或组织中具有较高浓度的代谢物去甲哌替啶，较高的代谢物与原体的浓度比，可以作为判断是否滥用哌替啶的参考依据。

（三）检材采取和处理

涉及哌替啶滥用的体外检材主要为医疗针剂，体内检材主要为尿液和毛发。哌替啶属弱碱性药物，从生物样品中提取分离哌替啶时，可直接经 10% 氢氧化钠溶液调至 pH 大于 11 后，再用乙醚、氯仿等有机溶剂提取。哌替啶的代谢物在体内大多以与葡萄糖醛酸结合的形式存在，故尿液提取前先行水解可使其浓度提高 2～4 倍，通常采用酸水解法。哌替啶体内主要代谢产物去甲哌替啶的色谱行为不佳，在浓度低时表现为小宽峰，难以确证和定量，可用乙酸酐、三氟乙酸酐或五氟丙酸酐衍生化以提高检测灵敏度。

（四）检测方法

哌替啶可采用气相色谱法（NPD 检测器）或气相色谱 - 质谱联用法进行检测。参考色谱与质谱分析条件：（5%- 苯基）- 甲基聚硅氧烷毛细管柱（30m×0.25mm，0.25μm）；初温 100℃，保持 1.5min，以 25℃/min 程序升温至 280℃，保持 15 分钟；进样口温度 250℃；载气氢气，流速 1.0ml/min；质谱离子源 230℃，四极杆温度 150℃，接口温度 280℃。生物检材检测限分别为尿 1ng/ml，血 2ng/ml，组织 10ng/g，头发 0.2ng/mg。哌替啶、去甲哌替啶及衍生化物的特征碎片离子见表 11-3。

表 11-3　哌替啶、去甲哌替啶及各衍生化物的碎片离子

化合物	衍生化	碎片离子（m/z）
哌替啶		247,172,71
去甲哌替啶		233,158
去甲哌替啶	乙酰化	187,275
去甲哌替啶	三氟乙酰化	143,241,329
去甲哌替啶	五氟丙酰化	143,291,379

三、美沙酮

（一）一般介绍

1. 来源　美沙酮（methadone）是阿片受体激动剂，属麻醉镇痛药，二次世界大战时由德国化学家合成。1960 年在美国研究发现该药能控制海洛因的戒断症状，开始被用于戒毒治疗，多年来已成为各个国家用于治疗阿片类药物依赖的主要戒毒药物。

2. 分子结构及理化性质　美沙酮的化学名为 4,4- 二苯基 -6-（二甲氨基）-3- 庚酮，其分子结构见图 11-3。美沙酮因分子中有不对称碳原子而具有光学活性，临床上使用美沙酮盐酸盐的外消旋体。美沙酮盐酸盐为无色或白色结晶形粉末，无臭、味苦，溶解于水，常见剂型为胶囊，口服使用。

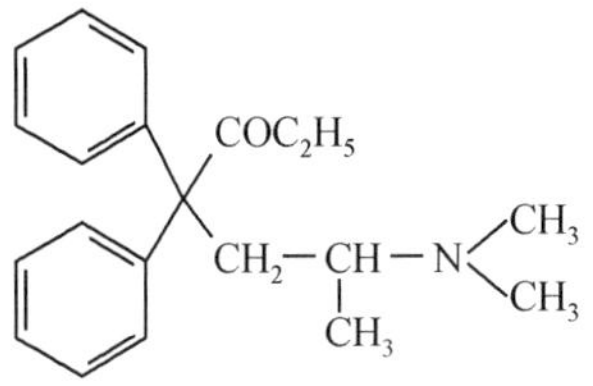

图 11-3　美沙酮分子结构

（二）中毒症状和体内过程

美沙酮的药理作用与吗啡相似，其左旋对映体镇痛活性大于右旋对映体，具有镇痛效力强、持续时间长和口服有效的特点；它的镇静和呼吸抑制作用，以及对平滑肌和心血管系统的作用与吗啡相似。美沙酮与其他阿片类药物产生交叉依赖性和耐受性，可替代任何一种阿片类药物，且半衰期长，本身戒断症状较轻，因而成为对阿片类药物依赖进行替代递减法戒毒治疗的首选药物。与其他戒毒药相比较，美沙酮具有对躯体戒断症状控制疗效显著，作用力持久，重复应用有效，脱毒治疗成功率高，无严重的副作用等优点。目前，美沙酮替代递减法是阿片类药物依赖的常规戒毒方法之一，因此在涉毒事件鉴定中检出率较高。

美沙酮不良反应与吗啡相同，用量过大可引起中毒，主要症状有头痛、眩晕、恶心、出汗、嗜睡等。由于美沙酮具有潜在依赖性倾向，凡滥用时间不长、依赖程度不深、吸毒剂量较小及用药间隔时间较长的阿片类药物依赖者，一般不使用美沙酮替代治疗。

美沙酮易于从各种途径吸收入体，约 85% 与血浆蛋白结合。美沙酮在肝、肺、肾、脾内药物浓度较高，仅有一部分入脑。一次使用美沙酮其半衰期为 10～25 小时，平均 15 小时。长期用药者半衰期13～55 小时，平均 30 小时。美沙酮的生物转化主要在肝脏内进行，其次是在小肠黏膜和肺。美沙酮的主要代谢途径是 N- 去甲基及环化作用，形成吡咯烷（EDDP）和吡咯啉（EMDP）。美沙酮大部分以代谢物形式经尿和粪便排出体外，排出的原体一般为剂量的 10%，尿酸化时排出量增加。经肾排出的美沙酮及其代谢物绝大部分呈非结合状态。若母亲使用美沙酮，则也可在新生儿粪便中检出美沙酮和吡咯烷。

（三）检材采取和处理

美沙酮检验的检材主要是体内检材，根据鉴定要求，可首选尿液或毛发。美沙酮能稳定地存在于生物检材中，阳性血、尿、肝脏组织在室温下短期保存及反复冻融，其原体和代谢物浓度无明显变化。美沙酮体内检材的处理可采用与吗啡样品处理相同的方法，原体及其代谢物结构中不存在活性基团，无需衍生化，回收率一般大于 85%。

（四）检测方法

1. 气相色谱法　GC 法分析参考条件同吗啡。

2. 高效液相色谱法　HPLC 法参考分析条件：C_{18} 反相色谱柱（150mm×4.6mm，5μm），流动相乙腈 -0.08% 二乙胺磷酸水溶液（35∶65，pH 2.3），流速 1.5ml/min，紫外检测器检测波长 210nm，检测限 2.5ng/ml。

若采用手性色谱柱，则 HPLC 法可很好地分离美沙酮的 R，S 对映体，并进行定量分析。美沙酮及其代谢物在 HPLC 法中的保留时间次序为：EDDP＜EMDP＜美沙酮；R 对映体＜S 对映体。

3. 气相色谱 - 质谱联用法　美沙酮的 EI（电子轰击源）质谱基峰离子 m/z 为 72，特征性较差，分析干扰较大，采用 CI（化学电离源）质谱可获得高质量碎片离子，选择性好，干扰少。参考色谱与质谱分析条件：(5%- 苯基)- 甲基聚硅氧烷毛细管柱(30m×0.25mm，0.25μm)，柱温初温 100℃，以 15℃/min 程序升温至 310℃，保持 5min；质谱 PCI 源 240eV，源温 200℃，反应气甲烷 - 氨(4∶1)。美沙酮、EDDP 和 EMDP 的 MH^+ 特征离子 m/z 分别为 310，278，264。GC-MS 法检测限为血、尿 5ng/ml，毛发 0.5ng/mg。

四、可卡因

（一）一般介绍

1. 来源 可卡因(cocaine)又名古柯碱，最初是从南美洲植物古柯(*erythroxylum novogranatense* Hier 或 *E.coca* Lam.)的叶片中提取出来的一种生物碱，现已有人工合成产物。可卡因是强效的中枢神经兴奋剂和局部麻醉剂，属于国际公约麻醉药品管制品种，能导致很强的精神依赖，但躯体依赖和耐受性不明显，无显著戒断症状。可卡因在西方国家滥用比较严重。

可卡因制剂的性状因产地、制备工艺、销售渠道等不同而有较大差异。常见的可卡因类毒品主要分为三类，包括古柯叶和古柯茶、古柯膏以及可卡因。古柯叶和古柯茶主要用于咀嚼和沏茶，可卡因含量一般在 0.5%～1%；古柯膏又称粗制可卡因，是古柯叶的提取物，外观呈奶白色或米白色粉末，有特殊气味，其中游离可卡因在 80% 以上；将古柯膏进一步处理并制成生物碱的盐，即为可卡因毒品。将盐酸可卡因溶于水，调成碱性析出的沉淀物即为可卡因游离碱。

2. 分子结构及理化性质 可卡因纯品为白色片状晶体，熔点 98℃，90℃以上即能缓慢挥发，沸点 187～188℃；难溶于水，易溶于氯仿、乙醚、乙醇，可溶于丙酮、苯、醋酸乙酯、石油醚等有机溶剂。可卡因为双酯生物碱，结构中因含有叔胺基而具有中强碱性，20℃时 pKa 为 8.6，其结构见图 11-4。可卡因可与酸成盐，其盐酸盐用作局麻药，易溶于水、醇，可溶于氯仿，几乎不溶于乙醚。可卡因结构中的酯键不稳定，易水解，尤其在碱性、强酸性或水中加热的情况下，水解更为迅速。

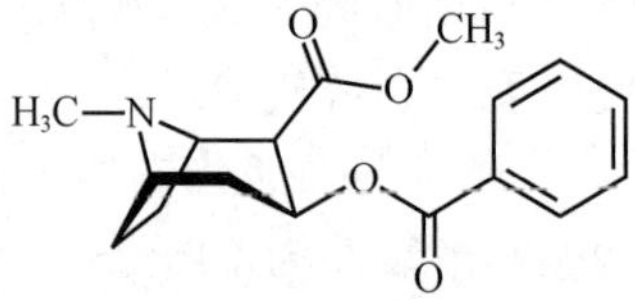

图 11-4 可卡因分子结构

（二）中毒症状和体内过程

可卡因作用强弱与使用剂量和途径、个体代谢状况及既往用药情况有关。大剂量滥用可卡因后常出现觉醒度过高和过度警觉，重者可出现类似精神分裂症的疑心和关系妄想。同时常伴有不同程度的刻板动作、固定妄想和自知力丧失。依滥用剂量的不同还可出现听觉过敏和零散的幻听，有时还可出现注意力障碍和思维障碍等类躁狂症的表现。

可卡因易通过各种途径吸收入体，吸毒者多通过烫吸或注射方式摄入。若可卡因以烫吸方式摄入，则会有可卡因热解产物脱水爱康宁甲酯(anhydroecgonine methyl eater，AME)一同摄入，其比例与所购毒品的组成及加热挥发的温度有关。可卡因入体后很快代谢分解，主要代谢途径是水解及氧化，形成苯甲酰爱康宁(benzoylecgonine，BZE)、爱康宁甲酯(ecgonine methyl ester，EME)和爱康宁(ecgonine，EC)为主的十余种代谢产物。BZE、EME 和 EC 的半衰期均比可卡因的半衰期长。通常可卡因滥用者尿液中的原药在摄入 8～12 小时消失，最长一般也不超过 24 小时；随时间的推移，尿中 BZE、EME 和 EC 的浓度逐渐增大。因此，在排除医疗用可卡因的情况下，一般以尿中同时检出可卡因和 BZE 或同时检出 BZE 和 EME 作为判定滥用可卡因的依据。可卡因与其代谢产物去甲可卡因(nor-cocaine)的药理活性很强，其他代谢产物药理活性相对较弱或无药理活性。

（三）检材采取和处理

对于成分简单的体外检材，如可卡因盐、游离可卡因碱、药物制剂等，可直接用有机溶剂溶解后供试。古柯叶、古柯茶或古柯膏等成分较复杂的检材，一般需经提取净化后方可检测。检材可先用稀盐酸或稀硫酸浸泡或振荡，使可卡因与酸成盐而溶解；分离出酸水溶液，调至碱性后，再用氯仿等有机溶剂萃取，挥干，残渣溶解后供检。

可卡因滥用者或急性中毒者多采用血、尿作为检材，如疑为可卡因中毒死亡者则可采取血、肝、脑、尿、胆汁等。由于可卡因及其代谢物结构中的酯键在碱性和高温条件下易水解，故可卡因中毒检材需在低温和弱酸性条件下保存。如液体检材可用 10% 醋酸生理盐水调节 pH 为 5，然后冷冻保存。毛发分析可提供毒品使用的长程信息，当鉴定需求超过体液样品检出时限或需要判断吸毒史时，可选取头发为检材。需注意的是用毛发分析结果确认可卡因滥用时，应同时有可卡因代谢物阳性结果的支持。

血、尿、唾液等体液检材可用弱碱调至 pH 8.5～8.7 后，用二氯甲烷、醋酸乙酯、乙醚、己烷等有机溶剂或氯仿 - 异丙醇（9：1）、二氯甲烷 - 异丙醇（4：1）等混合溶剂直接提取，也可用缓冲液调至适当 pH 后，直接用固相萃取柱提取净化。可卡因代谢物与可卡因的酸碱性差异较大，用液 - 液法提取时，不能同时顾及原体及代谢物，而固相萃取法则能同时提取可卡因原体及代谢物。毛发应经酸水解或酶水解后再进行提取净化。

（四）检测方法

可卡因毒品鉴定可采用化学反应和薄层色谱法进行筛选试验；尿样或血清可直接用免疫检测板进行筛选试验；其他体内检材则需经提取后用仪器分析方法检测。确证分析和定量分析应采用灵敏度高专属性强的仪器分析方法。

1. 改良硫氰酸钴反应（Scott 试验） 取可疑毒品或提取液适量于试管中，滴加硫氰酸钴试剂，振摇数秒后若出现蓝色，则可能含可卡因（苯环己哌啶、甲喹酮等药物也能显蓝色）。对蓝色溶液进一步鉴别，滴加浓盐酸并振摇，如为可卡因，则蓝色消退，溶液呈粉红色；再于粉红色溶液中，加几滴氯仿振摇萃取，若氯仿层显深蓝色，则可进一步证明可卡因的存在。

2. 薄层色谱法 吸附剂一般用硅胶 G 或硅胶 GF$_{254}$；展开剂中可加入少量碱调节 pH 以避免样品斑点拖尾，常用展开剂有甲醇 - 浓氨水（100：1.5）、乙酸乙酯 - 苯 - 浓氨水（60：35：5）、环己烷 - 甲苯 - 二乙胺（75：15：10）等。显色剂可用改良碘化铋钾、酸性碘铂酸钾等生物碱沉淀试剂，可卡因与前者显橙红色，与后者显蓝色。

3. 免疫分析法 目前普遍使用的可卡因免疫检测试剂板的检测阈值为 300ng/ml。

4. 仪器分析法

（1）高效液相色谱法：HPLC 法可同时分离分析可卡因及苯甲酰爱康宁等极性代谢物，样品处理较为简单，且有较高的灵敏度。检测限为尿 1～5ng/ml；血 10～30ng/ml。参考分析条件：C$_{18}$ 反相色谱柱（150mm×4.6mm，5μm）；流动相 0.025mol/L 磷酸二氢钾缓冲液 - 乙腈 - 丁胺（80：18：1，pH 3.0）；紫外检测器检测波长 230nm。

（2）气相色谱 - 质谱联用法：可卡因主要代谢物 BZE 和 EME 的结构中分别含有羧基和羟基，极性较大，直接用 GC、GC-MS 法分析色谱效果欠佳。因此，分析前可先通过衍生化处理使羧基酯化，羟基酰化，或使羧基和羟基硅烷化。分析物极性降低后，可用弱极性固定液，采用程序升温，质谱选择离子方式检测。参考衍生化条件：血、尿提取残渣溶于 35μl 乙腈中，加 70μl N,O- 双（三甲基硅）三氟乙酰胺（含 1% 三甲基氯硅烷），60℃保温 30 分钟。参考色谱与质谱分析条件：（5%- 苯基）- 甲基聚硅氧烷毛细管柱（30m×0.25mm，0.25μm），初温 70℃保持 1min，20℃/min 程序升温至 300℃，保持 2 分钟；进样口 250℃，离子源 230℃，四极杆 150℃，EME、可卡因和 BZE 依次出峰。质谱监测离子分别为 EME 衍生物（82、<u>96</u>、271）、可卡因（<u>182</u>、272、303）、BZE 衍生物（82、<u>240</u>、361），下划横线离子为定量离子。

（3）液相色谱 - 串联质谱法：LC-MS/MS 适用于不同生物检材中的可卡因及其代谢物的检测。参考色谱及质谱分析条件：①色谱参数：C$_{18}$ 反相色谱柱（150mm×2.1mm，3μm）；流速：0.2ml/min，流动相 A 液为 2mM 的甲酸铵水溶液，B 液为乙腈，梯度洗脱方式，A 液 0～3 分钟保持 95%，3～4 分钟从 95% 递减至 80%，4～14 分钟从 80% 递减至 60%，14～16 分钟从 60% 递减至 10%，保持 4 分钟，然后 1 分钟内递增至初始 95%，保持 3 分钟，色谱方法运行时间共 24 分钟。②质谱参数：涡流离子喷雾源，多反应监测模式检测；离子源电压 5500V；气帘气 50psi，辅助气 1 为 50psi，辅助气 2 为 50psi。该方法结合固相微萃取样品前处理法，用于同时检测毛发中的可卡因及其 5 种代谢产物 BZE、EME、AME、可卡乙碱、去甲可卡因，检测限为 0.005～0.030ng/mg，LC-MS/MS 条件见表 11-4。

表 11-4　毛发中可卡因及 5 种其代谢产物的 LC-MS/MS 条件

化合物	结构	母离子 (m/z)	子离子 (m/z)	去簇电压 (V)	碰撞能量 (eV)	保留时间 (min)
可卡因 (cocaine)		304.2	182.2	26	25	12.10
			77.0		79	
苯甲酰爱康宁 (BZE)		290.2	168.1	46	27	9.62
			105.0		43	
爱康宁甲酯 (EME)		200.2	182.2	51	25	2.44
			82.0		35	
脱水爱康宁甲酯 (AME)		182.2	91.0	66	31	6.69
			117.9		31	
可卡乙碱 (cocaethylene)		318.2	196.2	41	27	13.50
			82.1		47	
去甲可卡因 (nor-cocaine)		290.2	168.1	36	21	12.10
			136.1		33	

五、大麻

（一）一般介绍

1. 来源　大麻（Cannabis Sativa L.）为大麻科大麻属一年生草本植物，雌雄异株，原产于亚洲中部，现几乎遍及全球，既有野生，也有人工栽培。大麻的药用历史悠久，入体后对中枢神经系统、免疫系统、心血管系统等均有影响，常被用来缓解疼痛等症状。

大麻所含成分多且复杂，其主要活性成分为四氢大麻酚（tetrahydrocannabinol，THC）、大麻二酚（cannabidiol，CBD）和大麻酚（cannabinol，CBN）等，其中又以 THC 的精神活性最强。根据大麻中 THC、CBN 和 CBD 的含量，可将大麻植物划分为药用大麻和纤维大麻。国际上将大麻制成的毒品分为三类：大麻草、大麻脂和大麻油，其 THC 的含量分别为 0.25%～8%、4%～12% 和 20%～60%。大麻草由大麻的部分茎、花、叶和种子干燥压制而成；大麻脂是从大麻植物雌株花的顶端、叶、种子及茎中提取的树脂，其颜色因产地不同而异，有黑色、黄绿色、土褐色等；大麻油是大麻草或大麻脂的有机溶剂提取浓缩物,呈深绿色。由于产地的气候、土壤、品种、种植方法和生态环境的不同,大麻有效成分的含量相差很大。

合成大麻素(synthetic cannabinoids)是人工合成的大麻素受体激动剂,由多个化学结构不相关的系列组成,在体内能够模拟 Δ^9-THC 发挥作用,且效力更大。根据发明者姓名、发明时间及化合物结构的不同,这些合成大麻素分别拥有不同系列的代码编号,例如 CP-59、JWH-018、AM-2201 等。至今,在药学相关出版物中已报道了 500 多种合成大麻素,被燃烧吸食后具有大麻类似的效果,可产生类似天然大麻活性成分 Δ^9-THC 的兴奋反应。其中,HU-210、JWH-250 等已被多个国家列入精神药物管制范围内。

2. 分子结构及理化性质 THC、CBN 和 CBD 的化学结构式见图 11-5。THC 有不同的平面异构体,其中 Δ^9-THC 的致幻作用最强,呈油状液体,沸点 155～157℃。CBN 和 CBD 的纯品为白色晶体,熔点分别为 76～77℃ 和 66～67℃。大麻酚类化合物不溶于水,易溶于乙醇、醋酸乙酯、乙醚、苯、氯仿、石油醚等有机溶剂;性质不稳定,结构中的双键和游离酚羟基易被氧化,受热或光照则反应加速,THC 尤为明显。

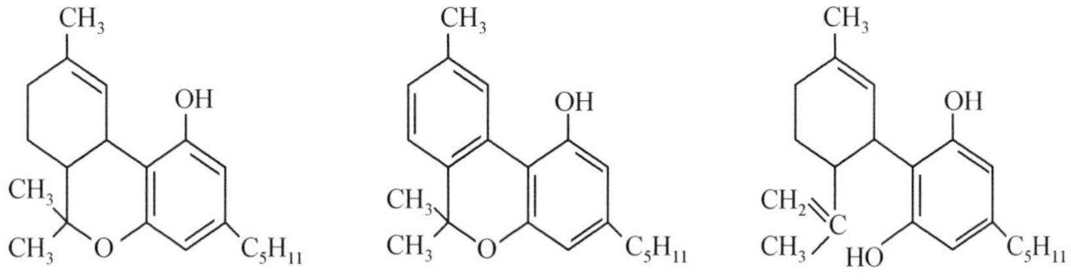

四氢大麻酚   大麻酚   大麻二酚

图 11-5 四氢大麻酚、大麻酚和大麻二酚的分子结构

(二)中毒症状和体内过程

大麻及合成大麻素作用于大麻素受体(CB receptor),具有独特的精神活性作用,低剂量时既有兴奋作用又有抑制作用,高剂量时以抑制作用为主。大麻及合成大麻素入体后对中枢神经系统、免疫系统、心血管系统等均有影响。吸入大麻及合成大麻素后会引起心理变化,产生松弛感,洋洋自得,嗜睡,对时间、空间发生错觉;同时,机体的平衡功能发生损害,肌肉松弛,站立不稳,双手震颤,驾车或进行复杂技术操作极易造成意外事故。滥用严重者还会导致中毒性精神病,出现幻觉、妄想和类偏执状态,伴有思维紊乱,意识障碍,出现双重人格。

大麻滥用的入体途径主要为抽吸,其次为口服,静脉注射方式极为少见。大麻的主要成分 THC 进入机体内后很快代谢成 11-羟基-四氢大麻酚(11-OH-THC),继而进一步代谢成四氢大麻酸(THC-COOH),后者常与葡萄糖醛酸形成结合物。由于 THC 及其代谢物为高脂溶性化合物,长期吸食可在脂肪中积蓄,机体排出较慢,尿中主要为 THC-COOH,尿样常呈酸性。一般从尿、血或毛发中检出 THC-COOH 即可作为吸食大麻的直接证据。

(三)检材采取和处理

一般情况下,尿和血是检验体内大麻酚类物质的常用检材。对已超过血、尿检测时限或需判断其吸毒史时,可取毛发为检材。对涉及吸毒的案件,除了采取生物检材外,必要时还可收集吸剩的毒品和烟斗残渣以及手指、牙齿上的烟釉等。检材在保存和提取过程应注意避光、冷藏和避免长时间加热。提取溶剂常用己烷-醋酸乙酯(9:1)或石油醚。

生物检材可先用碱或酶进行水解,水解液酸化后,再用己烷-醋酸乙酯的混合溶剂或正己烷、二氯甲烷、氯仿、醋酸乙酯等有机溶剂萃取;也可将血、尿或水解液调至适当 pH 后,用固相萃取法分离提取。为了避免酚羟基和双键氧化,水解和浓缩时加热的温度不宜过高,时间也不宜过长。大麻酚类化合物及其代谢物均为脂溶性化合物，在水溶液中较易吸附在玻璃表面。因此，在存放和提取过程中，所用器皿最好事先经过硅烷化处理。

（四）检测方法

疑似大麻毒品的体外检材可直接采用简便快速的化学反应和薄层色谱法进行筛选，结果为阳性时，可进一步用仪器分析法对几种主要大麻酚类化合物进行鉴别或确证。体内检材则需经提取后用仪器分析方法检测。

1. 化学反应

（1）香夹兰素反应（快速 Duguenois 试验）：大麻酚类化合物可与香夹兰素作用生成绿色物质，在盐酸作用下，绿色转变为紫色，并能转溶于氯仿。取检材适量于试管中，加香夹兰素试剂振摇，若显绿色，则再加盐酸，振摇后静置；若绿色转为紫色，可用氯仿萃取，如有大麻酚类化合物，则氯仿层显紫色。此反应对新鲜检材效果较好。烤咖啡、茶叶、广藿香油等可显类似颜色，但不能使氯仿染色。

（2）快蓝 B 反应：碱性条件下，大麻酚类化合物可与快蓝 B 作用生成有色物质，THC 显红色，CBN 显紫色，CBD 显橘红色。取检材少许于试管中，加入少量快蓝 B 固体试剂和氯仿，振摇后，滴加氢氧化钠溶液，再振摇两分钟，静置，若含大麻酚类化合物则氯仿层显红色。

2. 薄层色谱法 常用硅胶 G 板。展开剂可用苯 - 正己烷 - 二乙胺（25∶10∶1）、环己烷 - 二异丙醚 - 二乙胺（13∶10∶2）、正己烷 - 二噁烷 - 甲醇（7∶2∶1）等。显色可用快蓝 B 试剂。大麻毒品在薄层板上常出现多个斑点，因此检验时应用 THC、CBN、CBD 等化合物或已知大麻毒品作对照。检测限为 0.25～0.5μg。

3. 免疫分析法 THC-COOH 免疫检测试剂板的检测阈值为 50ng/ml，但易受各种因素干扰，如氯化钠、漂白粉、醋、氢氧化钾、肥皂、丙酮、氨水等，均可能产生假阳性、假阴性结果，需要用气相色谱 - 质谱联用法、液相色谱 - 质谱联用法进一步确证。

4. 仪器分析法

（1）气相色谱法：可用于大麻制品主要成分检测。参考分析条件：色谱柱为（5%- 苯基）- 甲基聚硅氧烷毛细管柱（30m×0.25mm，0.25μm），空气流速 300ml/min，氢气 25ml/min，氮气 40ml/min，进样口温度 240℃，柱温 220℃，检测器温度 260℃。进样量 1μl，FID 检测器。该方法用于大麻制品中三种主要成分 THC、CBD、CBN 的检测，检测限均为 0.2μg/ml。

（2）高效液相色谱法：参考分析条件：C_{18} 反相色谱柱（250mm×4.5mm，5μm），流动相为乙腈 -0.15% 醋酸水溶液（90∶10），流速 0.5ml/min，进样量 10μl，柱温 25℃；紫外检测器波长 220nm。该法被用于大麻制品及大麻滥用者唾液中大麻成分的检测，样品前处理无需衍生化。对于唾液中大麻活性成分的检测，阳性检材经氯仿液 - 液提取后，THC、CBD、CBN 及 THC-COOH 的检测限为 10～16ng。

（3）气相色谱 - 质谱联用法：体内大麻酚类及其代谢产物的浓度较低，且结构中的酚羟基和羧基，尤其是羧基的极性较强，可影响色谱分离效果和灵敏度。因此，用气相色谱法分析大麻酚类化合物时，一般需先进行衍生化处理。一方面，使酚羟基硅烷化、酰化或羧基酯化，以降低化合物极性，增大挥发性，改善色谱分离效果；另一方面，利用检测器对衍生物的敏感性，提高检测灵敏度。N,O- 双（三甲基硅烷基）三氟乙酰胺（BSTFA）衍生化方法简便，反应完全，且无需吹干即可进样。五氟丙酸酐衍生化可提高质谱分析（负化学源）灵敏度，但衍生化反应不完全。大麻酸衍生化后用 GC-MS 检测，NCI 模式较 EI 模式灵敏度高。

（4）液相色谱 - 串联质谱法：LC-MS/MS 方法相对于其他方法具有特异性强、灵敏度高且样品前处理无需衍生化的优点。该方法近年来多用于检测生物检中 THC 及其代谢物 11-OH-THC、THC-COOH 等的分析。参考色谱及质谱分析条件：①色谱参数：交叉丁基 C_{18} 键合相色谱柱（50mm×2.1mm，2.6μm）；流速：0.75ml/min，分流比 1∶4；流动相 A 液为甲醇，B 液为 1.25mM 乙酸铵水溶液，梯度洗脱，A 液 0～1 分钟从 65% 递增至 80%，1～2.5 分钟从 80% 递增至 85%，2.5～2.8 分钟从 85% 递增至 100%，保持 1 分钟，然后 2 分钟内递减至初始 65%，色谱方法运行时间共 5.8 分钟。②质谱参数：电喷雾离子源，其中 CBD、CBN、THC 以正离子模式扫描，THC-COOH 以负离子模式扫描，多反应监测模式检测；离子源电压 5500V（THC-COOH 为 −4500V）；气帘气 30psi；离子源温度 425℃。大麻酚类以及 THC 主要代谢物的 LC-MS/MS 条件见表 11-5。该法结合固相微萃取样品前处理法，用于检测尿液中的 CBD、CBN、THC、11-OH-THC、THC-COOH，检测限为 2～4ng/ml。

表 11-5　大麻酚类以及 THC 主要代谢物的离子对、去簇电压、碰撞能量和保留时间

化合物	结构	母离子（m/z）	子离子（m/z）	去簇电压（V）	碰撞能量（eV）	保留时间（min）
大麻酚（CBN）		310.9	223.0	30	32	2.75
			122.9	25	32	
大麻二酚（CBD）		315.0	193.1	28	33	2.27
			122.9	28	45	
四氢大麻酚（THC）		315.0	193.3	28	33	2.75
			122.9	28	45	
11-羟基-四氢大麻酚（11-OH-THC）		331.1	193.0	20	35	2.19
			200.9	20	35	
四氢大麻酸（THC-COOH）		343.0	299.2	-65	-28	1.68
			245.1	-65	-28	

案例 11-1 ▶

美沙酮戒毒治疗死亡案例

某男，25 岁，某日因欲戒毒自愿到某市疾控中心接受美沙酮替代维持治疗。自诉吸毒史 2 年，每日以吸烟方式吸食海洛因 0.3g，就诊时距最后一次吸毒 36 小时。院方完成各项检查后，于当日 11：25 予美沙酮 10ml（1mg/ml）口服治疗。当日下午 15：00 因出现戒断症状再次就诊，院方又予美沙酮 30ml 口服。次日下午 17：00 再次就诊，诉前夜睡眠差，全身疼痛，医生给予其美沙酮 50ml 口服。第三日 8：00 左右，该男在家中双手紧握，口吐白沫，不省人事，继而死亡。

尸检发现死者口唇黏膜发绀，指（趾）甲床发绀，心外膜下出血点等窒息征象，未检见其他致死性损伤。组织病理学检验见急性肺水肿、肺淤血、多器官淤血等改变，未检见致死性原发疾病的病理学改变。经毒物分析检测，死者心血、胃内容物及尿液中检出美沙酮成分，心血中美沙酮浓度为 1.02 μg/ml；未检出其他常见毒（药）物成分。

比照"卫疾控发［2006］256号关于印发《滥用阿片类物质成瘾者社区药物维持治疗工作方案》的通知附录7"中规定，美沙酮维持治疗首次剂量为15～30mg，原则上不超过40mg，在无法忍受戒断症状的情况下，可在3小时之后、24小时之内再用药1次，第一天总量原则上不超过50mg。院方治疗方案符合该规定。结合尸体检验及毒物检验结果分析，本案例死者系美沙酮替代治疗后，对美沙酮过于敏感、耐受性差，继发急性肺水肿且未得到及时救治，致急性呼吸功能障碍死亡，属药物不良反应范畴。

第二节　精神药品

精神药品（psychotropic substances）是指使中枢神经系统兴奋或抑制、反复应用可以产生药物依赖性的药品。包括安眠镇静药、苯丙胺类中枢兴奋剂和致幻剂等。苯二氮䓬类药物目前在临床上应用广泛，具有安全、高效和不良反应少的特点，但国内外研究表明其有巨大的潜在滥用危害。安眠镇静药的分析鉴定在第八章合成药毒物中已有详述，本节对苯丙胺类、氯胺酮、曲马多和卡西酮类的滥用及分析鉴定方法进行介绍。

一、苯丙胺类

（一）一般介绍

1. 来源　苯丙胺类药物属较强的中枢神经兴奋剂，曾经用于治疗多种疾病，现在主要用于治疗发作性睡病、多动症，以及作为食欲抑制剂用于肥胖症的治疗。第二次世界大战后，日本、欧洲、美国先后爆发了苯丙胺类滥用大流行，直至70年代联合国对苯丙胺类施行管制措施和立法（《1971年精神药物公约》），流行趋势才有所缓和，但全球范围内的滥用问题一直没有解决。

作为毒品被广泛滥用的苯丙胺类化合物主要有苯丙胺（amphetamine，AMP）、甲基苯丙胺（metham-phetamine，MA）、亚甲基二氧苯丙胺（methylenedioxyamphetamine，MDA）和亚甲基二氧甲基苯丙胺（methylenedioxymethamphetamine，MDMA）等，均属国家《精神药品品种目录》中第一类精神药品。苯丙胺又称安非他明，是麻黄碱的衍生物，由人工合成得到；甲基苯丙胺又称甲基安非他明或去氧麻黄碱（desoxyephedrine）。苯丙胺、甲基苯丙胺以中枢神经系统兴奋作用为主。MDMA、MDA兼具兴奋和致幻作用，是被称为"摇头丸"毒品的主要成分。服用后使人产生多种幻觉，表现出摇头晃脑、手舞足蹈和乱蹦乱跳等不由自主的类似疯狂行为。苯丙胺类毒品常被制成各种各样形状的非法销售品，包括块状、饼状、片剂或糖衣片等，多用色素染成不同颜色。

2. 分子结构及理化性质　苯丙胺类药毒物属于有机碱类中碱性较强的化合物。四种苯丙胺类毒品的结构见图11-6。常温下，甲基苯丙胺为无色油状液体，有特殊的氨味，挥发慢，沸点214℃左右；MDA和MDMA为无色油状液体。游离碱均易溶于乙醇和氯仿，略溶于或难溶于水；成为盐酸盐、硫酸盐或磷酸盐后，为白色结晶或白色粉末，都易溶于水，也能溶于乙醇，但不溶于乙醚。盐酸甲基苯丙胺的熔点为172～174℃，纯度不高时外观呈大块结晶，与冰形态相似，故俗称"冰毒"。

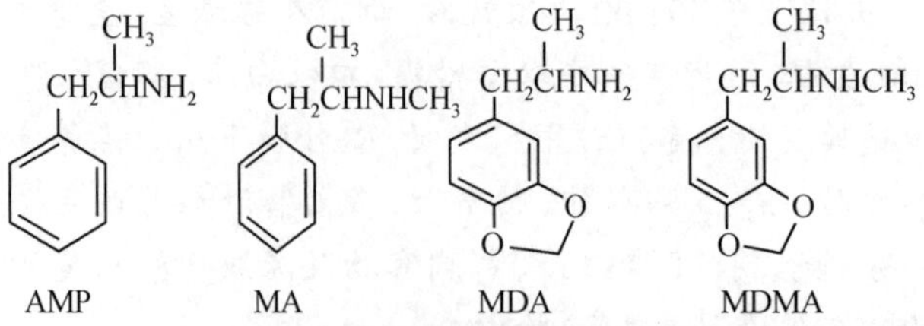

图 11-6　四种苯丙胺类毒品的分子结构

（二）中毒症状和体内过程

苯丙胺类药物为拟交感类中枢兴奋剂，服后产生欣快、自信、有活力的感觉，并使脉搏加快、血压升高、呼吸加快、心跳加快，还可抑制食欲，长期滥用可导致中毒性精神病。急性苯丙胺类药物中毒的症状表现为兴奋、意识障碍、头痛、心动过速、高血压危象，进一步可发展为谵妄、心律失常、呼吸急促、高热、休克、昏迷直至死亡。苯丙胺类药物引起的戒断综合征表现为疲劳、睡眠障碍、抑郁，严重者甚至会产生自杀念头。

苯丙胺类毒品的滥用方式主要为口服，偶有鼻吸和注射。苯丙胺类毒品的滥用分为两类，一类是不规律的间断使用，滥用者一般出于享乐目的仅在舞厅等特殊环境或场合下使用，追求使用苯丙胺类毒品后的舒适和"飘"的感受；另一类是习惯性滥用。我国以前一类滥用为主，常见于歌舞厅、卡拉 OK 厅等青年人聚集场合，尤其被经常参加通宵舞会的人所滥用。

苯丙胺类入体后吸收良好，通过血液迅速分布于组织。甲基苯丙胺主要代谢为 4- 羟基甲基苯丙胺和苯丙胺，苯丙胺又进一步代谢为 4- 羟基苯丙胺、4- 羟基去甲麻黄素和去甲麻黄素。环取代苯丙胺 MDMA 在体内的主要代谢途径为支链的 N- 去烷基（MDA）、脱氨和氧化等。苯丙胺类主要经尿排泄，尿 pH 对苯丙胺类及其代谢物的分布和排泄有很大的影响，酸性尿可使原体药物的排出量增加。正常情况下，24 小时尿可排出摄入量的 70%，其中可有半数以上保持毒品原型，尿中浓度峰值于摄入后 10 小时内出现。

（三）检材采取和处理

苯丙胺类毒品多为各种颜色的片剂，图案各异，也有粉末、水剂，直接经甲醇、乙酸乙酯等有机溶剂浸取或用 0.1mol/L 盐酸或硫酸浸取，滤取浸出液即可用各种方法检验。

体内检材以尿和毛发为主，当需判断是否为苯丙胺类毒品中毒致死时可选取血液作为检材。尿样是苯丙胺类滥用检验的首选检材，尿中苯丙胺类原体及其代谢物含量高，并主要以游离形式存在。尿样无需水解，可直接经 10% 氢氧化钠溶液调至 pH 大于 11 后，用氯仿、环己烷、乙酸乙酯等有机溶剂提取或固相萃取。由于溶剂挥发过程对苯丙胺类药物的提取回收率影响极大，损失可超过 50%，因此需注意挥干后及时从水浴和气流下撤离。当无尿液检材时或摄毒后间隔较长时间的情况下，可选取毛发检材进行分析。头发药物分析结果可提供苯丙胺类滥用或慢性中毒的有力证据。头发可用酸水解法、碱水解法、酶水解法和甲醇超声提取法处理。

苯丙胺类是一类含氮、结构相似的低分子量化合物，用 GC 法或 GC-MS 法检测时，色谱行为不佳，检测灵敏度低，质谱特征离子少，相对丰度较弱，采用衍生化法可显著提高检测的准确性。常用的衍生化试剂有三氟乙酸酐（TFA）、五氟丙酸酐（HFBA）、七氟丁酸酐（PFPA）等。

（四）检测方法

冰毒、摇头丸等苯丙胺类毒品可经有机溶剂直接提取后采用化学反应和薄层色谱法进行筛选试验，并用仪器分析方法进行确证分析和定量分析。尿样或血清可直接用免疫检测板进行筛选试验，其他体内检材则需经提取后用仪器分析方法检测。

1. 化学反应

（1）甲醛 - 硫酸（Marquis 试剂）反应：甲基苯丙胺与该试剂反应显橙色，MDA 显蓝黑色。检测限可达 1μg。也可单独用浓硫酸做试剂，甲基苯丙胺显黄绿色，MDA 显紫色。

（2）亚硝基铁氰化钠反应：此反应可区别侧链上的胺基是伯胺还是仲胺。取少量检液与 1 滴 20% 的碳酸钠溶液混合，加 1 滴 50% 乙醇的乙醛溶液，再加几滴 1% 的亚硝基铁氰化钠溶液，如为甲基苯丙胺、MDMA 等仲胺类则出现蓝色，而苯丙胺、MDA 等伯胺化合物则慢慢出现粉色，再变为樱桃红色。

（3）鉴别亚甲基二氧基的试验：亚甲基二氧基苯结构的亚甲基二氧键可被氢碘酸分解，生成甲醛和高分子缩合物，反应产物的浓硫酸溶液加 5% 没食子酸的乙醇溶液后显深翠绿色，MDA 和 MDMA 等毒品显色，而甲基苯丙胺等无此反应。

2. 薄层色谱法　以硅胶 G 为吸附剂，用碱性展开剂，如甲醇 - 浓氨水（100∶1.5）或环己烷 - 甲苯 - 二乙胺（75∶15∶10）等展开；显色剂可用甲醛 - 硫酸或碘化铋钾、碘铂酸钾等生物碱沉淀剂。

3. 免疫分析法　目前普遍使用的苯丙胺类免疫检测试剂板的检测阈值为 1000ng/ml。

4. 仪器分析法

（1）气相色谱法：GC 法是分析苯丙胺类常用的方法。色谱柱可用（5%- 苯基）- 甲基聚硅氧烷毛细管柱（30m × 0.25mm，0.25μm），采用程序升温可使苯丙胺类得到很好的分离；检测器一般为 NPD 或 ECD（PFPA 或 HFBA 衍生化）；衍生化可大大提高灵敏度，血或尿检测限达 5～20ng/ml。

（2）高效液相色谱法：HPLC 法分析苯丙胺类及其极性代谢物的优点是样品无需衍生化，但紫外检测器灵敏度低，很难应用于体内苯丙胺类分析，而荧光和化学发光检测器的检测限可低至 pg 级，有着良好的应用前景。参考分析条件：C_{18} 反相色谱柱（150mm × 4.6mm，5μm），流动相 1mmol/L 咪唑缓冲液（pH 7）- 乙腈（40∶60），流速 1ml/min，化学发光检测器。检测限为 2pg。

（3）气相色谱 - 质谱联用法：GC-MS 法是体外、体内苯丙胺类毒品及其代谢物鉴定的最有效的确证方法。尿样毒品含量较高时，可采用与哌替啶相同的分析条件提取后直接检测，但甲基苯丙胺的体内代谢产物苯丙胺的检测灵敏度较低。苯丙胺、甲基苯丙胺、MDMA、MDA 的色谱峰保留时间与碎片离子见表 11-6。

表 11-6　几种苯丙胺类毒品的 GC-MS 色谱峰保留时间与碎片离子

化合物	保留时间（min）	选择离子（*m/z*）
苯丙胺	4.3	65,91
甲基苯丙胺	4.7	58,91
MDMA	7.0	58,135,194
MDA	6.6	77,136,179

对于毛发分析或毒品含量较低的体液、组织检材分析，可以 4- 苯基丁胺为内标，碱性条件下提取，提取物用三氟乙酸酐衍生化，程序升温检测。参考色谱及质谱分析条件：（5%- 苯基）- 甲基聚硅氧烷毛细管柱（30m × 0.25mm，0.25μm），初温 100℃保持 2 分钟，25℃/min 程序升温至 280℃；进样口温度 230℃，接口温度 280℃，EI 源，电子能量 70eV，离子源温度 230℃；SIM 检测（甲基苯丙胺 *m/z* 154,110,118；苯丙胺 *m/z* 140,118,91；4- 苯基丁胺 *m/z* 91,176,104）。

二、氯胺酮

（一）一般介绍

氯胺酮（ketamine）由美国药剂师 Calvin Stevens 于 1962 年首次合成，1963 年在比利时注册取得专利。20 世纪 70 年代中期氯胺酮在美国被广泛使用，越战时期在野战创伤外科中用作麻醉药，同时因发现其具有致幻作用而被当作消闲品滥用。近年来，因氯胺酮麻醉作用快、镇痛强，临床上仍用作小儿手术麻醉剂或麻醉诱导剂、辅助麻醉剂，而其致幻作用则导致其在全球范围被广为滥用。在我国氯胺酮滥用也日趋严重，主要出现在一些歌舞厅等娱乐场所。2004 年 7 月国家食品药品监管局将氯胺酮制剂列入第一类精神药品进行管理。

氯胺酮的化学名为 2-(2- 氯苯基)-2-(甲氨基)环己酮，氯胺酮的盐酸盐（ketamine hydrochloride）为白色结晶性粉末，无臭，在水中易溶，溶于热乙醇中，在乙醚或苯中不溶，熔点为 259～263℃，熔融时同时分解。氯胺酮分子结构中含一个手性碳原子，临床使用外消旋体，其分子结构见图 11-7。临床用制剂通常为注射液，常见的规格为 100mg（2ml），100mg（10ml），200mg（20ml）。

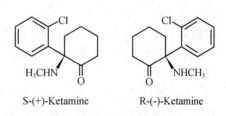

图 11-7　氯胺酮分子结构

（二）中毒症状和体内过程

外消旋氯胺酮中的 S-（+）和 R-（−）对映体有着不同的治疗和毒性作用。S-（+）-氯胺酮的镇痛作用是 R-（−）-氯胺酮的 2～4 倍，而 R-（−）-氯胺酮常导致幻觉和焦虑。正是因为 R-（−）对映体的存在，使外消旋氯胺酮盐酸盐在临床上的使用受限，反而成为了被广泛滥用的一种精神活性物质。非法使用的氯胺酮通常为白色粉末状，被称作"K 粉"，可用气雾法鼻吸、口服、肌注、静脉注射等多种方式摄取。很多滥用者采用鼻吸以追求梦幻感，其效果一般在 5～10 分钟发生，摄取 100mg 便足以产生自我感觉良好的、幻觉的、漂浮的、知觉轮换和扩张的感觉。氯胺酮的毒副作用主要表现为出现梦幻、错觉、尖叫、过度兴奋、烦躁不安、定向障碍、认知障碍、易激惹、呕吐、不能自控的肌肉收缩等症状，使用剂量愈大毒副作用愈显著，长期使用或过量使用会对脑部造成永久损害。有些滥用者将氯胺酮与海洛因、大麻等毒品一起使用，也有将其和"摇头丸"同时溶于饮料中服用，极易因协同作用导致中毒甚至发生致命危险。

氯胺酮入体吸收后，70%～90% 在肝脏内经 N-去甲基化代谢为去甲氯胺酮，然后再经脱氢代谢为脱氢去甲氯胺酮。去甲氯胺酮和脱氢去甲氯胺酮也具有手性。氯胺酮原体及代谢产物主要经肾脏排出。

（三）检材采取和处理

氯胺酮毒品多为粉剂、药液，体内检材主要包括尿液、血液和组织等。氯胺酮属弱碱性药物，从生物样品中提取分离氯胺酮时，可直接经 10% 的氢氧化钠溶液调至 pH 大于 11 后，再用乙酸乙酯、氯仿等有机溶剂或混合溶剂提取。也可采用固相萃取法，将检材制成溶液，用碳酸钠调节 pH 为 13，通过 C_{18} 固相小柱吸附，以氯仿-异丙醇（9：1）或氯仿-异丙醇-氯化铵（78：20：2）洗脱药物，洗脱液挥干后定容供分析。

（四）检测方法

疑似氯胺酮毒品的体外检材可直接用化学反应或光谱法进行筛选。

1. 光谱法　氯胺酮有苯环结构，具有紫外吸收，可以通过紫外吸收光谱加以鉴别。其紫外最大吸收峰位于 269nm 与 277nm 处，可以和对照品进行对比鉴别。此外，对于较纯的样品，也可用红外光谱法进行鉴别。

2. 免疫分析法　目前氯胺酮免疫检测试剂板的检测阈值一般为 1000ng/ml。

3. 色谱法　生物检材中氯胺酮的检验首选色谱法。气相色谱-质谱联用法是分析氯胺酮常用的方法，分析参考条件同哌替啶；特征碎片离子为氯胺酮 237、209、180，去甲氯胺酮 166、195。对于氯胺酮的手性对映体，可经衍生化生成非对映异构体后采用气相色谱法进行拆分检测，或者采用手性固定相进行液相色谱法拆分检测。

三、曲马多

（一）一般介绍

1. 来源　曲马多（tramadol）又名曲马朵、反胺苯环醇，为人工合成阿片受体激动剂，由德国格兰泰公司开发研制，1977 年在德国上市。曲马多通过作用于去甲肾上腺素和 5-羟色胺能神经传递系统而起镇痛作用，其镇痛疗效与哌替啶相当，约为吗啡的十分之一，能缓解各种原因引起的急慢性中度至次重度疼痛，且具有不抑制呼吸，治疗量不影响心血管系统功能，以及耐药性与依赖性低的特点，因而上市后在临床上得到了广泛应用。我国自 1994 年起在临床上逐步推广此药。

随着曲马多在全世界临床应用迅速增加，不良反应报告率上升，曲马多的滥用及依赖问题逐渐引起关注，但一直存在争议。1992 年至 2006 年间，世界卫生组织药物依赖性专家委员会（ECDD）先后四次召集专家委员会对曲马多进行了三次预审评（pre-review）及一次重点审评（critical-review），但目前仍未将其列入国际管制。我国 2007 年版《麻醉药品和精神药品品种目录》将曲马多（包括其盐和单方制剂）列为第二类精神药品进行管理，从 2008 年 1 月 1 日起执行。

2. 分子结构及理化性质 曲马多的化学名为 2-[(二甲氨基)甲基]-1-(3-甲氧基苯基)环己醇,分子式 $C_{16}H_{25}NO_2$,分子量 263.4,分子结构见图 11-8。曲马多盐酸盐(tramadol hydrochloride)为白色至类白色结晶粉末,在水中易溶,熔点为 178～181℃,pKa 值为 8.3。临床用制剂为曲马多盐酸盐,常见规格为胶囊剂 50mg/粒、针剂 50mg(1ml)/支或 100mg(2ml)/支、栓剂 100mg/粒、缓释剂 100mg/片。

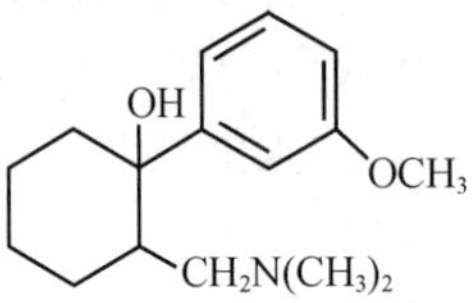

图 11-8 曲马多结构

(二)中毒症状和体内过程

曲马多具有阿片受体激动剂作用,通过其原药及代谢产物 O-去甲基曲马多而诱导出较强的阿片受体激动剂作用。另外,曲马多是一对消旋化合物混合体,能分别对中枢神经元再摄取去甲肾上腺素和 5-羟色胺起轻度的抑制作用,从而增加脑内单胺类神经递质水平而发挥作用。

曲马多的副作用主要表现为消化道症状、循环系统症状、神经与精神症状等方面。消化道症状主要包括恶心、呕吐、腹痛、便秘等;循环系统症状主要包括心动过速、心房纤颤、循环衰竭等;神经与精神症状包括头晕、困倦、疲劳、嗜睡、睡眠障碍、局部刺激感、瘙痒症、四肢抽搐、癫痫、意识丧失、加重抑郁、引发躁狂、药物依赖等。文献报道曲马多单次用量大于 500mg 可出现癫痫、心动过速、高血压及烦躁,大于 800mg 可致昏迷及呼吸衰竭。

临床前的动物试验显示曲马多的滥用潜力很低,但临床研究和上市后的监测则发现有可能产生依赖和滥用,尤其是在阿片类依赖或有滥用史的人群中。国外药物滥用监测数据表明,阿片类成瘾者为了获得欣快感而使用较大剂量的曲马多,同时可以控制其他阿片类物质的戒断症状,或者在其他阿片类制剂无法获得时作为替代品使用。为了获得欣快感,滥用者每天大剂量的服用曲马多(600～3500mg),因此经常引起中毒和其他不良反应。此外,使用曲马多的同时联合使用酒精或者可卡因等其他药物,也是一些中毒案例的主要致死因素。

口服曲马多后经胃肠道基本可全部被吸收,分布于血流丰富的组织和器官。单次服用因首过效应生物利用度为 70%,多次使用后生物利用度可达 100%,血浆蛋白结合率约为 20%。曲马多主要在肝脏代谢,符合二室药代动力学模型,半衰期 5～6 小时,有 N-去甲基曲马多、O-去甲基曲马多、N,O-去二甲基曲马多等多种代谢产物,但代谢产物中仅 O-去甲基曲马多有药理活性,其半衰期比曲马多原体长,约为 9 小时。曲马多代谢后约 90% 经肾脏排出,其中约 30% 为原体,60% 为代谢产物,其余经粪便排出。

(三)检材采取和处理

曲马多中毒相关检测所用检材主要为体内检材,包括尿液、血液和组织等。曲马多为碱性药物,从生物样品中提取分离时,可适当加入 1mol/L 的氢氧化钠溶液或 100μl 饱和碳酸氢钠溶液,使其在碱性条件下以游离状态存在,再加入二氯甲烷、乙酸乙酯、乙醚或其他溶剂提取。氮气吹干后,复溶进样。若采用液相色谱法检测时,还可进一步在酸性条件下反萃取净化和富集,取水相进样分析。对于尿样,也可采用固相萃取或固相微萃取技术进行前处理。

(四)检测方法

1. 免疫分析法 目前曲马多免疫检测试剂板的检测阈值一般为 200ng/ml。

2. 仪器分析法

生物检材中曲马多及其代谢产物可采用高效液相色谱法、气相色谱-质谱联用法、液相色谱-串联质谱法进行定性定量分析。

（1）高效液相色谱法：高效液相色谱法常用于临床上曲马多血药浓度监测。参考分析条件：C_{18} 反相色谱柱（150mm×4.6mm，5μm），前接保护柱 C_{18}（30mm×2mm，4μm）；流动相乙腈∶缓冲液（17∶83），缓冲液为 0.02mol/L 磷酸二氢钾 - 磷酸缓冲液（pH 3.7）；流速 1.0ml/min；进样量 10μl；紫外检测器检测波长 216nm；或荧光检测器，荧光激发波长 216nm，发射波长 308nm。

（2）气相色谱 - 质谱联用法：参考色谱与质谱分析条件：(5%- 苯基)- 甲基聚硅氧烷毛细管柱（30m×0.25mm，0.25μm），EI 源，电子能量 70eV，质量范围 50～650；初温 140℃保持 1 分钟，30℃/min 程序升温至 250℃，保持 10 分钟；离子源、传输线和进样口温度均为 250℃；分流进样，分流比为 50∶1；载气为高纯氦气（He）1.0ml/min，恒流模式。特征碎片离子为曲马多 m/z 58、263、135。

（3）液相色谱 - 串联质谱法：LC-MS/MS 可用于包括毛发在内的不同生物检材中曲马多及其代谢物 N- 去甲基曲马多、O- 去甲基曲马多、N,O- 去二甲基曲马多等成分的分析检测。参考色谱及质谱分析条件：①色谱参数：交叉丁基 C_{18} 键合相色谱柱（100mm×2.1mm，2.6μm），柱前连接保护柱；流动相 A 液为 2mM 乙酸铵水溶液（pH 7），B 液为 0.1% 甲酸 - 乙腈甲醇溶液（乙腈∶甲醇，70∶30），梯度洗脱，B 液 0～20 分钟从 8% 线性递增至 30%，20～21 分钟从 30% 线性递增至 92%，21～23 分钟保持 92%，23～25 分钟从 92% 线性递减至 8%；柱温 40℃；流速 0.25ml/min；进样量 10μl。②质谱参数：电喷雾离子源，以正离子模式扫描，多反应监测模式检测；离子喷雾电压 4000V；气帘气 10psi；离子源温度 600℃。曲马多及其三种主要代谢物的 LC-MS/MS 条件见表 11-7。该法结合固相萃取样品前处理技术，应用于检测毛发中的曲马多及三种主要代谢物，检测限为 0.003～0.009ng/mg。

表 11-7 曲马多及其三种主要代谢物的 LC-MS/MS 条件

化合物	结构	母离子（m/z）	子离子（m/z）	去簇电压（V）	碰撞能量（eV）	保留时间（min）
曲马多（tramadol）		264.2	58.1	40	43	11.55
			246.0		16	
N- 去甲基曲马多（NDMT）		250.2	44.0	70	37	12.09
			233.2		12	
O- 去甲基曲马多（ODMT）		250.2	58.1	70	40	5.51
			233.2		17	
N,O- 去二甲基曲马多（NOT）		236.2	44.0	70	37	6.05
			219.2		12	

四、卡西酮类

（一）一般介绍

1. 来源　卡西酮（cathinone）是存在于一种称为恰特草 *Catha edulis Forssk*（khat）植物中的天然 β- 酮基苯丙胺类似物，具有精神活性作用。刚采摘几天内的新鲜的恰特草叶中卡西酮含量较高，其外形似茶叶，又称"阿拉伯茶"。在中东地区的部分国家特别是也门，人们常常通过咀嚼恰特草叶获得兴奋作用。

甲卡西酮（methcathinone）是人工合成的精神活性物质，分子结构式比卡西酮在胺基上多一甲基。1928 年科学家首次报道甲卡西酮的合成路线，最初作为新药进行研究，由于严重的毒副作用并未引起人们的重视。直到科学家从植物恰特草中提取到卡西酮并出现其流行性滥用后，甲卡西酮才重新回到人们的视野中来，且逐渐被广泛滥用，被列入《1971 年精神药物公约》表一，受到国际麻醉品管制局管制。目前，已有超过 30 种的卡西酮类策划药被陆续合成，包括 4- 甲基甲卡西酮（4-methylmethcathinone，4-MMC，mephedrone）、亚甲基二氧吡咯戊酮（Methylenedioxypyrovalerone，MDPV）、4- 甲基乙卡西酮（4-Methylethcathinone，4-MEC）、3,4- 亚甲基二氧甲卡西酮（3,4-Methylenedioxy-N-methylcathinone，Methylone）等。在各国对传统精神药物的严格管制下，卡西酮类策划药逐渐成为娱乐滥用物质的新宠，可以从互联网上搜寻购买得到，外包装上多为一些遮人耳目的标识，例如"浴盐"、"化学试剂"、"植物养料"等，主要以粉末形式销售，也有少数以各色片剂或胶囊形式销售，是目前西方许多国家青少年狂欢娱乐使用的迷幻药的主要成分之一。

在诸多卡西酮类策划药中，甲卡西酮、4-MMC 和 MDPV 的滥用最为广泛，被多国列入管制药物，也均已被列入我国 2013 年版的精神药品品种目录的第一类管制药品中。

2. 分子结构及理化性质　卡西酮、甲卡西酮、4-MMC 和 MDPV 的化学结构式见图 11-9。由于卡西酮类策划药分子结构式中存在一个手性碳原子，因此卡西酮类策划药存在 R 和 S 构体，可能具有不同的生理活性，但大多以外消旋形式存在。

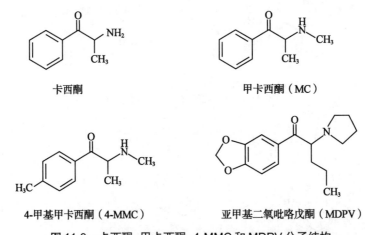

卡西酮　　　　　　　　　　甲卡西酮（MC）

4-甲基甲卡西酮（4-MMC）　　　亚甲基二氧吡咯戊酮（MDPV）

图 11-9　卡西酮、甲卡西酮、4-MMC 和 MDPV 分子结构

甲卡西酮的主要存在形式是盐酸盐，通常是白色或类白色粉末，易溶于水，味苦，闻起来有典型的酮类物质的甜味，其游离碱非常不稳定，酮基易转换为醇羟基，成为麻黄碱，即其合成前体。4-MMC 是微黄色的液体，其盐酸盐是白色或类白色粉末，有时也会被制成各种颜色的片剂和胶囊进行贩卖，由于合成路径不同有类似鱼腥味、香草味、漂白剂味等特殊气味。MDPV 纯品为棕色、灰色或黄绿色粉末，其盐酸盐为白色粉末，有少许气味，颜色越深气味越重，易吸水结块。

（二）中毒症状和体内过程

卡西酮类策划药为 β- 酮基苯丙胺类似物，其药理性质与苯丙胺类相似，可促进单胺类神经递质的释放并抑制其再摄取。由于卡西酮类策划药分子结构中氨基碳链 β 位连有酮基，导致极性增大，因而甲卡西酮分子比甲基苯丙胺分子亲水性强，更难通过血脑屏障，故要达到同等效应需要更高的剂量；但是吡咯烷衍生物类卡西酮策划药则由于吡咯烷环导致分子极性变小，通过血脑屏障的能力较强。

甲卡西酮的效果和甲基安非他明类似，最常见的滥用方式为烫吸，也有采取注射方式，静脉注射后 1~2 分钟即起效，鼻吸后则 5~15 分钟起效。注射甲卡西酮后高潮可持续 15~20 分钟，出现欣快、轻盈快活、精力旺盛、心情改善、警觉度上升、呼吸急促、心率增加、沟通欲望增加、性欲提高以及认知功能损害等症状。持续滥用甲卡西酮会出现妄想、幻觉、焦虑、失眠、体重减轻、营养不良、腹痛和全身疼等不良反应。4-MMC 俗称"喵喵"，长期使用可产生广泛的不良反应，包括心动过速、血压升高、呼吸困难等心血管系统症状；食欲缺乏、恶心、呕吐等胃肠道系统症状；头痛、头晕、耳鸣，以及类似早期帕金森病症状的震颤、颈肩僵硬和动作灵敏度下降等神经系统症状；烦躁、易怒、攻击性加强、短期记忆受损及严重时出现妄想等精神症状。MDPV 结构与 3,4 亚甲基二氧基甲基苯丙胺（MDMA）相似，其药理学作用也相似。

卡西酮类策划药的使用历史较短，相应的体内代谢机制尚处于研究之中。已有的研究表明 4-MMC 可能有三种代谢途径，包括：① N- 去甲基化生成伯胺；②酮基还原成羟基形成醇，并与葡萄糖苷酸及硫酸生成结合物；③苯环上甲基氧化成羟基形成醇，并可与葡萄糖苷酸及硫酸生成结合物或进一步氧化成羧基。MDPV 分子中含有吡咯环和叔氨基两类基团，亲酯性强，进入体内容易透过血脑屏障。MDPV 的代谢方式与 MDMA 相似，发生在亚甲基二氧基团。MDPV 入体后大部分代谢产物经尿液排出，只有极少部分经粪便排泄。有研究表明，MDPV 被吸收入体后，约为 80% 是以 MDPV 原型药形式存在。小部分经代谢后以邻苯二酚（catechol）和甲基邻苯二酚吡咯戊酮（methyl-catechol pyrovalerone）存在，这两种代谢物还会与葡萄糖醛酸、硫酸结合。

（三）检材采取和处理

体外卡西酮类策划药多为粉末状，也有各色药片及胶囊剂型。生物检材以血液、尿液为主，毛发、唾液等也有应用。对于体外毒品检测，可直接取样用甲醇溶解，离心后进样检测。对于血浆或全血样品，可选用甲醇 / 乙腈直接蛋白沉淀法进行样品提取；也可采用液 - 液提取法，在检材中加入 10% 的氢氧化钠水溶液调节检材至弱碱性（或 pH 9.2 的 Trizma 缓冲溶液后），再加入二异丙醚或含 10% 异丙醇的氯丁烷溶液进行提取，提取后分离有机相，挥干定容后进样分析。

（四）检测方法

生物检材中的卡西酮类策划药可采用高效液相色谱法、气相色谱 - 质谱联用法及液相色谱 - 串联质谱法进行定性定量分析。

1. 高效液相色谱法参考分析条件　五氟苯基（PFP）色谱柱（100mm×3mm，2.6μm）；流动相为乙腈 -0.005mol/L（pH 4.93±0.03）三氟乙酸胺缓冲溶液（33∶67），流速 0.35ml/min；进样量 10μl；室温；紫外检测器波长 262nm。该法结合固相萃取前处理技术，应用于尿液检测，4-MMC 等三种 4- 取代卡西酮策划药的检测限为 40ng/ml，定量限为 100ng/ml。

2. 气相色谱 - 质谱联用法　用 GC-MS 法分析卡西酮类策划药时，一般需先进行衍生化处理，降低化合物极性，增大挥发性，提高检测灵敏度。参考色谱及质谱分析条件：非极性毛细管色谱柱（30m×0.25mm，0.25μm）；程序升温 14 分钟，从初温 60℃至终温 295℃；氦气流速 1.0ml/min；进样口温度 240℃；四级杆温度 150℃；EI 源，电子能量 70eV，离子源温度 230℃；选择离子检测（SIM）模式。该方法用于毛发中 4-MMC 的检测，液 - 液提取，七氟丁酸酐衍生化，检测限为 0.2ng/mg，特征离子碎片为 254、119、210。

3. 液相色谱 - 串联质谱法　用液相色谱 - 串联质谱法检测卡西酮类策划药及其代谢物时无需衍生化。参考色谱及质谱分析条件：①色谱参数：苯基色谱柱（150mm×2.0mm，5μm），前接苯基保护柱；流速 0.2ml/min；流动相 A 液为 0.1% 甲酸水溶液，B 液为 0.1% 甲酸甲醇溶液，梯度洗脱，A 液 95% 和 B 液 5% 保持 1 分钟，然后 19 分钟内 A 液递减至 30%，同时 B 液递增至 70%，然后 0.5 分钟内 B 液递增至 90%，完成 22 分钟运行后 B 液递减至初始 5%；柱温：30±1℃。②质谱参数：电喷雾离子源，正离子模式扫描；离子源电压 4000V；离子源温度和去溶剂化温度分别为：140℃和 350℃；选择反应监测模式（SRM）检测。该法使用甲醇沉淀蛋白法进行样品前处理，用于检测血液中的卡西酮、MC、4-MMC 等卡西酮类化合物，检测条件及离子对见表 11-8，检测限为 0.5～3ng/ml。

表 11-8　卡西酮、MC、4-MMC 的 LC-MS/MS 条件

化合物	母离子（m/z）	子离子（m/z）	去簇电压（V）	碰撞能量（eV）
卡西酮	150	132	20	12
		117		22
MC	164	146	20	12
		131		12
4-MMC	178	160	20	12
		144		25

案例 11-2 ▶

氯胺酮慢性中毒死亡案例

某女，32 岁，职员。自 2003 年 5 月起，多次出现头晕、胸闷和呼吸困难等症状，这些症状可自行缓解，但后期出现失眠、健忘症状，曾先后到医院诊治，做多项化验和心电图检查，均未查出异常结果。2003 年 9 月 11 日 21 时 30 分左右，在家中再次感到头晕，于当晚 22 时 18 分送到医院，终因抢救无效死亡，死者家属要求查明死因。

经法医毒物分析检测，在死者心血和胃内容中均检出氯胺酮成分，含量分别为 3.8μg/ml 和 21μg/ml。公安部门进行立案侦察，最终破获了一起投毒杀人案，犯罪嫌疑人（为死者丈夫，外科医生、博士研究生）因婚外恋而起杀妻之念，将从手术室盗取的氯胺酮先后多次投入死者食用的饮料中，最后造成其慢性中毒死亡。

根据案情调查，本例被害人曾先后多次服用氯胺酮，其毒理作用造成神经及心血管系统功能障碍症状（包括头晕、失眠、心跳和呼吸突然停止等）的出现，尸体解剖中亦见心衰特征性改变（如肺淤血水肿、胸腔积液等），因此，氯胺酮慢性中毒致死的最终死亡原因应为心力衰竭。

知识拓展 ▶

手性药毒物

手性分子，是化学中结构上镜像对称而又不能完全重合的分子。碳原子在形成有机分子的时候，4 个原子或基团可以通过 4 根共价键形成三维的空间结构。由于相连的原子或基团不同，它会形成两种分子结构。这两种分子物理性质相同，化学性质也有基本没有差异，但它们的组成形状像是镜子里和镜子外的物体那样，看上去互为对应。

手性药毒物即是指结构互为镜像关系而又不能重合的一对药毒物，这对药毒物称为对映体，对映体各有不同的旋光方向：左旋、右旋、外消旋，分别用（-）、（+）、（±）符号表示。药物分子的手性标记通常采用 R/S 序列标记法。

过去多数化学药品是由等量的左旋和右旋两种对映体组成的外消旋体。近年来研究发现，很多手性药毒物对映体的毒理（药理）作用相差很大，因此手性药毒物的拆分检测方法及毒理（药理）研究已成为广泛关注的研究热点。

知识链接 ▶

药物依赖与脑奖赏环路

药物依赖性

是指机体对某种药物表现出一种强迫性的要连续或定期使用的行为和其他反应,目的是要去感受该药的精神效应,有时也是为了避免停药引起的不适,可以发生或不发生耐受。用药者可以对一种以上的药物产生依赖性。

脑奖赏系统

人类的许多行为都是受奖赏效应驱动的。大脑的奖赏系统涉及多条多巴胺通路,其中位于中脑边缘系统中的多巴胺奖赏回路与药物依赖的关系最为密切。机体摄取毒品后可导致伏隔核内的多巴胺释放增加,产生愉悦感等奖赏效应主观感受。随着药物依赖程度的加深,该系统的神经环路会受到损伤、神经可塑性发生改变,导致对吸毒行为失去控制,负性情绪和应激过于敏感、再适应能力削弱,从而难以戒毒。

本章小结

本章介绍了常见毒品的理化特性、体内代谢过程、检材处理和检测方法。除毒品鉴定外,体内毒品分析检材的选择取决于分析目的。尿液因其毒品含量高而成为筛选和确证分析的首选检材,在检测原体的同时需注意体内代谢物的检出。毛发具有检测时限长、可反映摄毒长程信息等特点,能发挥其他检材不具备的特殊证据作用。免疫分析法是目前广泛应用的快速有效的毒品筛选方法,但当筛选结果为阳性时,应用更加灵敏、可靠的仪器分析方法,如气相色谱-质谱联用法和液相色谱-串联质谱法等加以确证分析。涉及毒品的法医学鉴定往往比较复杂,需注意虑多种因素,包括耐受、依赖、戒断,以及合并用药等,在检测方案设计及结果评判时要综合考虑。

关键术语

毒品分析(illicit drug analysis)

精神药品(psychotropic substances)

麻醉药品(narcotic drugs)

策划药(designer drugs)

思考题

1. 关于毒品检测,活体吸毒检测取材与尸检死因鉴定取材有何不同?为什么?

2. 对于体内毒品检测,LC-MS/MS 法有何优越性?

3. 阿片生物碱在结构上及体内代谢方面有何特点?在进行体内检材分析及结果评价时应注意什么?

4. 怀疑某死者生前吸毒,尸体解剖时采取了胃内容物和血液检验常见毒品,检验结果为阴性,是否能就此排除死者生前近日内吸毒?为什么?

(姜 宴)

第十二章 杀 虫 剂

学习目标

掌握检材中不同化学结构有机杀虫剂的提取分离和分析的原理与方法。

熟悉有机杀虫剂的基本结构、理化性质和毒性,提取溶剂选择原理。

了解杀虫剂中毒的入体途经和在体内的变化,体内代谢物的分析与结果判定,混配杀虫剂的品种与分析特点。

章前案例 ▶

寒冬的一个下午,某矿区女青年刘某被人杀死在家中。案发后,根据群众举报,公安人员很快确定了犯罪嫌疑人任某。公安干警追逃任某至一废弃的矿坑内时,任某从矿坑内跟跟跄跄地冲出来,喊道:"别开枪!我喝药了。"刚出坑口没几步,任某突然倒地,口吐白沫,四肢痉挛,扭曲着身子在地上打滚。几名干警迅速上前将其擒获,急送医院抢救。到医院时,罪犯两眼瞳孔已明显缩小,呈昏迷状态,经抢救无效死亡。

为了证实犯罪嫌疑人确实是喝药中毒而死,法医对其尸体进行了解剖。剪开胃闻到淡淡的蒜臭味,胃内容物呈乳白色,胃黏膜有散在性出血点。提取其胃内容物和血液以及现场提取的农药瓶进行毒物检验。检材提取后经 GC-MS 分析,从送检的任某胃内容物、血液和农药瓶中均检出马拉硫磷和氰戊菊酯(速灭杀丁)。经调查,当地农民常用的一种杀灭桃树害虫的"桃小神杀"农药,其主要成分就是马拉硫磷和氰戊菊酯。

杀虫剂(insecticides)是用于防治农、林、畜牧及贮粮上的虫害和消灭生活环境中蚊蝇等害虫的药剂。杀虫剂是一类应用广、用量较大的农药,为了提高药效并克服害虫对杀虫剂的耐药性以及减少杀虫剂遗留,杀虫剂的新品种、新剂型不断增加。杀虫剂可分为无机杀虫剂、有机杀虫剂和生物性杀虫剂。绝大多数杀虫剂对人、畜和鱼类有毒。国家对杀虫剂的安全使用和市场经营都有明确规定,但因杀虫剂使用面广且易得,用杀虫剂自杀、投毒、破坏渔牧业生产、误服或使用不当而引发的中毒事件仍较突出。因此,杀虫剂的检验已成为法医毒物检验工作的一项重要内容。

由于化学杀虫剂本身所固有的缺点和人们对其不合理的使用,使化学防治产生了"3R"问题(即残留 Remain、抗性 Resistance 和再猖獗 Rampancy),其毒性不仅给人类和牲畜带来了一定危害,而且还造成了严重的环境污染。近几年一些绿色杀虫剂应运而生,如用于防治害虫的植物体、植物提取物及其改性物质的植物杀虫剂:雷公藤素、苦皮藤素、万寿藤素等;利用光和氧的作用提高杀虫效果的光活化杀虫剂:呋喃香豆素、呋喃喹啉碱等。本章主要讨论常用的或在法医毒物分析工作中常见的几类人工合成有机杀虫剂,包括有机磷类杀虫剂、氨基甲酸酯类杀虫剂、拟除虫菊酯类杀虫剂以及杀虫脒、杀虫双、阿维菌素等。

1932 年 Lange 与 Kruger 首先在柏林大学化学研究所发现了磷酸酯的生物活性,有机磷终于以神经毒气的面貌展现于世人面前。德国拜耳(Bayer)公司的化学家格哈德.施罗德(G.Schrader)在寻找烟碱的替代物时,发现了有机磷的杀虫特性。1944 年施罗德发明了对硫磷,取名为 E605 或 1605。同年,又发现杀虫力稍差但毒性也低的甲基对硫磷。但当德国科学家刚刚开始对 E605 进行试验的时候,美国军队就开进德国,没收了这种新药的存货,在美国应用,取名为"柏拉息昂"。这种杀虫剂很快以不同名称传播到全世界。在 1948 年又回到了德国,在德国恢复了 E605 这个老名称。

1949 年美国 Dupont 公司发明苯硫磷(伊皮恩,EPN),1960 年以"EPN 300"为名向世界各国出售,比对硫磷毒性小。1949 年施罗德发现内吸磷(1059),是浸透杀虫剂中最好的一种,毒性也较强。还发现甲基内吸磷,毒性较小。1958 年施罗德等发现倍硫磷(百治屠),是一广谱杀虫剂。1950 年美国 ACC 公司开发出马拉硫磷(4049),其毒性对温血动物极低单对昆虫极强。1952 年瑞士一公司推出二嗪农;1954 年拜耳公司又推出敌百虫,毒性低但适用范围较窄。乐果是由美国 ACC 公司和意大利联合开发的。

第一节　有机磷杀虫剂

一、一般介绍

(一)基本结构

有机磷杀虫剂(organophosphorus insecticides)是人工合成的有机磷酸酯或硫代磷酸酯为基本骨架的一系列有机化合物,化学结构通式为(图 12-1):

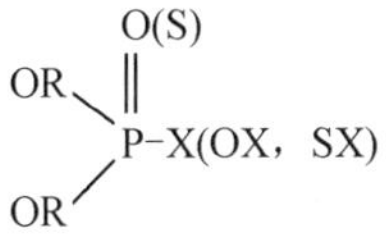

$$\begin{array}{c} \text{OR} \\ | \\ \text{OR} \end{array} \!\!\! \overset{\displaystyle \text{O(S)}}{\underset{}{\overset{\|}{\text{P}}}} - \text{X(OX, SX)}$$

图 12-1　有机磷酸酯类杀虫剂基本母体结构式
R 一般为烷烃或烃基,X 中含有烷氧基、芳氧基、
烃基、卤素、胺基、酰胺、硫醚或硝基等基团

一般可分为:磷酸酯类(敌敌畏、久效磷和磷胺等)、硫代磷酸酯类(对硫磷、杀螟松、乐果和马拉硫磷等)、焦磷酸酯及硫代焦磷酸酯类(苏化二○三)、磷酰胺及硫代磷酰胺类(甲胺磷和乙酰甲胺磷等)。常见有机磷杀虫剂的结构见表 12-1。

(二)理化性质

1. 外观与气味　纯品大多为无色、黄色或白色结晶,少数为淡黄色油状液体,如辛硫磷等。工业品多数是无色、黄色至棕黄色油状液体,如乐果、对硫磷、甲胺磷等;也有红棕色或深棕色油状液体,如久效磷等,比重多大于 1;少数是熔点不高的固体,如敌百虫。有机磷杀虫剂都具有强弱不等的气味,含硫的有蒜臭味,不含硫的有酯的气味或刺激性气味。尸体解剖过程中和所送检的检验材料也常能闻到有机磷的气味,有一定经验的人还可能从气味中分辨出杀虫剂的类别,这些都对探索检验方向有利。

2. 沸点　本类杀虫剂的沸点一般较高。常温下,有机磷杀虫剂的蒸气压较低(常见有机磷杀虫剂的蒸汽压见表 12-1),但无论液体或固体,在任何温度下都有蒸气逸出,造成中毒。

表 12-1 常见有机磷杀虫剂的结构、蒸气压和毒性

名称与分子量	别名	化学结构式	蒸气压 /Pa (℃)	大鼠经口 LD$_{50}$ mg/kg
敌敌畏 (dichlorovos) 220.98	DDVP	H$_3$CO—P(=O)(OCH$_3$)—O—CH=CCl$_2$	1.6(20) 9.9(40)	80(雄) 56(雌)
敌百虫 (trichlorfon) 257.44		H$_3$CO—P(=O)(OCH$_3$)—CH(OH)—CCl$_3$	0.01(20) 13(100)	560~630
久效磷 (monocrotophos) 223.16		H$_3$CO—P(=O)(OCH$_3$)—O—C(CH$_3$)=CH—C(=O)—NH—CH$_3$	0.0093(20) 0.0665(125)	8~23
磷胺 (phosphamidon) 299.54		H$_3$CO—P(=O)(OCH$_3$)—O—C(CH$_3$)=CCl—C(=O)—N(C$_2$H$_5$)$_2$	0.0033(20)	28.3
甲胺磷 (methamidophos) 141.13	多灭磷	H$_3$CO—P(=O)(SCH$_3$)—NH$_2$	40(20)	20~30
八甲磷 (schradan) 286.25		(CH$_3$)$_2$N—P(=O)(N(CH$_3$)$_2$)—O—P(=O)(N(CH$_3$)$_2$)—N(CH$_3$)$_2$	0.133(20)	9.1~4.2
乐果 (rogor) 229.26		H$_3$CO—P(=S)(OCH$_3$)—S—CH$_2$—C(=O)—NH—CH$_3$	0.001(20) 13(117)	320~380
氧乐果 (omethoate) 213.19		H$_3$CO—P(=O)(OCH$_3$)—S—CH$_2$—C(=O)—NH—CH$_3$	0.0033(20)	30~60
内吸磷 (demeton) 258.34	一〇五九	C$_2$H$_5$O—P(=S)(OC$_2$H$_5$)—O—CH$_2$—CH$_2$—S—C$_2$H$_5$	0.034(20)	6~12
甲基内吸磷 (methyldemeton) 230.29		H$_3$CO—P(=S)(OCH$_3$)—O—CH$_2$—CH$_2$—S—C$_2$H$_5$	0.048(20) 20(89)	57~106
甲拌磷 (phorate) 260.38	三九一一	C$_2$H$_5$O—P(=S)(OC$_2$H$_5$)—S—CH$_2$—S—C$_2$H$_5$	0.11(20)	1.6~3.7
马拉硫磷 (malathion) 330.36	四〇四九	H$_3$CO—P(=S)(OCH$_3$)—S—CH(C(=O)OC$_2$H$_5$)—CH$_2$—C(=O)OC$_2$H$_5$	0.016(20)	1375~2800
对硫磷 (parathion) 291.26	一六〇五	C$_2$H$_5$O—P(=S)(OC$_2$H$_5$)—O—C$_6$H$_4$—NO$_2$	0.005(20) 80(160)	6~15
甲基对硫磷 (methyl parathion) 263.21		H$_3$CO—P(=S)(OCH$_3$)—O—C$_6$H$_4$—NO$_2$	0.001 29(20)	14~24

续表

名称与分子量	别名	化学结构式	蒸气压/Pa（℃）	大鼠经口 LD$_{50}$ mg/kg
倍硫磷（fenthion）278.33	百治屠		0.004（20）0.01（30）	190（雄）310（雌）
杀螟硫磷（fenitrothion）277.24	杀螟松		0.0008（20）	250～500
三硫磷（trithion）342.76			4×10^{-5}（20）	30～90
辛硫磷（phoxim）298.30			1.33（120）	2170（雄）1976（雌）
毒鼠磷（phosazetim）375.21				3.5～7.5
亚胺硫磷（phosmet）317.32			0.13（50）	230（雄）299（雌）
双硫磷（temephos）466.47				2030～2330
治螟磷（sulfotep）322.32	苏化二〇三		0.0227（20）	5～10
乙硫磷（ethion）384.48	一二四〇		2×10^{-4}（20）	47～208
水胺硫磷（isocarbophos）289.29				28.5

3. 稳定性　有机磷杀虫剂不具酸碱性，不能与酸或碱成盐。分子中含有易断裂的酯键，化学性质多不稳定，动植物吸收后在体内易发生分解，一般没有累积作用。在生产和存放过程中，温度、水分和金属离子催化等皆影响其稳定性，使其发生水解、异构化或被氧化而变质；碱能使之分解；有些在强酸性条件下也分解，检验时应予以重视。例如，pH<2 或 pH>9 的介质均能促进甲拌磷水解，其速度取决于温度和酸碱度；马拉硫磷在 pH 7.0 以上或 pH 5.0 以下则迅速水解，而在 pH 5.3 的缓冲水溶液中稳定；对硫磷在酸性介质中 20℃时半衰期为 180 天，而甲基对硫磷为 45 天。

有机磷杀虫剂大多不耐热，随着温度升高分解加速。如敌敌畏在 20℃时半衰期为 61.5 天，当温度增至 70℃时，则缩短到 4 小时左右。绝大多数有机磷类杀虫剂都不宜用改良的 Stas-Otto 法进行分离。有机磷杀虫剂多具有一定的挥发性。在水溶液中分解很快，不能久贮，也不宜用水蒸气蒸馏法进行分离。

4. 极性与溶解性 有机磷杀虫剂具有一定极性,部分有机磷杀虫剂的极性由弱至强的顺序大致为:辛硫磷、甲拌磷、乙拌磷、对硫磷、甲基对硫磷、倍硫磷、杀螟松、马拉硫磷、亚胺硫磷、对氧磷、敌敌畏、内吸磷、乐果、敌百虫、氧乐果、磷胺、甲胺磷。有机磷杀虫剂都能溶于乙醇、丙酮、乙腈、乙酸乙酯、二氯甲烷、氯仿、苯等有机溶剂;少数极性小的杀虫剂易溶于己烷、石油醚等;磷胺、甲胺磷、八甲磷可与水混溶;久效磷、敌百虫、乙酰甲胺磷在水中有较大溶解度,但不易溶于烷烃类非极性溶剂;乐果、敌敌畏、甲基内吸磷等可略溶或微溶于水;其他绝大多数有机磷杀虫剂都难溶或不溶于水。

5. 剂型 有机磷杀虫剂加工剂型主要有乳油、粉剂、可湿性粉剂和颗粒剂。不同品种、不同产地、不同剂型的杀虫剂所含稳定剂、乳化剂、溶剂都有所不同。工业生产的原料中所含主要成分常伴随杀虫剂的异构体。

6. 毒性 杀虫剂的毒性一般用大鼠经口 LD_{50} 表示。由于动物性别间的差异和杀虫剂中所含异构体的比值不同以及纯度差别,各文献记载的数据常有一些出入。杀虫剂的毒性分为高、中、低三级,以大鼠 LD_{50} 的数值小于 50mg/kg 为高毒,50~500mg/kg 之间为中毒,大于 500mg/kg 为低毒。本类杀虫剂的毒性大多数属于中、高毒,只有少数如敌百虫等属于低毒(见表 12-1)。

二、中毒症状和体内过程

有机磷杀虫剂主要经消化道、皮肤黏膜吸收和呼吸道吸入,以及静脉注射、阴道塞入等进入体内,迅速分布到全身各组织器官并与组织蛋白牢固结合,血液、肝脏和肾脏中含量较高。有机磷杀虫剂中毒机制主要是抑制胆碱酯酶活性,使乙酰胆碱在体内蓄积,引起神经系统功能紊乱。急性中毒的潜伏期因品种、剂型和入体途径而不同。经口中毒大多发生于 30 分钟内,中毒量较大者在 10 分钟内可出现恶心、呕吐、腹痛、腹泻、流涎、出汗、呼吸困难和瞳孔缩小等中毒症状,死亡时间一般为 1~5 小时。经呼吸道吸入时,一般 30~50 分钟出现瞳孔缩小和呼吸困难等症状,大剂量吸入高毒有机磷可发生闪电式中毒或死亡。经皮肤中毒一般 4~6 小时,中毒部位的肌肉纤维性颤动,并随着时间延长而加剧。长期接触少量有机磷,可有头晕、乏力、多汗、恶心、食欲缺乏,有时可出现肌束震颤、瞳孔缩小等,程度较轻。重症有机磷中毒病例也有经治疗初步好转,有的已基本恢复,而在第 3~15 天突然发生"闪击式"死亡。这种迟发性突然死亡的案例,以乐果重症病例较多见,也可见于对硫磷、内吸磷、敌敌畏、甲胺磷和马拉硫磷等中毒。

有机磷杀虫剂进入机体后,迅速被吸收代谢,在肝脏中进行代谢后多经肾脏排出,排出速度较快,一般在 24 小时内经尿排出,部分从肺呼气排出,少量经粪便排出。有研究报道,有机磷吸收入体后可迅速经肝排泄入胆汁,包括原型和代谢物,中毒后 1 小时,在胆汁中可检出高浓度的敌百虫、久效磷及甲基对硫磷,中毒 96 小时当血浆中已检不出这三种杀虫剂时,胆汁中仍能检出。

有机磷杀虫剂体内代谢主要为氧化及水解反应,氧化产物较原来的毒性增强,而水解产物则毒性减弱。硫代磷酰基在体内氧化脱硫生成磷酰基化合物。具硫醚结构的有机磷农药氧化成亚砜,然后进一步氧化成砜。磷酰胺酯型农药可氧化成相应的磷胺氧化物。哺乳动物体内的磷酸酯酶能水解某些有机磷农药,将 P-X 键水解为 P-OH 键,使其失去抑制胆碱酯酶的作用。各种有机磷农药的代谢产物不同。多数有机磷化合物的代谢产物是烷基磷酸酯、烷基二磷酸酯和烷基三磷酸酯。代谢产物短时间内可从尿中排出。

三、检材采取和处理

体内各器官存在的胆碱酯酶迅速水解有机磷杀虫剂,在长时间死亡的尸体内脏中含量急剧降低,特别是在碱性介质中分解更快。在中毒死后,血液、脏器的存放过程中,有些有机磷杀虫剂降解速度也较快。例如,久效磷中毒死亡者的胃和肝,死后检验时为阳性,检材存放冰箱中三个月后肝中检不出,而十个月后胃组织中也检不出。因此,对怀疑杀虫剂中毒的检验,应及时送检,需保存时,应低温冷冻保存,并避免与碱性物质接触。口服杀虫剂中毒急救时,往往用高锰酸钾溶液、碳酸氢钠溶液或肥皂水等洗胃,导致胃内容物失去检验意义。杀虫剂品种多,特别是混配杀虫剂的出现,使杀虫剂中毒已不限于单一品种。有些市售商品的同一杀虫剂名称杂乱,为消除地区和产地差异,在接受检验委托时,应要求同时取送与案情相关联的当地杀虫剂作为对照样品。

当怀疑有机磷杀虫剂中毒时,应注意收集剩余食物、饮料、现场药瓶和呕吐物等体外检材以及血、尿和洗胃液等检材;对死亡者,还可取胃内容物、血、尿、肝、肾和胆汁等生物检材。

杀虫剂不是医疗用药,在正常饮食中不应含有。所以涉及杀虫剂中毒的检验,通常只需定性检出即可说明问题。有机磷自杀中毒者,绝大多数经口进入体内,多为未经稀释的商品原液且摄入量较大,比较容易获得检验线索。

有机磷杀虫剂的检验可用有机溶剂浸出的方法分离提取,根据有机杀虫剂的一些性质,对于分离方法有一些特别要求。

(一)提取

杀虫剂的分离提取一般要求溶液接近中性、温度尽可能低、时间尽可能短。从检材中分离提取有机杀虫剂,通常根据检材的性状,利用其在各种有机溶剂中溶解性能的不同,以交替改变溶剂进行处理的方法使之与大部分杂质分离;也可利用某些亲水性有机溶剂与疏水性有机溶剂的互不混溶性质,以液-液萃取的方法进行分离;还可利用吸附剂的选择性吸附原理,用固相萃取或固相微萃取等方法。

1. 提取溶剂的选择　提取检材中的杀虫剂,选择适当的溶剂是关键。溶剂的选择应综合考虑各种杀虫剂的性质、检材性状和各种有机溶剂性质等因素。

依据相似相溶原理,非极性或弱极性的杀虫剂宜选用非极性或弱极性有机溶剂,对极性较强的杀虫剂可选用极性溶剂。但能溶于极性溶剂的物质较多,提取时要根据杀虫剂极性的强弱和检材中脂肪、蛋白、色素等杂质含量的高低选择合适的溶剂。常用有机溶剂极性由小到大的顺序为:石油醚、环己烷、苯、二氯甲烷、氯仿、乙酸乙酯、丙酮、乙腈。例如,乙醚沸点低,挥发快,能带走较多的杀虫剂,回收率仅20%~30%;乙醇提取回收率虽然较高,但易溶出较多杂质。怀疑杀虫剂中毒的事件,有时可能是几种杀虫剂同时存在。而不同种类杀虫剂的极性有一定差异,如使用混配杀虫剂溴乐菊酯,其中溴氰菊酯是弱极性,而乐果的极性则相对较强。为提高提取效率,去除杂质干扰,也可使用两种或两种以上不同极性的溶剂按不同比例混合使用。常用的混合溶剂有:二氯甲烷和乙酸乙酯、苯和二氯甲烷、苯和丙酮、二氯甲烷和丙酮、石油醚和丙酮等。

酯类有机磷杀虫剂在碱性条件下迅速水解,有些在酸性介质中也能水解。因此,应在中性或弱酸性条件下用相应极性的有机溶剂提取。为避免受热损失,选用溶剂应首先考虑沸点不超过80℃的有机溶剂。

2. 提取分离　提取分离应先将检材做适当处理,制成适宜有机溶剂萃取的状态。从检材中提取本类杀虫剂时,由于各种杀虫剂性质上的差异和样品的多样化,可根据情况选用下述方法。

(1)直接提取法:对固体检材(如面粉、粮食、固态食物等),加入适量的苯、乙酸乙酯或氯仿振摇提取或在超声波中浸提,过滤,滤液浓缩;对不含固形物的液体状检材(如饮料、水、酱油等),可直接加入等体积的与检液不相混溶的有机溶剂如苯或二氯甲烷振摇萃取,将提取液净化浓缩;固形物较多的检材如蔬菜、剩余的饭菜、胃肠内容物、血和尸体脏器等,可将检材切细或捣碎后,加适量无水硫酸钠研磨至干沙状,用相应极性的疏水性有机溶剂提取、过滤,重复提取两次,合并提取液进行净化、浓缩。

极性弱的有机磷杀虫剂,如辛硫磷、甲拌磷可用己烷、石油醚等有机溶剂萃取;极性较强的敌敌畏、乐果、敌百虫等可用二氯甲烷、氯仿、丙酮等溶剂萃取;能溶于水的磷胺、久效磷、八甲磷、甲胺磷等极性强,可用混合溶剂如丙酮-乙醇(2:3)(只适用固体检材)、氯仿-丙酮(6:1)、丙酮-乙醇-氯仿(2:3:25)等萃取。

(2)液-液萃取法:对于水分多而含有固状物的稀薄检材,可加入能与水混溶的有机溶剂如丙酮或乙腈,加入量一般为检材体积的 2 倍。混匀后置高速旋转捣碎器中捣碎,而后过滤、离心或压榨,取其溶液部分。滤渣可再重复处理一次,使杀虫剂尽量转移入溶液中。检材中含脂肪多时,溶剂宜选用乙腈。以上处理所得溶液,可利用盐析法,用约 5 倍量的 2% 硫酸钠溶液稀释,以降低杀虫剂在丙酮或乙腈提取液中的溶解度,然后选用不相混溶的有机溶剂如石油醚和正己烷进行萃取,萃取液经无水硫酸钠脱水后浓缩。

(3) 固相萃取法:有机磷杀虫剂的极性有一定差异,提取生物检材中未知的混合有机磷杀虫剂时,虽可选用极性较大的有机溶剂同时提取不同极性的杀虫剂,但提取液中杂质也较多。由于有机磷杀虫剂多含有脂溶性基团,生物检材中微量有机磷杀虫剂及其代谢物宜选用固相萃取法分离净化,可避免液 - 液萃取的乳化问题和长时间加热蒸发溶剂引起杀虫剂的分解。

用固相萃取分离生物检材中的杀虫剂,首先要对生物组织等固体样品或体液进行预处理。对于血液样品通常加 5~10 倍(v/v)的缓冲液或蒸馏水稀释后直接通过固相萃取柱;尿液、唾液及脑脊液等也可直接通过固相萃取柱。脏器等检材需经过匀浆、沉淀蛋白、加缓冲液稀释、酶解或水解等操作,并进行离心分离,取上清液通过固相萃取柱,用丙酮、二氯甲烷或氯仿等有机溶剂淋洗。

对于水性检材中的甲胺磷、久效磷等,用活性炭吸附萃取法,可提高回收率。

(4) 顶空固相微萃取法:具有挥发性杀虫剂的萃取可采用顶空固相微萃取(HS-SPME)法。

有机物的萃取符合"相似相溶"原则,不同的涂层萃取不同的待测物。当分析混配杀虫剂或检索性筛选时,宜选用非极性涂层如聚二甲基硅氧烷;对极性杀虫剂如甲胺磷可选用极性涂层聚丙烯酸酯。调节样品至合适的 pH,可使杀虫剂在水相中的溶解度减小。分析大多有机杀虫剂可将样品控制在中性或酸性,但在强酸中易分解的杀虫剂则应调节为中性。通过向血样、尿样等水性样品中加入无机盐(氯化钠、硫酸钠等),水溶液的离子强度增大,杀虫剂的溶解度减小,可提高分析的灵敏度。

生物检材中的杀虫剂也可选用超临界流体萃取(SFE)等技术进行萃取分离。

(二) 净化

根据杀虫剂的一般性质,可用以下净化方法。

1. 吸附柱净化法和薄层净化法　吸附柱中的吸附剂常用中性氧化铝、硅镁吸附剂、弗罗里硅土、活性炭等。一般净化有机磷杀虫剂宜选用中性氧化铝为主混有少量活性炭的净化柱,这对除去生物检材中的杂质效果较好。活性炭的用量不宜过多,否则由于活性炭对杀虫剂的吸附可使提取回收率降低。

由于各种杀虫剂本身的极性及检材所含的杂质不同,对吸附剂和淋洗剂的要求也不同。对于某种杀虫剂用何种吸附剂和淋洗剂,用量多少,都必须通过实验验证。实验证明确实有效时,才能用于实际工作。用净化柱处理后,仍不能达到净化要求时,可利用杀虫剂与杂质的不同性质在硅胶薄层板上进行分离,刮取杀虫剂部分谱带洗脱后备检。

2. 分配柱净化法　使用一种亲水性的极性溶剂和一种疏水性的非极性溶剂在净化柱上实行液 - 液间的分配来达到净化目的。净化杀虫剂常用的溶剂对有:乙腈 / 己烷、石油醚或二甲基甲酰胺 / 异辛烷、己烷 /90% 二甲基亚砜等。常用的载体有硅胶、硅藻土等。先使一种溶剂附着于载体表面,加入试样后,再用另一种不相混溶的溶剂淋洗,除去试样中的杂质,最后再用溶剂将杀虫剂洗脱出来。

根据具体情况还有其他净化方法,如对易挥发的杀虫剂可用吹蒸净化法。

(三) 浓缩

经过提取净化后所得的提取液,一般体积都较大,在检测前必须进行浓缩。可根据条件选用以下浓缩方法。

1. 水浴浓缩　提取液在一般的蒸发皿中蒸发浓缩。因有机杀虫剂在高温条件下易分解,要求水浴温度不能高于 60℃,且不能蒸干溶液。提取液也可使用氮吹仪恒温下(一般为 50℃)氮气流吹干。

2. K-D 浓缩　绝大多数杀虫剂都有一定的挥发性而且对热不稳定,若在蒸发皿中蒸发,可使欲检测的杀虫剂遭受一定损失,尤其是当溶液体积大、受热时间长、加热温度较高等情况下,可使蒸气压较高或不耐热的杀虫剂大部分甚至全部损失。因此,常须在 K-D(Kuderna-Danish)蒸发浓缩器(图 12-2)中进行浓缩。

K-D 蒸发浓缩器是专为浓缩溶质具有一定挥发性的有机溶液设计的。它由梨形瓶和分馏塔组成,底部有可以更换的容器。由于溶质的蒸气压比溶剂的低,溶质的蒸气可在瓶壁和分馏塔中凝聚回流,而溶剂会不断挥发,达到蒸发浓缩同时避免溶质挥失的目的。K-D 蒸发浓缩器还可以添加温度监控和溶剂回收装置。

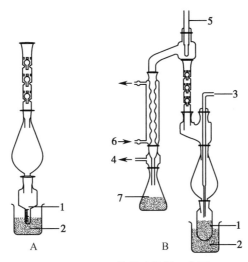

图 12-2　K-D 蒸发浓缩器示意图

左:K-D 蒸发浓缩器;右:增加通气或抽气蒸发浓缩并增设控制温度和回收溶剂装置
1. 溶液;2. 加热浴;3. 干燥空气或氮气导入口;4. 气流出口或抽气口;5. 插温度计管;
6. 冷凝水进口;7. 回收溶剂接受瓶

四、检测方法

(一)胆碱酯酶活性的测定方法

有机磷化合物进入机体后,主要抑制机体内胆碱酯酶,使之失去活性,从而丧失分解乙酰胆碱 ACh 的能力,乙酰胆碱在体内蓄积,引起神经系统功能紊乱的中毒表现,其症状的严重程度基本上与红细胞胆碱酯酶活性的抑制程度相平行。

常用的红细胞胆碱酯酶活性测定方法有羟胺比色法(羟肟酸铁比色法)、DTNB(5,5′- 二硫代双 -2- 硝基苯甲酸)比色法、pH 法、全血胆碱酯酶快速测定盒比色法以及 WHO 推荐的红细胞胆碱酯酶简捷测定箱等。

另外,利用有机磷可抑制胆碱酯酶的原理,用薄层层析 - 酶抑制法也可测定有机磷杀虫剂。在点加检液并展开的薄层板上喷酶溶液(用动物的肝脏或血清制备的酶液),38℃烘箱中完成酶抑制反应,取出后再喷含 β- 萘酯的底质溶液,底质溶液被酶分解产生 β- 萘酚,萘酚与牢固蓝 B 染料起重氮化反应,生成玫瑰红色。而有机磷杀虫剂处因酶受抑制不分解 β- 萘酯,故呈白色斑点,从而可检出有机磷杀虫剂。灵敏度可达 ng 级。

(二)化学显色法

1. 二氯化钯反应　硫代磷酸酯类化合物与二氯化钯试剂作用生成黄色或黄褐色物质。对硫磷、甲基对硫磷、杀螟松等需在 100℃加热烤 20～30 分钟才显色,可与不含硫的磷酸酯类区别,灵敏度 5～10μg。

2. 间苯二酚 - 氢氧化钠反应　敌敌畏、敌百虫、久效磷和二溴磷水解后生成二氯乙醛,在碱性条件下,与间苯二酚缩合,可生成红色化合物。灵敏度 1～5μg。此反应对水合氯醛也显红色。

3. **氢氧化钠 - 亚硝酰铁氰化钠反应** 有机磷杀虫剂中凡含有 $\begin{matrix} RO \\ RO \end{matrix} \!\! > \!\! \overset{\overset{O(S)}{\|}}{P} \!\! - \!\! S \!\! -$ 结构的,在碱性水溶液中易分解生成硫化物,与亚硝酰铁氰化钠作用,生成紫红色络合物。

4. **生成偶氮色素反应** 对硫磷、甲基对硫磷、杀螟松等分子中有硝基苯结构,可被还原成芳伯胺基,后者经重氮化后与酚或芳胺类耦合生成偶氮色素。浓度限 1:500 000。

上述化学显色法主要是利用分子中某些基团的类别反应,为非特异性反应,只能显示一组化合物或相同基团的存在。有些反应灵敏度不高,故只有原药或胃内容物中杀虫剂浓度较高、含量较多情况下做预试,绝不可以化学显色做否定结论或作为确证试验。

(三)色谱法

1. **薄层色谱法** 有机磷杀虫剂的薄层色谱分析,一般选用偏酸性的吸附剂如硅胶、硅胶 G、硅胶 GF_{254} 等。展开剂应为不含氨碱性的有机溶剂。一般来说,对分离一些极性较弱或中等极性的有机磷杀虫剂,展开剂的配比以己烷等非极性溶剂为基础,加入一些极性溶剂来调整;而分离极性强的有机磷杀虫剂,则可用苯或氯仿等中等极性溶剂为基础,用弱极性溶剂调节展开剂极性。但展开剂的选择与各种杀虫剂的溶解性能也有很大关系。表 12-2 列出六种混合溶剂为展开剂时部分杀虫剂的 R_f 值。

表 12-2 六种展开剂对有机磷杀虫剂薄层色谱 R_f 值

杀虫剂名称	展开剂					
	I	II	III	IV	V	VI
乐果	0.48	0.42	0.07	—	—	0.13
敌敌畏	0.98	0.90	0.25	0.58	0.30	0.27
甲基对硫磷	0.97	0.98	0.39	0.46	0.40	0.46
对硫磷	0.95	0.97	0.55	0.62	0.46	0.60
亚胺硫磷	0.97	0.96	0.27	0.60	0.52	0.30
			0.58		0.22	
乙硫磷	0.98	0.95	0.65	0.59	0.98	0.83
				0.70	0.48	0.69
甲拌磷	0.97	0.95	0.77	0.65	0.62	0.88
			0.31			
治螟磷	0.98	0.98	0.63	0.70	0.57	—
内吸磷	0.98	0.90	0.72	0.55	0.59	0.81
			0.30		0.57	0.44
三硫磷	0.96	0.90	0.72	0.85	0.85	0.79
	0.45			0.91	0.56	
马拉硫磷	0.98	0.98	0.36	0.15	0.63	0.48
					0.54	
					0.22	

I:氯仿 - 丙酮(4:1);II:氯仿 - 丙酮(9:1);III:环己烷 - 丙酮(4:1);IV:苯 - 环己烷(4:1);V:环己烷 - 氯仿(1:1);VI:正己烷 - 丙酮 - 无水乙醇(80:20:2)。

薄层板展开后稍晾干,用检测磷、硫、二氯乙醛等显色剂进行显色。

在检测过程中,由于杀虫剂的中间产物、氧化分解产物以及体内代谢产物的共同存在,因此,薄层分析中常出现多个斑点,勿轻易认为是多种农药中毒,在分析时应用当地工业对照品或代谢物做对照。

2. **气相色谱法** 用气相色谱法分析有机磷杀虫剂的色谱柱一般以弱极性或中等极性的固定相

为宜，如 OV-101、OV-17、QF-1、DC-200 等固定液的填充柱或混合填充柱。由于金属离子催化可加速有机磷分解，不宜用金属管装柱。毛细管柱一般可用 OV-101、SE-30 或 SE-54 等交联柱。有机磷高温易分解，选用适中柱温 170～230℃。各种有机磷杀虫剂的保留时间差别较大，在分析混配杀虫剂或检索性筛选时宜用程序升温。检测器可用对硫、磷具有高灵敏度的火焰光度检测器（FPD）或氮磷检测器（NPD），也可选用有机物的通用检测器氢火焰离子化检测器（FID）。

例如，用 15m×0.32mm 的 OV-101 弹性石英毛细管柱，氮磷检测器，检测器和进样口温度为 240℃。柱温：140℃→5℃/min→175℃→2℃/min→180℃（2 分钟）→10℃/min→230℃（4 分钟）。载气（N_2），流速 50ml/min，尾吹气（N_2）流速 45ml/min，氢气为 $5×10^4$Pa，空气 $3×10^4$Pa，分流比 1∶50。本法可将 20 种有机磷杀虫剂和 6 种氨基甲酸酯杀虫剂相互分离开（图 12-3）。

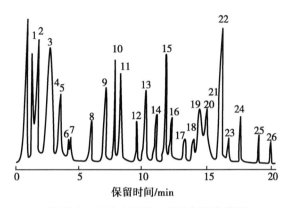

图 12-3　二十六种杀虫剂的气相色谱图

1. 甲胺磷；2. 敌敌畏；3. 乙酰甲胺磷；4. 速灭磷；5. 敌百虫；6. 涕灭威；7. 叶蝉散；
8. 仲丁威；9. 久效磷；10. 乐果；11. 呋喃丹；12. 巴胺磷；13. 二嗪农；14. 抗蚜威；
15. 西维因；16. 甲基对硫磷；17. 杀螟松；18. 虫螨磷；19. 马拉硫磷；20. 倍硫磷；
21. 对硫磷；22. 甲噻硫磷；23. 克线磷；24. 乙硫磷；25. 亚胺硫磷；26. 伏杀磷

用气相色谱分析生物检材中杀虫剂时，除出现杀虫剂色谱峰外，也会出现杂质峰，必须同时做相应的空白样品对照和送检的当地参比杀虫剂对照，以排除生物组织和杀虫剂工业生产中杂质的干扰。用气相色谱定性分析有机磷杀虫剂，阳性结果应在两根不同极性的色谱柱上与已知检样取得一致的保留时间方为可靠。定量分析可用外标法或内标法，用火焰光度检测器或氮磷检测器的气相色谱仪测定有机磷杀虫剂时，当含量在 1μg 以下，其峰面积或峰高与含量成正比，最小检出量可达 $1×10^{-11}$g，色谱条件同定性分析。

3. 高效液相色谱法　HPLC 法可用于有机磷杀虫剂的筛选和定量分析。色谱柱选用 C_{18} 色谱柱，流动相可选用乙腈∶水或甲醇∶水，检测器为紫外检测器与光电二极管阵列检测器。前者有较高的灵敏度，后者则可增加定性分析的信息量，进行紫外光谱的比对。高效液相色谱法筛选有机磷杀虫剂时，还需用气相色谱 - 质谱联用法或高效液相色谱 - 质谱联用法确证。

（四）色 - 质联用法

1. 气相色谱 - 质谱联用法　鉴于杀虫剂气相色谱分析中杂质干扰大，定性较困难，用灵敏度高、选择性好的 GC-MS 联用分析法可为定性提供可靠依据。GC-MS 检测的分析条件须视杀虫剂种类和设备情况考虑。一般都可配置无流失毛细管柱，如 SE-32MS、SE-54MS、HP-1701MS、DB-5MS 等键合熔融石英弹性毛细管柱。质谱条件：EI 源，电离电压 70eV，质量数范围 50～500amu，载气为氦气，接口温度 250～280℃，柱流量 1.0ml/min，用恒压、脉冲不分流或分流进样；CI 电离源可用负离子质谱，用甲烷作反应气。通常体外检材或含量较高的体内检材，用全谱扫描（full scan）方式检测，但有时体内检材杀虫剂含量低，杂质干扰严重，则需采用选择离子监测（SIM）方式进行或离子阱质谱（MS/MS）分析。二十三种有机磷杀虫剂的主要碎片离子见表 12-3。

表 12-3　二十三种有机磷杀虫剂的主要碎片离子

杀虫剂名称	分子量	分子离子峰 (m/z)	基峰 (m/z)	主要碎片离子 (m/z)
敌敌畏	220.92	220	109	185,145,109
敌百虫	257.38	—	109	221,185,145,139,109
久效磷	223.06	223	127	192,127,109,97
磷胺	299.54	—	127	264,193,158,138,109
甲胺磷	141.06	141	94	126,111,94
八甲磷	286.02	286	153	243,153,125,97
乐果	229.16	229	87	145,125,93,87
氧乐果	213.10	213	110,156	156,141,126,110
内吸磷	258.28	258	88	171,143,115,88
甲基内吸磷	230.24	230	88	142,125,109,88,60
甲拌磷	260.23	260	75	231,121,97,75
马拉硫磷	330.20	—	125	256,211,175,158,125,93
对硫磷	291.15	290	291	265,235,218,186,155,139,125,109
甲基对硫磷	263.15	263	109	246,200,125,109
倍硫磷	278.20	278	278	263,245,169,155,109
杀螟硫磷	277.14	277	277	260,125,109
三硫磷	342.76	342	157	296,199,157,121
辛硫磷	298.18	298	77	157,129,97,77
毒鼠磷	375.20	374	206	247,231,206,190,168
亚胺硫磷	317.22	317	160	192,160
双硫磷	466.32	466	466	341,205,125,109,93
治螟磷	322.16	322	322	294,266,238,202
乙硫磷	384.50	384	231	338,231,153,125

2. 液相色谱 - 质谱联用法　LC-MS 或 LC-MS/MS 法可以弥补 GC-MS 的不足,有利于易挥发、热不稳定的有机磷杀虫剂的分析,样品前处理简便、灵敏度高。有机磷杀虫剂因不具酸碱性,因此可选用液相 - 大气压化学电离接口 - 质谱(LC-APCI-MS)或液相 - 电喷雾电离接口 - 质谱(LC-ESI-MS)中的正离子或负离子模式测定,有机磷杀虫剂中对硫磷、甲基对硫磷和溴硫磷用负离子模式检测灵敏度高,正离子模式测定无响应信号,而三唑磷用负离子模式则检测灵敏度低。正离子模式显现的 $[M+H]^+$ 离子为主要信号,负离子模式仅有碎片离子。有机磷杀虫剂进入体内后代谢迅速,采用 LC-MS/MS 法可同时定性定量分析其极性增强的代谢产物和分解产物。

仪器参考分析条件　色谱柱:C$_{18}$(250mm×6mm,5μm);流动相:乙腈 - 水(含 20mmol/L 醋酸铵和 0.1% 甲酸)=85:15;流速:0.3ml/min;柱温:25℃;进样量:20μl。质谱条件:三重四极杆质谱,电喷雾电离,正离子模式(ESI+);毛细管电压 4000V;室电流 4.5μA;扫描方式为多反应监测(MRM),离子对(1)和(2)同时用于定性,其中离子对(1)用于定量;八种有机磷杀虫剂的质谱参数见表 12-4。

表 12-4　八种有机磷杀虫剂的质谱参数

有机磷	监测离子		碎裂电压 /V	碰撞能 /V
	离子对(1)	离子对(2)		
甲胺磷	142.1>94	142.1>112.1	135	10
敌敌畏	223>109	223>127.1	100	10
敌百虫	259>223.1	259>127.1	100	5

有机磷	监测离子		碎裂电压 /V	碰撞能 /V
	离子对（1）	离子对（2）		
甲拌磷	261 > 75.1	261 > 244.3	100	15
甲基对硫磷	264.1 > 231.9	264.1 > 125	100	10
对硫磷	292.1 > 236	292.1 > 264	100	10
乐果	230 > 199	230 > 171.1	135	10
马拉硫磷	331.1 > 127.1	331.1 > 99.1	135	10
杀螟松	278 > 124.9	278 > 246.2	100	10

（五）代谢物分析

有机磷杀虫剂在机体内易分解代谢，代谢产物和分解产物都比较复杂。有机磷杀虫剂在体内的代谢方式主要有氧化、水解或还原。有的杀虫剂的代谢产物比较稳定，在尸体存放过程中降解较慢，在检不出体内有机磷杀虫剂原型物的情况下，这些代谢物的检出可作为推断杀虫剂存在的依据。例如，含硫代磷酰基的马拉硫磷、甲基对硫磷、乐果等杀虫剂在体内的氧化产物分别为马拉氧磷、甲基对氧磷、氧乐果等；具硫醚结构的内吸磷、甲拌磷的氧化产物为亚砜和砜；对硫磷进入机体的代谢途径如图 12-4 所示，对硫磷进入机体后，可被氧化成对氧磷，部分水解成硫代磷酸二乙酯和对硝基苯酚等，主要还原为氨基对硫磷，实践工作中证明对硫磷中毒的尸体血液和内脏中都存在氨基对硫磷。

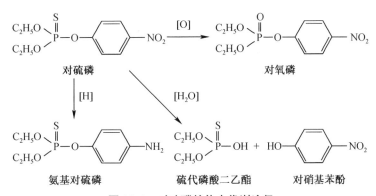

图 12-4 对硫磷的体内代谢途径

1. 对硫磷和氨基对硫磷的分析 氨基对硫磷较稳定，有时在死亡较久的检材中已检不出对硫磷，但能检出氨基对硫磷。

（1）氨基对硫磷标准品的制备：可将对硫磷溶于 50% 乙醇中，加入盐酸与锌粉进行还原，产物加氨，使其成碱性后用己烷萃取，提取液浓缩后过硅胶柱净化，再在制备薄层板上分离净化一次，所得氨基对硫磷的标准品产品纯度可超过 90%。

（2）对硫磷和氨基对硫磷的分离提取：组织检材及血、尿等液体检材皆可用己烷直接提取。组织检材捣碎后加入略少于检材量的无水硫酸钠及 5 倍量的己烷，剧烈振摇，吸取己烷溶液供检。血、尿等体液可加入 pH 7 的缓冲液控制 pH，用等量己烷萃取。萃取液挥干，用己烷溶解定容供检测，必要时做净化处理。

（3）薄层色谱分析：对硫磷的氧化、还原产物可用薄层色谱法检验。在硅胶 GF_{254} 板上用乙醚或己烷 - 乙醇 - 丙酮（3∶1∶1）作展开剂。对硫磷、对氧磷、氨基对硫磷三种物质可得到较好分离。

（4）气相色谱和气相色谱 - 质谱分析：气相色谱分析可用氮磷检测器，在弱极性或中等极性的固定相上，氮气流速 25ml/min，进样口和检测器温度 220℃，柱温 190℃下测定保留时间，对硫磷、氨基对硫磷、对氧磷可得到分离。

气相色谱 - 质谱分析,可用 OV-1701 为固定相的填充柱或毛细管柱,用甲烷作反应气,以 CI 源方式作质谱检测。对硫磷、氨基对硫磷及对氧磷的 M + 1 峰质荷比(m/z)分别为 292、262、290。也可用 EI 源,用选择离子检测或与图谱库中的标准物质的谱图核对鉴定,氨基对硫磷的特征离子(m/z)为 261、233、205、125、109、97、80。

(5)液相色谱 - 质谱 / 质谱分析:检测 4- 硝基苯酚(PNP)(对硫磷和甲基对硫磷的代谢物)可采用双柱串联的方式,C_{18} 液相柱为第一根柱,流动相为乙腈:0.01% 甲酸水溶液(25:75,V/V),流速 200μl/min。第二根柱为 ABZ+,流动相为乙腈:水溶液(65:35,V/V),流速 200μl/min。可选用三重四极杆串联质谱,配置电喷雾离子源(ESI),负离子电离模式,多反应监测(MRM)扫描方式。4- 硝基苯酚检测离子为 138>108,138>92。

2. 敌敌畏及其代谢产物、降解产物的分析 敌敌畏是一种很不稳定的化合物,当它进入机体后,在磷酸酯酶的作用下迅速水解,产生多种水解产物,有磷酸二甲酯、去甲基敌敌畏、二氯乙酸等。血中敌敌畏由于磷酸酯酶的作用,随存放时间延长而迅速降解,降解产物磷酸三甲酯、一氯敌敌畏随敌敌畏的水解有一个明显升高过程,当敌敌畏被分解至一定浓度后,磷酸三甲酯、一氯敌敌畏浓度又逐渐下降,但在死后较长时间内,仍有可能被检出。

(1)血中敌敌畏及水解、代谢物的提取:血中的敌敌畏可用 4 倍于检血量的乙醚或氯仿提取,提取液过中性氧化铝柱后浓缩备检;磷酸三甲酯可用苯萃取,再净化浓缩;二氯乙酸的极性很大,检血用一般有机溶剂提取的效果差,可采用重氮甲烷乙醚溶液提取,使二氯乙酸甲酯化,生成极性小的二氯乙酸甲酯进入乙醚溶液而被提出。各萃取物可分别用气相色谱检测。

(2)敌敌畏及其降解、代谢物的气相色谱分析:敌敌畏及其降解、代谢物极性都较大,宜选极性较强的固定相。图 12-5 是用 PEG-20M 填充柱分离敌敌畏、磷酸三甲酯、一氯敌敌畏和去甲敌敌畏的气相色谱图,其中有两个组分尚属未知。检测器为 FPD-P,温度 220℃,柱温 130℃,载气(N_2)60ml/min。

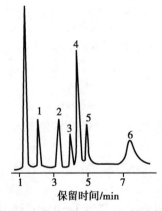

保留时间/min

图 12-5 敌敌畏中毒血在 PEG-20M 柱上的气相色谱图
1. 磷酸三甲酯;2. 一氯敌敌畏;3. 去甲基敌敌畏;4. 敌敌畏;
5 和 6 系未知物

3. 尿中有机磷二烷基磷酸酯类代谢物分析 大多数有机磷杀虫剂可在体内代谢为一种或一种以上的二烷基磷酸酯化合物(diakyl phosphate,DAP)并在中毒后 14~48 小时在尿中排出,如磷酸二甲酯(dimethyl phosphrate,DMP),磷酸二乙酯(diethyl phosphrate,DEP),二甲基硫代磷酸酯(dimethyl thiophosphrate,DMTP),二乙基硫代磷酸酯(diethyl thiophosphrate,DETP),二甲基二硫代磷酸酯(dimethyl dithiophosphrate,DMDTP),二乙基二硫代磷酸酯(diethyl dithiophosphrate,DEDTP)。主要有机磷杀虫剂的二烷基磷酸酯类代谢产物见表 12-5。

尿中有机磷二烷基磷酸酯类代谢物经提取衍生后可用气相色谱法分离并测定,最低检出限为 2~5μg/L;也可采用液相色谱 - 质谱联用法分析。

表 12-5　有机磷杀虫剂的二烷基磷酸酯类代谢产物

名称	代谢产物	名称	代谢产物
内吸磷	DEP，DETP	马拉硫磷	DMP，DMTP，DMDTP
二嗪农	DEP，DETP	对硫磷	DEP，DETP
敌敌畏	DMP	甲基对硫磷	DMP
乐果	DMP，DMTP，DMDTP	敌百虫	DMP
乙拌磷	DEDTP	保棉磷	DMP，DMTP，DMDTP
甲拌磷	DEDTP	毒死蜱	DEP，DETP

第二节　氨基甲酸酯类杀虫剂

氨基甲酸酯类杀虫剂（carbamate insecticides）是目前使用量较大的杀虫剂，主要应用于粮食、蔬菜和水果上。此类杀虫剂大多对高等动物和鱼类毒性低，在生物体和环境中易分解消失，无蓄积作用，杀虫效力强，无残毒。目前我国生产、引进的品种有十多种，主要有呋喃丹、西维因、叶蝉散和涕灭威等。呋喃丹是国内使用较多的杀虫剂，故由呋喃丹引起急性中毒的案例较为多见，也有由西维因、涕灭威、灭多威等引发中毒的。

一、一般介绍

（一）基本结构

氨基甲酸酯类杀虫剂的基本母体结构式为（图 12-6）：

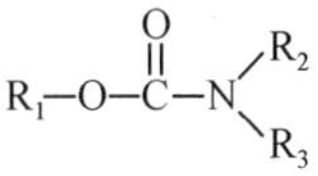

$$R_1—O—\overset{\overset{O}{\|}}{C}—N\overset{R_2}{\underset{R_3}{\diagdown}}$$

图 12-6　氨基甲酸酯类杀虫剂基本母体结构式

R_1 多为酚类、芳环或肟类，也有少数是其他基团；R_2 和 R_3 多为甲基和氢

根据取代基 R_1 的不同大致可分为：萘基氨基甲酸酯类（西维因等）、苯基氨基甲酸酯类（叶蝉散等）、杂环二甲基氨基甲酸酯类（抗蚜威等）、杂环甲基氨基甲酸酯类（呋喃丹等）、肟类（涕灭威等）。表 12-6 列出 R_2＝CH_3 和 R_3＝H，而 R_1 为不同取代基的 8 种氨基甲酸酯类杀虫剂。

表 12-6　八种氨基甲酸酯类杀虫剂的结构性质和毒性

名称与分子量	别名	R_1 取代基	熔点 /（℃）	蒸气压 /Pa（℃）	大鼠经口 LD_{50}（mg/kg）
速灭威（tsumacide）165.19	MTMC	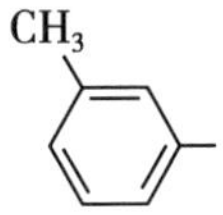	76～77	36.8（95）	498～585
甲萘威（carbaryl）201.08	西维因	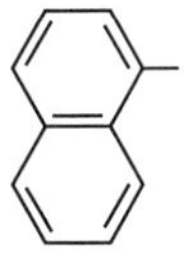	142	0.676（25）	850（雄）500（雌）
克百威（carbofuran）221.11	呋喃丹	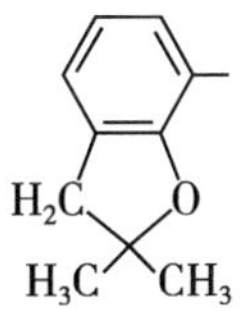	153～154	0.0029（33）	8～14

名称与分子量	别名	R₁取代基	熔点/(℃)	蒸气压/Pa(℃)	大鼠经口LD₅₀(mg/kg)
异丙威（isoprocarb）193.11	叶蝉散		96～97	0.133(25)180℃ decomposed	403～485
仲丁威（bassa, BPMC）207.13	巴沙		32	399.9(130)	410～635
混灭威（dimethacarb）179.12	灭杀威 灭除威				441～1050（雄）295～626（雌）
灭多威（methomyl）162.12	灭多虫	$CH_3-C=N-$ SCH_3	78～79	0.0067(25)	17～24
涕灭威（aldicarb）190.15	铁灭克	$CH_3-C-CH=N-$ CH_3 SCH_3	98～100	0.013(20)90℃ decomposed	0.826（雄）0.6034（雌）

（二）理化性质

氨基甲酸酯类杀虫剂的纯品均为固体，多为白色或无色结晶，具有一定的熔点。市售乳油多为浅黄色或黄褐色透明液体，如混灭威、速灭威、仲丁威等；有些原药为白色或红色固体，如甲萘威、速灭威、异丙威等；呋喃丹多为蓝紫色颗粒剂；灭多威、唑蚜威、混灭威原药略带硫磺臭味。

氨基甲酸酯类杀虫剂大多数是极性化合物，水中有一定的溶解度，在烷烃中溶解度小，能溶或易溶于氯仿、醇、苯、丙酮、乙酸乙酯、二甲基甲酰胺等极性较强的有机溶剂中。叶蝉散不溶于卤代烷烃，难溶于芳烃。氨基甲酸酯类杀虫剂一般对光和酸性物质较稳定，个别品种如巴沙、丁硫克百威、硫双灭多威在强酸介质中易分解。有些品种存在同分异构体，如灭多威、混灭威等。不同品种的氨基甲酸酯杀虫剂的毒性差别较大，多数属中、低毒性，其中毒性很大的涕灭威只能做成颗粒剂用于土壤沟施。

氨基甲酸酯类杀虫剂制剂有原油、粉剂、可湿性粉剂、乳油、颗粒剂、水剂及烟剂。

二、中毒症状和体内过程

氨基甲酸酯类杀虫剂中毒后发病快，皮肤接触后30分钟，口服后10分钟即可发病，多在30～60分钟出现症状，临床症状与有机磷中毒相似。氨基甲酸酯和有机磷一样，也是一种胆碱酯酶抑制剂，其引发症状的严重程度基本上与红细胞胆碱酯酶活力的抑制程度相平行。与有机磷农药不同的是，氨基甲酸酯与胆碱酯酶结合并非形成真正的化合物，仅是形成一种易于分解的络合物，在适当条件下很容易分解，使胆碱酯酶恢复活力。如果能使受抑制的胆碱酯酶尽快复能，那么临床症状持续时间也会缩短。

氨基甲酸酯类杀虫剂在动物体内吸收快，易分解，排泄也较快。一部分经水解、氧化或与葡萄糖醛酸结合而解毒，一部分以原型或代谢物形式迅速经肾排出。动物经口给药后，脏器内含量在15分钟左右达高峰，4小时后几乎不再能检出，一般在24小时内有80%～90%经代谢转化后以结合物形式经尿排出。涕灭威在体内氧化代谢生成毒性更大的亚砜类和砜类化合物；西维因则代谢为4-羟基西维因；残杀威入体后1小时即有代谢产物邻异丙氧基苯酚排出。呋喃丹在体内主要代谢产物是呋喃酚,在动植物体内的代谢产物如图 12-7 所示。其中酚类化合物在体内形成结合物或缀合物。呋喃酚较稳定,在死亡时间较久的情况下,往往只能检出呋喃酚而不能检出呋喃丹。

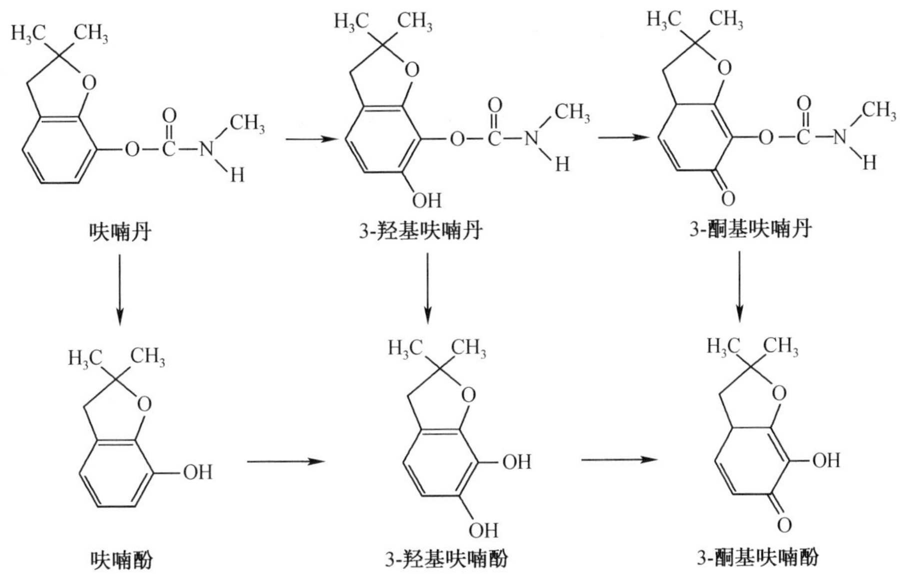

图 12-7 呋喃丹在动植物体内的主要代谢途径

氨基甲酸酯杀虫剂入体后与胆碱酯酶结合,形成一种疏松的复合体氨基甲酰化胆碱酯酶,然后被氨基甲酰酶水解,多数一级水解为酚和甲基氨基甲酸,肟类则水解为肟和甲基氨基甲酸,酚和肟与硫酸或葡萄糖醛酸等以结合型随尿排出,水解的另一产物甲基氨基甲酸在生物体内不稳定,易水解为二氧化碳和甲胺。水解方式如图 12-8 所示。

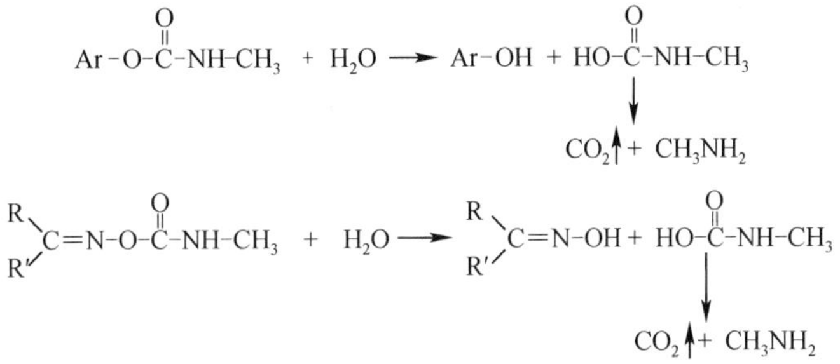

图 12-8 氨基甲酸酯类杀虫剂在体内的水解方式

三、检材采取和处理

氨基甲酸酯类杀虫剂在动物体内吸收、分解和排泄速度快,24 小时后 80%～90% 以结合物方式经尿排出体外。因此取材一定要及时。

氨基甲酸酯类杀虫剂吸收后主要分布在血液、肝脏、肾脏和脂肪组织,怀疑氨基甲酸酯类杀虫剂中毒死亡者,除应取其上述组织和胃内容、尿液、血液外,还应采取现场遗留的药瓶和呕吐物等检材。

氨基甲酸酯类杀虫剂的极性较大,提取分离宜选用极性较大的有机溶剂,如乙醚、乙酸乙酯、氯仿、丙酮、乙腈等。呋喃丹选用乙酸乙酯 - 二氯甲烷(1∶1)或苯回收率较高,也能提取出少量代谢产物呋喃酚。气相色谱法或气 - 质联用法分析时一般选用不含氯的有机溶剂。

(一)直接提取法

食物、胃内容物、呕吐物、脏器等固体或半固体检材,用无水硫酸钠研磨至干沙状后,用乙酸乙酯、二氯甲烷或二氯甲烷与乙酸乙酯的混合溶剂提取，低温浓缩，再经中性氧化铝柱或硅镁型吸附柱净化，水饱和二氯甲烷淋洗，淋洗液用无水硫酸钠脱水后，用 K-D 蒸发浓缩器浓缩至一定体积，待检。

（二）液 - 液萃取法

含水分多的检材或生物组织，匀浆后加 2 倍量的无水硫酸钠脱水，加入乙腈或丙酮提取，在 80℃ 水浴加热 30 分钟，冷却并过滤，继续用乙腈或丙酮重复上述提取过程，合并滤液，用约 5 倍量的 2% 硫酸钠溶液稀释，然后用氯仿振荡萃取 3 次，合并氯仿提取液，浓缩。

（三）固相萃取法

生物检材中微量氨基甲酸酯类杀虫剂及代谢物可用固相萃取法提取净化，常选用 C_{18} 键合相作为固定相。中毒者的组织匀浆加 5 倍水搅匀，加 0.1mol/L 高氯酸沉淀蛋白，离心，取上清液；血用 10 倍水稀释；尿可直接取用。分别通过已活化好的 C_{18} 固相萃取柱，以乙酸乙酯洗脱杀虫剂，洗脱液于氮气下吹干，残渣用有机溶剂溶解，备检。

（四）酸水解法

多数氨基甲酸酯类杀虫剂水解生成的酚类，在体内形成结合物。检测代谢物时须先经加酸加热水解。将检材置入装有冷凝管的容器中，加 3～4 倍量的 0.5mol/L 盐酸，回流煮沸数十分钟，冷却后用二氯甲烷等溶剂萃取，萃取液经过无水硫酸钠脱水、K-D 蒸发浓缩器中浓缩后备检。如颜色过深，萃取液可先通过少量活性炭净化后浓缩。

四、检测方法

氨基甲酸酯类杀虫剂的检测方法有：薄层色谱法、气相色谱和气 - 质联用法、高效液相色谱法和液 - 质联用分析、酶联免疫吸附分析法（ELISA）等。

（一）色谱法

1. 薄层色谱法　可选用聚酰胺板、硅胶板或纤维素薄层板。因本类杀虫剂的分子中含有酰胺基，用聚酰胺板分离时，杀虫剂分子中的氢原子和氧原子可与聚酰胺分子形成氢键，亲和力较强，较用硅胶为吸附剂效果好。

因聚酰胺固定相对氨基甲酸酯类杀虫剂结合力强，应选用极性大的展开剂。如用水 - 甲醇（5:5）；水 - 甲酸 - 甲醇（4:1:5）或环己烷 - 丙酮（8:2）等溶剂展开；吸附剂为硅胶 G 时，展开剂可选四氯化碳 - 乙醇 - 丙酮（4:1:1）；氯仿 - 乙酸乙酯 - 己烷（2:1:1）或乙醚 - 苯（1:3）等溶剂。由于本类杀虫剂的溶解性能多相似，R_f 值的差别不大，但可与其他杀虫剂和杂质分离。本类杀虫剂在几种展开系统中 R_f 值见表 12-7。

表 12-7　六种氨基甲酸酯类杀虫剂的 R_f 值

杀虫剂名称	聚酰胺吸附剂			硅胶 G 吸附剂		
	水 - 甲醇（5:5）	水 - 甲酸 - 甲醇（4:1:5）	环己烷 - 丙酮（8:2）	四氯化碳 - 乙醇 - 丙酮（4:1:1）	氯仿 - 乙酸乙酯 - 丙酮（2:1:1）	乙醚 - 苯（1:3）
巴沙	0.58	0.67	0.59	0.81	0.71	0.67
速灭威	0.67	0.76	0.47	0.72	0.60	0.58
混灭威	0.60	0.70	0.49			
	0.58	0.69	0.52	0.74	0.63	0.59
呋喃丹				0.78	0.50	0.53
西维因	0.42	0.52	0.34	0.81	0.60	0.58
叶蝉散				0.87	0.56	0.62

氨基甲酸酯显色反应原理：芳基 -N- 氨基甲酸酯碱性水解后生成的酚类化合物可与重氮盐作用生成偶氮化合物，或与二氯醌氯亚胺作用生成靛酚而显色。五氯酚和其他一些含有酚类结构的农药

也能显色。碱水解后生成 α- 萘酚的化合物与硝酸铈铵反应生成紫色化合物。涕灭威、灭多威的 R_1 为含硫基团，可用检测含硫有机磷杀虫剂的显色剂显色。

（1）对硝基苯偶氮氟硼酸盐试剂：先喷以饱和的氢氧化钾乙醇溶液，晾干后喷 0.5% 对硝基苯偶氮氟硼酸盐的乙醇溶液。碱水解后有酚产生的氨基甲酸酯类显橘黄、橙红至紫红色，检出限 0.1～0.2μg。

（2）Gibbs 试剂：先喷以饱和的氢氧化钾乙醇溶液，自然晾干后再喷 2% 二氯醌氯亚胺的乙醇溶液。大多数氨基甲酸酯由于形成内酚而呈蓝色，检出限约 0.5μg。与此试剂缩合的杀虫剂要求在酚羟基对位处没有基团，邻位处不含—CHO、—NO、—NO₂、—COOH 等基团。

此外，也可在紫外线灯下显示斑点。在硅胶 GF_{254} 薄层板上，含芳基的显暗斑；在聚酰胺或硅胶 G 板上喷以弱碱溶液，西维因可分解产生 α- 萘酚而显荧光；都可在薄层板上做原位扫描。

2. 气相色谱法　分析或筛选多种氨基甲酸酯杀虫剂时，一般宜选用极性较弱的固定液，如 SE-30、DB-5 或 1.5% OV-17＋5% DC-200 的石英毛细管柱或填充柱。柱温控制在 170～210℃，用 FID 或 NPD 检测。有些氨基甲酸酯杀虫剂热稳定性较差。如涕灭威在 90℃ 即可分解，直接测定时，应尽量降低气化室温度和柱温。分析体内检材中微量涕灭威，可用过氧乙酸将涕灭威氧化成亚砜或砜，二氯甲烷萃取，弗罗里硅土净化，用硫型 FPD 检测。

定量分析可将氨基甲酸酯类杀虫剂标准品配制成 20～200μg/ml 的丙酮溶液，用 100μg/ml 的苯基 -N- 甲基氨基甲酸酯作内标，进样 1μl，以上述定性分析条件检测，检出限可达 1.0×10^{-10}g。

3. 高效液相色谱法　HPLC 法主要用于氨基甲酸酯类杀虫剂及其代谢物的定量分析。反相色谱分析采用 ODS 柱，乙腈 - 水或甲醇 - 水为流动相；正相色谱分析采用 -CN 基键合相柱，庚烷 - 异丙醇为流动相。检测器多为紫外检测器、二极管阵列检测器和多通道信号检测，也可采用荧光检测器。荧光检测器定量分析是多采用柱后衍生化，衍生化试剂可用氢氧化钠、邻苯二甲醛（OPA）、2- 巯基丙酸（MEPA）。

参考分析条件：C_{18} 色谱柱（4.6mm×250mm，5μm），柱温：室温，流动相：甲醇 - 水，流速 1.2ml/min。流动相梯度洗脱。紫外检测器波长 210nm。

（二）色 - 质联用法

1. 气相色谱 - 质谱联用法　气相色谱 - 质谱联用法是分析氨基甲酸酯类杀虫剂，特别是它们的代谢产物和同分异构体的重要手段。

有些氨基甲酸酯杀虫剂具有分子立体结构不同的异构体，各基团间距离有差异，分子的极性、挥发性等物理性质不同，因此，气相色谱行为不同，即 t_R 值不同。但两者分子中原子的连接顺序相同，离子化时裂解方式相同，所以呈现相同的质谱图。八种氨基甲酸酯类杀虫剂的主要离子碎片如表 12-8 所示。

表 12-8　八种氨基甲酸酯类杀虫剂的主要离子碎片（m/z）

杀虫剂名称	分子离子峰	基峰	主要碎片离子
速灭威	165（小）	108	77,99,58,51
甲萘威	201	144	115,58,89,127
克百威	221	164	149,122,131,91
异丙威	—	121	136,91,77,103
仲丁威	—	121	150,107,91,77
混灭威	270	229	189,255,202,226
灭多威	162（小）	105	58,88,59
涕灭威	—	41	58,86,76,55

2. 高效液相色谱 - 质谱联用分析 可选用 C_{18} 柱（100mm×2.1mm，1.7μm）；柱温：40℃；甲醇（A）和 0.1% 甲酸水溶液（B），梯度洗脱。氨基甲酸酯杀虫剂可得到较好分离，见图 12-9。

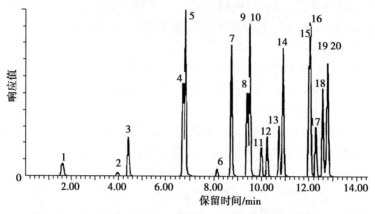

图 12-9 十九种氨基甲酸酯类杀虫剂 LC-MS 总离子流色谱图

氨基甲酸酯为极性、不稳定的含杂原子化合物，液 - 质联用分析时可选用电喷雾电离（ESI）接口或大气压化学电离（APCI）接口。分子中含有叔氨基，可优先考虑使用正离子扫描方式，多反应监测模式。十九种氨基甲酸酯杀虫剂的质谱参数见表 12-9。

表 12-9 十九种氨基甲酸酯杀虫剂的质谱参数

氨基甲酸酯类杀虫剂	监测离子		碰撞能 /eV
	离子对（1）	离子对（2）	
杀螟丹	149.78 > 104.5	149.78 > 60.7	16　23
杀线威	241.77 > 71.7	241.77 > 120.6	18　13
灭多威	162.77 > 87.6	162.77 > 105.6	10　10
抗蚜威	239.02 > 71.9	239.02 > 181.9	20　15
涕灭威	212.90 > 88.6	212.90 > 115.7	15　11
速灭威	165.83 > 108.6	165.83 > 93.5	10　27
残杀威	209.95 > 110.6	209.95 > 167.6	15　8
恶虫威	223.82 > 166.7	223.82 > 108.6	9　18
克百威	221.87 > 164.7	221.87 > 122.7	12　22
甲萘威	202.05 > 144.8	202.05 > 126.8	10　27
硫双威	354.88 > 87.8	354.88 > 107.7	17　16
苯胺灵	179.93 > 137.7	179.93 > 119.7	10　16
异丙威	193.96 > 94.6	193.96 > 136.7	14　9
乙霉威	267.82 > 225.8	267.82 > 123.6	11　32
仲丁威	207.93 > 94.7	207.93 > 151.5	15　8
甲硫威	225.98 > 168.8	225.98 > 120.9	10　19
猛杀威	207.93 > 150.7	207.93 > 108.6	9　15
氯苯胺灵	213.82 > 171.6	213.82 > 153.6	17　10
草达灭	187.88 > 125.7	187.88 > 54.8	13　23

（三）呋喃丹及其降解代谢产物的分析

呋喃丹在动植物体内的代谢产物有呋喃酚、3- 羟基呋喃丹、3- 酮基呋喃丹、3- 羟基呋喃酚及 3- 酮基呋喃酚，其中酚类化合物在体内形成结合物或缀合物。呋喃酚较稳定，在死亡时间较久的情况下，往往只能检出呋喃酚而不能检出呋喃丹。

生物检材中呋喃丹的提取,可用直接提取法。提取溶剂选用乙酸乙酯 - 二氯甲烷(1∶1)或苯,呋喃丹回收率较高,也能提取出少量呋喃酚。呋喃酚极性较大,在体内形成的结合物须经酸水解后,用二氯甲烷等极性溶剂提取。

1. 薄层色谱法 呋喃丹及其降解代谢产物的薄层色谱分析,可在硅胶 GF$_{254}$ 或高效硅胶 GF$_{254}$ 薄层板上用苯 - 乙酸乙酯(9∶1)、苯 - 丙酮(9∶1)或己烷 - 丙酮(4∶1)等溶剂展开。呋喃酚、3-酮基呋喃丹、3-羟基呋喃丹和呋喃丹等可得较好分离。显色剂可用 Gibbs 试剂、对硝基苯偶氮氟硼酸盐试剂等;也可喷以 0.6% 铁氰化钾溶液,斑点显浅紫或浅蓝绿色;喷以甲醛 - 硫酸试剂显蓝紫至红棕色。

2. 气相色谱 - 质谱联用法 呋喃丹遇热易分解,在进行气相色谱、气相色谱 / 质谱联用分析过程中,也有少量呋喃酚产生。

呋喃丹及其在动植物体内的代谢物,可用四极杆质谱仪,SE-54MS 石英毛细柱,气化室温度 250℃,以程序升温方式检测。呋喃丹与呋喃酚的色谱保留时间有较大的差异,并可与其他几种代谢产物得到较好分离。图 12-10 是 GC-MS 总离子流图。呋喃丹和呋喃酚的主要质谱断裂途径相似,主要特征离子峰(*m/z*)为:164,149,131,122,91,77,39,但呋喃丹的质谱图中有一个比较小的分子离子峰(*m/z*)是 221,而呋喃酚的分子离子峰(*m/z*)是 164。

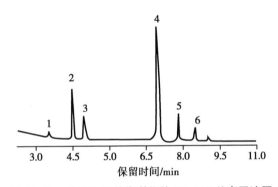

图 12-10 呋喃丹及其代谢物的 GC-MS 总离子流图
1. 呋喃酚;2. 3-酮基呋喃酚;3. 3-羟基呋喃酚;4. 呋喃丹;
5. 3-酮基呋喃丹;6. 3-羟基呋喃丹

3. 液相色谱 - 质谱联用法 呋喃丹及其代谢产物的分析液相柱可用 C$_{18}$ 色谱柱(3.9mm×150mm,5μm);流动相甲醇和水(0.1% 甲酸),梯度洗脱。选用三重四极串联质谱,配置电喷雾(ESI)离子源,正离子电离模式,多反应监测(MRM)扫描方式。

呋喃丹检测离子为 222.1 > 165.0,222.1 > 122.8(碰撞能量分别为 15eV 和 25eV);呋喃酚检测离子为 165.0 > 136.9,165.0 > 123.8。

第三节 拟除虫菊酯类杀虫剂

拟除虫菊酯类杀虫剂(synthetic pyrethroids insecticides)是在模拟天然除虫菊酯化学结构的基础上由人工合成的一类仿生杀虫剂。此类杀虫剂具有广谱、高效、对高等动物及鸟类毒性较低、光稳定性好且持效长、在自然界容易降解、较少污染等特点。拟除虫菊酯类杀虫剂目前已合成千余种成品,但常用者约 20 余种。1997 年我国开始试制、进口和应用该类杀虫剂,主要用于家庭灭蝇灭蚊虫、棉花、茶叶、果树的病虫害防治等。

一、一般介绍

拟除虫菊酯类杀虫剂按其化学结构可分为两类:一类不含 α-氰基,如二氯苯醚菊酯、甲醚菊酯等;一类含 α-氰基,如氯氰菊酯、溴氰菊酯、氰戊菊酯、氟氰戊菊酯等,这类杀虫剂活性极高,但毒性也较大。拟除虫菊酯类杀虫剂大多含有苯醚和环丙烷结构及卤素。分子中含有不对称碳原子，故具有各种光学异构体，如氰戊菊酯和顺式氰戊菊酯、氯氰菊酯和顺式氯氰菊酯等。常见的七种拟除虫菊酯杀虫剂见表12-10。

表 12-10　七种拟除虫菊酯杀虫剂的化学结构、蒸气压和毒性

名称与分子量	别名	化学结构式	蒸气压 /Pa（℃）	大鼠经口 LD_{50}（mg/kg）
二氯苯醚菊酯（permethrin）391.29	氯菊酯		4.5×10^{-5}（25）	430（雄）470（雌）
氯氰菊酯（cypermethrin）416.30	灭百可		4.5×10^{-6}（25）	200～800
氟氯氰菊酯（cyfluthrin）434.29	百树菊酯			550～750（雄）1200（雌）
三氟氯氰菊酯（cyhalothrin）449.85	功夫			56～79
溴氰菊酯（deltamethrin）505.20	敌杀死		2×10^{-6}（25）	128（雄）138（雌）
氰戊菊酯（fenvalerate）419.90	速灭杀丁		3.7×10^{-5}（20）	300～630
氟氰戊菊酯（flucythrinate）451.46	氟氰菊酯		1.16×10^{-6}（25）	81（雄）67（雌）

拟除虫菊酯类杀虫剂纯品多为无色或白色结晶，稍有芳香气味，具一定熔点。少数品种如氰戊菊酯、氯氰菊酯为黏稠状液体，工业品则多数为黄色至棕色油状液体。常温下挥发性均较低。本类杀虫剂极性较小，微溶或不溶于水，溶于乙醇、苯、丙酮、二氯甲烷、氯仿、乙酸乙酯等大多数有机溶剂中，遇酸较稳定，在碱性介质中分解较快。能与多种杀虫剂混合使用。本类杀虫剂剂型多为乳油、粉剂，少数为喷射剂（如顺式氯氰菊酯）、悬浮剂（醚菊酯）。

二、中毒症状及体内过程

拟除虫菊酯与有机磷和氨基甲酸酯杀虫剂不同，对全血胆碱酯酶活性无明显影响，血常规、肝功能、肾功能、电解质可在正常范围。中毒者以神经系统症状为主。口服中毒者消化道症状较明显，以恶心、呕吐、腹泻、腹痛等多见，并伴有流涎、口唇和四肢麻木、肌肉震颤，重者出现四肢痉挛、惊厥性扭曲、舞蹈样动作、意识不清、昏迷。经呼吸道吸入中毒者，有流泪、结膜充血、流涕、鼻喉部充血、咳嗽等刺激症状。经皮肤中毒者除有全身症状外，可出现皮肤瘙痒、刺痛、烧灼感，重者出现过敏性皮炎。

拟除虫菊酯类杀虫剂可经胃肠道、呼吸道吸收，也可由皮肤吸收，但渗透性较小。吸收后分布于全身各脏器组织中，在体内含量分布，以脑和肝中为最高。含 α- 氰基的杀虫剂中的氰基在胃中形成硫氰酸盐，在胃内停留较久，大多拟除虫菊酯类原药和代谢产物在体内代谢、排泄甚快，少量杀虫剂以原型从粪便中排出。溴氰菊酯由于代谢快，不易从脏器内检出原药。其他拟除虫菊酯杀虫剂中毒死亡者的脏器中，杀虫剂原型的含量也常甚微。

三、检材采取和处理

口服中毒时取胃内容物、呕吐物、尿、血、脑、肝、粪便等检材为宜，拟除虫菊酯在体内代谢、排泄快，应尽早解剖取材，并及时送检。

依据检材性状和实验条件，检材中拟除虫菊酯类杀虫剂的提取方法有直接提取法、液 - 液萃取法和固相萃取法。

（一）直接提取法

拟除虫菊酯类杀虫剂在酸性介质中稳定，可采用有机溶剂在酸性或中性条件下直接提取法。检材绞细或捣碎后，用无水硫酸钠研磨至干沙状，用丙酮或混合溶剂，如苯 - 二氯甲烷（8:2）或苯 - 乙酸乙酯（1:1）等浸提，溴氰菊酯、氯氰菊酯、氰戊菊酯用氯仿提取效果较好。粮食、面粉、谷类等体外检材可直接用丙酮浸泡 0.5 小时或超声浸提数分钟后，过滤出浸提液，于 60℃水浴中挥至近干，残留物用甲醇溶解，待测。

（二）液 - 液萃取法

含水多的检材可加入略大于检材量的无水硫酸钠研匀后用有机溶剂提取。也可将检材先用丙酮提取，所得提取液中加入 5 倍体积的 2% 硫酸钠溶液混合后用正己烷反复萃取 3 次，合并正己烷，再以 2% 硫酸钠溶液洗涤正己烷萃取液，萃取液脱水后浓缩，必要时做净化处理。

净化时一般将萃取液通过用中性氧化铝、弗罗里硅土或硅藻土等装填的固体吸附柱。常用的淋洗剂有：苯、乙醚 - 己烷（1:1）或乙酸乙酯 - 己烷（1:4）。含油脂较多时，宜用弗罗里硅土净化。萃取液或净化淋洗液浓缩后备检。

（三）固相萃取法

由于拟除虫菊酯类杀虫剂中苯醚和环丙烷结构具有较强的亲脂性，对血、尿中微量拟除虫菊酯类杀虫剂，也可选用 X-5、XAD-2 和 GDX-403 吸附柱或 Sep-PakC$_{18}$ 柱进行固相萃取。用 Sep-PakC$_{18}$ 小柱时，先将待分析的血、尿用 70% 甲醇水溶液稀释 10 倍后，注入经预处理过的小柱中，水洗以除去弱保留的亲水杂质，再用氯仿或乙酸乙酯洗脱杀虫剂，回收率可达 80% 以上。

四、检测方法

（一）薄层色谱法

吸附剂用硅胶 G 或硅胶 GF$_{254}$。展开剂宜选用弱极性的正己烷为基础，用中等极性的有机溶剂调节极性。例如用五种展开剂对常见的几种拟除虫菊酯类杀虫剂的展开 R$_f$ 值见表 12-11。由于市售杀虫剂在存放过程中易被氧化、分解、合成过程中药物中间体的存在、各种光学异构体等因素，氯氰菊酯、氰戊菊酯、二氯苯醚菊酯在上述条件下常有多个斑点出现，分析时须与当地对照品同时分析比较方可得出正确结论。

拟除虫菊酯类杀虫剂的分子中有发色团和助色团，能吸收紫外光，于硅胶 GF$_{254}$ 板上点样展开后，在 254nm 的紫外线灯下可见亮绿色的荧光背景上有暗色斑点。

（二）气相色谱和气相色谱 - 质谱联用法

拟除虫菊酯类杀虫剂的分子多相似，进行气相色谱分离时，固定相的极性影响较大。图 12-11 是四种拟除虫菊酯用两种固定相分离的气相色谱图。从图中可以见到，纯甲基硅氧烷固定液 SE-30（ΔI 为 217）和掺入 QF-1（ΔI 为 1500）的固定液可使四种拟除虫菊酯的出峰时间倒置。此类杀虫剂分子结构中大多含有卤素、氰基等电负性强的原子或基团，用 63Ni-ECD 检测器的检测灵敏度高，最小检出量可达 1×10^{-11}g。八种拟除虫菊酯杀虫剂的主要离子碎片见表12-12。

表12-11 拟除虫菊酯杀虫剂的薄层色谱 R_f 值

杀虫剂名称	己烷-苯 (45:55)	己烷-乙醚 (5:1)	己烷-丙酮-苯 (9:1:1)	己烷-乙醚-甲酸 (70:30:1)	己烷-乙酸乙酯 (19:1)
溴氰菊酯	0.72	0.46	0.54	0.67	0.71
氯氰菊酯	0.13	0.36	0.41	0.59	0.41
	0.26				0.56
	0.64	0.46	0.47	0.68	0.64
	0.86	0.54	0.53		0.76
氰戊菊酯	0.68	0.41	0.42	0.66	0.63
			0.67		0.86
			0.77		0.73
			0.83		
二氯苯醚菊酯	0.76	0.51	0.74	0.25	0.74
			0.81	0.78	0.93
	0.86	0.69	0.87		
			0.99		

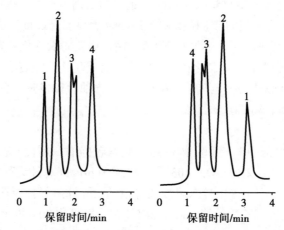

图12-11 四种拟除虫菊酯用两种固定相分离的气相色谱图

左：SE-30+QF-1 固定相；右：SE-30 固定相

1. 二氯苯醚菊酯；2. 氯氰菊酯；3. 杀灭菊酯；4. 溴氰菊酯

表12-12 八种拟除虫菊酯杀虫剂的主要离子碎片（m/z）

杀虫剂名称	分子离子峰	基峰	主要碎片离子
二氯苯醚菊酯	390	185	165,77,91,127
氯氰菊酯	415	165	181,91,77,61,127
氟氯氰菊酯	—	165	206,91,77,199,127,226
三氟氯氰菊酯	449（小）	181	197,208,141,77
溴氰菊酯	505	253	181,93,172,77,208
氰戊菊酯	419	125	167,225,181,152
氟氰戊菊酯	451	199	157,181,107,77,55
甲氰菊酯	349	97	55,101,43,125,83

（三）高效液相色谱法

拟除虫菊酯类杀虫剂分子中含有苯醚结构，选用紫外检测器。用正相色谱或反相色谱分析均可。反相分析常用 C_{18} 柱，以不同配比的甲醇 - 水作流动相；正相可用氨基键合相柱，己烷中加入乙醚、异丙醚等作流动相。若用液相色谱 / 质谱联用分析，可选对含氯、溴和多个羟基检测灵敏度高的负离子模式。内标可选用邻苯二甲酸的酯类。

高效液相色谱分析拟除虫菊酯类杀虫剂，也须注意一种原药中出现几种异构体色谱峰的现象，应用已知异构体分布的对照品作为对照物进行定性定量分析。

参考分析条件：C_{18} 高效液相色谱柱（4.6mm×250mm，5μm），流动相：乙腈 - 水，梯度洗脱。紫外检测器波长 206nm。

（四）液相色谱 - 质谱联用法

LC-MS 和 LC-MS/MS 可用于拟除虫菊酯类杀虫剂及其代谢物的定性和定量分析。参考条件：色谱柱可选用 C_{18}ODS-3 色谱柱（150mm×2.1mm，5μm），流动相为含 0.1% 乙酸铵的甲醇：水（98：2），质谱可选用电喷雾正离子（ESI+）模式电离，多反应监测（MRM）模式检测。

知识拓展 ▶

拟除虫菊酯类杀虫剂在生物体内代谢快，人尿中拟除虫菊酯的代谢物较原体多，所以除对原体检测外，代谢物的分析也十分重要。拟除虫菊酯类杀虫剂进入人体后，主要有 5 种代谢物：顺 -3-（2,2- 二氯乙烯基）2,2- 二甲基环丙烷 -1- 羧酸（简称顺 -Cl$_2$CA）；反 -3-（2,2- 二氯乙烯基）2,2- 二甲基环丙烷 -1- 羧酸（简称反 -Cl$_2$CA）；顺 -3-（2,2- 二溴乙烯基）2,2- 二甲基环丙烷 -1- 羧酸（简称顺 -Br$_2$CA）；氟 -3- 苯氧基苯甲酸（简称 F-PBA）；3- 苯氧基苯甲酸（简称 3-PBA）。尿中拟除虫菊酯的代谢物的检出对鉴定拟除虫菊酯类杀虫剂中毒死亡也有重要意义。

第四节　其他杀虫剂

一、杀虫双和杀虫单

杀虫双（dimehypo）为我国研制的农用杀虫剂，属仿生型沙蚕毒素类农药，具有高效、低残留、杀虫谱广的优点。

（一）理化性质

杀虫双产品有两种形式，当水溶液的 pH 为 6.5～7 时，主要成分是单钠盐（杀虫单）；pH 为 8～9 时，主要成分是双钠盐（杀虫双）。两者具有同样的杀虫作用和毒性，其化学结构式如下（图 12-12）：

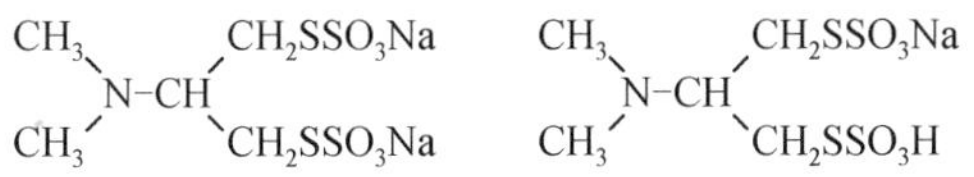

图 12-12　杀虫双和杀虫单结构式
左：杀虫双；右：杀虫单

杀虫双纯品为白色结晶，极易溶于水，易吸潮。熔点 169～171℃（分解），1% 的水溶液 pH 约 8.5。杀虫单纯品为白色结晶，不易吸潮，熔点 142～143℃（分解），易溶于水。杀虫双和杀虫单均可溶于乙醇、甲醇、二氯甲烷，二甲基甲酰胺、二甲基亚砜等有机溶剂。微溶于丙酮，难溶于乙酸乙酯及乙醚。市售商品大多为颗粒剂或是 pH 6～8 的水剂，pH 7 左右的水剂中是以杀虫单为主，习惯上统称为杀虫双。杀虫双中主要杂质是它的同分异构体，毒性小，其结构式为（图 12-13）：

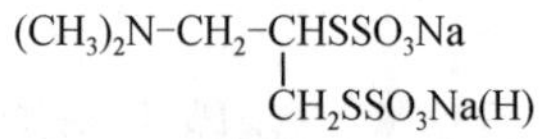

$$(CH_3)_2N-CH_2-CHSSO_3Na$$
$$\quad\quad\quad\quad\quad | $$
$$\quad\quad\quad\quad\quad CH_2SSO_3Na(H)$$

图 12-13 杀虫双同分异构体结构式

一般在 25% 的水剂中异构体约占 1/3,有效体含量只有 15%～20%,在用杀虫双市售商品做对照品分析时,要注意杀虫双与异构体的区别。

杀虫双为中等毒性杀虫剂,纯品对雄性大鼠急性经口的 LD_{50} 为 451mg/kg;经皮毒性小,小鼠经皮 LD_{50} 大于 2062mg/kg。杀虫双中毒多见于口服自杀与误服。随着杀虫双在我国的大面积使用,人急性中毒已有发生,且多为经口中毒。

(二)中毒症状与体内过程

杀虫双经口入体其中毒潜伏期较短,约 30 分钟,短者 10～15 分钟,长者也只在 2 小时左右。轻、中度中毒主要表现为头昏眼花、心悸、乏力、出汗、流涎、面色苍白、肌束震颤等神经中毒症状和恶心、呕吐、腹痛等消化道症状。严重中毒者烦躁不安,全身肌肉抽动,抽搐和昏迷,瞳孔缩小,对光反应迟钝,并可因呼吸肌麻痹至呼吸衰竭。

杀虫双在动物体内吸收、分布、代谢转化和排泄都较快,不易在体内蓄积。杀虫双进入体内迅速转化成沙蚕毒素,继而在 S 原子上甲基化和氧化,并在二甲胺部分进行水解,主要代谢物为沙蚕毒素和二甲基沙蚕毒素,代谢物主要以游离形式排出体外。杀虫双在体内分布以肾脏最高,其次是肝、脾、肺、心、脑,主要经尿排出。杀虫双可能的代谢途径如下(图 12-14):

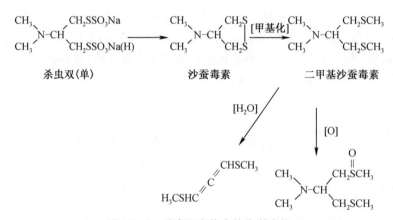

图 12-14 杀虫双在体内的代谢途径

(三)检材采取和处理

对中毒者可收集呕吐物、中毒者剩余的食物等。中毒死亡者还应收集胃内容物、血、尿液、肾脏及其他脏器等。

血液或匀浆的脏器组织可加适量水后用甲醇、氯仿或二氯甲烷 - 异丙醇(9:1)提取,也可加无水硫酸钠研磨成干沙状后,用上述溶剂萃取,提取液过中性氧化铝柱净化。胃内容物可加 2 倍体积的甲醇浸泡 30 分钟后离心,上清液用氯仿提取,氯仿层溶液通过无水硫酸钠、中性氧化铝和活性炭柱净化,以氮气将氯仿层吹干或水浴浓缩后待检。

(四)检测方法

杀虫双的检测方法有化学分析法、薄层色谱法、气相色谱法和气 - 质联用分析法。

1. 化学分析法

(1)硫氰酸铁反应:常温下,杀虫双与碱金属氰化物作用,很快转化成硫氰酸盐。后者与三氯化铁反应,生成红色硫氰酸铁络合物。灵敏度 20～25μg。

(2)间苯三酚 - 硫酸显色法:取检液数滴放入小试管中,加 2～3 滴浓硫酸,强热约 0.5 分钟。冷却后,加 5 滴 1% 间苯三酚乙醇溶液,在酒精灯上再加热约 0.5 分钟,若有杀虫双,溶液由无色透明转为橘红色。灵敏度 15～20μg。

2. 薄层色谱法 吸附剂用硅胶 G。展开剂可用甲醇 - 乙酸乙酯(8:1)、甲醇 - 氯仿 - 正己烷(6:3:1)或环己烷 - 丙酮(4:1)。薄层板展开后,喷以钙黄绿素 - 氯化钯试剂,使其形成具有荧光的物质,在紫外线灯下观察定位,用 TLC 扫描仪测定斑点荧光强度,杀虫双和沙蚕毒素的检测限分别为 11.9ng 和 5.0ng。

杀虫双和杀虫单分子结构中均含有硫,可用检测硫的显色剂进行显色。

3. 气相色谱法和气相色谱 - 质谱联用法 杀虫双的代谢产物、同分异构体的分析常采用气相色谱法和气 - 质联用法。杀虫双分子中含有硫,气相色谱法分析可选硫型 FPD 检测器。色谱柱:OV-101 石英毛细管柱;柱温:50℃(1 分钟)→20℃/min→120℃→5℃/min→200℃(10 分钟);检测器和进样口温度 230℃。杀虫双不能气化,此条件下检不出杀虫双原体,人血和胃样品中检出杀虫双的代谢产物沙蚕毒素和含硫的代谢物,沙蚕毒素的保留时间为 9.9 分钟,含硫化合物保留时间为 11.99 分钟。

GC-MS 可鉴定出六个组分,其中两对为杀虫双的同分异构体,还有杀虫双的代谢产物沙蚕毒素和二甲基沙蚕毒素,二甲基沙蚕毒素色谱峰相对较低。沙蚕毒素特征离子质荷比(m/z)为 149(分子离子峰)、70(基峰)、103、110、52;二甲基沙蚕毒素特征离子质荷比(m/z)为 179(分子离子峰)、118(基峰)、105、71.1、56、44。

4. 液相色谱 - 质谱联用法 液相色谱柱可选用 HCC$_{18}$(4.6mm×250mm,5mm),流动相甲醇:水(2:1),流速 300μl/min。质谱可选用线性离子阱型,配备电喷雾电离源(ESI),喷雾电压 4kV,毛细管电压 −24V,毛细管温度 275℃,氮气为雾化气和辅助气,氦气为碰撞气。全扫描检测:负离子检测模式,采集质量范围为 50～500amu。

二、杀虫脒

杀虫脒(chlordimeform)又名克死螨、氯苯脒等。是一种有机氮杀虫及杀螨剂,主要用于防治水稻、棉花、柑橘等多种害螨,养蜂业上也用于蜂箱杀螨。杀虫脒对人体有致癌、致畸等危害作用,在植物体上高残留,国家已明文禁止生产、使用,但因其杀螨能力强,在某些地区还较广泛地使用。

(一)理化性质与毒性

杀虫脒为氯苯脒盐酸盐,结构式为(图 12-15):

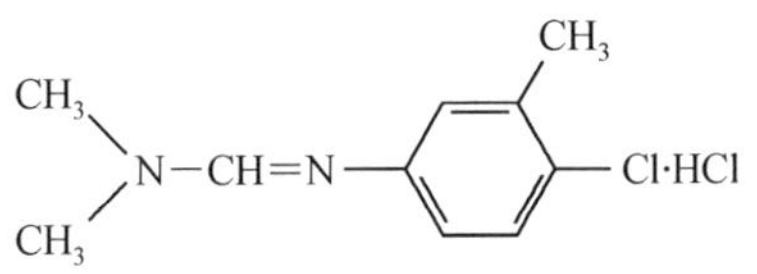

图 12-15 杀虫脒结构式

杀虫脒分子量 233.15,纯品为白色片状结晶,工业品为淡黄色结晶,易溶于水和醇,难溶于其他有机溶剂。氯苯脒微溶于水,易溶于氯仿、乙酸乙酯、石油醚、苯 - 丙酮(1:1)混合溶剂。在弱酸、弱碱中易水解破坏。市售商品为含杀虫脒 25% 或 50% 的水剂或粉剂、氯苯脒乳油。

杀虫脒为中等毒性杀虫剂,可经消化道、呼吸道、皮肤入体。其潜伏期较短,口服后 1 小时左右发病,主要表现为意识障碍、发绀、出血性膀胱炎三大症候群。多死于心功能衰竭。

在使用杀虫脒时,有防护不当经皮肤引起中毒的,服毒自杀者少见,因过失或故意使养蜂业生产受损害的事件时有发生。

(二)检材采取和处理

杀虫脒入体后,在体内的含量分布依次为:肝、肾、肺、脾、脑、心、胰、脂肪。主要代谢产物为对氯邻甲苯胺。对中毒者可收集呕吐物、中毒者剩余的食物等。中毒死亡者应收集呕吐物、胃内容物及血液,尿液、肝、肾及其他脏器等亦可作为检材。

生物检材、胃内容物及含水较多的检材中杀虫脒的提取方法：将杀虫脒碱化后析出的氯苯脒用适当的有机溶剂（如氯仿、石油醚）提取 3 次，提取液经中性氧化铝或硅镁吸附剂及活性炭柱净化、脱色；也可用稀酸液反提有机溶剂中杀虫脒而杂质留在溶剂中，酸液再碱化，用有机溶剂提取氯苯脒。提取液经浓缩、定容后备检。

（三）检测方法

杀虫脒的检测方法有薄层色谱法、气相色谱法和液相色谱 - 质谱联用法。

1. 薄层色谱法　吸附剂用硅胶 G 或硅胶 GF_{254}，展开剂可用甲醇 - 乙醇（1∶1），R_f 值 0.6；乙酸乙酯 - 氯仿 - 环己烷（1∶2∶2），R_f 值 0.7；环己烷 - 丙酮（9∶1），R_f 值 0.5。

杀虫脒分子中含有机氮，碘化铋钾试剂喷雾后显橙色斑，背景为黄色。四氯化碳的碘饱和溶液喷后显棕黄色斑，背景为白色。用硅胶 GF_{254} 板，在 254nm 紫外线灯下观察，杀虫脒斑点处无亮绿色荧光。

2. 气相色谱法　对杀虫脒的分离，可采用 6% SE-54、0.3% OV-17、3% OV-201、5% 聚乙二醇 -20M、3% OV-17 等填充柱，也可选用 HP-5 大口径石英毛细管柱 10m×0.53mm，2.65μm。柱温 190℃，气化室温度 230℃。检测器温度 250℃。氮磷检测器或火焰离子化检测器。气相色谱分析可使氯苯醚与中间体 N- 邻 - 甲苯基 -N′,N′- 二甲基甲脒、异构体很好地分离。

定量分析可用外标法或内标法，内标物为反二苯代乙烯。杀虫脒在 0.1～10ng 范围内呈良好线性关系，最低检出限可达 $2.0×10^{-9}$g。

3. 液相色谱 - 质谱 / 质谱联用法　可选用 XDB-C_{18} 色谱柱分离，以 0.1% 甲酸水溶液和乙腈为流动相进行梯度洗脱。以电喷雾正离子（ESI+）模式电离，多反应监测（MRM）模式检测。杀虫脒的检测离子为 197.1＞117.1，197.1＞125.0（碰撞能量分别为 29eV 和 33eV）。

三、阿维菌素

阿维菌素（avermactin）是由日本北里大学大村智等和美国 Merck 公司首先开发的一类具有杀虫、杀螨、杀线虫活性的十六元大环内酯化合物，由链霉菌中灰色链霉菌 streptomyces avermitilis 发酵产生，1985 年阿维菌素作为农药投入市场。阿维菌素对螨类和昆虫具有胃毒和触杀作用，不能杀卵。作用机制与一般杀虫剂不同的是干扰神经生理活动，刺激释放 γ- 氨基丁酸，而氨基丁酸对节肢动物的神经传导有抑制作用。目前市售商品农药中阿维菌素又称爱福丁、7051 杀虫素、虫螨光、绿菜宝，原药为白色或黄白色结晶粉，主要剂型有 0.5%～5% 乳油，0.15%、0.2% 高渗，1%、1.8% 可湿性粉剂，0.5% 高渗微乳油，2%、10% 水分散粒剂，含 0.2% 甲氨基阿维菌素苯甲酸盐的甲维·高氯氟等。

（一）理化性质

阿维菌素类目前已商品化的有 5 种。

1. 阿维菌素　分子式 $C_{48}H_{72}O_{14}$（B_{1a}），分子质量 873.09；$C_{47}H_{70}O_{14}$（B_{1b}），分子质量 859.06。两种阿维菌素结构式见图 12-16。

理化性质：熔点：150～155℃，21℃时在水中溶解度为 7.8μg/L、丙酮 100g/L、甲苯 350g/L、异丙醇 70g/L，氯仿 25g/L，其结构上无酸性或碱性官能团，在 25℃，pH＝5～9 时不会分解（见光会发生分解）。

2. 甲氨基阿维菌素苯甲酸盐（简称甲维盐）　分子式：$C_{49}H_{75}NO_{13}$·$C_7H_6O_2$（B_{1a}）；$C_{48}H_{73}NO_{13}$·$C_7H_6O_2$（B_{1b}），熔点 141～146℃，溶于丙醇和甲醇中，微溶于水（在 pH＝5～6 的水中的溶解度为 300ppm），不溶于正己烷，对紫外光不稳定。甲维盐是从阿维菌素 B_{1a} 出发，经化学改性合成，与母体阿维菌素相比，活性提高了 10～1000 倍。

3. 伊维菌素　由阿维菌素在均相催化剂三 -（三苯基膦）氯化铑催化加氢制得，溶于甲醇、酯和芳香烃中，不溶于水。

4. 乙酰氨基阿维菌素　阿维菌素 C-25 位上连接环己烷基而成。

5. 道拉菌素　分子式为 $C_{50}H_{74}O_{14}$，分子质量为 899.11，熔点 116～119℃。

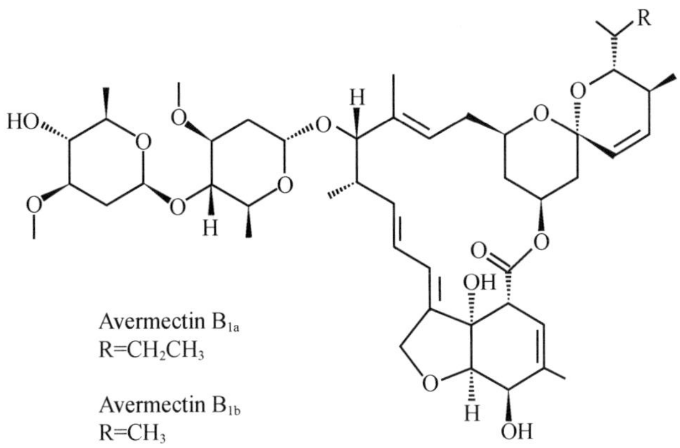

Avermectin B$_{1a}$
R=CH$_2$CH$_3$

Avermectin B$_{1b}$
R=CH$_3$

图 12-16 阿维菌素结构式

（二）毒性

阿维菌素大鼠急性经口 LD$_{50}$ 为 10mg/kg，小鼠急性经口 LD$_{50}$ 为 13mg/kg，兔急性经皮 LD$_{50}$ 大于 2000mg/kg，大鼠急性经皮 LD$_{50}$ 大于 380mg/kg，大鼠急性吸入 LC$_{50}$ 大于 5.7mg/L。对皮肤无刺激作用，对眼睛有轻微刺激作用。阿维菌素中毒早期症状为瞳孔放大，行动失调，肌肉颤抖。一般导致患者高度昏迷。

（三）检材采取和处理

对中毒者可收集呕吐物、中毒者剩余的食物等。中毒死亡者还应收集胃内容物、血、尿液、肾脏及其他脏器等。

血液可加适量水后用固相萃取柱萃取，甲醇水洗脱后待检；胃内容物或匀浆的脏器组织可使用丙酮∶水（3∶1）浸泡，超声 20 分钟，离心后取上清液，在 50℃恒温、氮气流下挥至 2ml 再次离心后取上清液，固相萃取柱萃取，甲醇水洗脱后待检。也可使用乙腈液 - 液萃取后使用固相萃取柱净化，洗脱液在 50℃恒温、氮气流下挥干后待检。

（四）检测方法

液相色谱 - 质谱联用法　待检样品可选用 C$_{18}$（150mm×2.1mm，3μm）色谱柱进行分离，流动相选用乙腈∶水∶甲酸（95∶5∶0.1 体积比）；质谱可选用电喷雾正离子（ESI+）模式电离，多反应监测（MRM）模式检测。三种阿维菌素的质谱参数见表 12-13。

表 12-13　三种阿维菌素类杀虫剂的质谱参数

阿维菌素类	监测离子		碰撞能 /V
	离子对（1）	离子对（2）	
阿维菌素	936.6＞252.0	936.6＞490.0	25
道拉菌素	921.5＞327.4	921.5＞449.0	28
伊维菌素	897.5＞329.1	897.5＞753.3	25

第五节　混配杀虫剂

一、混配杀虫剂类型

（一）有机磷类混配或与氨基甲酸酯类混配

为了兼治不同虫害或利用药物相互间的增效作用，本类杀虫剂大多可与其他类农药混用（除碱性农药外），常用两种或两种以上的杀虫剂混合配制成混配剂型。不同组合混配杀虫剂的品种较多，列举一些于表 12-14。

表 12-14　常见混配杀虫剂

名称	主要成分
40% 氧敌乳油	20% 氧乐果、20% 敌敌畏
40% 甲效磷乳油	15% 甲基对硫磷、10% 甲胺磷、15% 马拉硫磷
50% 敌抗磷乳剂	30% 敌百虫、20% 马拉硫磷
4% 久敌磷粉剂	3% 敌百虫、1% 久效磷
40% 812 复合乳油	8% 久效磷、32% 甲拌磷
40% 叶胺磷乳剂	甲胺磷、异丙威
保棉灵	甲基对硫磷、辛硫磷、灭多威

（二）拟除虫菊酯类与其他混配

单一拟除虫菊酯类杀虫剂中毒致死的案例少见，但这类杀虫剂常与其他种类的杀虫剂混合配制成混配杀虫剂（表 12-15），在毒物检验工作中因用混配杀虫剂引起中毒的事件较为多见。

表 12-15　常见含有拟除虫菊酯的混配杀虫剂

名称	主要成分
20% 氧乐氰菊乳油	18% 氧乐果、2% 氰戊菊酯
10% 溴马乳油	0.25% 溴氰菊酯、36% 马拉硫磷
20% 菊杀乳油	6% 氰戊菊酯、14% 杀螟硫磷
25% 甲威氯乳油	甲基对硫磷、灭多威、氯氰菊酯
绿松磷	马拉硫磷、辛硫磷、高效顺反氯氰菊酯
30% 胺西氯氰乳油	甲胺磷、西维因、氯氰菊酯
40% 对辛氯乳油	对硫磷、辛硫磷、氯氰菊酯

二、检材采取和处理

怀疑混配杀虫剂中毒时，应注意收集剩余食物、饮料、现场药瓶和呕吐物等体外检材，中毒死亡者应取其胃内容物、尿液、血液、肝脏、肾脏、胆汁和脂肪组织。提取分离可选用二氯甲烷、氯仿、乙酸乙酯、苯和乙腈等作为溶剂，也可使用两种或两种以上的溶剂按不同比例混合使用；提取方法可根据情况选用直接提取法、液 - 液萃取法和固相萃取法。

三、检测方法

（一）气相色谱法和气相色谱 - 质谱联用法

用气相色谱法分析多种杀虫剂的色谱柱一般选用弱极性或中等极性的固定相，选用适中柱温程序升温，可选用火焰光度检测器（FPD）或氮磷检测器（NPD）或氢火焰离子化检测器（FID）。气相色谱 - 质谱联用法是多种杀虫剂定性分析的重要手段。例如：HP-5MS（30m×0.25mm，0.25μm）色谱柱，载气：高纯氦气，流量 1.1ml/min，柱温：70℃（2 分钟）→25℃/min→150℃→3℃/min→200℃→8℃/min→260℃（10 分钟），进样口温度：250℃，进样方式：不分流进样，1.5 分钟后打开分流阀和隔垫吹扫。质谱条件：离子源（EI）温度：230℃，电子轰击能量 70eV。GC-MS 接口温度：280℃。可用于多种有机磷杀虫剂、氨基甲酸酯类杀虫剂及拟除虫菊酯类杀虫剂的分离检测。

（二）高效液相色谱法和液相色谱 - 质谱/质谱联用法

HPLC 法和 LC-MS/MS 法主要用于多种杀虫剂及其代谢产物的定性定量分析。例如选用 SB-C$_{18}$（100mm×2.1mm，1.8μm）色谱柱及 DB-C$_{18}$（30mm×2.1mm，3.5μm）优化柱进行分离；流动相选用含0.1% 甲酸的 5mmol/L 乙酸铵水溶液与乙腈梯度洗脱；质谱可选用三重四极杆质谱，电喷雾正离子

（ESI+）模式电离，多反应监测（MRM）模式检测。此条件可用于多种有机磷杀虫剂和氨基甲酸酯类杀虫剂的分离检测。

本章小结

　　杀虫剂品种繁多、使用面广且易得。混配杀虫剂和多种杀虫剂的混合使用，使得杀虫剂的分析尤为复杂。大多有机杀虫剂有特殊气味，对疑为杀虫剂中毒的案件，可根据其中毒症状和农药气味加以分析，并注意收集当地市售对照品一起送检。

　　酯类杀虫剂化学性质多不稳定，在生产和存放过程中，易发生水解或异构化。酯类杀虫剂不具酸碱性，不能与酸或碱成盐，不宜用改良的 Stas-Otto 法进行分离，也不能用酸碱反提法进行净化。生物检材中酯类有机杀虫剂的提取分离方法相似，有直接提取法、液 - 液萃取法、固相萃取和固相微萃取法等，应根据检材的性状和杀虫剂的理化性质（如极性等）选择合适的提取溶剂和提取方法。

　　GC 和 GC-MS 分析、LC 和 LC-MS 分析是杀虫剂及其代谢产物分析的重要手段，用色谱法分析时应注意异构体和商品农药中杂质的干扰。

关 键 术 语

　　有机磷杀虫剂（organophosphorus insecticides）

　　氨基甲酸酯类杀虫剂（carbamate insecticides）

　　拟除虫菊酯类杀虫剂（synthetic pyrethroids insecticides）

　　杀虫双（dimehypo）

　　杀虫单（monosultap）

思考题

　　1. 对怀疑杀虫剂中毒的检验，采取和存放检材时应注意哪些事项？为什么？

　　2. 提取有机磷杀虫剂时，提取溶剂的选择原则是什么？检材中的敌敌畏能否单用己烷提取？为什么？

　　3. 为什么绝大多数有机杀虫剂不宜用改良的 Stas-Otto 法进行分离？能否用酸碱反提法进行净化？为什么？

　　4. 用 TLC 或 GC 分析杀虫剂时，除出现分析目标物斑点或色谱峰外，也会出现另外一些斑点或色谱峰，你如何分析判断这些斑点或色谱峰？

（贾　娟）

第十三章 除 草 剂

学习目标

掌握检材中不同化学结构除草剂的提取分离和分析的原理与方法。

熟悉除草剂的基本结构、理化性质和毒性,提取溶剂选择原理。

了解除草剂中毒的入体途经和在体内的变化过程,体内代谢物的分析与结果判定。

章前案例 ▶

2012 年 9 月某日 13 时 30 分许,报案称张某自服百草枯约 180ml。当日 14 时 20 分,张某被送到医院进行抢救。9 月 7 日零时 15 分,张某经抢救无效死亡。法医分别提取医院抢救张某时的血液样品 1ml,对张某实施血液透析前和透析后血液样品各 1ml,以及案发现场两个贴有"百草枯"标签的玻璃瓶中的淡绿色液体 200ml 和 10ml。检材经提取后利用高效液相色谱法进行分析。送检的张某血液和现场发现的盛有淡绿色液体瓶中的液体中均检出百草枯。

除草剂(herbicides)是指可使杂草彻底地或选择地发生枯死的药剂,也叫除莠剂。1896 年,英国使用硫酸铜灭草,1932 年,德国用二硝甲基酚消灭麦田杂草。20 世纪 40 年代初,出现了 2,4-D 类除草剂后,欧美各国和日本掀起了研制和使用除草剂热潮。目前世界上已生产出十多个类型 200 多种除草剂。我国于六十年代初开始研制和使用除草剂,国产除草剂已发展达到十几种。根据其对植物的作用方式可以分为灭生性除草剂和选择性除草剂。根据其结构特点可分为氯苯氧羧酸类(如 2,4-D 丁酯)、均三氮苯类(如扑草净)、取代苯酚类(如五氯酚)、苯醚类(如草枯醚)、酰胺及酰基苯胺类(如扑草安)、取代脲类(如灭草隆)、氨基甲酸酯类(如灭草灵)、硫代氨基甲酸酯类(如杀草丹)及氯代脂族酸类(如茅草哭)等十几种类型。近年来法庭案例中,用除草剂投毒致经济型农作物大片枯死及人、畜中毒的案例时有发生,本章对其中常用的四种除草剂进行介绍。

第一节 百 草 枯

百草枯(paraquat),又名对草快、克芜踪等,具有非选择性和触杀特性。合成于 19 世纪,1962 年开始作为速效灭生性触杀型除草剂广泛使用。通过触杀和一定的传导性破坏绿色植物组织导致其死亡,是目前在世界范围内应用仅次于草甘膦的第二大除草剂。我国是该除草剂的最大生产和使用国。1964 年爱尔兰发生了第 1 例百草枯引起的中毒,随后世界各地相继报道百草枯中毒事件,百草枯中毒的病死率高达 25%~76%。由于百草枯广泛用于橡胶、甘蔗、果园、茶园、林业、农田除草,且原药易得,国外早有百草枯他杀投毒致死的案例报道,近年来用百草枯投毒致经济型农作物大片枯死及人、畜中毒的案例呈上升趋势。

一、一般介绍

百草枯为联吡啶类除草剂,化学名称为 1,1'- 二甲基 -4,4'- 联吡啶阳离子或其盐(氯化物、溴化物或硫酸甲酯),结构式如图 13-1 所示:

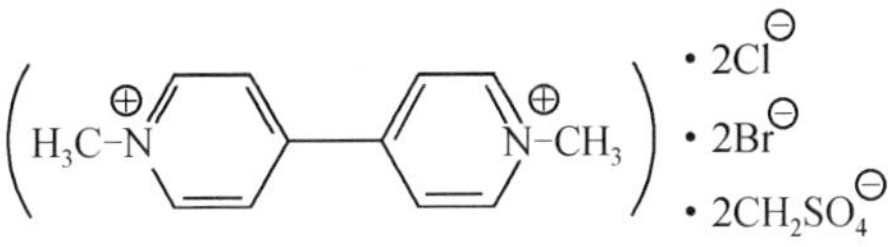

图 13-1　百草枯化学结构式

百草枯原药为白色或黄色固体,纯品为白色晶体;分子量 257.2,20℃时的密度为 1.240～1.260,熔点 175～180℃,沸点 300℃,同时也会分解。20℃在水中的溶解度为 700g/L,水溶液的 pH 为 6.5～7.5,微溶于低级醇类,不溶于烃类。其二硫酸钾酯盐具有相同的性质,二氯化物和二硫酸甲酯盐在酸性条件下都稳定,但可被碱分解。原药为 15% 和 20% 水剂,15% 水剂为灰黑色水溶液,供家庭用的是 5% 二氯化物粉剂,农业上用作除草剂则是 10%～30% 氯化物水剂。

二、毒性与体内过程

百草枯属中等毒性农药,其二氯化物大鼠急性经口 LD_{50} 为 150mg/kg,硫酸甲酯盐大鼠急性经口 LD_{50} 为 210～307mg/kg,人口服致死量为 1.0～3.0g,最小致死血浓度为 1.2mg/L,肝组织最小致死浓度为 0.2mg/kg。可通过皮肤黏膜、胃肠道和呼吸道吸收,其吸收速度较快。吸收后 48 小时内,有 90% 以原体形式由尿排出,长达 3 周后仍能检出。百草枯的毒性作用一是对皮肤黏膜的刺激和腐蚀性损害,二是吸收后对肺、肝、肾等多器官的损害,特别是肺泡细胞对百草枯具有主动摄取和蓄积作用,故在肺中浓度较高,肺受损害最突出且严重。

哺乳动物经口摄入百草枯后,0.5～4.0 小时后血浆浓度达到峰值,15～20 小时后血浆浓度缓慢下降。人体内分布容积达 1.2～1.6L,在肺及骨骼肌组织中浓度最高,其中肺分布最多,肺内浓度比血浆浓度高 10～90 倍。由于在肺部留存时间长,受损严重,使不可逆性肺纤维化成为百草枯中毒患者最主要的死因。百草枯进入体内后,与血浆蛋白结合很少,其在血中的浓度有助于判断中毒预后:血液内 4 小时和 24 小时浓度分别超过 2μg/ml 和 0.1μg/ml 的中毒患者存活率很低。这就提示了早期检测、尽快采取措施的重要性。

三、检材采取和处理

百草枯中毒致死检材采取除了常规取血、尿、内脏、脑和现场收集到的可疑容器外,要特别注意提取肺作为检材。皮肤接触中毒者取局部皮肤作为检材。

百草枯极性强,属水溶性化合物,对于含量较大的检材可用透析法分离出百草枯,取透析液高温浓缩后供检。对百草枯含量甚微的体内检材,常采用蛋白沉淀剂来消除蛋白的干扰,一般采用 10% 的三氯醋酸沉淀蛋白。酶解法去除蛋白效果也较好,常用的酶有:β- 葡萄糖醛酸苷酶、糜蛋白酶、枯草净酶、蛋白酶 K 等。其中,前两种酶处理后的样品结晶,回收率大于 80%。提取方法有固相萃取法和液 - 液萃取法及一些其他方法。

(一)液 - 液萃取法

血样 5ml 于 50ml 具塞试管中,加入乙腈 10ml,涡旋振摇 1 分钟,加入 4g 无水硫酸镁和 1g NaCl,再强力振摇 1 分钟,离心,将上清液移入另一试管中,加 PSA、石墨化碳和 C$_{18}$ 各 0.1g,振荡 30 秒后离心,取上清液置氮吹仪中浓缩至 100μL,气相色谱或气质联用分析。除一般试剂外,也可选用离子对试剂,如十二烷基硫酸钠(SDS)、辛烷磺酸钠(SOS)进行萃取。

（二）固相萃取法

固相萃取法是生物样品中微量或痕量百草枯预处理的优选方法。百草枯极性强，结构中含有离子对，与一般的固相萃取材料如苯乙烯 - 二乙烯苯共聚物 Amberlite 系列中的 XAD-2、XAD-4 及 Sep-Pak C_{18} 结合吸附牢固，较难洗脱，用离子对试剂处理固相柱后可减弱这种吸附，提高萃取效率。常用的离子对试剂有：碱性十六烷基三甲基溴化铵、碱性十二烷基三甲基溴化铵、碱性十二烷基硫酸钠、碱性庚烷磺酸钠等。也可选用阳离子交换固相柱，如 Dowex AG5W、Oasis® MCX、Oasis WCX、Strata-XC 固相萃取小柱等。洗脱液一般用酸性或碱性甲醇。

（三）其他方法

百草枯的提取方法还有乙腈直接沉淀法、高氯酸直接沉淀法、渗透 - 超滤 - 热凝固法、水浸法及柱切换法等。采用乙腈直接处理采集的血浆样品，使样品前处理更简便，但其回收率和重复性仍需进一步验证。使用在线样品预处理柱切换法检测人血液中的百草枯，回收率可达 95.0%～99.5%，生物样品离心后可直接进样，且无需使用内标。

四、检测方法

常用的百草枯的检测方法为高效液相色谱法，除此之外，化学分析方法、薄层色谱法、液 - 质联用色谱法也可测定出百草枯的含量。

（一）碱性连二亚硫酸钠反应

百草枯在碱性连二亚硫酸钠中被还原为蓝色自由基，其在 600nm 处有最大吸收，可通过紫外 - 可见分光光度法进行检测，灵敏度 0.5μg。

（二）薄层色谱法

薄层板：硅胶 G 或 GF$_{254}$ 板；展开剂：甲醇 - 水 - 盐酸（3∶2∶1）或乙醇 - 水 - 盐酸（1∶1∶0.1）；显色剂：百草枯结构中含有机氮，喷雾碘化铋钾试剂，百草枯显红色斑点。R_f 值分别为 0.45 和 0.50。

（三）高效液相色谱法

高效液相色谱法是分析百草枯的常用方法。在通常情况下，选用含离子对试剂的流动相、富集特性强的色谱柱的百草枯液相色谱方法更能获得显著的分析检测结果。百草枯结构中含有两个苯环，在紫外区有强吸收，一般采用反相色谱法和紫外检测器。但普通反相 C_{18} 柱上裸露的硅羟基易与季铵盐类化物发生作用，产生严重拖尾，因此很难用简单的流动相组成分析百草枯。通常添加一些氨类改性剂和离子对试剂，同时调节 pH 至很低，如 pH 2～4（图 13-2）。

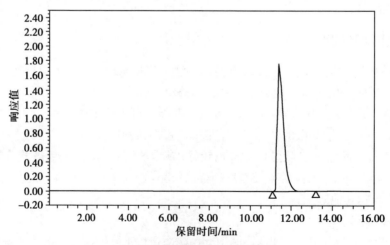

图 13-2 百草枯高效液相色谱图

（四）液相色谱 - 质谱联用法

此方法灵敏度高，检出限为 10ng/ml。色谱条件：色谱柱：以亲水基或硅胶为填料的亲水作用色谱柱（2.1mm×150mm，5μm）；流动相：乙腈 -20mmol/L 甲酸铵（甲酸调 pH 3.3）=40∶60（v/v）；流速：0.2ml/min；柱温 30℃。质谱条件：离子源：电喷雾离子化源（ESI），正离子检测；毛细管温度：281℃；毛细管电压：4.32V；源电压：4.58kV；管透镜补偿电压：8V；鞘气（N_2）：41.75；相对碰撞能 33%。采用全扫描 MS/MS 模式检测。离子对为 186.17＞171.27、186.17＞168.79（图 13-3）。

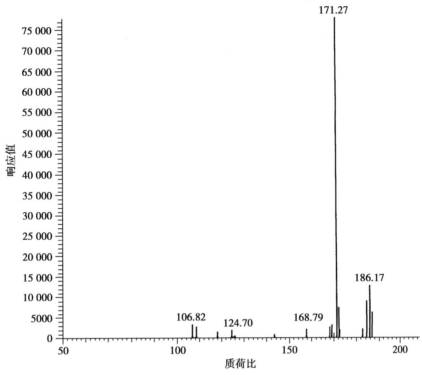

图 13-3　百草枯母离子（*m/z* 186.17）及碰撞后的子离子（MS/MS）图

第二节　五 氯 酚 钠

五氯酚（pentachlorophenol，PCP）的钠盐五氯酚钠（PCP-Na）作为除草剂、木材防腐剂、消毒和灭杀钉螺的作用，在我国一些省市使用较为普遍。它对人、畜和鱼类都有较大毒性。五氯酚钠中毒有以下几种形式：在使用五氯酚钠除草和灭螺时，有不注意防护通过皮肤接触或误饮被其污染的水而引起中毒的；有误用含有五氯酚钠的药物治疗银屑病而中毒死亡的；有过失或用其自杀的；故意投放五氯酚钠入鱼池使养鱼业生产受损害的事件近几年报道较多。

一、一般介绍

五氯酚钠纯品为白色针状结晶，工业生产的原粉为淡红色鳞片状结晶，有刺激性特殊臭味，易溶于水和甲醇，水溶液显碱性。五氯酚钠水溶液加酸即析出五氯酚。五氯酚纯品为无色针状晶体，比重 1.978，熔点 190～191℃，具有极弱的酸性，100℃时的蒸气压为 16Pa，能随水蒸气挥发。易溶于大多数有机溶剂，难溶于水。五氯酚和五氯酚钠在光照下易变质（图 13-4）。

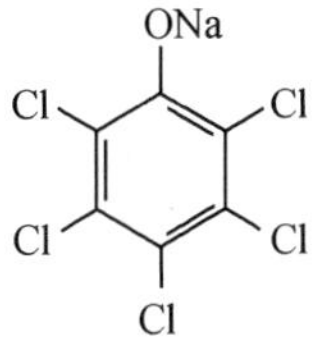

图 13-4　五氯酚钠化学结构式

二、毒性与体内过程

五氯酚钠属中等毒性农药，纯品对大鼠急性经口 LD_{50} 为 126～166mg/kg。五氯酚对鱼类的毒性很强，水中含量达 0.1～0.2mg/L 即可使鱼死亡；对人的刺激为 $0.6mg/m^3$，空气浓度超过 $1mg/m^3$ 可引起眼、上呼吸道刺激症状，浓度达到 $2.4mg/m^3$ 时正常人无法忍受。它对人的各种途径的致死量为 2～18g。五氯酚钠直接作用于能量代谢过程，使氧化过程所增加的能量不能通过磷酸化转变成为三磷腺苷或磷酸肌酸，而以热能散发，且五氯酚钠在人体内排出慢，有蓄积作用，因而引起新陈代谢亢进和高热症状，表现为头痛、高热、全身衰竭及胃肠道症状。重症患者病情可迅速转重，高热可达 40℃以上，大汗淋漓，极度疲乏及口渴，心率及呼吸加速，肌肉痉挛及全身抽搐，血压初见上升，继而下降，可引起肺部水肿，失水及酸中毒，严重者多于 24 小时内死亡。五氯酚及五氯酚钠均可经消化道和呼吸道进入体内，也可经皮肤吸收；入体后随血行分布于各脏器，大多从尿中排出。五氯酚钠中毒或中毒死亡者可根据入体途径采取尿、血、胃内容物、胃、肾或其他组织为检材。

三、检材处理

五氯酚呈弱酸性，在酸性情况下用苯、氯仿等有机溶剂萃取。也可将检材碱化后用水浸提五氯酚钠，滤取水液，加酸使水溶液呈酸性，再用乙醚、苯等有机溶剂萃取，萃取液经脱水后挥干待检。也可先在酸性条件下用有机溶剂萃取，萃取液用碱水反提，水层酸化后再用有机溶剂萃取五氯酚。还可加酸后用水蒸气蒸馏法分离，馏液用乙醚或苯萃取五氯酚。提取液经脱水、脱色、挥干后残渣待检。

四、检测方法

五氯酚的分析有化学显色法、薄层色谱法、紫外分光光度法、GC-MS 和 HPLC 法等。

（一）化学分析法

萃取液挥干物加蒸馏水和 1% Na_2CO_3 调节 pH 为 8～10，溶液供试。

1. 硫酸铜反应　溶液加 10% $CuSO_4$ 溶液数滴，如有五氯酚钠或五氯酚存在即生成褐红色的五氯苯酚铜，灵敏度 1.0μg。

2. 4- 氨基安替比林反应　溶液加入 0.2% 4- 氨基安替比林溶液及 10% 铁氰化钾溶液，混匀，水层呈绿色。再加二甲苯适量，振摇，如有五氯酚钠或五氯酚存在，二甲苯层呈蓝色，灵敏度 1.0μg。苯酚和甲苯酚产生红色，其他一些酚类化合物也有反应。

3. 藏红花反应　五氯酚在 pH 9～10 的碱性条件下与藏红花生成五氯酚藏红花络合物，在 520nm 下有最大吸收。

（二）紫外分光光度法

五氯酚乙醇溶液的吸收峰为 295nm（$E_{1cm}^{1\%}=89$）和 303nm（$E_{1cm}^{1\%}=115$），碱性水溶液中的吸收峰为 319nm（$E_{1cm}^{1\%}=194$）。可用作定性鉴别与含量测定。

（三）薄层色谱法

五氯酚极性较大，可选用极性较大的展开剂。当吸附剂为硅胶 G 时，用氯仿 - 丙酮（9∶1）或环己烷 - 丙酮（4∶19）展开。在 1% 硼酸或 1% 草酸制备的酸性硅藻土 G 板上，用苯、氯仿为展开剂，可不出现拖尾现象；若用己烷为展开剂，五氯酚可与多种有机氯杀虫剂分离。

展开后的薄层板稍晾干，喷 0.5% 邻联甲苯胺乙醇溶液后，于日光或紫外线灯下照射数分钟，如有五氯酚或其他有机氯杀虫剂，则显蓝色斑点，背景白色；此薄层板再喷 10% 硫酸铜溶液，如有五氯酚则斑点呈红褐色，其他有机氯杀虫剂不显色。灵敏度 0.3μg。

（四）气相色谱和气相色谱 - 质谱联用法

可用毛细管气相色谱与质谱联用技术分析，灵敏度可达 ng 级以下。气相色谱条件：OV-101 弹性石英毛细管柱，初始柱温 100℃（2 分钟）→20℃/min→260℃（5 分钟）；进样口温度 260℃；检测器

ECD，温度 300℃。五氯酚的保留时间为 7.2 分钟。

气相色谱 - 质谱联用分析条件为：HP-5MS 毛细管柱，柱温 70℃（1 分钟）→10℃/min→290℃；气化室、辅助接口温度 280℃；EI 源，扫描范围 40～70amu。在气相色谱 - 质谱的总离子流图中，可检测到四氯酚和五氯酚的色谱峰。选择四氯酚和五氯酚的特征同位素分子离子峰质荷比（m/z）为：264、266、268、230、232、234，另外还有 167、165、132 等碎片离子峰，利用质量色谱图来定性检测四氯酚和五氯酚。若选用 CI 源，则负离子化学源对五氯酚的检测灵敏度高于正离子化学源，检出限低于 1ppb。

（五）高效液相色谱法

可用反相色谱分析。常用 C_{18} 柱；流动相为甲醇与不同比例的碱性水溶液，检测器为二极管阵列检测器或紫外检测器。

（六）超高效液相色谱 - 质谱法

测定水样品中五氯酚含量时，该法快速、灵敏、操作简便、定量准确。超高效液相色谱参考条件：色谱柱：C_{18}（1.0mm×50mm，1.7μm），柱温：45℃，样品温度：5℃，进样体积：10μl，流速：0.3ml/min，流动相为乙腈 - 水梯度洗脱。质谱条件：离子化方式：ESΓ，毛细管电压：3.00kV，锥孔电压：20V，二级锥孔电压：3.00V，RF 电压：0.2V，离子源温度：110℃，锥孔反吹气流量：50L/ 小时，脱溶剂气温度：350℃，脱溶剂气流量：600L/ 小时，监测离子对为 262.75＞262 和 262.75＞34.5。

第三节　草　甘　膦

草甘膦（glyphosate），又名镇草宁，宁达。美国 Monsanto 公司于 20 世纪 60 年代筛选合成的一种内吸传导型除草剂，因其广谱、高效、低毒而被广泛应用于农业生产中，年销售量居农药销售之首。如今，农药残留超标已成为人类膳食中的主要食品安全问题，由此带来的影响日益受到人们的关注。在 2000 年，美国规定饮用水中草甘膦的浓度不得超过 0.7μg/ml，谷物中草甘膦的残留不得高于 0.5mg/kg。在法庭科学领域，服用草甘膦中毒的自杀、意外案件也偶有发生。

一、一般介绍

草甘膦化学名称为 N- 膦酸甲基甘氨酸，纯品为非挥发性白色固体，比重 0.5，密度 1.74，熔点约 230℃，并伴随分解。25℃时在水中的溶解度为 1.2%，不溶于一般有机溶剂，其异丙胺盐完全溶解于水，常温贮存稳定。其 10% 水剂外观为浅棕色液体，密度约 1.3kg/L，pH 为 6～8。草甘膦的化学结构见图 13-5。

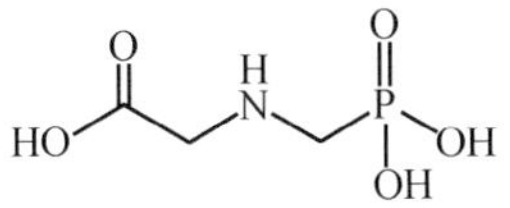

图 13-5　草甘膦化学结构式

二、毒性与体内过程

草甘膦为内吸传导型广谱灭生性有机磷类除草剂，主要通过抑制植物体内烯醇丙酮基莽草素磷酸合成酶，从而抑制莽草素向苯丙氨酸、酪氨酸及色氨酸的转化，使蛋白质的合成受到干扰，导致植物死亡。当喷洒不当或用药量过大，可对树木、农作物、瓜果造成药害，以致枯死。

该药不易被动物的胃肠道吸收，不经代谢便很快经肾、胃、肠道排出，在体内不蓄积，因此对人体的蓄毒性较低。动物实验表明草甘膦含有致突变作用和潜在的遗传毒性，对胚胎发育，细胞生长都有一定的毒性，对成人的生殖系统也有影响。

三、检材处理

草甘膦易溶于水，不易溶于一般有机溶剂，可利用水溶液进行提取。针对不同样品，可采取下列方法：土壤中加入氨水和磷酸二氢钾混合水溶液进行振荡提取，再离心；谷物样品直接用水提取，水与样品比例在 5:1～10:1 体积分数之间，视样品的干燥程度而定，较干样品可以适当增加水的比例；在牛肉、肾、肝、脂肪、蛋样品中，加入氯仿，再加入 0.1mol/L 的盐酸，搅拌 5 分钟后加入无水硫酸钠再搅拌 2 分钟，离心，收集水溶液；牛奶中加入 0.6%（体积分数）乙酸，振荡提取 10 分钟，离心，收集水溶液。提取完成后可采用液 - 液萃取法、固相萃取法及离子净化柱净化提取的样品。阳离子净化柱、C$_{18}$ 固相萃取柱及强碱性阴离子树脂装柱均可净化草甘膦。

四、检测方法

草甘膦的检测方法有化学分析法、薄层色谱法、气相色谱法、高效液相色谱法、离子色谱法、毛细管电泳法等。

（一）化学分析法

草甘膦水剂中含 20% 硫酸铵或其他铵盐，可检验铵离子和硫酸根离子。

1. 铵离子检验　取检液两滴于表面皿中，加 2mol/L 的氢氧化钠液 2 滴，迅速将另一稍小的表面皿盖上，构成气室，在小的表面皿的内侧黏附一条湿润的红色石蕊试纸，将此气室在水浴上加热，如试纸变蓝，即证明铵离子存在。最低检出量为 0.01μg。

2. 碘化汞钾试剂反应　取被检液 2 滴于白瓷反应板凹槽内，加碘化汞钾试剂 2 滴，如产生红色沉淀为阳性。

3. 茚三酮反应　取检液 1ml 于试管，加 1% 的茚三酮醇液 0.5ml，水浴加热，溶液呈现紫堇色。最低检出量为 4μg。

（二）络合滴定法

草甘膦的结构 -NH- 基团上有活泼氢原子可被亚硝基取代，而其他杂质没有活泼氢原子，不能亚硝化。取检材 3～5g，用蒸馏水 30～50ml 浸泡 2 小时，合并浸泡液，脱色后于 250ml 烧杯中，加盐酸 5ml，溴化钾 1g，在电磁搅拌下，以 0.1mol/L 亚硝酸钠标准溶液滴定，当取出的滴定溶液使碘化钾 - 淀粉试纸出现蓝色斑点，并保持 3 分钟，再试仍有斑点即为滴定终点。记录消耗的亚硝酸钠毫升数。计算出 N- 膦酸甲基甘氨酸百分含量。

（三）分光光度法

根据 N- 亚硝基草甘膦在 243nm 波长下有特征吸收之特性，可应用分光光度法定量其中草甘膦的含量。目前，分光光度法较适用于植物、泥土和水中草甘膦的分析。

（四）薄层色谱法

薄层层析法具有快速、简便等特性，在草甘膦的分析中，首先将其衍生化，然后在硅胶 G 上层析，同时用纯品随行，作为阳性对照和定性标准。常用的展开剂有：95% 乙醇 - 苯（4:1）、甲醇 - 氯仿（4:1）、乙腈 -95% 乙醇 - 冰醋酸 - 水（12:4:3:1）、正丙醇 - 水（1:1）、95% 乙醇 - 水（7:3）、95% 乙醇 - 浓氨水（7:3）、己烷 - 乙醚 - 氯仿（5:70:10），显色剂可用荧光胺、2- 氨基二苯、二苯胺、氯化钯或磷钼酸，再在紫外线灯下观察，可检出 N- 亚硝基草甘膦、氨甲基膦酸和甘氨酸为主的降解产物。

（五）气相色谱及气 - 质联用色谱法

由于草甘膦及其代谢物都具有较大的极性，且沸点较高，不能满足气相色谱分析的要求，故需要对其进行衍生化，衍生化的温度应高于 80℃，时间应长于 30 分钟，反应结束后需要用氮气吹干除去多余的衍生化试剂，之后用乙酸乙酯等不含活泼氢的有机溶剂定容后进行 GC 分析。从而避免溶剂与衍生化产物反应。一般用三氟醋酸酐和有机醇将其所有的磷酸基和羧酸基进行酯化，将氨基基团酰化，使之转化为极性较低的物质。也可用烷基化试剂 N- 甲基 -N-（特丁基二甲基硅烷）三氟乙酸铵。

气相色谱柱一般选择中等极性到非极性色谱柱,有 DB-17、OV-1、DB-1、HP-5 及 DB-5MS 毛细管色谱柱,20S-E 玻璃柱和 PEG-2M 填充柱。由于草甘膦分子中既含有氮原子又含有磷原子,因此氮磷检测器(NPD)、火焰光度检测器(FPD)、氢火焰离子化检测器(FID)均可以利用。

气 - 质联用法测定香蕉及灌溉水中草甘膦及其代谢物残留量时,GC 条件:弹性石英毛细管柱 DB-5MS(30m×0.25mm,0.25μm);载气为高纯氦气,流速 0.9ml/min;进样口温度 200℃;柱温:初温 90℃保持 1.5 分钟,以 20℃/min 升温到 300℃保持 4 分钟,不分流进样。MS 条件:电子轰击(EI)离子源;接口温度 250℃;电子能量 70eV;倍增器电压 1.4kV;SIM 方式采集数据;溶剂延迟 3.5 分钟。

此方法检测结果:草甘膦保留时间为 5.5 分钟,氨甲基膦酸保留时间为 4.5 分钟,草甘膦衍生物的特征离子为 m/z 611.5、460 和 584,其中 m/z 611.5 为基峰;氨甲基膦酸衍生物的特征离子为 m/z 372、446 和 502,其中 m/z 446 为基峰。

(六)高效液相色谱法

HPLC 通常使用紫外检测器或荧光检测器,而草甘膦及其代谢产物均无生色团或荧光基团,因此需进行柱前或柱后衍生化才能测定。紫外衍生化试剂主要有对甲基苯磺酰氯、邻硝基苯磺酰氯、4- 氯 -3,5- 二硝基 - 三氟甲苯。荧光衍生化试剂为 9- 芴基甲基氯仿(FMOC-C1)、邻苯二甲醛、茚三酮等。柱前衍生化试剂大多是芴基甲基氯仿,柱后衍生一般是用两种试剂:一种是氧化试剂混合溶液,另一种是邻苯二醛与巯基乙醇混合溶液。采用的色谱柱有阴离子交换色谱柱(荧光检测器或紫外检测器,流动相为磷酸二氢钾或钠 - 甲醇或乙腈)、氨基柱(荧光检测器,第一流动相为乙腈 - 磷酸缓冲液,第二流动相为乙腈 - 水)、反相 C_{18} 色谱柱(蒸发光散射检测器,流动相为甲醇 -0.1% 三氟乙酸水溶液)(图 13-6)。

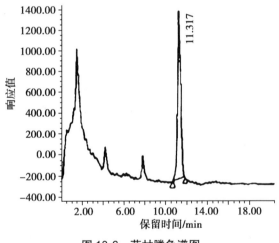

图 13-6 草甘膦色谱图

(七)离子交换柱色谱法

水质、土壤分析时可采用该法。利用阴离子交换色谱柱,以碱性缓冲液为洗脱剂,用阴离子抑制电导检测器对草甘膦进行含量测定。测定时需注意避免水体中氯的影响,加入 $Na_2S_2O_3$ 或抗坏血酸来去除氯,提高测定的准确性。应用离子色谱直接测定水液中的草甘膦酸根是非常简便、直接的分析手段,节省人力物力。且草甘膦毒性较低,引发中毒案件时含量普遍较高,因此本方法可以满足中毒案件中检验草甘膦的需要。

五、降解产物

草甘膦分子结构中的仲胺基在 pH 为 3 的环境下,经过紫外线照射,能被亚硝酸钠氧化,生成 N-亚硝基草甘膦。在紫外线照射下,N- 亚硝基草甘膦还能继续分解为甘氨酸、氨甲基膦酸、甲醛和其他有机磷衍生物。其中 N- 亚硝基草甘膦在 243nm 波长下有特征吸收,氨甲基膦酸(AMPA)的化学性质类似于其母体，其极性与水溶性不利于对其进行提取，并且限制了很多常规气相色谱法标准衍生方法的采用。

第四节　2,4-D 丁酯

2,4-D 丁酯（2,4-D butylate）的化学名称为 2,4- 二氯苯氧乙酸（2,4-dichlorophenoxyacetic acid，2,4-D）是具有代表性的合成植物生长激素，已被确认有环境内分泌干扰作用。2,4-D 能杀死多种阔叶杂草，是世界主要除草剂品种之一。也用作植物生长调节剂，防止落花落果，诱导无籽果实形成和果实保鲜等。其过量残留会对蔬菜、人畜和环境产生威胁，在西方发达国家应用受到限制。我国因其成本较低，应用较为广泛。

一、一般介绍

纯品为白色结晶，无臭无味，不吸湿。熔点 141℃。工业品可以片状、粉状、晶体粉末和固体等形式存在，白色略带棕褐色，略带酚的气味，熔点 135～138℃，不吸湿，有腐蚀性。难溶于水，25℃时在水中的溶解度为 620mg/L，可溶于大多数有机溶剂，如丙酮和乙醇，不溶于苯和石油醚，其酯类溶于油。常温条件下性质稳定，遇紫外线灯光照射会引起部分分解。2,4-D 丁酯结构式见图 13-7。

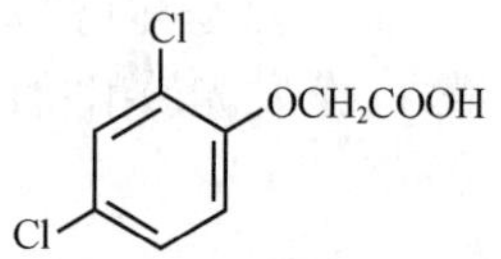

图 13-7　2,4-D 化学结构式

二、毒性与体内过程

2,4-D 可通过多种途径进入人体，并在体内广泛分布，但无优先蓄积部位。在正常机体 pH 下，2,4-D 主要以离子的形式存在，通过主动转运方式进入到细胞当中。在啮齿类动物中，当 2,4-D 的剂量达到 50mg/kg 时，即可超过肾脏阴离子的转运能力，进而产生全身毒作用。原药大鼠急性经口 LD_{50} 为 666～1313mg/kg，属低毒类，急性毒性作用主要表现为神经毒性；慢性毒性作用表现为对血液、肝、肾的毒性及抑制某些酶的活力，具有致畸作用。

三、检材处理

目前多采用液 - 液萃取、超临界流体提取、微波辅助萃取、加速溶剂萃取、固相萃取和固相微萃取方法提取环境样品、食品和生物样本中的 2,4-D。

（一）液 - 液萃取

粮食中残留 2,4-D 的提取过程中采用了乙腈 - 酸化水溶液提取，乙酸乙酯液 - 液萃取，用活化好的 OASIS MAX 阴离子交换柱净化。肉制品中 2,4-D 提取：在酸性条件下，以三氯甲烷提取组织中残留的 2,4-D 及其钠盐，并转移至碱液中。用有机溶剂洗涤后再用硫酸 - 水（1∶9）将其酸化，再用三氯甲烷提取。蔬菜、水果样品中的残留 2,4-D 提取多用二氯甲烷、酸化乙腈萃取富集。

对于尿中 2,4-D 除草剂，可用液 - 液提取分离，乙醚为提取液。GC-MS 方法中，尿样可用酸化的二氯甲烷提取，重氮甲烷甲基化，用 Florisil 固相提取小柱提纯后进样。采用液 - 液提取法提取血液中 2,4-D 时，为防止血液中蛋白质变性凝固包裹效应，提高血液中 2,4-D 提取效率，将血液用 0.05～0.1mol/L 盐酸进行 5 倍以上稀释，然后加入乙醚涡旋，乳化发生较迟，即使发生乳化也仍可继续涡旋提取，使提取比较充分，提取率较高，2,4-D 及内标物的提取率可达到 70% 以上。但是，乳化的破除仍需要置冰箱中冰冻过夜后再离心，因此，该方法虽然可行，但操作费时，使用不方便。

（二）固相萃取法

准确量取 50ml 水样，用浓 NaOH 调至 pH 为 11，摇匀，放置 1 小时，再用浓盐酸调 pH 至 2.5，然后以 3ml/min 的流速通过 Sep-Pak C$_{18}$ 小柱。用 1ml 甲醇洗脱，重复 4 次。用纯净水把洗脱液稀释至 5ml，即得到富集倍数为 10 的供试液。目前对血液样品中 2,4-D 的提取大多用固相萃取的方法，提取中不会遇到乳化的现象，2,4-D 及内标物都有满意的提取率。

四、检测方法

目前建立的 2,4-D 检测方法有薄层扫描法、气相色谱法（GC）、气相色谱 - 质谱法（GC-MS）、高效液相色谱法（HPLC）和高效液相色谱 - 质谱法（LC-MS）等。

（一）薄层扫描法

采用薄层扫描法分离和测定 2,4-D，操作简便，快速。水样中 2,4-D，乙醚萃取三次，合并有机相减压蒸干，甲醇溶解作为样品。展开剂为甲苯 - 甲醇 - 乙酸（12∶2∶1，v/v），显色剂为 0.04% 的溴甲酚绿乙醇溶液，显色温度 110℃，显色时间 10 分钟，背景呈浅蓝色，样品斑点呈黄色。其在波长 440nm 处有最大吸收，故扫描波长为 440nm。

（二）气相色谱法

2,4-D 含有羧基，首先将其酯化衍生化后再进样，衍生化试剂多为三氟化硼乙醚溶液，衍生化温度 65℃ 左右，衍生时间 60 分钟。该法已成功用于测定柑橘中 2,4-D 含量，气相色谱条件为：色谱柱：3mm（内径）× 2m 玻璃柱，装填 4.5% SE-54 涂渍于 ChromosorbW（AW-DMCS）80～100 目；检测器：ECD（^{63}Ni 源）；气化室温度：265℃；柱箱温度：220℃；检测器温度：280℃；载气（高纯氮）：75ml/min。

（三）高效液相色谱法

高效液相色谱法测定 2,4-D 含量时具有比较好的精密度和准确度，方便简单，因此为检测 2,4-D 含量的最常用方法。测定时流动相多为甲醇 - 水，用硫酸调 pH 至 2.0 或用磷酸调 pH 至 3.0，检测器多为紫外检测器，检测波长为 282nm（图 13-8）。

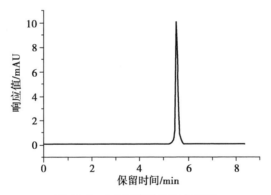

图 13-8　2,4-D 高效液相色谱图

（四）超高效液相 - 质谱法

已经成功采用此技术完成豆芽中残留 2,4-D 的含量测定。此方法样品前处理简单，样品经酸化乙腈提取，浓缩后经 WAX 小柱净化即可。其色谱条件为：色谱柱：C$_{18}$ 柱（2.1mm × 100mm，1.7μm）；流动相：甲醇 -0.1% 甲酸水溶液梯度洗脱。质谱条件为：离子源：ESI；扫描方式：负离子模式；检测方式：多反应监测（MRM）；毛细管电压：2.50kV；离子源温度：150℃；脱溶剂气温：500℃；脱溶剂气流量：1000L/h。监测离子对为 218.9 > 124.4、218.9 > 160.4。

五、降解产物

2,4-D 降解的主要路线是微生物降解，其次是光降解。微生物降解机制包括脱去乙酸侧链产生

2,4- 二氯苯酚（2,4-Dichlorophenol，2,4-DCP），接着是环的清除和降解生成脂肪酸。2- 氯对苯二酚是其主要降解产物，2,4-DCP 和二氧化碳是次要代谢产物。光降解的主要产物是 1,2,4- 苯三元醇，光降解在其降解中只起到很少作用。2,4-D 性质较稳定，当其初始浓度超过 1.1% 时，也没有发现降解产物，表明其非常耐受土壤光降解。

本章小结

除草剂品种繁多，价廉易得且使用面广。错用或误施、用药方法不当、使用量过大、混用及施药器械不当，均有可能引起农作物及人畜中毒。针对每种除草剂的理化性质不同，在人畜及农作物、水田等的状态不同，应采用不同的方法进行提取净化，最大限度的富集回收。液 - 液萃取法为提取常用方法，该法操作简便，但应注意选用合适的两相萃取溶剂。除此之外，固相萃取法也是该类药物常用的提取方法。还可结合超声助溶提取、超临界流体萃取等方法提高药物的萃取回收率。检测时，百草枯、五氯酚钠、草甘膦都具有其特征性定性检测方法，可根据颜色反应及薄层显色反应进行快速定性。含量测定时，高效液相色谱法、气相色谱法、气 - 质联用法、液 - 质联用法均为除草剂常用的检测方法。

关键术语

除草剂（herbicide）

百草枯（paraquat）

草甘膦（glyphosate）

五氯酚（pentachlorophenol）

2,4-D 丁酯（2,4-D butylate）

2,4- 二氯苯氧乙酸（2,4-dichlorophenoxyacetic acid）

思考题

1. 除草剂类毒物有哪些特点？

2. 疑含有五氯酚钠的检材，在保存时应注意什么？为什么？

3. 了解除草剂的体内代谢对毒物分析有何意义？

4. 比较百草枯和五氯酚钠在性质、检材处理和检测方面的异同。

5. 疑含有草甘膦的检材处理应注意什么？

（董　玫）

第十四章 杀 鼠 剂

学习目标

掌握磷化锌、毒鼠强、氟乙酰胺、抗凝血杀鼠剂溴敌隆等常见杀鼠剂的理化性质、中毒特点、检材采取、检材处理和检测原则。

熟悉常见杀鼠剂体内代谢过程，常用的检材处理和检测方法。

了解常见杀鼠剂的剂型、商品名，其他杀鼠剂的种类、性质和作用特点。

章前案例 ▶

　　一天，一村民的舅舅到其家中做客，夫妻二人即刻冲茶招待，几分钟后三人先后出现恶心、呕吐、抽搐等症状，三人均抢救无效死亡。这引起村民的高度关注，并立刻报警。法医经现场勘查和尸体解剖后，提取了三位死者的胃内容物和肝组织，家中的热水瓶、茶叶及三人所用水杯中的水，送到法医毒物分析实验室进行检测。经检测，除茶叶外，上述送检的其他检材均检出了杀鼠剂毒鼠强。

　　杀鼠剂（rodenticides）是用来杀灭家鼠、田鼠、仓鼠等啮齿类动物或控制其生长繁殖的一类化合物，掺入诱饵中配制成毒饵是其主要的使用方法。很多杀鼠剂在对鼠类有剧毒作用的同时，对人和其他哺乳类动物也会产生同样的毒性，而且鼠类活动的区域往往处在人类的生产和生活环境中。因此在投放毒饵的地方，人们很容易接触到杀鼠剂，常造成各种意外中毒事件发生。因杀鼠剂容易获得、使用方便，一些剧毒鼠药具有毒性大、作用快、价格低廉、无色无味等特点，常被选作自杀用药或被一些不法分子利用进行投毒。据报道，中国每年发生急性鼠药中毒者达 50 000～70 000 人，死亡率为各种传染病的 66.7 倍。甚至一些已被国家明令禁止生产和销售的杀鼠剂，如氟乙酰胺、毒鼠强等，仍有唯利是图者在制售，非法使用现象依然存在，中毒事件屡屡发生。

　　杀鼠剂种类繁多，毒性作用不尽相同，常被制成不同剂型，有液体、粉剂、油剂、熏蒸剂等多种形式，最常见的是用麦粒、玉米粉调和成的带有红色、蓝色、黄色等色泽的毒饵。杀鼠剂目前尚无统一的分类标准，根据使用目的的不同，可按来源、使用要求、毒性作用的快慢、作用方式等进行分类，本章根据化学结构和性质对常用杀鼠剂分类，可分为：

　　（1）熏蒸杀鼠剂：如磷化氢、氢氰酸、溴甲烷等。

　　（2）无机杀鼠剂：如磷化铝、碳酸钡、三氧化二砷、硫酸铊等。

　　（3）有机合成杀鼠剂：①香豆素类，如华法林、溴敌隆、大隆等；②茚满二酮类，如敌鼠、鼠完、氯鼠酮等；③有机氟类，如氟乙酰胺、氟乙酸钠、甘氟等；④有机氮化合物，如毒鼠强、毒鼠硅等；⑤有机磷类，如毒鼠磷、溴代毒鼠磷等；⑥氨基甲酸酯类，如灭鼠安、灭鼠腈、鼠特灵等；⑦硫脲类，如安妥、抗鼠灵等；⑧其他，如烟酰胺代谢药灭鼠优，维生素 B_6 拮抗剂鼠立死，降体温药 α- 氯醛糖等。

（4）天然植物性杀鼠剂：如红海葱、马钱子、曼陀罗、乌头等。

部分杀鼠剂或其作用在其他章节做了介绍，此处仅对人畜毒性较大的杀鼠剂如磷化物、毒鼠强、氟乙酰胺、抗凝血杀鼠剂等进行介绍。

第一节　无机磷化物杀鼠剂

无机磷化物杀鼠剂主要包括磷化铝、磷化锌、磷化钙等，属于急性杀鼠剂，遇水、遇酸或被空气潮解会产生剧毒的磷化氢，对人、畜有较大毒性。由于其毒性强、价格低廉，目前仍是我国常用的杀虫、杀鼠剂，主要用于船舱、粮库等处的灭鼠活动。

一、一般介绍

（一）常见磷化物的理化性质

1. 磷化铝（aluminium phosphide，AlP）　纯品为白色结晶，工业品为灰绿色或褐色粉末，分子量57.95。不溶于冷水，溶于乙醇和乙醚。制剂有 56% 的磷化铝粉剂和加赋形剂制成的重约 3.2g、含量约 56% 的灰绿色圆凸形片用于熏蒸仓库灭鼠。磷化铝遇水或酸分解生成磷化氢气体的速度比磷化锌更快，产生剧毒气体的浓度更大。

2. 磷化锌（zinc phosphide，Zn_3P_2）　为黑色或灰黑色、有光泽的粉末，具有大蒜气味。分子量 258.6，比重 4.55，不溶于水及乙醇，微溶于苯、二硫化碳、碱与油类。磷化锌在干燥避光的条件下比较稳定，但在潮湿环境中能缓慢分解，遇酸则分解加快。分解时产生剧毒的磷化氢气体。一般将磷化锌与 20~50 倍的饵料拌制成毒饵用于灭鼠。

$$Zn_3P_2 + 6H_2O \longrightarrow 3Zn(OH)_2 + 2PH_3 \uparrow$$

$$Zn_3P_2 + 3CO_2 + 3H_2O \longrightarrow 3ZnCO_3 + 2PH_3 \uparrow$$

$$Zn_3P_2 + 6H^+ \longrightarrow 3Zn^{2+} + 2PH_3 \uparrow$$

3. 磷化钙（calcium phosphide，Ca_3P_2）　又称二磷化三钙，磷化石灰，为红棕色晶体或灰色粒状物，分子量 182.19，不溶于乙醇和乙醚。露置在潮湿空气中、遇水或酸类能分解，放出磷化氢。遇氯气、氧、硫磺、盐酸等可引起爆炸，因此应与氧化剂、卤素、强酸分开存放。

$$Ca_3P_2 + 6H_2O = 3Ca(OH)_2 + 2PH_3 \uparrow$$

4. 磷化氢（phosphine，PH_3）　又称为膦，常温下为一种无色气体，剧毒、易燃，有特殊的腐鱼样臭味，分子量 34.0，比重 1.1，沸点 −87.4℃，自燃点 100~150℃。在空气中浓度达 26mg/L（1.79%）时可引起爆炸，微溶于水（20℃时，能溶解 0.26 体积磷化氢）。一般采用磷化铝或磷化钙与水或无机酸作用生成的磷化氢来熏蒸仓库灭鼠。磷化铝极易分解，一般空气中的水分已足够，无需另外加水。磷化铝与磷化钙均需密闭贮存，广泛用于粮库熏蒸。也可用磷化锌加 10% 硫酸溶液制备磷化氢气体，但因使用不便且成本较高，一般不用。

知识拓展 ▶

熏蒸剂（fumigant）是指在常温常压下易气化或通过化学反应产生的有毒气体，用以毒杀害虫或抑杀微生物的化学药剂。有些药剂在常温常压下为液态，如有机氯化合物，有些为气体形式，如溴甲烷、硫酰氟等，磷化氢则是由固体磷化铝等吸收空气中的水分潮解放出。这些药剂熏蒸后残留毒性对人类健康仍有危害。因此各国对那些毒性大或有争议的熏蒸剂（如氯化苦、二溴乙烷等）逐步淘汰或减少用量。目前应用最为普遍的有磷化氢和溴甲烷。联合国环境规划署（the United Nations Environment Programme，UNEP）1992 年的《蒙特利尔议定书》将溴甲烷列为破坏大气臭氧层物质的受控名单。1997 年该议定书的第九次缔约国大会决定到 2015 年发展中国家应完全停止使用溴甲烷。这样磷化氢就成为目前对人类最为安全的熏蒸剂，也是绝大多数国家唯一使用的熏蒸剂。

（二）毒性

无机磷化物均有剧毒，磷化锌、磷化铝和磷化钙等遇水或酸均会生成剧毒的磷化氢气体。因此口服磷化锌、磷化铝和磷化钙在胃内与胃酸作用产生的磷化氢被吸收或由呼吸道直接吸入磷化氢气体均可引起中毒。磷化锌应用广泛，对人畜毒性也大，大鼠口服 LD_{50} 为 40mg/kg，鼠类食用其毒饵后多在数小时内死亡，利用该药投毒、自杀的案件常有发生，但误服者比较少见。其他动物食入被磷化锌毒死的鼠类后可发生二次中毒。用磷化氢熏蒸粮仓、货仓灭鼠时，如果仓房结构或贮粮容器不严密，可因磷化氢泄露而被人、畜吸入，引起中毒或死亡。空气中的磷化氢气体浓度达 409～846mg/m³ 时，人接触 30～60 分钟便可中毒致死。

二、中毒症状和体内过程

口服磷化锌后，在胃酸的作用下，生成磷化氢气体和氯化锌。磷化氢气体很快被吸收入血，作用于中枢神经系统、呼吸系统及心、肝、肾等脏器组织，并逐步氧化生成亚磷酸（H_3PO_3）、次磷酸（H_3PO_2）等代谢产物，破坏机体正常的新陈代谢。此外，磷化氢气体和氯化锌均对胃壁有刺激和腐蚀作用。

口服磷化锌会出现头晕、口干、腹痛，胃部有灼烧感，说话失音，随后出现恶心、呕吐，呕吐物中可有血丝或黑色沉淀、黑色泡沫物并有蒜味，疲劳乏力等症状，严重者出现昏迷、抽搐，肺水肿，黄疸，肝、肾衰竭，心律失常，甚至死亡。吸入磷化氢气体中毒者还会出现呼吸道刺激症状。

三、检材采取和处理

对于磷化物中毒的检测，不论其种类及入体途径如何，都主要是针对磷化氢的检测。本节以磷化锌为例来说明无机磷化物的分析方法。对疑为口服磷化锌中毒者还可根据需要检测锌离子。

（一）检材采取

口服磷化锌中毒者，一般取其呕吐物、剩余食物、洗胃液进行检测。对于中毒死亡者可取其胃及胃内容物、血、尿、肺及肝组织等进行检测。检材采取后应密闭冷藏保存，及时送检，以防磷化物分解为磷化氢逸失。

（二）检材前处理

口服磷化锌急性中毒者，呕吐物、胃内容物中往往有未分解的磷化锌黑色粉末存在，如将其分离出来，再行检验，则能获得更好的效果。因磷化锌比重较大，可将呕吐物、胃内容物用乙醇反复漂洗，使黑色粉末状物沉淀于容器底部，经沉降或过滤后，取黑色粉末状物进行分析。对洗胃液，可离心取其沉淀物进行检验。对饲料或粮食，可用过筛或水洗的方法，收集筛下物或沉淀物进行分析。吸入磷化氢气体急性中毒者，肺中常有磷化氢存在，可直接或加酸后加热使磷化氢气体逸出进行检测。

吸收进入体内的磷化氢，可迅速被氧化成亚磷酸等代谢产物，因此有时血液、内脏组织中检测不出磷化氢原体，而需检测其代谢产物。亚磷酸在酸性条件下加锌粉可还原成磷化氢气体。

$$H_3PO_3 + 3Zn + 3H_2SO_4 \longrightarrow 3ZnSO_4 + 3H_2O + PH_3 \uparrow$$

如检测锌离子，检材需进行有机质破坏，可采用灰化法。方法为称取血液 5ml，胃组织 5～10g 剪碎，置坩埚中小心烘干，然后转入高温炉中加热至 600℃ 灰化 4 小时，冷却后加稀盐酸溶解，转移至 25ml 容量瓶中定容供进一步检测。也可采用微波消解法进行有机质破坏。方法为吸取血液 1ml 加入消化罐中，再加入 5ml HNO_3 混匀，先放入电热预消解器上进行预消解，再加 2ml 的 H_2O_2，轻微振荡混匀，拧紧消化罐的盖子，放于微波样品制备系统内消解。消解完毕后，冷却至室温，用去离子水将消解液定容至 25ml 容量瓶中待测。

锌是人体必需的微量金属元素之一，正常人体每克脏器组织中含锌量为几十微克。口服磷化锌急性中毒死亡者，其血液、胃组织中的锌含量显著增高，这可用原子吸收分光光度法进行定量检测，但需要同时取正常血液和胃组织进行空白对照试验。其他组织中锌含量的检测意义不大。

四、检测方法

（一）磷化氢检测

1. 化学显色反应　化学显色反应是利用磷化锌等与酸反应能产生磷化氢的性质来检测无机磷化物中的磷。方法操作简单、快速，但灵敏度较低，一般用于分析鼠药、鼠饵、胃内容物、呕吐物等毒物含量较高的检材。

（1）溴化汞试验：磷化锌与溴化汞反应生成黄色化合物。该反应的检出限为 10μg。磷化锌与氯化汞反应也生成黄色化合物，但灵敏度稍低。

$$PH_3 + 2HgBr_2 \longrightarrow 2HBr + PH(HgBr)_2$$
$$PH_3 + 2HgCl_2 \longrightarrow 2HCl + PH(HgCl)_2$$

（2）硝酸银试验：磷化锌与硝酸银反应生成黑色磷化银沉淀。该反应的检出限为 1μg。

$$PH_3 + 3AgNO_3 \longrightarrow 3HNO_3 + Ag_3P \downarrow$$

硫化氢对上述两种化学显色反应均有干扰，可利用醋酸铅棉花去除，检测可用测砷装置进行。方法为首先将若干块滤纸在溴化汞或硝酸银溶液中浸泡，于暗处晾干。然后取适量检材于测砷装置的锥形瓶中，用水调成稀粥状，加入 10% 盐酸 5ml，立即安装上事先充填有醋酸铅棉花和装有溴化汞或硝酸银试纸的测砷管，在 50℃水浴中作用 30min，如含磷化物，则试纸变成黄色或黑色。同时做阳性对照和空白对照。

根据硝酸银试验中滤纸上色斑颜色的深浅还可进行磷化氢的半定量测定。方法是取适量检材与空白样品，同时取相当于 1.0～10.0μg 磷化氢的次磷酸钠标准溶液制成标准系列样品，分别置于测砷瓶中。各瓶依次加入 1～2g 无砷锌粉，后续各步操作同硝酸银试验。反应结束后，比较检材、空白对照和标准系列硝酸银试纸产生的色斑深浅，估测检材中磷化氢的含量。实验以次磷酸钠作为已知对照标准，每毫克对照品次磷酸钠（$NaH_2PO_2 \cdot H_2O$）相当于 0.32mg PH_3、1.21mg Zn_3P_2、0.55mg AlP。砷化氢会对本实验结果产生干扰，因此检测应严格控制在无砷条件下进行。

2. 顶空气相色谱法　磷化锌遇酸产生的磷化氢气体适合用顶空分析法取液上气体进行气相色谱分析，并可将磷化氢与组织腐败产生的硫化氢分开。口服磷化锌在胃酸作用下会释放出磷化氢气体，吸收后在体内被迅速氧化成亚磷酸，故从血液和内脏组织中不易检出磷化氢，但可利用亚磷酸与锌和硫酸作用生成磷化氢气体的特性，用气相色谱法进行检测。因此顶空气相色谱法（HSGC）可用于各种生物检材中磷化氢的定性定量分析，并可用于腐败检材的检测。检测前不需预先对样品进行分离浓缩，方法简便快速、灵敏准确。

色谱条件可选用火焰光度检测器（FPD-P）或 NPD，选用极性填充柱如 25% 聚乙二醇 -20M（PEG-20M）shimalite101 2m×3mm 不锈钢柱，5% Ph Me Silicone 25m×0.2mm×0.33μm 交联毛细管柱。柱温 60℃，气化室温度 130℃，检测器温度 130℃，氮气 50ml/min。

检测生物检材中磷化氢及其代谢物时，可按以下方法制备样品进行检测。称取锌粉 40mg 置于 10ml 样品瓶内，加入剪碎组织或体液 1～2g（ml），加蒸馏水 2～3ml，用内有橡皮垫的铝盖封紧瓶口。用注射器注入 20% 硫酸溶液 0.5ml，室温反应 20 分钟后将样品瓶置于 45℃水浴中加热 10 分钟，抽取液上气体 0.1ml 进样检测。同时作阳性对照和空白对照。

上述检测加锌粉所产生的磷化氢包括体内磷化氢代谢产物亚磷酸和次磷酸转化成的磷化氢及检材中原有的磷化氢的综合。若在上述检材样品制备过程中不加锌粉，则所得结果为检材中未代谢的磷化氢原体的含量。用加锌检材测得的磷化氢的总量，减去未加锌检材测得的磷化氢的量，即为代谢产物还原为磷化氢的量。

进行磷化氢定量分析可采用外标法或内标法。若检材中磷化氢含量较高,可采用外标法检测;反之,采用内标法检测,可用氯仿作为内标物。用标准品次磷酸钠配制成系列标准溶液,添加于空白组织中,按上述样品制备方法制备标准系列样品和空白对照样品并进行检测,绘制工作曲线,计算磷化氢含量。所得结果为包括代谢产物还原后所生成的磷化氢在内的总磷化氢的含量。方法检测限为 $0.5\mu g/g$。

3. Ag-DDC 分光光度法　磷化氢与 Ag-DDC(二乙基二硫代氨基甲酸银)在有机碱溶液中生成棕红色胶体银,于 465nm 处有最大吸收,可用于磷化氢的定性分析。检测装置及具体操作参见 Ag-DDC 测砷法。用标准品次磷酸钠配制成系列标准溶液,添加于空白组织中,制备标准系列样品和空白对照样品,绘制工作曲线,在 0.1~1$\mu g/ml$ 范围内,磷化氢含量与 465nm 及 600nm 吸收度的差值成正比,可用于磷化氢的定量分析。

(二)锌的检测

1. 双硫腙反应　在 pH 11 时,锌离子与双硫腙反应生成红色螯合物。

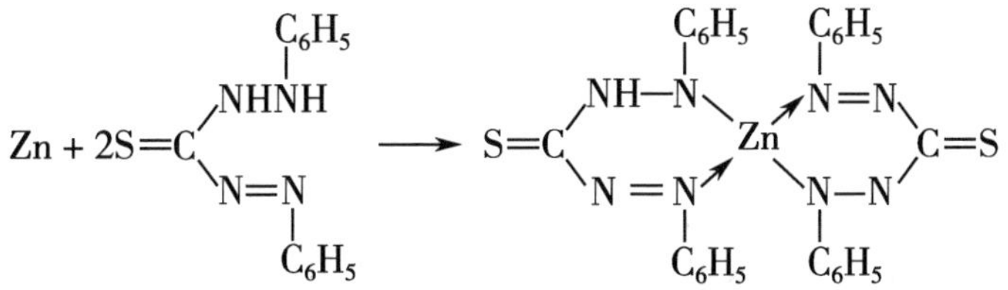

双硫腙试剂　　　　　　　　　　玫瑰红色螯合物

取经有机质破坏所得的检材酸性水溶液 0.5~1ml,滴加 2% 氢氧化钠溶液,生成白色氢氧化锌沉淀,继续滴加氢氧化钠至沉淀完全溶解为止,此时 pH 约为 11,加入用四氯化碳配制的双硫腙试剂 1ml,振摇后静置,如有锌离子则水层显玫瑰红色,四氧化碳层则由绿色变为紫红色。双硫腙试剂不稳定,可临用现配。许多金属可与双硫腙试剂反应,但在 pH 11 以上的碱性条件下可排除其他金属离子的干扰。

2. 原子吸收分光光度法　体液及内脏组织中的锌可用原子吸收分光光度法进行定性定量分析,该方法专属性强且灵敏度高。锌原子的特征吸收谱线为 213.86nm。可选用火焰原子吸收光谱法或石墨炉原子吸收光谱法。检测时用锌标准品加酸配制成锌含量为 0.2~1.0$\mu g/ml$ 的系列标准溶液,与检材前处理酸性水溶液在相同条件下测定,绘制工作曲线,计算检材中锌的含量。

第二节　毒　鼠　强

毒鼠强(tetramethylenedisulfotetramine,tetramine,TETs)又名鼠没命,特效灭鼠灵,属于环状结构的有机氮化合物。它是由硫酸酰胺和甲醛反应合成的一种化合物,其化学名为 2,6- 二硫 -1,3,5,7-四氮三环 -3,3,1,1,5,7- 癸烷 -2,2,6,6- 四氧化物,即四亚甲基二砜四胺,简称"四二四"、"424",分子式 $C_4H_8N_4O_4S_2$,分子量 240.3,其化学结构式见图 14-1。

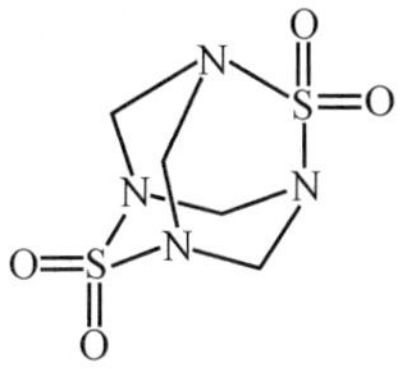

图 14-1　毒鼠强的化学结构式

一、一般介绍

(一) 理化性质

毒鼠强纯品为白色粉末,无味,熔点 $250\sim254℃$,在 $255\sim260℃$ 分解,在水中溶解度约 $0.25mg/kg$,不溶于甲醇和乙醇,微溶于丙酮,可溶于氯仿、二氯甲烷、苯、醋酸乙酯和二甲亚砜等有机溶剂。常见的毒鼠强鼠药多为白色粉剂或用粮食制成的颗粒状毒饵。

(二) 毒性

毒鼠强于 1949 年由德国拜耳公司合成,其毒性极大,远远高于其他杀鼠剂的毒性,其毒性约为氰化钾的 100 倍,为士的宁的 $5\sim10$ 倍,为氟乙酰胺的 $3\sim30$ 倍。毒鼠强的大鼠口服 LD_{50} 为 $0.1\sim0.3mg/kg$,人的致死量约为 $12mg$。因它对人畜均有剧毒,又无特效解毒药,且化学性质极为稳定,在生物体内代谢极其缓慢,主要以原型从肾脏排泄;在自然界也难以降解,可被植物吸收并残留于植物体内,极易引起二次中毒。因此 1991 年我国化工部、农业部就已发文禁止使用毒鼠强。但因毒鼠强在我国非法生产、使用的历史较长,其毒性大、适口性好、作用速度快且价格低廉,加之无色无味、易于投放、隐蔽性极强,由其引起的意外中毒、投毒杀人和服毒自杀的事件仍在发生。

> **知识链接** ▶
>
> 早在 1933 年,德国的一些家具制造厂就合成出了一种透明稳定的树脂用作家具的浸泡剂、强化剂、防腐剂,从而导致了德国家具厂工人屡次发生中毒事故,从此这一化学物质引起了人们的重视,1953 年该药作为灭鼠剂被列入美国专利,但是由于毒性太强一直未被批准正式使用,1958 年我国为了配合除四害(麻雀、老鼠、苍蝇、蚊子)活动,有些单位根据美国的专利文章在实验室合成了毒鼠强,并进行了灭鼠试验,发现虽然可以消灭老鼠但是对于其他动物危害太大,没有推荐毒鼠强这种药物,而且这种药物在世界上任何国家包括中国都是不批准生产的。20 世纪 80 年代末,我国 3 名科技工作者丧失职业道德,从国外文献上翻译出毒鼠强的制作工艺和配方,将其非法转让给一些不法生产者,由此开始了毒鼠强在我国的非法生产,并导致 20 世纪 90 年代毒鼠强在我国的泛滥,引起一系列严重的中毒事件。1991 年沈阳发生毒鼠强重大中毒事件,这是见诸媒体的第一起毒鼠强中毒事件,引起我国政府的高度重视。1991 年我国化工部、农业部发文禁用毒鼠强;2002 年 6 月 5 日农业部发布第 199 号公告,明令停止受理毒鼠强等高毒、剧毒农药的登记申请;2003 年 9 月 4 日最高人民检验院、最高人民法院发布《关于办理非法制造、买卖、运输、储存毒鼠强等禁用剧毒化学品刑事案件具体应用法律若干问题的解释》,规定非法制造、买卖、运输、储存毒鼠强等禁用剧毒化学品情节最严重者可判死刑。

二、中毒症状和体内过程

毒鼠强可经消化道和呼吸道快速吸收,但不易经完整的皮肤吸收。毒鼠强进入血液后很快在体内较均匀地分布,可较长时间存在于体内。通过肾脏排出的速度很慢,有报道从中毒后 40 天血中和 80 天尿中仍可检出毒鼠强。

毒鼠强的毒理作用主要为兴奋中枢神经系统,可能与拮抗中枢抑制性神经递质 γ- 氨基丁酸(GABA)有关。口服毒鼠强中毒者,中毒症状一般出现在进食后数分钟至 30 分钟,也有长达 13 小时者。症状出现的快慢及严重程度与胃的充盈状况和毒鼠强的服入量密切相关,死亡多发生在服药后 $0.5\sim3$ 小时。轻度中毒者有头痛、头晕、腹痛、乏力、恶心、呕吐、口唇麻木、虚汗、四肢麻木等症状;重度中毒者可突然晕倒、面色青紫、四肢阵发性、强直抽搐、口吐白沫、深度昏迷,类似癫痫大发作,可持续数分钟至数十分钟,一日发作数次至数十次,严重者因呼吸衰竭而死亡。阵发性、强直抽搐为毒鼠强中毒的典型症状。有半数中毒者在抽搐控制后出现精神症状。由于毒鼠强在机体内难以代谢和排泄，经治疗病情缓解者，相隔一段时间后会因组织中的毒鼠强重新分布释放入血，从而引起病情反复，再次发生抽搐症状。

毒鼠强中毒目前尚无特效的解毒药，早期使用苯巴比妥钠抗惊厥治疗，同时采用洗胃、催吐、导泻等抢救措施，并给予对症支持治疗，生还的可能性比较大。中枢神经系统损伤为可逆性，一般无神经系统后遗症，但婴幼儿或昏迷时间长者中枢神经系统可能会受到不同程度的损害。

三、检材采取和处理

毒鼠强中毒的检材以各种鼠药和毒饵含量最高，剩余食物、呕吐物、胃内容物含量也较高，血、尿、肝等体液和组织也是很好的检材。检测时根据检材具体情况采用适当方法进行前处理。

1. 粉末状鼠药、各种形态毒饵等非生物性检材中毒鼠强含量很高，可直接用少许丙酮或苯-乙酸乙酯混合溶剂溶解、离心，吸取上清液供各种检测方法进行分析。

2. 对于体液、组织等生物性检材，比较常用的提取、净化手段包括以下几种：

（1）液-液萃取法：一般采用单一有机溶剂如苯、丙酮、乙酸乙酯、乙醚或苯-醋酸乙酯混合液（4∶1或1∶1）提取，其中苯的提取效果最好。样品可采用多次提取，合并提取液后挥干浓缩的方法。根据检材性状不同，样品处理方法有所区别。

对于粉末状鼠药、各种毒饵等非生物性检材，可直接加丙酮等有机溶剂浸泡、离心或过滤，吸取上清液或滤液进行检测；对液体检材如水、饮料、血液、尿液等可直接加有机溶剂提取；对如呕吐物、胃内容物、剩饭剩菜、内脏组织等，要先行与无水硫酸钠研磨脱水后，再加有机溶剂提取。

方法为取液体检材 2ml 或已经剪碎、用无水硫酸钠研磨呈干沙状的组织 2g（根据检材实际情况可按比例调整），用上述有机溶剂提取、过滤，提取液浓缩至干；或直接加入有机溶剂 3ml，超声振荡或混旋，离心取上清液，残渣再加相同溶剂提取一次，合并提取液，空气流吹干，定容后检测。如果油脂较多，可采用冰冻方法去除。若经有机溶剂提取后的提取液含杂质较多，可采用中性氧化铝、硅藻土、活性炭等吸附剂做进一步的净化。

（2）固相萃取法：直接提取法简单方便，非常适用于新鲜检材，但对腐败生物检材则提取效果较差，杂质干扰较多。相比之下，用固相萃取法进行腐败生物检材的处理可以收到比较好的效果。方法为取体液、组织匀浆加水稀释，离心，上清液过活化好的 GDX-403、C_{18} 或硅藻土固相柱，用蒸馏水洗涤，抽真空除去柱内残留水分，然后用乙酸乙酯或丙酮洗脱，洗脱液经无水硫酸钠脱水后，60℃下空气吹干，定容后检测。

（3）固相微萃取法：固相微萃取法（SPME）可用于体外检材及血、尿中毒鼠强的快速分析。该方法需购置专用 SPME 针，可根据提取组分的性质选用不同极性、厚度的萃取纤维头。毒鼠强为极性化合物，需用极性萃取头萃取。方法为取尿样 1ml 置 1.5ml 样品瓶内，加入 200ng 内标对硫磷，旋紧垫有橡皮垫的瓶盖，将 SPME 针插入样品瓶，按下柱栓，使萃取纤维浸入尿样，吸附 20 分钟，取出 SPME 针，插入气相进样口，在进样口 250℃解吸 3 分钟即可进行分析。此方法具有省时、简便、检材用量少、干扰少、无溶剂等特点。

四、检测方法

（一）动物急性毒性试验

毒鼠强毒性剧烈，中毒发作快，鼠类对其反应敏感，接触少量毒鼠强就可表现出典型的抽搐症状，易于观察。动物一般选用大鼠或小鼠。方法是取中毒者的呕吐物、洗胃液、剩余食物（约 5ml）、可疑鼠药或毒饵的蒸馏水浸泡液（1～2ml），给空腹大鼠或小鼠灌胃，观察反应。根据检材中毒鼠强含量的多少不同，动物可在灌胃后数十秒至 1 分钟内出现抽搐，也可在 10～30 分钟才出现抽搐。一开始表现为一过性抖动，而后全身强直性抽搐，呈阵发性发作。每次抽搐持续时间从 2 分钟到十几分钟不等,间歇期可缓解。毒鼠强量大者抽搐间隔时间较短,发作越来越频繁,2～3次抽搐后就可死亡,量小者可在2～3小时内死亡。此方法简便直观,可作为毒鼠强中毒的初步筛选试验。

（二）化学检测法

化学检测法的原理可能是毒鼠强可被硫酸分解,其分解产物在一定条件下与显色剂作用,可呈现出颜色变化。其反应产物还可在570nm附近进行紫外可见分光光度法检测。该反应灵敏度为0.5μg。

1. 硫酸-变色酸反应　将上述检材提取液挥干,加30%硫酸溶解,置80℃水浴10min,冷却,沿管壁小心加蒸馏水至1ml,再加2%变色酸溶液0.1ml,摇匀,然后加浓硫酸溶液1ml,摇匀,置沸水浴15分钟。检材中若有毒鼠强,溶液呈紫红色,淡黄色为阴性结果。应同时做空白和已知毒鼠强阳性对照。

2. 硫酸-盐酸苯肼反应　将上述检材提取残渣,加60%硫酸0.5ml溶解,置80℃水浴15分钟,冷却,加2%盐酸苯肼溶液0.5ml,摇匀,静置10分钟,再加铁氰化钾溶液3～4滴,充分摇匀。检材中若有毒鼠强,溶液呈红色,淡黄色为阴性结果。

颜色反应均应同时做空白和已知毒鼠强阳性对照。化学方法检测毒鼠强操作简便、快速,可作为毒鼠强的筛选试验。但灵敏度低,一般只适宜检验毒鼠强含量比较高的体外检材。

（三）薄层色谱法

薄层色谱法用于分析毒鼠强灵敏度比较低,检出限为5～10μg,仅适用于药粉、毒饵等毒物含量高的检材,且需使用高效薄层板。展开剂可选用苯-乙酸乙酯(4:1)、环己烷-苯-醋酸乙酯(3:5:2)、石油醚-丙酮-甲酸(35:30:1)或环己烷-二氧六环(1:1)等,定位可采用变色酸显色试剂(称取变色酸1.1g,加40ml水溶解,搅拌下依次缓缓加入60ml 95%乙醇和10ml浓H_2SO_4,冷却后移入棕色瓶中置暗处保存)。展开后的薄层板喷变色酸显色剂后放入115℃烘箱15min,毒鼠强呈蓝紫色。

（四）气相色谱法

气相色谱法是分析毒鼠强的常用方法。检材经提取净化,定容后无需衍生化即可直接进样分析。可选用填充柱或毛细管柱。因毒鼠强分子结构中含氮和硫,检测器可选用NPD、FPD或FID进行检测。GC/FID的灵敏度最低,检测限为100ng。GC/NPD法灵敏度最高,检测限可达0.05ng,是检测毒鼠强最常用的方法,并用GC-MS作为确证手段。

用GC/NPD法检测毒鼠强,可选用以下色谱条件:HP-1或AC-5毛细管柱30m×0.32mm,柱温150℃→10℃/min→280℃;或AC-1毛细管柱,15m×0.22mm,柱温120℃(1分钟)→15℃/min→240℃;进样口温度250℃,检测器温度250℃,载气(N_2)流速30ml/min。如果进行定量分析,可采用对硫磷或咖啡因作为内标物。

（五）气相色谱-质谱联用法

GC-MS联用法分析是毒鼠强定性定量检测的有效手段。可用以下分析条件进行检测:HP-1或DB-5毛细管柱30m×0.25mm,柱温100℃(1分钟)→20℃/min→280℃(15分钟),或110℃→10℃/min→140℃→20℃/min→260℃(1分钟),进样口温度250℃,接口温度280℃,离子源温度230℃,EI电压70eV。毒鼠强质谱特征峰有,分子离子峰为m/z 240,基峰为m/z 212,以及m/z为92,121,132的碎片离子峰。一般以$m/z=240$、212的特征峰,结合标样毒鼠强的保留时间进行定性、定量分析测定,240/212的丰度比在60%～70%之间。

通常体外检材或含量较高的体内检材,用全谱扫描方式(full scan)即可检出毒鼠强;若胃内容物、血、尿和内脏组织检测毒鼠强含量很低,杂质干扰严重,则需采用灵敏度较高的选择离子检测(SIM)方式进行检测或采用GC-MS/MS检测。通过比较检材提取物与对照品的保留时间及其特征碎片离子m/z 240/212的丰度比可进行毒鼠强的确认(图14-2)。

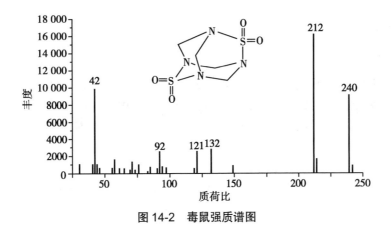

图 14-2 毒鼠强质谱图

知识拓展 ▶

在对实际送检的案件检材和市售鼠药的 GC-MS 分析中,除检测毒鼠强外,还检出了毒鼠强类似物六亚甲基三砜六胺(hexamethylenetrisulfohexamine,HEXS)。化学名 4,10,13- 三硫杂 -1,3,5,7,9,11- 六氮杂四环 [5.5.1.13,11.15,9] 十五烷 -4,4,10,10,13,13- 六氧化物。

该化合物是毒鼠强在与酸共热时发生重排反应生成,为毒鼠强合成过程中的副产物。据报道,HEXS 为 20 世纪 60 年代合成得到,对小鼠的 LD50 为 13mg/kg,毒性比毒鼠强小,但仍为剧毒物质。分子式为 $C_6H_{12}N_6O_6S_3$,分子量为 360,结构式:

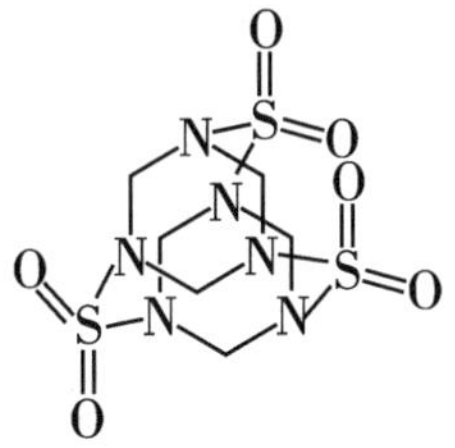

该化合物质谱图包含了毒鼠强大多数的特征离子碎片,通过对其质谱离子碎片的解析,其分子离子峰为 m/z 360,基峰为 m/z 42,其余特征离子峰有 m/z 148,212,121,92,332 等。

第三节 氟乙酰胺与氟乙酸钠

有机氟杀鼠剂是一类人工合成的小分子剧毒化合物,常见的主要有氟乙酰胺(fluoroacetamide)、氟乙酸钠(sodium fluoroacetate)、甘氟(gliftor)等。这类药物由于合成路线简单,成本低廉,具有毒性大、鼠类适口性好、不易产生耐药性的特点,曾经一度受到人们的普遍关注。20 世纪 90 年代,是我国城乡应用最为泛滥的杀鼠剂之一。但因它们对人畜危害较大,国家已明令禁止生产和使用。1998 年甘氟在国内全面禁止使用,其危害已得到严格控制。目前仍有一些不法商贩制造和贩卖氟乙酰胺和氟乙酸钠。投毒、误服或自服氟乙酰胺的案件时常可见。氟乙酰胺和氟乙酸钠的化学结构式见图 14-3。

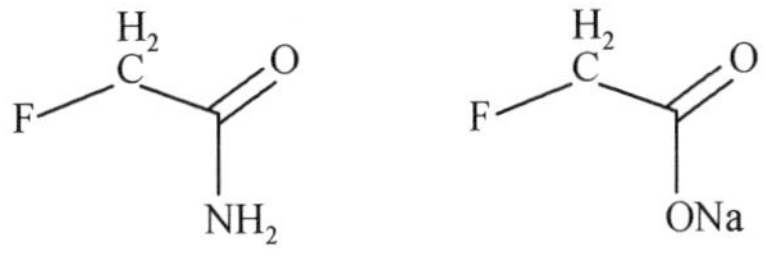

氟乙酰胺　　　　氟乙酸钠

图 14-3 氟乙酰胺和氟乙酸钠的化学结构式

一、一般介绍

（一）理化性质

氟乙酰胺，又称敌蚜胺、氟索儿，代号1081，纯品为无臭、无味的白色针状结晶或白色粉末，分子式为 FCH_2CONH_2，分子量为77.1，受热可升华，熔点为107～108℃，温度高于170℃易分解。易溶于水及醇，可溶于乙酸乙酯、乙醚，微溶于氯仿，不溶于石油醚。氟乙酰胺在干燥条件下比较稳定，在酸性、中性水溶液中可水解为氟乙酸，在碱性水溶液中可水解为氟乙酸钠，释放出氨。

$$FCH_2CONH_2 + H_2O \longrightarrow FCH_2COOH + NH_3\uparrow$$
$$FCH_2CONH_2 + HCl + H_2O \longrightarrow FCH_2COOH + NH_4Cl$$
$$FCH_2CONH_2 + NaOH \longrightarrow FCH_2COONa + NH_3\uparrow$$

氟乙酸钠应用历史比氟乙酰胺长，代号1080，分子式 FCH_2COONa，分子量100.0，纯品也为白色针状结晶，无臭，略有咸味，易溶于水，微溶于丙酮、乙醇和油类，难溶于其他有机溶剂，极易潮解。

（二）毒性

氟乙酰胺和氟乙酸钠均具有接触、熏蒸与内吸作用，化学性质稳定。氟乙酰胺分子中的氟碳键结合牢固，无论在体内还是暴露于自然界都很难断裂，且选择性差，因此能在农作物上残留，用一般的方法处理，毒性很难消除；在动物体内可产生蓄积作用，易发生二次中毒。市售鼠药多为白色粉剂、有色液体（多为红色）或用粮食制成的有色颗粒状毒饵。

氟乙酰胺内吸作用很强，其滞留期与植物种类、部位和生长期有关，喷洒药液于草地可有效灭鼠，同时也易引起牛、羊等牲畜中毒。氟乙酰胺对不同种属的哺乳动物毒性差别较大，同种动物中的个体差异也较大。氟乙酰胺对大鼠口服急性 LD_{50} 高达15mg/kg，对狗比较灵敏，0.2～0.5mg/kg 可中毒死亡；人口服 0.1～0.5g 可中毒死亡。氟乙酸钠的毒性大于氟乙酰胺，作用速度更快，大鼠 LD_{50} 为0.22mg/kg，人口服致死量为 0.7～5mg/kg。

二、中毒症状和体内过程

氟乙酰胺和氟乙酸钠不易挥发，毒性又很强，口服是主要的中毒途径，也可经皮肤黏膜和伤口吸收。氟乙酰胺和氟乙酸钠进入机体后易被水解脱氨生成氟乙酸。氟乙酸在细胞线粒体辅酶 A 等的作用下，代谢为高毒的氟柠檬酸，氟柠檬酸能抑制乌头酸酶的活性，阻断柠檬酸的氧化，阻止三羧酸循环，从而引起机体代谢障碍，刺激神经系统，损害心肌细胞，出现一系列病理改变和中毒症状。

一般在口服后20分钟～2小时内出现症状，部分中毒潜伏期可达10～15小时。神经系统症状是氟乙酰胺中毒出现最早，也是最主要的症状。轻度中毒症状为头痛、头晕、恶心、呕吐、上腹部烧灼感、烦躁不安、四肢麻木和肌束颤动等，随病情发展，出现不同程度的意识障碍及全身阵发性抽搐，反复发作。重度中毒除神经症状外，还会出现惊厥、呼吸衰竭、严重心肌损害、心律失常、心力衰竭、神志不清等症状。抽搐是这类毒物中毒的主要表现，抽搐严重时会出现强直性痉挛，表现为反复发作、进行性加重的特点。临床上用乙酰胺（解氟灵）作为解毒剂，并可用巴比妥类药物进行对症治疗。

三、检材采取和处理

氟乙酰胺中毒者，检材中一般同时存在氟乙酰胺和氟乙酸，也可能只含氟乙酸。若单独检验氟乙酰胺时，在分离提取时应注意防范其发生水解。氟乙酸钠中毒，检材中以氟乙酸或氟乙酸钠存在。

在氟乙酰胺或氟乙酸钠中毒的案件中，通常呕吐物、现场可疑物、毒饵等体外检材中毒物含量较高，可检出原体；而血、内脏组织等体内检材毒物含量较低，往往仅能检测出代谢产物。

（一）液-液萃取法

氟乙酰胺或氟乙酸钠均为强极性、水溶性物质，检材只能用水、亲水性的极性有机溶剂或两者的混合物浸出。体外检材可直接用甲醇、丙酮、乙腈、乙酸乙酯等极性有机溶剂浸泡提取。血、内脏组织等体内检材一般采用不同比例的水与极性有机溶剂配成混合溶剂进行提取、净化。检材用量视具体案情及采用的检测方法而定。提取手段可采用大量溶剂浸泡过夜的方法，也可采用少量溶剂经混旋或超声多次提取。

常用的提取方法一般为取适量检材加甲醇 - 水、丙酮 - 水或乙腈 - 水（8:2 或 7:3）混合溶剂，浸泡过夜或超声振荡 30 分钟，离心后，吸取上清液，残渣再加上述混合溶剂提取一次，合并提取液，用10% 氢氧化钠或氨水调至 pH=8，90℃水浴中用空气或氮气吹去有机溶剂，剩余的水溶液可直接用于化学方法检测，也可用盐酸调至 pH=2 后再用乙酸乙酯提取氟乙酸，离心分离出乙酸乙酯层并加氨碱性丙酮液混匀后挥干用于检测。如果检材含蛋白质较高，则需在前处理过程中加蛋白质沉淀剂予以去除。

（二）固相萃取法

对血、尿等液体检材也可采用固相萃取法处理。固相柱可选用硅胶柱或 C$_{18}$ 柱。方法为将血、尿等检材用氨水调 pH=8，加入蛋白质沉淀剂如硫酸锌沉淀蛋白，离心取上清液，过已用甲醇、去离子水和 pH=8 缓冲液活化好的 C$_{18}$ 柱，控制流速 1ml/min，检液全部流过后，再用 5ml pH=8 缓冲液冲洗固相柱，然后真空抽干，用 5ml 甲醇洗脱，收集洗脱液，于 60℃水浴浓缩、定容后检测。若用硅胶柱，检材加入甲醇 - 乙腈（1:1 或 3:13）混合溶剂，混匀、离心，上清液过用甲醇活化过的硅胶柱，收集流出的液体在 60℃水浴浓缩。

四、检测方法

（一）化学显色反应

1. 硫靛反应　此反应原理为含氟乙酰基的化合物在强碱性条件下与硫代水杨酸钠作用，再经铁氰化钾氧化，生成红色的硫靛化合物，该反应的检出限为 10μg。其他含卤代乙酰基的化合物也有相同反应。

红色硫靛化合物

硫靛反应操作简单方便，对于体外检材和新鲜生物检材效果为佳，但有些检材基质的存在或反应条件控制不当时会产生干扰，出现假阳性，必须同时作空白对照及已知对照试验，当反应结果为阳性时，应进一步用紫外分光光度法或薄层色谱法进行检验确证。硫靛反应不能区分氟乙酰胺或氟乙酸钠。

硫靛反应产物的紫外分光光度法检验：将硫靛反应所得的氯仿溶液经无水硫酸钠过滤脱水后，以氯仿为参比进行紫外分光光度测定。硫靛反应的红色产物在紫外光区 250nm、279nm、306nm 附近有三个吸收峰，在可见光区 546nm 附近有一个吸收峰，可用于氟乙酰化合物的定性定量检测。如需定量，可根据检材选取合适波长，利用双波长法消除杂质吸收的干扰进行测定。

硫靛反应产物的薄层色谱分析法：将硫靛反应所得的氯仿溶液浓缩后点于硅胶 G 板上，以正己烷 - 丙酮（8:3）、乙酸乙酯 - 丙酮（4:1）或氯仿 - 乙醇（5:1）等为展开剂进行层析，检出限为 1~2μg。

因硫靛反应产物本身为洋红色,不需显色剂,所以操作比较方便。如果采用高效薄层板进行 HPTLC 分析,则能得到更好的分离分析效果。

2. 纳氏试剂反应　原理为氟乙酰胺遇到强碱性的纳氏试剂,会逐渐水解释放出氨,氨与纳氏试剂作用,产生一系列的颜色变化,最后生成橘红色沉淀。该反应灵敏度为 1∶20 000。但铵盐或能分解产生氨的化合物皆有此反应。

$$FCH_2CONH_2 + NaOH \longrightarrow FCH_2COONa + NH_3\uparrow$$

$$NH_3 + 2(KI)_2HgI_2 + 3NaOH \longrightarrow 3NaI + 4KI + O{\underset{Hg}{\overset{Hg}{\diagup\!\!\!\diagdown}}}NH_2I\downarrow + 2H_2O$$

纳氏试剂配制:称取碘化汞(HgI₂)100g 及碘化钾(KI)70g,溶于少量纯水中,缓缓倾入已冷却的 500ml 浓度为 320g/L 的氢氧化钠溶液中,并不停搅拌,然后再用纯水稀释至 1000ml,贮于棕色瓶中,用橡皮塞塞紧,避光保存。本试剂有毒,应谨慎使用。

纳氏试剂反应可用于区分氟乙酰胺或氟乙酸钠,适用于体外检材的检测。取前处理水溶液 1～2ml 于试管中,加纳氏试剂数滴,如含氟乙酰胺,会在滴加试剂后 30 秒出现有下列显色过程:淡黄→亮黄→深黄→橘红色沉淀。如含量较高,可立即变成黄色,短时间就出现橘红色沉淀。而氟乙酸钠无此反应。

(二)气相色谱法

气相色谱法为国内外进行氟乙酸和氟乙酰胺检测采用较多的方法,FID、ECD 和 NPD 三种检测器均可用于检测,并可利用 GC-MS 进行确证分析。

对于毒饵、胃内容物等新鲜检材,可用前处理水溶液直接进样,选用聚乙二醇类极性色谱柱,用 GC/FID 法分析氟乙酸和氟乙酰胺,方法灵敏、简便、快速。但是,由于直接进水样,氟乙酸对色谱柱的损害较大,柱效下降很快,色谱柱的寿命比分析其他化合物要缩短许多,因此检材提取物多经衍生化(如甲酯化)后减弱其极性再进行分析。

1. GC/ECD 法　氟乙酸或氟乙酰胺先用五氟苄基溴(pentaflurobenzyl bromid, PFBBr)进行衍生化后再用 GC/ECD 进行检测,效果较好。PFBBr 衍生化是在碱性条件下,氟乙酸钠或氟乙酰胺与 PFBBr 反应,生成衍生物氟乙酸五氟苄基(FAC-PFB)酯(图 14-4)。

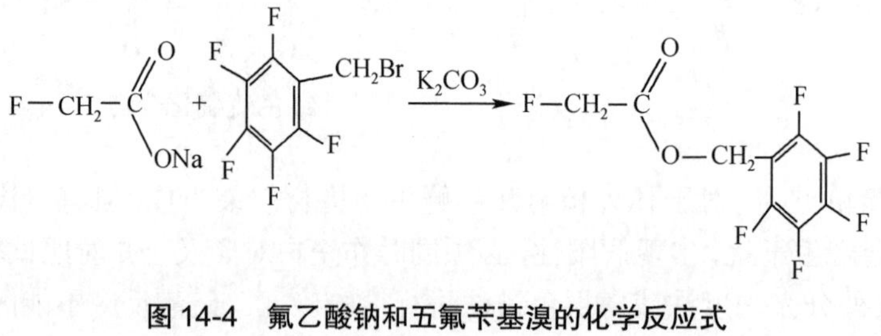

图 14-4　氟乙酸钠和五氟苄基溴的化学反应式

检材提取液于试管中挥干后,加入 0.5g 无水硫酸钠和 0.1g 无水碳酸钾,再加 100μl 10% 五氟苄基溴丙酮液和 2ml 丙酮,密封混匀,60℃下加热 30 分钟,冷却振荡混匀并离心后,吸取上清液进样气相色谱分析。色谱条件可选用极性色谱柱 SE-30 或 OV-17 弹性石英毛细管柱,30m×0.32mm,柱温 90℃(2 分钟)→5℃/min→140℃(1 分钟)→40℃/min→280℃,进样口温度 280℃,检测器温度 300℃,N₂15psi。由于衍生化过程中向氟乙酰化合物中引入了电负性基团,大大提高了方法的灵敏度,适用于体液、组织等体内检材的检测。

2. GC/NPD 法 氟乙酸可与芳香胺反应，生成的衍生物可用 GC/NPD 进行检测。较多被采用的衍生化试剂为 N,N- 二乙基对苯二胺硫酸盐（DEPA），同时需用 N,N- 二环己烷碳酰亚胺（DDC）作催化剂。方法为将检材提取液加热浓缩至 1ml 的水液，加 2ml 丙酮，混匀离心，吸出上层清液再加热吹去丙酮，水液用 2ml 苯洗涤 1 次，弃去苯液，将水液调为近中性，加入 100μl 的 DEPA 及 DDC 试剂，再加入 2ml 乙酸乙酯，振摇 5 分钟，离心，分出乙酸乙酯在 60～70℃下空气吹干，加 200μl 乙醇溶解提取物，取 1μl 进行 GC/NPD 分析。若检材杂质太多，此衍生物可用硅胶或硅镁吸附剂小柱净化。色谱条件可选用 HP-1 弹性石英毛细管柱，30m×0.32mm，柱温 200℃（1 分钟）→15℃/min→280℃（6 分钟），进样口及检测器温度 280℃，N$_2$ 20psi。此方法可用于体内检材的检测。

用 GC/ECD 和 GC/NPD 进行检测，由于提取物经过了衍生化，检测目标为氟乙酸的衍生物，因而不能区分氟乙酰化合物原体和代谢产物。用于 GC/ECD 和 GC/NPD 检测的氟乙酸衍生物均可用 GC-MS 进行确证分析。

（三）气相色谱 / 质谱联用法

用 GC/ECD 法检测 PFBBr 衍生产物 FAC-PFB 酯是目前检测氟乙酰胺、氟乙酸和氟乙酸盐灵敏度最高的方法，但在衍生化过程中导入了大量的衍生化试剂杂质，且生物体内的一些有机酸也易与 PFBBr 反应，加上生物检材中存在的许多内源性杂质的干扰，单一用气相色谱的保留时间进行定性有一定困难，用 GC-MS 可对检测结果进行确证。用 GC-MS 对 FAC-PFB 酯检测，可采用 5% 苯基甲基聚硅氧烷、1% 乙烯基 5% 苯基甲基聚硅氧烷或类似的弹性石英毛细管柱，柱温 80℃（2 分钟）→30℃/min→280℃（10 分钟），或者 100℃（1 分钟）→10℃/min→150℃→40℃/min→280℃（5 分钟），进样口温度 280℃，传输线温度 250℃，离子源：EI 或 NCI；NCI 反应气：甲烷；载气：高纯氦气；SCAN 方式检测。EI 源特征离子碎片为 m/z 258,181,161；NCI 源特征离子碎片为 m/z 77。

（四）高效液相色谱法

用气相色谱法检测氟乙酸和氟乙酰胺，前处理过程比较繁琐、费时，色谱峰比较复杂，有时难以辨识峰的归属。高效液相色谱法配合紫外或荧光检测器不但具有较高的灵敏度，还有良好的选择性，前处理水溶液可直接进样分析氟乙酸和氟乙酰胺，也可衍生化后测其衍生物。检测氟乙酸和氟乙酰胺，可采用 ABZ$^+$PLUS 柱，紫外检测器，检测波长 220nm，流动相用 0.8% 磷酸与 0.4% 的三乙胺水溶液（pH≤3.5），流速 1ml/min，该条件下两者可很好分离。适用于鼠药、毒饵等体外检材的快速分析。若提取物经衍生化后进样分析，则可大大提高检测方法灵敏度。例如可采用反相 C$_{18}$ 柱，乙腈 - 乙酸乙酯 - 水（9∶2∶2）为流动相，用荧光检测器检测氟乙酸的 4- 溴甲基 -7- 甲氧基香豆素衍生物。如果有条件使用液 - 质联用仪或 LC-MS/MS 法进行氟乙酸和氟乙酰胺的检测，将会大大提高检测的准确性和灵敏度。

如用 LC-MS/MS 法检测氟乙酸钠，样品用水浸提后，过 C$_{18}$ 固相柱，流出液直接进样，选择电喷雾负离子（ESI-）状态下、多反应监测（MRM）方式测定，优化碰撞能量（CE）至最佳灵敏度，对于较低含量的检材样品也可用保留时间和离子对 m/z 77＞56.9 定性。

（五）离子色谱法

由于氟乙酰胺和氟乙酸钠极易溶于水，极性较高，用一般的有机溶剂难于提取；在生物检材中，氟乙酰胺和氟乙酸钠主要以氟乙酸根的形式存在。氟乙酰胺的合成是用溴乙酰胺与氟化钠反应来制备的，商品氟乙酰胺中常含有少量氟化钠。

离子色谱对有机阴离子能很好地检测。抑制型离子交换色谱可对氟乙酸根离子和氟离子直接进行检测，对氟乙酰胺这种非离子性的化合物，可以先用氢氧化钠将其转化成氟乙酸根离子再进行检测。色谱条件可选用 Alltech Allsep 7μm 阴离子柱 150mm×4.6mm，柱温 35℃；流动相为 0.17mmol/L 碳酸氢钠 /0.18mmol/L 碳酸钠去离子水溶液，流速 1ml/min，电导检测器，温度 35℃。方法为对液体检材，直接加入 0.1mol/L 氢氧化钠溶液调至 pH＝10，超声震荡 5 分钟，离心，取上清液过 0.45μm 的水系滤膜，滤液进行离子色谱分析；对内脏组织等固体检材，先剪碎研磨，用去离子水浸泡，离心，分出浸泡液,加入 0.1mol/L 氢氧化钠溶液调至 pH 10,后续操作同液体检材。用离子交换色谱检测氟乙酰胺和氟乙酸钠,提取净化过程简单,干扰少,灵敏度高,对检材条件要求不高。

(六)氟离子选择电极法

氟离子选择电极法是利用电位法测定样品中氟离子的含量来判断检材中是否含有氟化物。原理为当氟离子选择电极浸入含氟离子溶液时,溶液中氟离子与电极中氟化镧单晶表面的氟离子进行交换,使两相的电荷分布发生改变,在单晶表面产生一膜电势,以甘汞电极为参比电极,则可测得电势。电势的变化与检液中氟离子浓度的对数呈线性关系。

氟乙酰胺与氟乙酸钠均具有内吸作用,进入机体后,氟可均匀地分布于肝、肾、脑中,尿中含量最高;氟可与骨中的钙结合成氟化钙,蓄积在骨中,因此氟乙酰胺中毒死者的骨及骨灰中含氟量较高。用氟离子选择电极法测定这些检材中的氟化物,对氟乙酰胺中毒死亡、尸体火化而无法取得肝、肾、脑、尿等检材时,骨灰中氟含量的测定就显得非常重要。

检测时可取适量检材经干法有机质破坏后,加 20ml 热蒸馏水溶解,搅匀后过滤,取滤液 15ml 于 50ml 容量瓶中,加入 25ml 0.2mol/L 柠檬酸钠 -0.2mol/L 硝酸钾缓冲液,用 6mol/L 盐酸调节 pH 6.5 并加水稀释至 50ml。将此溶液转移入聚乙烯烧杯中,并置于控温磁力搅拌器上,浸入氟电极与甘汞电极,搅拌 15 分钟,读取毫伏数。用氟化钠标准品配制成系列标准溶液,与检材、空白对照样品在相同条件下测定,绘制工作曲线,计算检材中氟离子的含量。

第四节　抗凝血杀鼠剂

抗凝血杀鼠剂(anticoagulant rodenticide)是目前应用最广、使用最安全的一类慢性杀鼠剂。这类杀鼠剂有 30 余种,按照化学结构可分为香豆素类和茚满二酮类杀鼠剂。1944 年,Link 等在对加拿大牛的"甜苜蓿病"研究中发现双香豆素有毒,1947 年第一个香豆素类抗凝血性杀鼠剂杀鼠灵(华法林,warfarin)被合成。由于这类杀鼠剂具有鼠类中毒慢,不拒食,可连续摄食造成累积中毒死亡,对其他非毒杀目标安全的特点,因此被世界各国广泛推荐使用,但易产生抗药性。之后,一些急性毒性更高、单次投毒即可产生灭鼠效果的类似杀鼠剂相继合成并投入生产。由于使用与管理不当,人和牲畜中毒及故意投毒的事件常有发生。

一、香豆素类杀鼠剂

(一)一般介绍

香豆素类杀鼠剂(coumarin rodenticides)是以 4- 羟基香豆素为母体结构,在 3 位碳上接不同基团构成的一类杀鼠剂。4- 羟基香豆素的化学结构如图 14-5 所示。

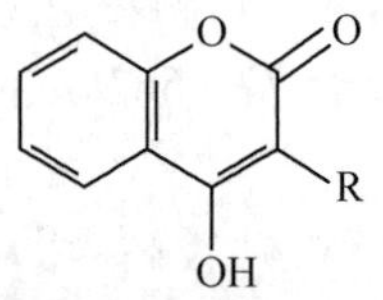

图 14-5　4- 羟基香豆素的化学结构

常见的香豆素类杀鼠剂主要包括华法林(warfarin)、杀鼠迷(coumatetralyl)、溴敌隆(bromadiolone)、氟鼠灵(flocoumafen)和大隆(brodifacoum)等,前两种属于第一代香豆素类杀鼠剂,后三种属于第二代香豆素类杀鼠剂。这五种常见香豆素类杀鼠剂的化学结构式见图 14-6。

1. 理化性质　香豆素类杀鼠剂纯品为白色或带黄色的粉末,难溶或不溶于水,溶于甲醇、乙醇、氯仿、二氯甲烷、丙酮和乙酸乙酯等有机溶剂。室温下放置比较稳定。上述五种香豆素类杀鼠剂的理化性质见表 14-1。

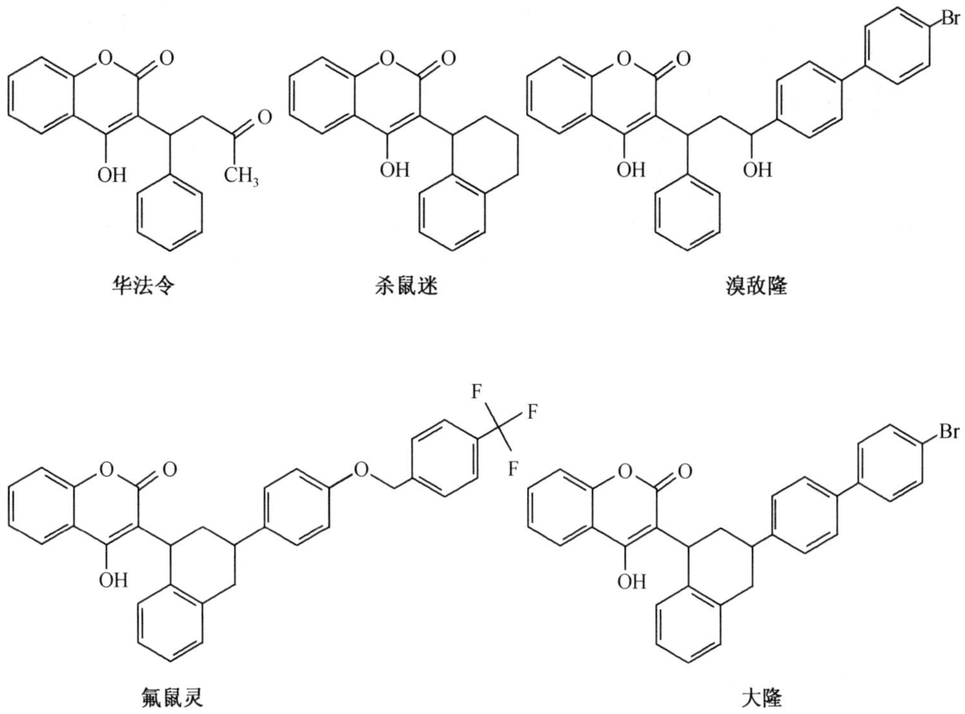

图 14-6　五种香豆素类杀鼠剂的化学结构式

表 14-1　五种香豆素类杀鼠剂的理化性质

名称	别名	化学名	分子式与分子量	熔点（℃）	稳定性	大鼠口服 LD_{50}/（mg/kg）
华法林 warfarin	杀鼠灵 灭鼠灵 克鼠甲	4- 羟基 -3-（3- 氧代 -1- 苯基丁基）香豆素	$C_{19}H_{16}O_4$ 308.3	159～162	高温易分解	3.0
杀鼠迷 coumatetralyl	立克命 克鼠立 杀鼠萘	4- 羟基 -3-（1,2,3,4- 四氢 -1- 奈基）香豆素	$C_{19}H_{16}O_3$ 292.3	172～176	阳光下可分解	16.5
溴敌隆 bromadiolone	乐万通	3-[3-（4′- 溴联苯 -4- 基）-3- 羟基 -1- 苯丙基]-4- 羟基香豆素	$C_{30}H_{23}O_4Br$ 527.4	200～210	低于 200℃稳定	1.1
大隆 brodifacoum	溴鼠灵 杀鼠隆 敌拿鼠	3-[3-（4′- 溴联苯 -4- 基）-1,2,3,4- 四氢 -1- 奈基]-4- 羟基香豆素	$C_{31}H_{23}O_3Br$ 523.4	228～232	潮湿条件下和 pH 5.5～8 中易降解	0.26
氟鼠灵 flocoumafen	杀它仗 氟鼠酮	4- 羟基 -3-{1,2,3,4- 四氢 -3-[4-（4- 三氟甲基苄氧基）苯基]-1- 萘基} 香豆素	$C_{33}H_{25}F_3O_4$ 542.6	161～162	高温易分解	0.25

2. 毒性　第一代香豆素类杀鼠剂急性毒力小，使用时需多次投药发挥其慢性毒力，因此其灭鼠有效剂量与摄食方式密切相关，连续摄食具有累积效应。例如，杀鼠迷大鼠单次口服 LD_{50} 为 16.5mg/kg，若摄食方式改为连续五天每日等量口服，则 LD_{50} 为 0.3mg/（kg·d），后一种摄食方式的毒性比前者约大 10 倍。其他香豆素类杀鼠药大鼠单次口服 LD_{50} 分别为杀鼠灵 3mg/kg、溴敌隆 1.125～1.75mg/kg、大隆 0.26mg/kg。使用这类杀鼠剂耗时费力，费用高，易形成抗药性及交互抗性，使其应用效果受到严重影响。第二代香豆素类杀鼠剂的毒性远比第一代强，并兼有缓效杀鼠剂的高效和速效杀鼠剂节

省毒饵和人力的优点,灭鼠效果好,尤其是大面积应用效果十分显著,而且对人、畜相对比较安全,已广泛应用于野外及室内灭鼠。

(二)中毒症状和体内过程

香豆素类杀鼠剂主要经口由胃肠道吸收,也可经呼吸道、破损的皮肤进入机体。其毒理作用主要是通过拮抗体内维生素 K_1 的作用,阻碍肝内凝血酶原和依赖维生素 K 的凝血因子(Ⅱ、Ⅶ、Ⅸ、Ⅹ)的合成,障碍机体凝血功能,降低血液凝固能力,引起出血症状。同时香豆素类杀鼠剂还能损害毛细血管,使血管变脆,抗张能力减弱,渗透性增强。这些作用可导致内脏和皮下广泛出血,严重者可死亡。

香豆素类杀鼠剂中毒潜伏期较长,一般口服后 3～5 天出现中毒症状。基本无二次中毒的危险,对人和环境安全。鼠类口服后出现怕冷、虚弱、行动缓慢,鼻、爪、肛门、阴道和内脏出血,终因慢性出血不止而死。死亡高峰期为 4 天～6 天。人中毒后主要表现为广泛性多脏器出血现象,出现腹痛、背痛、恶心、呕吐、鼻出血、齿龈出血、皮下出血、关节周围出血、尿血、便血、精神不振、低热等症状。严重者可发生休克、昏迷,甚至死亡。

尸检可见全身广泛性出血,颜面、四肢、胸、腹壁皮下出血,内脏器官出血。

(三)检材采取和处理

香豆素类杀鼠剂在生物检材中的含量与摄食方式和病程长短有关。一次服入大剂量鼠药引起急性中毒者,可取胃内容物、血液、尿液及组织进行检测,病程迁延者,应选取肝、肾组织及体液作为检材。

由于香豆素类杀鼠剂的分子结构中含烯醇结构,为弱酸性有机化合物,因而检材可用盐酸调至 pH 5～6,再分离提取。

1. 液 - 液萃取法 提取溶剂可选用乙酸乙酯、二氯甲烷、氯仿、丙酮等有机溶剂或氯仿 - 丙酮(1:1)、氯仿 - 异丙醇(9:1)、丙酮 - 甲醇(1:2)等混合溶剂。血、尿、胃内容物等检材可直接用盐酸调至 pH 5 后,用有机溶剂直接提取。肝、肾等脏器和其他固体检材需先制成匀浆液或剪碎后加无水硫酸钠研成干沙状,再用上述有机溶剂进行提取。提取液可置 KD 浓缩器中浓缩备用,或在 60℃下用空气流吹干。

对于成分复杂的检材,提取液浓缩前可过氧化铝、氟罗里硅土、活性炭层析柱或硅胶小柱净化,也可用 0.1mol/L 盐酸洗涤。为提高萃取效率,检材可先用有机溶剂浸泡 10 分钟后超声振荡提取。尽管此类杀鼠剂具有弱酸性,但溴敌隆和大隆等因其分子中疏水部分较长,所生成的盐难溶于水,故不宜用碱性水溶液反提净化。

2. 固相萃取法 血、尿等液体检材也可采用固相萃取法进行提取。方法为将血、尿等检材中加入蛋白质沉淀剂沉淀蛋白,离心取上清液,用盐酸调至 pH 5～6 后过已活化好的固相柱,流速控制在 1～2ml/min,待检液全部流过,再用 5ml 去离子水冲洗固相柱,以除去亲水性杂质,然后真空抽干,用 6ml 乙酸乙酯洗脱被测组分,收集洗脱液,于 60℃水浴中空气吹干,残留物定容后检测。提取液在浓缩过程中对方法的回收率影响较大,如果加热吹干溶剂温度过高或时间过长,特别是溶剂挥干后不及时取出,会大大降低回收率。对不同的香豆素类杀鼠剂应选用不同的固相柱,华法林用 GDX-403 效果比较好,而杀鼠迷、大隆用 SAX 小柱萃取效果好,硅胶小柱适宜于检材中抗凝血杀鼠剂的筛选。

(四)检测方法

香豆素类杀鼠剂分子量较大,极性强,难以气化,且热稳定性较差,高于 200℃易分解,不适宜采用气相色谱法或气质联用仪进行检测,一般多用紫外分光光度法、薄层色谱法或高效液相色谱法进行分析。

1. 薄层色谱法 薄层色谱法分析香豆素类杀鼠剂灵敏度低,可用于鼠药含量较大的体外检材如各种鼠药制剂、毒饵及一次口服大剂量鼠药急性中毒者的胃内容物、呕吐物等的分析鉴定。方法检出限为 2～5μg。常用的色谱条件如下:吸附剂:硅胶 GF_{254} 或反相高效薄层板。展开剂可选用：①苯 - 丙酮（9∶1）；②二氧六环 - 氯仿（2∶3）；③甲醇 - 乙酸 - 二氯乙烷（8∶2∶98）；④氯仿 - 甲醇（97∶3）；⑤环己烷 - 丙酮 - 醋酸（7∶2.5∶0.5）；⑥甲醇 - 乙酸乙酯 - 石油醚（5∶10∶4）。

薄层板经点样、展开后，可于254nm紫外线灯下观察结果，上述几种香豆素类杀鼠剂均呈蓝紫色荧光斑点。展开剂为酸性时，斑点的荧光强度较弱，如果给薄层板上喷10%的氢氧化钾溶液或将薄层板置于氨水瓶口熏片刻，可提高荧光强度。定位也可采用化学试剂显示，如22%（w/v）三氯化锑氯仿溶液、5%（v/v）硫酸乙醇溶液、8%（w/v）氢氧化钠乙醇溶液、10%（v/v）磷酸乙醇溶液等。

若在紫外线灯下定位后，用薄层扫描仪对斑点进行原位扫描，或将显蓝紫色的药物斑点标出，连同此处的吸附剂一起刮下，用甲醇充分震摇溶解，离心，上清液用紫外分光光度法分析，可对香豆素类杀鼠剂进行定量测定。

2. 紫外分光光度法　香豆素类杀鼠剂都有紫外吸收，并能发出荧光，碱性条件下荧光增强。由于此类药物具有弱电解质的性质，被测溶液的酸碱性对紫外吸收光谱的形状、峰位及吸收系数的大小有较大的影响。例如，杀鼠迷在中性溶液中于273nm、284nm和307nm附近有三个吸收峰，在酸性溶液中吸收光谱的形状与峰位不变，但吸收系数不同；在碱性溶液中273nm和284nm附近的吸收峰消失，307nm附近吸收峰增强。因此测定紫外吸收光谱时，应控制被测溶液与已知对照品溶液的酸碱性条件完全一致，也可通过改变被测溶液的酸碱性来得到更多的光谱信息。此方法适用于毒饵、鼠药制剂等体外检材的分析。对于体内检材，因其含量低，杂质干扰严重，可采用紫外导数分光光度法进行检测。

3. 高效液相色谱法和液相色谱 - 质谱联用分析　高效液相色谱法是测定香豆素类杀鼠剂最常用的方法，广泛用于灭鼠毒饵、呕吐物、血、尿、肝脏等检材的检测。由于香豆素类杀鼠剂为弱酸性有机化合物，在流动相中添加一定量的甲酸、乙酸或磷酸，能抑制其在溶液中的电离，从而改变它们在流动相中的性质，有效改善色谱峰的拖尾现象，从而保证获得对称的色谱峰，以达到有效分离的目的，即采用"离子抑制"反相高效液相色谱分析。色谱柱采用ODS或C_{18}反相柱，流动相一般为甲醇、冰醋酸和磷酸不同比例的混合溶液体系，如采用甲醇 -0.1% 冰醋酸（90∶10）、甲醇 - 水 - 冰醋酸（80∶20∶1 或 85∶15∶1）、甲醇 -0.1% 磷酸（90∶10）作为流动相。若需同时检测几种极性差异较大的杀鼠剂，可不断改变甲醇和酸的比例进行梯度洗脱。检测器可选择紫外检测器、二极管阵列检测器或荧光检测器。若检测器为前两者，检测波长245～335nm，参比波长410～490nm。若选用荧光检测器进行检测，激发波长310nm，发射波长390nm，且需采用柱后pH转换技术，在柱后向流动相中泵入0.015mol/L氢氧化钠溶液或氯仿 - 仲丁胺（5∶1）溶液使pH＞8，增强荧光强度，以提高灵敏度（图14-7）。

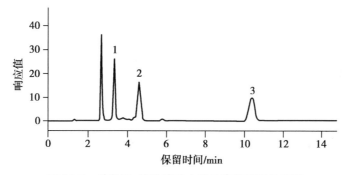

图14-7　杀鼠灵、溴敌隆和大隆的高效液相色谱图
1. 杀鼠灵；2. 溴敌隆；3. 大隆

香豆素类杀鼠剂中毒潜伏期长，中毒者体内药物含量往往不高，用高效液相色谱 - 质谱联用分析可提高定性定量检测的准确度和灵敏度。液 / 质联用分析时可选用电喷雾电离 - 负离子模式（ESI-），对多种香豆素类杀鼠剂可进行定性和定量分析（图14-8）。

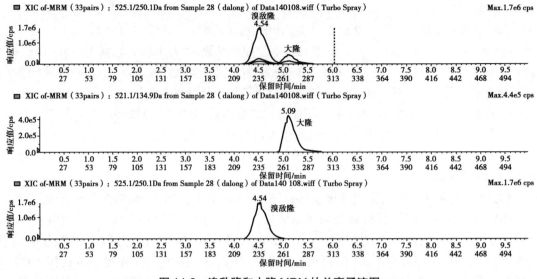

图 14-8 溴敌隆和大隆 MRM 的总离子流图

因单级质谱软电离信息量有限,噪音高,为更准确地检测中毒者体内的香豆素类杀鼠剂,还可采用 HPLC-MS/MS,经与平行操作的对照品比较,以保留时间和两对母离子 / 子离子对进行定性分析。以溴敌隆为例,LC-MS/MS 的参考条件:采用 C₁₈ 反相柱或同等柱,前接保护柱。流动相:A 液为甲醇,B 液为 10mmol/L 乙酸铵溶液,梯度洗脱程序。质谱条件:采用电喷雾电离 - 负离子模式(ESI-),多反应监测(MRM)方式检测;碰撞能量(CE)优化至最佳灵敏度。使用前调节各气流流量以使质谱灵敏度达到检测要求。以 m/z 525 > 250 和 525 > 181 作为溴敌隆的定性离子对。

知识拓展 ▶

为快速检测香豆素类化合物,人们也尝试用 GC 或 GC-MS 进行分析检测。除杀鼠迷外,其他化合物均需进行衍生化。衍生化试剂可选用 N- 三甲基硅氧烷基重氮甲烷(N-trimethylsilyldiazomethane,TMS-DAM)或 N,O- 双(三甲基硅氧烷基)三氟乙酰胺 [N,O-bis(trimethylsilyl)trifluoroacetamide,BSTEA] 等进行甲基化或硅氧烷化。但对溴敌隆,即使经过衍生化,进行 GC 和 GC-MS 检测仍有一定难度。

GC-MS 参考条件:DB-5 毛细管柱 30m × 0.25mm,柱温 210℃(1 分钟)→10℃/min→330℃(3 分钟),进样口温度 250℃,接口温度 250℃,离子源温度 250℃,EI 电压 70eV,载气:H₂。

二、茚二酮类杀鼠剂

(一)一般介绍

茚二酮类杀鼠剂(indandione rodenticides)也是抗凝血性杀鼠剂,以茚二酮为母体结构,在其 2 位碳上接不同基团构成的一类杀鼠剂,图 14-9 示其化学结构式。

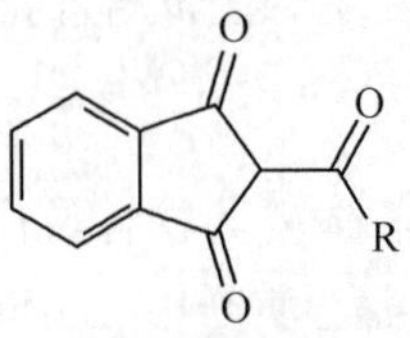

图 14-9 茚二酮的化学结构

常见的茚二酮类杀鼠剂主要包括敌鼠（diphacinone）、氯鼠酮（chlorophacinone）、杀鼠酮（pindone）和异杀鼠酮（valone），它们的化学结构式见图 14-10。其中敌鼠最具代表性，常使用其钠盐，称为敌鼠钠盐。

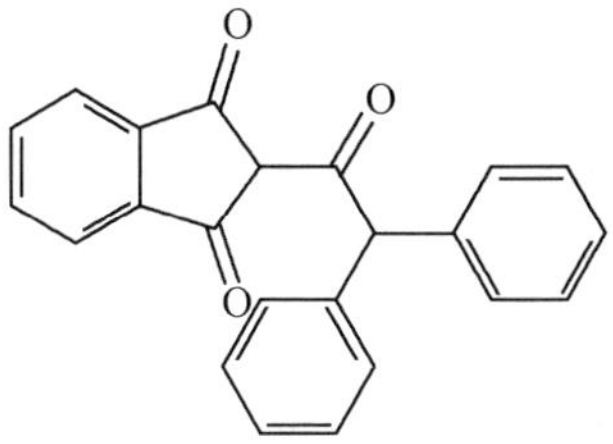

敌鼠 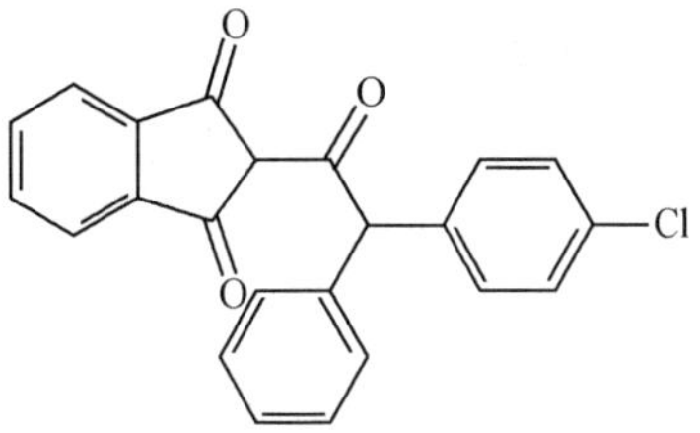　　　　　　　　　　　　　氯鼠酮

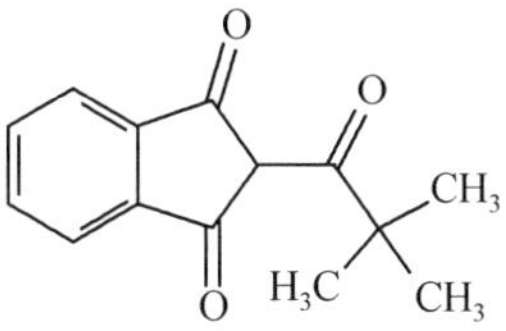

杀鼠酮 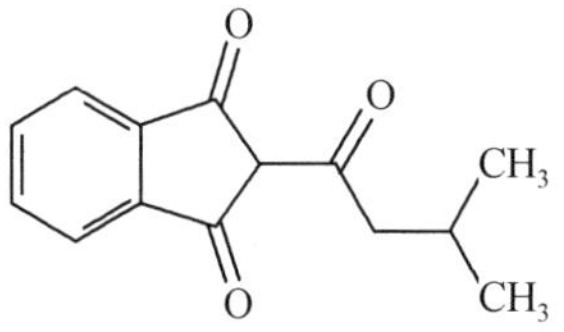　　　　　　　　　　　　异杀鼠酮

图 14-10　四种茚二酮类杀鼠剂的化学结构式

1. 理化性质　茚二酮类杀鼠剂纯品为无臭的黄色结晶或粉末，不溶于水，溶于氯仿、丙酮、甲苯、乙醇、乙酸乙酯、乙腈等有机溶剂，可溶于碱液。上述四种常见茚二酮类杀鼠剂的理化性质见表 14-2。

表 14-2　四种茚二酮类杀鼠剂的理化性质

名称	别名	化学名	分子式与分子量	熔点/（℃）	稳定性	大鼠口服 LD_{50}/（mg/kg）
敌鼠 diphacinone	野鼠净 双苯杀鼠酮	2-(二苯基乙酰基)-1,3-茚满二酮	$C_{23}H_{16}O_3$ 340.4	145～147	在日光下水中迅速分解	2.3
氯敌鼠 chlorophacinone	氯鼠酮	2-[2-（4-氯苯基)-2-苯基乙酰基]-1,3-茚满二酮	$C_{23}H_{15}O_3C$ 374.91	140～144	同上	9.6～13.0
杀鼠酮 pindone	特戊酰茚二酮 鼠完	2-特戊酰基-1,3-茚满二酮	$C_{14}H_{14}O_3$ 230.4	108.5～110.5	同上	30
异杀鼠酮 valone	灭鼠酮	2-异戊酰基-1,3-茚满二酮	$C_{14}H_{14}O_3$ 230.4	68～69	同上	50

2. 毒性　茚满二酮类杀鼠剂由于具有广谱、高效、对人畜毒性较低、使用安全等特点，至今仍被广泛用于杀鼠。但若保管和使用不当，仍可造成人畜中毒。这类化合物比较稳定，致死剂量较大。上述四种杀鼠剂大鼠口服 LD_{50} 分别为敌鼠 2.3mg/kg、氯敌鼠 9.6～13.0mg/kg、杀鼠酮 30mg/kg 和异杀鼠酮 50mg/kg。灭鼠有效剂量也与摄食方式有关，连续多次摄食具有累积效应。如敌鼠对小白鼠口服急性 LD_{50} 为 119.5mg/kg；而连续 4 天喂饲相同剂量的敌鼠，其亚急性 LD_{50} 为 3.16mg/（kg·d）。

（二）中毒症状和体内过程

茚二酮类杀鼠剂的毒理作用与香豆素类杀鼠剂基本相同，也是维生素 K_1 的拮抗剂，主要干扰肝中凝血酶原的合成，使凝血酶失去活性而产生抗凝血作用。同时使毛细血管脆性增加，血液渗出，造成内脏及皮下出血。这类药物以 1/万的含量配成毒饵，用于卫生灭鼠工作。中毒潜伏期长，发病缓慢，中毒症状出现较晚。一般口服后 3～4 天，长者 19 天，平均 10 天才出现中毒症状，死亡高峰为

4～6 天。在体内代谢慢且积蓄时间较长。中毒症状表现为阵发性或持续性腹痛、头痛、头晕、咳嗽、痰中带血、呕血、便血、牙龈出血、鼻出血、全身皮肤及黏膜出现紫癜、面色苍白、昏迷，甚至死亡等。

尸检见皮肤青紫、瘀点样出血，口唇苍白，内脏器官水肿淤血、表面出血，心包、胸腔等体腔内可有不凝积血。

（三）检材采取和处理

口服大剂量茚二酮类杀鼠剂急性中毒者可取呕吐物、胃内容物及血、尿进行检测。如果口服数日才出现中毒症状或死亡者，应采取肝、肾、血、尿作为检材。

1. 液 - 液萃取法 茚二酮类杀鼠剂为弱酸性化合物，检材可用 10% 盐酸调 pH 4～5，用氯仿、乙酸乙酯、乙腈、丙酮等有机溶剂或氯仿 - 丙酮（1:1）、乙酸乙酯 - 无水乙醇（9:1）等混合溶剂提取。

血、尿等液状检材，用盐酸酸化后，可直接用上述有机溶剂提取。对胃内容物、食物、呕吐物等检材，捣碎后先用乙醇浸提，醇液过滤或离心后，上清液过硅藻土或中性氧化铝层析柱净化，用乙酸乙酯或氯仿洗脱，收集洗脱液，50℃水浴氮气吹干。肝、肾等内脏组织检材需先制成匀浆或剪碎后加无水硫酸钠研成干沙状，用盐酸酸化，用上述有机溶剂萃取，萃取液可过层析柱净化，或 1% 焦磷酸钠溶液反提净化，再用乙酸乙酯萃取。

2. 固相萃取法 对血、尿等液体检材或内脏器官的组织匀浆也可采用固相萃取法处理，方法同香豆素类杀鼠剂。固相小柱可选用硅藻土、CN 柱、硅胶、GDX-101、GDX-201、GDX-403 等，选用 pH 5 的缓冲液萃取效率最高。洗脱剂用乙腈、乙酸乙酯比较好。

（四）检测方法

茚二酮类杀鼠剂的检测方法，可采用化学显色反应、紫外分光光度法、薄层色谱法或高效液相色谱法进行分析。

1. 化学显色反应——三氯化铁试剂反应 该反应可用于血和尿中敌鼠的快速检测。敌鼠与三氯化铁乙醇液反应可生成砖红色的化合物。颜色深浅与敌鼠含量相关。此反应操作简单、快速，可作为敌鼠的筛选试验。

2. 紫外分光光度法 茚二酮类杀鼠剂都有紫外吸收，由于此类药物具有较强的酸性，易与碱成盐，使紫外吸收光谱的形状、峰位及吸收系数的大小发生改变。因此测定紫外吸收光谱时，应控制被测溶液与已知对照品溶液的酸碱性条件完全一致。

紫外分光光度法一般仅适用毒饵、鼠药制剂等体外检材的分析。对于体内检材，因杂质干扰比较严重，可采用紫外导数光谱法进行检测。在水溶液中，茚二酮类杀鼠剂二阶导数光谱的强度随 pH 变化。pH 9 以上，光谱强度随 pH 变化不大；pH 9 以下，随着 pH 降低光谱强度迅速降低，至 pH 4 时，光谱几乎与基线重合。在 pH 10 时，生物检材中杂质的二阶导数光谱相对于茚二酮类杀鼠剂光谱最弱。

将血液或制备好的组织匀浆中依次加入乙腈和 6% 的高氯酸，振摇 10 分钟，离心，取上清液过已活化好的固相小柱，流速 1～2ml/min，去离子水淋洗，用二氯甲烷、乙酸乙酯等溶剂洗脱，洗脱液挥干，残留物用 0.1mol/L 的氢氧化钠溶液或 pH 10 的磷酸缓冲液溶解，进行二阶导数光谱测定，再由校准曲线计算测量值。敌鼠、氯敌鼠、杀鼠酮三种药物在 0.5～5.0g/L 浓度范围内呈线性关系，它们的检出限分别为 1.4mg/L、1.6mg/L、1.2mg/L。

> 茚二酮类杀鼠剂紫外导数光谱测定参考条件：参比液为 pH 10 的磷酸缓冲液或 0.1mol/L 的氢氧化钠溶液；吸光池厚 1cm；波长范围 260～320nm；求导波长差 2nm；纵轴标尺 ±0.2。

3. 薄层色谱法 用薄层色谱法进行茚二酮类杀鼠剂的分析时，吸附剂可用硅胶 GF$_{254}$ 或硅胶 G 板，展开剂宜选用带有弱酸性或弱碱性的混合溶剂，如甲醇 - 苯 - 甲酸（89:10:1）、二氯乙烷 - 甲醇 - 氨水（79:20:1）、氯仿 - 乙酸乙酯 - 乙酸（4:2:1）、四氯化碳 - 甲醇（2:1）等。展开后薄层板可直接在 UV$_{254}$ 紫外线灯下观察定位，茚二酮类杀鼠剂显黄色斑点；或者喷洒 20% 三氯化铁乙醇溶液或 22%

三氯化硒氯仿溶液进行显色，前者阳性斑点呈暗红色，后者阳性斑点呈粉红色。甲酸能使此类杀鼠剂显红色，故用含甲酸的展开剂展开时，可见红色斑点随展开剂上升，故不必再用其他方法显色。

4. **高效液相色谱法** 茚二酮类杀鼠剂具有较强的酸性，如敌鼠和氯敌鼠的酸性接近苯甲酸，用HPLC 分析时，需要采用反相离子对色谱法进行分离。离子对色谱法适用于可完全离子化的较强的酸或碱，是将一种（或数种）与样品离子电荷相反的离子（称为对离子或反离子）加入到色谱系统的流动相中，使其与样品离子结合生成弱极性的中性缔合物即离子对，离子对不易在水中解离而容易进入有机相中，从而在固定相与流动相间构成分配平衡。进行敌鼠和氯敌鼠的分析时，可选用四丁基铵正离子（C_4H_9）$_4N^+$ 作为对离子，采用 C_{18} 反相色谱柱，紫外检测器进行检测。流动相为甲醇 - 水 - 磷酸四丁基铵（70∶30∶0.4），检测波长 321～325nm，参比波长 350～370nm。用高效液相色谱法检测茚二酮类杀鼠剂，检出限可达 ng 级。将液相色谱与电喷雾 - 质谱法结合，可提高定性准确性。敌鼠、氯敌鼠、异杀鼠酮和杀鼠酮四种常见的茚二酮类杀鼠剂均具有较稳定的质谱碎片离子。

本 章 小 结

杀鼠剂种类较多，理化性质和毒性各不相同，在进行分析鉴定时，应结合案情和中毒症状，合理取材，制订出合适的分析鉴定方案。本章主要介绍了几种中毒常见的无机磷化物和有机合成杀鼠剂和的分析检测方法。

磷化物使用历史较久，主要经消化道吸收，在胃酸作用下放出磷化氢，吸收后产生毒性，因此磷化物中毒主要检测磷化氢及其代谢产物。抗凝血杀鼠剂是目前我国推广使用最多的杀鼠剂，中毒潜伏期长，以全身广泛性出血为特征，分析检测以 HPLC 或 HPLC-MS 为主；毒鼠强、氟乙酰胺毒性剧烈，阵发性、强直性抽搐是它们中毒的特征性症状，分析方法常采用 GC 或 GC-MS。

关 键 术 语

杀鼠剂（rodenticide）

香豆素类杀鼠剂（coumarin rodenticide）

抗凝血杀鼠剂（anticoagulant rodenticide）

茚二酮类杀鼠剂（indandione rodenticide）

毒鼠强（tetramine）

氟乙酰胺（fluoroacetamide）

氟乙酸钠（sodium fluoroacetate）

磷化锌（zinc phosphide）

磷化氢（hydrogen phosphide）

思 考 题

1. 怀疑无机磷化物中毒时，检材如何采取？

2. 氟乙酰胺的理化性质有何特点？在分析过程中应注意什么？

3. 简述毒鼠强的理化性质、检材处理和主要检测方法。

4. 怀疑一溴敌隆中毒者，应如何取材？选择哪些方法进行分析，为什么？

（马丽霞）

第十五章 金属毒物

学习目标

掌握常见金属毒物的基本特点、如何正确处理检材、主要鉴定方法和判断要点,正确评价和运用金属毒物鉴定结果。

熟悉常见金属毒物现代分析方法的基本原理和方法过程。

了解常见金属毒物的中毒特征、作用特点及体内代谢过程。

章前案例 ▶

1955 年 6 月,日本冈山县医院出现婴儿奇病,患儿全身发黑、呕吐、腹泻、彻夜哭泣,这些患儿都饮用过日本著名乳制品企业森永生产的奶粉。事后调查发现森永集团在加工奶粉过程中,通常会使用磷酸氢二钠作为调节 pH 的稳定剂,但森永集团在德岛的加工厂使用了未经检验的非食品用原料,将混有砷的劣质工业磷酸钠作为稳定剂加入了奶粉中,导致日本国内爆发大规模婴儿奶粉中毒事件。该事件的影响长达半个多世纪,据 2007 年的统计,日本 27 个府县出现砷中毒婴儿 1.3 万余名,其中 130 名婴儿先后不幸死亡。幸存者中,许多先后出现脑神经麻痹、智障、骨病、皮肤病等后遗症。

金属毒物(metal toxicant)指能够引起急、慢性中毒的金属单质及其化合物。由于金属单质及其化合物在自然界中广泛存在,与人们日常生产、生活密切相关,而且许多毒物无色无臭,杀人于无形,因此涉及金属毒物中毒的事件和案件时有发生。

常见的有毒金属元素包括砷(arsenic,As)、汞(mercury,Hg)、铅(lead,Pb,拉丁名称 *plumbum*)、钡(barium,Ba)、铬(chromium,Cr)、镉(cadmium,Cd)、铊(thallium,Tl)、镍(nickel,Ni)等。含有毒金属元素的化合物,其中大部分为水溶性的无机化合物,少数为有机化合物。金属毒物的毒性首先取决于所含金属元素的毒性。一般而言,金属元素的毒性越大,其化合物的毒性也越大。常见金属毒物的毒性参数见表 15-1。

含同种金属元素的化合物,分子结构或化合状态会影响毒性的强弱,通常无机物的毒性大于有机物,例如:三氧化二砷、亚砷酸钠 > 甲基硫砷、福美胂;氯化汞、氯化亚汞 > 甲基汞、雷汞;一般水溶性大的金属毒物比难溶性的金属毒物毒性大,一些溶解度很小的金属化合物基本上可看成无毒,如雄黄(As_2S_2)、雌黄(As_2S_3)、朱砂(HgS)、硫酸钡($BaSO_4$)等;气态的金属毒物比液态和固态的金属毒物毒性大,如砷化氢气体和三氧化二砷的毒性大于其他含砷化合物。

金属毒物的检测,通常采用检测其金属元素的含量来实现。其检测具有以下特点:

1. 检材一般需要进行有机质破坏 金属元素一般都能与蛋白质形成牢固的结合物,因此生物检材中的金属毒物难以直接检测,通常需采取氧化、分解等方法将有机质彻底破坏并去除,才可进行检

表 15-1　常见金属毒物的毒性参数

金属毒物	中毒剂量（g）	中毒浓度（血，$\mu g/ml$）	致死量（g）	致死浓度（血，$\mu g/ml$）
砷	0.01～0.05（砒霜，口服）	0.05～1	0.06～0.2（砒霜，口服）	9～15
汞	0.1～0.2（氯化汞，口服）	0.1～0.3（有机汞） 0.2（无机汞）	0.1（甲基汞） 0.3～2（氯化汞，口服） 0.05～0.25（硝酸汞，口服）	0.4～22（有机汞） ＞0.6（无机汞）
铅	2～3	0.45～0.6（急性） 0.4（慢性）	50	
铊		0.1～0.5	0.12～1.0	0.5
镉			30～40	0.015～0.05

测。未与蛋白质牢固结合的金属毒物，如多数体外检材、口服金属毒药物不久的胃内容物和呕吐物等，可用水或酸浸提等简单的方法进行提取分离；某些在体内代谢缓慢的金属有机毒药物，在血、尿或组织中如尚有未代谢的原药或小分子的代谢物，可用溶剂萃取等方法提取分离后检测。这有利于结果判别时中毒源的鉴别。

2．检测目标是金属元素　经有机质破坏后最终检测的目标物一般是金属元素，但难以鉴别中毒源中毒物的化合状态。如有机质破坏过程中，一些本不属于剧毒的金属化合物如雄黄、朱砂等，也被转化成可溶性的金属无机化合物，得到阳性检测结果，在结果判别时应注意结合案情综合分析。

3．金属元素较稳定　金属元素一般不易挥发和流失。已腐败的检材、经蒸馏或有机溶剂萃取等方法处理过的剩余检材、已用福尔马林等固定过的检材、甚至开棺提取的腐败尸体的残余物等，都仍有可能经有机质破坏后进行金属毒物的检测。砷、汞等多种金属毒物在人体内有积蓄，距离中毒时间较长的检材仍有检测价值。头发、骨骼、指甲等检材的检测结果，可说明金属毒物的摄入史。

4．应进行对照试验以排除干扰　由于金属元素普遍存在于环境之中和生物体内，检测金属毒物时须特别注意排除干扰，进行对照试验，尤其是空白对照试验。当检材为泥土、棺木、衣物、饮食物、器具等物品时，应注意采取有关的空白对照物作比；在检材的采取、包装、保存、运送及检验全过程中，应注意所用器皿、材料、药品、试剂以至水中可能含有的金属元素，做空白试验进行对照。

5．区别金属在人体中的正常含量与中毒　正常人体内可检测到 20 多种金属元素，其中汞、铊、锑、碲、铍、镍等被认为是对人体有害的；而有人认为微量的砷、硒、铅、镉等元素对人体是有益的；含量较高且为人体所必需的钙、镁、铁、锌、铜等元素，过量也可引起中毒甚至死亡。因此，在生物检材中检出金属元素，应注意区别金属正常含量与中毒含量。

第一节　检 材 处 理

涉及金属毒物中毒的案例，对检材进行有效的前处理，并根据不同检材的实际状况和金属毒物的特异性，采用合适的分析方法对金属毒物进行分析，对结论的科学性和严谨性至关重要。对于体外检材和基质比较简单的生物检材，如尿液、血清等，可以使用水溶液、稀酸溶液或表面活性剂溶液等进行均匀稀释的方法来处理检材。而对于基质复杂的生物检材，如腐败的生物检材、混有多种基底的生物检材等，常用的检材处理方法为分解法。由于金属毒物进入体内后，会与蛋白质等形成牢固的结合物，难以直接提取分离，分解法通过高温、强酸、强氧化剂等对检材中的有机质进行彻底分解破坏和去除，形成可溶性的金属无机化合物从而用于检测分析，这一过程称为有机质破坏。

分解法分为全部分解法和部分分解法。全部分解法是将样品中的所有有机物分解破坏成无机成分，所以又称为无机化处理，适用于测定样品中的无机成分，如金属元素总量。全部分解法主要有干灰化法和湿消化法。

一、干灰化法

干灰化法包括高温灰化法和低温灰化法。高温灰化法利用高温（450～550℃）破坏样品中的有机物，使之分解呈气体逸出。具体方法是将样品置于坩埚中，先低温碳化，然后转移至高温炉（马弗炉）中进一步灰化，直至剩下白色或灰白色无机残渣，取出冷却后用水或酸溶液溶解。该方法易造成易挥发元素（如 Hg、As 等）的流失，不适于含 Hg、As 检材的分析。

低温灰化法是利用高频等离子体技术，以纯氧气为氧化剂，在灰化过程中不断产生氧等离子体（由激发态氧分子、氧离子、氧原子、电子等混合组成），产生的氧等离子体在低温下破坏样品中的有机物。该方法所需灰化温度低，可大大降低待测组分的挥发损失，有机物分解速度快，样品处理效率高，由于不需要外加试剂，因而空白值低。

二、湿消化法

湿消化法是指在加热条件下，利用氧化性的强酸或氧化剂来分解样品。湿消化法使用的试剂称为消化剂，常用的消化剂有硝酸、硫酸、高氯酸、高锰酸钾和过氧化氢等。该方法的优点是消化速度快、分解效果好、消化温度低、被测组分挥发损失少。但该方法在消化过程中使用大量强酸，产生大量酸雾、氮和硫的氧化物等强腐蚀性有害气体，必须有良好的通风设备，同时要求试剂的纯度较高，否则空白值较大。为提高样品消化效果，大多采用混合消化剂。常用的湿消化法主要有：

（一）硝酸-硫酸法

硝酸的氧化能力强、沸点低，硫酸的沸点高且有氧化性和脱水性，两者混合后具有较强的消化能力，常用于生物样品的消化。该方法消化时间较长，为 3～5 小时，不适用于能形成硫酸盐沉淀的样品。

（二）硝酸-高氯酸或硝酸-过氧化氢法

高氯酸和过氧化氢的氧化能力均较强，加之高氯酸沸点较高且有脱水能力，故这两种消化液能有效地破坏有机物，对许多元素的测定都适用，消化时间短，为 1～3 小时，应用广泛。但高氯酸与羟基化合物可生成不稳定的高氯酸酯而发生爆炸。为了避免危险，消化时应先加入硝酸将羟基化合物氧化，冷却后再加入高氯酸继续消化。

（三）硝酸-硫酸-高氯酸法

通常在样品中先加入硝酸和硫酸消化，待冷却后滴加高氯酸进一步消化，或将三种酸按一定比例配成混合酸加入样品中进行消化。消化时样品中的大部分有机物被硝酸分解除去，剩下的难分解有机物被高氯酸破坏。由于硫酸沸点高，消化过程中可保持反应瓶内不被蒸干，可有效地防止爆炸。此法特别适用于有机物含量较高且难以消化的样品，但对碱土金属、铅及部分稀土元素的样品不适用。

微波消解法是在传统湿消化法基础上的一种改良，该方法是将湿消化、微波快速加热和密闭加压消化相结合的一种新型而有效的分解样品技术。微波溶样设备主要由微波炉、密封聚四氟乙烯罐组成。样品中的极性分子和可极化分子在微波电磁场（一般为 2450MHz）中快速转向和定向排列，产生剧烈的振动、撕裂和相互摩擦，使样品分解。微波溶样法快速高效，一般 3～5 分钟可将样品彻底分解，试剂用量少，空白值低，挥发性元素不损失，可同步消化多个样品。

湿消化法在金属毒物的分析中应用广泛，生物检材中大部分金属毒物的检测都可以采用此类方法进行处理。

第二节　雷因许（Reinsch）试验

雷因许（Reinsch）试验是检测金属毒物最常用的预试验方法，对于未经机体吸收、代谢的体外检材,如现场可疑粉末、剩余的饮食物、胃内容物和呕吐物等,可用 Reinsch 试验直接快速检测其中的金属毒物。体内检材经有机质破坏后,也可用 Reinsch 试验进行检测。Reinsch 试验所用试剂设备简单,检验快速,适合基层的快速预判。

一、基本原理

在适当酸度的水溶液中,以纯铜为还原剂,可将一些还原电位比铜高的金属的化合物还原成金属单质沉积于铜的表面,观察铜表面呈现出的沉积金属单质的特殊颜色,即可进行识别。能被铜还原的有砷、汞、锑、银、铋、硒、碲等的化合物。其中对毒物分析有较大意义的是含砷、汞、锑的化合物,可被铜还原成砷、汞、锑的单质沉积于铜的表面。砷呈灰色至灰黑色;汞呈浅银白色至亮银色;锑呈灰紫色至污黑色。砷的检出限约为 $0.3\mu g/ml$,汞约为 $3\mu g/ml$,锑约为 $1\mu g/ml$。银、铋、硒、碲的化合物分别被还原为银、铋、硒、碲的单质沉积于铜的表面,银呈银白色,铋、硒、碲则呈乌黑色。

用铜作为还原剂的优点是铜的还原电位较高,可排除还原电位比铜低的各种金属的干扰。试验要求用纯铜,不能用铜的合金如黄铜等。反应需要适宜的酸度,以含盐酸 $2\%\sim8\%$ 为宜。加热并保持微沸可加快反应的速度,同时检材中也不能含有强氧化剂如高锰酸钾、重铬酸钾、浓硝酸等;也不能含有强还原剂如锌粉、铝粉、甲醛等。

经湿消化法有机质破坏后得到的五价砷化合物的反应速度缓慢,可先加入适量酸性氯化亚锡将其还原成三价砷后再进行试验。浓度过高的盐酸会与氧化砷反应生成三氯化砷,加热时易挥发损失;盐酸浓度过低则金属不易被还原,故反应时应注意控制酸度。为排除硫化物的干扰,可先加入适量盐酸使其转化为硫化氢,再加热驱除掉硫化氢,然后再加足盐酸投入铜丝进行检验。具体反应式如下:

$$H_3AsO_4 + SnCl_2 + 2HCl \longrightarrow H_3AsO_3 + SnCl_4 + H_2O$$
$$2H_3AsO_3 + 3Cu + 6HCl \longrightarrow 2As\downarrow + 3CuCl_2 + 6H_2O$$
$$As_2O_5 + 2SnCl_2 + 4HCl \longrightarrow As_2O_3 + 2SnCl_4 + 2H_2O$$
$$As_2O_3 + 3Cu + 6HCl \longrightarrow 2As\downarrow + 3CuCl_2 + 3H_2O$$
$$Hg^{2+} + Cu \longrightarrow Hg\downarrow + Cu^{2+}$$
$$Hg_2^{2+} + Cu \longrightarrow 2Hg\downarrow + Cu^{2+}$$
$$Sb_2O_3 + 3Cu + 6HCl \longrightarrow 2Sb\downarrow + 3CuCl_2 + 3H_2O$$

二、结果鉴别与确认

还原反应后的铜丝,若铜丝始终不变色,则对体外检材可作出否定判断;若铜丝变色,根据沉积物颜色只可对金属毒物的种类进行初步的推测,还须进一步的鉴别和确认。

(一)升华试验

还原反应后的铜丝,先用水淋洗,滤纸吸干,再依次用乙醇、乙醚洗涤挥干。将处理好的铜丝放入一端熔封的洁净毛细管底部,用小火焰外缘紧靠氧化焰处对毛细管底端加热片刻,观察毛细管的上中部有无升华物产生。若未见升华物,可再将毛细管底端伸入氧化焰层灼烧并继续观察片刻。用低倍显微镜即可观察毛细管中的升华物形态:砷为四面体或八面体结晶;汞则呈大小不等、可反射光而不透明的球形汞珠;锑多为无定形状,偶尔也呈晶体状。其他金属在铜丝上的沉积物,加热无升华物生成。

(二)确认试验

将毛细管底端夹碎,抽出铜丝,检验毛细管中升华物,予以确认。

1. 砷与锑的鉴别　吸取 10% 盐酸于毛细管中溶解升华物,将所得溶液移到载玻片上,加一小滴安替比林 - 碘化钾试剂(由 1g 安替比林,2g 无游离碘的碘化钾共溶于 30ml 水中配成),并使两液接触,若出现金黄色沉淀浮于液面则表明可能有锑。砷不生成沉淀,有时只有些微浑浊。

2. 汞的确认 在毛细管中近升华物处放置一小粒碘,放置 1 小时以后,在低倍显微镜下观察。若有汞,则可见红色碘化汞晶体,加热至127℃以上则转变为黄色碘化汞晶体,晶型转变见图15-1。

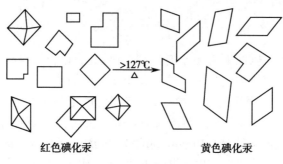

红色碘化汞　　　　　　　　　黄色碘化汞

图 15-1　碘化汞晶体转换

第三节　金属毒物的仪器分析技术

随着现代仪器技术的发展,越来越多的仪器分析技术应用于金属毒物的检测领域。金属毒物的仪器分析具有高灵敏度、高特异性、精密度高、准确性好、检测限低、检测速度快等多种优点,成为目前金属毒物检测最常用的方法。

一、原子吸收光谱法

原子吸收光谱法(atomic absorption spectroscopy,AAS)又称为原子吸收分光光度法,光源辐射出待测元素的特征光波,通过样品的蒸气时,被蒸气中待测元素的基态原子所吸收,由于各种元素原子的结构和外层电子排布不同,因而不同元素的原子最外层电子从基态跃迁至激发态所吸收的能量也不同,故不同元素有不同的吸收线。当原子吸收外界能量后,其最外层电子可跃迁至不同的高能级,因此就有不同的激发态,其中能量最低的激发态称为第一激发态。外层电子由基态跃迁至第一激发态所产生的吸收线称为共振吸收线,简称共振线,是该元素的特征谱线,可对样品进行定性分析;由辐射光波强度减弱的程度,可进行定量分析。各有毒金属元素的共振线见表15-2。

表 15-2　常见金属毒物原子吸收光谱的共振线

项目	砷	汞	铅	铊	铬	钡	镉
共振线(nm)	193.7	253.7	283.3	276.8	357.9	553.6	228.8

原子吸收光谱仪的光源能发射被测金属元素基态原子所吸收的特征谱线,目前常用的光源主要有空心阴极灯和无极放电灯。经消化处理的检材,由原子化器将检材中的待测金属元素转化为自由基态原子蒸气。目前常用的原子化器主要有火焰原子化器、无焰原子化器和氢化物发生器等。火焰原子化器利用火焰的热能使试样原子化,对于易形成难解离氧化物的钡、铬等元素,一般采用富燃火焰进行原子化。其他几种有毒金属元素可采用化学计量火焰进行原子化;无焰原子化器以石墨炉原子化器最具有代表性,其原子化效率高,试样用量少,操作几乎在封闭系统中进行,便于对有毒和放射性物质进行分析,可用于所有金属毒物的检测;氢化物发生器是基于某些元素在酸性介质中可被还原生成该元素的氢化物,并从溶液中分离出来,经火焰或电加热,极易产生该元素的基态原子进行原子吸收测定。金属毒物中的砷化物、铅化物能在酸性溶液中,经硼氢化钾或硼氢化钠还原,生成易挥发的砷化氢(AsH_3)或铅化氢(PbH_4),汞化合物则被还原成汞蒸气。该方法灵敏度高,化学干扰和基体效应小。氢化物发生 - 原子吸收光谱法测定砷、汞的参考实验条件见表15-3。

表15-3 氢化物发生-原子吸收光谱法测定砷、汞的参考实验条件

项目	分析线 （nm）	灯电流 （mA）	石英管电压 （V）	狭缝 （nm）	载气流量 （ml/min）	硼氢化钠浓度 （g/L）	载液
砷	193.7	5	140	0.3	180	15	1% HCl
汞	253.7	5	0	0.2	180	20	1% HCl

二、原子发射光谱法

原子发射光谱法（atomic emission spectroscopy，AES）是基于每种化学元素的原子或离子，在热激发或电激发下，会发射特征的光辐射，其强度与该元素的量呈线性关系，根据发射谱线的波长可进行定性分析，根据谱线的强度可进行定量分析。

原子发射光谱法包括三个主要过程，首先由光源提供能量使试样蒸发，形成气态原子，并进一步使气态原子激发而产生光辐射；然后由单色器将光源发出的复合光分解成按波长顺序排列的谱线，形成光谱；最后由检测器检测光谱中谱线的波长和强度。原子发射光谱仪目前常用的光源有直流电弧、交流电弧、电火花、电感耦合等离子体及微波等离子体。试样一经光源激发，样品中各元素都各自发射自身特征谱线，因此原子发射光谱法可同时检测多种元素。

（一）电感耦合等离子体原子发射光谱法

电感耦合等离子体原子发射光谱法（inductively coupled plasma atomic emission spectrometry，ICP-AES）是以等离子体为激发光源的原子发射光谱分析方法，检材消化后由载气（氩气）引入雾化系统进行雾化，以气溶胶形式进入等离子体的轴向通道，在高温和惰性气体中被充分蒸发、原子化、电离和激发，发射出待测元素的特征谱线，根据谱线特征和强度可进行定性、定量分析，目前在法医毒物分析领域得到了广泛应用。电感耦合等离子体发射光谱法检测金属毒物参考实验条件见表15-4。

表15-4 电感耦合等离子体发射光谱法检测金属毒物参考实验条件

项目	分析线 （nm）	高频发射功率 （W）	等离子气流量 （L/min）	辅助气流量 （L/min）	载气流量 （L/min）	观测高度 （mm）	积分时间 （s）
砷	193.695	1000	19	0.8	0.5	15	5
汞	253.652	1300	15	0.5	0.5	15	5
铅	220.353	1150	15	0.5	0.5	15	5
铊	190.800	1300	15	1	0.5	15	5

（二）微波等离子体发射光谱法

微波等离子体发射光谱法（microwave plasma atomic emission spectrometry，MWP-AES）是以微波等离子体为激发光源的原子发射光谱分析方法，微波等离子体是一种重要的原子发射光谱光源，可在低功率下运行及节省工作气体，比电感耦合等离子体的研究更早，是等离子体光源家族的重要成员。

（三）原子荧光光谱法

原子荧光光谱法（atomic fluorescence spectrometry，AFS）是基于气态和基态原子核外层电子吸收了共振发射线后被激发至第一激发态，在瞬间又跃迁回基态，在跃迁过程中发射出较激发光波长稍长的光，而当激发光源停止照射后，这种光线也随之很快地消失，这种光线称为原子荧光。由于物质结构不同，所吸收光的波长和发射的荧光波长也不相同，利用这一特征，可以进行定性鉴别。对于同种物质，用同一波长的激发光源照射，可发射相同波长的荧光，但荧光强度与该物质的浓度呈线性关系，利用这一特征，可进行定量分析。常用仪器为原子荧光分光光度计，可对易形成冷原子蒸气的汞（Hg）、易形成气态氢化物的砷（As）、锑（Sb）、铋（Bi）、硒（Se）、碲（Te）、锗（Ge）、铅（Pb）、锡（Sn）和易形成气态组分的镉（Cd）、锌（Zn）等元素进行分析。原子荧光光谱法测定金属毒物参考实验条件见表15-5。

表 15-5 原子荧光光谱法测定金属毒物参考实验条件

项目	负高压（V）	载气流速（ml/min）	屏蔽气流速（ml/min）	原子化器高度（mm）	读数时间（s）
砷	380	600	1000	7	10
汞	260	400	1000	8	10
铅	380	400	1000	7	10
镉	380	400	1000	7	10

三、电感耦合等离子体质谱法

电感耦合等离子体质谱法自 20 世纪 80 年代以来，已成为元素分析领域最重要的技术之一，它是以 ICP 焰炬作为原子化器和离子源的一种质谱型元素分析方法。可进行多种元素的同时测定，并可与其他色谱技术联用，进行元素形态分析。样品经消化后，由载气（氩气）引入雾化系统进行雾化，以气溶胶形式进入等离子体中心区，在高温和惰性气氛中去溶剂化、汽化解离，转化成带正电荷的正离子，经离子采集系统进入质量分析器，根据质荷比进行分离。依据元素质谱峰强度进行定量。电感耦合等离子体质谱法检测金属毒物参考实验条件见表 15-6。

表 15-6 电感耦合等离子体质谱法检测金属毒物参考实验条件

项目	高频发射功率（w）	采样深度（mm）	载气流量（L/min）	等离子气流量（L/min）	辅助气流量（L/min）	溶液提升量（ml/min）
砷	1350	7	1.15	15	1.0	0.5
汞	1200	7	0.85	14	0.9	0.5
铅	1100	7	0.95	15	1.85	0.6
铊	1280	6.8	1.15	15	1.0	0.8
铬	1350	7	1.12	15	1.0	0.6

第四节 砷及其化合物

砷，为灰色斜方形菱晶，在自然界广泛存在。相对原子质量 74.9，密度 $5.73g/cm^3$，熔点 817℃（2.8MPa），高温升华（613℃），气体剧毒。游离的砷非常活泼，能与大多数金属生成合金或化合物，也能与氧、硫、卤素等非金属元素形成化合物，主要化合价有三价和五价。砷和砷化合物是古老的毒物，一般来说，无机砷的毒性大于有机砷，三价砷的毒性大于五价砷，有关砷化合物的毒性顺序依次为：砷化氢（AsH_3）>As（三价）>As（五价）>甲基砷酸>二甲基砷酸>砷胆碱>砷甜菜碱。在我国古代和中世纪的欧洲，有关砷中毒的案件层出不穷，最著名的如剧毒的三氧化二砷（As_2O_3，砒霜），无臭无味，很容易用于投毒，使砷成为臭名昭著、令人闻之色变的剧毒物质。被称为"毒中之毒"、"毒物之王"。

但砷化合物也被广泛用于工业、农业、医药等各个方面，如用于除草剂、杀鼠药、半导体加工、合金生产等。我国用的雄黄酒，是将雄黄（As_2S_2）浸泡于酒水中制成，具有杀菌、驱虫的功效。古代炼丹家用雄黄作为炼制"长生丹"的原料。当前，三氧化二砷（As_2O_3，砒霜）被用于急性粒细胞白血病患者治疗，具有很好的效果。常见砷化合物见表 15-7。

在自然界中，砷元素以许多不同形态的化合物存在，包括无机砷和有机砷，合称为总砷。大量的砷化合物以不同形态存在于空气、土壤、沉积物、水、植物、海洋生物和人体中，无机砷类，主要有砒霜，雄黄，雌黄，砷铁矿，亚砷酸盐（三价 As）、砷酸盐（五价 As）等，有机砷主要有甲基砷（MMA）和二甲基砷（DMA），在海产品中主要以砷甜菜碱（AsB）和砷胆碱（AsC）形式存在，还有砷糖（arsenosugars）、砷脂类化合物。

表 15-7　常见砷化合物

砷化合物	性状及用途等
砒霜（三氧化二砷，As_2O_3）	白色结晶性粉末，可升华，易溶于碱水；不纯者因含少量硫化砷而带红色。中医称信石，用于杀虫、蚀疮、祛痰等；农业上曾用作杀虫、杀鼠
雄黄（二硫化二砷，As_2S_2）	红色，曾用于杀菌、驱虫
雌黄（三硫化二砷，As_2S_3）	黄色，曾用于杀菌、驱虫
砷酸盐（钠、钙、铅等盐）	溶于水，曾用作杀虫剂
亚砷酸盐（亚砷酸钠 Na_3AsO_3）	溶于水，制革
含砷有机物：甲基硫砷（苏化911）、甲基砷酸铁铵（田安）、福美胂等	曾用作杀虫剂
含砷有机物：砷胆碱、砷甜菜碱等	存在于海产品内，无毒

砷存在的形态与其毒性密切相关，无机砷的毒性最大，而甲基化砷毒性较小，AsB、AsC 和砷糖基本被认为无毒。因此在砷的测定时，除了总砷的测定，砷的形态分析也非常重要。传统的方法中，通常只测定样品中总砷（包括无机砷和有机砷）的含量，这对于海产品如鱼、甲壳类、贝类、软体动物、海藻等的检测常出现总砷含量过高的情况，而其中主要是无毒的有机砷，给结果的判断带来严重的偏失，因此在砷的测定中应注意分析砷的不同形态。

一、中毒症状和体内过程

砷中毒可以危害人的皮肤、呼吸、消化、泌尿、心血管、神经、造血等系统，按其发病过程可分为急性和慢性中毒。砷的中毒浓度（血砷浓度）为 $0.05 \sim 1\mu g/ml$，致死浓度为 $9 \sim 15\mu g/ml$。

在自然环境和日常生活中几乎到处都有微量砷的存在，生物体内几乎都含有砷，因地质环境不同和生物习性差异，不同地区的生物和品种不同的生物，其体内含砷量有较大差别。正常人体内也含有微量砷，含量也因地区和生活习性而有差别；砷在人体内的含量居微量元素含量的第 12 位，总量为 $14 \sim 21mg$。在内脏和体液中的含砷量一般皆低于或远低于 $1\mu g/ml$。砷及其化合物主要经呼吸道、消化道，少量也可经皮肤和黏膜进入体内。吸收进入血液后，80%～95% 的砷与红细胞内血红蛋白中的球蛋白结合，迅速分布到全身各组织器官。急性砷中毒者的内脏和体液中砷含量可明显增高。砷化物进入体内后排泄较慢，有积蓄作用。慢性中毒者的某些组织中可有砷积聚，以毛发、指甲较显著。

关于砷的体内代谢机制，近几年世界各国的研究人员普遍认为，无机砷化合物三氧化二砷（砒霜）或亚砷酸盐（arsenite）在体内主要是通过氧化甲基化反应（图 15-2a）而代谢。在此代谢过程中，无机砷在甲基转移酶的催化下，利用 S- 腺苷甲硫氨酸作为甲基供体进行甲基化，转换为单甲基化砷酸化合物（monomethylated arsenical，MMA）、二甲基化砷酸化合物（dimethylated arsenical，DMA），最终以五价的二甲基砷酸（dimethylarsenic acid，DMA）的形式排出体外。但是，最近也有学者提出新的砷甲基化反应。他们认为砷是以三价的形态和蛋白质或还原型谷胱甘肽（GSH）结合，在甲基转移酶和 SAM（S-adenosyl-L-methionine）的存在下（图 15-2b），以还原甲基化反应模式（reductive methylation）反应而代谢。这些砷 - 还原型谷胱甘肽的结合体 arsenotriglutathione [iAs^{III}（GS）$_3$] 和 monomethylarsenodiglutathione [MMA^{III}（GS）$_2$] 还可以被细胞膜转运蛋白 - 多药耐药蛋白 / 有机阴离子转运蛋白（MRP2/cMOAT）排泄到胆汁来降低肝脏或器官中的砷浓度。人体排泄砷有以下几种途径：粪便排泄、尿液排泄、皮肤排泄（主要以汗、毛发、指甲、污垢、乳汁的形式排出）、呼吸道排泄（主要以挥发性三甲胂的形态）。

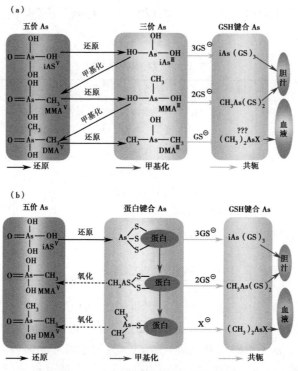

图 15-2 砷的体内代谢机制示意图

知识拓展 ▶

慢性砷摄入与皮肤癌密切相关,在长期食用含有无机砷的药物、水及工作场所暴露砷的人群中,常常发现皮肤癌。过去在葡萄种植区,有所谓的"葡萄农癌症",因为在葡萄种植区域,人们常用含砷的杀虫剂来防治葡萄根瘤蚜,目前这种防虫法已被禁止使用。

全身出现一块块色素沉积是慢性砷暴露的指标,较常发生在眼睑、颞、腋下、颈、乳头、阴部。严重砷中毒的人可能在胸、背及腹部都会发现,这种深棕色上散布白点的病变被人描述为"落在泥泞小径上的雨滴"。

二、检材采取和处理

现代技术生产的砒霜与面粉、淀粉、小苏打很相似,无臭无味,容易误食中毒或用于投毒。现场的可疑粉末、怀疑混有砒霜的食物、溶液等,可直接留取样品。中毒者的呕吐物、尿液、血液、胃肠内容物、毛发、指甲、体液等样本尽可能采取齐全,尸体的取材除上述外,还可以取肝、肾、骨骼、胃等,便于检测结果的准确分析和相互验证。检材保存于玻璃或塑料容器,避免使用陶土、瓷制、彩绘容器。根据将要采取的检测分析方法,进行相应的样品前处理。

1. 直接稀释　对于现场可疑粉末、溶液,可直接用稀碱水稀释溶解。怀疑混有砒霜的粮食、米饭等,可利用砒霜密度较大的性质,将检材置于容器中,加入适量水,振摇后放置,待砒霜沉于底部再取出检测。

尿样可用 0.1% Triton X-100 稀释,全血和血清可用 0.05% Triton X-100 稀释后,剧烈振荡,超声 5 分钟后用于检测。

2. 湿法消解　生物检材、组成复杂,外观不能辨认的可疑物等一般采用湿法消解或微波消解进行样品处理。具体做法为取适量血样于高脚烧杯,用少许 5% 硝酸冲洗移液管内壁,冲洗液一并移入烧杯中。加入浓硝酸和30%过氧化氢,盖上表面皿,放置于控温电热板上,逐渐升温至120℃。消解至消解液澄清、透明且无悬浮物,剩余溶液体积≤0.5ml,取下冷却至室温,用5%硝酸定容至15ml的比色管中,待测。同时,同样方法处理空白样品。

3. 微波消解　称取0.5g样品于清洗好的聚四氟乙烯消解罐内,依次加入2.0~3.0ml浓硝酸,1.0ml 30%过氧化氢,盖上聚四氟乙烯内盖,旋紧,将消解罐晃动几次,放入微波消解系统进行消化。选择溶样压力1.0~2.0MPa,时间5~10分钟内消解完全,样品溶液无色透明,取出放冷,移入25ml容量瓶中,用超纯水洗涤溶样杯数次,合并洗涤液,加入0.5ml 100g/L硝酸镍溶液(基体改进剂),用超纯水定容至25ml备用。同时做试剂空白。

三、检测方法

砷的检测,除了观察性状、Reinsch试验、仪器检测外,还可用化学分析方法或转化为砷化氢气体,用Guteiz法(又称砷斑法)、Ag-DDC比色法(又称银盐法)进行检测。在砷的检测过程中,应充分考虑砷的不同形态对结果的影响。

(一)与硝酸银的反应

根据砷化合物与硝酸银能生成带特征颜色化合物的特点,可采用化学反应法对含砷的可疑物进行预试。用少量1mol/L的碳酸钠溶液溶解可疑物,取清液,滴加稀硫酸中和至中性,加入数滴硝酸银溶液,如果含有三价砷,可生成黄色的亚砷酸银(Ag_3AsO_3)沉淀;若含有五价砷,则生成棕色砷酸银(Ag_3AsO_4)沉淀,该沉淀能被硝酸或氨水溶解。

(二)转化为砷化氢进行检测

在稀硫酸或稀盐酸溶液(2~4mol/L)中加入锌粒后所产生的新生态锌可将砷化合物还原成砷化氢。检材经湿法消解后所得硫酸溶液用适量水稀释;含五价砷的检材可在酸液中加入碘化钾、氯化钾将其还原为三价砷。为保持适当的反应速度,应在水浴上保持温度30~40℃。然后用下列方法进行检测。

1. Ag-DDC比色法　Ag-DDC(silver diethyldithiocarbamate,二乙基二硫代氨基甲酸银)可与砷化氢反应,形成红色胶态物,对可见光有宽带吸收,可在氯仿等有机溶剂中于510nm处用比色法进行测定。与标准系列进行比较定量,可用于各类检材中微量砷的检测。其装置见图15-3。

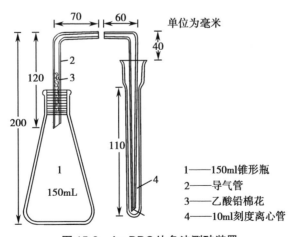

图15-3　Ag-DDC比色法测砷装置

2. Gutzeit法　砷化氢能与溴化汞试纸生成黄色至橙色的色斑,与标准砷斑进行比较定量。其装置见图15-4。

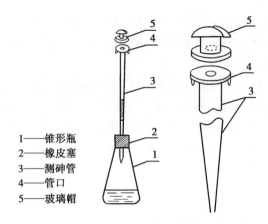

1——锥形瓶
2——橡皮塞
3——测砷管
4——管口
5——玻璃帽

图 15-4　Gutzeit 法测砷装置

（三）砷的形态分析

目前高效液相色谱 - 电感耦合等离子体质谱联用技术（HPLC-ICP-MS）在砷的形态分析方面得到了广泛应用，砷的各待测形态通过高效液相色谱进行分离，随流动相引入电感耦合等离子体质谱系统进行检测，根据元素各形态液相色谱保留时间的差别确定元素形态分析次序；电感耦合等离子体质谱检测待测元素各形态的信号变化，根据色谱图的保留时间确定样品中是否含有某种元素形态（定性分析），以色谱峰面积或峰高确定样品中相应元素形态的含量（定量分析）。具体实验条件参考表 15-8 和表 15-9。

表 15-8　ICP-MS 工作条件

项目	雾化器	等离子体功率（W）	等离子气流量（L/min）	辅助气流量（L/min）	载气流量（L/min）	采样锥	截取锥
砷	Babington 雾化器	1350	15.0	1.0	1.18	镍锥，孔径 1.0mm	镍锥，孔径 0.4mm

表 15-9　HPLC 工作条件

分析项目	色谱柱	流动相	流速（ml/min）
砷	Dinox IonPac AS14（250mm×4.0mm id）	2mmol/L NaH_2PO_4 0.2mmol/L EDTA, pH 6.0	等速 1.0ml/min

案例 15-1 ▶

2009 年 2 月 27 日，某市公安局送检某血样，要求检测血样中的砷含量，疑为砷中毒致死，但尸检报告不支持砷中毒结论。

毒物分析：①检材处理。由于采用的是电感耦合等离子体 - 质谱法进行检测，试样在等离子体中会经过蒸发、解离、原子化、电离等过程，相当于在线消化，因此，检材 5ml（5.091g）用 0.1% Triton X-100/0.1% 硝酸稀释至 250ml 即可。而这一过程可能产生的基体效应可通过标准加入法消除。②样品检测。用电感耦合等离子体 - 质谱法（标准加入法）测定血样中砷含量。检测结果为砷含量：0.89mg/L，未达致死量。

评析：由于法医解剖学证据不支持砷中毒致死，而血砷含量未达致死量，因此，应慎重考虑砷中毒致死的结论。

第五节　汞及其化合物

汞是唯一在常温下呈液体状态的金属，所以又称水银，呈银白色，平均原子量为 200.59，比重 13.6g/cm³。其熔点为零下 38.9℃，沸点 356.9℃。汞易挥发，汞的蒸气压很低，20℃时仅 0.16Pa，50℃ 时约 1.7Pa；若有露置汞存在，将使空气中含有汞蒸气；汞蒸气达饱和时，20℃的空气含汞量约 13μg/L，50℃时达 0.126mg/L。长期处于含汞环境可引起慢性中毒。

汞在天然矿物中，主要以硫化物存在。汞的硫化物、氧化物、碘化物等都有颜色。天然产的硫化汞多为红色，即辰砂，也称朱砂、银朱等；在溶液中与硫化物生成的硫化汞则多为黑色。硫化汞极难溶于水和一般酸碱，通常认为无毒；高温可使之分解；热硝酸或王水等可使之溶解而成可溶性盐。氧化汞呈红色或黄色，水中溶解度小，但因可溶于酸而有强毒性。汞的硫酸盐、硝酸盐、卤化物等所有可溶性化合物皆具强烈毒性。毒性最强的是氰化汞。汞有一价态和二价态的化合物，一价汞化合物在某些条件下能歧化生成金属汞与二价汞化合物。一价汞化合物可因溶解度小而毒性较低。例如氯化汞即升汞，有剧毒；而氯化亚汞则为可用于止咳药的甘汞，毒性较小。汞的有机化合物也有毒性，含汞有机药物使用不当也可发生中毒。此外，雷汞 [Hg(OCN)₂] 是制造雷管的主要原料之一，非但本身有毒，发生爆炸时的气体也因有汞尘而剧毒。

金属汞能与除铁以外的金属形成合金，称为汞齐。金属汞不溶于盐酸，能溶于硝酸或热硫酸，也能溶于氢碘酸。汞因具高导电性和膨胀系数稳定，常用于灯管、电子、电池、温度计和血压计等。汞的用途很广泛，在工业上可用于电镀、印刷、造纸、油漆和火药雷管等。在医疗上，以前用作伤口消毒、除菌，如红药水或治疗梅毒、肠阻塞和驱虫剂。现在牙科之汞齐填充物即汞和银、锡、铜、锌之合金，皮肤药膏和眼药仍持续使用。在农业上，因汞的化合物含有强烈的毒性，常用作杀虫剂、除霉剂。也可用于防止纸浆发霉，或作成油漆（氧化汞），涂于船体外壳，以防止海中生物附着破坏船体，在实验室中又可当成催化剂。常见汞化合物见表 15-10。目前不认为汞是人体必需的微量元素，但正常人体内一般都含有微量汞。有汞接触史的人，体液或内脏的含汞量可高达 1μg/ml 以上。可溶性汞化合物具有强烈毒性，使组织细胞产生蛋白质变性和坏死，对肾的伤害尤其突出。汞化合物进入体内后排泄慢，在体内可长期积蓄。汞化合物的防腐作用强，急性汞中毒死亡的体内检材常不易腐败。

表 15-10　常见汞化合物

汞化合物	性状及用途等
氯化汞（$HgCl_2$，升汞）	白色结晶性粉末，可升华；中药白降丹的主要成分，消毒
氯化亚汞（甘汞，Hg_2Cl_2）	白色粉末，小儿宝塔糖的主要成分
朱砂（HgS）	天然硫化汞矿石，大红色，中医用于安神定惊
黄降汞（HgO）	黄色粉末，杀菌
醋酸苯汞（赛力散，$C_6H_5-Hg-OOC-CH_3$）	外用避孕药
氯乙基汞（西力生，$CH_3CH_2-Hg-Cl$）	硫汞白癜风药水
雷汞 $Hg(O-N=C)_2$	炸药
甲基汞（CH_3Hg）	汞污染水中的鱼体中含量很高

一、中毒症状和体内过程

汞的吸收因汞的形态、接触途径以及哺乳动物，包括人的年龄的不同而不同，可通过消化道、呼吸道以及皮肤进入人体。急性中毒者可出现发热、咳嗽、呼吸困难、恶心、呕吐、胸闷、流涎或流泪等，进一步可出现腹泻及精神神经症状，精神障碍、语无伦次、清醒和昏迷交替等，另可见牙龈肿胀、溃疡,尿蛋白阳性。轻症者大部分症状可逐渐消失,但胸闷、呼吸困难可持续一周或更久,重症者可发生休克、晕厥、抽搐,以致昏迷死亡。

人体对甲基汞的吸收,主要通过食用污染的鱼及贝类食品经消化道吸收,吸收率95%～100%。甲基汞进入人体后,一方面与血液和组织中的巯基蛋白质如血浆蛋白、血红蛋白等结合形成结合型甲基汞,另一方面与含巯基的低分子化合物如半胱氨酸、还原型谷胱甘肽、辅酶A等结合形成可扩散甲基汞。两种形式的甲基汞通过血液循环分布于全身各脏器和组织。金属汞主要通过呼吸道吸收,吸收率为25%～50%,其中80%被氧化为汞离子后进入血液,在血液中与红细胞和血清蛋白结合。

汞的吸收与年龄有关。动物实验表明,氯化汞在胃肠道中的吸收随年龄增加而减少,幼年大鼠的吸收是成年大鼠吸收的40倍。可以推测,婴幼儿对汞的毒性更敏感。目前认为造成这种差异的原因与乳汁中的甘油三酯、乳清蛋白,以及幼年动物胃、肠道上皮细胞的饮液作用有关。甘油三酯在胃中可分解产生直链脂肪酸,后者可与汞结合促汞的吸收,乳清蛋白也可与汞结合促进汞的吸收。动物实验显示,胃肠道吸收乳清结合汞的能力是吸收未结合汞的40倍。

汞进入人体后,其形态可发生许多变化。图15-5为汞在体内的存在形态。

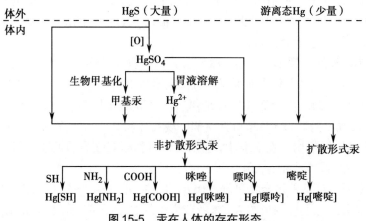

图15-5 汞在人体的存在形态

不同汞化合物在体内的分布差异很大。有机汞比无机汞更易进入血液,侵入大脑,其穿过胎盘的速度比无机汞快10倍,通过血-睾丸屏障的速度比无机汞高4倍。但汞及其化合物均可通过血-乳屏障进入乳汁,形成母体排汞的重要途径。

汞主要经过肾脏随尿排出和经肝脏由胆汁排出,也可通过肺、汗液、乳汁排出。其中部分甲基汞以甲基汞形式排泄,另一部分则以无机汞形式排出。烷基汞比无机汞排泄要快很多。

汞在不同器官的滞留时间不同,生物半衰期从几天到几个月不等,其中以脑、肾、睾丸最长。不同汞的化合物,其生物半衰期也有很大差异。金属汞的生物半衰期为58天左右,甲基汞为70～74天,在脑中的生物半衰期更高达240天。

WHO 1990年出版的《环境卫生标准101:甲基汞》一书介绍了有关人体汞的正常值。正常人全血总汞平均浓度为5～10μg/L,发汞为1～2μg/kg,尿汞平均浓度为4μg/L,胎盘(湿重)大约含汞10mg/kg。各国对人体汞正常值的规定不一。日本规定,一般人体血液汞的总含量在50μg/L以下,尿汞为25μg/L以下。我国规定,尿汞不超过10μg/L(蛋白沉淀法)或50μg/L(双硫腙法);发汞则小于4.0μg/g。

二、检材采取和处理

由于汞及其化合物易挥发,因此在检材处理时应注意控制消化条件,避免汞的损失。如消化温度不能过高、消化时采取回流装置、采用密闭罐消化或微波消化方式等。

1. 直接处理 由于单质汞具有低熔沸点的性质,汞的检测常常采用冷原子吸收法,即使用还原剂

（通常为氯化亚锡）将样品中的汞还原为单质汞（单质汞即为原子汞，这样已实现了汞的原子化），并用载气将单质汞带入测汞仪。因此，对于基体比较简单的检材（如尿液），可以直接加入还原剂进行处理。

2. 湿法消化 血、尿、组织等生物检材可加入硝酸 - 高氯酸或硫酸 - 高锰酸钾进行湿法消化。不同消化温度对检测结果的影响有非常显著性差异，一般热消化法由于容易引起汞蒸汽挥发，造成结果偏低，且加热程度不易控制，稳定性差，所以不主张采用热消化法。冷消化法消化不完全，有系统误差，故也不主张使用。恒温消化法加热温度不高，汞不易气化而损失，时间容易控制，因此常用恒温湿消化法作为检材处理方法。

3. 微波消解 将样品加入微波消化罐，加入浓硝酸，按表 15-11 程序进行微波消解。

表 15-11 不同样品的消化程序

样品种类	样品量（ml）	浓 HNO_3 量（ml）	微波消解程序	
			气压	温度程序
尿	1	0.5	大气压	10min 加热到 60℃，在 60℃ 保持 30min
血清	1	1	大气压	10min 加热到 80℃，在 80℃ 保持 30min
全血	1	2	15bar	15min 加热到 130℃，在 130℃ 保持 20min

三、检测方法

（一）化学分析方法

1. 与碱反应 汞盐中加入 6mol/L 氢氧化钠使溶液呈强碱性，生成黄色氧化汞沉淀。若在稀盐酸溶液中，改用氨水替换氢氧化钠，则生成白色氯化氨基汞 $[Hg(NH_2)Cl]$ 沉淀。

2. 还原反应 检液中滴加氯化亚锡的盐酸溶液，可见亚汞盐沉淀析出，再加入氯化亚锡溶液，可将汞盐还原成黑色金属汞沉淀。

3. 与碘化亚铜反应 汞盐、金属汞和汞蒸气都能和碘化亚铜反应生成红色不溶性的复合物，反应灵敏，专属性强，可用于检测微量汞。复合物遇碘化钾溶液，转变为 HgI_4^{2-} 络离子而溶解。因此，碘化亚铜可用作汞的分离富集试剂使用。

$$Hg + 3CuI \longrightarrow HgI_2 \cdot CuI \downarrow + 2Cu$$
$$Hg^{2+} + 3CuI \longrightarrow HgI_2 \cdot CuI \downarrow + 2Cu^+$$
$$HgI_4^{2-} + CuI \longrightarrow HgI_2 \cdot CuI \downarrow + 2I^-$$
白色 红色

4. 与碘化钾反应 含汞检液中滴加碘化钾溶液，可生成红色碘化汞沉淀，沉淀能溶于过量碘化钾溶液。

$$Hg^{2+} + 2KI \longrightarrow HgI_2 \downarrow + 2K^+$$
$$HgI_2 + 2KI \longrightarrow HgI_4^{2-} + 2K^+$$

（二）薄层色谱法

薄层色谱法可适用于有机汞化合物的分析（如醋酸苯汞、氯化乙基汞、氯化甲基汞及氯化苯基汞等）。血液、胃内容物、呕吐物等检材中的含汞有机药毒物，可用温热乙醇浸提，浸提液过滤后低温蒸发浓缩，定容，在硅胶 G 板上用正己烷 - 丙酮（17:3）、氯仿 - 正己烷（9:1）或异丙醇 - 水（9:1）等混合溶剂展开，用 0.05% 双硫腙的氯仿溶液显色。注意同时做空白对照和已知对照。

（三）分光光度法

双硫腙（dithizone）汞分光光度法：汞离子与双硫腙反应生成橙黄色双硫腙汞螯合物，在 pH 10～13 范围内溶解于氯仿，于 490nm 处测定。测定时，检液在 pH 1～2 的条件下用双硫腙的氯仿溶液萃取多次，合并氯仿液，用氨水振摇除去剩余的双硫腙后，脱水，定容，测吸收度。用标准系列溶液制作标准曲线进行定量。

第六节　铅　化　合　物

铅为灰蓝色金属，质软，具有延展性，相对原子质量为 207.2，不溶于水，可溶于硝酸、醋酸（在空气中氧存在条件下）。在 400～500℃受热，产生大量蒸气。铅蒸气在空气中迅速氧化成氧化铅，并凝集成铅烟。铅的化合物主要有氧化铅、硫酸铅、硝酸铅、醋酸铅（铅糖）、氯化铅、硫化铅、四乙基铅、砷酸铅等，见表 15-12。

表 15-12　常见铅化合物

铅化合物	性状及用途等
氧化铅（密陀僧，PbO）	中药
二氧化铅、四氧化三铅（铅丹）	颜料
氯化铅	试剂
砷酸铅	难溶于水，但可溶于浓酸、碱、醋酸铵的氨溶液，用作杀虫剂
醋酸铅	易溶于水，用于制药
四乙基铅 $Pb(C_2H_5)_4$	油箱防爆剂

铅及其化合物广泛存在于人们的生活环境中，在环境中可长期蓄积。主要通过呼吸道和消化道进入人体并产生危害。铅对人体的影响是全身性的、多系统的，即使长期接触低浓度的铅亦会导致免疫、生殖、神经等系统的损害，铅的毒性及其危害已引起医学界的高度重视。自 20 世纪 70 年代至今，联合国粮农组织（FAO）和世界卫生组织（WHO）对食品添加剂和环境中铅对人体健康的影响曾做过 3 次评价，美国政府和工业卫生委员会（ACGIH）也将铅列为动物致癌物。铅及其化合物被广泛应用于蓄电池、塑料、压延产品、合金、弹药和燃料抗爆剂等。但由于工业污染控制措施及职业卫生标准执行不力，整个生物圈中铅的浓度已远远超出自然界应有的水平，对人类健康造成了严重威胁。

除有机化合物四乙基铅外，铅及其化合物的毒性大致相似。其毒性的强弱与铅化合物在体液中的溶解度（溶解度大者毒性大）、铅烟尘颗粒的大小（颗粒小容易吸收）、中毒途径及铅化合物的形态（干燥或潮湿，铅烟或铅尘）等有关。铅对人引起急性中毒的量，因铅化合物不同而有差别。一般口服中毒量为 2～3g，致死量为 50g。但口服铬酸铅 1g 即可致死亡。亦有人报告一般铅化合物引起急性中毒的最小口服剂量为 5mg/kg。

知识链接 ▶

20 世纪 70 年代含铅汽油与工业对空气的污染问题慢慢暴露出来。使用含铅汽油的汽车会排放铅化合物等有害气体，造成空气和环境污染，损害人的神经、造血、生殖系统，危害人体健康，成为世界范围的公共卫生问题。美国从 1974 年开始淘汰含铅汽油，1988 年实现了车用汽油的无铅化。日本于 1975 年开始实现汽车无铅化，1987 年实现全部汽油无铅化。我国于 2000 年实现了车用汽油的无铅化。

一、中毒症状和体内过程

（一）中毒症状

铅及其无机化合物一般通过呼吸道与胃肠道吸收，有机铅如醋酸铅可有少量经皮肤吸收，四乙基铅易经皮肤吸收，经肺吸收也很快。急性铅中毒的临床表现为恶心、呕吐、口中金属味、腹绞痛、大便带血、剧烈头痛、极度疲乏、失眠、周围神经麻痹，严重者脑水肿而出现惊厥、昏迷、肝大、黄疸指数及转氨酶明显升高；慢性铅中毒的主要特征是神经肌肉综合征。

目前，较有参考价值的常用铅中毒检测指标的三值建议值见表15-13。

表 15-13　三值建议值（mmol/L）

指标	正常值	可接受上限值	诊断值
血 Pb	0.97	1.9	2.9
尿 Pb	0.12	0.34	0.58
ZPP	1.34	1.79	2.91
EP	1.34	2.23	3.56
ALA	22.9	30.5	61.0

我国现行的国家标准《职业性慢性铅中毒诊断标准及处理原则》（GB11504—89）诊断分级如下：

1. 铅吸收　有密切铅接触史，尚无铅中毒临床表现，尿铅≥0.39μmol/L（0.08mg/L）或 0.48μmol/24h（0.1mg/24h）；或血铅≥2.41μmol/L（50μg/dl）；或诊断性驱铅试验后尿铅≥1.45μmol/L（0.3mg/L）而<3.86μmol/L（0.8mg/L）者。

2. 轻度中毒　常有轻度神经衰弱综合征，可伴有腹胀、便秘等症状，尿铅或血铅量增高。经诊断性驱铅试验，尿铅≥3.86μmol/L（0.8mg/L）或 4.82μmol/24h（1mg/24h）者。

3. 中度中毒　在轻度中毒的基础上，具有下列一项表现者，可诊断为中度中毒：腹绞痛、贫血、中毒性周围神经病。

4. 重度中毒　具有下列表现之一者，可诊断为重度中毒：铅麻痹、铅脑病。

（二）体内过程

铅进入人体有三种途径：呼吸道、消化道和皮肤。肠道吸收：肠道是非职业性铅暴露时铅吸收的主要途径。铅通过主动转运和被动扩散两种方式由小肠吸收入血。铅和钙、铁、锌等在肠道吸收过程中享用同一部位的转运蛋白，提高膳食中钙、铁和锌的含量可有效降低铅在肠道的吸收。呼吸道吸收：空气中的铅经呼吸道吸入肺内，再通过肺泡毛细血管单位吸收入血。经皮肤吸收：铅经皮肤吸收的量极少。

铅通过三条途径排出体外：约 2/3 经肾脏随小便排出；约 1/3 通过胆汁分泌排入肠腔，然后随大便排出；少量可通过唾液、奶汁、汗液、月经等排出；有极少量的铅通过头发及指甲脱落排出体外。另一部分在血液中以磷酸氢铅、甘油磷酸化合物、蛋白质化合物或 Pb^{2+} 态循环至全身，91%～95% 以不溶性的磷酸氢铅形式存在于骨骼中，仅少量储存于肝、脾、脑等器官和细胞内。储存在骨骼中的铅不引起临床症状，储存于肌肉、肝、肾、脑等组织中的铅，随时与血液维持动态交换，也可被依地酸二钠钙螯合由尿排出。

铅在体内分布为三室模式：血液、软组织和骨骼。血液和软组织为交换池，交换池中的铅在 25～35 天左右转移到储存池骨组织中，储存池中的铅与交换池中的铅维系着动态平衡。

1. 血液中的铅　参与血液循环的铅 99% 以上存在于红细胞，仅有 1% 以下存在于血浆中，红细胞内外的铅也维系着一种动态平衡。

2. 骨组织中的铅　骨组织容纳了占体内总铅量 90% 以上的铅。骨铅的积蓄始于胎儿时期，以后随着年龄的增长而逐渐增多，骨铅的积蓄可持续约 50 年。当由于感染、创伤、服用酸性药物使体液偏酸时，骨内不溶解的正磷酸铅转化成可溶性的磷酸氧铅移动到血液，使血铅浓度剧升引起中毒或使原发病症状加重。当食物缺钙或血钙降低，或体内排钙增加时，铅随钙入血，致使血铅上升。

3. 其他组织中的铅　少量分布在肝、肾、脾、脑、肌肉等器官中。脑组织是铅的重要靶器官。软组织中相对含有较多高活性的可移动铅。这是儿童铅中毒时机体反应强烈的一个原因。

铅在体内的半衰期：血液中铅的半衰期 25～35 天，软组织中铅的半衰期为 30～40 天，骨骼内的铅半衰期约为 10 年。因此，血铅水平只能反映近 1 个月左右时间内的铅暴露状况，而只有骨铅水平才能反映较长时间的慢性铅暴露状况。

知识链接 ▶

　　食物的铅污染是日常生活中铅中毒的一个主要来源。由含铅的生铁铸成的爆米花机的炉膛和炉盖，其中的铅在密闭加热时极易挥发并掺入爆米花中，含量最高的超标 40 余倍。皮蛋在传统制作过程中，需加入氧化铅，协助氢氧化钠渗入蛋中以加快其成熟，因此皮蛋的含铅量也较高。陶瓷的彩釉中也含有较多的铅，用来存放酸性食物或是微波炉高温加热，都会造成食物的铅污染。玩具、墙壁、门框和家具表面的含铅涂料是引起儿童铅中毒的主要原因。

二、检材采取和处理

可疑粉末、饮食物、呕吐物、胃内容物、血液、尿样、骨骼、肌肉等均可作为检材采取并进行相应处理。

1. 直接稀释　尿样、饮食物、呕吐物及胃内容物等检材可用水或稀硝酸浸提稀释。血样可用 0.1% Triton X-100 的溶液，再加入 0.2ml 1.0% 硝酸进行稀释。

2. 湿法消化　生物检材可用混酸消化，于 200℃ 左右在消解仪上消化至白烟冒尽，冷却后用 1% 硝酸定容至 10ml 比色管中，摇匀备用。

3. 微波消解　生物检材可加入硝酸 - 过氧化氢溶液，进行微波消解，消解至无色，于预消解器上脱硝、适当赶酸后自然冷却，超纯水或稀硝酸定容至 10ml。同时做空白试验。

三、检测方法

（一）化学分析法

1. 玫瑰红酸钠反应　在中性或弱酸性溶液中，铅离子与玫瑰红酸钠反应，生成红棕色沉淀，加入盐酸至强酸性，沉淀变为紫色。

2. 与碘化钾反应　含铅检液中滴加碘化钾溶液，可生成黄色丝状有亮色的碘化铅，沉淀能溶于过量碘化钾溶液。

$$Pb^{2+} + 2KI \longrightarrow PbI_2\downarrow + 2K^+$$
$$PbI_2 + 2KI \longrightarrow PbI_4^{2-} + 2K^+$$

（二）分光光度法

双硫腙分光光度法在 pH 8.5～9.0 时，铅离子与双硫腙反应生成的溶于三氯甲烷的红色络合物，在 510nm 波长处的吸光度与铅的含量成正比，可用分光光度法检测。在与双硫腙反应前的溶液中加入柠檬酸铵可消除 Ca^{2+}、Mg^{2+} 的影响，加入氰化钾可掩蔽 Ag^+、Cu^{2+}、Zn^{2+}、Cd^{2+} 等离子的干扰，加入盐酸羟胺可保护双硫腙不被氧化。

第七节　铊 化 合 物

铊是一种稍带蓝色的银白色稀有金四角形结晶。铊的相对原子质量为 204.4，熔点 303.5℃，沸点 1457℃。质重而软，室温下易氧化，易溶于水、硝酸和硫酸。水溶液无色、无味、无臭。化合价有一价和三价，以一价居多。金属铊单体基本无毒，但铊盐有剧毒，且大多研究认为一价铊盐的毒性大于三价铊盐。常见的铊化合物有醋酸铊、硫酸亚铊、硝酸亚铊、氧化铊、碳酸亚铊、溴化亚铊和碘化亚铊等。

铊是用途广泛的工业原料。铊化合物还可以用来制备杀虫剂、脱发剂（醋酸铊）等。铊盐曾经作为杀鼠剂和治疗多汗症的药物被广泛使用，但不久即发现其毒副作用剧烈而停用。虽然许多国家对铊盐的使用采取了控制措施，但铊中毒病例仍时有报道。我国是铊盐生产国，劳动生产中铊中毒和铊隐匿投毒案件不断发生，这已经引起职业病研究和临床毒理医师的高度重视。

一、中毒症状和体内过程

铊中毒是机体摄入含铊化合物后产生的中毒反应。铊对哺乳动物的毒性高于铅、汞等金属元素，与砷相当，其对成人的最小致死剂量为 12mg/kg，对儿童为 8.8～15mg/kg，中毒致死浓度见表 15-14。铊中毒症状主要表现为胃肠道刺激和神经系统症状。脱发是铊中毒的特异体征，严重者胡须、腋毛、阴毛等均脱落，并常会出现双脚疼痛、双手发麻等症状，同时出现恶心、呕吐、腹泻、腹痛、口内金属味等。铊中毒者的手甲上通常都留有米氏线。铊具有强蓄积性毒性，可以对患者造成永久性损害，包括肌肉萎缩、肝肾的永久性损伤等。

表 15-14　铊中毒致死浓度（mg/L 或 mg/kg）

	血	脑	肝	肾	尿
平均值	4.0	7.8	15	11	5.2
范围	0.5～11	3～15	5～29	6～20	1.7～11

铊化合物可以经由皮肤吸收，或通过遍布体表的毛囊、呼吸道黏膜等部位吸收。有病例显示，暴露于含铊粉尘中 2 小时，便可能导致急性铊中毒。此外，由于矿山开采等原因造成的土壤和饮用水污染，也有可能导致居民通过饮食摄入含铊化合物，产生急性或慢性铊中毒。大多数铊盐无色无味，溶解性良好，因此误食以及投毒也是铊中毒患者接触铊化合物的途径之一。

铊可经消化道、呼吸道及皮肤黏膜等途径迅速吸收，尤其是消化道接触铊化合物后，机体能完全吸收。人体经口摄入铊后 2 小时血铊达峰值，24～48 小时血铊浓度明显降低。静脉注射铊化合物后，铊离子能迅速从血清中清除。有研究表明，静脉注射放射性铊离子，5 分钟内其放射活性即消失91.5%。这可能与铊离子较强的离子特性及铊离子早期药代动力学与钾离子相似等特点有关。通过细胞膜的钠 - 钾 -ATP 酶的主动运转，铊离子可被机体各组织迅速吸收。

目前，尚无足够的数据说明铊在人体内的半衰期确切值，不过可以明确的是铊在体内排泄缓慢，一般认为，人体内铊的半衰期约为 10 天左右。但 1978 年，美国约翰斯·霍普金斯医院临床会议中，报道了 1 名铊中毒患者体内铊的半衰期长达 30 天。Nordberg 和 Foeler 据此提出人体内铊半衰期最长可达 1 个月之久。虽然铊在体内排泄缓慢，但在检测铊中毒患者的生物样品时，还须注意铊的强离子特性。血液中的铊离子能迅速在不同组织中分布，因此，铊中毒 24～48 小时后，血铊检测结果不能代表患者铊摄入量和患者的中毒程度。铊排泄的多少与人体接触铊的剂量、接触持续时间、代谢器官和组织功能状况、钾离子摄入量等因素均密切相关。在给患者应用放射性铊诊疗过程中发现，静脉给予放射性同位素铊后，72 小时内尿中铊的排泄浓度为给予剂量的 11%，同期消化道排泄量仅占0.5%。由此推断，在人体日常排泄水平下，铊经肾脏排泄约 73%，而经消化道排泄约 3.7%，故尿铊浓度是对可疑铊中毒者的重点检测指标。

吸收入血的铊离子可快速扩散到全身各器官，并迅速通过胎盘和脑屏障。但不同组织器官对铊的亲和力不同，因此，摄入铊后各组织器官中的铊浓度具有明显差异，见表 15-14。研究已证实，铊主要蓄积部位有肾脏、肝脏和骨骼，肠及肌肉组织也有一定量的蓄积。

亚历山大·科特维年科是 2000 年叛逃至英国的前俄罗斯联邦安全局中校,2006 年 11 月 1 日,科特维年科应约前往指定地点与一位老朋友会面,会面时,在场的还有另一名俄罗斯男子,他很少说话,而是多次邀请他们喝茶。当天回到家后,科特维年科就感到自己病得厉害,随即前往伦敦一家医院治疗,并于 11 月 23 日在该医院去世。医院确认,科特维年科体内有剧毒重金属元素铊。英国皇家检察署宣布科特维年科的前同事安德烈·卢格沃涉嫌毒杀,要求俄罗斯引渡但遭到拒绝,两国为此打起了外交战。

二、检材采取和处理

对于铊中毒应采集现场可疑物,患者的尿样和血样,中毒死亡者可取血、尿、肾、肝、下肢肌肉、心、骨骼等检材送检。

1. 直接稀释　尿样直接稀释后用于检测。

2. 湿法消化　生物检材经混酸消解完全后,将样品转移至干净的 10ml 比色管中,用纯水定容至刻度,摇匀待测。同时做空白试验。

3. 微波消解　将样品加入微波消化罐,加入浓硝酸,进行微波消解。

三、检测方法

化学分析法　铊离子与碘化钾作用,生成亮黄色的不溶于硫代硫酸钠的碘化铊沉淀。汞、银和铅与碘化钾有相同的反应,但所生成的沉淀可以溶解于硫代硫酸钠,可用于区别。

$$Tl^{3+} + 3I^- \longrightarrow TlI\downarrow + I_2$$

案例 15-2 ▶

某市公安局泉山分局送检疑铊中毒样品,包括尿样、针管、白色晶体、矿泉水、指甲、餐具等。

毒物分析:上述送检物经样品处理后,用火焰原子吸收光谱法分析,得到以下结果(表 15-15):

表 15-15　尸检脏器湿重样品中铊的含量

样品编号	测定值	样品编号	测定值
尿样 1	8.6mg/L	矿泉水	23650mg/L
针管	1.41mg/针管	茶杯洗涤液	1.71mg/茶杯
白色晶体	71.3g/100g	桌面擦拭物	11μg

评析:白色晶体中的铊浓度达 71.3%,接近硝酸铊的含铊量;矿泉水的含量高达 23650mg/L,茶杯洗涤液中检出高浓度铊(1.71mg/L),具备中毒器具和来源;尿样中铊含量达 8.6mg/L,呈阳性(正常人尿中不应检出铊),因此可初步判断存在铊中毒。

第八节　铬化合物

铬是银白色金属,相对原子质量为 52。有 +2、+3、+6 三种化合价。铬化合物都有颜色。二价铬的化合物不稳定。三价铬的氧化物具有酸碱两性,绿色的 Cr_2O_3 溶于强碱生成深绿色的亚铬酸盐(CrO_2^{2-}),溶于硫酸生成硫酸铬 [$Cr_2(SO_4)_3$];含结晶水不同的硫酸铬有不同颜色,$Cr_2(SO_4)_3$ 桃红色,

$Cr_2(SO_4)_3 \cdot 6H_2O$ 绿色，$Cr_2(SO_4)_3 \cdot 18H_2O$ 紫色。六价铬的化合物中，氧化铬（CrO_3）为红色，铬酸盐（CrO_4^{2-}）多呈黄色，重铬酸盐（$Cr_2O_7^{2-}$）多为橙红色。六价铬化合物具有强氧化性。

铬在地壳中的含量约为 0.018%，多以铬铁矿和铬铅矿的形式存在。铬的化合物有多方面用途，如铬酸铝、铬酸锌、铬酸钡用于颜色漆、橡胶和陶瓷工业。铬是人体必需的微量元素之一，三价铬参与正常糖代谢过程，但过量的铬摄入有损健康。

一、中毒症状和体内过程

口服铬中毒者口腔及上腹部烧灼感、腹痛、呕吐、腹泻、便中带血、少尿、血尿、发绀、黄疸、躁动、虚脱、昏迷，严重者最后可死于呼吸衰竭和休克。整个过程持续数十分钟至数天不等。经口进入人体内的铬主要分布于肝、肾、脾和骨骼，人体内吸收的铬主要经肾脏随尿液排出，正常人的含铬量，全血中为 $1 \sim 5\mu g/L$，尿中为 $2 \sim 40\mu g/L$。铬化合物中毒主要由六价铬化合物引起，其毒性主要是其氧化腐蚀作用破坏体内的氧化还原体系。口服六价铬化合物致死量为 $1.5 \sim 1.6g$。由于铬化合物多有颜色，且有异味，少见用于谋害，中毒事件多为意外，也曾有用于自杀的案例。吞服六价铬化合物者，其呕吐物、胃内容物、胃壁常被染成黄色或橙红色，消化道留有绿色腐蚀斑。

二、检材采取和处理

铬化合物多有颜色，现成的可疑物较容易被发现，中毒者的呕吐物、胃内容物、血、尿等均可采集送检。

1. 直接稀释　简单的体外检材可用水溶液浸提后滤取水溶液供检，水不溶物用稀硫酸浸提后供检。

2. 干灰化法　准确称取 $0.5 \sim 2.0g$ 试样于瓷坩埚中，加 $1.0 \sim 2.0ml$ 硝酸，浸泡 1 小时，将坩埚置于恒温电热板上 100℃至内容物干，再将坩埚放在电炉上灰化至不冒黑烟为止，转移至 550℃高温电炉（马弗炉）2 小时，取出冷却后，滴加数滴硝酸于坩埚内的试样灰中，再转入 550℃高温电炉 1 小时至试样呈白灰状，从高温电炉中取出坩埚放冷，用 1% 硝酸溶解试样灰，将消化液转移至 10ml 或 25ml 容量瓶中，用少量 1% 硝酸分 3 次洗涤坩埚，洗液合并至容量瓶中定容，混匀后备用，同时做试剂空白。

3. 湿消化法　准确称取 $0.5 \sim 2.0g$ 试样于 100ml 三角烧瓶中，加 10.0ml 硝酸，0.5ml 高氯酸，在三角烧瓶上放个直径 4cm 短颈漏斗，在电热板上加热，于 120℃加热 1 小时，升温至 180℃加热 2 小时，再加热到 220℃至冒白烟（若变成棕黑色，再加硝酸，直至冒白烟），消化液呈无色透明或略带黄色，取出冷却，将消化液转移至 10ml 或 25ml 容量瓶中，用少量水分 3 次洗涤三角烧瓶，洗液合并至容量瓶中定容，混匀后备用，同时做试剂空白。

4. 微波消化　准确称取 $0.2 \sim 1.0g$ 试样于聚四氟乙烯消解罐中，加 5.0ml 硝酸，盖上内罐盖，在恒温电热板上 80℃反应 1 小时，放入外罐中，按微波消解仪操作步骤进行消解，冷却后取出，缓缓打开罐盖，通风柜中于恒温电热板上 140℃赶酸。消解罐冷却后，将消化液转移至 10ml 或 25ml 容量瓶中，用少量水分 3 次洗涤消解罐，洗液合并至容量瓶中定容，混匀后备用，同时做试剂空白。

三、检测方法

（一）化学分析法

1. 三价铬化合物的化学反应法

（1）与碱的反应：酸性液中加碱至呈碱性，析出灰蓝色氢氧化铬胶状沉淀，继续加入过量氢氧化钠，沉淀溶解，溶液呈绿色。

（2）氧化成铬酸盐的反应：检液中加入氢氧化钠使呈碱性，再加入过氧化氢或过氧化钠，可将三价铬氧化成为铬酸钠，溶液呈黄色。

2. 铬酸盐的化学反应法

(1) 铬酸盐沉淀试验：在中性或近中性的溶液中，铬酸根离子能与 Pb^{2+}、Ba^{2+} 等离子生成黄色沉淀，与 Ag^+ 生成砖红色沉淀。

(2) 过氧化氢试验：在酸性溶液中，重铬酸能与过氧化氢作用，生成蓝色的过铬酸（H_2CrO_6）或过氧化铬（CrO_5），产物在水中不稳定，随即分解为三价铬离子并放出氧，但在乙醚或戊醇中分解缓慢。在盛有检液的试管中加入少量乙醚，滴加过氧化氢溶液，振摇并使之分层，醚层可显蓝色。此试验为铬酸的专一反应，检出限为 2.5μg，最低检出浓度为 50mg/L。检液中不应有还原性物质干扰。

(3) CrO_4^{2-} 与 $Cr_2O_7^{2-}$ 的转换：可溶性铬酸或盐在碱性溶液中显 CrO_4^{2-} 的黄色，在酸性溶液中形成 $Cr_2O_7^{2-}$ 而呈橙红色。

（二）分光光度法

可溶性铬酸盐在碱性溶液或酸性溶液中都有颜色，可用系列标准平行操作对照比色法或分光光度法进行测定。铬酸盐在酸性溶液中与二苯卡巴肼（diphenylcarbazide）生成的紫红色络合物，在 540nm 处有最大吸收峰，可进行分光光度法测定。

本章小结

本章重点介绍了法医毒物分析中几种常见的金属毒物，包括砷、汞、铅、钡、铬等。对不同来源、性状的含有金属毒物的检材的检测，其样品处理基本遵循以下原则，即通过萃取、有机质破坏等手段，将复杂的含有金属毒物的检材转变成可供检测的可溶性金属无机化合物。对于检测条件不足的地区，可采用化学分析等方法进行有毒金属物质的预判。原子吸收和发射光谱法是金属毒物检测的常用分析方法，随着仪器分析手段的不断进步和对元素形态分析要求的提高，电感耦合等离子体发射光谱法、电感耦合等离子体质谱法等得到了更为广泛的应用，其检测灵敏度、检出限也得到了极大提高，电感耦合等离子体质谱与色谱等分离技术的联用也日益广泛，成为更为先进的金属毒物检测方法。在金属毒物的检测过程中，应注意对照、空白试验的设计，并考虑健康对照人群的正常值。在检测结果的应用与评价时，应结合案情分析、法医解剖记录、病历和其他相关信息进行综合评判，确保结论的科学性和严谨性。

关 键 术 语

原子吸收光谱法（atomic absorption spectroscopy）

原子发射光谱法（atomic emission spectroscopy）

电感耦合等离子体原子发射光谱法（Inductively coupled plasma atomic emission spectrometry）

微波等离子体发射光谱法（Microwave Plasma atomic emission spectrometry）

原子荧光光谱法（atomic fluorescence spectrometry）

电感耦合等离子体质谱法（Inductively coupled plasma mass spectrometry）

砷（arsenic）

汞（mercury）

铅（lead）

钡（barium）

铬（chromium）

思 考 题

1. 金属毒物的毒性有哪些特点？

2. 进行金属毒物检测时，生物样本前处理方法主要有哪些？其主要原则是什么？

3. 砷化合物的形态有哪些？在法医毒物检测中，砷化合物形态的检测有什么特殊意义？

（马安德）

第十六章 水溶性无机毒物

学习目标

掌握亚硝酸盐的定性检验和定量方法。

熟悉透析法分离水溶性无机毒物的原理和操作过程。

了解常见强酸强碱的理化性质和检验方法。

章前案例 ▶

张某于某日下午3点服用中药，4点被发现在办公室摔倒，脸色发青，身体发硬，指甲黑紫，失去知觉。急送医院经抢救无效死亡。送检材料：剩余未煎中药两付；白色结晶性粉末两包（已吸湿，各重约8克，系张某剩余两剂中药中的药引）；死者呕吐物、胃内容物。毒物分析：根据患者症状和体征，以及白色结晶物性状，初步考虑水溶性毒物亚硝酸盐。经检验，两包白色结晶性粉末均为亚硝酸盐；呕吐物、胃内容物中均检出亚硝酸盐，含量分别为 1.25mg/ml 和 0.786mg/ml（以 KNO_2 计）。

补充调查：张某的中药药方中为"火硝"，取药者错把亚硝酸盐（钾）当作硝酸钾，酿成大错。

那么类似亚硝酸盐这样的水溶性毒物，该如何进行检验分析呢？

本章讨论的水溶性无机毒物主要有亚硝酸盐、强酸、强碱等。其中亚硝酸盐中毒常见于自杀、他杀、误服等情况，也有食用经亚硝酸盐加工的熟食而中毒的现象。强酸、强碱的毒性在于其强的腐蚀性，主要引起接触部位的烧灼、腐蚀、溃烂及坏死等，此类中毒常见于蓄意伤害或职业意外。

用于该类毒物分析的检材主要有胃内容物、呕吐物、残留饮食物、被污染的衣物等，可用水浸法，或者透析分离法进行检材处理。

第一节 提取分离方法

根据水溶性无机毒物易溶于水的特点，利用水浸法或透析法处理相关检材。

一、水浸法

该类毒物可直接用水浸取法（water immersion）提取分离。将检材剪碎或捣碎，加入蒸馏水浸泡，必要时可轻微加热，促使待测毒物溶解于水中。离心，取上清液检验，或过滤后取水溶液检验，滤渣可重复用水浸取几次，合并滤液检验。

体内检材水浸取后所得浸提液中会含有蛋白质类大分子物质，对检验结果产生干扰，此时采用透析分离法处理检材，即可有效去除此类干扰。

二、透析法

透析法（dialysis）是利用半透膜的性质，将易溶于水的小分子物质与大分子物质如蛋白质、多糖等分离开来。例如让小分子的物质通过半透膜进入膜外溶液中，将大分子的杂质留在半透膜内，而加以分离；或者在分离和纯化皂苷、蛋白质、多肽、多糖等大分子物质时，用透析法以除去无机盐、单糖、双糖等小分子杂质。

（一）透析法原理

透析法是利用溶液渗透现象进行分离的方法。

溶剂通过半透膜由低浓度溶液向高浓度溶液扩散的现象称为渗透，阻止渗透所需施加的压力，即渗透压。溶液的渗透压只与溶液中溶质粒子的数量有关，而与溶质粒子的化学性质无关。溶质粒子越多，溶液的渗透压越大。若将半透膜置于纯溶剂和溶液之间，溶液的渗透压大，使溶剂分子向溶液中渗透，导致溶液的体积增大浓度降低；而溶液中的小粒子溶质，包括小分子和小离子则可通过半透膜进入纯溶剂。若将半透膜置于两种浓度不同的溶液之间，也可产生类似现象。根据 Donnan 平衡原理，半透膜两边的渗透压相等时达到动态平衡状态。

（二）透析法操作

将捣碎的检材或组织匀浆液置于半透膜内，膜外用纯水浸泡，待渗透平衡后再将膜外水溶液换以纯水，继续透析，以此实现水溶性毒物的分离提取。

自制半透膜方法：常用的半透膜有火棉胶膜、动物半透膜、蛋白质胶膜等。火棉胶膜系将火棉胶溶于乙醚、无水乙醇等溶剂中，涂于烧杯内壁上，待膜干后完整取下即可供用，其膜孔大小与溶剂种类、溶剂挥发速度有关，溶剂中加入适量水可使膜孔增大，加入少量醋酸可使膜孔缩小；动物半透膜如猪、牛的膀胱膜，用水洗净，再以乙醚脱脂，即可供用；蛋白质胶（明胶）膜可用 20% 明胶涂于细布上，阴干后放水中，再加甲醛使膜凝固，冲洗干净即可供用。

透析时可取粗玻璃管，一端紧扎半透膜并使成一袋形，装入检材混悬液；另取烧杯盛水，将袋形半透膜部分没入水中，放置透析。间隔一定时间更换一次膜外水，所得透析液合并后，视具体情况直接检测或经浓缩后检测。

（三）透析法特点

透析法的优点是：可以将一些水溶性的小分子或离子型化合物从成分复杂的检材中分离出来，而且不改变其化学性质。根据所选择半透膜的通透性不同，大分子物质和较大的离子化合物、不溶性物质一般不能透过半透膜。其缺点是：费时较长，所得透析液中毒物的浓度一般较低，对于组成较简单的检材，通常不用透析法，而是选择水浸法直接提取。

第二节　亚硝酸盐

亚硝酸盐在工业、建筑业中广为使用，肉类制品中也允许其作为发色剂限量使用。由亚硝酸盐引起的食物中毒事件经常发生，人食入 0.3～0.5g 亚硝酸盐即可引起中毒甚至死亡。急性中毒原因多为：将亚硝酸盐误作食盐、碱面等使用和食用；投毒；食用了含有大量亚硝酸盐的蔬菜，尤其是不新鲜的绿叶蔬菜。慢性中毒（包括癌变）原因多为：长期饮用亚硝酸盐含量过高的井水；长期食用含有超量亚硝酸盐的肉类食品等。因此，亚硝酸盐的检验是毒物分析的重要内容之一。

知识拓展 ▶

绿色蔬菜如菠菜、韭菜、油白菜等营养丰富，但也是吸收化肥和农药能力最强的植物，若土壤施用的是硝态氮肥，蔬菜的叶子中就会含有大量的硝酸盐。蔬菜本身都含有硝酸还原酶，硝酸盐在还原酶的作用下,会转化为亚硝酸盐。新鲜蔬菜放置几天后叶子会逐渐发黄,在此过程中,亚硝酸盐含量迅速增加。因此,蔬菜应趁新鲜食用,变黄、腐烂的蔬菜一定要扔掉。

腌制酸菜三周后方能食用。吃酸菜时最好同食含有丰富维生素C的食物,因为维生素C能与亚硝酸盐发生还原反应,阻止致癌物质的生成;也可在饭前或饭后口服维生素C。

亚硝酸盐中毒解毒剂:亚甲蓝(美蓝)。

一、一般介绍

常见的亚硝酸盐(nitrite)有亚硝酸钠(sodium nitrite,$NaNO_2$)和亚硝酸钾(potassium nitrite,KNO_2)。纯品为白色或淡黄色结晶,无臭,味微咸而略苦,外观颇似食盐,易潮解,极易溶于水,微溶于醇和醚。亚硝酸盐遇酸产生亚硝酸,后者很不稳定,仅存于冷的稀溶液中,微热即按下式分解:

$$2HNO_2 \longrightarrow NO\uparrow + NO_2\uparrow + H_2O$$

二、中毒症状和体内过程

(一)中毒症状

亚硝酸盐为血液毒素,其中毒的主要症状为口唇、指甲、全身皮肤及黏膜呈现不同程度青紫色,同时有头痛、头晕、乏力、胸闷、气短、心悸、恶心、呕吐、腹痛、腹泻、腹胀等症状。严重者出现烦燥不安、精神萎靡、反应迟钝、意识丧失、惊厥、昏迷、呼吸衰竭甚至死亡。

(二)体内过程

亚硝酸盐吸收入血后,亚硝酸根离子会迅速将血红蛋白氧化为高铁血红蛋白,造成高铁血红蛋白血症,此时血红蛋白变性,失去携氧功能,导致组织缺氧而中毒。因其发病突然,症状严重,往往来不及救治即引起死亡。此外,亚硝酸盐还可与仲胺结合产生亚硝基化合物,具有致癌致畸作用。

知识拓展 ▶

NO_2^-可迅速将血红蛋白中的二价铁氧化成三价铁,形成高铁血红蛋白。当体内高铁血红蛋白达到血红蛋白总量的10%时,皮肤黏膜开始发绀;达20%~30%时,出现缺氧症状;达50%~60%时,出现精神症状;大于60%时出现呼吸循环衰竭而死亡。同时,亚硝酸盐在胃中可转变为亚硝酸,进而分解释放出NO而引起胃肠刺激症状。

三、检材采取和处理

亚硝酸盐中毒宜采取中毒者吃剩的可疑食物、饮料、呕吐物及血液作毒物分析检材,应低温密闭保存并及时送检。

检材组分不太复杂时,可用水浸法分离,过滤,直接用滤液进行检验,必要时用透析法分离,取透析液检验。血液等样品经稀释,或者沉淀蛋白质、去除脂肪后,离心,取上清液检验。

四、检测方法

(一)重氮耦合分光光度法

在弱酸性条件下,亚硝酸盐与对-氨基苯磺酸生成重氮化合物,再与盐酸萘乙二胺或α-萘胺起耦合反应,产生紫红色偶氮染料,在一定浓度范围内颜色深浅与亚硝酸盐的含量成正比。

1. 盐酸萘乙二胺法

反应如下：

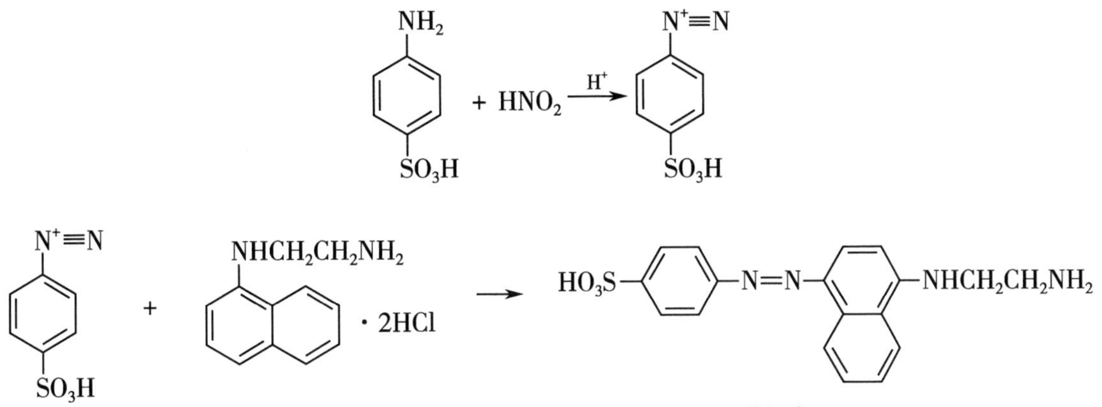

紫红色

检液经乙酸锌和亚铁氰化钾溶液沉淀蛋白质，离心，取上清液适量于 50ml 带塞比色管中，加 2.0ml 对 - 氨基苯磺酸溶液（4g/L），混匀，静置 3～5 分钟后，加入 1.0ml 盐酸萘乙二胺溶液（2g/L），加水至刻度混匀，静置 15 分钟后，用 2cm 比色皿，以平行操作空白溶液调零，在 538nm 波长处测定吸光度。同时以亚硝酸钠标准系列平行试验，绘制标准曲线或拟合线性回归方程。

试剂配制方法：

对 - 氨基苯磺酸溶液（4g/L）：称取 0.4g 对 - 氨基苯磺酸溶于 100ml 20% 盐酸中，混匀，置棕色试剂瓶中，室温避光保存。

盐酸萘乙二胺溶液（2g/L）：称取 0.2g 盐酸萘乙二胺，溶于 100ml 水中，混匀后置棕色瓶中，避光保存。

2. α- 萘胺比色法 取检液适量，加 0.6% 对氨基苯磺酸溶液，摇匀，放置片刻，加入 0.6% α- 萘胺溶液，即显红色至紫红色。

试剂配制方法：

对氨基苯磺酸溶液（0.6%）：0.9g 对氨基苯磺酸溶于 150ml 30% 醋酸，棕色瓶中保存；

α- 萘胺溶液（0.6%）：1.2g α- 萘胺溶于 50ml 水中，过滤，滤液与 30% 醋酸 150ml 混合，棕色瓶中保存；

试剂可制成固体粉末（Griess 粉），便于现场检验。制备方法：取 α- 萘胺、对氨基苯磺酸、酒石酸及干燥硅胶细粉以重量比 1∶10∶50∶40 研细混匀，密闭避光保存。用时，每份检材加一小勺即可。同时做空白试验和对照试验。

此方法也可用作含量测定，测定波长 520nm，线性范围为 0.2～10μg/ml。

在用分光光度法检验时，若显紫红色后瞬间褪色变成浅黄色液，或者有沉淀产生，说明样品中亚硝酸盐含量很高，因为过量的 NO_2^- 可与产物发生副反应，导致紫红色的偶氮染料难以生成。此时须加大检材稀释倍数重新试验，否则会得出错误结论。

此反应灵敏度高，有些地区水中可能含有痕量亚硝酸盐，应同时做空白对照试验。

（二）1,8- 萘二胺反应

亚硝酸盐在弱酸性条件下，与 1,8- 萘二胺反应生成橘红色的 1,8- 偶氮亚胺基萘沉淀。

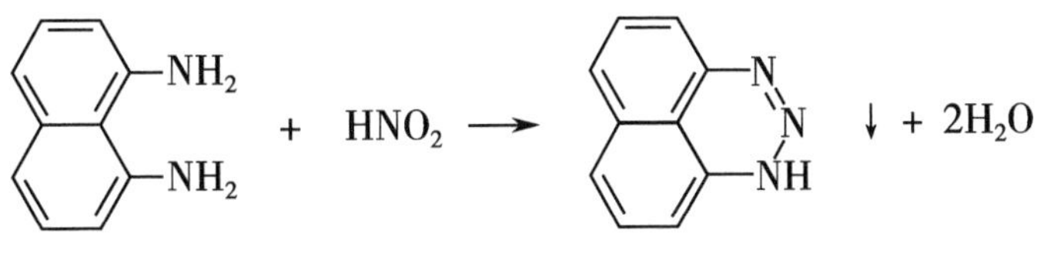

（三）丙咪嗪 - 盐酸反应

检液中加入 20% 丙咪嗪盐酸溶液和浓盐酸，若有蓝色形成示有亚硝酸盐存在。灵敏度为 0.1μg。此反应对亚硝酸盐有较高选择性。

（四）离子色谱法

离子色谱是分析阴阳离子的一种液相色谱方法，可以同时定性定量测定亚硝酸盐和硝酸盐。血清或匀浆后组织加等量水稀释，抽滤除去蛋白质，滤液用 10 倍水稀释，取 10μl 进样分析。亚硝酸盐检出限 0.2μg/g。

参考色谱条件　色谱柱：氢氧化物选择性，可兼容梯度洗脱的高容量阴离子交换柱，4mm×250mm（带 4mm × 50mm 保护住）；流动相：氢氧化钾溶液，浓度为 6～70mmol/L；梯度为 6mmol/L 30 分钟，70mmol/L 5 分钟，6mmol/L 5 分钟；流速 1.0ml/min。电导检测器，检测温度 35℃。

（五）高效液相色谱法

血清加入氨 - 氯化铵缓冲液，加入丙酮沉淀蛋白，冷冻离心，上清液经过滤后冷藏备用；唾液、尿液加入氨 - 氯化铵缓冲液，离心，上清液过滤后冷藏备用。亚硝酸根和硝酸根分离良好，线性范围 5～100ng，检出限为 2ng。适用于体液中微量亚硝酸盐和硝酸盐的定性定量测定。

参考色谱条件　色谱柱：ODS 反相柱，250mm×4.0mm，5μm；保护柱：ODS，4.0mm×4.0mm，5μm；流动相为 0.03mol/L 的 KH_2PO_4-H_3PO_4 缓冲液，pH 3.3；流速 1ml/min；柱温 30℃；紫外检测器 210nm 检测。

（六）气相色谱 - 质谱法

亚硝酸与环己基氨基磺酸钠反应生成环己醇亚硝酸酯，用气相色谱 - 质谱联用仪检测。血浆加 4 倍水稀释，用乙酸锌和亚铁氰化钾溶液沉淀蛋白质，离心，取上清液 20ml 于 100ml 带塞比色管中，置冰浴中，加 1.0% 环己基氨基磺酸钠 5ml，100g/L 硫酸 5ml，摇匀，在冰水浴中放置 30min，不时摇动。然后加入 5g 氯化钠，10ml 正己烷，涡旋混匀 1 分钟，静置分层，取出正己烷层离心，取 1μl 正己烷提取液进行 GC-MS 分析。谱库检索产物应为环己醇亚硝酸酯。

参考色谱 - 质谱条件　EI 源：70eV；离子源温度 200℃；电子倍增器电压 1300V；扫描范围 50～300amu；色谱柱：(5%)- 二苯基(95%)- 二甲基聚硅氧烷填料的毛细管柱(30m×0.25mm，0.25μm)或相当者；柱温：60℃(1 分钟)程序升温到 180℃(1 分钟)，升温速率 10℃/min，载气：高纯氦气，柱流量 1.0ml/min；进样口温度 200℃；GC-MS 接口温度 275℃。进样方式：分流(10∶1)，进样量 1μl。

案例 16-1

案例资料：某日下午 2 时，某医院急诊室先后收治病人 32 名，均主诉头晕、头痛、恶心、呕吐、心悸、乏力、口唇青紫。32 人为某校食堂员工，中午分两批进餐。食堂员工的饭菜与学生饭菜分开烹制，学生无此症状。首发病例时间为第一批餐后 9 分钟，末例发病为第二批进餐后 60 分钟。

综合分析：①中午进餐后群体性出现，症状典型，说明与食堂进餐有关；②午饭原料由固定商户供应，与学生食材相同，只是未同时烹制，说明与食材无关，与烹制过程有关；③食堂证照齐全，环境尚好，病状应与外环境无关；但食堂生熟分区不明确，有生熟交叉污染的可能；调料盒无标识，调料有食盐、亚硝酸钠、味精、淀粉、白糖，有混用或用错的可能。在排除有类似症状的疾病，排除细菌性、植物性和动物性食品中毒（学生无症状）后，可能考虑中毒是由化学毒物引起，可能误将亚硝酸钠当作食盐使用所致。

分别取剩余调料、剩余菜品、餐后潲水，经盐酸萘乙二胺重氮耦合反应和 1,8- 萘二胺反应定性，剩余菜品、餐后潲水和一种调料中检出亚硝酸盐。结合餐后发作时间，中毒症状判断，为亚硝酸盐中毒。

第三节 强 酸

强酸主要有硫酸（sulfuric acid）、硝酸（nitric acid）、盐酸（hydrochloric acid）以及不同比例的混合酸如王水（aqua regia）等，是重要的化工原料，广泛用于化工、轻工纺织、冶金、染料、医药、食品、印染、皮革、制糖等领域。强酸都有强烈的刺激和腐蚀作用，人体接触会造成严重烧伤，常见于蓄意伤害，如毁容，也有自杀或误服现象。

一、一般介绍

除了很强的腐蚀性外，强酸还具有各自的特性，如硫酸的强脱水性，硝酸的强氧化性，以及王水对金、铂和其他贵金属的溶解性能等。常见强酸的理化性状及对人体的危害见表16-1。

表 16-1 常见强酸的理化性质及对人体的危害情况

名称	质量分数	密度/ （g/cm³）	浓度/ （mol/L）	性状	对人体危害
硫酸 H_2SO_4	98%	1.84	18	无色、无臭油状液体，具有强烈的脱水性，与纤维、糖等碳水化合物接触可发生炭化；与水混合时放热明显	强腐蚀性高毒性液体，15%以上浓度即具强腐蚀性。有皮肤刺激性，口服毒性大
硝酸 HNO_3	67%～71%	～1.4	～15	无色、发烟液体，受光线影响，可分解产生红棕色二氧化氮气体而使溶液染色，具强烈刺激性和腐蚀性	20%以上浓度属强腐蚀性液体；有皮肤刺激性；口服毒性大；酸雾吸入属剧毒
盐酸 HCl	36%～38%	1.19	12	无色、发烟、有刺激性液体；粗品略带黄色	25%以上浓度属强腐蚀性液体；有皮肤刺激性，毒性大；酸雾吸入属剧毒
王水	盐酸∶硝酸＝3∶1			无色液体，腐蚀性极强；不稳定；临用时配制	强烈的腐蚀性

二、毒性特点

强酸可以使蛋白质凝固，造成凝固性坏死，其接触部位充血、水肿、坏死、溃疡。严重时可引起受损器官穿孔、呼吸中枢受到抑制。强酸的毒性取决于酸的浓度、剂量和接触时间，游离的 H^+ 浓度越大，毒性作用越强。

强酸接触皮肤后，可引起皮肤灼伤、腐蚀、坏死及溃烂。如硫酸所致的皮肤溃疡界限清楚，周围微红，且溃疡较深，溃疡面上盖以灰白或棕黑色痂块；硝酸使皮肤发黄；而盐酸接触皮肤则出现红斑或水疱。

强酸吸入中毒主要表现为呼吸道刺激症状，如呛咳、胸闷、呼吸困难、青紫、咳出血性泡沫痰，同时有血压下降、体温升高、甚至发生喉痉挛窒息死亡。

口服强酸后，咽喉、胃立即有强烈的烧灼感，并发生强烈呕吐，呕吐物为褐色（硝酸中毒为黄色），有酸味，含有血液和黏膜碎片；口渴，失音，吞咽困难，大量强酸吸收后常发生重度酸中毒，出现呼吸困难，惊厥，昏迷等，部分病人有肝、肾损害，甚至发生肝坏死、尿毒症。硝酸中毒除上述症状外，还可导致高铁血红蛋白血症，并出现血压下降和心肌损害等，因能与蛋白质产生硝化反应，可使唇、口腔腐蚀变黄。强酸中毒死亡多发生在 24 小时之内。

知识拓展 ▶

硫酸对人体的危害可分为急性中毒和慢性损害两方面。硫酸对人体的长期影响表现为鼻黏膜萎缩伴有嗅觉减退或消失,慢性支气管炎和牙齿酸蚀症等。长期接触高浓度硫酸雾的工人,可发生支气管扩张、肺气肿、肺硬变,出现胸痛、胸闷、气喘等症状。

硫酸中毒:立即脱离现场移至空气新鲜处,保持安静及保暖;眼或皮肤接触液体时立即先用柔软清洁的布吸去再迅速用清水彻底冲洗;口服者已出现消化道腐蚀症状时忌催吐及洗胃。

硝酸中毒:立即催吐、洗胃、导泻;使用特效解毒剂美蓝;维生素 C 1~2g 加 50% 葡萄糖缓慢静脉注射;吸氧及其他对症处理。

盐酸:①急性吸入中毒:立即脱离现场,保持呼吸道通畅。盐酸烟雾致急性气管炎时,可用 4% 碳酸氢钠溶液雾化吸入,必要时给氧。如咳嗽频繁,并有气急、胸闷等症状,可以 0.5% 异丙基肾上腺素 1ml 及地塞米松 2mg 雾化吸入。②误服中毒:严禁洗胃,也不可催吐,以免加重损伤或引起胃穿孔。可用 2.5% 氧化镁溶液、牛奶、豆浆、蛋清、花生油等口服。禁用碳酸氢钠洗胃(或口服),以免产生二氧化碳而增加胃穿孔的危险。③皮肤和眼的处理:脱去污染的衣服,立即用大量清水彻底冲洗,灼伤处用 5% 碳酸氢钠液洗涤,而后处理创面同烧伤。溅入眼内,即以大量温水冲洗,再以 2% 碳酸氢钠或生理盐水冲洗,最后用可的松眼液滴眼。

三、检测方法

体表被酸损伤处可用水清洗液作检材。衣物等受腐蚀部位,残余饮食物、胃内容物、呕吐物等检材可用水浸法或透析法处理。一般从受损伤部位取得的检验材料,已不能鉴定原酸的浓度,但可鉴别酸的种类。受损伤的局部体表,在一定时间之内保留有较大量的酸根离子,可作为辨认强酸类别的依据。

(一)酸性

检液可直接供试,检样用适量水溶解或浸提得试液供试,最简便的方法是用 pH 试纸测试。必要时可用水适当稀释后,用酸度计测试其 pH。

(二)硫酸根离子检验

根据 SO_4^{2-} 可与金属离子生成沉淀的反应来确定。

1. 检液加 10% 氯化钡溶液,产生白色的硫酸钡沉淀,该沉淀不溶于盐酸和硝酸。

2. 检液加 10% 醋酸铅溶液,产生白色的硫酸铅沉淀,沉淀物分别加 30% 醋酸铵溶液、2mol/L 氢氧化钠溶液,均可溶解。

(三)硝酸根离子检验

利用 NO_3^- 的氧化性进行检验。

1. NO_3^- 与 Fe^{2+} 反应,自身被还原为 NO,后者与 Fe^{2+} 形成棕色络离子。

$$NO_3^- + 3Fe^{2+} + 4H^+ = NO + 3Fe^{3+} + 2H_2O$$

$$FeSO_4 + NO = [Fe(NO)SO_4](棕色)$$

检液少量加 10% 硫酸成酸性,加入数粒硫酸亚铁溶解后,斜持试管,沿管壁小心加入浓硫酸,使之沉积于底部(注意不要振动),两液界面之间出现棕色环。

NO_2^- 也能与硫酸亚铁和硫酸产生棕色而干扰 NO_3^- 测定,因此有 NO_2^- 存在时,须先加入固体氯化铵并加热以除去之。

2. 硝酸能将二苯胺氧化成醌式化合物而呈现蓝色。检液少量加入硫酸二苯胺溶解,沿管壁小心加入浓硫酸使之沉积于底部,两液交界处出现蓝色环。

3. 硝酸能与马钱子碱反应生成红色产物。取检液 2 滴于瓷反应板上，加 5% 马钱子碱乙醇液 1 滴，出现红色，渐变为橙红色。

（四）氯离子检验

在酸性溶液中，氯离子与硝酸银反应生成白色胶状氯化银沉淀，沉淀加氨水即溶解，生成溶于水的银氨络离子，加硝酸又析出沉淀。注意：用生理盐水淋洗创面的洗液不能用于检验。

氯离子的定量测定：氯离子的存在很普遍，有时定性检出不足于作为鉴定证据，必要时需定量测定。在中性或接近中性的溶液中，用 0.1mol/L 硝酸银作滴定剂，5% 铬酸钾作指示剂，用沉淀滴定法确定氯离子含量。

检验过程中注意空白对照，区别自来水中的 Cl^-、SO_4^{2-} 等离子。

案例 16-2 ▶

2008 年 3 月 19 日上午，某厂生产技术科化验室副组长朱某在溶液室配制氨性氯化亚铜溶液（1 体积氯化亚铜，加入 2 体积 25% 的浓氨水）时，在量取 200ml 氯化亚铜溶液放入 500ml 平底烧瓶中后，需加入 400ml 的氨水。朱某从溶液室临时摆放柜里拿了自认为是两个 500ml 的瓶装氨水试剂（每瓶约 200ml，其中一瓶实际为 98% 的浓硫酸，浓硫酸瓶和氨水瓶的颜色较为相似），将第一瓶氨水试剂倒入一只 500ml 烧杯中，后拿起第二瓶，在没有仔细查看瓶子标签的情况下，误将约 200ml，实为 98% 的浓硫酸倒入烧杯中，烧杯中溶液立即发生剧烈反应，烧杯被炸裂，溶液溅到朱某脸上和手上，当时化验员沈某正好去溶液室拿水瓶经过，脸上也被喷溅出的溶液黏上，造成两人脸部及朱某手部局部化学灼伤。

第四节　强　　碱

碱类物质主要有氢氧化钠（sodium hydroxide）、氢氧化钾（potassium hydroxide）、碳酸钠（sodium carbonate）、碳酸钾（potassium carbonate）、氨水（ammonium hydroxide）等，是常用的化工原料，有腐蚀作用，可见于职业性伤害如泄漏事故等，偶见于自杀或误服。

一、一般介绍

氢氧化钠和氢氧化钾为强碱，又称苛性碱，其浓溶液可浸蚀体表造成严重损伤甚至死亡。碳酸钠和碳酸钾也有较强碱性。氨水不属于强碱，腐蚀作用不及苛性碱强烈，农业上作氮肥使用。碳酸钠、碳酸钾和氨水的毒害主要表现为人体碱中毒。常见强碱的理化性状见表 16-2。

表 16-2　常见强碱的理化性质及对人体的危害情况

名称	性状	对人体危害
氢氧化钠 NaOH	白色固体或粉末，极易吸收空气中的水分和二氧化碳形成碳酸盐	强腐蚀性。皮肤刺激性属剧毒，口服属高毒。成人口服 15% 水液 10～15ml 可致死
氢氧化钾 KOH	白色固体或粉末，极易吸收空气中的水分和二氧化碳形成碳酸盐	强腐蚀性。皮肤刺激性属剧毒，口服属高毒。成人口服 15% 水液 10～15ml 可致死
碳酸钠 Na_2CO_3	白色粉末或颗粒，有吸水性。水溶液呈强碱性	皮肤刺激性，口服属低毒。成人口服致死量约 30g
碳酸钾 K_2CO_3	白色粉末或颗粒，有吸水性。水溶液呈强碱性	皮肤刺激性，口服属低毒。大鼠口服半数致死量 1.87g/kg
氨水 NH_3·H_2O	无色、有强刺激性气味的液体	35% 氨水属强腐蚀性液体。皮肤刺激性属中等毒性；吸入属剧毒。成人口服 25% 氨水 20～30ml 可致死

二、毒性特点

强碱能溶解蛋白质，使组织液化坏死，受侵害的部位呈糜烂状腐蚀，与强酸的腐蚀现象有区别。强碱与人体接触后，可迅速吸收组织内的水分，并与组织内蛋白质结合为可溶性胶样碱化蛋白盐，与脂肪结合成为肥皂，破坏组织结构和功能。轻则有红、肿、热、痛等一般炎症反应，重则可有局部充血、水肿、糜烂、视物不清、严重结膜及角膜损伤，甚至失明。

经呼吸道吸入性中毒，可有呼吸道黏膜刺激症状，表现为剧烈咳嗽，严重者可有喉头水肿、呼吸困难而窒息，并发感染肺炎、纵隔炎等。口服中毒者，上消化道可严重灼伤，表现为剧痛、腹痛、呕吐、腹泻、出血、穿孔、脱水及休克，还可能引起肝、肾功能损害，并可发生急性肾衰竭。强碱被吸收后，发生碱中毒，出现头痛、头晕、手足抽搐等。口服中毒死亡者，尸检可见唇、口腔、咽喉和食管呈灰白色肿胀，触之柔软，有肥皂样滑腻感；胃也变软，黏膜肿胀脱落，呈红褐或淡绿褐色。

知识拓展 ▶

口服强碱后易造成胃、肠穿孔，切忌洗胃、催吐。速给弱酸剂中和，如食醋、橘汁、柠檬汁、3%～5%醋酸口服，但注意碳酸盐中毒时忌用，以免因产气过多而促发穿孔，继之服用生鸡蛋清加水、牛奶、植物油，保护消化道黏膜。

皮肤处理：强碱对组织的破坏力和渗透性很强，除使局部细胞脱水外，还可向深层组织侵犯，使深层组织继续坏死，损坏程度视接触时间长短而定。急救时，首先应脱去浸有碱液的衣物，在流动水冲洗前，避免用中和剂，以免产生中和热而加重灼伤。然后用大量流动水持续冲洗20～30分钟，清水冲净后，可用3%硼酸液或2%醋酸液湿敷。如有烧伤按烧伤原则处理。

强碱入眼后，可有怕光、流泪、视力模糊、异物感，严重者可致角膜损伤及失明。先以清水或生理盐水冲洗30分钟以上，再用2%～3%硼酸溶液冲洗，然后请眼科处理。

三、检测方法

可参照强酸中毒的方法进行检材处理。可疑粉末或固体用适量水溶解或浸提后供检。需要鉴别钾或钠时，可取水清洗液或透析液检验。

（一）碱性

与酸性的检测相同。检液可直接供试，检样可用适量水溶解或浸提后供试。用 pH 试纸或酸度计测其 pH。

（二）钠离子检验

1. 焰色试验　铂丝用盐酸湿润，蘸取检液，在无色火焰中燃烧，钠离子火焰呈鲜黄色。

2. 在中性或醋酸酸性的溶液中，钠离子与醋酸氧铀锌作用产生黄色沉淀。可在显微镜下观察到四面体或八面体黄色结晶。Ag^+、Hg_2^{2+}、Sb^{3+} 与试剂有类似反应，会干扰钠离子检出。

因钠离子存在很普遍，故结果判断需慎重。

（三）钾离子检验

1. 焰色试验　铂丝用盐酸湿润，蘸取检液，在无色火焰中燃烧，钾离子火焰呈紫色。透过蓝色滤光片观察更易鉴别。

2. 与四苯硼酸钠生成白色沉淀，反应在碱性、中性或稀酸中进行。铵离子与试剂有类似反应，应在鉴定前加热灼烧除去之。

（四）铵离子检验

与过量氢氧化钠一起加热时放出氨气，氨气呈碱性，可使 pH 试纸呈碱色，pH 在 10 以上；可使湿润的红色石蕊试纸变蓝。与奈氏试剂（碱性碘化汞钾溶液）作用产生红棕色沉淀。

钾、钠、铵等离子化合物都属于正常成分之列,检验时必须有未受侵害部位的组织作对照。

知识链接 ▶

一句玩笑酿成的后果

2008年3月7日午夜23时,小郭将一个装有烤箱清洁剂的饮料杯放在工作台上,并开玩笑地告诉同事小韩,这是店里的果汁。小韩一瞥之间,感觉这杯东西从颜色、质地、状态上看,确实像果汁,且装在饮料杯里,便不再怀疑,一仰头喝了下去。这个玩笑的代价是,一个20岁的棒小伙儿,从此陷入难以名状、周而复始的痛苦之中。

烤箱清洁剂是一种强碱。经医院诊断,小韩为强碱中毒,急性腐蚀性口、咽、食管、胃炎。此后,小韩先后在省人民医院、某大学附属医院、某军区总医院、北京某医院等八次住院,总住院长达158天,却仍然无法摆脱食管结痂、食管狭窄、无法吞咽的煎熬。三年里,小韩家用尽了全部的治疗手段,花费十余万元,依然无法治愈。法院判决小郭一次性赔偿小韩医疗费、护理费、误工费等共计18.5万元,所在公司承担连带赔偿责任。

开玩笑要有度,过度玩笑有风险。

本章小结

水溶性无机毒物种类很多,其中以亚硝酸盐中毒较为常见,强酸、强碱伤害则多见于职业意外或蓄意伤害案件。检材处理主要用水浸法和透析法。透析法是从复杂检材中分离水溶性小分子的有效方法。亚硝酸盐的定性定量分析主要用重氮耦合分光光度法,并辅以丙咪嗪-盐酸或1,8-萘二胺反应,简便灵敏可靠;而高效液相色谱法和气相色谱-质谱联用法则是测定体内微量亚硝酸盐的有效方法。强酸、强碱的成分如Cl^-、SO_4^{2-}、Na^+、K^+在环境和正常人体中也大量存在,检验时需注意区分。

关键术语

氨水(ammonium hydroxide)

硫酸(sulfuric acid)

氢氧化钾(potassium hydroxide)

氢氧化钠(sodium hydroxide)

碳酸钾(potassium carbonate)

碳酸钠(sodium carbonate)

透析法(dialysis)

水浸法(water immersion)

硝酸(nitric acid)

亚硝酸钾(potassium nitrite)

亚硝酸钠(sodium nitrite)

亚硝酸盐(nitrites)

盐酸(hydrochloric acid)

王水(aqua regia)

思考题

1. 哪些毒物可用透析法分离?举例说明透析法在医学上的应用。

2. 一家六口到某饮食店用餐,进餐约20分钟后,6人相继出现头晕、眼花,继而恶心、呕吐,并表现为口唇、指甲发绀，被店主急送医院抢救。医生怀疑食物中毒，取患者呕吐物和血液送检。请设计实验方案，并对血液检材中的毒物进行定性定量分析。

3. 有一件衣服，据称是某受害者被酸泼洒后脱下的，请你考虑如何检验该衣服上的酸，写出实验方案。

4. 硫酸、硝酸和盐酸在理化性质以及对人体的危害方面有什么异同？

（周海梅）

附录一　麻醉药品品种目录（2013 年版）

1. 醋托啡　Acetorphine

2. 乙酰阿法甲基芬太尼　Acetylalphamethylfentanyl

3. 醋美沙多　Acetylmethadol

4. 阿芬太尼　Alfentanil

5. 烯丙罗定　Allylprodine

6. 阿醋美沙多　Alphacetylmethadol

7. 阿法美罗定　Alphameprodine

8. 阿法美沙多　Alphamethadol

9. 阿法甲基芬太尼　Alpha-methylfentanyl

10. 阿法甲基硫代芬太尼　Alphamethylthiofentanyl

11. 阿法罗定 *　Alphaprodine

12. 阿尼利定　Anileridine

13. 苄替啶　Benzethidine

14. 苄吗啡　Benzylmorphine

15. 倍醋美沙多　Betacetylmethadol

16. 倍他羟基芬太尼　Betahydroxyfentanyl

17. 倍他羟基 -3- 甲基芬太尼　Betahydroxy-3-methylfentanyl

18. 倍他美罗定　Betameprodine

19. 倍他美沙多　Betamethadol

20. 倍他罗定　Betaprodine

21. 贝齐米特　Bezitramide

22. 大麻与大麻树脂与大麻浸膏和酊　Cannabis and Cannabis resin and Extracts and Tinctures of Cannabis

23. 氯尼他秦　Clonitazene

24. 古柯叶　Coca Leaf

25. 可卡因 *　Cocaine

26. 可多克辛　Codoxime

27. 罂粟秆浓缩物 *　Concentrate of poppy straw

28. 地索吗啡　Desomorphine

29. 右吗拉胺　Dextromoramide

30. 地恩丙胺　Diampromide

31. 二乙噻丁　Diethylthiambutene

32. 地芬诺辛　Difenoxin

33. 二氢埃托啡 *　Dihydroetorphine

34. 双氢吗啡　Dihydromorphine

35. 地美沙多　Dimenoxadol

36. 地美庚醇　Dimepheptanol

37. 二甲噻丁　Dimethylthiambutene

38. 吗苯丁酯　Dioxaphetyl butyrate

39. 地芬诺酯 *　Diphenoxylate

40. 地匹哌酮　Dipipanone

41. 羟蒂巴酚　Drotebanol

42. 芽子碱　Ecgonine

43. 乙甲噻丁　Ethylmethylthiambutene

44. 依托尼秦　Etonitazene

45. 埃托啡　Etorphine

46. 依托利定　Etoxeridine

47. 芬太尼 *　Fentanyl

48. 呋替啶　Furethidine

49. 海洛因　Heroin

50. 氢可酮 *　Hydrocodone

51. 氢吗啡醇　Hydromorphinol

52. 氢吗啡酮　Hydromorphone

53. 羟哌替啶　Hydroxypethidine

54. 异美沙酮　Isomethadone

55. 凯托米酮　Ketobemidone

56. 左美沙芬　Levomethorphan

57. 左吗拉胺　Levomoramide

58. 左芬啡烷　Levophenacylmorphan

59. 左啡诺　Levorphanol

60. 美他佐辛　Metazocine

61. 美沙酮 *　Methadone

62. 美沙酮中间体　Methadone intermediate

63. 甲地索啡　Methyldesorphine

64. 甲二氢吗啡　Methyldihydromorphine

65. 3- 甲基芬太尼　3-methylfentanyl

66. 3- 甲基硫代芬太尼　3-methylthiofentanyl

67. 美托酮　Metopon

68. 吗拉胺中间体　Moramide intermediate

69. 吗哌利定　Morpheridine

70. 吗啡 *　Morphine

71. 吗啡甲溴化物　Morphine Methobromide

72. 吗啡 -N- 氧化物　Morphine-N-oxide

73. 1- 甲基 -4- 苯基 -4- 哌啶丙酸酯　MPPP

74. 麦罗啡　Myrophine

75. 尼可吗啡　Nicomorphine

76. 诺美沙多　Noracymethadol

77. 去甲左啡诺 Norlevorphanol

78. 去甲美沙酮 Normethadone

79. 去甲吗啡 Normorphine

80. 诺匹哌酮 Norpipanone

81. 阿片 * Opium

82. 奥列巴文 Oripavine

83. 羟考酮 * Oxycodone

84. 羟吗啡酮 Oxymorphone

85. 对氟芬太尼 Parafluorofentanyl

86. 哌替啶 * Pethidine

87. 哌替啶中间体 A Pethidine intermediate A

88. 哌替啶中间体 B Pethidine intermediate B

89. 哌替啶中间体 C Pethidine intermediate C

90. 苯吗庚酮 Phenadoxone

91. 非那丙胺 Phenampromide

92. 非那佐辛 Phenazocine

93. 1- 苯乙基 -4- 苯基 -4- 哌啶乙酸酯 PEPAP

94. 非诺啡烷 Phenomorphan

95. 苯哌利定 Phenoperidine

96. 匹米诺定 Piminodine

97. 哌腈米特 Piritramide

98. 普罗庚嗪 Proheptazine

99. 丙哌利定 Properidine

100. 消旋甲啡烷 Racemethorphan

101. 消旋吗拉胺 Racemoramide

102. 消旋啡烷 Racemorphan

103. 瑞芬太尼 * Remifentanil

104. 舒芬太尼 * Sufentanil

105. 醋氢可酮 Thebacon

106. 蒂巴因 * Thebaine

107. 硫代芬太尼 Thiofentanyl

108. 替利定 Tilidine

109. 三甲利定 Trimeperidine

110. 醋氢可待因 Acetyldihydrocodeine

111. 可待因 * Codeine

112. 右丙氧芬 * Dextropropoxyphene

113. 双氢可待因 * Dihydrocodeine

114. 乙基吗啡 * Ethylmorphine

115. 尼可待因 Nicocodine

116. 烟氢可待因 Nicodicodine

117. 去甲可待因 Norcodeine

118. 福尔可定 * Pholcodine

119. 丙吡兰 Propiram

120. 布桂嗪 *　　Bucinnazine
121. 罂粟壳 *　　Poppy Shell

注：1. 上述品种包括其可能存在的盐和单方制剂
　　2. 上述品种包括其可能存在的化学异构体及酯、醚
　　3. 品种目录有 * 的麻醉药品为我国生产及使用的品种

附录二　精神药品品种目录（2013 年版）

第一类

1. 布苯丙胺　Brolamfetamine（DOB）

2. 卡西酮　Cathinone

3. 二乙基色胺　DET

4. 二甲氧基安非他明　2,5-dimethoxyamfetamine（DMA）

5. （1,2- 二甲基庚基）羟基四氢甲基二苯吡喃　DMHP

6. 二甲基色胺　DMT

7. 二甲氧基乙基安非他明　DOET

8. 乙环利定　Eticyclidine

9. 乙色胺　Etryptamine

10. 羟芬胺　N-hydroxy，MDA

11. 麦角二乙胺　（+）-Lysergide

12. 乙芬胺　N-ethyl，MDA

13. 二亚甲基双氧安非他明　MDMA

14. 麦司卡林　Mescaline

15. 甲卡西酮　Methcathinone

16. 甲米雷司　4-methylaminorex

17. 甲羟芬胺　MMDA

18. 4- 甲基硫基安非他明　4-methylthioamfetamine

19. 六氢大麻酚　Parahexyl

20. 副甲氧基安非他明　Paramethoxyamfetamine（PMA）

21. 赛洛新　Psilocine

22. 赛洛西宾　Psilocybine

23. 咯环利定　Rolicyclidine

24. 二甲氧基甲苯异丙胺　STP，DOM

25. 替苯丙胺　Tenamfetamine（MDA）

26. 替诺环定　Tenocyclidine

27. 四氢大麻酚　Tetrahydrocannabinol

28. 三甲氧基安非他明　TMA

29. 苯丙胺　Amfetamine

30. 氨奈普汀　Amineptine

31. 2,5- 二甲氧基 -4- 溴苯乙胺　4bromo-2,5-dimethoxyphenethylamine（2-CB）

32. 右苯丙胺　Dexamfetamine

33. 屈大麻酚 Dronabinol

34. 芬乙茶碱 Fenetylline

35. 左苯丙胺 Levamfetamine

36. 左甲苯丙胺 Levomethamfetamine

37. 甲氯喹酮 Mecloqualone

38. 去氧麻黄碱 Metamfetamine

39. 去氧麻黄碱外消旋体 Metamfetamine Racemate

40. 甲喹酮 Methaqualone

41. 哌醋甲酯 * Methylphenidate

42. 苯环利定 Phencyclidine

43. 芬美曲秦 Phenmetrazine

44. 司可巴比妥 * Secobarbital

45. 齐培丙醇 Zipeprol

46. 安非拉酮 Amfepramone

47. 苄基哌嗪 Benzylpiperazine

48. 丁丙诺啡 * Buprenorphine

49. 1- 丁基 -3-（1- 萘甲酰基）吲哚 1-Butyl-3-（1-naphthoyl）indole

50. 恰特草 Catha edulis Forssk

51. 2,5- 二甲氧基 -4- 碘苯乙胺 2,5-Dimethoxy-4-iodophenethylamine

52. 2,5- 二甲氧基苯乙胺 2,5-Dimethoxyphenethylamine

53. 二甲基安非他明 Dimethylamfetamine

54. 依他喹酮 Etaqualone

55. [1-（5- 氟戊基）-1H- 吲哚 -3- 基]（2- 碘苯基）甲酮 1-（5-Fluoropentyl）-3-（2-iodobenzoyl）indole

56. 1-（5- 氟戊基）-3-（1- 萘甲酰基）-1H- 吲哚 1-（5-Fluoropentyl）-3-（1-naphthoyl）indole

57. γ- 羟丁酸 * γ-hydroxybutyrate（GHB）

58. 氯胺酮 * Ketamine

59. 马吲哚 * Mazindol

60. 2-（2- 甲氧基苯基）-1-（1- 戊基 -1H- 吲哚 -3- 基）乙酮 2-（2-Methoxyphenyl）-1-（1-pentyl-1H-indol-3-yl）ethanone

61. 亚甲基二氧吡咯戊酮 Methylenedioxypyrovalerone

62. 4- 甲基乙卡西酮 4-Methylethcathinone

63. 4- 甲基甲卡西酮 4-Methylmethcathinone

64. 3,4- 亚甲二氧基甲卡西酮 3,4-Methylenedioxy-N-methylcathinone

65. 莫达非尼 Modafinil

66. 1- 戊基 -3-（1- 萘甲酰基）吲哚 1-Pentyl-3-（1-naphthoyl）indole

67. 他喷他多 Tapentadol

68. 三唑仑 * Triazolam

第二类

69. 异戊巴比妥 * Amobarbital

70. 布他比妥 Butalbital

71. 去甲伪麻黄碱 * Cathine

72. 环己巴比妥 Cyclobarbital

73. 氟硝西泮 Flunitrazepam

74. 格鲁米特 * Glutethimide

75. 喷他佐辛 *　Pentazocine

76. 戊巴比妥 *　Pentobarbital

77. 阿普唑仑 *　Alprazolam

78. 阿米雷司　Aminorex

79. 巴比妥 *　Barbital

80. 苄非他明　Benzfetamine

81. 溴西泮 *　Bromazepam

82. 溴替唑仑　Brotizolam

83. 丁巴比妥　Butobarbital

84. 卡马西泮　Camazepam

85. 氯氮草 *　Chlordiazepoxide

86. 氯巴占　Clobazam

87. 氯硝西泮 *　Clonazepam

88. 氯拉草酸　Clorazepate

89. 氯噻西泮　Clotiazepam

90. 氯恶唑仑　Cloxazolam

91. 地洛西泮　Delorazepam

92. 地西泮 *　Diazepam

93. 艾司唑仑 *　Estazolam

94. 乙氯维诺　Ethchlorvynol

95. 炔已蚁胺　Ethinamate

96. 氯氟卓乙酯 *　Ethyl Loflazepate

97. 乙非他明　Etilamfetamine

98. 芬坎法明　Fencamfamin

99. 芬普雷司　Fenproporex

100. 氟地西泮　Fludiazepam

101. 氟西泮 *　Flurazepam

102. 哈拉西泮　Halazepam

103. 卤沙唑仑　Haloxazolam

104. 凯他唑仑　Ketazolam

105. 利非他明　Lefetamine

106. 氯普唑仑　Loprazolam

107. 劳拉西泮 *　Lorazepam

108. 氯甲西泮　Lormetazepam

109. 美达西泮　Medazepam

110. 美芬雷司　Mefenorex

111. 甲丙氨酯 *　Meprobamate

112. 美索卡　Mesocarb

113. 甲苯巴比妥　Methylphenobarbital

114. 甲乙哌酮　Methyprylon

115. 咪达唑仑 *　Midazolam

116. 尼美西泮　Nimetazepam

117. 硝西泮 *　Nitrazepam

118. 去甲西泮　　Nordazepam

119. 奥沙西泮 *　　Oxazepam

120. 奥沙唑仑　　Oxazolam

121. 匹莫林 *　　Pemoline

122. 苯甲曲秦　　Phendimetrazine

123. 苯巴比妥 *　　Phenobarbital

124. 芬特明　　Phentermine

125. 匹那西泮　　Pinazepam

126. 哌苯甲醇　　Pipradrol

127. 普拉西泮　　Prazepam

128. 吡咯戊酮　　Pyrovalerone

129. 仲丁比妥　　Secbutabarbital

130. 替马西泮 *　　Temazepam

131. 四氢西泮　　Tetrazepam

132. 乙烯比妥　　Vinylbital

133. 唑吡坦 *　　Zolpiden

134. 阿洛巴比妥　　Allobarbital

135. 丁丙诺啡透皮贴剂 *　　Buprenorphine Transdermal patch

136. 布托啡诺及其注射剂 *　　Butorphanol and its injection

137. 咖啡因 *　　Caffeine

138. 安钠咖 *　　Caffeine Sodium Benzoate（CNB）

139. 右旋芬氟拉明　　Dexfenfluramine

140. 地佐辛及其注射剂 *　　Dezocine and its injection

141. 麦角胺咖啡因片 *　　Ergotamine and Caffeine Tablets

142. 芬氟拉明 *　　Fenfluramine

143. 呋芬雷司　　Furfennorex

144. 纳布啡及其注射剂 *　　Nalbuphine and its injection

145. 氨酚氢可酮片 *　　Paracetamol and Hydrocodone Bitartrate Tablets

146. 丙己君　　Propylhexedrine

147. 曲马多 *　　Tramadol

148. 扎来普隆 *　　Zaleplone

149. 佐匹克隆　　Zopiclone

注：1. 上述品种包括其可能存在的盐和单方制剂（除非另有规定）

　　2. 上述品种包括其可能存在的化学异构体及酯、醚（除非另有规定）

　　3. 品种目录有 * 的精神药品为我国生产及使用的品种

附录三　毒性中药品种和西药毒药品种

一、毒性中药品种（包括原药材和饮片）

砒石（红砒、白砒）　砒霜　水银　生马钱子　生川乌　生草乌　生白附子　生附子　生半夏　生南星　生巴豆　斑蝥　青娘虫　红娘虫　生甘遂　生狼毒　生藤黄　生千金子　生天仙子　闹阳花　雪上一枝蒿　红升丹　白降丹　蟾酥　洋金花　红粉　轻粉　雄黄

二、毒药化学药品种（仅指原料药，不包括制剂）

去乙酰毛花苷丙　阿托品　洋地黄毒苷　氢溴酸后马托品　三氧化二砷　毛果芸香碱　升汞　水杨酸毒扁豆碱　亚砷酸钾　氢溴酸东莨菪碱　士的宁

三、毒药化学药品种（制剂）

亚砷酸注射液

参 考 文 献

1. 国家药典委员会. 中华人民共和国药典（2015 年版）. 北京：中国医药科技出版社，2015.

2. 侯一平. 法医学. 第 3 版. 北京：高等教育出版社，2015.

3. 刘耀. 实用法医学. 第 1 版. 北京：科学出版社，2014.

4. 傅若农. 色谱分析概论 - 色谱技术丛书. 北京：化学工业出版社，2013.

5. 杭太俊. 药物分析. 第 7 版. 北京：人民卫生出版社，2013.

6. 史志诚. 毒物简史. 北京：科学出版社，2012.

7. 沈敏. 法医毒物学手册. 北京：科学出版社，2012.

8. 沈敏. 法医毒物司法鉴定实务. 北京：法律出版社，2011.

9. 陈新谦. 新编药物学. 第 17 版. 北京：人民卫生出版社，2011.

10. 沈敏. 毛发分析基础及应用. 北京：科学出版社，2010.

11. 崔学桂. 基础化学实验（I）. 第 2 版. 北京：化学工业出版社，2010.

12. 廖林川. 法医毒物分析. 第 4 版. 北京：人民卫生出版社，2009.

13. 向平. 液相色谱 - 质谱联用技术在药物和毒物分析中的应用. 上海：上海科学技术出版社，2009.

14. 盛龙生. 液相色谱质谱联用技术在食品和药品分析中的应用. 北京：化学工业出版社，2008.

15. 邓勃. 应用原子吸收与原子荧光光谱分析. 第 2 版. 北京：化学工业出版社，2007.

16. 汪正范. 色谱联用技术. 北京：化学工业出版社，2007.

17. 廖林川. 法医毒物分析. 北京：高等教育出版社，2006.

18. 张庆荣. 有毒中草药彩色图鉴. 修订版. 天津：天津科技翻译出版公司，2006.

19. 李发美. 分析化学. 北京：人民卫生出版社，2006.

20. 盛龙生. 色谱质谱联用技术. 北京：化学工业出版社，2006.

21. 贺浪冲. 法医毒物分析. 第 3 版. 北京：人民卫生出版社，2004.

22. 黄光照. 法医毒理学. 第 3 版. 北京：人民卫生出版社，2004.

23. 张新威. 中国刑事科学技术大全：毒品和毒物检验卷. 北京：中国人民公安大学出版社，2003.

24. 沈敏. 体内滥用药物分析. 北京：法律出版社，2003.

25. 王立群. 色谱分析样品处理. 北京：化学工业出版社，2001.

26. 韩会新. 常见化学性食物中毒检验与救治手册. 北京：中国石化出版社，2001.

27. 卓先义. 毒（药）物中毒鉴定理论与实践典型案例分析. 北京：中国检察出版社，2001.

28. 卓先义. 毒（药）物中毒鉴定理论与实践. 上海：中国检察出版社，2001.

29. 丛浦珠. 质谱分析（分析化学手册. 第 2 版，第九分册）. 北京：化学工业出版社，2000.

30. 吴家馼. 法医学. 北京：中国协和医科大学出版社，2000.

31. 郭景元. 现代法医学. 北京：科学出版社，2000.

32. 马广慈. 药物分析方法与应用. 北京：科学出版社，2000.

33. 于世林. 高效液相色谱方法及其应用. 北京：化学工业出版社，2000.

34. 李浩春. 气相色谱分析（分析化学手册. 第 2 版. 第五分册）. 北京：化学工业出版社，1999.

35. 达世禄. 色谱学导论. 武汉：武汉大学出版社，1999.

36. 闫文玫. 实用中药彩色图谱. 第 2 版. 北京：人民卫生出版社，1999.

37. 江泰. 法医毒物分析. 第 2 版. 北京：人民卫生出版社，1998.

38. 晓云. 毛细管电泳. 浙江：浙江大学出版社，1997.

39. 江泰. 法医毒物分析. 北京：人民卫生出版社，1988.

40. 刘志民. 现代毒物分析. 北京：人民卫生出版社，1984.

41. J. Payne-James. Encyclopedia of Forensic and Legal Medicine. 2nd ed. Academic Press Inc，2016.

42. Moffat A C. Clarke's Analysis of Drugs and Poisons. 4th ed. London：Pharmaceutical Press，2011.

43. Randall C. Baselt. Disposition Of Toxic Drugs and Chemicals in Man. 9th ed. Foster City：Biomedical Publications，2011.

44. Suauki O. Drugs and Poisons in Humans：A Handbook of Practical Analysis. Berlin：Springer Berlin Heidelberg，2005.

45. Frederick P. Smith. Handbook Of Forensic drug Analysis. St.Louis：Elsevier Academic Press，2004.

46. Moffat AC. Clarke's Isolation and Identification Of Drugs in Pharmaceuticals，Body Fluids and Postmortem Material. 3rd ed. London：Pharmaceutical Press，2003.

47. Richard Laing. Hallucinogens：A Forensic Drug Handbook（Forensic Drug Handbook Series）. 1st ed. Academic Press，2003.

48. Karch SB. Drug Abuse Handbook. BocaRaton：CRC Press，1998.

49. Knight B. Simpson Forensic Medicine. London：Arnold，1997.

50. JehudaYinom. Forensic Application Of Mass Spectrometry. BocaRaton：CRC Press，1995.

51. Irving Sunshine. Methodology for Analytical Toxicology. Cleveland：CRCPress，1992.

中英文名词对照索引

F

G

H

Q

R

S

血红蛋白	hemoglobin，Hb	134

Y

亚甲基二氧苯丙胺	methylenedioxyamphetamine，MDA	222
亚甲基二氧甲基苯丙胺	methylenedioxymethamphetamine，MDMA	222
亚硝酸钾	potassium nitrite	318
亚硝酸钠	sodium nitrite	318
亚硝酸盐	nitrite	318
盐酸	hydrochloric acid	321
衍生化	derivatization	78
阳性对照试验	positive control	46
氧化二秋水仙碱	oxydicolchicine	189
药典	pharmacopoeia	102
液 - 固提取法	liquid-solid extraction	36
液化石油气	liquefied petroleum gas，LPG	139
液相色谱 - 串联质谱	liquid chromatography-mass spectrometry/mass spectrometry， LC-MS/MS	23
液相色谱 - 质谱	liquid chromatography-mass spectrometry，LC-MS	94
液相微萃取	liquid phase micro extraction，LPME	39
液 - 液萃取法	liquid-liquid extraction，LLE	34
一氧化碳	carbon monoxide	134
医用合成药物	synthetic medicine	167
依赖性	dependence	4
仪器分析法	instrumental analysis	14，51，58
乙醇	ethanol	122
乙醇脱氢酶	ADH	126
乙基硫酸酯	ethyl sulphate，EtS	122
乙基葡萄糖醛酸苷	ethyl glucuronide，EtG	22，122
乙醚	diethyl ether	130
异杀鼠酮	valone	291
异戊巴比妥	amobarbital	143
阴性对照试验	negative control	46
茚二酮类杀鼠剂	indandione rodenticides	290
荧光分光光度法	fluorospectrophotometry	66
荧光免疫分析法	fluorescence polarization immunoassay，FPIA	49
荧光效率	fluorescence efficiency	66
有机磷杀虫剂	organophosphorus insecticides	233
有机质谱法	organic mass spectrometry，OMS	83
预试验	pre-test	46
原子发射光谱法	atomic emission spectroscopy，AES	299
原子吸收分光光度法	atomic absorption spectrophotometry，AAS	63
原子吸收光谱法	atomic absorption spectroscopy，AAS	298
原子荧光光谱法	atomic fluorescence spectrometry，AFS	299

Z

噪音	noise	53
正相色谱法	normal phase chromatography，NPC	80
植物毒物	plant poison	169